Un Tratado Esotérico Sobre Los Ángeles

Por

Vicente Beltrán Anglada

Editado por

José Becerra

Título: Un Tratado Esotérico sobre los Ángeles

Autor: Vicente Beltrán Anglada

Editado por José Becerra

Diseño y foto de la portada: José Becerra

Imagen de la contraportada: Josep Gumí

Publicado por NGSM.org

ISBN: 9781090955340

«A los sinceros investigadores de la Verdad, a aquellos que tratan de explicarse *científicamente* las causas de la Vida y guardan todavía en su corazón algo de aquel misterioso calor que engendran las grandes empresas inmortales y a todos cuantos confían y esperan que se cumpla el destino trascendente del hombre, va dedicado especialmente este libro».

–Vicente Beltrán Anglada

Contenido

Prólogo al *Tratado*

Esta es la primera edición de un proyecto que estuvo en la intención de Vicente Beltrán Anglada como un *Tratado* —un solo libro *integrado*, de tres partes: un *Tríptico*— que, por circunstancias materiales fuera de su control, no pudo editar en vida.

De esa frustrada intención dejó incontrovertible testimonio, incluyendo un Prólogo *inédito* que quedó en un cuaderno de su último libro publicado en vida, *Magia Organizada Planetaria*, al que su viuda, Leonor Tomás Vives, nos brindó acceso, al igual que su autorización para editarlo y publicarlo. También nos autorizó a editar y traducir al inglés toda su obra, encomienda que ya se ha comenzado a cumplir con la edición, traducción y publicación de su libro *Introducción al Agni Yoga* (primera edición 2017, revisada y ampliada en el 2019).

Ha tomado casi cuatro décadas, desde que VBA escribiera «En las Montañas de Montserrat bajo el Signo de Libra, de 1980» en el Epílogo de su tercer libro, hasta esta primavera de 2019, bajo el signo de Aries —cuando dos plenilunios en ese signo inauguran el nuevo año espiritual, un evento astronómico inusual— para que pudiera cumplirse su visión.

Mi labor editorial ha consistido en reordenar secciones y capítulos de sus tres libros, corrigiendo de paso algún que otro error ortográfico o gramatical, siempre respetando la intención original de sus palabras, para lograr consistencia temática en cada una de las tres partes, así como para lograr una progresión lógica —e intuitivamente atractiva— de su tesis fundamental.

He utilizado para mi trabajo las siguientes ediciones de sus libros:

1. *Los ángeles y las fuerzas ocultas de la naturaleza*. C.S.G. Ediciones c.a., 2da. Edición. Caracas, Venezuela. 1994.
2. *Los ángeles y la estructuración de las formas*. C.S.G. Ediciones c.a., 3ra. Edición. Caracas, Venezuela. 1995.
3. *Los ángeles en la vida social humana*. C.S.G. Ediciones c.a., 3ra. Edición. Caracas, Venezuela. 1995.

Al comienzo de cada capítulo de esta primera edición del *Tríptico* he anotado la página correspondiente en los libros impresos que he usado de referencia, utilizando las siglas FON (fuerzas ocultas de la naturaleza), EDF (estructuración dévica de las formas) y AVSH (ángeles en la vida social humana) para referirme a cada libro.

Las notas al calce originales del autor han permanecido pero las del editor han sido actualizadas. En esta nueva edición se incluyen referencias a los trabajos del teósofo y físico Steven Phillips,[1] quien ha actualizado —incorporando los hallazgos de la física moderna sobre los quarks— las investigaciones de Annie Besant y Charles Leadbeater en su libro *Química Oculta*, al cual VBA hace extensa referencia en este *Tratado*. También se incluye referencia al libro «*The Lightness of Being: Mass, Ether and the Unification of Forces*»,[2] por Frank Wilzek, premio Nobel de Física por su trabajo sobre «cromodinámica cuántica», quien resume en su libro los hallazgos más recientes de la física sobre la tesis de la *Doctrina Secreta* «el Espacio es una entidad», a la cual VBA hace extensa referencia en la Tercera Parte de este *Tratado Esotérico*.

Finalmente, no se escapa a la atención del editor las siglas correspondientes al título, un *Tratado Esotérico sobre los Ángeles* — TESLA, una sigla que evoca la memoria del genio intuitivo e ingeniero Nikola Tesla. Que ese mismo espíritu de exploración e innovación infunda el ánimo de quienes lean y estudien este *Tríptico*, en ocasión de la celebración —este año— del Decimotercer Festival del *Nuevo Grupo de Servidores del Mundo*, una semana de celebración que se observa cada siete años desde el 1935 en cada solsticio de invierno. Enhorabuena.

En testimonio de la Luz y al servicio del Plan,

José Becerra, editor
Primavera de 2019
Atlanta, Georgia y San Juan, Puerto Rico

---

[1] https://www.theosophical.org/news/42-publications/quest-magazine/3525-occult-chemistry-revisited (consultado: 21 marzo 2019)

[2] Wilczek, Frank. (2008). La sutil luminosidad del ser: masa, éter y la unificación de fuerzas / traducido por Rosa M. Salleras Puig. El autor propone su visión para unificar en un conjunto coherente la pluralidad de los bloques que constituyen la materia y de las cuatro fuerzas básicas de la naturaleza para obtener la unificación de las fuerzas. Para ello parte de la teoría especial de la relatividad, la teoría cuántica de los campos y la cromodinámica cuántica.

Declaración VBA

Mi Tarea Ashrámica

(Introducción inédita al libro *Magia Organizada Planetaria*)

por Vicente Beltrán Anglada

Desde hace años estoy tratando de cumplimentar, en lo que a mi tarea ashrámica se refiere, los tres proyectos básicos que, de acuerdo con sabias provisiones jerárquicas, son los pilares fundamentales sobre los cuales ha de erigirse la noble estructura de la Nueva Era y ha de preparar definitivamente la Venida del Instructor espiritual del Mundo.

Esta ha sido para mí una tarea muy difícil de llevar a cabo, dadas las especiales características kármicas que rodeaban mi existencia personal. En el transcurso de estos años, tuve que preparar y organizar un vehículo mental capaz de sentirse polarizado en los niveles superiores y ser al propio tiempo apto para establecer un nexo permanente de unión entre la mente superior o abstracta y el nivel concreto o intelectual, a fin de poder llevar eficazmente adelante la tarea ashrámica que me había sido confiada.

Siguiendo las nobles presiones causales, pude ejercitarme durante todo este tiempo en la tarea de volver objetivas ciertas ideas gestadas en los niveles búdicos, visando el triple proyecto de Shamballa y convirtiendo las ideas abstractas en substancia mental convenientemente asimilable para muchos aspirantes espirituales del mundo. Es así como fueron apareciendo paulatinamente mis libros esotéricos:

1. *La Jerarquía, los Ángeles Solares y la Humanidad* (1972–76)

2. *Los Misterios del Yoga* (1976)

3. *Conversaciones Esotéricas* (1980)

4. *Introducción al Agni Yoga* (1981)

5. *Mis Experiencias Espirituales* (1981)

6. *Las Fuerzas Ocultas de la Naturaleza* (1979)

7. *La Estructuración Dévica de las Formas* (1980)

8. *Los Ángeles en la Vida Social Humana* (1980)

9. *Los Misterios de Shamballa* (1985)

10. *Magia Organizada Planetaria* (1986)

Los tres primeros fueron de preparación para «la Triple Obra» —tal como la llama familiarmente el Maestro en el Ashrama— y se titularon: *la Jerarquía, los Ángeles Solares y la Humanidad, Los Misterios del Yoga* y *Conversaciones Esotéricas*. Este último era una síntesis de mis conferencias esotéricas en Barcelona durante el período comprendido entre los años 1976 y 1980.

Los siguientes libros publicados, *Introducción al Agni Yoga* y *Mis Experiencias Espirituales* fueron una afirmación de principios espirituales. El primero, como expositor práctico de la vida mística, aunque intensamente dinámica, que surge del corazón individual cuando la mente ha dejado de ofrecer resistencia al propósito espiritual y ha dejado de ser un instrumento puramente mecánico del ambiente circundante. Y el segundo, como un claro exponente de situaciones mentales y psíquicas en la vida del discípulo, con miras a desarrollar en los aspirantes espirituales del mundo el espíritu de la decisión dinámica y el estímulo de la acción correcta.

Después de esa etapa esotérica de preparación, pude concentrarme ya de lleno en la tarea ashrámica que había particularmente asumido, y pudo ser editado el tríptico *Un Tratado Esotérico sobre los Ángeles*, que constaba de los siguientes títulos:

1. *Las Fuerzas Ocultas de la Naturaleza*

2. *La Estructuración Dévica de las Formas*

3. *Los Ángeles en la Vida Social Humana*

Por exigencias de Editorial Eyras de Madrid, ese tríptico apareció en tres volúmenes por separado, cuando mi intención original era la de un sólo libro dividido en tres partes, lo cual hubiera evitado la falta de coordinación que existe actualmente entre los tres libros editados (los dos primeros por la propia Editorial Eyras, de Madrid, y el tercero por Editorial Noguera, de Barcelona). Espero que con el tiempo lograremos unificar los tres libros en un solo volumen, para una mejor comprensión y un más claro enfoque de las ideas contenidas en cada uno.

Más adelante, y coincidiendo con un viaje realizado a la República Argentina de acuerdo con ciertas disposiciones jerárquicas, fue posible editar en aquel país *Los Misterios de Shamballa*, donde son expuestas las ideas preliminares acerca de este incluyente y desconocido centro espiritual de donde emanan todas las energías espirituales que originan la evolución del planeta Tierra.

Y, finalmente, con la aparición de este libro sobre *Magia Organizada Planetaria*, trato de cumplimentar el tercero de mis compromisos ashrámicos. Se trata de un libro que, pese a su sencillez, expone las ideas básicas sobre la Magia Organizada Planetaria, presentándola como el elemento vivo de la Creación universal, planetaria y humana.

Creo haber cumplido mi pequeña parte en esta gran aventura del propósito espiritual, impulsada desde el centro místico del Ashrama. Quizás esta parte cumplimentada no sea todo lo extensa y detallada que yo hubiese deseado, pero la prudencia y circunspección que las circunstancias imponían o quizás mi propia imposibilidad de «ir más lejos» en la exposición de las ideas pusieron un «círculo infranqueable» a mi mente. Fuera lo que fuese, mi sincera plegaria y más ardiente deseo es que las ideas expuestas en todos estos libros hayan logrado introducir algo más de luz y espiritual comprensión en las mentes y corazones de los aspirantes espirituales que los hayan leído y les hayan sido de alguna utilidad práctica en la proyección de los valores universales en sus vidas personales.

Introducción

[EDF, p.7] Estas investigaciones que someto a la consideración de ustedes constituyen un nuevo libro dedicado a: «UN TRATADO ESOTÉRICO SOBRE LOS ÁNGELES».

[FON, p.9] La idea de escribir este *Tratado Esotérico sobre los Ángeles* obedece a una doble motivación, particular una y universal la otra. Particular en el sentido de que siempre me sentí atraído e intrigado por la vida oculta de la Naturaleza, especialmente en la que hacía particular referencia a las entidades angélicas; universal, porque soy consciente de que desde hace ya algunos años la Jerarquía espiritual del Planeta, a través de sus distintos Ashramas, está entrenando a muchos cualificados discípulos en el «difícil arte» —un arte perdido como dirían quizás algunos investigadores esotéricos— de establecer contacto consciente con el mundo angélico a fin de acelerar el proceso de adaptación de la humanidad a las potentísimas energías que procedentes de la Constelación zodiacal de Acuario están penetrando en el aura etérica de nuestro planeta. Algunos de tales discípulos especialmente preparados y con una gran experiencia espiritual adquirida en un lejano y glorioso pasado, tienen asignada la misión específica de «revelar» algunos de los grandes secretos alquímicos que poseen los Ángeles y que utilizan sabiamente para organizar la obra creadora del Universo y presentar la totalidad del mundo angélico, en toda su inmensa gama de Jerarquías y funciones, como «energía individualizada».

Estas revelaciones tendrán carácter eminentemente científico y demostrarán en un no muy lejano futuro que la ENERGIA, sea cual fuere su actividad, sutilidad y procedencia, posee una identidad característica que la hace «adaptable» a determinadas funciones planetarias o universales, siendo su esencia única y primordial aquella misteriosa substancia que llamamos ELECTRICIDAD. Esta se descompone durante el proceso de la evolución en tres aspectos ígneos fundamentales: el Fuego de la Naturaleza, o Kundalini, que vitaliza todas las formas físicas imaginadas por el Creador y trata cíclicamente de revelar ciertos Arquetipos definidos de perfección; el Fuego solar, o Fuego del Alma, substancia consciente e individualizada que crea sensibilidad a todos los niveles de vida de la

Naturaleza; y el Fuego eléctrico del Espíritu, técnicamente descrito como FOHAT, la substancia única coexistente con la Vida íntima del Creador y constituyendo el impulso básico de la evolución de nuestro Sistema planetario.

La decisión jerárquica de entrenar a los discípulos mundiales en el supremo arte del contacto angélico y de llegar por medio de este a orientar las mentes y corazones de todos los hombres y mujeres de buena voluntad del mundo hacia el aspecto subjetivo de la Naturaleza, persigue también un objetivo de más profundas y amplias repercusiones que las meramente técnicas del contacto o impuestas por la necesidad de un cambio drástico en las condiciones sociales del mundo. Tal objetivo es la INICIACION, la revelación objetiva a través del ser humano del Quinto Reino de la Naturaleza. La intención suprema de la Jerarquía espiritual del planeta de convertir en MAGOS —en el más profundo, esotérico y místico de los sentidos— a los discípulos mundiales que resistan el fuego eléctrico de la Iniciación, está en línea con el propósito fundamental de SANAT KUMARA, el Señor del Mundo y el MAGO SUPREMO en nuestro planeta, en orden a canalizar las tremendas y demoledoras energías que el Señor del Séptimo Rayo a través del planeta URANO, envía sobre la Tierra canalizándolas del centro creador de una misteriosa Estrella de la Constelación de Acuario, haciendo vibrar los éteres del Espacio y poniendo en incandescencia ciertos niveles definidos en la vida de la humanidad y de todos los demás Reinos de la Naturaleza.

La consideración del Iniciado como de un Mago blanco en orden a la evolución planetaria presupone el contacto consciente con determinadas Jerarquías de Ángeles, o corrientes de energía individualizada, que cooperan en el proceso místico de liberación o redención del complejo mundo de las gastadas formas mentales, emocionales y físicas que constituyen la base material, substancial o kármica de nuestro planeta Tierra.

Ahora bien, en orden a este concepto mágico de la vida o de respuesta angélica a la vida espiritual del hombre, hay que considerar siete grandes corrientes de energía actuantes en los inicios de esta Nueva Era de insospechables oportunidades mundiales:

a) Una corriente de energía de tipo cósmico, más allá del entendimiento humano, proveniente de una Estrella específica de la Constelación de Acuario.

b) Una corriente de energía cualificada proveniente de Aquella misteriosa Entidad espiritual definida en su totalidad como «SEPTIMO RAYO».

c) Una corriente supremamente dinámica de energía planetaria que fluye de SHAMBALLA, el más elevado Centro espiritual de nuestro Planeta, mediante la actividad indescriptible de Aquella Entidad psicológica conocida en los tratados esotéricos y místicos como SANAT KUMARA.

d) Una corriente de energía espiritual trayendo sensibilidad a la Vida en todas sus posibles expresiones, en respuesta a la actividad suprema de SHAMBALLA, procedente de aquel centro místico del planeta definido esotéricamente como Jerarquía espiritual o Gran Fraternidad Blanca.

e) Una corriente de energía generada por la propia Humanidad altamente sensibilizada por la Jerarquía y canalizada por los discípulos espirituales y hombres y mujeres de buena voluntad del mundo, en un intento decisivo de establecer paz, belleza y armonía en las relaciones humanas.

f) Una infinita y desconocida corriente de energía angélica surgiendo de los más elevados niveles de cada Plano trayendo nuevos Arquetipos humanos, nuevas y más fértiles semillas de civilización y las bases del nuevo orden social del mundo.

g) Una corriente de energía etérica de alta sutilidad proveniente de los niveles ocultos de la Naturaleza, evolución superior de aquellas potentes e insospechables fuerzas planetarias llamadas esotéricamente «devas de las formas» o «elementales constructores», que han de llevar a la manifestación substancia material más pura y radiante, mejores y más estilizados cuerpos humanos y ambientes más fraternales en el seno de la humanidad.

Estas siete líneas de actividad, en orden al proceso de expansión de las energías planetarias en su totalidad, serán estudiadas lo más científicamente que sea posible en el curso de este *Tratado*, pero concretándolas siempre en la necesidad del contacto humano-angélico y de acuerdo con la idea de perfección y redención de ciertas definidas parcelas en la vida de nuestro viejo, aunque siempre vibrante mundo.

Voy a finalizar esta Introducción al *Tratado* con un canto de amistad a los Ángeles familiares que constituyen nuestro ambiente social y con un sentimiento de humana reverencia hacia los Grandes Arcángeles del Sistema, cuyas esplendentes y exaltadas Vidas constituyen los Planos de la Naturaleza. Elevo asimismo un canto de esperanza para todos los seres humanos, ciudadanos de nuestro mundo. Una nueva TEURGIA de incalculables consecuencias planetarias se eleva del destino kármico humano surgiendo de las misteriosas profundidades del Designio divino. El ser humano consciente, semilla redentora de los Magos y Alquimistas del futuro, debería iniciar ya desde ahora su tarea de aproximación a los Ángeles, nuestros hermanos de los mundos invisibles, en el nivel que le fuese más idóneo y familiar, contribuyendo así con su personal y decidida colaboración y esfuerzo al enaltecimiento y desarrollo de las nobles cualidades que el Espíritu de la Raza tiene la misión de revelar.

¿Qué son los Ángeles?

[FON, p. 13] Al emprender nuestro estudio la primera y obligada pregunta es la siguiente: ¿Qué son los Ángeles? Esta interrogante constituirá el permanente desafío a nuestra mente en tanto duren nuestras investigaciones ocultas acerca de aquel gran Misterio Creador. Para nosotros, los Ángeles son, lisa y llanamente, ENERGIA, una Energía que se expresa en todos los Planos de la Naturaleza y en todos los niveles del ser. Todo tipo de energía, desde la que genera un simple electrón hasta la que se expresa en las más elevadas zonas de nuestro Sistema solar, tiene carácter angélico y es esencialmente etérica, variando únicamente la calidad de los éteres en la determinación o producción de los infinitos y diversos tipos de energía.

Esta afirmación nos lleva a la consideración de otro profundo interrogante: ¿Qué es el ETER? Nuestra idea al respecto es la siguiente. La actividad dinámica de un Logos, ya sea cósmico, universal o planetario, al infundir su Vida en el espacio que le sirve de marco de expresión crea un círculo infranqueable o unas fronteras que delimitan perfectamente su Acción con respecto a la actividad universal de otros Logos creadores. Pues bien, estas zonas del Espacio confinadas al círculo infranqueable de la actividad psicológica de un Logos y dinamizadas por su Voluntad de Ser, de Existir y de Manifestarse son esotéricamente ETER, la substancia de la cual surgen los mundos y todas las creaciones existentes.

Ahora bien, ¿existe alguna relación entre los Ángeles, como energía, y los éteres como substancia universal de Creación? Sí, existe una relación absoluta, total. Para mejor aclarar esta idea vamos a analizar la Vida de cualquier Creador universal desde el ángulo de los tres atributos principales que le caracterizan durante el proceso universal de la Creación:

- MENTE
- ENERGIA
- MATERIA

La Mente del Creador planifica, ordena y dinamiza. Es el Poder afirmativo de la Conciencia de Ser y de Realizar.

La Energía, en todas sus posibles expresiones, surge del contacto de la Mente divina con los éteres del Espacio. Produce un choque y una vibración y determina una respuesta sensible de los moradores del Espacio, de los Ángeles. La conocida sentencia esotérica: «La energía sigue al pensamiento» define certeramente esta idea de relación Mente-Energía. El resultado de esta es «substanciación del Éter», la conversión de éste en Materia.

La Materia, y la multiplicidad de formas que de la misma surgen durante el proceso de evolución de un Universo son el resultado de la energía que manipulan los Ángeles al substanciar o condensar los Éteres de acuerdo con la intensidad vibratoria de cualquier tipo de Mente, desde la Mente del Creador hasta la pequeñísima mente del más insignificante átomo o elemento químico. La Materia es el aspecto substancial de la Creación, es energía cristalizada por el poder de la mente. Las esotéricamente definidas «gunas» de la Materia, o cualidades mediante las cuales ésta se expresa —es decir, el movimiento, el reposo y el ritmo— son, en su totalidad, la vida de los ángeles menores o devas de las formas, definidos genéricamente como «elementales constructores», siendo estas criaturas de los éteres en multiplicidad de sutilidades y grados de evolución los que condensan la obra de la Materia y elaboran, vitalizan, conservan, perfeccionan y finalmente destruyen, una vez cumplido su propósito, todo tipo de formas en la Naturaleza, no importa el nivel en que éstas se expresen o la gloria del destino que entrañan. El estudio de la Materia, tan maravilloso y fascinante como el del propio Espíritu creador, llevará un día a los hombres de ciencia al reconocimiento de estas misteriosas vidas menores coexistentes con el éter y que desde el ángulo oculto de la Vida estructuran la forma geométrica y física de todo lo creado.

Esperamos que esta breve Introducción posibilitará la comprensión de las ideas, algunas de ellas profundamente esotéricas, que van a ser desarrolladas en este *Tratado Esotérico sobe los Ángeles*. Las presentaremos tan científicamente como nos sea posible y siempre de acuerdo con el principio hermético de analogía, dejando completamente a un lado todos los conceptos históricos, tradicionales y místicos acerca del tema que intentamos desarrollar.

Tensos en el noble propósito de investigar y de descubrir —oteando con audacia y confianza las grandes perspectivas del destino zodiacal y planetario que nos ha tocado vivir en esta nueva Era de grandes

oportunidades cíclicas y de no menos grandes decisiones humanas—
vamos a introducirnos juntos en un misterioso y desconocido mundo
en donde las estructuras sociales son para nosotros maravillosamente
armónicas y llenas de inmensas posibilidades de vida y de fraternidad.
Que tengamos éxito en la empresa común es nuestro ferviente anhelo
y nuestra más cálida esperanza.

Parte I. Las fuerzas ocultas de la naturaleza

Prefacio

[FON, p. 151] Esta Primera Parte ha de servir de introducción a otras ideas más amplias y profundas en orden al tema general de las Jerarquías Angélicas del Universo y de sus particulares y definidas misiones con respecto al hombre y a la vida de la Naturaleza.

[EDF, p. 7] Aquí estudiaremos «Las Fuerzas Ocultas de la Naturaleza», tratando de descubrir el misterio subjetivo de los ÉTERES, los cuales son substancia solar energizada por la vida de los Ángeles en sus numerosísimas huestes, jerarquías y funciones, y convertida más adelante en la sutilísima materia plástica capaz de adoptar cualquier tipo de forma, de acuerdo con los ciclos evolutivos correspondientes a cada Reino, Raza o Especie dentro de la infinita y omniabarcante Vida de la Naturaleza.

Utilizando la visión interna trataremos de dar cumplimiento a estos objetivos, complementándolo con la aportación de gráficos y dibujos ilustrativos,[3] describiremos actividades que están realizándose en los mundos ocultos, sin que nos demos cuenta, por medio de los agentes constructores de la Naturaleza, maestros supremos en el arte de la estructuración de todas las formas, de todos los ambientes y de todas las situaciones posibles en nuestro planeta.

[FON, p.7] Los dibujos han sido realizados por el inspirado pintor JOSEP GUMI I CARDONA, quien une a las imprescindibles dotes de una depurada técnica artística la singular y valiosa facultad de una percepción en los mundos invisibles. Gracias a esta última le es posible observar la actividad de los devas constructores y la de los insignes ángeles que los comandan, instruyen y dirigen en la obra creativa de la Naturaleza.

---

[3] Disponibles en http://www.ngsm.org/vba (N. del E.)

Así, estas ilustraciones poseen un inapreciable sentido de originalidad y síntesis, ya que presenta la forma de los Devas y de los espíritus de la Naturaleza, así como las imágenes luminosas del lenguaje dévico lleno de mágico encanto y de ocultos significados, en su verdadera expresión, es decir, tal como son percibidas en su propio plano y eludiendo el inevitable riesgo de pasarlas por el ángulo de refracción de los niveles imaginativos de la conciencia, tan absolutamente marcados por las formas psíquicas segregadas desde tiempos inmemoriales por los antiguos relatos y tradiciones.

He podido observar muy de cerca la obra del señor Gumí, a quien desde aquí agradezco muy vivamente su constante, amable y eficaz colaboración y puedo atestiguar por cuanto poseo también visión oculta que las formas dévicas presentadas en este *Tratado Esotérico sobre los Ángeles*, se ajustan perfectamente a las que yo suelo observar durante el curso de mis investigaciones esotéricas.

[FON, p. 150–51] Una parte muy importante a considerar, por sus tremendas repercusiones en el orden social de la humanidad, es la parte activa que toman los Ángeles en sus distintas jerarquías, en la producción de los fenómenos llamados parapsicológicos o paranormales y en todos aquellos otros de carácter atmosférico y geológico que se manifiestan como nieve, lluvia o viento y en forma más dramática, por sus imprevisibles consecuencias, como las erupciones volcánicas, los huracanes, los terremotos y las inundaciones. Esperamos poder explicar tan razonablemente como nos sea posible los orígenes dévicos de todos estos fenómenos paranormales y geológicos. Esta es, al menos, nuestra sincera esperanza.

A. Las bases científicas del universo

[FON, p. 17] **Las bases científicas del universo de acuerdo con la actividad angélica.**

Dividiremos este amplísimo tema en los puntos siguientes:

1. La intención suprema del Logos de manifestarse
2. La cualidad de la vida psicológica del Logos
3. El grado de experiencia universal de un Logos
4. La elección del campo de expresiones logoicas
5. La afinidad psicológica del Logos con determinados Arcángeles constructores
6. La consideración de los agentes constructores del Sistema Solar
7. Movilización de los elementos angélicos
8. La calidad del Espacio y del Éter Primordial

Habrá otras muchas e interesantes razones a investigar todavía con respecto a esta gigantesca movilización de fuerzas y energías de carácter cósmico. Hay que tener en cuenta, en todo caso, que se trata de extraer consecuencias psicológicas de este proceso analítico más que de adquirir simples informaciones y conocimientos de orden intelectual. Lo que intentamos realizar mediante este tratado acerca de los ángeles es desarrollar la intuición de los aspirantes espirituales descubriéndoles las zonas ocultas de este maravilloso Universo en que vivimos, nos movemos y tenemos el ser, que hasta aquí no habían entrado quizás a formar parte de sus elementos de estudio esotérico. Y, dentro de lo que podríamos denominar «corriente iniciática», a la cual deberemos hacer forzosamente referencia, hay que recordar siempre que una de las mejores cualidades del discípulo espiritual es la OSADÍA, es decir, la firme voluntad de conquistar por la audacia y por la fe invicta del corazón el secreto cósmico de la Vida infinita de los Dioses inmortales.

1. La intención suprema del Logos de manifestarse

La INTENCIÓN es el móvil primero de la Creación. Existe un sentido de valores muy amplio en esta declaración y no hay que intentar descubrir su secreto de inmediato. Podemos decir, sin embargo, que la Necesidad de expresión de cualquier Entidad psicológica humana, planetaria o solar, obedece a razones kármicas de la más elevada trascendencia. Hay un Poder soberano que incita a la acción basado en esta necesidad expresiva de cualquier tipo de karma, asignándole al karma un sentido muy especial, muy nuevo podríamos decir, con respecto a las formulaciones esotéricas del pasado, el de Entidad o Individualidad Psicológica. Esta idea puede originar en el aspirante medio unas ciertas crisis de valores y aún en algunos investigadores de reconocida solvencia espiritual, determinadas confusiones en el orden mental pues, aparentemente, contradice toda la enseñanza esotérica recibida hasta aquí. Podemos afirmar, no obstante, que la consideración profunda y analítica de dicha idea puede deparar quizás el reconocimiento exacto de lo que hay que entender como INTENCIÓN, al referirla a estas elevadas zonas de alta frecuencia espiritual en donde se gesta la vida de los Universos.

Observándolo bien, si queremos presentar la Vida logoica desde el ángulo de vista angélico, muy distinto en su apreciación al de los seres humanos en orden a las ideas que pensamos exponer en este *Tratado*, forzosamente nos veremos obligados a utilizar expresiones esotéricas muy diferentes a las que estamos habituados. Sin embargo, al analizar el trazado de estas, iremos apreciando que todo está básicamente ordenado de acuerdo con la misma LEY, variando únicamente el sentido de orientación o de enfoque, es decir, de perspectiva. Habrá que recurrir pues muy frecuentemente al principio hermético de la analogía para no sentirnos desvinculados del proceso de las ideas que iremos exponiendo, las cuales están relacionadas con los Ángeles y con el género de visión que Ellos utilizan, muy distinto al nuestro, para poder glosar un conjunto de valores de carácter universal en relación con los conceptos habituales de Creación y de Intención creadora.

Así, cuando hablamos de Intención al referirnos a la estructuración de un Universo, tenemos en cuenta la visión dévica que es, en definitiva, la que debe informarnos acerca del Gran Secreto Alquímico que produce y determina cualquier posible manifestación universal. La Intencionalidad de Dios, o el carácter permanente de Su deseo de manifestarse por efecto de la presión kármica que constituye el aspecto positivo y dinámico de Su naturaleza creadora, dinamiza los éteres del Espacio, los vuelve incandescentes y los hace moldeables para la actividad de los Ángeles, desde los poderosísimos MAHADEVAS que son el aspecto inmediato y ejecutor de la Intención Divina hasta

A. Las bases científicas del universo

los diminutos elementales de la Naturaleza, que en los más apartados e ignotos confines de un Plano construyen los soportes más densos que corresponden a la sustancialidad etérica de aquel Plano. Hemos dicho «sustancialidad etérica» o el aspecto material del Universo y quisiéramos recordar al respecto lo dicho por Mme. BLAVATSKY en «LA DOCTRINA SECRETA» de que Espíritu y Materia son esencialmente la misma cosa, que el Espíritu es Materia de la más sutil, elevada y cualificada vibración y que Materia es el Espíritu descendido a su aspecto más objetivo, pesado o gravitatorio. Así, pues, utilizamos el término «sustancialidad etérica» en el sentido esotérico de materialidad, admitiendo que la sutilidad o la densidad de un Plano dependerán siempre del grado en que el Espíritu predomine sobre la Materia o el de la Materia sobre el Espíritu en aquel Plano. Esta idea deberemos tenerla muy presente cuando tratemos de examinar críticamente la actividad del Señor RAJA, MAHADEVA o ARCÁNGEL que se expresa ya sea a través del Plano Monádico, de indescriptible sutilidad, o por medio del Plano Físico, cuya Materia es mucho más densa y ponderable. La INTENCIONALIDAD de Dios es la misma en ambos casos, ya que son parte de su misma Voluntad, pero la forma de actualizarla y la índole de los materiales utilizados en la construcción del Plano diferirá sensiblemente por sus grados de sutilidad, entendiendo científicamente por «sutilidad» ciertas modificaciones de dicha Voluntad en orden a la creación del Universo. En nuestro Sistema Solar, como esotéricamente es sabido, son SIETE estos niveles o Planos de Conciencia de la Divinidad creadora, SIETE los Grandes Arcángeles o Mahadevas que ejecutan Su Voluntad y SIETE, en definitiva, las grandes Corrientes de Energías, denominadas técnicamente RAYOS, que, surgiendo del inmaculado Centro de Vida de Su Corazón, vitalizan e integran la totalidad del Universo.

Los Siete Grandes Arcángeles son aspectos esenciales o modificaciones de la Conciencia Logoica durante el proceso de concepción, gestación, nacimiento, crecimiento o desarrollo y ulterior culminación del Sistema Solar, siendo Su elevada misión llenar el Universo de todas las formas posibles de existencia, a fin de que cada una de las partículas atómicas de conciencia que en su conjunto constituyen la Gran Conciencia Solar, puedan tener a su disposición el necesario y requerido vehículo para expresarse. Lógicamente será siempre la calidad de vida o de conciencia revelada por medio de cada una de aquellas partículas atómicas, dentro de las cuales puede ser incluida la vida humana, lo que determinará dentro de la Conciencia Solar, su ubicación en uno u otro de aquellos Siete Planos anteriormente reseñados. Aparentemente el proceso nos aparece muy simple a partir del principio de Creación y siguiendo la idea esotérica de participación angélica en el proceso creador de las Formas, que le da un carácter definido a los Planos de la Naturaleza y a esta simplificación contribuyen poderosamente estudios esotéricos efectuados con anterioridad acerca de los Planos del Sistema Solar, los cuales son características psicológicas del propio Logos. No añadiremos ni quitaremos nada, por lo tanto, en lo que respecta a la enumeración o clasificación de dichos Planos, los cuales, como se sabe, son los siguientes:

1. PLANO ÁDICO (De la Intención Divina)

2. PLANO MONÁDICO (De las Jerarquías Creadoras)

3. PLANO ÁTMICO (De la Voluntad Espiritual)

4. PLANO BÚDICO (De la Unidad Universal)

5. PLANO MENTAL (De la Conciencia de la Vida)

6. PLANO ASTRAL (De la Sensibilidad a la Vida)

7. PLANO FÍSICO (De las Múltiples Sensaciones de la Vida).

Lo que fundamentalmente nos interesa saber en orden a nuestro estudio, es la constitución especial de cada uno de estos Planos y el determinismo que guía la misteriosa actividad angélica, que surgiendo de la Intención de Dios y tras infinitas modificaciones de la sustancia primordial que llamamos Éter, produce el Universo manifestado. Hay que tener en cuenta, en todo caso, algo que parecen haber olvidado los modernos investigadores esotéricos y es que el Espacio es sustancia viviente regida por una Entidad Psicológica y que el Logos solar, a través de los grandes Arcángeles, utiliza dicha sustancia para crear Su Universo. Hasta aquí habíamos aceptado esotéricamente como válida la idea de que los éteres del Espacio poseían un dinamismo que les era propio, pero a partir de este momento y a fin de comprender mejor la actividad de las Vidas angélicas, habremos de dotar al éter no sólo de dinamismo natural y consustancial, sino también de inteligencia y voluntad, características de una elevada y potentísima Entidad Psicológica que trasciende por completo nuestra más elevada imaginación. Esta idea, aparentemente revolucionaria para algunos,

A. Las bases científicas del universo

es, según la visión esotérica de nuestra Era, la única que puede darnos una explicación lógica del sentido del karma y de la manifestación cíclica de los universos. El Espacio, como Entidad, viene así impregnado de karma, siendo el karma el ambiente natural, o social —si podemos expresarnos así— de los Dioses creadores.

En el destino creador de cualquier Logos ha de existir lógicamente, si nos atenemos a la analogía, una especie de predestinación astrológica que le incita a «elegir» Su lugar, o su situación exacta en el Espacio y a adquirir por efecto de ello un tipo definido de Personalidad o de Entidad Psicológica, con ciertas cualidades de vida y un tipo específico de conciencia de acuerdo con Sus necesidades expresivas o kármicas. El karma proveniente del pasado de cualquier Logos solar y el karma o destino de la Entidad Espacio deben establecer un centro de equilibrio y armonía. Cuando la «presión» de ambos aspectos kármicos llega a un punto de elevadísima integración o fusión se crea el ÉTER, la sustancia angélica base de la concepción universal. Podemos decir también que el Espacio se ha hecho moldeable a una Voluntad psicológica con necesidades inminentes de expresión y que a partir de este momento los Grandes Constructores del Cosmos, los Grandes Arcángeles o Mahadevas, aliados estrechamente a los Señores del Karma, pueden iniciar su Obra de Construcción.

Comprendemos que estas ideas aparecerán ante el concepto intelectual como algo realmente extraño, misterioso e inaudito y casi sin puntos de concreción posibles, pero debemos recordar al respecto cuanto dijimos anteriormente acerca de «la visión angélica» sobre el proceso creador del Universo, muy distinta en cada caso a la que corresponde a nuestra percepción humana. Sólo en una elevada medida de integración espiritual y utilizando la intuición superior nos será posible comprender la visión angélica. Para el Ángel todo es Vida y para el hombre todo es Forma; sin embargo y paradójicamente, el Ángel debe ser consciente de la Forma ya que debe operar sobre ella y el hombre debe adquirir una perfecta conciencia de la Vida para liberarse de la Forma. De ahí la necesidad de que, entre ambas corrientes de evolución, la dévica o angélica y la humana, se establezca un lazo espiritual de unión y comprensión, de conciencia y de fraternidad. Si esto llega un día a realizarse —y tal es realmente el programa logoico de la Evolución— nuestra humanidad terrestre llegará a sentir tan profundamente la Vida, con sus maravillosos e inenarrables secretos, que las más elevadas concepciones filosóficas de nuestro mundo y los más grandes milagros conocidos vendrán a ser como los débiles e incipientes balbuceos de un recién nacido. El conocimiento que actualmente es sólo patrimonio de las mentes iluminadas de la Humanidad, o de los grandes Iniciados, deberá formar parte en un futuro más o menos lejano del concepto mental, casi podríamos decir general, del hombre medio de nuestros días. Pero, deberán abrirse todavía muchas puertas internas para poder llegar a esta casi general comprensión del proceso creador. Una parte principal del propósito de este *Tratado Esotérico sobre los Ángeles* es «esclarecer la visión mística» y dotar de intuición espiritual a las mentes intelectualizadas de un gran sector de la humanidad, a fin de que los éteres del Plano Mental se dinamicen con el Fuego de una Realidad nueva, más de acuerdo con las necesidades de estos nuevos tiempos.

2. La cualidad de la vida psicológica del Logos

Cuando esotéricamente hablamos de cualidad, ya sea con respecto a la Vida de un Logos, de un Alma humana o de la diminuta conciencia de un átomo, nos referimos exactamente a dos cosas igualmente esenciales: al grado de evolución de dichas Vidas y a la manera como estas Vidas se manifiestan en Espacio y Tiempo, es decir, durante el proceso cíclico de la evolución, que en el Logos creador se extenderá por los Espacios Cósmicos dinamizándolos creativamente y en el átomo, cuya evolución cíclica pasa inadvertida pese a su maravillosa analogía, que por efecto de su extrema pequeñez solamente abarcará para su particular evolución una cantidad mínima de espacio, o de éter cualificado. El ser humano puede considerarse, tal como esotéricamente se ha hecho siempre, como un átomo consciente dentro de la Vida de Dios, participando de Su capacidad creadora y utilizando, a su vez, un considerable número de elementos sustanciales, o químicos, en todos los planos en donde posee cuerpos definidos que vienen a ser como partes expresivas de su voluntad y reflejando, por lo tanto, aquel aspecto específico de su naturaleza que llamamos el Karma. Como vimos anteriormente, el Karma posee básicamente «intencionalidad». No es una fuerza ciega ni maligna; su origen se pierde en las ignotas profundidades del Cosmos absoluto, pero posee una extraordinaria capacidad de síntesis que difícilmente

A. Las bases científicas del universo

podrá ser apreciada, al menos en tanto perdure para las mentes humanas el sistema corriente de ecuación de valores regidos por el intelecto. Muchos aspectos de este *Tratado* deberán ser considerados más con la intuición que con el juicio analítico, más con el corazón que con la mente. Se trata de introducirnos en el secreto mismo de la Creación y tal secreto, por paradójico que parezca, forma parte de la propia vida humana constituyendo el dinamismo de la acción particular regida por una actividad cósmica, de la misma manera que los átomos que constituyen nuestros vehículos de expresión en cada plano obedecen a nuestra propia evolución espiritual y, pese a su extraña pequeñez y aparente insignificancia, tienen asignada también la revelación de un secreto cósmico.

El principio de selectividad que rige el proceso creador al cual nos hemos referido anteriormente, puede ser íntegramente aplicado a nuestra vida humana. Como todo proceso creador, consta de idea y de voluntad, pero del centro mismo del proceso surge siempre la Intención, el poder inductor y el elemento cósmico que promueve la selectividad. En todo caso, selectividad es intención pura dinamizando los éteres y produciendo el necesario desequilibrio en los mismos como base del proceso creador, es decir, la creación de dos campos magnéticos de fuerza y de energía que en sus mutuas reacciones transmiten al espacio cósmico, esencialmente virgen, aquella invocación o mandato que atrae a los grandes Devas constructores. Éstos, según una frase mística del «LIBRO DE LOS INICIADOS», se hallaban sumidos en la paz imperturbable del Nirvana, o del Pralaya Angélico. Esta frase es profundamente interesante por cuanto revela la existencia en la vida de los propios Logos Creadores, de unos «espacios intermoleculares» en donde —utilizando aquí unos términos evidentemente rudimentarios— los Ángeles Constructores procedentes de cualquier ignorado y remoto Universo, duermen o descansan. Vean aquí un indicio de aquel estado, con referencia a la vida humana, que llamamos esotéricamente «el Devachán». Durante el curso de esta elevada forma de existencia en la que el Alma humana se siente libre de karma, los ángeles constructores de sus vehículos periódicos también duermen o descansan. Esta es aparentemente la gran analogía cósmica de la vida del hombre. Sin embargo, los Ángeles no descansan, sino que en la serena paz de su inmortal retiro «velan el sueño del Alma» y escrutan los misteriosos Cielos a la espera de la oportunidad de manifestación cíclica. Esta idea puede ser aleccionadora si podemos utilizarla inteligentemente. Nos ofrece, en todo caso, una nueva visión de incalculables perspectivas para nuestra vida humana, la cual se siente fatalmente obligada a los cíclicos periodos de descanso como antesala de un renovado y más benigno karma.

Volviendo a la idea anterior, insistiremos en el hecho de que el karma universal es consecuencia del necesario desequilibrio que se origina en el Espacio virgen cuando la Intencionalidad de un Logos decide la separatividad de los principios en perfecto equilibrio y «separa las aguas», tal como se dice en el Génesis, preparando el campo para la inminente creación. Donde hay dualidad de principios hay karma, siendo éste precisamente el indicador de las cualidades psicológicas de cualquier Logos reflejadas en la inmensidad del Espacio.

Si analizamos esta idea de acuerdo con una visión muy profunda y esotérica, llegaremos a la conclusión de que el Éter, al cual deberemos referirnos constantemente durante el curso de este *Tratado*, es el propio Espacio cualificado por el Karma de un Logos. Éste, impregna de Su vida íntima, aquellas zonas del Espacio en donde ha decidido «reencarnar» —permítasenos ser muy gráficos sobre este punto— y es precisamente aquella natural emanación de sí mismo la que en contacto con el Espacio produce el éter, la sustancia vital que utilizan los Ángeles para construir los elementos químicos de base sobre los cuales será estructurado el Universo.

Cada Logos lleva consigo los elementos vitales que, al incidir en la Entidad Espacial, producen creación y construcción. La cualidad de un Universo, su potencialidad dinámica, su extensión en el espacio, el tipo de las energías utilizadas y su grado de invocación angélica forman parte de lo que llamamos Karma en la vida de cualquier Logos creador. Los grandes espacios siderales, o aquellas excelsas zonas intermoleculares que separan a los mundos y se hallan en perfecto equilibrio, son la Mansión de los Ángeles del Cosmos en todos y cada uno de los niveles de expresión de la Vida Divina. Y en estos espacios intermoleculares que permiten la estabilidad y el equilibrio de cualquier Universo y salvaguardan la libertad y hegemonía kármica de los Logos que los integran, se halla la inmensa fábrica de condensación, formación y concreción de cualquier tipo de creatividad en donde trabajan los Ángeles.

A. Las bases científicas del universo

La afirmación esotérica de que los «espacios intermoleculares» son la Mansión y al propio tiempo la zona misteriosa donde trabajan los Ángeles debe ser aclarada en el sentido de que cada Logos posee estos «espacios intermoleculares» como un precioso legado de la experiencia creadora. Cuando decimos que los Ángeles no descansan porque carecen de principio kármico, estamos ofreciendo una indicación muy interesante en el orden esotérico que puede reorientar muchas de las concepciones científicas actuales hacia nuevas zonas de investigación y de estudio. Un ejemplo, las que corresponden a los espacios intermedios entre fuerzas gravitatorias, sin distinción de las características particulares de las mismas, que igualmente pueden ser referidas al espacio intermolecular entre dos Universos, como al vacío creado en los campos magnéticos producidos por un grupo de protones y otro de electrones. Hay que analizar muy críticamente, sin embargo, la idea de que «los Ángeles no tienen Karma». Pero, desde el momento en que se admite que dos campos gravitatorios pueden hallarse en equilibrio, hay que suponer lógicamente la existencia de un espacio entre ambas dentro del cual la actividad conocida como gravitación ha quedado reducida a cero. Decimos «actividad conocida» con referencia a nuestra mente muy influenciada por la «gravitación tridimensional» u objetiva, la cual no puede captar el oculto sentido de un espacio carente de gravitación por la actividad de dos fuerzas en equilibrio, es decir, absolutamente compensadas en sus particulares gravitaciones. Esta idea no niega en absoluto el principio o ley de gravedad, sino que le añade un nuevo y más positivo elemento en orden a nuestros estudios, que podríamos calificar como de «dinamismo vital de los espacios intermedios», el cual, sin que quizás nos hayamos apercibido de ello, constituye el principio de cohesión de los átomos, de las células y de todos los cuerpos en general hasta crear un Universo, un planeta o el organismo físico de un ser humano.

Si hemos seguido atentamente el proceso, seremos conscientes de que allí en donde termina la fuerza de gravedad de cualquier cuerpo en el espacio y en donde se inicia la de otro, ha de hallarse forzosamente un punto de equilibrio realmente dinámico, un espacio vacío sin gravedad reconocida y, por tanto, sin karma. Y es allí, en aquel misterioso punto, sin karma reconocido, en donde viven, se mueven y tienen el ser todos los elementos dévicos o angélicos, desde los pequeños elementales constructores hasta los Grandes Arcángeles que representan el principio científico de cohesión de la materia de un Universo, de un grupo de estrellas o de una esplendente Galaxia.

3. El grado de experiencia universal de un Logos

Si hemos seguido atentamente la idea general expuesta en el capítulo anterior, nos habremos dado cuenta quizás de unos hechos muy importantes, dentro de nuestros estudios esotéricos, tales como el de que el Espacio es una Entidad Psicológica y de que del Centro infinito de la misma emana constantemente una cualidad que ante nuestra visión intelectual aparece como de absoluto reposo y de equilibrio perfecto como resultado de haber sido debidamente compensada la ley de gravedad. Esta ley es común a todo cuerpo creado por esta rara y desconocida sustancia que llamamos «Éter», en incesante modificación o proceso de sustanciación. Al referimos a cualidad con respecto a cualquier Logos creador de un Sistema Solar o de un conjunto de Sistemas solares, hacíamos una referencia a su pasado e indescriptible karma, entrando con esta idea en la consideración del karma como la expresión de un tipo particular de conciencia logoica, de la que emana una especial corriente de energía invocativa. Dicha corriente, poniendo en incandescencia los éteres del Espacio, constituía un centro de expansión del cual surgiría por efecto de una condensación progresiva de la sustancia etérica el aspecto más denso y objetivo que llamamos sustancia material, llegando así a considerar que todo cuerpo denso es el resultado de una compresión del éter hasta llegar a un máximo de solidificación, como se trata por ejemplo en el caso de la sustancia material que llamamos plomo o de algún otro elemento químico con una potente carga de neutrones. Esto nos aclarará, la tremenda potencialidad que subyace en un átomo de uranio o de plutonio y que hizo posible su utilización en el campo científico para provocar una explosión nuclear, introduciéndose la investigación, quizás sin darse cuenta, en algún nivel esotéricamente reconocido como formando parte de la Cuarta dimensión.

Nuestra investigación en este *Tratado* pretende llevar el estudio a las desconocidas y maravillosas regiones angélicas y debe seguir, como es lógico, un proceso lento, circunspecto e inteligentemente calculado, teniendo como meta de nuestro esfuerzo la causa posible del Universo y tratando de descubrir el ignorado CRISOL de donde surgen mediante un indescriptible procedimiento alquímico todas las formas posibles de la Naturaleza.

Sabemos esotéricamente que los Ángeles, en un infinito e inenarrable despliegue de facultades, tienen el poder de construir átomos por un proceso de sustanciación o solidificación del éter. Este indicio, que constituye el más formidable desafío a los científicos del mundo moderno, es sólo el principio de una serie de descubrimientos en el orden esotérico que tienen que añadir y añadirán nuevos elementos de juicio en este campo, dentro del cual el movimiento de la energía potencial del Universo constituía hasta el presente la meta reconocida. Sin embargo, la investigación tiene que llevarnos todavía más lejos introduciendo nuestra visión en el reino supremo de las causas de la energía, hasta llegar a un punto o una frontera en donde solamente Dios y Su inmutable Designio pueden penetrar.

Al admitir dentro de una lógica esotérica la existencia de unas zonas de maravilloso equilibrio entre los campos gravitatorios del Universo, nos hemos introducido, casi sin darnos cuenta, en la Mansión de los Devas y en el reconocimiento de la gran verdad iniciática que un día llegará a ser absolutamente científica, de que los Ángeles son virtualmente la energía del Cosmos. Hay que aceptar inteligentemente que del seno de una zona espacial en equilibrio sólo puede surgir aquel tipo específico de energía del más potente dinamismo y de la más sutil radiación que llamamos armonía. En nuestro Universo esta energía cualificada por la vida de Dios, o de nuestro Logos solar, se denomina técnicamente AMOR, siendo el Amor, por tanto, la fuerza cohesiva que, desde un centro inmaculado de compensación de fuerzas dentro de cualquier campo gravitatorio, origina todas las cosas creadas. Hay que aceptar entonces, partiendo de estas consideraciones, que ciertas definidas experiencias kármicas en anteriores Universos hicieron de nuestro Logos lo que actualmente ES, es decir, un Centro de Creación o un núcleo atómico en el seno del Cosmos absoluto, alrededor del cual unos elementos con capacidades nucleares diversas expresan determinadas cualidades de Su eterna y radiante Vida. Igual principio de Creación, a partir de un centro de equilibrio, puede serle asignado a cualquier Logos prescindiendo de Su mayor o menor desarrollo espiritual dentro del majestuoso y fascinante Cosmos, siendo el equilibrio establecido por la relación intermolecular de cada uno de los Universos, o de los planetas oscilantes dentro de estos Universos, lo que preside la gran Armonía cósmica o la eterna Sinfonía de la Creación.

Hay que reconocer, y así nos introduciremos directamente en la idea de la Experiencia Logoica de Creación, que el pasado del Logos influye radicalmente en el proceso creativo. Este proceso se basa lógicamente en la calidad de los materiales utilizados en su ejecución y en la sutilidad de los éteres que por infinitos grados de compresión y amalgamación constituyen diversos estratos, planos o niveles mediante los cuales aquella gloriosa Experiencia tendrá posibilidad de revelarse. Tendremos que referirnos, asimismo, dentro de este orden de ideas, a la calidad de los Ángeles que originan el proceso de solidificación del éter surgiendo, tal como esotéricamente se dice, de los espacios intermoleculares de la Memoria del Logos, es decir, de lo que nosotros denominamos «memoria akásica», o «memoria cósmica». Habremos de extender pues el razonamiento a la ley de afinidades químicas operando en cada Plano del Universo, como un resultado de la actividad de los Ángeles que en cada centro de equilibrio tienen sus moradas. Inducidos por fuerzas universales que surgen del Corazón de la Divinidad, Centro de Su Actividad creadora, los Ángeles de nuestro Sistema planetario elaboran los materiales que entran en la composición del Universo y constituyen los Planos de la Conciencia divina, los Reinos de la Naturaleza, las Razas humanas y el complejo y todavía ignorado mundo de los elementos químicos.

Tengamos en cuenta también, y aquí deberemos aplicar radicalmente el principio de la analogía, que cada Logos creador tiene tras de sí un glorioso e indescriptible pasado que trasciende las pequeñas medidas del tiempo conocido. Este pasado, que técnicamente podríamos denominar «experiencia logoica», determina la calidad de un Universo, la cual viene determinada por la calidad de los factores angélicos que intervienen en el proceso de la estructuración universal. Pero, en definitiva, la calidad universal depende única y exclusivamente de la calidad de Experiencia Logoica y de Sus extraordinarias capacidades de Conciencia gestadas en el misterioso Arcano de la indescriptible Memoria Cósmica.

4. La elección del campo de expresiones logoicas

Siguiendo las líneas de investigación que nos hemos propuesto en este *Tratado*, deberemos insistir constantemente en el hecho de que los Ángeles, los misteriosos agentes de la Luz y de la Creación, constituyen el principio constructor de la Naturaleza divina. Responden a la Ley, al Orden y al Poder organizador que en forma de Inteligencia creadora surgen del Corazón del Sol, refiriéndonos aquí concretamente a la actividad logoica de nuestro Universo. Cuando hablamos de cualquier ser humano decimos corrientemente «que está siguiendo el proceso kármico que marca su destino». Con esta sencilla afirmación estamos revelando una gran verdad esotérica, teniendo en cuenta que el karma, el pasado del Alma, su experiencia psicológica, sus cualidades, etc., son consustanciales y constituyen el Ser en la integridad de sus aspectos. Parte inexorable del destino del hombre, en relación con las líneas maestras de este *Tratado*, son las infinitesimales, incalculables y desconocidas «vidas menores» que participan desde el principio mismo de los tiempos en la composición y construcción de sus mecanismos expresivos, siendo los más conocidos, como todos sabemos, el cuerpo físico, el vehículo emocional y la mente. Esta es una afirmación muy importante considerando que estas misteriosas vidas que cíclicamente nos acompañan son virtualmente ángeles o elementos dévicos en variadas e incalculables jerarquías y niveles de actividad, que elaboran el proceso kármico de acuerdo con los materiales, nobles o burdos, que vienen transportados a través del tiempo por la conciencia humana en permanente proceso de «memorización» o de evolución. El karma y el destino, palabras de las cuales no siempre se hace un debido y correcto uso, ofrecen amplísimas vertientes de estudio esotérico. No sólo son el resultado de pasadas experiencias y un depósito vivo de cualidades latentes, sino que constituyen un poder soberano, «una orden» —si podemos expresarlo así— a las innumerables vidas angélicas, las cuales, de manera maravillosa e inenarrable, son las «depositarias y al propio tiempo salvaguardadoras» de la integridad del Destino, sea humano o cósmico. Por lo tanto, cuanto digamos acerca de la «Elección del Campo de Expresiones» con respecto al Logos creador de un Sistema de mundos, tiene absoluta validez para el ser humano, sea cual fuere su valoración individual o su condición social. Nos referimos siempre a un proceso místico de integración de valores angélicos surgiendo de un determinado Centro creador y encarnando la luz de un destino, experiencia viva de un pasado que se pierde en la inmensidad del tiempo y tejiendo en el éter los acontecimientos kármicos que caracterizarán la vida de un Dios, de un hombre o de un insignificante átomo.

¿Qué hay que entender por la frase —aparentemente sin sentido— «elección del campo de las expresiones logoicas»? Podríamos señalar al respecto, aunque creemos que esta idea exigirá un gran esfuerzo de comprensión por parte de todos nosotros, que hay una misteriosa relación entre el Karma, la Cualidad de Vida Logoica y el Lugar en el Espacio que debe contener las semillas de un Universo. La selectividad del Espacio es aparentemente un proceso de «identificación». Cuando esotéricamente se afirma «que hay un destino para cada hombre y un hombre para cada destino», estamos afirmando este proceso natural de «identificación» o de reconocimiento por parte de los Ángeles que forman parte de este destino, del «lugar en el Espacio», o el emplazamiento justo, concreto y definido en donde tiene que realizarse la experiencia creadora. El Manto de un pasado, individual o logoico, es extendido por los Ángeles en el Lugar previamente elegido creando allí una zona de influencia que es caracterizada por aquellas conocidas frases esotéricas de «...el Espacio viene teñido de Karma antes de la Creación del Universo» y «...el Manto del Karma se cierne sobre los mares del Espacio para iniciar un nuevo destino creador». Estas ideas serán quizás difíciles de asimilar intelectualmente por cuanto sus implicaciones, por claramente que sean expuestas, contienen una fuerte dosis de abstracción. No en vano tratamos de los Ángeles y del Misterio de sus vidas, así como de sus capacidades de integración en la imponderabilidad del Espacio.

En el caso del Universo «la elección del campo de situaciones» o la selectividad del campo magnético que ha de producirlas en la infinita extensión del espacio, aunque aparentemente se aprecie como una actividad natural de los Ángeles, hay que tener en cuenta que dichos Ángeles son una emanación natural del propio Logos creador de un Sistema, significando con ello que «sus mónadas angélicas» participan de la Voluntad creadora y son inducidas a la actividad por la Intencionalidad de la Vida divina. Este punto lo analizamos en un capítulo precedente. Se trata del secreto de la correspondencia cósmica del cual deriva el eterno sincronismo existente entre las motivaciones logoicas y las actividades angélicas. Tengamos en cuenta

A. Las bases científicas del universo

que aislamos intencionadamente el proceso selectivo de situaciones universales de la motivación particular de un Logos, sólo para aclarar mejor el sentido de la Creación. Este sentido, como esotéricamente se sabe, consta de tres fases consustanciales: intención, ideación y construcción, inherentes a las actividades logoicas reconocidas en todas las grandes religiones de la Humanidad como la Voluntad del Padre, el Amor del Hijo y la Actividad del Espíritu Santo, los tres aspectos integrantes de la Vida de cualquier Logos o de cualquier ser humano, su reflejo microcósmico en el tiempo.

Una frase esotérica del «LIBRO DE LOS INICIADOS», traducida a nuestra mente occidental, dice así: «El Espacio se abre para contener la semilla de una nueva creación». Esta frase se refiere concretamente a los preliminares de la Creación, a lo que podríamos llamar «una concepción cósmica», extendiendo la idea al proceso generador de situaciones humanas que culminan en la concepción, este misterio universal de reproducción de todas las especies vivientes, así en el orden cósmico como en el individual y general, habida cuenta de que la Ley de polaridad y su consecuencia natural, el principio de generación, constituyen aspectos inefables de toda posible concepción. Las matrices del Espacio eternamente vírgen y las entrañas físicas del aspecto femenino humano guardan entre sí una absoluta relación y analogía. El germen creador del Logos, descompuesto en los aspectos positivo y receptivo y el germen humano conteniendo en su maravilloso centro de expansión la totalidad de un destino creador, son los elementos sustanciales de que se revisten los Ángeles para producir todas las formas conocidas. En el caso de un Logos, el primer síntoma objetivo de concepción es la nebulosa creada etéricamente por los Grandes Arcángeles, en el del ser humano es el movimiento de la sustancia etérica en forma circular alrededor del átomo permanente, el cual empieza a latir como un diminuto corazón.

Cuanto hemos dicho en este capítulo deberá considerarse como la piedra angular de este *Tratado*, por cuanto se analiza la vida de los Ángeles desde el ángulo de vista de su actividad principal, la que incansablemente les lleva a «tejer en la luz» de los acontecimientos del pasado y en las oportunidades del presente, un mejor y más claro destino en la vida de todo Dios y de cada hombre. Empezamos a considerar científicamente la esencia del proceso vitalizador del

Universo y a introducirnos en los misteriosos arcanos del tiempo para descubrir allí el secreto de las edades. Podemos entrever ya, aunque sólo en una cierta medida, el principio de Vida generador de un Sistema Solar y a considerar las actividades angélicas, en sus infinitos niveles de expresión, como las corrientes vitales que descompuestas en energía, fuerza y movimiento constituyen la realidad visible de toda posible creación. Estas ideas, consecuentes de las examinadas en los capítulos precedentes, nos permitirán ver más claramente el sentido de identidad psicológica de un Logos en relación con la inefable corriente de Vida que se expansiona y exterioriza en el Cosmos por medio de un Arcángel.

5. El Logos y los Arcángeles constructores

La afinidad psicológica del Logos con determinados Arcángeles constructores

¿De qué maravilloso e indescriptible Centro cósmico surgen estas extraordinarias actividades de conciencia que magnéticamente atraen, relacionan y unifican a ciertos Arcángeles con determinados Logos Creadores? ¿De qué ignorado rincón del Cosmos proviene esta afinidad Logoico-Arcangélica que contiene el secreto místico de la Creación? ¿Dónde se hallan los Crisoles de aquella misteriosa ALQUIMIA que produce los Universos?

Estas son las preguntas que se formulan los verdaderos investigadores esotéricos y que deberían hacerse los aspirantes espirituales de nuestros días. Las respuestas a las mismas han de tener sin embargo una potente base científica, aunque la Ciencia que produce la tecnología moderna no se ocupe todavía de estas cuestiones. Debe haber un punto de coincidencia también con todo cuanto aprendimos esotéricamente en el pasado. No podemos reducir el proceso de nuestro estudio a un simple recrearse románticamente sobre una serie de misterios sin revelar y construir un mundo de nebulosidades alrededor de un tema cuya formulación mental exige lógica y una conveniente estructura analítica. Hay que utilizar como siempre el principio de analogía e iluminar con ella los aspectos que están ocultos a la ordinaria percepción intelectual. Así, de la misma manera que el principio de la Luz es dual y obedece a las leyes científicas de polaridad magnética, así también el Universo es dual como resultado del contacto magnético del Logos creador con un poderosísimo Arcángel o Mahadeva. Los investigadores ocultos de la vida de la Naturaleza saben, por percepción Intuitiva, que no es el Azar cósmico lo que hace concurrir en un momento específico del tiempo y en cualquier determinada zona del espacio a un Logos y a un Arcángel. Las razones ocultas que guían desde sus misteriosas raíces cósmicas el trazado particular de un Universo son el resultado de una AMISTAD que viene manifestándose a través de incontables eones. Estas motivaciones podrían ser localizadas quizás en «el principio de los tiempos», cuando el Logos Solar era tal vez un ser humano como nosotros, perdido como un punto de luz en el seno de una humanidad transcendida hace millones de años y durmiendo su recuerdo en los infinitos repliegues del inmortal AKAHSA y el hoy excelso Arcángel, un Ángel familiar que asistió a aquel hombre en algún momento cumbre de su evolución espiritual y engendró aquel Karma de Amistad que los mantiene entrañablemente unidos en la expresión del Universo.

Esta idea puede aparecer como un sueño, expresión de un sentimiento extremadamente idealista, lleno de fantasía o de romanticismo espiritual, pero en realidad es el reconocimiento de un destino kármico de luz que abarca el pasado, el presente y el futuro de cualquier posible Universo. En los grandes relatos simbólicos y místicos de la antigüedad se habla muy frecuentemente de amistades entrañablemente íntimas entre Ángeles y hombres, nacidas al amparo de hechos y circunstancias especiales o trascendentes que escapan al intelectual razonamiento. Se nos habla esotéricamente también de «los Ángeles Solares», cuya simbología más conocida es la de Prometeo, el joven héroe mitológico, que compadecido de la ignorancia que ensombrece la mente de los hombres, asciende al Olimpo y le roba al Dios JÚPITER, mientras éste se halla durmiendo, el fuego de la inteligencia para ofrecérselo a la humanidad, la cual, desde aquel momento, posee alma individual y sentido social de comunidad.

El símbolo de Prometeo se fundamenta en el Amor y en la Amistad, así como en el reconocimiento del sacrificio de ciertos grandes Ángeles en favor de la humanidad durante el larguísimo y difícil proceso de la evolución de las Razas... ¿Por qué no transferir pues el símbolo de Prometeo al Cosmos absoluto y considerar desde este ángulo la participación kármica y objetiva del Logos solar y de un divino Arcángel en la gloria creativa de un Universo, teniendo en cuenta que todo

Universo es kármico? Hay aparentemente un Karma de Amistad y simpatía entre los elementos principales que intervienen en su creación. Los Logos y los Arcángeles son los Artífices del Universo, aportando el Logos Intención, Voluntad e Ideas y el Arcángel, Señor de la Memoria Cósmica, la elección del campo de la actividad universal y la capacidad infinita de extraer del Karma logoico —he ahí una idea difícil de ser expresada— todos los ingredientes o materiales que han de hacer posible la obra de Construcción o de estructuración de la Forma, o grupo de Formas en las que debe encarnar la Idea del Logos. De ahí que la frase esotérica «...hay un Ángel para cada Hombre y un Hombre para cada Ángel», analizada en otra parte de este *Tratado*, pudiera ampliarse en el sentido de que «hay un Arcángel para cada Logos y un Logos para cada Arcángel».

El secreto que subyace en el principio de selectividad que precede a la elección del campo, es decir, de las zonas del espacio en donde ha de tener lugar la obra de creación universal, pertenece por entero a la Vida del Arcángel. Éste sabe, sin error posible, donde debe realizarse la Obra por cuanto conoce la Intención del Logos y su más secreto Designio y es capaz de revestirse de Sus cualidades más íntimas para poder extraer del Espacio los apetecibles frutos de la Acción. El Logos, por su parte, puede descansar de la labor de Construcción porque sabe que se halla en buenas manos y conociendo la extraordinaria habilidad del Artista puede proseguir el gran Intento Creador en los indescriptibles y maravillosos mundos de la Intención y de la Idea. El Karma se complementa y sólo el Recuerdo, la Memoria Cósmica o la Experiencia de las Edades actúan en el proceso de la elaboración universal. KRISHNA y ARJUNA —muy esotéricamente interpretados— están siempre de acuerdo. KRISHNA, el Logos creador, se limita a observar atentamente el proceso de construcción o de elaboración de la Idea universal encarnando sólo un fragmento de su Ser; ARJUNA, el Arcángel, interpreta la Voluntad logoica y con aquel fragmento de Vida del Ser, realiza la tarea de construir el Universo, la Morada de KRISHNA, del Logos, en todos los niveles requeridos por la actividad kármica. Tal es, esotéricamente hablando, la Obra mística del Universo, una Obra de Amor y de Amistad cósmica que trasciende las edades.

6. Los agentes constructores del Sistema Solar

Si admitimos razonablemente que la Ley de Gravedad, a la que nos referimos en capítulos precedentes, es una expresión del Karma de los Dioses Creadores, habrá que admitir también como lógica la idea de que cada uno de los Planos del Sistema Solar tiene su propia y específica gravedad. Ésta dependerá obviamente de la calidad del Karma logoico y de la Capacidad sustanciadora del mismo por parte de cada uno de Sus Arcángeles regentes. Hablamos siempre, como podrá observarse, en términos de afinidad y de analogía por cuanto no podemos separar los Arcángeles de la Vida de los Logos, como no podemos separar los devas constructores de la vida de las almas de los seres humanos. Dentro de la línea de nuestros comentarios veremos siempre que Dios y el hombre, el Macrocosmos y el microcosmos, se hallan vinculados por idénticas Leyes y Principios y de la reciprocidad que resulta de dicha analogía podemos extraer siempre la necesaria comprensión en nuestras investigaciones.

En nuestro Universo hay un Centro de Gravedad Central ocupado —si podemos expresarlo así— por el aspecto superior del Logos creador. A este Centro se le denomina esotéricamente «El Sol Espiritual Central» y del mismo surge o emana una séptuple corriente de energía que es representativa de las Cualidades psicológicas de la Conciencia divina. Cada una de estas Siete corrientes de energía en contacto con el Espacio Cósmico «previamente elegido», origina siete centros de expresión de Aquella Voluntad Central, siete vórtices o siete centros de gravedad. En el interior de tales vórtices de energía la visión de un elevado Logos cósmico podría percibir la actividad primera del Mahadeva o del Arcángel Constructor, que es polarizar la Intención del Logos y crear «el necesario desequilibrio» en el Espacio «para que sean removidos creadoramente los éteres», tal como puede leerse en ciertos pasajes del «LIBRO DE LOS INICIADOS», y la séptuple Cualidad trascendente del Logos sea descompuesta en un increíble número de cualidades menores, cada una de ellas con su propio centro de gravedad. Tales centros menores —y somos conscientes de lo difícil que resulta comprender esta idea— son emanaciones directas de la Vida del Arcángel y son la totalidad de aquellas entidades espirituales, de las cuales tan poco se habla en los estudios esotéricos, que constituyen la Jerarquía Angélica del Universo. Cada una de estas Jerarquías tiene asignada una muy definida y concreta misión con respecto al Universo. Son, en su generalidad, la experiencia creadora del Dios universal, la representación genuina de Su evolución en varios niveles de conciencia, la revelación de Su karma y los forjadores de Su destino a través del Universo. No puede separarse al Ángel, sea cual fuere su evolución o jerarquía, de las cualidades de Vida que caracterizan la Conciencia de Dios, ya que en su conjunto constituyen misteriosamente dichas cualidades. La evolución natural de los Ángeles se halla en el centro de las Cualidades divinas y crecen espiritualmente a medida que tales cualidades o experiencias se exteriorizan y expansionan a través de los sucesivos Universos, encarnado en el Espacio, unificando sus vidas y originando el éter.[4] El éter, esotéricamente definido, es una emanación del karma divino Coloreado por las cualidades representativas de los Ángeles. El misterio de la creación universal se realiza a partir de la nebulosa; se trata de un lentísimo y paciente trabajo angélico de «condensaciones sucesivas de éter», mediante las cuales la Intención del Logos halla adecuada réplica en los éteres creados por el impacto de los Ángeles en el seno infinito del Espacio. Tengamos presente cuanto dijimos anteriormente acerca de que «el Espacio es una Entidad Psicológica». Esta idea podrá adquirir consistencia mental si se tiene en cuenta que el Espacio contiene una Vida particular, ya que es una emanación directa de un LOGOS SUPERCÓSMICO —permítasenos esta expresión— que cede una parcela de Su Campo Gravitatorio, o etérico, para que otros Logos menores puedan exteriorizar Sus vidas y sus particulares karmas.

Cuando en los elevados estudios esotéricos se nos dice que ...el Espacio está teñido de karma, aún antes de que se inicie el proceso creador de un Universo», se tiene en cuenta esta gran verdad de que el Espacio, tal como corrientemente lo analizamos, es ya una emanación angélica de poderosísima trascendencia proveniente de una INTENCIÓN LOGOICA, totalmente incomprensible para nosotros, pero Cuya Vida se expresa por medio de indescriptibles Galaxias y no por Simples Constelaciones o Sistemas solares. ¿Podemos captar adecuadamente la grandiosidad infinita de esta afirmación?

Cuando refiriéndonos muy concreta y particularmente a nuestro Sistema Solar, hablamos de Planos o niveles de Conciencia queremos

---

[4] No se trata del éter conocido por la Ciencia, sino el propio Espacio dinamizado por las cualidades magnéticas de la Divinidad a través de los Ángeles.

significar que ciertos vórtices de energía provenientes de la Voluntad Espiritual Central de nuestro Logos creador han anclado en el Espacio —vean ustedes, las dificultades idiomáticas para expresar estas sutiles referencias— y han establecido contacto con el éter cualificado que lo constituye, es decir, que han venido a formar parte de una Conciencia cósmica más allá de todo poder conocido. Es decir, que le ofrece una pequeña oquedad dentro de su insondable Espacio para depararle oportunidad creadora de evolución y de experiencia.[5]

La actividad angélica, hasta donde nos es posible considerarla de acuerdo con el principio de analogía, consiste en preparar la «Experiencia Creadora», unificando los éteres cualificados que proceden de un Universo anterior logoico con el éter del Espacio dentro del cual va a realizarse el nuevo experimento creador. Y si tenemos en cuenta que el éter es la sustancia que viene coloreada por el Karma de cualquier Dios o Logos creador, seremos conscientes que en el momento estelar y cíclico en que se produce la «concepción» de un Universo hay un MARIDAJE CELESTE entre dos tipos de Karma, o dos experiencias logoicas, expresando diferentes cualidades psicológicas y destinos de Vida. Es, en este punto, cuando se inicia el proceso de construcción y de revelación. En efecto, los principios de Vida logoica se introducen en el éter y los Ángeles empiezan su trabajo. Es un trabajo infinitamente lento, tal como hemos dicho anteriormente, paciente y lleno de humildad, incomprensible para la conciencia del hombre, impaciente por naturaleza y deseoso constantemente de ver y de gozar el fruto de sus acciones. Estas características humanas forman parte de lo que podríamos llamar «el estigma del Karma». Los Ángeles están más allá y por encima de estas condiciones. Aparentemente no tienen karma. Al menos el karma tal como lo consideramos desde el ángulo de vista humano, pero paradójicamente utilizan el karma, logoico o humano, como fuente de energía para su tarea de «sustanciación o compresión de los éteres». Cuando se produce la gran emanación logoica que los lleva a la manifestación, se limitan a escoger materiales de conciencia y a condensarlos de acuerdo con el DISEÑO que intuitivamente poseen de la Voluntad divina. El dolor, la lucha y el sufrimiento que eones más tarde provocarán la gran invocación redentora que determinará la liberación de la energía universal sustanciada, corresponde al ALMA de las cosas, a aquella otra

---

[5] Nuestro Sistema solar forma parte de un grupo cósmico constituido por siete Universos.

emanación de vida que procede de otro Centro creador de la Divinidad, aquél que esotéricamente se define como «el Corazón del Sol». Este Centro es denominado también la Super Alma universal. De este Centro surgen las Mónadas espirituales de todo cuanto existe y las Jerarquías creadoras que viven en el Universo guardan estas Mónadas como el más preciado Tesoro creador, ya que son las simientes vivas de los Logos inmortales que surgirán en el devenir del tiempo, un tiempo para medir, del cual el ser humano no sólo carece de medidas, sino también del suficiente entendimiento para imaginarlas.

El intento creador del Logos, o Su intención de manifestarse, ofrece así dos grandes vertientes: la que corresponde a la IDEA y contiene la Intención primaria y la de la ACCIÓN, o trabajo de Construcción, que condensa el Karma del Logos mediante la sustancia generada de las vidas angélicas que llamamos éter. El grado de condensación del éter a través de un proceso natural y selectivo de materiales afines por parte de los Grandes Arcángeles origina los distintos Planos de la Naturaleza. La sutilidad de un Plano tiene que ver, por tanto, con la evolución espiritual del Logos y de Su Arcángel regente. De este último emanan, como una exacta réplica de las cualidades de la Divinidad, siete corrientes de energía. Éstas, siempre en orden a la densidad del éter que cualifica aquellas emanaciones, determinan y construyen los siete Subplanos de cada Plano, regido cada uno de ellos por un poderoso Ángel. Resumiendo, el proceso de construcción del Universo (continuamos haciendo referencia al que vivimos, nos movemos y tenemos el ser), vemos que cada Plano es expresión de la capacidad interpretativa y constructiva de un Arcángel y que, escindido en Siete subplanos, expresa una riqueza de cualidades y posibilidades infinitas de acción mediante la actividad de Siete Excelsos Ángeles constructores. Éstos, a su vez, hacen sentir Su fuerza, Su energía y Su mandato sobre una increíble legión o jerarquía de elementos dévicos o angélicos, fuerzas vivas que conocen exactamente la responsabilidad de sus respectivas misiones y las llevan implacablemente a cabo, prescindiendo en absoluto de lo que ocurre más allá de los límites impuestos a sus acciones por la propia ley de evolución y la característica especial del medio dentro del cual oculta y misteriosamente trabajan.

Hay, por tanto, cuarenta y nueve subplanos regidos cada uno de ellos por un glorioso Ángel, cuya vida y cuyas cualidades vienen

A. Las bases científicas del universo

determinadas por el excelso Arcángel que es el centro gravitatorio de cada Plano. Podemos decir que hay siete absolutas polarizaciones de la Atención creativa de la Divinidad, revestidas de una cualidad psicológica distinta, expresando un cierto aspecto de Aquella trascendente evolución universal alcanzada a escala cósmica a través de incontables ciclos o edades de proyección creadora en los indescriptibles marcos del Espacio. Vistos los Planos desde este ángulo, más cercano a nuestro entendimiento, podemos considerar que cada uno de ellos constituye un Cuerpo expresivo de la Voluntad o Conciencia del Logos. El Arcángel es el Centro vital constantemente activo en el interior de cada uno de estos Cuerpos para dotar a la Vida divina de una oportunidad cada vez más plena y más perfecta de manifestación, mediante la aportación de ÉTER, cada vez más sutil y sublimado, representativo lógicamente de las modificaciones cada vez más profundas que produce y registra la Conciencia Logoica.

La comprensión de cuanto acabamos de decir puede aclarar quizás la idea que cada cual pueda tener sobre la creación del Universo. Podemos decir, sin embargo, que la vida humana, exacta reproducción de la Voluntad divina, se mueve también en siete distintas dimensiones o cualidades etéricas del Espacio, desde su cuerpo físico de la más densa objetividad, hasta el Plano Monádico, en donde el Arcángel regente vela el desarrollo de su trascendente capacidad de síntesis y en donde también –de acuerdo a lo que al respecto se dice en cierto pasaje del «LIBRO DE LOS INICIADOS» «...La Gran Ave (el Arcángel) después de empollar los huevos del Universo vela por sus siete polluelos», siendo ésta una sutil referencia a la actividad particular y distintiva del Arcángel del Plano Monádico con respecto a la totalidad de las Mónadas espirituales de todos los Reinos de la Naturaleza. Las Mónadas espirituales del Reino humano fueron empolladas —permítannos esta sutil referencia— por el Ángel regente del Cuarto subplano del Plano Monádico, el Segundo de la evolución solar. A este Ángel tutelar de las Mónadas del Cuarto Reino y a las huestes angélicas a Sus órdenes se les denomina esotéricamente «La Cuarta Jerarquía Creadora».

Resumiendo lo dicho en este capítulo, acuerdo con el principio de analogía y en orden nuestro *Tratado*, las siguientes conclusiones:

a)   Nuestro Universo es Septenario.

b) La base de este, en su aspecto estructural y expresivo, es el ÉTER, en distintas modificaciones o grados de densidad.

c) Cada tipo de modificación del ÉTER obedece a una Cualidad de Conciencia del Logos Creador.

d) Hay, por lo tanto, Siete grandes Centros de Gravedad en el Universo, mantenidos en equilibrio estable o cohesivo por la intervención de un poderoso y excelso ARCÁNGEL.

e) Cada Plano surgido de este Centro de Gravedad se subdivide en Siete planos menores o subplanos, los cuales constituyen, a su vez, siete Centros de gravedad o vórtices de energía integrados cada uno por la gloriosa Vida de un Ángel de elevada categoría universal.

f) De cada uno de estos Siete vórtices de energía generada por la Vida de un Ángel, se exterioriza una numerosísima legión de ángeles menores y devas constructores (o fuerzas elementales de la Naturaleza) manejando distintas y cualificadas energías, cumpliendo cada cual una bien definida e importante misión constructiva en la vida de la Naturaleza y en orden al «diseño» creativo que les impone o les ordena el Ángel director del particular subplano «en donde viven, se mueven y tienen el ser».

7. Movilización de los elementos angélicos

Intentaremos descubrir ahora el Misterio oculto de la Creación. Observándolo bien, Creación es un término vago y nebuloso que difícilmente aceptará la Ciencia de nuestros días. Sus investigaciones exigen una comprobación concreta de los elementos integrativos de todo cuanto va experimentando. De ahí que para acercarnos lo más posible a este aspecto de concreción y exactitud que exige la mente científica, vamos a reemplazar el término creación por el de construcción, ya que es obvio que la construcción es el aspecto objetivo y comprobable de la creación.

Examinemos, por ejemplo, la diminuta vida de un átomo la cual, según ha podido comprobar la Ciencia, reacciona como un Universo en miniatura de acuerdo con los principios o Leyes conocidas de rotación y de traslación y por la actividad permanente de un centro de gravedad que es inherente a todo cuerpo objetivo de la Naturaleza. En estos tres aspectos definidos de Gravedad, Rotación y Traslación, términos radicalmente científicos, hay una indicación natural —si utilizamos lógicamente la analogía— de todo cuanto fue dicho en capítulos anteriores. La Ley de Gravedad es el FOCO de Atención de una conciencia central, sea la de un Logos, de un ser humano o de un simple átomo. En tal centro de actividad gravitatoria hay un campo de fuerzas muy distintas quizás a las científicamente conocidas, que obligan al Espacio a comprimirse constituyendo compartimentos estancos de distintas densidades. El Éter de dicho Espacio es una sustancia viva e inteligente; no es, tal como erróneamente se cree, una fuerza ciega apta solamente para recibir y transmitir impactos. Es sustancia inteligente por el hecho de que corresponde al campo de actividad magnética de una Entidad Logoica trascendente, superior a la de nuestro particular Universo. Si tenemos en cuenta que el Espacio viene teñido por ello de un Karma natural de Aquel supremo Logos, contenedor del nuestro, veremos que las ideas de Gravedad, de Éter y de Karma tienen desde este momento un más oculto y profundo significado, pues nos aclaran hasta cierto punto las concepciones básicas de la Creación, cuya génesis expresiva, o sea, la Construcción, corresponde a los Ángeles en sus infinitas gradaciones y Jerarquías.

La manera como el «impulso eléctrico» que surge de la Intención de la Divinidad Creadora se convierte en Ley de Gravedad y después en una Fuerza y en un Movimiento circular –como en el caso de la nebulosa que precede a un Universo— y origina el impulso de rotación de los astros, puede apreciarse como una consecuencia de la actividad de los Ángeles Constructores. Estos Ángeles comprimen el Espacio siguiendo las normas gravitatorias que rigen para todos los Sistemas Cósmicos establecidos, es decir, hacia dentro del propio Espacio. Cuando esta compresión del Éter llega al máximo posible en orden a la densidad que le corresponde por Karma Logoico —observen nuestras dificultades expresivas— surge otro movimiento o impulso de expansión hacia afuera, hacia el Cosmos. Ambos movimientos, el de la gravedad hacia el centro, la Fuerza centrípeta, y el que se expansiona hacia afuera, la Fuerza centrífuga, son un efecto muy particular de los Devas Constructores que realizan este trabajo como una actividad natural que copian, reproducen o reflejan del Sístoles y Diástoles del Corazón Solar, del cual el Éter, en todas sus posibles densidades puede ser considerado como la Sangre o elemento vital. De ahí, las axiomáticas palabras que extraemos del «LIBRO DE LOS INICIADOS»: «...El ÉTER es la SANGRE de los DIOSES», las cuales nos informan esotéricamente acerca del doble Misterio de la Creación y de la Construcción del Universo.

Si seguimos atentamente la idea que acaba de exponerse, deduciremos por analogía que en el Éter sustancial subyace la Energía que permite la expresión objetiva de todas las formas de vida de la Naturaleza, las que por su propia densidad pueden ser percibidas por nuestros sentidos físicos y las que por ser de carácter subjetivo o sutil se hallan fuera del alcance de estos. La localización y el futuro desarrollo dentro del cerebro físico humano de ciertos «puntos clave» en orden a la percepción de los elementos etéricos o sutiles que pueblan el Espacio y contribuyen a la construcción de cualquier tipo de forma objetiva o subjetiva, constituye la tarea del discípulo en entrenamiento espiritual o, más científicamente expresado, del investigador consciente. En ciertas zonas «intermoleculares» del cerebro físico del ser humano moran unos determinados agentes dévicos o angélicos que todavía no han logrado iniciar su tarea de desarrollar aquellos «puntos clave» que han de servir como áreas de recepción de las altas verdades cósmicas y al propio tiempo de percepción humana en los niveles sutiles de la Naturaleza. Cuando en los estudios esotéricos avanzados se dice que «una verdad ha sido conquistada» por el discípulo o por el investigador, se nos informa a la vez de que ciertos elementos de percepción superior en el cerebro han sido movilizados y se ha iniciado una nueva fase de desarrollo dentro de la vida humana. Como veremos, a medida que avanzamos en nuestro estudio surgen nuevos datos de interés, no sólo esotéricos sino también científicos. Cuando, por ejemplo, se hace referencia a la cuarta dimensión se nos está informando, aunque no en forma empírica o experimental, sobre unas zonas gravitatorias más sutiles a las conocidas en el mundo físico, de las que irradian o se proyectan ciertas energías que ponen en actividad dentro del cerebro a los elementos angélicos, elementos a los que anteriormente hicimos referencia. No olvidemos que el Éter es la sustancia universal en distintas fases de condensación y que los Planos de la Naturaleza, o Cuerpos expresivos del Logos, son interdependientes. Esto quiere significar que, siendo una sola la procedencia del Éter, o campo magnético a través del cual se expresan las cualidades distintivas de la Vida creadora, uno sólo será también el destino de la sustancia: revelar el Karma de los Dioses o, en un aspecto más cercano a nosotros, testimoniar el destino del hombre. Un delicado instante de atención nos aclarará el sentido de la Vida creadora con respecto al Universo. Siendo el Karma una emanación natural del Logos, un Poder gravitatorio central revelando la experiencia del pasado universal, es lógico suponer que lo que realmente opera en el espacio, eterna Matriz de toda posible creación, es esta sustancia kármica la cual, según se nos dice ocultamente, «tiñe el Espacio con las cualidades engendradas de sí misma y refleja estados de conciencia, originando así el Éter», o campo magnético más afín con su naturaleza creadora. Por tanto, cuando nos referimos a «movilización de elementos angélicos», tenemos en cuenta esta maravillosa potencialidad, inherente al Éter, que permite la construcción de todos los cuerpos y todas las formas posibles. Podemos iniciar una nueva fase en nuestro estudio a partir de esta idea, pero teniendo en cuenta lo dicho en otras partes de este *Tratado* de que el Karma, el Éter y los Ángeles son apreciaciones distintas de la misma cosa. Así, cuando el Logos decide crear, y esta decisión entraña para nosotros un secreto de la más elevada trascendencia, moviliza espontáneamente una increíble cantidad de elementos angélicos, desde el poderosísimo e imponderable Arcángel que es parte consustancial de Su Voluntad y conoce cada una de Sus decisiones, hasta el diminuto e imperceptible elemental cuya morada es el espacio intermolecular entre dos átomos físicos. Esta movilización obedece a un Mandato supremo, a un inconcebible Mantra que pronuncia el Logos creador y cuya traducción más asequible a nosotros es el «¡HÁGASE LA LUZ!» del Génesis bíblico, o el AUM, que es la réplica del Mandato en la lengua sagrada de los Grandes Rishis orientales. En ambos casos, este Mantra es una Orden que da el Logos a todo Su contenido kármico, el cual, según vimos anteriormente, tiene una conciencia que le es propia y familiar, siendo los Ángeles precisamente quienes guardan, preservan y archivan este Misterio oculto de los Logos creadores. Del estado de SER al principio de EXISTIR sólo hay una débil frontera, aunque perfectamente delimitada por los Ángeles de los Archivos Akáshicos, quienes, edad tras edad, ciclo tras ciclo, preservan la Memoria Cósmica como base esencial de futuras creaciones universales. El Mandato de un Logos creador va dirigido siempre a aquella parte dentro de la Memoria Cósmica que muy particularmente le corresponde, ya que de esta Memoria particular se derivarán las grandes corrientes de Vida y de Conciencia que convergiendo en el Espacio en forma de Éter posibilitarán la creación del Universo.

Distingamos pues en el Logos dos elementos consustanciales. Su Vida Creadora (KRISHNA) y Su Existencia Kármica (ARJUNA) que jamás le abandona y permanece en equilibrio dentro de las grandes Zonas Praláyicas de Conciencia, o Espacio Intermolecular, entre un Universo extinto y otro que deberá surgir en un futuro más o menos lejano en orden al principio de creación que surge eternamente de la Gran Ley Cósmica de Necesidad. Nos hallamos aquí al borde de un gran Misterio en el devenir de nuestras investigaciones. Hemos aprendido, no obstante, algo que nos permitirá establecer una nueva serie de ideas ante nuestro sincero afán investigador, o sea, que el Ángel no es una Entidad independiente, separada del destino de un Logos creador, sino una emanación natural de la Vida de ÉSTE, como el perfume es la emanación de una flor, expresándose como poder constructor de formas o de cuerpos que místicamente han de ser ocupados por las ideas y las cualidades que forman el campo magnético o gravitatorio a que Su evolución Cósmica la haya hecho acreedor. Démonos cuenta, a medida que vayamos introduciéndonos en esta idea, lo difícil que resulta elegir las palabras más adecuadas o convenientes para su comprensión. En tal dificultad tendremos que recurrir frecuentemente a la intuición y tratar de ver el proceso desde zonas mentales disociadas de todos los conocimientos hasta aquí adquiridos o heredados.

Cuando hablamos, con respecto a un Logos creador, del «GRAN PRALAYA» nos atenemos al significado esotérico de descanso después de un periodo de actividad o MANVANTARA que originó, desarrolló y completó un Universo. En el Gran Pralaya de un Logos existe un perfecto equilibrio entre la IDEA creadora y la ACTIVIDAD constructiva y este equilibrio, visto desde el ángulo intelectual, aparece como una cesación completa y absoluta de las actividades de la Conciencia. Lo que realmente hay es un período de «distensión» dentro de la Vida Logoica y tal Periodo es de un orden muy natural teniendo en cuenta que el Espacio ya no está comprimido y el Éter ha vuelto a Sus indescriptibles Fuentes de procedencia. De ahí la frase esotérica «Los Ángeles descansan». Asignamos, como se verá, significados nuevos a términos esotéricos corrientemente utilizados en nuestros estudios anteriores, pero son precisamente estos nuevos significados los que nos permitirán comprender cosas que hasta este momento eran consideradas como secretos iniciáticos. La «distensión» o GRAN PRALAYA que se produce después del gran esfuerzo creador por el cual

A. Las bases científicas del universo

un Universo con todo su contenido planetario y abarcando cómputos de tiempo realmente sobrecogedores vino a la existencia, NO es un reposo absoluto en donde el SILENCIO y la NADA —he aquí unos términos que no pueden dar una idea exacta de lo que intentamos decir— se han enseñoreado del proceso. Se trata de una forma de actividad cuyo significado no está todavía al alcance de la mente intelectualizada del ser humano y que surge de las maravillosas Zonas del gran equilibrio cósmico en donde el Logos creador, las Mónadas Espirituales y las Jerarquías Angélicas que guardan el Misterio del Karma, se hallan confinadas. El Universo en su totalidad, que es el producto de una gran tensión creadora que determinó la compresión de los Éteres del Espacio hasta convertirlos en sustancia material orgánica o molecular, se halla allí en aquellas indescriptibles zonas de equilibrio, sujeto a un proceso de recopilación, reconsideración o memorización por parte del Logos, de todos los hechos y acontecimientos universales producidos durante el gran Intento creador. Por lo tanto, aquella apariencia de reposo vista desde el ángulo de apreciación intelectual, es considerada desde el centro de percepción espiritual como del más tremendo dinamismo o actividad logoica. La analogía de tal estado con respecto al ser humano es, como sabemos, el DEVACHÁN, el álgido periodo de recopilación de experiencias humanas en el centro de un absoluto equilibrio de funciones universales. Es sumamente importante que tratemos de comprender la capacidad de síntesis que existe tanto en el Gran Pralaya Cósmico o en el Devachán humano, aquella indescriptible facultad, tremendamente dinámica, que surge del perfecto equilibrio entre dos campos de fuerzas distintas. ¿Nos hemos detenido a considerar, siquiera remotamente, que este perfecto equilibrio es LUZ y que podríamos hallar aquí, en esta idea, la causa de esta rara y misteriosa sustancia que llamamos electricidad y que el propio fenómeno de la Luz en todas sus expresiones no es el choque o fricción entre fuerzas antagónicas, sino el resultado de un equilibrio o armónica compensación entre fuerzas o energías surgiendo de idéntico centro creador?

Según se nos dice en los altos estudios esotéricos correspondientes a esta Nueva Era, la más elevada forma de electricidad de que puede disponer un Logos en el ejercicio de Su función creadora se halla en Su DEVACHÁN o GRAN PRALAYA. El potentísimo dinamismo que utilizará en el devenir de Su actividad creadora arranca precisamente de allí, de aquellas incomprensibles y misteriosas Zonas en donde el EQUILIBRIO es la única Ley reguladora y en donde los Ángeles, en sus infinitas Jerarquías, han reducido el Éter a su más mínima expresión siendo el Éter una expresión del Karma de los Dioses, puede afirmarse lógicamente que el Karma de Dios ha cesado prácticamente de actuar. Los Ángeles, a su maravillosa manera, que es la manera que aprendieron del Gran Señor, también se hallan recopilando la experiencia cosechada de su obra o experiencia en el Universo. Allí, en el eterno Silencio de la Paz infinita del PRALAYA UNIVERSAL escuchan sonidos inmortales, presienten nuevos y más fúlgidos colores y se recrean con más bellas, depuradas y sutiles formas geométricas. Ellos preparan allí, en aquellas excelsas regiones más allá de toda posible forma de Nirvana, los sutilísimos rayos de Luz con los que tejerán las nobles estructuras de un nuevo y más esplendente Universo.

8. La calidad del Espacio y del Éter Primordial

Después de lo dicho en escritos precedentes puede ser claramente precisado ya que hay una relación muy directa e íntima entre la evolución espiritual de un Logos creador y su campo de expresión, el Universo. Si la evolución es un sistema natural de expresar cualidades cada vez más sutiles y elevadas de conciencia, llegaremos a la conclusión de que el Espacio —una Entidad viva y coherente— es el recipiente de tales cualidades y que cuando esotéricamente se nos dice que «...el Espacio está teñido de karma», estamos expresando la misma idea añadiéndole el aspecto creador que es esencialmente la raíz o la esencia de las cualidades que resultan del karma particular de cualquier Divinidad creadora.

El Espacio, contenedor de todas las posibles cualidades logoicas, adoptará, de acuerdo con la analogía, un tinte especial para cada Logos creador, teniendo en cuenta de que el Espacio es el campo de expresión de todas sus motivaciones universales, siendo el karma el factor dinámico que en forma misteriosa impulsa la entera manifestación de la Vida, ya sea de un Logos, de un Ángel, de un ser humano o de un simple átomo. La Ley siempre es la misma, pudiendo observarse en todo ciclo de manifestación los siguientes factores:

a) El Espacio, el Campo absoluto de manifestación.

b) El Karma, o motivación específica que impulsa a la manifestación.

c) Las Cualidades de Conciencia que surgen del contacto del Karma con el Espacio, es decir, el particular tinte o colorido que adopta el Espacio al ser condicionado, comprimido o sustanciado por las Leyes dinámicas del Karma que rigen la manifestación de la Vida.

d) El Éter, como Espacio teñido de las Cualidades Kármicas, o Espacio particularizado.

Esperamos que estas ideas serán consideradas con toda la amplitud y profundidad que se merecen, por cuanto introducen nuevos elementos de reflexión en nuestros estudios esotéricos y muy particularmente en nuestras investigaciones sobre los Ángeles.

Como habremos podido observar, hay un enlace vital entre el Espacio y el Éter desde el ángulo de la observación oculta, pudiendo deducirse que ambos son esencialmente la misma cosa, siendo la particularización o limitación del Espacio lo que origina el Éter y siendo el Éter el elemento cualitativo que utilizan los Ángeles para construir progresivamente las bases estructurales del Universo de acuerdo con las particulares leyes o principios establecidos por sus Logos creador. En páginas anteriores habíamos expresado la idea, a nuestro entender básica en la orientación de nuestros estudios, de que el Éter era la mansión de los Ángeles en sus infinitas jerarquías, teniendo presente que el Éter en lo que a nuestro Universo se refiere, está sujeto a Siete grandes sistemas de compresión o sustanciación y que tales sistemas, leyes o principios originan los Planos de la Naturaleza, siendo las jerarquías angélicas las Entidades constructoras que por grados de sutilidad espiritual llenan de formas sustanciales todos y cada uno de estos Planos y correspondientes subplanos. Vemos, por tanto, que los Ángeles no son Entidades pasivas o sólo agentes divinos de inspiración humana, intermediarios celestes entre el hombre y Dios, tal como durante muchos siglos ha sido la opinión de los teólogos, filósofos y místicos del mundo, sino que aparecen a la visión esotérica como la Actividad Inteligente del Logos en la vida total de la Naturaleza. El investigador esotérico no concibe vida en la Naturaleza sin que exista una adecuada forma que la caracterice y cualifique. Comprende así que la vida de la Naturaleza es la Conciencia de Dios en manifestación y que la Forma es el trabajo de los Ángeles, operando cada jerarquía angélica y cada hueste de devas constructores en un nivel específico del Éter, siendo el Éter el depósito de la sustancia que los Ángeles actualizan y manipulan para crear todas las formas posibles de la naturaleza.

Otra idea que asalta de inmediato nuestra mente al considerar que Espacio y Éter son la misma cosa desde un plano de visión esencial y que el Éter es la zona del Espacio condicionada, alterada, modificada o coloreada de algún tipo particular de karma, es la de que el fenómeno universal de creación es siempre el resultado de la intercomunicación de dos Entidades Logoicas mediante la cual un Logos mayor ofrece a otro Logos menor —dicho esto con toda reverencia— la oportunidad de expresarse. Así, el axioma esotérico «...el Espacio viene teñido de karma aún antes de la manifestación de un Universo», tiene aquí su adecuada expresión. Esta idea, como podremos comprobar si seguimos atentamente nuestros comentarios, ofrece la particularidad de presentar el Cosmos como siendo totalmente KÁRMICO, eternamente vinculativo e interdependiente, como el maravilloso conjunto familiar o social de infinitas Jerarquías de Logos creadores, obedeciendo todos a la Ley cósmica de demanda o de necesidad, con una increíble gama de respuestas desde todos los centros vivos del Espacio y de toda serie de Huestes Angélicas dispuestas a convertir en Éter cualquier zona del Espacio y originar así el fenómeno creador. Estos son unos conceptos quizás muy distintos a los actualizados hasta aquí, pero démonos cuenta de que en su mística composición son una aseveración científica de la gran verdad esotérica de que Espíritu y Materia son la misma cosa y de que sólo el nivel de conciencia, desde el cual observa el investigador, hace que se vea esta cosa idéntica en forma dual o separativa. Si se examina muy críticamente esta afirmación se tendrá al alcance de la mente una nueva concepción científica de la Verdad en lo que al Espacio se refiere y en el valor cada vez más relativo del factor Tiempo, tal como es capaz de percibirlo la mente humana.

Puede asegurarse, de acuerdo con estos razonamientos, que las cualidades que se relacionan con el Espacio y crean la función del Tiempo son lógicamente el producto de la evolución de dos Vidas logoicas siguiendo un proceso de intercomunicación orientado hacia fines cósmicos, mediante el cual un Logos mayor hace sentir la gravitación de Su conciencia sobre un Logos menor y siendo la respuesta de dicho Logos menor aquel tipo particular de esfuerzo

A. Las bases científicas del universo

creador definido técnicamente como INTEGRACIÓN. Un término con el cual estamos muy familiarizados por estar relacionado en nuestros estudios esotéricos con la técnica científica de la meditación oculta.

Como iremos apreciando, ideas aparentemente muy lejanas como las del Espacio y del Éter empiezan a tener un significado para nosotros, con sólo considerar el Espacio como el Éter característico o cualificativo de una Entidad logoica mayor con respecto a otra menor, la cual y en virtud de los principios de analogía y correspondencia, utiliza el Éter que constituye una emanación directa, kármica o angélica de Sí misma como Espacio dentro del cual otro Logos todavía menos exaltado en la escala creativa del Cosmos, halla los elementos especiales requeridos que le permiten una adecuada, justa y necesaria expresión. El Cosmos absoluto, visto desde el ángulo de expresión objetiva es, por tanto, una permanente expresión de karma mediante el cual cualquier Logos creador puede identificarse con el Universo creado, Su Cuerpo de Expresión.

Para terminar este comentario, vamos a analizar un nuevo concepto de relación con las ideas antes descritas en el sentido de aceptar que hay un DESTINO ÚNICO de perfección como consumación de Necesidades Kármicas, que hermana sin distinción alguna a todos los seres del Universo, desde el más exaltado Logos hasta el más diminuto átomo de la Naturaleza. El DESTINO es Ley y su CUMPLIMIENTO un deber universal. El axioma esotérico «hay un destino para cada hombre y un hombre para cada destino», puede aplicarse a todas las conciencias vivas del Cosmos. Las condiciones astrológicas que expresan este sentido universal de interdependencia y por las cuales hemos aprendido a estudiar el destino humano, rigen también para todos los Logos creadores, teniendo en cuenta de que el Karma es el verdadero orientador de todo Destino. Varían únicamente las circunstancias impuestas por la evolución de las cualidades de la Conciencia. Para un ser humano rige un sistema específico que llamamos Constelaciones, para nuestro Logos Solar estas Constelaciones aparecerán quizás como simples planetas, pero utilizando la imaginación creadora habrá que suponerse la existencia de inmensos Logos de tal infinita e indescriptible magnitud que Sus Destinos vendrán regidos no ya por Constelaciones siderales, sino por inmensos grupos de maravillosas Galaxias. TAL ES LA LEY.

B. El misterio del átomo de hidrógeno

[AVSH, p. 49] **La Actividad de los Ángeles en el Proceso de Substanciación de los Átomos ultérrimos**

Todo tipo de substancia, material o inmaterial —entendiendo por inmaterial en este caso el aspecto subjetivo de la Naturaleza— está constituido por átomos, cuya densidad dependerá siempre de las necesidades de evolución de la substancia que constituye cada uno de los siete planos del sistema solar. La base estructural de toda substancia, sea cual sea su grado de evolución, es el átomo de hidrógeno. Este átomo, unidad fundamental en química ya que, como es sabido, consta solamente de un protón y un electrón, tiene la particularidad —esotéricamente reconocida— de contener dieciocho infinitesimales unidades atómicas visibles únicamente a la investigación clarividente, llamados ocultamente ANUS o átomos ultérrimos, cuya esencia es monádica y es la primera manifestación química del principio de vida en el Universo.

Contando siempre con la facultad clarividente, se percibe que la manifestación primera del átomo, o del conjunto de átomos de hidrógeno, tiene lugar en el cuarto subplano del físico, o primer subplano etérico, constituyendo el punto de paso de la substancia etérica superior al nivel físico más denso. En dicho cuarto subplano, los dieciocho átomos ultérrimos se diferencian constituyendo un protón y un electrón, es decir, que se convierten en un conjunto átmico formado por nueve ANUS positivos y otros tantos negativos. Podría decirse así, que las energías positiva y negativa que constituyen toda la substancia material suministrada por la Vida oculta planetaria a través de su vehículo etérico, son una combinación de energía solar y de energía planetaria, procedente la primera de FOHAT, o Fuego creador del Universo, y siendo la segunda una emanación directa del Fuego de KUNDALINI, encerrado en las entrañas misteriosas de la Tierra. El ANU, tanto si se le considera un átomo ultérrimo de tipo cósmico, como de carácter físico, representa siempre una fusión dentro de la substancia material, de estos dos Fuegos de base.

Ahora bien, examinado el átomo de hidrógeno por el sistema oculto de la clarividencia y dirigiendo la atención hacia el comportamiento de los átomos ultérrimos, se ve a éstos ejerciendo su presión sobre el protón o sobre el electrón de acuerdo con las leyes de la polaridad universal, aumentando proporcionalmente esta presión a medida que el proceso de substanciación material va teniendo efecto, es decir, que la gran Escalera de Jacob constituida por la totalidad de los elementos químicos de la Naturaleza, arranca del átomo de hidrógeno situado en los peldaños más elevados de la misma y va descendiendo de allí, sumando átomos de hidrógeno con sus correspondientes ANUS, hasta alcanzar el más complejo y pesado de los elementos químicos conocidos hasta el momento presente, el Laurencio,[6] el cual consta de ciento tres unidades de hidrógeno. Si el índice de dieciocho ANUS que contiene el átomo de hidrógeno fuese estrictamente proporcional, tendríamos que el átomo de laurencio seria poseedor de 103 x 18 = 1.854 ANUS y que bastaría con multiplicar por 18 el número de protones de cada elemento químico para obtener su carga completa de ANUS.[7] Parece ser, sin embargo, que el índice de átomos ultérrimos varia con la calidad de los elementos químicos, constituyendo una rara singularidad científica. *

[*Hay que considerar al respecto que de la misma familia de los átomos de hidrógeno simples, aunque más complejos y con más carga de ANUS, se hallan los átomos de deuterio y de tritio, denominados en el libro QUIMICA OCULTA, de Mme. Annie Besant y Mr. C.W. Leadbeater, adyarlum y occultum respectivamente, conteniendo el primero 1 protón, 1 electrón y 1 neutrón, con una carga de 36 ANUS, y el segundo, 1 protón, 1 electrón y 2 neutrones, con una carga de 54 ANUS. Así, el átomo de helio que sigue inmediatamente al átomo de hidrógeno, con 2 protones, 2 electrones y 2 neutrones, aparece en dicho libro con un contenido de 72 ANUS y no con sólo 36 que aparentemente le corresponderían si se atuviese estrictamente al número de protones y electrones en relación con el átomo más simple de hidrógeno. Vemos, por ello, que la regla no es exacta en el sentido de una rigurosa analogía concreta (aunque quizás se manifieste esta analogía en los niveles subjetivos o abstractos). La señora Annie Besant y el señor Leadbeater, que fueron unos excelentes investigadores del mundo oculto, así parecen atestiguarlo en QUIMICA OCULTA, en el sentido de considerar que el número de protones y de electrones para cada elemento químico de la Naturaleza no ha de multiplicarse necesariamente por los 18 ANUS que a cada uno de ellos

---

[6] Investigaciones científicas posteriores han confirmado la existencia de elementos químicos más pesados o con más carga de unidades de hidrógeno.

[7] El teósofo y físico Stephen Phillips ha actualizado estos hallazgos. https://www.theosophical.org/news/42-publications/quest-magazine/3525-occult-chemistry-revisited (N. del E., consultado: 21 marzo 2019)

B. El misterio del átomo de hidrógeno

debería corresponderle. Existe, al parecer, una regla muy esotérica — iniciática podríamos decir— que regula el número de ANUS que constituyen el núcleo central de cualquier elemento químico, los protones o los oscilantes electrones. En todo caso, el ANU continúa siendo la fuerza viva, coherente y determinante que se halla en la base substancial o química del Universo.]

El misterio del átomo de hidrógeno es, por tanto, el que pueda encerrar cualquier otro elemento químico conocido, salvo en el sentido que constituye, tal como decíamos anteriormente, el punto de paso de las energías físicas superiores hacia las fuerzas más densas de la materia. Podemos asegurar, sin embargo, de acuerdo con la lógica que se desprende de tales conclusiones, que existen átomos mucho más sutiles y ligeros que los del hidrógeno, surgidos de un proceso natural de «sutilización» de los mismos mediante el cual el átomo de hidrógeno, por un proceso de transmutación que se realiza dentro de la propia materia por imposición del Espíritu de Dios, va perdiendo cargas sucesivas de ANUS y da lugar a los elementos atómicos que constituyen las moléculas de substancia de los subplanos tercero, segundo y primero del plano físico solar. En lo que hace referencia al plano físico cósmico, nuestro sistema solar, esta pérdida o reducción del número de ANUS da lugar a los planos astral, mental, búdico, átmico, etc. De acuerdo con la ley esotérica que va de lo universal a lo particular; podríamos afirmar que el proceso de substanciación —al cual me he referido muy frecuentemente durante el curso de este *Tratado Esotérico sobre los Ángeles*— se inicia a partir del plano ÁDICO, el de la propia Divinidad, en donde los átomos cósmicos constituyentes son de la máxima sutilidad y pureza, es decir, sin carga alguna de ANUS o átomos ultérrimos cósmicos. Al descender al plano MONÁDICO, los átomos ádicos son substanciados —si podemos decirlo así— con tres ANUS, siendo ésta al parecer la primera manifestación cíclica de la vida del Logos al crear Su Universo, representando cada uno de estos ANUS alguno de los aspectos creadores de la Divinidad, que es triple en Su naturaleza. Tal podría ser el origen para nuestra mente tridimensional, del Triángulo de la Creación mencionado en los anales ocultos. El plano ÁTMICO, el de la Voluntad espiritual de la Mónada, está constituido —de acuerdo con esta analogía— por átomos conteniendo cada uno una carga de 6 ANUS cósmicos. La substancia integradora del plano BÚDICO, el de la unidad espiritual, está constituida por agregados atómicos que contienen 9 ANUS. Este número de ANUS constituye un misterio iniciático. Quien logre penetrar en tal misterio sabrá de las razones ocultas por las cuales el 9 es el número del hombre y también por qué el 9 es el número de la Iniciación, comenzando entonces la búsqueda del misterio a partir del aspecto esencial del ANU cósmico, el de la divina Síntesis.[8]

El plano MENTAL está constituido por elementos atómicos conteniendo cada uno 12 ANUS, estando directamente relacionado este húmero con la gran Rueda del Zodíaco y con los 12 Trabajos de Hércules, el discípulo Iniciado. Los elementos atómicos y moleculares del plano ASTRAL contienen 15 ANUS, siendo precisamente este número el que corresponde a la sensibilidad psíquica latente en todas las cosas existentes, a los deseos y sentimientos humanos y al sexto Rayo, el de la devoción a la obra de la Divinidad, numéricamente relacionado con la simplificación dígita del número de ANUS: 15 ó 1 + 5 = 6.

Al incidir el átomo astral así constituido en el plano FISICO, le son añadidos otros 3 ANUS, completando así los 18 que corresponden al átomo de hidrógeno, es decir, un ANU para cada subplano o nivel hasta llegar al cuarto subplano etérico e iniciarse aquí la química universal de convertir en gaseosa la substancia etérica proveniente de los planos más elevados del sistema solar.

La Escalera de Jacob de los elementos químicos pasa pues por el átomo de hidrógeno, ya sea para construir los átomos pesados que culminarán en el laurencio o para sutilizarse al extremo de constituir los átomos ultérrimos cósmicos del plano ADICO, el de la Vida inmaculada de la propia Divinidad.

---

[8] Basta considerar en relación con esta idea, que el cuarto plano del sistema solar, el búdico, está íntimamente vinculado con el cuarto éter del plano físico del que surgirá eventualmente, por un proceso de substanciación, el átomo dé hidrógeno., Está vinculado asimismo con el cuarto reino de la Naturaleza, el reino humano. No será difícil establecer por analogía el por qué los 9 ANUS del plano búdico constituyen realmente la base del axioma esotérico... «el 9 es el número del hombre».

B. El misterio del átomo de hidrógeno

La Actividad de los Ángeles en el Proceso de Substanciación de los Átomos Ultérrimos

La línea maestra de este *Tratado Esotérico sobre los Ángeles* pasa, como Uds. podrán advertir, por un término que yo he considerado clave para la comprensión del Propósito divino en la vida de la Naturaleza. Se trata de la palabra substanciación, la cual, después de una meditación profunda sobre lo dicho anteriormente, adquirirá un tremendo valor de síntesis, pues toda la actividad dévica analizada en el proceso místico de substanciación, a partir de la más indescriptible y absoluta diafanidad y transparencia atómica, o sea, a partir del átomo ádico sin agregado alguno de ANUS cósmicos, hasta la creación de los elementos más pesados en el orden material de la creación, que constituyen el Reino Mineral, la Osamenta del planeta, tal como ocultamente se le denomina, es una suma o acumulación constante de ANUS ultérrimos físicos al contenido molecular de cualquier tipo de substancia.

El éter del espacio es esencialmente una carga eléctrica que se va repartiendo equitativamente por todos los planos del Universo, constituyendo la estructura geométrica y química de este. La unidad eléctrica de base en el Universo será, sin duda, la que resulte del equilibrio dentro del átomo esencial o divino, es decir, dentro del ANU cósmico, el cual, como unidad atómica de base, consta de tres elementos, uno dinámico o positivo, otro aparentemente estático o negativo y en el centro de ambos surge el tercer elemento, de carácter inmensamente ígneo y de deslumbrantes resplandores, operando en el centro de aquellos en virtud de las leyes universales del equilibrio. De ahí que se le asigne al ANU, ya sea en su naturaleza cósmica o en su aspecto meramente físico, no solamente cuantitativo como creador de toda la substancia química del Universo, sino también un valor cualitativo como causa oculta de la electricidad, universal y planetaria, pudiendo ser comprendido así el origen común de la materia y de la energía, siendo aparentemente el permanente equilibrio que existe entre ambas aquella Fuente de Poder que llamamos Jerarquía Angélica del Universo, una Fuerza que determina al parecer la expresión natural de todas las formas creadas. Así, extremando al máximo nuestro sentido crítico de valores y utilizando al propio tiempo el principio hermético de analogía, nos será posible considerar quizás que el equilibrio dentro de un átomo ultérrimo, o ANU físico, o dentro de cualquier otro centro de equilibrio universal, o ANU cósmico, en la vida de la Naturaleza, es la representación de un diminuto e imperceptible deva o de un glorioso Arcángel, cuyas naturales misiones serán, sin duda, el producir luz, radiación, magnetismo o aquella energía base de expansión de la Vida divina en el Universo que llamamos técnicamente electricidad, viniendo determinada la calidad de la Jerarquía angélica por la diafanidad, intensidad y transparencia de las energías que irradien del centro equilibrio del que dimanen o al que de una u otra manera vitalicen. El trabajo de substanciación del ANU cósmico primordial hasta convertirlo en un átomo de hidrógeno físico y la tarea acumulativa de los átomos de hidrógeno hasta constituir la materia más pesada, es una misión encomendada a los devas y podríamos decir, esotéricamente, que en el centro de cada uno, de los elementos químicos conocidos, se halla una minúscula e inadvertida entidad dévica, cuya luminosa vida mantiene en equilibrio el contenido molecular o atómico de cualquier forma creada y es responsable de la calidad de sus radiaciones.

Vista esta idea desde el ángulo cósmico, nuestro Universo y aún el propio Planeta aparecerán como centros de equilibrio creados por la intervención de ciertas Entidades angélicas, las cuales, pese a Su indescriptible evolución cumplen una función similar a la de las Pequeñísimas e insospechables vidas dévicas que mantienen en equilibrio estable la infinitesimal estructura de un átomo físico Ultérrimo... Por estas y por otras todavía más ocultas razones, el proceso substanciador del éter, tal como veremos a través de este tratado, [9] tiene un carácter eminentemente angélico, pudiendo afirmarse que las entidades dévicas —en todas sus huestes y jerarquías— irán perdiendo progresivamente su significado meramente místico para introducirse en las áreas de la investigación científica, singularmente en aquellas mayormente relacionadas con las maravillosas combinaciones geométricas observadas en el interior de todos y cada uno de los elementos químicos que constituyen los compuestos moleculares, por cuanto se comprobará que cada forma geométrica —sea cual sea su disposición— está directamente relacionada con la vida de un grupo específico de devas, cuyas vibraciones, reflejadas desde ignoradas regiones subjetivas, crean

___

[9] Originalmente decía: «tal como veíamos en las primeras enunciaciones de este tratado»., pues este capítulo fue originalmente publicado en la Tercera Parte del *Tratado*. En la Segunda Parte se considera a fondo el tema de la «substanciación» (N. del E.).

B. El misterio del átomo de hidrógeno

aquel particular tipo de figuras geométricas, esferoidales, cónicas, piramidales, cilíndricas, etc., las cuales, armoniosamente entrelazadas, constituyen la característica definida de cualquier grupo de elementos químicos, tal como puede ser percibido con ayuda de los modernos microscopios electrónicos. Así, al Conocido aforismo platónico «Dios Geometriza», podría serle añadida otra afirmación esotérica igualmente verídica y categórica ... mediante la energía creativa de los Ángeles. El axioma tendría entonces, además de su carácter eminentemente filosófico, una expresión afirmativa de naturaleza científica.

Estas conclusiones de carácter universal, a las que nos hemos ido aproximando siguiendo un proceso sistemático de analogía, podrían depararnos una visión mucho más completa del mundo físico que nos rodea, llegando a la consideración de que todo cuanto existe en la Naturaleza, sea cual sea su forma, cualidad, reino o especie, no es más que un agregado de átomos de hidrógeno en diversas y complejas fases de substanciación, entendiendo que las formas materiales se caracterizan por orden de densidad..., viniendo condicionadas por el número de átomos de hidrógeno que componen el núcleo atómico de cualquier elemento químico. Vemos así que entre el átomo más ligero, o de hidrógeno, con un sólo protón y un solo electrón, y el más pesado, el Laurencio, con una carga de 103 átomos de hidrógeno, se extiende toda la gama de elementos químicos conocidos hasta ahora, constituyendo mediante sus diferentes pesos atómicos y estructuras geométricas definidas el universo material, el indescriptible e inmenso depósito substancial del cual cada vida y cada unidad de conciencia extraen el contenido molecular que ha de constituir su forma física. Hay que admitir, por tanto, que toda expresión de vida vendrá absolutamente condicionada por la calidad de los elementos químicos y compuestos moleculares que entran en la composición de la forma, organismo o vehículo que ha de utilizarse durante el proceso evolutivo o kármico, teniendo en cuenta que los vehículos o mecanismos de expresión del ser humano —el cual lógicamente ha de constituir el centro de nuestra atención— son cuatro:

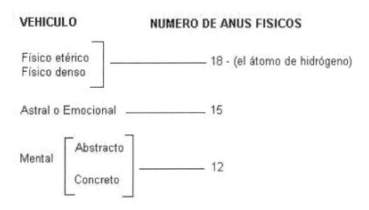

Cada uno de estos mecanismos de manifestación cíclica está compuesto por conjuntos moleculares de elementos químicos, que van aumentando de densidad a medida que el impulso espiritual a través del alma o conciencia va descendiendo desde los subplanos superiores del plano físico a los inferiores, aglutinando materia cada más densa según sea la calidad de los vehículos expresivos, los cuales se caracterizan, tal como veíamos anteriormente al analizar el aspecto universal del proceso, por la cantidad de ANUS que son absorbidos en cada plano a medida que la fuerza del alma va incorporándose en la materia. Una pequeña tabla de analogía el sentido de cuanto hemos venido estudiando en este apartado:

SISTEMA SOLAR	NUMERO DE ANUS	PLANO FISICO
Cósmicos		Físicos
Plano Adico	0	Subplano atómico
Plano Monádico	3	Subplano subatómico
Plano Atmico	6	Subplano etérico
Plano Búdico	9	Subplano subetérico
Plano Mental	12	Subplano gaseoso
Plano Astral	15	Subplano líquido
Plano Físico	18	Subplano sólido

Lo único que variará, por tanto —y en forma incomprensible para nuestra mente— será la sutilidad infinita de los ANUS correspondientes al plano físico cósmico, nuestro sistema solar como un todo, en relación con los del plano físico solar, considerado como nuestro universo material. Establecer una correcta analogía sobre este punto parece constituir un misterio iniciático...

C. El misterio de la electricidad

[EDF, p. 188] Es el misterio de la polaridad, o de la dualidad, correctamente entendido. Tenemos un polo positivo y otro negativo en todos los órdenes de la vida manifestada, ya se trate de un Universo o de un simple átomo. Cuando estos aspectos se armonizan o equilibran producen una energía nueva, aparentemente distinta, que participa de la naturaleza de ambas. Tal energía es virtualmente LUZ, CALOR o MAGNETISMO y la expresión de esta a través de todos los cuerpos manifestados de la Naturaleza puede ser denominada técnicamente ELECTRICIDAD, pudiendo ser catalogadas sus expresiones en orden a la multiplicidad de efectos que determinen, pero sin que la causa esencial se altere o modifique. El poder que anima el movimiento de una gigantesca máquina es el mismo que acciona las alas de una pequeña mariposa. En ambos casos lo que realmente se expresa es ELECTRICIDAD, en mayor o menor potencia. La ELECTRICIDAD es el poder que mueve la inmensa estructura del Universo, y cada una de sus manifestaciones pone en evidencia un nivel determinado de la Vida del Creador, el Cual, en Su íntima y espiritual naturaleza, es asimismo LUZ o ELECTRICIDAD, siendo cada uno de los Siete Planos del Sistema Solar la expresión de un determinado tipo de ELECTRICIDAD, cualificada para la vida del propio Plano y mediante la cual DIOS, el Creador, trata de manifestar en espacio y tiempo los maravillosos poderes de Su omniabarcante Conciencia.

Siendo así —y habida cuenta de que la Divinidad se expresa en forma trina— podríamos aceptar como válida la idea de que existen tres principales fuentes de electricidad en el Universo:

- **Electricidad espiritual**, positiva y dinámica, expresada como VOLUNTAD CREADORA, más allá de la comprensión humana.
- **Electricidad material**, negativa y estática, expresada en forma concreta en el mundo físico. Es la que ordinariamente conocen y manipulan los seres humanos. Constituye uno de los más grandes descubrimientos científicos de la humanidad y se halla en la base estructural de todas las formas físicas de la Naturaleza.
- **Electricidad causal**, de carácter magnético e incluyente. Es un tipo de energía eléctrica denominada esotéricamente «luz de la

conciencia». Se halla presente en todas las unidades de vida del Universo, desde la simple célula al ser espiritual más evolucionado.

1. ELECTRICIDAD ESPIRITUAL

Ese tipo de electricidad corresponde al aspecto más elevado de la Divinidad. Se le designa bajo diferentes nombres, algunos de ellos de carácter místico, tal como puede leerse en algunos pasajes bíblicos bajo la descripción de «Dios es un Fuego Consumidor», el «Fuego de la Justicia», etc. Esotéricamente se le define como «Fuego Eléctrico», Fuego de FOHAT, Fuego Iniciático, etc. Su tremendo voltaje no ha hallado todavía eco alguno dentro de la humanidad corriente. Es reconocida, sin embargo, como la FUENTE del PODER ESPIRITUAL por todos los grandes Iniciados del planeta Tierra, componentes de la Gran Fraternidad Blanca. Su contenido confiere decisión, indomable determinismo y voluntad inquebrantable. Utilizado por los Grandes Devas del Sistema se halla en la base de toda posible destrucción o aniquilación de formas gastadas de la Naturaleza, ya se refiera a las formas físicas, incapaces de seguir evolucionando, o a las formas de pensamiento que crean las conciencias humanas y cuya utilización ya no es efectiva para una correcta adecuación mental. Parte de su poder omnipotente se halla en la fuerza destructora del Rayo y se encuentra también presente en la actividad destructora de todos los aspectos negativos de la Naturaleza, cuando su desarrollo se ha demostrado como incapaz de acoger al Verbo divino o Alma causal, o cuando de una u otra manera constituye un atentado contra las leyes reguladoras de la vida evolutiva de la Divinidad en no importa qué tipo de forma o de conciencia. El principio dinámico de la energía espiritual actúa potentemente en cualquier etapa del proceso iniciático, constituyendo el elemento ígneo que destruye todas las limitaciones contenidas en los cuerpos inferiores del Iniciado, incluido el cuerpo causal. Uno de sus agentes principales en la Vida del Universo es aquella misteriosa e incomprensible Entidad Dévica que llamamos MUERTE, temida por unos y reverenciada por otros, pero cuyo cometido es el ejercicio de la Ley, del Orden y del Cumplimiento Kármico. Esta benéfica Entidad se halla en la base de la Liberación, ya se trate de la liberación de la pesada carga del cuerpo físico o de la destrucción de los componentes insanos que corroen las conciencias de los hombres. En sus «amorosas manos» —permítannos describirlo así— se halla la Espada de Justicia y la «Balanza de la Ley», y es la más fiel aliada del Principio de Vida que cíclicamente renace de sus propias cenizas buscando la liberación del Karma.

La energía eléctrica del Espíritu, que es la Vida Organizadora del Universo, utiliza a la MUERTE o al ÁNGEL DEL SILENCIO —tal como esotéricamente es reconocida por la Jerarquía de Maestros— para destruir todos aquellos factores dentro del Universo incapaces de seguir avanzando hacia un destino de Luz, de Comprensión y de Cumplimiento. La MUERTE solamente destruye aquello que ya no es necesario y se convierte en un fardo inútil dentro del vasto programa de la evolución, pero, en su esencia, es un Poder amorosamente sensible dimanante del Fuego Cósmico, el Cual, manifestado a través del Fuego consumidor del Espíritu, prepara el camino para mejores y más óptimas circunstancias en la vida expresiva de cualquier tipo de conciencia evolucionante dentro de este Universo de Segundo Rayo, en donde la forma más sublime y al propio tiempo más desconocida del Amor se expresa como Liberación.

Otros Agentes del Fuego Eléctrico del Primer Rayo menos conocidos que la MUERTE son aquellas Entidades Dévicas designadas como ÁNGELES AGNISVATTAS en otras partes de este *Tratado*. Tales Ángeles proceden del Quinto Principio Cósmico y constituyen en su totalidad una emanación del poder eléctrico que irradia el Logos Central de la Constelación de la OSA MAYOR. La VIDA y la MUERTE, consideradas como ENTIDADES DEVICAS, constituyen una polaridad que energiza los mares infinitos del ESPACIO y permiten la evolución de no importa qué tipo de Universo, de Constelación o de Galaxia. La VIDA como esencia renovadora, la MUERTE como el Agente precioso que la Vida utiliza para poder manifestarse cíclicamente, quebrantando o destruyendo todos los moldes de materia incapaces de soportar una más elevada tensión o potencial eléctrico del Espíritu Creador.

2. ELECTRICIDAD MATERIAL

¿Qué queremos significar con esta definición? Simplemente, a la electricidad o al fuego que arde en cualquier porción de materia por ínfima que sea y que permite su perpetuación bajo el marco definido de cualquier tipo de forma. Corresponde al aspecto objetivo de la

Creación, al nivel físico de las formas, y en cada una de las más insignificantes moléculas de materia arde un Fuego —esotéricamente descrito como «Fuego por Fricción»— que se exterioriza en forma de calor y de campo magnético. Las Fuentes infinitas de ese tipo de electricidad se hallan en el centro místico de la Tierra. El Vidente iluminado puede observar allí una Esfera de Fuego Etérico incandescente, de incalculable magnitud y radiactividad, al que esotéricamente se le define como FUEGO DE KUNDALINI. Según las investigaciones ocultas realizadas desde el Plano Causal, este FUEGO genera una forma específica de electricidad, algunas de cuyas modificaciones constituyen aquella energía eléctrica que conocen y manipulan los seres humanos. Su descubrimiento y utilización, hace apenas un siglo, permitió desplazar fuera del aura planetaria una considerable cantidad de formas etéricas y psíquicas, oscuras y deprimentes, provenientes de la Raza Lemur. El ser humano dejó desde entonces de utilizar antorchas de aceite, velas de cera o de sebo o el petróleo como sistemas de iluminación que sólo «una débil luz» producían contra las oscuras noches de la Tierra. Cuando la humanidad empezó a utilizar crecientemente la luz eléctrica —una superior modificación del «fuego por fricción» de la materia las nubes sombrías cernidas sobre el planeta se alejaron «a prudente distancia», en ciertas zonas etéricas en donde una especie particular de devas del espacio cuidan de ir destruyendo lentamente. Los pueblos y las ciudades de la Tierra se hallan envueltas ahora dentro de un aura de luz eléctrica, y esta circunstancia, apreciada por el observador esotérico, está produciendo determinados efectos en la vida social de los seres humanos; por ejemplo, se va perdiendo el temor a la oscuridad —que es el nido de los devas de las sombras—, se aviva la razón y va creciendo lentamente el sentido de la aspiración superior, o sea, la tendencia hacia el Espíritu.

Un estudio más profundamente esotérico sobre el FUEGO DE KUNDALINI nos ofrecería quizá otras sorprendentes cualidades y fenómenos; por ejemplo, el movimiento de rotación del planeta, símbolo de calor, de vida y de autoconciencia. Considerado el ser humano en relación con el astro «dentro del cual vive, se mueve y tiene el ser», pueden serle apreciadas idénticas analogías. El viene a ser también como un pequeño planeta, con vida, autoconciencia y movimiento. Posee asimismo una esfera de fuego de Kundalini en la base de la columna vertebral desde el cual distribuye la electricidad

C. El misterio de la electricidad

material por todo el cuerpo físico, y el desarrollo de este poder, actuando en y a través de la materia, permite la evolución del Alma, o del principio crístico en el corazón del hombre. El contacto de esta energía sobre todas y cada una de las células del organismo físico determina constantes fricciones entre ellas, ya que unas son de naturaleza positiva y otras de naturaleza negativa. El resultado de tales fricciones es el calor de vida que origina el principio de la existencia; de ahí, pues, la expresión esotérica del FUEGO DE KUNDALINI como electricidad material que determina luz, energía o movimiento mediante la tensión que nace de la fricción de la propia electricidad material al ser canalizada por miríadas de células de carácter positivo y otras de carácter negativo que constituyen en su conjunto la polaridad del cuerpo físico.

Escritos esotéricos provenientes de la más lejana antigüedad narran así la expresión y naturaleza del Fuego Eléctrico de KUNDALINI: «... Este Globo de Fuego es un Talismán Sagrado que el Señor del Tercer Fuego (el Tercer Logos, el aspecto Espíritu Santo de la Divinidad) confió a nuestro Logos planetario cuando ESTE decidió hacerse cargo del Esquema de la Evolución Terrestre para cumplir con un DHARMA de carácter Cósmico.» Ahora bien, aceptando como válida esta afirmación deberemos suponer que cíclica y periódicamente dicho Talismán deberá ser revitalizado por el Señor de Tercer Fuego, siendo estas cíclicas revitalizaciones las oleadas sucesivas de Vida que, provenientes de nuestro Logos Solar y aún de otros Sistemas más allá de nuestro Universo, penetran misteriosamente en nuestro planeta y le mantienen vivo a través de los dilatados periodos de la evolución, abarcando cadenas, rondas, reinos, razas y especies. La expresión de la electricidad, cuyo origen se halla en el Fuego Material de KUNDALINI, marca la entera evolución de nuestro mundo y deberemos estudiaría —de acuerdo con las líneas maestras de este *Tratado*— como siendo una expresión dévica o angélica regida por el poder del Tercer Logos y canalizada por la actividad de los grandes Ángeles AGNISCHAITAS, quienes, en forma misteriosa, rigen la ley física de gravedad que le da a nuestro mundo consistencia material y cohesión substancial y objetiva. El estudio esotérico infundido dentro de las investigaciones científicas llevará un día la conciencia humana a reconocer que la ley de gravedad es una forma substancial de electricidad estática, o material, que se halla en la raíz de todos los fenómenos mecánicos de la Naturaleza.

3. ELECTRICIDAD CAUSAL

El Fuego Solar que inteligentemente manipula el Segundo Logos, o aspecto Amor Sabiduría de la Divinidad, nace del equilibrio entre la electricidad dinámica del Espíritu y de la electricidad estática de la Materia. [10] Considerado ocultamente este equilibrio, que es virtualmente LUZ CAUSAL, origina la forma más sutil de electricidad al alcance de los seres humanos en la presente Ronda planetaria, ya que su misión, esotéricamente reconocida, es dotar de sensibilidad y de conciencia a todas las formas de la Naturaleza. La sensibilidad la procura el «aspecto maternal» de la Materia energizada por el poder del Espíritu Santo, o Inteligencia Activa de la Divinidad; la conciencia es una emanación íntima de la energía dinámica del Espíritu, «el aspecto paternal» del Logos Solar, que se realiza a través de un grupo especial de ÁNGELES AGNISVATTAS, de muy similar manera a como determinados grupos de ÁNGELES AGNISURYAS colaboran en la obra del Espíritu Santo dotando de sensibilidad la Materia. El resultado de esa interacción entre el poder inductor del Espíritu o Fuego Eléctrico, tal como lo denominan los investigadores esotéricos, y la electricidad o Fuego material, latente en cualquier cuerpo vivo de la Naturaleza física del Sistema planetario, es ALMA, LUZ y ENERGIA CAUSAL, es decir, AMOR y SABIDURIA, cualificadores del Segundo aspecto, o HIJO de la Divinidad Creadora. He ahí, entonces, que el ALMA que se halla oculta en el centro místico de cualquier forma creada manipula un género de electricidad que participa indistintamente de la cualidad dinámica del Espíritu y de la receptividad maravillosa de la naturaleza material en todas sus expresiones.

Se trata, por tanto, de un fuego coordinador o de una electricidad armónica e incluyente —si podemos decirlo así— que cuando está muy activa en el corazón del hombre introduce en sus vehículos expresivos todos los posibles estímulos de la vida universal y produce finalmente en los mismos redención y liberación. Una de las naturales propiedades de ese tipo de Electricidad es el PRANA, el elemento vitalizador de la Naturaleza, que al mezclarse creadoramente con el Fuego de Kundalini permite la ascensión de éste a través de la columna vertebral a partir del Centro MULHADARA, vivificando a su paso todos los Chacras correspondientes a la evolución del ser humano. Por tal

---

[10] Estática contemplada desde los planos superiores del Sistema; increíblemente dinámica considerada desde el ángulo de la Materia que constituye la gran estructura universal.

C. El misterio de la electricidad

razón, en algunos tratados esotéricos se dice que el hombre es una Trinidad compuesta de tres Fuegos o de tres potentes energías eléctricas: FOHAT, PRANA y KUNDALINI, y que desde el SANCTA SANCTORUM del corazón dirige el proceso evolutivo del Alma o de la conciencia. Y al llegar a este punto habrá que hacer una singular y muy especial mención a Aquellos Grandes Devas AGNISVATTAS, más cercanos que ningunos otros al corazón del hombre, que llamamos esotéricamente los ÁNGELES SOLARES, los cuales introducen PRANA espiritual y no simplemente etérico en el alma oculta de la humanidad preparándola para las grandes transformaciones eléctricas o Alta Alquimia interna que ha de convertir al ser humano en un Dios potencial, ampliamente capacitado para crear.

Bien, hemos examinado las tres formas de Electricidad que condicionan la vida del Universo, las cualidades íntimas que caracterizan a cada una de tales corrientes de energía y las Jerarquías Dévicas que se expresan misteriosamente a través de estas. Sobre estos excelsos Ángeles gravita el orden de la evolución, ya que son Ellos los que encauzan desde sus remotas Fuentes Universales las energías que promueven el proceso de la manifestación cíclica en la vida de la Naturaleza, ya se trate de Reinos, de Razas o de Espacios. De ahí que la Electricidad, apreciada desde el ángulo esotérico, es genuinamente dévica o angélica, estando en su base una prodigiosa ENTIDAD cuya Vida Radiante es la Fuente que genera todas las energías o formas de electricidad que se expresan por medio de nuestro Sistema Solar. Esta excelsa e indescriptible ENTIDAD constituye el principio mismo de la Energía coherente que mantiene en actividad el Universo. Ocupa el centro espiritual del mismo y su expresión esencial es el SEGUNDO RAYO, el del AMOR-SABIDURIA, a través del cual se manifiesta nuestro LOGOS SOLAR y condiciona todas y cada una de Sus creaciones universales. Cabe admitir, por tanto, que la cualidad de AMOR, característica indescriptible del SEGUNDO RAYO, es una corriente de energía dévica, o eléctrica, emanante de Fuentes Cósmicas, que condiciona la Vida de nuestro Sistema Solar y hace sentir su presión sobre cada uno de los Siete Arcángeles que rigen y administran cada uno de sus Siete Planos de Manifestación, debiendo reconocer, por tanto, que la expresión del SEGUNDO RAYO como expresión estructural del Universo no es sino la manifestación de una dualidad establecida desde Fuentes Cósmicas por la polaridad ESPIRITU-MATERIA, que, en el caso de nuestro Sistema Solar, viene representada por la actividad dinámica que se realiza desde la Constelación de la OSA MAYOR y por la capacidad receptiva que dimana de la Constelación de LAS PLEYADES; estando representado el proceso por el siguiente Triángulo de energías:

Este triángulo aclara esotéricamente el Misterio de los Siete Rayos. Hay que intentar comprender al respecto que la dualidad Espíritu-Materia, o sea, la polaridad eléctrica dinámica-estática, se halla presente en forma activa en todos los niveles de vida, de conciencia y de forma, siendo el proceso de la evolución en su totalidad un cambio incesante de polaridad o de ritmo en la expresión de las energías, las cuales, dotadas de «magnetismo Angélico» —si se nos permite esta expresión— condicionan toda posible forma objetiva o material. La aceptación de esta Ley o de este Principio de cambios incesantes de ritmo en la vida de la Naturaleza dará una idea muy aproximada de lo que implica en su significación esencial el Misterio de la Electricidad o el secreto cósmico de las energías. La introducción del elemento dévico en el campo de la investigación científica llevará a extraordinarias conclusiones en el orden de la evolución planetaria y permitirá, en un futuro más o menos próximo, la producción de electricidad como fuente básica de la energía, en forma más directa, más simple y menos peligrosa que se hace actualmente. Este reconocimiento científico dará como resultado una ordenada clasificación de las ENTIDADES DEVICAS cuya vida natural y organización social constituyen las Fuentes perennes de la Energía Eléctrica en todos los campos y niveles de manifestación universal y planetaria.

C. El misterio de la electricidad

LA ELECTRICIDAD Y EL FUEGO DE KUNDALINI

Como corolario al estudio sobre las tres potentísimas Fuerzas ígneas que operan en nuestro Universo, vamos a investigar concretamente ahora aquella de las tres que más cerca se halla de nuestra evolución humana, ya que en su totalidad constituye la energía eléctrica que vivifica la materia en todas sus posibles expresiones, es decir, el FUEGO DE KUNDALINI. Los Devas que intervienen en «el mantenimiento del Fuego Oculto de la Naturaleza» son de dos clases. Esotéricamente los definimos como:

a) Devas lunares, encarnando la cualidad eléctrica que llamamos «polo negativo». Se hallan activos en el arco descendente de la evolución y están sujetos, por tanto, a la fuerza de gravedad de la materia.

b) Devas solares, expresando aquella cualidad eléctrica definida como «polo positivo». Se hallan activos en el arco ascendente de la evolución y su tendencia natural es elevarse por encima de la materia buscando constantemente centros de polarización cada vez más elevados y sutiles.

c) Como resultado de la continua e ininterrumpida «fricción» entre los devas lunares y los devas solares surge el Fuego etérico de KUNDALINI, cuyo depósito central —por decirlo de alguna manera— se halla ubicado en el centro físico del planeta constituyendo la vida, el calor, la luz y el magnetismo de que están dotadas todas las formas de la Naturaleza.

Esto, en lo que se refiere a la actividad etérica e ígnea que se manifiesta en los planos inferiores donde realiza su evolución espiritual la humanidad, es decir, el mental concreto, el astral y el físico, regida por los grandes Devas AGNISCHAITAS.

En los planos o niveles superiores sucede lo mismo, pero el potencial eléctrico liberado no se halla todavía al alcance del hombre, ya que es generado por la polaridad establecida entre los ÁNGELES AGNISCHAITAS y los ÁNGELES AGNISURYAS. Se trata de un tipo de electricidad astral —si podemos utilizar semejante expresión— y se encuentra en la base de todos los fenómenos psíquicos de la Naturaleza.

Otra polaridad establecida entre los ÁNGELES AGNISURYAS y los ÁNGELES AGNISVATTAS produce un tipo de electricidad que podríamos denominar, siguiendo la analogía, de «electricidad mental» y en su expresión tiene cabida todo cuanto pueda realizarse utilizando el poder de la mente.

Habida cuenta de que cada Plano de la Naturaleza participa íntegramente de la dualidad positiva-negativa de la energía técnicamente definida como ELECTRICIDAD, podríamos decir también que la diferencia de potencial eléctrico que existe entre los distintos Planos origina los tipos de electricidad, cada vez más potente y sutil, que podríamos calificar de «electricidad búdica», «electricidad átmica», «electricidad monádica», etc., estudiadas genéricamente al establecer la distinción entre ELECTRICIDAD ESPIRITUAL, ELECTRICIDAD CAUSAL y ELECTRICIDAD MATERIAL.

El orden como se manifiestan tales energías es el siguiente y nos dará una idea dicha clasificación sobre la situación del FUEGO DE KUNDALINI en la vida expresiva del Universo:

1. ELECTRICIDAD ESPIRITUAL, abarcando los Planos ADICO y MONADICO y definida ocultamente como FUEGO DE FOHAT.
2. ELECTRICIDAD CAUSAL, incluyendo los Planos por medio de los cuales se manifiesta la TRIADA ESPIRITUAL, es decir, el ATMICO, el BHUDICO y el MENTAL superior. A ese tipo de ELECTRICIDAD se la denomina esotéricamente FUEGO SOLAR, o PRANA ESPIRITUAL.
3. ELECTRICIDAD MATERIAL, expresada a través de los niveles inferiores de la manifestación cíclica, es decir, el plano mental inferior, el plano astral y el plano físico. Es de cualidad etérica y la llamamos ocultamente FUEGO DE KUNDALINI.

Bien, como ustedes verán, este *Tratado Esotérico sobre los Ángeles* trata de añadir cada vez más interesantes facetas en el devenir de nuestro estudio, introduciendo las vidas angélicas en áreas cada vez más generalizadas de la vida planetaria y siguiendo un orden rigurosamente científico, extraído de experiencias intimas de carácter profundamente esotérico. Iremos reconociendo así, conjuntamente, que toda clase de electricidad es de orden ambiental y es inteligentemente manipulada por los Devas en increíbles huestes, especies y organizaciones. Podríamos decir, por tanto, que en la raíz misteriosa de los llamados «fenómenos naturales» se halla siempre presente una dualidad o polaridad eléctrica que los provoca, ya sea el

C. El misterio de la electricidad

fenómeno eléctrico del Rayo producido en las altas capas de la atmósfera por la interacción de dos zonas de polaridad distinta, o el débil campo magnético producido por un insecto al volar, cuyas dos alas engendran con su movimiento el dinamismo de la acción eléctrica que le permite su traslación por el aire. Con el tiempo será evidente también que las extremidades del cuerpo humano, los brazos y las piernas, constituyen un sistema de polaridad cuya acción coordinada produce la energía que precede y determina todo posible movimiento. Ahí, en este punto, se halla quizá la explicación de alguno de los secretos místicos de la Liturgia y de los Ceremoniales Mágicos, estudiados en otra parte de este libro, los cuales se realizan siguiendo un orden preciso y geométrico regido por la ley de polaridad y exteriorizado por el movimiento de los brazos y de las manos. Con respecto a las dos piernas que soportan el peso del cuerpo podemos decir, siempre de acuerdo con el principio esotérico de analogía, que son los dos canales iniciales de distribución de la energía ígnea o eléctrica de KUNDALINI que proviene del centro místico de la Tierra, siendo la pierna derecha la conductora del aspecto positivo, o PINGALA, y la izquierda la que canaliza el aspecto negativo, o IDA. El resultado de este contacto en el cuerpo es el Fuego Serpentino, dormido o «almacenado» en el centro etérico denominado esotéricamente MULHADARA, en la base de la columna vertebral. Hay que decir con respecto a la conducción del fuego ígneo de KUNDALINI a través de las dos piernas, que en su aspecto etérico se hallan localizados una serie de pequeños «centros» o «chacras» de cualidad trascendida, pero que facilitan el paso de la energía ígnea de la Naturaleza hasta el centro MULHADARA. Para terminar, y aclarando algo más el sentido de lo dicho hasta aquí, veamos esta relación:

- POLARIDAD POSITIVA. El Canal PINGALA, lado derecho del cuerpo.
- EQUILIBRIO IGNEO. El Canal SUSUMMA, en el centro.
- POLARIDAD NEGATIVA. El Canal IDA, en el lado izquierdo.[11]

---

[11] En el cuerpo femenino el orden de distribución de la energía serpentina es a la inversa, es decir, que por su pierna derecha asciende la polaridad IDA y que por su pierna izquierda lo hace la polaridad descrita como PINGALA. Sin embargo, la polaridad como ley persiste y actúa con todas sus necesarias consecuencias. Todo el proceso visto naturalmente desde el ángulo etérico.

D. Los fenómenos geológicos y atmosféricos

[EDF, p. 200] **LOS ÁNGELES EN LA VIDA OCULTA DE LA NATURALEZA**

Todos los fenómenos realizados en la vida de la Naturaleza son de carácter eléctrico y en su base oculta se halla como siempre la misteriosa e incomprensible actividad dévica. Tales fenómenos son de dos clases principales:

- Geológicos, como las erupciones volcánicas, los terremotos, los desprendimientos de tierras, etc.
- Atmosféricos, como las lluvias, el viento, el rayo, el trueno, etc.

Examinemos esotéricamente cómo se producen.

Erupciones volcánicas

Se trata de una triple actividad dévica en la que intervienen tres principales tipos de devas:

1. Agnis del Fuego.
2. Devas Oscuros de la Tierra.
3. Silfos del Aire, habitantes de las regiones semietéricas del suelo.

La actividad volcánica obedece a la presión del Fuego Central de KUNDALINI en dirección a la superficie del planeta venciendo la resistencia de los sucesivos estratos geológicos, fundiendo a su paso toda clase de minerales y originando una potentísima concentración de gases, los cuales crean las vías de acceso a la superficie quebrantando la resistencia de la corteza terrestre en ciertos definidos puntos del planeta, «señalados con gran sabiduría y precisión kármica». La salida al exterior del fuego, de los gases y de los minerales fundidos origina cráteres, los cuales constituyen las vías naturales de liberación del fuego central del astro. Visto clarividentemente, KUNDALINI aparece como una inmensa bola o esfera de fuego y, tal como esotéricamente se nos dice, en esta esfera de fuego radica el principio de la vida física o material en nuestro mundo. Se nos dice también que KUNDALINI viene a ser como el corazón físico planetario, siendo las vías naturales de acceso a la superficie algo parecido a la

71

circulación de la sangre en los organismos de los seres humanos y animales.

La contemplación de la superficie de la luna utilizando prismáticos de una relativa potencia nos muestra gran cantidad de cráteres volcánicos, los cuales son un indicio de la capacidad de vida que tuvo nuestro satélite en un remoto pasado en el que una esfera central de Fuego, o de KUNDALINI, vivificaba todo su contenido y le imprimía, además, el movimiento de rotación del cual hoy carece y que significaba la actividad creadora de una Entidad Logoica que utilizaba la Luna como vehículo físico de manifestación. Ahora bien, desde el ángulo esotérico no es imposible separar el Fuego de KUNDALINI de sus naturales promotores, los Grandes AGNIS o ÁNGELES DEL FUEGO. En antiquísimas referencias ocultas y místicas pueden extraerse grandes significados acerca del Fuego promotor de la vida en nuestro planeta. Veamos: «... Unos grandes Ángeles procedentes del COSMOS, rojos como la sangre— esotéricamente sabemos que el ETER ES LA SANGRE DE LOS DIOSES— y liberando Fuego a través de sus auras radiantes, fueron convocados por el Gran Señor (Logos Solar) en el centro de la Tierra y crearon una bola de Fuego que infundió vida y movimiento al astro. Desde aquel momento el Señor de las Formas (el aspecto Espíritu Santo de la Divinidad) pudo establecer allí Su Morada y preparar la morada de todos los hijos del Señor que hubiesen decidido vivir en la Tierra.». Esta narración eminentemente mística y simbólica descubre en cierta manera las causas de la vida planetaria y la actividad del Tercer Logos, utilizando el Fuego dinámico de la Vida Creadora del Logos Solar para vitalizar todas las formas existentes en el seno omniabarcante de la Naturaleza. Utilizando creadoramente la imaginación puede ser precisada inequívocamente la actividad de los Devas que intervienen en el proceso ígneo de una erupción volcánica, buscando su analogía a través de los efectos que en la misma se producen.

- **FUEGO.** De incalculables proporciones, actualizado desde el centro mismo de la Tierra por la presión de unos poderosos AGNIS cuya misión es ascender hacia la superficie «vitalizando a su paso» todas las capas geológicas y ofreciendo en todo momento la imagen de aquel principio ígneo que esotéricamente definimos como FUEGO POR FRICCION. Esta fricción es constante y permanente y tiene su base en la resistencia que ofrecen los Espíritus de la Tierra al paso de los AGNIS. En estas palabras hay un indicio de la tremenda y constante lucha que tiene lugar ocultamente en el seno del planeta Tierra para que sea posible en el mismo la vida material de las Formas y de la cual no hacemos conciencia, pero que cíclica o periódicamente se demuestra por la terrible actividad de una erupción volcánica.

- **LAVA.** Es el resultado objetivo y altamente material de la fricción entre los AGNIS del Fuego y los Espíritus de la Tierra, irrumpiendo en la superficie en forma de minerales fundidos y liberándose a través de los cráteres abiertos de los volcanes. Es una demostración de la tremenda potencialidad del FUEGO POR FRICCION.

- **CENIZA.** Los residuos gaseosos de la tremenda combustión generada en las capas geológicas del planeta entre AGNIS y Espíritus de la Tierra son liberados hacia el exterior por la actividad de un grupo particular de Espíritus del Aire que tienen sus habitáculos naturales en las regiones etéricas de la periferia del globo central de KUNDALINI. A estos Espíritus se les denomina ocultamente «los Liberadores del Fuego», y una vez que han cumplido con su misión de arrojar el gas enrarecido al exterior del cráter se sumergen nuevamente en su interior continuando su obra en tanto dure el fenómeno de una erupción volcánica, sea cual sea su importancia. Intervienen activamente también en el desarrollo subsiguiente de los terremotos y maremotos, y en colaboración con una especie particular de Espíritus de las Aguas y de los AGNIS del Fuego dan origen a los «Géiseres», es decir, a la liberación del agua planetaria de los ríos subterráneos convertida en gas a través del fuego.

La CENIZA es, pues, «gas enrarecido» arrojado por el cráter junto con el fuego y la lava durante la actividad de una erupción volcánica. Sin embargo, y utilizando la clarividencia, se aprecia también otro muy interesante desde el ángulo oculto: «el del Caldeamiento de la Atmósfera». Una vez que las nubes de ceniza han dejado caer los residuos minerales y otros procedentes de las reacciones químicas de la combustión interna del planeta, el gas enrarecido se convierte en «aire caliente», el cual es almacenado —si podemos decirlo así— en determinadas regiones del éter por la actividad de los Silfos del Aire.

Estas regiones etéricas las hemos denominado «espacios intermoleculares» en otras partes de este *Tratado* y en el caso que nos ocupa tienen asignada la misión de «liberar el aire caliente» cuando el planeta, siguiendo su inexorable curso alrededor del Sol, se introduce en ciertas áreas celestes cuya ausencia de calor podrían alterar sensiblemente el proceso de la vida de las formas en la superficie de la Tierra. Estas últimas palabras deben ser atentamente consideradas, pues encubren el misterio de la «supervivencia cósmica». El ser humano poseerá un día la clave esotérica del proceso que da vida a los volcanes y del secreto místico del Fuego por Fricción.

Terremotos

Además de la presión de los gases hacia la superficie del planeta «haciendo estremecer» sus capas geológicas, los Terremotos son provocados también por la actividad de unos poderosos Devas de la Tierra llamados esotéricamente «Señores de la Faz Oscura». Estos Devas son de cualidad semietérica y poseen gran fuerza material. Son muy parecidos a los Devas ASURAS, a los cuales hicimos referencia en capítulos anteriores, pero poseen más poder sobre los éteres enrarecidos de las capas profundas del suelo y están misteriosa y kármicamente enlazados con la obra de la Jerarquía. Así, por un procedimiento mágico que escapa a nuestra comprensión, «cavando inmensas galerías subterráneas en distintos niveles geológicos de la Tierra». Según hemos podido apreciar esotéricamente, estos grandes túneles y galerías tienen por objeto facilitar la respiración del gigantesco cuerpo del planeta, considerando a éste como un organismo vivo en proceso de evolución, constituyendo —si pudiésemos llegar a imaginarlo— sus alvéolos pulmonares. La construcción y localización de tales pozos, túneles y galerías, algunas de las cuales son de tales proporciones que casi atraviesan ocultamente el planeta de parte a parte, surgiendo luego al exterior por grandes cuevas y profundas depresiones terrestres, representan para nuestro mundo lo que los alvéolos y bronquios para nuestros pulmones, de la misma manera que los canales de erupción del Fuego de Kundalini a través de los Señores AGNIS tienen su correspondencia en las venas y arterias vinculadas con la actividad del corazón humano.

D. Los fenómenos geológicos y atmosféricos

Cuando de acuerdo con el proceso kármico de la evolución planetaria es necesario destruir alguna de aquellas galerías, coincidiendo siempre con ciertas posiciones astrológicas de los astros del Sistema Solar, afectando determinadas regiones de la Tierra, los poderosos Devas de la Faz Oscura que las construyen y mantienen en sólida conservación, dejan de sostenerlas y se producen entonces los naturales derrumbamientos y resquebrajamientos del terreno, originando seísmos, terremotos o maremotos, como efecto del rebote de la onda expansiva del aire encerrado en las galerías y subterráneos al chocar violentamente contra el suelo y tratar de liberarse a través de otros conductos el poder expansivo de los Devas etéricos del Aire, que realizan su evolución en las capas profundas del suelo planetario.

Esta explicación aparecerá como muy ingeniosa o quizá como muy pueril al rígido análisis intelectual, pero sobre la misma habrá que tenerse en cuenta que el proceso de la investigación oculta que estamos realizando es seguido «muy científicamente», utilizando capacidades de visión mucho más sutiles que las corrientes. Ellas nos permiten descubrir y analizar el trabajo que realizan en los éteres aquellas invisibles entidades dévicas cuya vida y actividades constituyen lo que corrientemente definimos como «los cuatro elementos naturales», es decir, el aire, el fuego, el agua y la tierra, sintetizados —como esotéricamente se sabe— en el ETER, cuya esencia lo llena todo. Ahora bien, todos sabemos de los cuatro elementos naturales que entran en la composición de todas las formas conocidas, incluida la que abarca la potente estructura del Universo, pero sólo el estudio oculto de la estructuración dévica de las formas puede deparar una comprensión realmente clara, científica y determinante del proceso místico de la Creación. Los Ángeles, en todas sus expresiones, no olvidemos este detalle esencial, son «Fuego Eléctrico» en actividad etérica. Esta afirmación implica la idea de que «Ellos gobiernan la substancia» en todos sus posibles estados, desde la que constituye el más pesado elemento químico a la más sutil expresión de la vida espiritual. De ahí su misteriosa capacidad de Síntesis.

Lluvias

De la misma manera que las galerías, cuevas y subterráneos construidos por los poderosos Devas de la Tierra tienen por objeto facilitar la respiración del gigantesco cuerpo del planeta, las lluvias en todas sus posibles expresiones, desde las más finas a los más espectaculares aguaceros que preceden a las grandes inundaciones, tienen como finalidad la irrigación de la superficie del suelo con vistas a conservar en el aura planetaria el suficiente grado de humedad para poder contrarrestar los peligros de una atmósfera demasiado seca para los seres vivientes, tal como ocurre, por ejemplo, en los desiertos y en las zonas tórridas del planeta, realmente inhóspitas y en donde el agua o la humedad se hacen realmente imprescindibles si ha de existir una remota posibilidad de vida vegetal, animal o humana.

En las llamadas regiones templadas la humedad del suelo es necesaria para la buena marcha de los cultivos y para mantener un adecuado nivel de fecundidad terrestre, la cual es técnicamente humedad, es decir, la labor mancomunada de los espíritus de la tierra y de los devas del agua. La lluvia, como fenómeno natural, es, como todos sabemos, el resultado de la evaporación del elemento líquido planetario proveniente de los mares, de los ríos, de los lagos, etc. Sin embargo, visto esotéricamente, este fenómeno obedece a la interacción de los devas del agua y del aire, de las ondinas y de los silfos, así como de los agnis, operando conjuntamente para evaporar el agua y mantenerla en suspensión en ciertos niveles de la atmósfera, hasta que apropiadas condiciones provocadas en la superficie de la tierra por los espíritus dévicos, que en el suelo tienen su vida y razón de ser, determinan la liberación del agua mantenida en suspensión en forma de nubes y se produce la lluvia.

Cuando las partículas de agua suspendidas en la atmósfera se hallan en zonas muy elevadas, el frío allí reinante las congela y en vez de caer en forma de lluvia lo hacen en forma de nieve o de granizo. La congelación es un misterio geométrico en manos de una especie particular de Silfos habitantes de las regiones más elevadas de la atmósfera. Poseen el secreto de las líneas de fuerza del agua, las cuales atraviesan con arte mágico, de manera similar a como los Agnis del Fuego atraviesan los espacios vacíos que dejan los devas del aire en el espacio para que puedan proyectar el rayo. Al atravesar aquellos caminos acuosos, utilizando un poder especial que les es inherente, los

D. Los fenómenos geológicos y atmosféricos

Silfos de los altos niveles, a quienes esotéricamente se les denomina «Señores del Frío», congelan el agua mediante un indescriptible proceso mágico que consiste en «dibujar etéricamente» en el seno de esta aquellas formas geométricas, de inimitable belleza, que pueden ser observadas al examinar un copo de nieve o una partícula de granizo. Esta explicación aparecerá como muy vaga y nebulosa a las personas que no poseen todavía clarividencia etérica, pero el examen de un copo de nieve al microscopio podrá darles una idea de la calidad impresionante del grupo de artistas invisibles actuantes en niveles ocultos de la Naturaleza a la vista de la bella y delicada estructura de las formas geométricas que lo componen.

Ahora bien, siguiendo el curso de nuestro estudio deberemos considerar que las inundaciones, las peligrosas trombas marinas, las tempestades en los océanos, etc., indican siempre una interacción entre los Señores del Agua y del Viento, siguiendo las líneas marcadas por los Ángeles superiores del Plano físico que comandan los elementos etéricos que lo integran. Hay que darse cuenta, sin embargo, que la Ley del Karma preside el entero proceso de la vida en la Naturaleza y reconocer humildemente que esta Voluntad Kármica está más allá y por encima de los deseos humanos y no puede ser quebrantada ni evitada, a menos que se posea un elevado grado de poder sobre los elementos etéricos que integran la vida de los reinos y de las especies. La evolución actual del ser humano, en los distintos estratos sociales de la humanidad, le impide comprender el alcance infinito de tal ley y «contrarrestar creadoramente» los efectos de la actividad kármica, de la cual los Devas son los directos mensajeros y ajustadores. Sin embargo, hombres de elevada integración espiritual y dotados de poderes mágicos pueden manejar adecuadamente la parte de Voluntad de Dios que les corresponde y verificar, si tal es su voluntad y albedrío, el prodigio de la lluvia o del viento, indicando con ello el poder que tienen sobre cierto grupo de devas del agua y del aire. El conocimiento esotérico de la Magia y el sabio cumplimiento de la. Ley pueden actuar inteligentemente sobre los éteres y obtener adecuadas respuestas de parte de sus moradores, los Devas. No existen, en este caso, lo que el vulgo denomina «milagros», sino única y exclusivamente el conocimiento científico de las causas que producen determinados efectos o «fenómenos». En todo caso habremos de volver una y otra vez al aspecto invocativo al que hicimos referencia en otras partes de este *Tratado*, ya que toda corriente invocativa a través de la mente atrae la atención de los devas, siendo prácticamente evidenciado así el conocido aforismo esotérico «La Energía sigue al Pensamiento».

Los Vientos

Los Vientos, desde el dulce céfiro y la ligera brisa a los grandes huracanes, son siempre «aire en movimiento», estando determinadas su rapidez e intensidad por la calidad y cantidad de las fuerzas dévicas que se hallan en su base, es decir, de los Silfos del Aire. El aire que respiramos es esencialmente éter, aunque modificado para que pueda convertirse en substancia etérica, portadora de vida pránica para nuestro organismo físico. Deberemos volver aquí a cuanto dijimos anteriormente acerca de las leyes de polaridad que gobiernan el mundo y el Universo entero, en el sentido de considerar nuestros pulmones como receptores de la energía positiva y negativa del aire que respiramos, siendo los movimientos de inhalación y exhalación sus expresiones físicas o sensibles, en tanto que las pausas o intervalos entre los períodos de inhalación y exhalación constituyen el aspecto neutro o armonizador de la actividad respiratoria.[12]

Como podremos observar, la polaridad se halla por doquier, singularmente cuando examinamos el cuerpo físico del hombre, el cual es un fiel exponente de dicho principio, siendo un verdadero acumulador de fuerza eléctrica, mental y psíquica que desgraciadamente no siempre sabe aprovechar. Retornando al fenómeno del viento como un resultado del movimiento del aire, deberemos insistir en que la vida de la Naturaleza está regida por la actividad de los cuatro elementos conocidos de tierra, agua, fuego y aire, más el elemento esencial o etérico que los cualifica y unifica. Tales elementos están ocultamente integrados por una prodigiosa cantidad de pequeñísimos devas, los cuales pueden ser observados clarividentemente en el ejercicio de su labor en el interior del particular elemento etérico que constituye su morada, o cuando trabajan junto a los devas de los demás elementos para producir determinados fenómenos geológicos o atmosféricos. El viento, ocultamente considerado, es creado por el desplazamiento de los silfos del aire, y

---

[12] El estudio y la inteligencia práctica de las pausas o intervalos respiratorios pueden depararle al aspirante espiritual la clave de la armonía psíquica.

D. Los fenómenos geológicos y atmosféricos

cuando se produce un gran vendaval, un huracán o un tornado de gigantescas proporciones pueden ser observadas incalculables concentraciones de Silfos, pero también grandes y poderosos Devas del Aire, Agentes de los Señores del Karma, que «imprimen voluntad kármica» al proceso de liberación de energías que está llevándose a cabo. Una tromba marina es un fenómeno atmosférico realizado por los Devas del Océano, esotéricamente denominados Neptunos, y Silfos del Aire, y si un huracán o un tornado vienen precedidos por grandes descargas eléctricas es indicación de que intervienen también en aquella actividad los Agnis del Fuego. Lo mismo puede decirse con respecto al fenómeno de una lluvia torrencial con descargas eléctricas y viento huracanado, en el que es posible percibir ocultamente la acción mancomunada de los Devas del Agua, del Aire y del Fuego. La presencia de Grandes Devas en el desarrollo de un fenómeno de la Naturaleza es siempre indicación de que a través de este se exterioriza parte de un proceso kármico que fatalmente ha de cumplirse. Así, y visto el proceso desde el ángulo esotérico, nos equivocamos cuando a raíz de las dolorosas consecuencias de un fenómeno geológico o atmosférico decimos: «... fue provocado por las fuerzas ciegas de la Naturaleza». No existen fuerzas ciegas dentro del orden natural establecido por las sabias leyes de la Creación. Sería mejor, en orden a nuestro estudio, que en lo sucesivo reemplazásemos dicha locución por la de «fuerzas desconocidas». Además, ¿qué es lo que sabemos acerca del karma planetario, afectando a veces la totalidad de una Raza, de un Reino, de una definida especie o de un extensísimo continente? Sólo conocemos, y aún muy imperfectamente, las incidencias que se relacionan con nuestro pequeño karma personal; desconocemos todavía y casi por completo a «los agentes kármicos» de la Naturaleza, es decir a las infinitas legiones de seres invisibles poblando los inconmensurables espacios que son los agentes kármicos de la vida planetaria. Y tales agentes kármicos son los Ángeles, los Devas, los Señores del Éter y los grandes Amigos del hombre si éste puede llegar a comprender un día la grandeza de la Ley y el amoroso destino que a todos tiene reservado. Las líneas maestras de este *Tratado* intentan demostrar que la única y verdadera misión del ser humano en la vida es establecer las bases de la Fraternidad aquí en la Tierra y que los Ángeles en todas sus posibles huestes y jerarquías le ayudarán siempre en el cumplimiento de este sagrado objetivo. Tal es la Ley y el Destino que ha de cumplirse.

El Rayo

Es un fenómeno atmosférico relacionado con la actividad de los Señores AGNIS, siendo descritos éstos esotéricamente como «los Descargadores del Fuego». En dicha actividad no intervienen las salamandras, o devas ígneos en contacto con los fuegos que se originan en la superficie de la tierra. Los Señores AGNIS de las altas zonas de la atmósfera manejan tal tremendo e inconcebible poder que les sería fácil destruir en un momento todas las creaciones humanas y aun las de la propia Naturaleza. Son «la Serpiente Ígnea», o contraparte de KUNDALINI en el Aire, a la cual se refieren algunos tratados místicos de la más lejana antigüedad, siendo una Fuerza misteriosa controlada por la propia Divinidad y que se muestra creadoramente activa en el proceso de la Iniciación. Su poder es utilizado para descargar el aire de las partículas del Fuego que lo dinamizan y para purificar la atmósfera planetaria en momentos determinados y en regiones especialmente reconocidas como kármicas. Las descargas eléctricas son el resultado de una polaridad existente en las altas zonas del aire que libera su contenido cuando existen las condiciones apropiadas (por ejemplo, durante el curso de una tempestad en la que intervienen devas acuosos de tipo positivo y otros de tipo negativo). Entonces las descargas eléctricas son inevitables, quedando localizadas en ciertas áreas de la atmósfera o cayendo sobre la tierra, allí en donde exista alguna polaridad lo suficientemente activa como para servir de vehículo para tal terrible fuego. El relámpago es una chispa del Rayo, de la misma manera que el alma es una chispa del Espíritu, siendo el trueno el resultado de la fricción entre las dos fuerzas de la polaridad determinando fenómenos acústicos. En realidad, sólo existe el Rayo, la Fuerza liberadora del Fuego existente en cada partícula molecular del aire, por lo que cabe deducir una mancomunada acción de los Devas del Aire y de los Agnis del Fuego en cada uno de los fenómenos eléctricos de la Naturaleza. En todo caso, siempre resulta terriblemente impresionante contemplar una tormenta de agua con gran aparato eléctrico, tal como corrientemente se dice, desde el ángulo oculto, cuando los Señores del Fuego, portando cada cual su particular cetro de poder, descargan sus energías siguiendo las líneas

D. Los fenómenos geológicos y atmosféricos

de una «inducción kármica»[13] señalada por «los Grandes Señores del Viento», los cuales hacen un vacío en el aire, que es su Vida, para que el Fuego llegue a su destino. Los Señores del Agua vienen a ser los espectadores silenciosos del proceso, limitándose a actuar como mediadores, siendo el elemento Agua que movilizan la garantía de dicha mediación, o elemento «neutro» que facilita la acción coordinada del Aire y del Fuego. En todo proceso fenoménico en la vida de la Naturaleza, y en orden a la actividad de la vida oculta tras los elementos, hay que tratar de ver «constantemente las Manos del Señor», modelando el destino de la humanidad y de cada uno de los Reinos. El poder del Rayo está directamente vinculado con las energías del Primer Rayo, una energía que un día será controlada por las mentes de los hombres, constituyendo las bases de una prodigiosa civilización humana que obtendrá la energía eléctrica directamente del aire, de igual manera que se obtienen del aire todas las posibles ondas eléctricas conocidas, como las de la radio, del teléfono, de la televisión, etc., y no habrá así necesidad alguna de alterar el orden ecológico de la Naturaleza tan profundamente afectado hoy día por la combustión de las substancias energéticas que constituyen la base de la energía eléctrica utilizada por la humanidad. La Fuerza del Rayo, mantenida en «expectante suspensión» en determinados estratos de la atmósfera, puede constituir evidentemente una tremenda Fuente de energía natural al servicio del hombre cuando la humanidad, como un todo, responda a ciertas claves de armonía en su corazón y pueda invocar «cosas más grandes» que las que actualmente conoce, manipula y ejercita. Así, de que este *Tratado Esotérico sobre los Ángeles* otea audazmente el porvenir, pero siempre dentro del orden cualificador de las energías que ya de inmediato puede ejercitar el hombre como base de futuras y más esplendentes realizaciones. El reconocimiento de las vidas dévicas o angélicas es el primer paso; siempre insistiremos sobre este «leit motiv», trabajando constantemente en el sentido oculto del establecimiento de relaciones normales y naturales con los Devas más afines con nuestra particular naturaleza psicológica y tratar, finalmente, de atraer la amistad de algunos de ellos en particular para que Estos, «vencidos por el poder de nuestras plegarias —tal como

---

[13] En esta locución hay un profundo motivo de interés esotérico y nos muestra un aspecto definido de la actividad dévica o angélica como base de la liberación kármica de nuestro mundo.

decía el gran filósofo Porfirio— desciendan a la Tierra y nos enseñen mejores caminos». Tal es la Ley.

Epílogo

[FON, p. 149] Al finalizar la Primera Parte de este «TRATADO ESOTERICO SOBRE LOS ÁNGELES», que hemos titulado «LAS FUERZAS OCULTAS DE LA NATURALEZA», pensamos más en lo que todavía no fue dicho que en lo que ya está escrito, ya que así es de rigor en la investigación esotérica. Creemos sinceramente que lo dicho hasta aquí constituye solamente un primer paso orientador con respecto a las vidas angélicas y a las fuerzas elementales a sus órdenes. Todavía hay grandes misterios por descubrir y muchos e importantes secretos a revelar acerca de las fuerzas ocultas de la Naturaleza. Algunos de ellos se relacionan con la forma de trabajar de los Ángeles, desde que vuelven substancial y objetivo el éter del espacio hasta que ha sido construida una forma determinada de la Naturaleza. Este misterio de construcción —que mueve de por sí toda una cadena de misterios— será tratada en la Segunda Parte bajo el título de «ESTRUCTURACION DEVICA DE LAS FORMAS». En éste tratará de descifrarse el proceso de construcción angélica desde varios ángulos de vista y tan científicamente como nos sea posible, en orden a la Ley natural y a partir de los Arquetipos mentales creados por la Mente de Dios. Se trata de un trabajo lento, paciente y perseverante en cuyo desarrollo —nunca lo hemos dudado— seremos inspirados y ayudados por los propios Ángeles. Dichos Ángeles, según hemos podido comprobar, están profundamente interesados en establecer contacto con los seres humanos y gentilmente cooperan con todos aquellos que intentan sinceramente acercarse a sus mundos de armonía.

La Tercera Parte de este *Tratado Esotérico sobre los Ángeles* tendrá como título «LOS ÁNGELES EN LA VIDA SOCIAL HUMANA». En el mismo serán estudiados lo más ampliamente posible los contactos humano-dévicos realizados en todos aquellos niveles en donde el ser humano posee vehículos lo suficientemente desarrollados como para permitirle establecer relación consciente con los Ángeles, nuestros hermanos de los mundos invisibles. Tales contactos pueden ser realizados a partir de los niveles etéricos más densos, como lo es el gaseoso, hasta ciertos exaltados niveles del plano mental, culminando en ciertos casos con la vibrante experiencia de contacto con el ÁNGEL SOLAR que precede a las grandes Iniciaciones. Hay pues una extensa gama de relaciones entre el Reino humano y el Mundo de los Ángeles que pueden ser establecidas de inmediato a partir de las débiles creaciones humanas en los niveles emocionales hasta alcanzar aquellas ricas zonas de experiencia espiritual en donde se manifiestan los Ángeles familiares o guardianes de la humanidad o aquellos otros, todavía más excelsos, cuya misión es revelar los Misterios de la Divinidad en forma de maravillosos Arquetipos cuya substancia de Luz alimenta todas y cada una de las formas de la Naturaleza y de los Reinos.

Creemos sinceramente, e insistimos mucho sobre este punto, que este *Tratado* si bien no será una obra completa por cuanto no podrá abarcar las inmensas profundidades del Mundo angélico, constituirá, sin embargo, el punto de partida para la investigación particular de muchos otros investigadores de las leyes ocultas de la Naturaleza, singularmente de aquellos dotados de mente muy científica y analítica que ansíen descubrir el misterio de la construcción, ya sea de cualquier átomo o elemento químico o el que se revela al examinar el crecimiento de la más humilde planta. Utilizando la visión interna trataremos de dar cumplimiento a estos objetivos mediante la aportación de gráficos y dibujos ilustrativos de las actividades que están realizándose en los mundos ocultos,[14] sin que nos demos cuenta, por medio de los agentes constructores de la Naturaleza, maestros supremos en el arte de la estructuración de todas las formas, de todos los ambientes y de todas las situaciones posibles en nuestro planeta.

Es pues con una disposición de ánimo muy serena, tranquila y confiada que ponemos punto final a esta Primera Parte de este «TRATADO ESOTERICO SOBRE LOS ÁNGELES», que ha de servir de introducción a otras ideas más amplias y profundas en orden al tema general de las Jerarquías Angélicas del Universo y de sus particulares y definidas misiones con respecto al hombre y a la vida de la Naturaleza... Esperamos que así sea.

Bajo el Signo de Capricornio

Barcelona, enero de 1979

---

[14] Disponibles en http://www.ngsm.org/vba (N. del E.)

Parte II. La estructuración dévica de las formas

A JESAZEL, el Ángel Amigo que tanto me ayudó en mis pesquisas internas, con gratitud y reverencia

Prefacio

[EDF, p. 7] En esta Segunda Parte trataremos de llevar la investigación todavía más lejos en un intento de descubrir cómo y de qué manera los Ángeles, las fuerzas vivas del Espacio —y los agentes dévicos a sus órdenes— trabajan desde los mundos invisibles para dotar al conjunto universal de las adecuadas formas que precisa para el normal desarrollo de su proceso evolutivo y cómo y de qué manera el ÉTER sutil va substanciándose hasta convertirse en aquella inmensa masa de materia plástica o ectoplásmica, a manera de una gigantesca e indescriptible nebulosa dentro de la cual los puntos de luz de cada conciencia tratan de manifestarse. Cada unidad de conciencia en el centro aglutinante de tal substancia material trata de apropiarse de la cantidad y calidad de esta que le es necesaria para la creación del tipo particular de forma que corresponde a su peculiar y distintivo proceso de evolución. El deseo de manifestación, implícito en la vida de todo ser viviente, es apreciado desde los niveles ocultos como un «sonido» o «mantra invocativo», especialmente cualificado para producir en el ÉTER ciertos efectos vibratorios que atraen misteriosamente una respuesta dévica o angélica con capacidades místicas de creación. Tres principales efectos hay que considerar desde el ángulo de vista de la participación angélica en el Sistema Universal de la Creación, científicamente considerados. Veamos:

1. Un proceso de SUBSTANCIACIÓN o de CONDENSACIÓN progresiva del ÉTER.
2. Un proceso de FORMACIÓN, o de ESTRUCTURACIÓN, dentro de esa Masa de CONDENSACIÓN, de los elementos químicos que

son los principales agentes en cada Plano del Universo de la Estructuración de todas las Formas.

3. Un proceso concreto y definido de CONSTRUCCIÓN de Formas, mediante el proceso selectivo de los elementos químicos que corresponden a cada uno de los niveles de la Naturaleza, es decir, a sus Reinos, razas y especies.

Estos tres procesos, en realidad fases de un mismo proceso, corresponden al triple Mantra A.U.M., cuya utilización por parte de la Divinidad equivale al Mandato bíblico «HÁGASE LA LUZ» y mediante el cual «... todas las cosas fueron hechas». Trátase, por tanto, de hallarle una respuesta lógica, plausible y científica a aquella actividad misteriosa y desconocida mediante la cual vino a la luz el Universo y cómo cada ser y cada cosa en el interior de su omniabarcante estructura van siguiendo idéntico proceso de creación a través de unas muy bien definidas líneas de fuerza que bien podrían ser catalogadas como «líneas de semejanza arquetípica». Tal es en realidad el principio universal de creación y tal es también la identidad de los factores mediante los cuales la diminuta semilla se convierte en un gigantesco árbol. Nuestra investigación tenderá a aproximarnos cada vez más a la comprensión de las leyes ocultas de la Creación, intentando descubrir el enigma del Universo subyacente en la vida del más insignificante elemento químico, en cuyas minúsculas entrañas se agita en toda su plenitud la gloria infinita de la Divinidad.

Al observar las líneas de fuerza que van de la pequeñísima semilla al más ingente árbol, o las que se extienden desde el corazón del hombre al de la propia Divinidad, iremos aproximándonos progresivamente a la vida oculta de los Ángeles, los grandes Geómetras del Universo. Así, al contemplar las nobles estructuras geométricas que hallaremos sin duda durante el curso de nuestras investigaciones y a las que dedicaremos toda nuestra espiritual atención, sea cual sea el nivel de nuestras percepciones, nos sentiremos invadidos de aquella gracia angélica que precede a todo tipo de revelación. Los conocimientos que de la misma surjan constituirán, a no dudarlo, una impresionante aportación de datos y referencias con respecto a aquellas sagradas Entidades que, desde el principio de los tiempos, estuvieron al lado de los hijos de los hombres sin que éstos, dentro de su material ceguera, se dieran cuenta de su inmortal Presencia.

Prefacio

Esperamos, de todo corazón, que tales conocimientos nos sirvan para conocer mejor el mundo invisible que nos rodea y podamos extraer de los mismos una mejor comprensión de las leyes absolutas de la Eterna Vinculación Cósmica que en multiplicidad infinita de espirales evolutivas unifican a Ángeles y a hombres dentro de este destino superior y de la más elevada trascendencia que llamamos Fraternidad. Que el gozo de esta divina unión reemplace la conciencia de separatividad que divide a los seres humanos y los lleve a un espíritu perfecto de buena voluntad, tal es nuestro sincero anhelo y nuestra más cálida esperanza...

Vicente Beltrán Anglada

A. Las bases geométricas del universo

[EDF, p. 10] No podríamos introducirnos científicamente en el estudio de «La Estructuración Dévica de las Formas», sin recordar previamente la gran verdad oculta contenida en el conocido axioma platónico «EL UNIVERSO ES GEOMÉTRICO Y MATEMÁTICO»... Podríamos afirmar así, preparando ya el camino de nuestra investigación esotérica, que Dios geometriza utilizando la Ciencia de los Números y que la Naturaleza entera es un resultado de estas leyes o principios, ya se trate de la estructuración de un simple átomo químico, el cual, visto clarividentemente, demuestra en su constitución oculta o subjetiva —y siempre de acuerdo con su particular contenido de protones, electrones y neutrones— unas muy bellas y regulares formas poliédricas, o la conformación total del Sistema Solar, un gigantesco ÁTOMO CÓSMICO, cuya constitución básica percibida desde el mundo causal es la representación objetiva de tres figuras geométricas definidas, a saber: el hexaedro o cubo, la pirámide de base rectangular y la esfera. Tal es la representación esotérica del Universo físico utilizando la clarividencia mental, pero veamos ahora su coincidencia o analogía en la vida psicológica del ser humano cuando la trepidante civilización tecnológica o el enrarecido ambiente social no han logrado todavía amortiguar completamente sus instintos naturales o superiores.

Veamos: Si le pedimos a un niño, sea cual sea su condición social y nivel cultural, que nos dibuje «una casa», nos hará casi invariablemente una composición geométrica constituida por un cuadrado como base y encima del mismo, como cúspide o cubierta, añadirá la figura de un triángulo... Si el niño es muy perspicaz, seguramente que a un lado u otro de esta doble composición geométrica situará un círculo representando al Sol, la expresión simbólica de la Vida en nuestro Universo. Esta triple imagen, examinada desde el ángulo oculto, es la representación objetiva de un recuerdo inconsciente en la vida espiritual o mística del ser humano que procede de las impresiones arquetípicas que Dios infundió en el ser humano al dotarle de alma o de conciencia. Viene a ser como la representación cósmica del proceso de la evolución universal, la cual se apoya en el cuadrado, asciende hacia arriba por medio del triángulo

91

equilátero y culmina en el círculo, el símbolo del Sol, cuya significación oculta es precisamente el Hogar de Dios, o la CASA del PADRE...

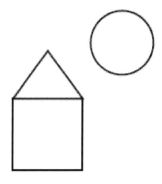

Según sabemos esotéricamente, nuestro Logos Solar, un Ser Trino, tal como sin distinción alguna afirman todas las grandes religiones y filosofías de la humanidad, realiza su indescriptible evolución a través de tres Universos. Según asegura la tradición esotérica, en el Primer Universo desarrolló la Divinidad los poderes correspondientes a Su Personalidad Integrada, es decir, que llegó a la perfección del Cuerpo físico, del Cuerpo Astral, de la Mente Concreta y de Su Radiante Vehículo Etérico, y que esta experiencia acumulada en el Tiempo y fructificando en un misterioso PRALAYA, o proceso de Memorización o Recopilación Cósmica, llegó a constituir un día la base de este Sistema Solar actual en el que la figura más interesante desde el ángulo geométrico es la del Triángulo, siendo la Meta reconocida de la evolución logoica la Integración de sus radiantes Vehículos superiores ATMA BUDHI y MANAS; es decir, de su TRÍADA ESPIRITUAL, teniendo como objetivo supremo de Vida el Plano Monádico Cósmico, el cual constituye la base circular geométrica de Su Universo del Futuro... Estas ideas contienen, como verán ustedes, un grado superlativo de abstracción, por lo cual se habrá de apoyar el razonamiento en las sagradas leyes de la analogía hermética, las cuales pueden depararnos la oportunidad de establecer una directa relación entre cualquier hecho cercano o inmediato sujeto a nuestro análisis y otro inmensamente lejano y de carácter universal. Así, el examen del dibujo de una CASA, tal como lo hacen los niños, formada de un cuadrado, un triángulo y un círculo, puede constituir el punto de contacto o de anclaje necesario para relacionar la vida espiritual del hombre con la de Su Augusto Creador.

A. Las bases geométricas del universo

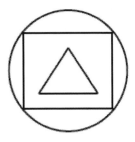

Los grandes Iniciados Atlantes y Sacerdotes Egipcios habían adoptado como «Figura Central» de sus cultos una especie de CÁLIZ compuesto de las siguientes partes: un Cubo perfecto como Base, un Prisma Triangular con base equilátera como Soporte y una Semiesfera de Cristal de Roca como Copa que debía contener el Principio o Verbo de Revelación. Visto este CÁLIZ desde arriba, en su proyección horizontal y en forma transparente, nos muestra una imagen de las tres figuras geométricas que constituyen el Pasado, el Presente y el Futuro del Señor del Universo en su aspecto simbólico, esotérico y místico. De no ser así carecerían de importancia las sabias palabras de Platón, un alto Iniciado a quien no podían pasar inadvertidas las imágenes geométricas que era capaz de visualizar internamente como base afirmativa de su aseveración lógica y real de que «DIOS GEOMETRIZA». Pero otra afirmación de la más elevada concepción esotérica y proveniente de altas Fuentes Jerárquicas nos habla asimismo de estas figuras geométricas esenciales como constituyendo el poder aglutinante de los vehículos etéricos o pránicos de los hombres de acuerdo con su grado de desarrollo espiritual, en el sentido de que los pequeñísimos devas que en grandes concentraciones los construyen adoptan las formas geométricas del cuadrado, del triángulo o del círculo.[15] De tal manera, un observador esotérico entrenado en la investigación oculta distinguirá la evolución de cualquier individualidad psicológica con sólo fijarse en la cantidad de cuadrados, de triángulos o de círculos que entran proporcionalmente en la construcción de la compleja e intrincada red etérica que constituye su aura magnética, los cuales son representativos de sus estados habituales de conciencia. Lógicamente,

---

[15] Téngase en cuenta que apreciadas desde la cuarta dimensión todas las formas geométricas son poliédricas y no se aprecian en su plano sino en su volumen, por lo cual las figuras reales, tal como las observa el clarividente en el caso que nos ocupa son las del hexaedro, la pirámide y la esfera.

los cuerpos etéricos de los seres humanos poco evolucionados contendrán sólo figuras geométricas en forma de cuadrado, en tanto que en el de un glorioso Adepto de la Jerarquía, el fruto perfecto de la evolución planetaria contendrá únicamente círculos geométricos de brillantes e irradiantes colores más allá de toda posible comparación con los colores conocidos. Entre el hombre involucionado y el Adepto, constituyendo el ALFA y el OMEGA de la evolución solar, es decir, la base y la cúspide del proceso, se extiende la infinita legión de almas que constituyen en su totalidad «la Gran Escalera de Jacob» de la Vida del Universo.

En uno de los ORÁCULOS CALDEOS, de los que obtuvo no poca información Mme. BLAVATSKY para escribir su grandiosa obra: «LA DOCTRINA SECRETA», puede leerse este comentario: «Del ÉTER proceden todas las cosas existentes y al ÉTER deberán retornar un día, pero dejando impresa en cada uno de sus vitales componentes la indeleble Memoria de los hechos y de las ideas que se produjeron a través de las edades...» Y, ¿qué quieren significar estas palabras sino la infinita capacidad de la sabia Naturaleza de agrupar tales Memorias por orden de densidad, en forma de cuadrados, de triángulos o de círculos? Según esta idea, todas las posibles formas creadas surgen básicamente de las tres figuras geométricas antes descritas y son, por así decirlo, ideas arquetípicas a desarrollar a través del tiempo. Así, los Ángeles especializados en el arte de la construcción de los vehículos etéricos de los seres humanos realizan su trabajo condicionándolo a la cantidad de cuadrados, de triángulos o de círculos que ocultamente les proporcionan las Almas de los hombres en su proyección causal, a través de los átomos permanentes físico, astral y mental, los cuales, vistos clarividentemente en el subplano atómico de sus Planos respectivos, adoptan las radiantes figuras geométricas del hexaedro, de la pirámide y de la esfera, pudiendo afirmarse así, con toda justicia, que el destino del hombre es GEOMÉTRICO, siendo los Ángeles o Devas que construyen sus vehículos de manifestación cíclica, los SABIOS GEÓMETRAS que a través de las aportaciones infinitas de un lejanísimo pasado escriben geométricamente en el ÉTER el destino inmortal de los seres humanos.

Estas ideas exigen, como ustedes verán, una atenta consideración, por cuanto nos permiten entrever en una elevada medida el significado trascendente de la afirmación platónica «DIOS GEOMETRIZA». De

A. Las bases geométricas del universo

acuerdo con la misma, y constituyendo la base angular del proceso de estructuración de las formas en la Naturaleza, vemos aparecer y desaparecer de la faz de la Tierra absorbidos por la vorágine infinita de la Evolución solar a hombres, pueblos, ideas, culturas y civilizaciones, pero dejando impresos en el ÉTER o ESPACIO UNIVERSAL, que es el Cuerpo Etérico de la Divinidad, su legado kármico o histórico en forma de figuras geométricas nítidamente reflejadas en el espacio y constituyendo partes inseparables de la Memoria Cósmica, Suma infinita del entero Contenido Universal. Y dentro de la misma, por una hábil, sapientísima e indescriptible operación mágica o transmutación cósmica, todas estas formas geométricas van agregándose por vibración, peso y grados de sutilidad a los gloriosos Arcanos de la Vida de Dios en donde se halla la exacta Medida de la Evolución, esta inmortal medida que le da a cada cual lo que justamente se merece... ¿Podríamos imaginar así, utilizando los mágicos poderes de nuestra actividad creadora, la Vida de la Divinidad desde el ángulo sublime de la Geometría Cósmica como un supremo Arcano de Valores Psicológicos sintetizados en las tres principales figuras geométricas del CUBO, de la PIRÁMIDE y de la esfera, como tres dinámicos centros de atracción magnética dentro de cuyos indescriptibles Recipientes se vierten por «ley de afinidad» y «por orden de semejanza» las experiencias de todas las vidas que pueblan el Universo: Dioses, hombres, Ángeles, animales, vegetales y minerales, ya que en su peculiar, singular y propia medida constituyen todas ellas la Gloria Infinita de la Experiencia Divina? ¿Y no podríamos imaginar también que estas grandes Figuras Geométricas que condicionan el Pasado, el Presente y el Futuro de la propia Divinidad, no son sino la afirmación esotérica, filosófica y mística de aquellos valores inmortales segregados por el fluir de las Edades que el hombre registra como subconsciencia, conciencia y supraconciencia, otra forma de describir psicológicamente el dictado supremo del principio hermético de analogía que en las figuras geométricas del cuadrado, del triángulo y del círculo halla la Vida del Señor su más elevada y exaltada Complacencia Cósmica?

Y ya para terminar esta sección sólo habrá que hacer hincapié sobre la vida del hombre, el cual, siendo, como es natural, el máximo punto de referencia psicológico en nuestros estudios e investigaciones exige que del fruto de nuestro trabajo extraigamos conclusiones científicas de orden práctico y realizable. Nosotros estamos plenamente persuadidos que un examen profundo de la Ciencia de la Geometría, tratando de verla como el origen universal de todas las formas de la Naturaleza, podría deparar visión psicológica, humana e impersonal. Bastaría para ello que cada cual se considerase básicamente un cuadrado, constituido por su cuerpo físico, su vehículo etérico, su cuerpo astral y su mente intelectual e imaginar que tal cuadrado es todavía muy irregular e imperfecto como para poder edificar sobre el mismo la gloriosa y simbólica figura geométrica del triángulo equilátero y comprender que precisa de un trabajo lento, paciente y perseverante de integración como base de la perfección de su particular cuadrado, o Cuaternario inferior, tal como se le designa esotéricamente. *

[*Hay un poderosísimo MANTRAM, legado por la Jerarquía a los verdaderos discípulos mundiales, en una de cuyas sagradas estrofas se afirma: «YO, el TRIÁNGULO DIVINO, CUMPLO LA VOLUNTAD DE DIOS DENTRO DEL CUADRADO y sirvo a mis semejantes». Otra aseveración más de la importancia de los símbolos geométricos en la vida espiritual del ser humano.]

La gloria espiritual del Triángulo equilátero, símbolo de la Tríada espiritual Atma, Budhi y Manas, y la incorporación de su figura geométrica en nuestra aura etérica dependerá básicamente de nuestra aspiración superior, la cual deberá orientarse constantemente hacia la cúspide de nuestro ser, al Monte Everest de nuestra conciencia, allí en donde augusta, aunque desconocidamente, vibra nuestra glándula pineal, conectada con valores espirituales de la más elevada trascendencia, y esperar allí, en confiada espera, que la Gloria del Señor descienda hacia abajo creando los sublimes lados del Triángulo que habrán de coincidir perfectamente con la base del Cuadrado que en procesos anteriores de ardua y dolorosa disciplina fuimos capaces de visualizar y estructurar. Tal es la Ley y el Destino de los hombres.

B. La geometría esotérica

[AVSH, p. 19] La Geometría es el andamiaje de la imaginación. El Arte y la Ciencia se complementan geométricamente. Podríamos decir así que ninguna expresión artística carece de ciencia ni ninguna ciencia carece de arte, de ahí que todo conocimiento proviene del íntimo sentimiento creador, no teniendo otra meta la creación, que inicialmente es percepción, que darle adecuada forma a la imaginación que surge como efecto de los impulsos internos. Existe también, por poco que lo analicemos, un sentimiento de belleza matemática que tiende a la armonía de las formas y de los números, una elegancia geométrica —podríamos decir dévica— que puede ser descubierta por doquier, llegando finalmente a la conclusión de que una ecuación matemática para ser perfecta ha de tener forzosamente belleza. La Ciencia de los Números es la Ciencia de la Forma y no podemos hablar de Geometría Esotérica sin referirnos a la armonía existente entre ambas Ciencias. Con respecto a esa Geometría oculta habrá que tenerse en cuenta también que todos los cuerpos en el espacio se comportan de acuerdo con la posición que ocupan en el mismo con respecto a otros. Sus coincidencias y sus conjunciones, es decir, las figuras geométricas que constituyen en su mutua interdependencia tienen un significado básico, podríamos incluso denominarlo kármico, al ser observadas desde determinados ángulos de visión o perspectiva. La contemplación del Universo desde nuestro particular campo de percepciones tiene una importancia considerable desde el punto de vista esotérico y la mecánica misma de los astros, es decir, sus movimientos apreciables de rotación y traslación motivarán en el espacio aquellas condiciones íntimas que producen nuestros particulares estados de conciencia.

Creemos que, por vez primera, quizás, en los estudios esotéricos se intenta enlazar la idea del karma solar, planetario y humano con la posición geométrica de los astros en el firmamento. En nuestro caso particular, consideramos al planeta Tierra como centro de nuestras percepciones y al Universo entero como un inmenso campo de perspectiva. Yendo al fondo mismo de esta cuestión podríamos decir que la posición que ocupe un cuerpo en el espacio en relación con otros repercute en su propia estructura molecular. Posiciones similares en el orden estrictamente geométrico engendrarán así parecidas estructuras atómicas y la forma de un elemento químico cualquiera variará sensiblemente según sea la posición que ocupe dentro de su conjunto molecular y sus líneas geométricas de relación con otros grupos de elementos químicos. Hay pues una vinculación en el orden geométrico de acuerdo con determinadas posiciones adoptadas en el espacio por los cuerpos celestes o por los simples elementos químicos, siguiendo la absoluta ley de afinidades, cósmicas, universales, planetarias, humanas y moleculares. Es posible organizar así la vida manifestada, con todo cuanto ello presupone, de acuerdo con conceptos estructurales y disposiciones posicionales y geométricas. De ahí nace precisamente la idea de «las redes espaciales», una verdadera creación angélica, las cuales al parecer y en orden a la filosofía de la forma o de la geometría esotérica, cubren el entero Universo y según sus combinaciones estructurales, vistas siempre desde el ángulo de la propia perspectiva, determinan ciertos definidos aspectos psicológicos en relación con los centros de visión o de observación.

Habrá que ir pensando también, de acuerdo con tales conclusiones, que el establecimiento de jerarquías espirituales en el orden psicológico vendrá determinado también por la posición geométrica de unas almas con respecto a otras, o por el lugar que ocupen dentro de alguna definida FORMA geométrica adoptada en tiempo y espacio por Aquellas supremas Entidades psicológicas que denominamos esotéricamente Logos cósmicos, Logos solares y Logos planetarios, los Cuales, sin embargo, vienen particularmente condicionados también por el lugar que ocupen en el Espacio absoluto en relación con Sistemas estelares de todavía más elevada trascendencia.

Podríamos hablar, asimismo, tal como era la concepción de los grandes Iniciados Druidas, de una geometría de los órganos dentro del cuerpo físico de los seres humanos y de la misión kármica de cada grupo de células o moléculas en relación con el lugar geométrico que ocupen dentro de la totalidad del organismo.

Siguiendo rigurosamente el supremo dictado del principio hermético de analogía no nos será difícil hablar de relaciones kármicas entre órganos y planetas, entre sistemas moleculares y grupos de Universos y admitir aún, dentro de este cuadro de relaciones, que cualquier elemento químico, por pequeño que sea, está en magnética relación con algún cuerpo celeste, siendo un punto geométrico a través del cual una función psicológica, de la naturaleza que sea, tendrá oportunidad de expresarse.

Así, pues, la clave de la expresión universal se halla en la geometría del espacio, es decir, en la forma geométrica de un cuerpo y en el lugar geométrico que circunstancialmente pueda ocupar en el espacio con respecto a la compleja estructura geométrica dentro de la cual su cuerpo con su particularizada forma se halla incluido. Además, podríamos deducir que cualquier ser, sea cual sea la naturaleza de su especie o su jerarquía espiritual, viene inexorablemente condicionado por la forma de su cuerpo físico y por la posición geométrica que adopte dentro de la estructura social de la cual forma parte. Esto puede significar también —si nuestras suposiciones son ciertas— que el Karma como Ley de la Naturaleza es un resultado de la FORMA que adopten y de la POSICION que ocupen, geométricamente hablando, la pluralidad infinita de vidas y de conciencias sujetas al devenir incesante de la evolución. La misma ley y el mismo orden rigen el comportamiento psicológico del ser humano, habida cuenta de que éste, sea cual sea su posición social y evolución interna, ocupa un lugar geométrico definido en el seno de la sociedad humana o contexto social del cual forma parte, siendo precisamente este LUGAR el que le condiciona kármicamente y le obliga a adoptar frente a la vida y a las circunstancias, un comportamiento psicológico definido con una serie de reacciones muy singulares y particularizadas frente al ambiente familiar, social y comunal dentro del cual vive inmerso. Así, de la misma manera que existe una geometría del espacio hay que admitir muy lógicamente también que hay una geometría esotérica que rige el comportamiento humano en todas sus fases de desarrollo durante el proceso de la evolución psicológica.

La Ciencia de los Centros

La geometría esotérica tiene que ver mucho, por tanto, con lo que nuestros estudios ocultos llamamos ciencia de los centros, la cual cuida del desarrollo y cumplimiento de los chacras alojados en el doble etérico del ser humano, los cuales son puertas de entrada en el cuerpo físico de todas las posibles energías universales. Habrá así, lógicamente, una geometría particular de los centros de fuerza o chacras, adoptando cada uno visto clarividentemente, una forma geométrica específica de acuerdo con el número de pétalos desarrollados, la cual estará relacionada con ciertos centros cósmicos de los cuales copiará o absorberá aquella definida forma geométrica. No será en vano pues que el centro MULADHARA de la base de la columna vertebral adopte la forma geométrica de la Cruz con cuatro pétalos desarrollados, que el chacra ANAHATA del corazón tenga la forma geométrica o mística de un loto con doce pétalos o que el centro SAHASRARA, el de la cúspide de la cabeza, aparezca como una montaña de fuego dentro de la cual puede apreciarse un loto indescriptible conteniendo mil pétalos... Las energías cósmicas procedentes de centros estelares más allá de la medida de nuestro entendimiento se proyectan sobre todos los centros vivos de la Naturaleza, condicionando sus expresiones y dotándolos de una forma geométrica determinada, sea la que se refiere a un Plano del Universo, a un Reino de la Naturaleza, a una Raza humana o a una definida especie dentro del insondable marco de la Creación.

Hay que tener en cuenta, por tanto, que toda unidad psicológica condicionante de no importa qué tipo de forma geométrica, viene condicionada a su vez por la posición que ocupe dentro de cualquier estructura molecular o social, la cual es un resultado de la unión y relación de un incalculable número de unidades geométricas —en realidad minúsculas vidas dévicas— cada una de las cuales con su particular idiosincrasia, temperamento y carácter psicológico —si podemos decirlo así cuyas reacciones totales dan fe de una estructura determinada, sea atómica, molecular, psicológica o espiritual. Variará lógicamente la calidad de los elementos básicos o unidades geométricas de vida definidas esotéricamente como elementales constructores en uno u otro nivel. Son, en realidad, la vida de Dios en movimiento incesante de traslación, en tanto que la forma geométrica de una determinada estructura tiende, por inercia o por su lento movimiento de asimilación de las energías, a la ley de gravitación, cuya cualidad apreciable desde el ángulo oculto es el movimiento de rotación de los astros. Los dos movimientos antes descritos adoptan también en el espacio una forma geométrica idéntica: la ESPIRAL, lo único que variará en el orden universal es que el movimiento de rotación engendra una espiral que va de la superficie o del espacio hacia adentro, el centro, en tanto que el movimiento de traslación, por el contrario, se proyecta desde el centro hacia el espacio exterior. La creación de un Universo físico, de un planeta, de un ser humano o de

B. La geometría esotérica

un chacra etérico se inicia siempre con la nebulosa cuya forma ESPIRAL gravita hacia un centro espiritual de síntesis, siguiendo un proceso centrípeta de gravitación y origina con este movimiento circular que va de la superficie al centro la fase de substanciación del éter, llevada a cabo por los Devas, a la cual ya nos hemos referido varias veces durante el curso de este *Tratado* y que progresivamente y después que la fuerza gravitatoria del centro, el SOL, se ha escindido en otros varios centros gravitatorios menores, los PLANETAS, con idéntico movimiento en espiral hacia dentro, se convierte en un Sistema solar. Cada uno de los planetas son unos centros, chacras o expresiones geométricas de las cualidades que el Logos solar trata de revelar a través de estas.

Hay por tanto en todo Universo —si es que son ciertas para el Cosmos absoluto las leyes de analogía que rigen para nuestro Sistema solar— dos movimientos principales: el de rotación de cada astro alrededor de sí mismo creando un centro gravitatorio particular y con ello un tipo definido de expresión psicológica y singularidad geométrica y otro de traslación alrededor de un centro de atracción mayor, llámesele Sol, Constelación o Galaxia que le crea un sentido más o menos acentuado de dependencia cósmica. En el aspecto psicológico la fuerza centrípeta o de rotación sobre sí crea el sentimiento de separatividad o de egoísmo, por el contrario, la fuerza centrífuga o de expansión hacia un centro mayor fuera de la propia gravitación despierta, promueve y desarrolla el sentimiento de unidad y de altruismo y aproxima íntimamente al astro a su centro de atracción mayor en donde misteriosamente intuye, presiente o adivina el Espíritu de Síntesis que está en la base potencial del Cosmos absoluto. Parecerá extraño, quizás, que hablemos de cualidades psicológicas al referirnos a los astros que pueblan el infinito firmamento. Hay que tener en cuenta, sin embargo, que en la fase primaria u original de cada cosa se halla una motivación oculta, un tremendo impulso dinámico e inteligente que impele a la manifestación. Ahora bien, considérese que tal impulso dinámico e inteligente no procede de la materia substanciada mediante la cual todas las cosas fueron hechas, sino de un Espíritu creador que reúne en Sí todas las cualidades psicológicas de voluntad, sabiduría e inteligencia a un grado superlativo de exaltación, al cual no pueden acceder nuestros más elevados sentidos espirituales, pero cuya irresistible tendencia es la MANIFESTACIÓN CÍCLICA. La Forma geométrica se hace eco de tal espíritu de expresión psicológica y surgen así del Espacio absoluto todos los cuerpos universales, desde el más pequeño y humilde asteroide a la más absoluta y trascendente Galaxia. Bien, esta idea podrá parecer quizás demasiado abstracta. Aplíquese, no obstante, el principio de analogía; analícense los dos movimientos universales conocidos como rotación y traslación; inténtese penetrar en sus remotas causas originales y se tendrá una idea concreta e intelectual de las trascendentes realidades cósmicas, una ventana abierta a las insondables profundidades del infinito Espacio, la cual puede mostrarle al audaz investigador esotérico las causas supremas de la vida manifestada, así como los orígenes psicológicos del ser humano.

El Reino Angélico, el centro de equilibrio entre vida y forma

Cuando analizamos la relación existente entre la Vida espiritual y la Forma material, entre la Voluntad de Ser y el Propósito de Realizar, observamos los fenómenos producidos en el espacio por las dos fuerzas básicas que rigen el orden cíclico del Cosmos; hacia adentro, hacia el alma espiritual o ser inmanente se halla el secreto psicológico de rotación o de gravitación; hacia afuera, en dirección al Ser trascendente que llamamos Dios, se halla el misterio psicológico de traslación o de expansión cíclica. Esotéricamente, y siempre debo hacer esta obligada aclaración, se percibe un espacio geométrico que es externo y otro espacio psicológico que es interno. Las condiciones que rigen el Espacio —considerado como una Entidad— son idénticas en los dos casos, pero cuando hablamos de un espacio geométrico introducimos en nuestro estudio el factor tiempo, el cual condiciona desde el centro gravitatorio de todo cuerpo de substancia las cualidades psicológicas que sólo con el tiempo pueden manifestarse y llegar a su plena madurez y perfección. Llegará sin embargo un momento en la vida de todo ser viviente en que el tiempo y el espacio se equilibrarán adecuadamente y constituirán un fenómeno único de conciencia, de unidad o de síntesis. Es en aquel momento solemne en la vida de la Naturaleza, de un Reino, de una Raza, de una Especie o de un ser humano que se cumplirá un destino establecido de perfección y se realizará plenamente un ARQUETIPO, depositario de una Idea de Dios y contenedor de ciertas elevadas cualidades de Sí mismo. ¿Cómo ha sido posible tal prodigio? ¿Cómo se ha realizado tal milagro? Todo en la Naturaleza es un prodigio, todo es un milagro. Pero ha sido realmente la ley del esfuerzo fustigado por el sentido infinito de una gran Necesidad Cósmica de expansión vital el que ha hecho posible que se creara una síntesis, que se conquistara una Verdad y se diera testimonio objetivo de una Ley. El principio de analogía hace el resto mostrándole al investigador esotérico en forma concreta, clara y objetiva la incalculable serie de procesos concatenados procedentes de las dos infinitas vertientes de la Vida, subjetiva y espiritual una y objetiva y material la otra, pero que igual que dos afluentes del mismo río convergen en la majestad infinita del insondable Océano de la existencia universal. El espacio geométrico y el espacio psicológico se han unido y reconciliado después de inmensos periodos de lucha y de conflicto y ya jamás podrán marchar por separado, al menos desde la consideración o punto de vista racional del hombre. Esta idea podría apuntar seguramente hacia metas más elevadas todavía, como, por ejemplo, la indagación de las causas supremas de esta acción unificadora de síntesis dentro de la cual lo inmanente y lo trascendente, la gravitación hacia adentro y la expansión hacia afuera, la fuerza centrípeta y la fuerza centrífuga, el ideal y el ARQUETIPO, tiempo y espacio, etc. han llegado a un augusto Centro de Cumplimiento universal.

Ahora bien, los factores cósmicos o los intermediarios divinos que han prestado su colaboración en la magna obra de realizar un ARQUETIPO, es decir, los Ángeles o Devas, realizaron su misión equilibrante entre la Vida y la Forma liberando del seno profundo de los espacios intermoleculares o de las profundidades misteriosas de los éteres universales, las energías cósmicas que producen perfección y armonía. Por ejemplo, en el centro místico de los movimientos de rotación y de traslación de cualquier cuerpo celeste hay un ESPACIO eternamente virgen, libre absolutamente de karma, dentro del cual no opera fuerza gravitatoria alguna, pero que es la causa promotora del equilibrio universal. Y si extremando la idea imaginamos, tal como lo hemos hecho ya en otras varias ocasiones, que tales espacios intermoleculares no están vacíos, sino que están habitados y dinamizados por una especie particular de vida, muy diferente de la nuestra quizás, pero dotada de una increíble y extraordinaria capacidad de síntesis, el Reino Dévico o Angélico, tendremos en nuestras manos el elemento supremamente vital que nos faltaba para poder explicar razonablemente el misterio creador del Equilibrio universal, abarcando la totalidad de la Creación divina.

El Arquetipo.

Cuando lo inmanente y lo trascendente de cualquier ser viviente se han unido o reconciliado en cualquier momento del tiempo y en cualquier lugar del espacio, se produce un milagro de rara y espectacular belleza. Platón lo llamaba ARQUETIPO, la síntesis geométrica de belleza alcanzada por un cuerpo en la vida de la Naturaleza, mineral, vegetal, animal o humano. Pero, existe también en el nivel que sea una energía espiritual que ha logrado redención, siendo psicológicamente perfecta su expresión a través de aquella bendita forma, teniendo en cuenta que no puede haber perfección posible en la vida de la Naturaleza si no se realiza previamente un equilibrio verdadero entre una razón interna, o propósito creador, y una manifestación externa por medio de una cualificada forma geométrica. Tal equilibrio no hubiera sido posible a no mediar el tercer factor, aquel poder aglutinante de la energía material y espiritual al que místicamente llamamos ALMA.

Todas las formas de la Naturaleza poseen un Alma que las dota de conciencia y de un impulso vital, dinámico e irresistible que las orienta hacia un definido propósito de redención o, si Uds. lo prefieren, de perfección. Sin embargo, la redención y la perfección no constituyen metas rígidas o estáticas, sino que son antesalas de mayores conocimientos y realizaciones. Por lo tanto, cuando hablemos de Arquetipos en relación con las formas geométricas hacemos referencia a un estadio de perfección orientado siempre a nuevas y más esplendentes perfecciones. De ahí que la perfección que no constituye un fin en sí misma, sino que es un eterno movimiento hacia más elevadas realidades, no está condicionada a meta definida alguna, ya que una vez la Naturaleza ha realizado el milagro de un Arquetipo, en el nivel, plano, reino o especie que sea, abre automáticamente la perspectiva de nuevos y más esplendentes Arquetipos o Modelos a realizar.

El Arquetipo del hombre se halla virtualmente en el ser ANDRÓGINO, aquél en cuyo centro de conciencia se han fundido o reconciliado todas las posibles polaridades. Al igual que ocurre con el misterio de la electricidad, cuyo centro de equilibrio o reconciliación es la Luz, el Alma del hombre es el centro de reconciliación entre el Espíritu y la Materia, entre la Vida divina y la forma geométrica del cuaternario inferior, entre el propósito de SER y la acción de REALIZAR. En el centro de la eterna Balanza de la Justicia kármica se halla el alma del hombre, decidiendo, luchando, sufriendo y gozando..., hasta que llega un día en que la Balanza se equilibra, el Espíritu y la Materia ya no luchan entre sí; se hallan perfectamente integrados en el centro causal del Alma y se produce entonces aquel fenómeno humano que esotéricamente se denomina el ANDRÓGINO, la realización perfecta del hombre que ha consumado su destino. La mente humana ya no lucha ni se extiende horizontalmente a la búsqueda de conocimiento y su corazón se halla desapegado y libre de todo deseo. El Fuego de Kundalini circula libremente entonces por todos los centros etéricos; alrededor del SUSUMMA, IDA y PINGALA se hallan perfectamente equilibrados y el Fuego —tal como místicamente se dice— se ha convertido en LUZ, una Luz que orienta hacia las más elevadas realidades cósmicas. En tal estado de realización el cuerpo físico, ya pertenezca a un hombre o a una mujer, deja de sentir atracciones o estímulos de carácter sexual. Nada ni nadie pueden afectar ya este equilibrio estable en la vida de la naturaleza humana y cuando en el proceso cíclico de la muerte física tal esplendente y cualificado cuerpo arquetípico ha de ser abandonado, la conciencia del alma no se refugia en el Devachán, la zona intermolecular o de descanso angélico en el plano mental, sino que se fusiona absolutamente con la Mónada espiritual, el verdadero y único SER del hombre. Si algún nuevo nacimiento tuviera que producirse en el devenir del tiempo, la Mónada o Espíritu se manifestaría físicamente sin necesidad de sujetarse al ordinario proceso de concepción nacido de la dualidad masculino-femenina que rige para todos los seres humanos que no lograron todavía su perfección individual, sino que será realizado por medio de un ímpetu de amor y utilizando creativamente las fuerzas angélicas del espacio para construir el Vehículo adecuado a la realización de ciertos nobles fines que sólo la Mónada espiritual conoce y sirve. A este Cuerpo de radiante y sublime irradiación que el Iniciado crea con ayuda de los Devas superiores se le llama esotéricamente LINGA SARIRE y tiene la propiedad de no envejecer, de estar libre de enfermedades y de persistir en el plano físico todo el tiempo que sea necesario para el cumplimiento de la obra jerárquica aceptada voluntariamente por la

Vida infinita de la Mónada espiritual. Otra de sus propiedades es la de hacerse invisible a voluntad y de surgir inesperadamente de los éteres del espacio cuando así conviniere a los propósitos monádicos. Este Cuerpo, un verdadero TALISMÁN viviente está bajo la custodia de ciertos Devas de elevadísima evolución que hacen circular PRANA de las más elevadas regiones del éter a través de cada uno de sus componentes moleculares, construidos únicamente con átomos seleccionados del cuarto nivel etérico y que son atraídos en virtud de un sonido o Mantra especial que pronuncia el Iniciado cada vez que tiene necesidad de utilizar su LINGA SARIRE para poder manifestarse substancialmente en el mundo.

En estas últimas ideas y consideraciones hallarán Uds. no pocos indicios acerca de la actividad de aquellas gloriosas Jerarquías Dévicas, denominadas en algunas partes de este *Tratado Esotérico sobre los Ángeles*, Señores de los Arquetipos, Quienes, bajo la suave imposición del Adepto, construyen los Cuerpos Sagrados o «Linga Sariras» necesarios para el cumplimiento de alguna misión especial en el mundo, siguiendo el criterio universal de la Gran Fraternidad Oculta que guía los destinos espirituales del planeta Tierra...

C. El principio mágico de la forma

[EDF, p. 17] Cualquier forma creada, sea cual sea su proyección geométrica en el espacio, es una obra mágica en la cual participan infinidad de agentes dévicos y elementales constructores, dirigiendo unos y construyendo otros la estructura arquetípica del Universo. En la Primera Parte de este *Tratado*, «Las Fuerzas Ocultas de la Naturaleza», iniciamos un ligero esbozo del proceso creador de las formas, tratando de comprender la obra calificativa de los Ángeles al realizar objetivamente las Ideas de Dios con respecto al Universo, es decir, los Arquetipos proyectados para cada Reino, cada Raza y cada una de las especies vivientes, [16] mediante un proceso sistemático de «substanciación del Éter del Espacio» hasta llegar a un punto en que tales Arquetipos son concretamente establecidos y realizados. Vemos así que en el proceso de substanciación del éter cierto tipo de Entidades angélicas ofrecen la materia plástica, exquisitamente maleable y convenientemente dinamizada, mediante la cual otra especie de Ángeles o Devas constructores diseñan y estructuran la forma objetiva que los centros de conciencia espiritual, inmersos en la incluyente y omniabarcante Vida de la Naturaleza, precisan para poder cumplir su propósito o destino creador de perfección. Se avizora así, siquiera fugazmente, el desarrollo de una mágica tarea realizada conjuntamente por los Ángeles y los hombres, una tarea cuya finalidad es la unificación de ambas corrientes de evolución y hacerla cada vez más consciente dentro del corazón humanó. La responsabilidad que la misma entraña para los investigadores del mundo oculto y verdaderos aspirantes espirituales del mundo exigirá los siguientes requisitos:

a) El Reconocimiento de la Vinculación Dévica.
b) El Secreto Subyacente en el Nombre de los Devas.
c) La Correcta Pronunciación de los Mantras Invocativos.

Vamos a analizar por separado cada uno de estos tres puntos.

---

[16] A detallarse en la Parte III (N. del E.)

El Reconocimiento de la Vinculación Dévica

Sólo la sincera y profunda investigación esotérica podrá facilitarnos una adecuada información acerca de la vinculación espiritual de la humanidad con el ingente grupo de Entidades angélicas que viven y se mueven a su inmediato alrededor y son sus leales compañeros en el devenir de la evolución. Cada uno de tales Devas ocupa cierto lugar definido en la vida personal y espiritual de los seres humanos, constituyendo respuestas divinas a sus sinceros deseos de perfección y redención. Podríamos citar al respecto tres principales jerarquías dévicas:

- Las jerarquías angélicas, en el plano de la mente, cuya misión es vivificar sus pensamientos y dotarles de coherencia y cualidad vibratoria.
- Las jerarquías angélicas, en el plano astral, que les dan forma psíquica y colorido especifico a sus emociones, deseos y sentimientos y los expanden en forma magnética y radiante.
- Las jerarquías angélicas, en el plano físico-etérico, que transmiten prana vital al cuerpo físico denso y permiten su estabilidad y supervivencia.

Se trata, como verán, de tres bien diferenciadas jerarquías en cada Plano de expresión de la vida natural y corriente de los seres humanos, pero que trabajan conjunta y simultáneamente para producir los ambientes sociales de la humanidad. Es lógico comprender, por tanto, que una parte muy importante en la evolución espiritual del hombre es el reconocimiento de que su triple vehículo: la mente, el vehículo emocional y el cuerpo físico, son una creación angélica en la que él sólo ha contribuido con la aportación, a menudo inconsciente, de sus pensamientos, deseos y acciones acumulados en su cuerpo causal en forma de cualidades psicológicas. Tal reconocimiento es la obra de la evolución espiritual conforme la corriente de vida humana se desplaza de los niveles instintivos y asciende hacia las elevadas zonas de la intuición, tratando de hallar su lugar en uno u otro de los infinitos peldaños que constituyen la Gran Escalera de Jacob místicamente definida como Sendero espiritual o Camino interno. Pero, fruto de tal reconocimiento será sin duda la capacidad de vivir íntegra y armoniosamente en aquel peldaño de luz que por ley corresponde a cada ser humano y el establecimiento de un contacto cada vez más consciente y definido con las fuentes de «revelación divina» que son

C. El principio mágico de la forma

los augustos moradores angélicos de los mundos invisibles, los cuales, utilizando la luz radiante del Éter, construyen no solamente los vehículos específicos de manifestación del hombre, sino que le preparan también las condiciones psíquicas que constituyen su ambiente social. Cuando tal contacto es realizado inteligente y deliberadamente y el propósito espiritual llena la parte más importante de su vida puede hacerse acreedor el hombre a la amistad de los Ángeles que de manera misteriosa están unidos al proceso de su existencia kármica. Se le abre entonces una perspectiva realmente esplendorosa en el orden espiritual y sobre su base de luz erige la noble estructura que ha de soportar el entero proceso de su mágica creación. Por vez primera en su dilatada serie de existencias temporales comprende el exacto valor del término AMISTAD, hasta aquel momento condicionada a las imperfectas condiciones humanas y a las inadecuadas normas sociales de vida, y a través del fraternal contacto angélico empieza a penetrar en la infinita extensión del ambiente cósmico, del cual empieza a sentirse una pequeña aunque consciente parte y a percibir a aquellos excelsos Ángeles y otras jerarquías solares que desde tiempos inmemoriales y desde los mundos invisibles vigilan con amorosa solicitud que suene para los hijos de los hombres la hora de su redención física y su espiritual perfección..., para «cantar al unísono la Gloria del Señor».

El Secreto Subyacente en el Nombre de los Devas

El Nombre es esotéricamente la base de la Forma. La revelación del Nombre angélico que corresponde a cada una de las creaciones de la Naturaleza es un secreto iniciático que le será revelado al ser humano sólo cuando haya logrado penetrar tan profundamente en su propia vida espiritual que le sea prácticamente imposible retornar a la vida material de los demás hombres. Condición requerida para poder albergar tal secreto en el corazón es el desarrollo de su capacidad de silencio, el cual le aislará de los ambientes nocivos y le volverá sordo a las palabras vacuas e inútiles de las gentes. Es por tal motivo que en todas las verdaderas escuelas esotéricas y en el retiro místico de los Ashramas de la Jerarquía se entrena a los discípulos en el supremo arte de la prudencia y de la circunspección que se convertirá finalmente en capacidad natural de silencio. Entrenar a los aspirantes espirituales para que dejen tras de sí el amargo fruto del Verbo prostituido es una tarea especial encomendada a los discípulos de los distintos Ashramas. quienes están incorporando a sus vidas ciertas técnicas de audición del Silencio en los mundos invisibles para aprender a pronunciar correctamente el Nombre dévico requerido en cualquier situación para efectuar algún tipo particular de Magia.

Todas las cosas de la vida, aun aquéllas sujetas al tecnicismo científico, tienen dos nombres: uno les es conferido ocultamente por la Divinidad para serles espiritualmente reconocidas, otro es el que les asigna el hombre para poder distinguirlas intelectualmente de las demás. El nombre oculto de los Devas que intervienen en la actividad creadora de la Naturaleza es, repetimos, un secreto iniciático, y según ha podido ser comprobado esotéricamente, el hombre que en virtud de la profundidad de sus estudios ocultos o por la grandeza espiritual de su vida llega a «conocer» el nombre oculto del Deva que construye y vitaliza cualquier tipo de forma y «sabe» pronunciarlo correctamente, puede reproducir dicha forma en el espacio y dotarla de objetividad física, con idénticas propiedades y características que les infundió la Divinidad por medio de aquel Deva. Tal es evidentemente el secreto de creación que poseen los verdaderos Magos y tal es también el peligro de que el nombre oculto de cualquier Deva pueda ser conocido por seres humanos irresponsables y no dotados de la suficiente grandeza de vida espiritual, los cuales utilizarán aquellos conocimientos en sus aspectos inferiores y en contra del correcto sentido de la evolución. Pero, en definitiva, son siempre los Devas en sus infinitas gradaciones o jerarquías los que realizan el trabajo de transmutación, o sagrada alquimia mediante la cual una impresión esencialmente subjetiva pasa a ser substancialmente objetiva por obra y gracia de la efectividad del Verbo creador.

Podrá observarse así que Magia y Alquimia son dos aspectos consubstanciales en la vida esotérica u oculta del discípulo espiritual y, según se nos dice ocultamente, deberá llegar un momento en su vida en el cual, tras recibir una definida iniciación o expansión de conciencia, será capaz de pronunciar una impresionante cantidad de nombres o sonidos dévicos, con lo cual se convertirá en un Mago blanco, creador consciente de todo tipo de formas. De ahí deriva también la importancia de que los discípulos en los distintos Ashramas de la Jerarquía conozcan el nombre oculto de los Devas que construyen

C. El principio mágico de la forma

las formas físicas, emocionales y mentales de su vida para colaborar conscientemente con Ellos en la obra conjunta de la evolución individual, así como para ayudar a la Jerarquía en el enorme trabajo que supone «dignificar y sutilizar» los ambientes sociales del mundo en su intento supremo de crear nuevas y más adecuadas alternativas a la vida de los seres humanos aquí en la Tierra. Será comprensible, utilizando la clave de analogía, que la pronunciación del nombre, o sonido mágico, correspondiente a los Devas superiores de los planos ocultos de la Naturaleza producirá grandes y positivos resultados en la vida interna del discípulo con amplias repercusiones en sus ambientes familiares y comunales, los cuales serán sutilizados y redimidos (utilizando aquí una conocida locución mística).

Tal es el misterio que entraña el nombre de las cosas creadas por los Devas y que corresponde a todas las especies vivientes de los tres primeros Reinos de la Naturaleza. Pero, al llegar al Reino humano el significado del Nombre adquiere una singular y extraordinaria importancia habida cuenta de que el hombre posee autoconciencia y ha de aprender a pronunciar su propio NOMBRE, es decir, el Nombre oculto que le asignó la Divinidad en el momento supremo de la creación de su alma y en la que intervinieron aquellos excelsos Seres que llamamos los Ángeles Solares. Este Nombre no será conocido, sin embargo, hasta que el hombre haya realizado dentro de su corazón la sagrada alquimia de convertir sus deseos en sublimes sentimientos y los ordinarios pensamientos en fulgidas estelas de radiante intuición, ascendiendo así a las sublimes alturas causales desde donde las razones ocultas del hombre son amplia y profundamente comprendidas y la vida personal en los tres mundos es considerada como «un campo de batalla» en donde no vence el más fuerte, sino el más hábil, siendo los más hábiles los que se comprometen a servir fielmente al Señor y a hacerse responsables augustos de Su Voluntad aquí en la Tierra. La fortaleza, que la mayoría de las veces entraña lucha, es dejada así a un lado y la atención serena y supremamente expectante del hombre se orienta hacia aquel bendito Ser, causa de su vida y de su alma, que puede enseñarle a pronunciar su verdadero NOMBRE y establecer sobre la base oculta del mismo un nuevo sentido de valores sociales y humanos. Me refiero exactamente a SANAT KUMARA, el Señor del Mundo, quien, en las soledades místicas de la Transfiguración en el Monte Tabor del alma, hace resonar dentro de sus ocultos oídos el Sonido de su Nombre Espiritual.

El ser humano, sea cual sea su evolución, posee, al igual que todos los demás seres de la Naturaleza, dos Nombres: uno oculto, cuyo correcto sonido guarda celosamente el Ángel Solar en el plano causal como constituyendo un Cuerpo de Misterios que progresivamente deberán ser revelados a través de las sucesivas iniciaciones, y otro familiar o social, mediante el cual se le distingue y particulariza de los demás seres humanos. El Nombre que simbólicamente se le asigna en el momento del bautismo o mediante el cual se le inscribe en los registros civiles es absolutamente arbitrario y no guarda relación alguna con el Nombre oculto o real. El cambio de Nombre presupone desde el ángulo esotérico un absoluto y misterioso cambio psicológico de la personalidad humana, la cual deberá ajustar su vibración interna a la que genera el Nombre al ser pronunciado. No es en vano que en la Biblia se reseña que «... cuando el Señor bendijo a ABRAM y a JACOB (durante el curso de ciertas iniciaciones internas) les cambió a ambos el Nombre y uno le llamó ABRAHAM y al otro ISRAEL. De ahí que al ser admitido un candidato espiritual en el seno del Ashrama de un Maestro se le asigne otro Nombre, su Nombre ashrámico, mediante el cual y gracias a su vibración particular podrá ser invocado por sus compañeros del Ashrama y por el propio Maestro utilizando las misteriosas redes geométricas de la telepatía mental. Dicho Nombre posee además ciertas características mágicas. Una de ellas es la de contener alguna definida sílaba de su verdadero Nombre espiritual. Podríamos decir con respeto a este punto que en cada, nueva iniciación le son reveladas al discípulo nuevas sílabas hasta el momento cumbre de la Quinta iniciación, que convierte al ser humano en un Adepto, en el cual el Iniciador Único de nuestra Cadena terrestre le confía al Iniciado el Nombre completo de su Mónada, un absoluto e incomprensible Mantra mediante el cual el Iniciado se hace Señor de los Tres Mundos y Mago supremo, operando sobre todas las jerarquías dévicas que viven, se mueven y tienen su ser en los planos físico, astral y mental.

La Correcta Pronunciación del Mantra Invocativo

Desde el ángulo esotérico todo Nombre oculto correctamente pronunciado constituye un Mantra o Sonido mágico, mediante el cual son movidas e invocadas considerables cantidades de energía etérica de distintas densidades con una tendencia implacable a constituir una forma determinada en la vida física de la Naturaleza o en el ambiente mental y psíquico de la humanidad. Todo cuanto observamos por doquier es una expresión de sonidos materializados por medio de rayos de luz. De manera misteriosa, aunque sublimemente práctica, los Devas de la luz y los del sonido trabajan conjunta y armoniosamente para producir todas las formas imaginables en cada uno de los planos de la Naturaleza. El proceso de construcción dévica consta de tres fases:

1. La Audición del Sonido.
2. La Conversión del Sonido en Luz.
3. La Substanciación, o Materialización de la Luz, en formas objetivas. (Dios geometriza.)

De ahí la importancia de que el discípulo o el investigador esotérico vaya conociendo progresivamente la extensísima gama de sonidos de la Naturaleza para poder cooperar conscientemente con los grandes Ángeles de la Construcción en la misteriosa Alquimia de convertir los Nombres ocultos de cada cosa en aquellas energías de luz que convenientemente substanciadas se convertirán en formas geométricas cada vez más perfectas, ya sea la de un gusano, de una planta o del propio ser humano. La Alquimia de Transmutación, en el nivel que sea, es un proceso de Magia mediante el cual el Sonido se convierte en Forma a través de un Rayo de Luz, o la Forma se convierte en Rayos de Luz a través de la correcta utilización del Sonido. Estos tres aspectos de Luz, Forma y Sonido son factores consubstanciales que separadamente constituyen principios evolutivos, pero que mancomunada y armoniosamente equilibrados y sabiamente utilizados se convierten en la potentísima estructura de la Forma del Universo.

El proceso místico de la Iniciación, en el cual son revelados los Misterios de la Creación, son de absoluta participación dévica y durante el curso de este suceden tres cosas muy importantes:

a) El Iniciado aprende a pronunciar el Nombre de las Entidades dévica que presiden el proceso de construcción objetiva de los grandes Arquetipos mentales. Cada Nombre correctamente pronunciado constituye un poderoso Mantra.

b) La audición del Mantra o del Nombre oculto que distingue y particulariza a los referidos Devas hace que Estos se sientan potentemente invocados y acudan rauda e instantáneamente a través de los Éteres a depositar la energía de Luz que los distingue y cualifica a disposición del Poder invocativo. De ahí la conocida sentencia esotérica «La Energía sigue al Pensamiento».

c) Como consecuencia de la substanciación de las energías de Luz y en tanto perdure el propósito o la intencionalidad del Mantra. continuarán creándose objetivamente en el espacio las requeridas formas geométricas que corresponden a aquella suprema orden o mandato.

Podríamos decir así que el alto Iniciado, de la categoría de un Adepto, posee cinco claves de Sonido mediante las cuales opera sobre el éter y puede invocar a las huestes dévicas que corresponden a los planos físico, astral, mental, búdico y átmico. Es evidente que cada Iniciación encierra el conocimiento secreto de alguna clave, nota o sonido —incluyendo una impresionante cantidad de Nombres dévicos— a través de los cuales la Voluntad de Dios con respecto al Universo puede ser debidamente comprendida. La existencia mística de Jerarquías Espirituales en las más alejadas estrellas, en los planetas de nuestro Sistema solar y aun dentro de los ambientes sociales de la humanidad obedece t la Necesidad divina subyacente en el Cosmos absoluto de que «el Espíritu se perpetúe eternamente a través de la obra universal de la Creación. Las Jerarquías Espirituales son, en definitiva, los Custodios del secreto creador del Verbo, el cual es comunicado «de boca a oído», tal como esotéricamente se dice, en ciertos momentos cumbres de la Iniciación. Tal es el desarrollo de ese inmortal proceso:

1. En la primera Iniciación le es revelada al candidato la clave mística de la nota DO, englobando multitud de nombres dévicos relacionados con aquella nota. El conocimiento de este mágico Sonido y de los subsiguientes Nombres le permitirán al Iniciado «crear con materia etérica aspectos adicionales a la obra creadora de los Arquetipos que corresponden al plano físico y a ciertas definidas especies en cada Reino.

2. En la segunda Iniciación le son comunicadas al Iniciado las claves de sonido que corresponden a la nota RE, la cual está relacionada con el Nombre de una multiplicidad de devas astrales, los cuales tienen asignada la misión de comunicar SENSIBILIDAD a todas las

cosas y a todos los seres de la Naturaleza. La entonación correcta del Mantra por parte del Iniciado implicará un aumento de la sensibilidad en la vida de los Reinos y empezarán a ser liberadas a través del plano astral las energías puras del Amor, tal como esencialmente trata de comunicarlas el Logos solar.

3. En la tercera Iniciación aprende el Iniciado las claves de sonido que corresponden a la nota MI con un impresionante despliegue de energías dévicas conectadas con el poder mental y con la Voluntad creadora que infunde Vida al Universo. Una increíble hueste de Agnis del Fuego acuden a la invocación del Iniciado y dinamizan los espacios mentales de la Naturaleza creando las bases de una participación consciente y activa del Iniciado en los planes ocultos de la Divinidad. Ante la correcta pronunciación del Sonido los Ángeles del Destino planetario, los Señores del Karma, le muestran al Iniciado en un fantástico despliegue de luz, el pasado, el presente y el futuro de la humanidad y por vez primera en la vida se halla una plena y satisfactoria respuesta en el corazón del Hombre a la triple pregunta, base de la vida kármica de la humanidad aquí en la Tierra: «¿quién soy?, ¿de dónde vengo?, ¿a dónde voy?»

4. En la cuarta Iniciación aprende el Iniciado el valor de las palabras augustas de Cristo «místicamente clavado en la Cruz»: «PADRE, EN TUS MANOS ENCOMIENDO MI ESPÍRITU», siete palabras sacramentales surgidas de la nota FA del Gran Pentágrama Cósmico, cuya entonación correcta por parte del Iniciado invoca una especie particular de AGNISVATTAS trayendo fuego cósmico, el cual, al incidir en el aura del Iniciado, provoca dos grandes efectos:

    a. Destruye su cuerpo causal y determina la liberación del Ángel Solar que hasta aquel momento había constituido el centro activo de la evolución espiritual.

    b. Son radicalmente trascendidos en conciencia los niveles físico, astral y mental en la vida del Iniciado. Se crea una nueva avenida de luz en el Drama místico de la evolución planetaria y el Iniciado penetra conscientemente en el Plano búdico. Las palabras sacramentales: «TODO HA SIDO CONSUMADO» indican la síntesis mística de este proceso.

5. En la quinta Iniciación recibe el ARHAT el secreto del sonido cuya clave mística, que corresponde a la quinta nota, SOL, de la escala de sonidos cósmicos, y a este Mantra invocativo responde la Naturaleza entera y todas las huestes angélicas que participan en el misterio de creación de los cinco Planos del Universo. Ya no hay secretos a revelar en lo que a los Agentes Dévicos creadores de las Formas se refiere. El Iniciado, convertido en un glorioso Adepto, en un perfecto Mago Blanco, dirige entonces a voluntad las corrientes dévicas hacia aquellos puntos en la vida del planeta en donde es necesaria una nueva y más potente proyección de energía y colabora estrechamente con los grandes Ángeles del Sistema en el trabajo mágico de materializar en la Tierra los geniales Arquetipos de la Evolución solar.

Las dos notas siguientes en la escala de sonidos del Universo, LA y SI, pertenecen a la sexta y séptima Iniciación solar y a evoluciones dévicas más allá de nuestro actual entendimiento. No nos referiremos, pues, a ellas concretamente en las líneas de este *Tratado*. Pero consideramos, al llegar a este punto, que sería necesario interrogarnos acerca de cuál ha de ser nuestro cometido social o nuestra tarea planetaria en la obra iniciática de incorporar vida espiritual a todas las formas de la Naturaleza con las cuales venimos kármicamente enlazados, a fin de dignificarías o redimirías y hacerlas responsivas a la calidad de los Arquetipos que desde los niveles causales están tratando de revelarse. Como siempre, la tarea del discípulo es solamente una: «Dignificar la Vida» a través de una utilización cada vez más correcta de la Forma, lo cual sólo será posible si nuestra mente se esfuerza constantemente por penetrar en el mundo de los significados internos. El secreto de tal dignificación o sublimación se halla oculto en nuestra íntima capacidad de responder a las nuevas voces, nombres o sonidos que la Naturaleza en su augusta totalidad está invocando de los éteres en donde los Ángeles, Señores de las Formas, están tejiendo con rayos de Luz un nuevo destino de perfección para todos aquellos hijos de los hombres capaces de mantener firmemente en sus mentes y corazones los delicados pensamientos y sutilísimas emociones que harán posible hacer resonar los éteres del espacio con la luz de un nuevo Sonido, con las vibrantes notas del más sublime e indescriptible Canto.

D. El lenguaje dévico

[EDF, p. 28] La temática que informará este capítulo ha de merecer toda nuestra atención, habida cuenta de que es a través del lenguaje hablado o escrito que son establecidas las relaciones normales entre los hombres. Obviamente, pues, nuestra atención en lo que a la vida dévica respecta y a la posible comunicación que pueda ser establecida con sus mundos invisibles ha de ser la obtención de la CLAVE común, en orden a sonidos, que condiciona su lenguaje. Dice Mme. Blavatsky al respecto en la Doctrina secreta: «El lenguaje de los dioses (o de los Ángeles) está compuesto de sonidos, de números y de figuras, y aquél que sepa pulsar esta triple Nota podrá conversar con Ellos.» Bien, esto es precisamente lo que hemos intentado decir desde un buen principio cuando nos referíamos a «sonidos, colores y formas geométricas». Nuestra experiencia de contacto angélico nos ha permitido entrever un lenguaje dévico de carácter universal, como el que distingue a las notas de la música, formado de sonidos (los de la propia Naturaleza); de signos aritméticos, basados como los nuestros en ciertos símbolos de carácter cósmico, y de una extraordinaria profusión de colores, los cuales, al parecer, constituyen el contexto o tema básico de una conversación. No podríamos atrevemos en manera alguna a penetrar el misterio inefable de la ESTRUCTURACION DE LAS FORMAS de la Naturaleza sin tener en cuenta el poder del lenguaje dévico como elemento básico de CONSTRUCCION. En un capítulo precedente hicimos referencia al significado oculto del NOMBRE de los Devas y de los hombres para producir las actividades mágicas que conducen al embellecimiento de las formas que constituyen la vida de la Naturaleza y de los ambientes sociales del mundo, siendo los llamados MANTRAMS unos sonidos específicos, reconocidos por los investigadores esotéricos, con el suficiente poder como para atraer la atención de determinados grupos de Devas y producir a través de Ellos algunos efectos de características mágicas en los niveles físico, astral o mental.

Así, pues, la tarea principal de los investigadores de los planos ocultos es tratar de apropiarse adecuadamente de los símbolos etéricos de construcción de que se valen los Devas para producir las distintas formas geométricas que en su conjunto constituyen el Universo en todos sus niveles de actividad cíclica y tratar de hallarles sus correspondientes sonidos creadores. Dichos símbolos aparecen en distintos colores, fúlgidas, claros y brillantes, sobre un fondo etérico de color azul índigo, que es el color que corresponde a nuestro espacio universal visto desde las elevadas regiones etéricas en donde la contaminada atmósfera planetaria jamás podrá penetrar. En algunas de las láminas que se adjuntan en este libro[17] podrán contemplar ustedes las formas ocultas del lenguaje angélico, mucho más rico e incluyente que el más perfecto lenguaje hablado en nuestra Tierra, por cuanto cambia constantemente de forma, de color y de sonido y expresa una riqueza de sentimientos imposible de ser descrita. De tal lenguaje participa la Naturaleza entera y le dan adecuada objetividad los elementales constructores de la tierra, del agua, del fuego y del aire. Es curioso advertir esta circunstancia, dada la profusión de «articulaciones» —si podemos decirlo así— que posee la expresión oculta de los devas. Mi primera conversación dévica tuvo lugar hace ya bastantes años,[18] y puedo asegurarles que se trata de una experiencia realmente trascendente en orden a la evolución espiritual del ser humano, por cuanto permite adueñarse de «los pequeños secretos de la Naturaleza», aquellos que suficientemente acumulados en el cuerpo causal llevan invariablemente a la Iniciación. No se trata de un lenguaje como el nuestro, aunque está lleno de unas suaves, aunque profundas articulaciones que hay que saber interpretar, ya que constituyen en su esencia la característica especial del Deva con el cual se ha logrado establecer contacto. Con respecto a mi particular experiencia, puedo decirles que yo sabía por intuición y por sensibilidad extrasensorial que me hallaba frente a una exaltada representación del Reino angélico, pero no pude apreciar signo alguno objetivo de tal Presencia. Sin embargo, de una cosa fui realmente consciente, y es que de la conversación que el Deva sostenía conmigo participaba la Naturaleza entera a través de los más diversos, aunque significativos elementos etéricos que están en la base mística de la misma. Así, la suave brisa al pasar por entre el follaje de los árboles, el canto de un pájaro allá a lo lejos, el dulce murmullo de un cándido arroyuelo o el paso de una nube cruzando raudamente el espacio constituían aspectos distintos o notas diversas de una conversación llena de mágicos atractivos y de excitante inspiración que de manera misteriosa me daba razón de una corriente

---

[17] Disponibles en http://www.ngsm.org/vba (N. del E.)

[18] La relación de tal experiencia está más detalladamente expresada en el libro «La Jerarquía, los Ángeles Solares y la Humanidad», de Editorial Kier, 5. A., Buenos Aires.

D. El lenguaje dévico

de vida muy distinta a la humana, pero que desde las profundísimas oquedades del espacio me hablaba también del culto supremo a un DIOS que era el mismo que había creado a los Ángeles y a los hombres y que constituía un inefable canto de belleza y armonía a la gloria de la Creación. Inicié, pues, de esta manera, un proceso infinito de acercamiento espiritual al mundo indescriptible de los Devas, y es también de esta manera que, inducido por la plenitud de tal contacto establecido, me siento profundamente interesado a hablar de tal mundo de armonía a todos los seres humanos que, al igual que yo, están deseosos de captar el misterio infinito de Verdad que se oculta más allá de los éteres más densos y groseros que ensombrecen la faz doliente de la Tierra.

Aquella experiencia inicial en mi incesante búsqueda del secreto angélico que encerraba la Naturaleza afectó singularmente mis oídos internos, los cuales se sensibilizaron de tal manera que pude adquirir una noción tan virtualmente objetiva del SILENCIO que en ciertos momentos se convertía en un SONIDO OCULTO. La asiduidad de tal experiencia hizo cambiar mi vida al conjuro de una nueva y desconocida vibración orgánica de la cual participaban, al parecer, todos los átomos y células de mi cuerpo físico, constituyendo una NOTA única, que constantemente y desde entonces me acompaña y me sirve de punto de referencia cuando he de pronunciar el mantra O.M. en el devenir de mis contactos ashrámicos o de alguna reunión esotérica de carácter meditativo... Comprendí más adelante que este SONIDO era solamente el elemento insignificante de una Realidad mucho más elevada, ya que constituía únicamente parte del Sentimiento indescriptible de Unión que los Devas introducían en mi ánimo como inicio de un proceso de aproximación al mundo de los hombres. Pude entrever así, en momentos de suave recogimiento, que el Drama de la Evolución del Universo en todos sus niveles se gesta en el Espacio y que la mente humana forma parte de este espacio en donde la Voluntad de Dios, ejercitada a través de los Devas, se introducía en la vida del hombre y le hacía progresivamente consciente de las leyes inefables de la evolución, las cuales carecerían de sentido sí no hubiese en sus más ocultas raíces el Sentimiento de Unidad que ha de existir entre todos los seres creados y del cual los Ángeles o Devas, en sus infinitas huestes y jerarquías, son el más elevado exponente y los más poderosos estímulos.

Parte II. La estructuración dévica de las formas

Puedo decir así, refiriéndome a fases posteriores, que las conversaciones de los Devas no afectaban solamente mis oídos físicos, sino que se hicieron audibles y perceptibles en otras dimensiones. Pude observar de esta manera una multiplicidad de formas geométricas que de manera misteriosa se introducían en el campo perceptivo de mi conciencia, llevando cada una de ellas su peculiar color y su adecuado sonido. Mi cielo mental —por decirlo de alguna manera— se teñía de un oscuro color azul índigo, el color característico de nuestro Universo de Segundo Rayo, y de sus insondables profundidades surgían aquellas formas geométricas llenas de un indescriptible simbolismo y de un mágico dinamismo creador, mediante las cuales los Devas expresaban su sentimiento de aproximación y me revelaban las ocultas verdades de la Naturaleza, algunas de cuyas significaciones más al alcance de mi pensamiento humano han servido de base a este *Tratado*, un libro que habla de Ellos, de los Ángeles, de los Mensajeros de la Divinidad y de los gloriosos Artífices de la Creación.

El Carácter de la Revelación Dévica

Quizá se pregunten ustedes acerca del alcance o del significado esotérico de estas Conversaciones dévicas. Según he llegado a vislumbrar, después de sostener con Ellos muchas y muy fecundas conversaciones y contactos, son muchos los hijos de los hombres que en el devenir de esta Nueva Era, dentro de cuya zona de influencia está penetrando el planeta Tierra, están siendo aleccionados» para poder interpretar el mensaje de estas Fuerzas Ocultas de la Naturaleza y poder dar virtualmente fe de una corriente de vida evolutiva que corre paralelamente a la humana y a la cual los hijos de los hombres deberán aproximarse cada vez más para poder ser conscientes de las Leyes de Fraternidad que rigen el Universo dentro del cual vivimos, nos movemos y tenemos el ser. No se trata, por tanto, de justificar una actitud, sino de «mostrar el lado oculto de una ley científica» que el hombre sólo conoce muy superficial e imperfectamente y que debe ser esclarecida en su máxima profundidad, para que el planeta Tierra salga lo más pronto posible de este KALI YUGA kármico que únicamente nos da noción de dudas, incertidumbres, sufrimientos y muerte... La Paz en la Tierra y el Reinado del Amor y de la Justicia solamente serán posibles a medida que los hijos de los hombres, cansados de retener en sus manos «tantas cosas ilusorias», vayan dejando de acumularías en el tiempo y decidan definitivamente abrir sus mentes y corazones al devenir de una vida más noble y fecunda y acojan la ley de fraternidad que ya existe en los mundos invisibles u ocultos de la Naturaleza como la obra común de toda la humanidad. Tal es el carácter de la Revelación Angélica: ayudar a los hijos de los hombres a reconocer las leyes de igualdad que rigen el Cosmos Absoluto y de las cuales cada Ángel es un elevado exponente y un celoso Guardián.

Advertidos muy cuidadosamente por los Devas amigos que gentilmente establecieron contacto con nosotros, no hemos matizado los símbolos que aparecen en las láminas correspondientes con su definido y especifico color, teniendo en cuenta la relación que existe entre ciertos colores y determinados sonidos, y no queriendo los Devas ser inoportunamente «invocados» al ser percibidos tales colores que les hace vibrar en el éter cuando se producen esos especiales sonidos que determinan una inevitable «invocación». Aparecen, pues, indistintamente en forma de imágenes vibrantes de color áureo sobre un fondo azul índigo, pero para los verdaderos entendidos y profundos investigadores esotéricos tales imágenes, o formas geométricas, serán lo suficientemente significativas como para poder depararles intuitivamente lo que tales Devas tratan de decir en sus mensajes y, más importante todavía, el SONIDO especifico mediante el cual pueden ser «particularmente» invocados. Se trata, en realidad, de establecer un adecuado y necesario equilibrio entre el Silencio humano y la Palabra dévica. Como es lógico, esto exigirá un constante y permanente profundizar en lo más secreto y oculto de nosotros mismos.

El Silencio y la Palabra

Nos hallamos, como verán, al principio de un nuevo orden de cosas y al borde de unos grandes y profundos cambios en el orden social y humano, debidos a la presión ejercida por la Constelación de Acuario sobre la totalidad del planeta. Pero, no olvidemos en ningún momento que tales transformaciones individuales y sociales no adquirirán aspectos positivos de identidad planetaria si no entrevemos en una cierta medida la influencia de los Ángeles, de los Devas o de las Energías Individualizadas de la Naturaleza en la vida de la humanidad.

Deberán ser verificados grandes intentos en tal sentido, singularmente en lo que respecta a los aspirantes espirituales del mundo, algunos de los cuales, profundamente impresionados por los grandes avances científicos y tecnológicos de los últimos tiempos, han dejado un poco de lado quizá la Regla de Oro de los discípulos en no importa qué edad de la historia planetaria, cuyo objetivo era y ha sido siempre crear «Magia Blanca en sí mismos y a su alrededor, una tarea de la más elevada trascendencia, imposible de ser realizada si no ha sido establecido un previo y consciente contacto con los augustos Devas que desde el principio de las edades estuvieron entrañablemente vinculados al karma de los hijos de los hombres.

Hay que reconocer, por tanto, ya que de no hacerlo avanzaremos muy lentamente por el Sendero de la Evolución, que los Ashramas de la Jerarquía, a los que todos sin excepción deberemos acceder algún día, han seguido fielmente aquella Sagrada Regla de Oro, la cual está basada en la comprensión del significado íntimo y profundo del SILENCIO DEL CORAZON que permite a los verdaderos discípulos «ver y oír» en los mundos invisibles y, más adelante, cuando la palabra haya perdido para siempre la posibilidad de herir, adquirir el poder de «invocar a los dioses inmortales», es decir, a los Ángeles o Devas que realizan su evolución paralelamente a la de los seres humanos. Podríamos decir al respecto que algunas de sus esplendentes Jerarquías están tan íntima y estrechamente unidas a la vida de la humanidad que pueden intercambiar sus experiencias angélicas con aquellos hijos de los hombres que posean sensibilidad espiritual y hayan desarrollado en una cierta medida el amor a la Raza. Según se nos dice esotéricamente, algunos de estos Ángeles pasaron anteriormente por la evolución humana y son «tan extraordinariamente conocedores de la psicología del hombre» que saben de sus más ocultos y profundos deseos y de sus más elevadas aspiraciones. No es en vano, pues, que en literatura esotérica se les denomine con justicia «Ángeles Familiares».

Podríamos afirmar, dentro de este orden de ideas, que un trabajo preliminar de «captación consciente de energías celestes», tal como profusamente nos las ofrece la Constelación de Acuario, está siendo realizado en los niveles ocultos, allí en donde trabajan los verdaderos discípulos espirituales, a fin de adquirir las capacidades íntimas de comunicación con diversas categorías de Devas, altamente

D. El lenguaje dévico

evolucionados, cuya principal misión es enseñar a los seres humanos «el Secreto de la Voz». Esta revelación ha de ser conquistada para poder dominar plenamente los niveles psíquicos de la humanidad que condicionan mayormente los ambientes sociales del mundo. Esta VOZ, como habrán podido ustedes imaginar, es el Nombre o Sonido oculto del alma humana, cuyas vibraciones afectando el éter pueden determinar los siguientes resultados

1. Destruir la multiplicidad de Formas Psíquicas de carácter indeseable que polucionan el mundo astral y encadenan la mente humana a las nocivas influencias de Kama Manas.
2. Permitir «horadar», esotéricamente hablando, las compactas nubes psíquicas a fin de que a través de sus amplias aberturas puedan filtrarse los luminosos rayos del entendimiento superior en la mente de los seres humanos.
3. Dar razón de una corriente de vida procedente del Reino Dévico, cuyas elevadas Jerarquías deberán penetrar en un próximo futuro en los ambientes sociales de la humanidad, determinando potentísimos cambios en sus limitadas y condicionantes estructuras.

Lógicamente, el secreto de la Voz sólo será descubierto inicialmente por un grupo muy selecto de discípulos entrenados desde hace muchos años en el difícil arte del Silencio, aunque le seguirán progresivamente muchos otros aspirantes espirituales, surgidos como la blanca espuma del agua, entre el incontable número de hombres y mujeres de buena voluntad del mundo. La Jerarquía Espiritual del planeta tiene la esperanza de que dentro de unos pocos lustros la actividad de la Voz del Alma sea tan intensa en la vida de la humanidad que permita a muchos «hijos de los hombres» desarrollar facultades auditivas y visuales en los niveles ocultos y puedan establecer contacto con los Devas Familiares más cercanos a sus particulares e íntimas evoluciones.

Consideramos muy necesarias, por tanto, las explicaciones anteriores acerca del lenguaje de los Devas, teniendo en cuenta que la interpretación de sus mágicos significados permitirá adueñarse progresivamente de los secretos del tiempo y desviar, ocultamente hablando, el curso de los acontecimientos que crean la historia del mundo, encauzándolos hacia aquellas infinitas tierras de promisión y de justicia social que constituyen actualmente sólo unas utópicas ideas y unas muy remotas esperanzas.

La Voz o la Palabra de Invocación Dévica surge misteriosamente del Corazón, cuando el místico Silencio que constituye su Sonido haya sido convenientemente descubierto y conquistado. Esta Voz no puede venir contaminada por los ensordecedores ruidos mundanales, por el espantoso clamor de los seres que sufren o por los estruendosos gritos de las personas altamente ambiciosas de poder que «olvidaron», en alas de sus locas fantasías, que «las posesiones del mundo» nada tienen que ver con «los Tesoros del Reino». Hay que llegar poco a poco al Silencio del Corazón, sin el cual será imposible obtener la Paz del Espíritu, a fuerza de simplificar nuestra vida lo más que nos sea posible y estableciendo una inteligente distinción entre las cosas realmente necesarias y las que son innecesarias o de carácter muy superficial. En el dorado camino de esta distinción deberemos tener cuidado de no caer en los vanos extremismos y darnos cuenta de que aquello cuya renuncia exige a veces los más grandes sacrificios no es siempre lo que realmente precisamos abandonar para poder calmar las ansias de simplicidad de motivos que nuestra alma exige imperativamente en determinados estadios del Sendero. Los grandes impedimentos de la Paz del ánimo y del Silencio del Corazón son frecuentemente las pequeñas cosas a las que no asignamos apenas importancia, como, por ejemplo, el recto comportamiento en el hogar, en el trabajo o en nuestras relaciones sociales. La mayoría de los aspirantes espirituales están tan profundamente «embebidos» en sus meditaciones y en sus personales ejercicios o técnicas de entrenamiento espiritual que son «incapaces de percibir» el grado de infelicidad que crean en el seno de sus familias o el desconcierto que producen a su alrededor en el devenir de sus relaciones sociales. Así, el término «simplificación» que es la antesala del Silencio del Corazón, tiene mucho que ver con el comportamiento humano frente a la vida y a los acontecimientos que se producen en el seno de la sociedad. No basta, en definitiva, ser lo que socialmente hablando llamamos «una buena persona' ya que esta frase se presta a multiplicidad de significados, a menudo extraordinariamente limitados desde el ángulo oculto. Pero si deseamos ardientemente llegar al alma oculta del Silencio y experimentar la extraordinaria dulzura de un contacto dévico, deberemos empezar por lo más sencillo, que es al propio tiempo lo verdaderamente ESENCIAL: la buena voluntad y la correcta relación en el trato social. Bien, ustedes quizá dirán ahora que estas cosas son sabidas desde siempre, y ello es cierto, pero cierto es también que el Amor, como principio de Vida y como Alma del Silencio, es totalmente desconocido para la inmensa mayoría de las personas y constituye solamente una muy ingeniosa palabra mediante la cual tratamos de encubrir un sinfín de infidelidades al recto ejercicio de la razón natural y al recto comportamiento en relación con los demás.

Los Ángeles del Silencio

Hay un tipo de sensibilidad dévica proveniente de los más elevados subplanos del plano astral, cuyas repercusiones en la vida mística de la humanidad pueden ser medidas en términos de paz, quietud y recogimiento. De ahí que los Ángeles que viven, se mueven y tienen su razón de ser en tales niveles son denominados esotéricamente «Los Ángeles del Silencio». Esta realidad será difícil de ser aceptada por nuestra mente concreta, sujeta constantemente a la presión de las cosas objetivas y tangibles de la Naturaleza, pero cuando la vida psicológica del ser humano ha desarrollado en una cierta e importante medida «el amor de Dios», muy distinto en verdad de lo que llamamos «amor humano», la idea anteriormente expuesta empieza a tener un pleno y absoluto significado y se llega a la comprensión clara y concluyente de que las «meditaciones» y aun las llamadas «prácticas de silencio mental» sólo tendrán valor y eficacia reconocida si el corazón está libre y desapegado no sólo de las cosas del mundo, sino también de las ansias de crecimiento espiritual. El Silencio del Corazón, mediante el cual son invocados los Ángeles del Silencio, exige aquello que en lenguaje muy esotérico definimos como «desapasionamiento», el cual sólo puede ser logrado cuando en el intento, a veces desesperado, de la Búsqueda dejamos en cada repliegue de la mente o en cada recodo del Sendero «jirones de nuestro yo vencido». Y, sin embargo, el Silencio del Corazón no es el resultado de una lucha o de una resistencia a la vida en cualquiera de sus motivos condicionantes, sino un impulso de sagrada comprensión que nos lleva adelante, triunfando de todos los obstáculos que se oponen a nuestro camino. La lucha, tal como humanamente la entendemos, es decir, como una reacción contra algo o contra alguien, jamás nos acercará a la Morada de los Ángeles del Silencio... Lo que realmente precisamos es damos cuenta, «sin lucha ni resistencia alguna» de las cosas que sobran en nuestra vida no para sofocarías ni para destruirlas, sino para que nos revelen, frente al drama kármico de nuestra vida, «sus verdaderas razones y motivos». Descubierto el verdadero sentido de una cosa, ésta desaparece sin lucha ni conflicto alguno del campo conceptual de la conciencia y deja virtualmente de atarnos a la rueda kármica de las caprichosas veleidades y de la futilidad de los motivos. Sobreviene entonces una acción maravillosa de carácter dévico, la cual «operando desde el éter» ayuda a disolver aquellos residuos que nuestra atenta observación había arrojado a la periferia de nuestra aura magnética. El Silencio natural implica «nitidez áurica», y nadie podrá realmente gozar de sus impersonales y extraordinarios beneficios, cuyo carácter es iniciático, si su aura etérica se halla llena de residuos kármicos, los cuales, en sus profundas motivaciones, no son sino deseos posesivos cristalizados que condicionan y empobrecen la conducta.

La Psicología esotérica, que será utilizada en un futuro no muy lejano, se basará en la profunda y sostenida observación individual de las propias e intimas reacciones frente a la vida y a los acontecimientos y no, tal como se hace ahora, siguiendo todavía el método pisciano de «hacer conciencia» de los recuerdos del pasado, es decir, de las incontables memorias acumuladas en el tiempo y que en su totalidad constituyen lo que técnicamente llamamos «subconsciencia» el elemento sobre cuya base se crean todos los traumas y complejos psicológicos del ser. La verdadera curación psicológica se halla precisamente en «la disociación» de dichas memorias, no en hacer conciencia de estas tras el ordinario proceso de «volver al pasado» para hallar las causas productoras de un hecho que crea perturbaciones en la conciencia.

Esotéricamente hablando, la verdadera salvación psicológica del ser consiste en aprehender el sentido de la vida afrontando serenamente, pero con indomable energía, el presente inmediato. Esto exigirá naturalmente una gran dosis de atención y de observación, pero en la intensidad de estas se comprobará que el «yo acumulativo» creador de los problemas humanos, va dejando progresivamente de actuar y finalmente por desaparecer del campo de la conciencia. Al llegar a este punto es cuando se produce el hecho, anteriormente descrito, de rechace de deshechos psíquicos hacia la periferia del aura magnética o etérica del ser humano, con la consiguiente actividad de los Ángeles del Silencio, cuya virtualidad principal es limpiar dicho

D. El lenguaje dévico

campo magnético con el fin de propiciar la precipitación sobre el planeta Tierra de aquellas esplendentes energías, desconocidas todavía para la inmensa mayoría de las gentes que han de producir «redención etérica» y la introducción de un nuevo orden social en la vida de la humanidad, más en armonía con las sagradas leyes de la Jerarquía y con el santo Propósito de SHAMBALLA.

E. Estructuración básica de las formas

[EDF, p. 39] Los Ángeles, tal como esotéricamente hemos podido comprobar, no son únicamente «los Alados Mensajeros del Señor», a los que hacen referencia las tradiciones religiosas y místicas de la humanidad, sino que SON esencialmente los Artífices de la Creación Universal. Obedecen indistinta y naturalmente al Mandato sagrado A.U.M., ¡Hágase la Luz! de la Divinidad creadora, mediante cuyo Verbo son movilizadas unas increíbles huestes y jerarquías dévicas que se extienden desde los poderosos Arcángeles Regentes de cada uno de los Planos del Universo hasta las pequeñísimas criaturas etéricas involucradas en el proceso de construcción de cualquier insignificante átomo de materia física.

Hay que advertir, en todo caso, que la corriente de Vida que origina las sucesivas fases de construcción de todas las formas de la Naturaleza emana de Fuentes cósmicas y que desciende de las más elevadas regiones del Universo, en donde aparentemente no existen estructuras moleculares, hasta coincidir en el átomo de hidrógeno. Deberemos admitir, por tanto, que la llegada de la corriente u oleada de Vida divina al más simple y ligero de los átomos sólo ha sido posible por la intervención de cierta jerarquía de Devas, cuyo principal objetivo es la SUBSTANCIACION del ETER.

Sin embargo, el proceso de Substanciación no termina aquí, sino que, a través de una agrupación ordenada, sistemática e inteligentemente dirigida de átomos de hidrógeno, son constituidos todos los elementos químicos de la Naturaleza. Estos elementos, como todos sabemos, varían en orden de densidad y peso, siendo estos dos aspectos los que cualifican a todas las formas en términos de SENSIBILIDAD. Así, el Reino mineral es el más denso, más pesado y, por tanto, menos sensible de la Naturaleza constituyendo, tal como esotéricamente se dice, «la Osamenta del Planeta». Démonos cuenta, de acuerdo con estas ideas, que la constitución de la materia sólida tal como físicamente la conocemos es solamente «una suma de átomos de hidrógeno», cualificando la cantidad de esta suma el orden de densidad de los elementos químicos que entran en su composición.

Por ejemplo, el átomo de helio consta de dos átomos de hidrógeno, el de oxígeno de ocho, el de uranio de noventa y dos, el del laurencio de ciento tres, etc. Ahora bien, cuando hagamos referencia a la vida de los Ángeles, estas energías individualizadas de la Naturaleza, deberemos sutilizar el átomo de hidrógeno a extremos insospechables y llegar a un punto en el cual los elementos atómicos, tal como científicamente los conocemos, han desaparecido prácticamente. Los Devas trabajan —por decirlo de alguna manera— «de menos a más», es decir, que surgen del éter más puro y diáfano y lo materializan o substancian hasta volverlo objetivo y tangible.

La Naturaleza creada, sujeta a otras leyes, trabaja de «más a menos», ya que la corriente infinita de la evolución la lleva a ser cada vez más simple, diáfana y menos substancial, y los elementos químicos de que están compuestos todos los cuerpos o formas creadas tienden a sutilizarse constantemente, siguiendo el impulso de una irresistible tendencia que los lleva hacia el átomo de hidrógeno simple y original y a penetrar desde este punto de base, en las regiones etéricas del planeta en donde los Devas realizan su obra arquetípica de dinamizar los éteres y dotarles de consistencia objetiva.

Resumiendo, el proceso, podríamos decir que el átomo de hidrógeno constituye el centro de evolución de las formas. Sumándole por sí mismo tantas veces como sea posible, los Devas construyen todos los elementos químicos conocidos de la Naturaleza; restándoles poder e intensidad a dichos elementos construidos los vuelven cada vez más sutiles y livianos, haciéndoles retornar a su centro de procedencia, el átomo químico de hidrógeno, y sometiendo a éste a un inimitable proceso de transmutación alquímica, de la que son hábiles y consumados maestros, construyen los mundos ocultos y los planos invisibles de la Naturaleza, astral, mental, búdico, átmico, etc. Yendo esotéricamente al fondo de la cuestión podríamos decir que los reinos subhumanos, el mineral, el vegetal y el animal son creados a partir del átomo de hidrógeno hacia abajo y que los Reinos superiores se estructuran desde el átomo de hidrógeno hacia arriba. El hombre, como siempre, se halla situado en el centro místico del proceso de la evolución planetaria, y es a él a quien le corresponde la universal tarea base de la verdadera transmutación alquímica, en lo que al cuerpo físico se refiere, de convertir todos sus átomos pesados en átomos de hidrógeno, alejándose así de toda posible gravedad terrestre y entrando progresivamente en la corriente infinita de vida iniciática que lleva al Misterio de la Ascensión. Hablando muy esotéricamente,

E. Estructuración básica de las formas

podríamos decir que el cuerpo físico de un Adepto o de un gran Iniciado está totalmente construido con átomos o moléculas de hidrógeno, y si incidentalmente o por las características especiales de Su trabajo carece de cuerpo físico denso puede creárselo a voluntad, utilizando el poder que tiene sobre los éteres y las infinitas huestes de criaturas dévicas que los componen. Tal es el llamado ocultamente: «Linga Sarira», el cuerpo físico objetivo y tangible mediante el cual se presenta en determinadas ocasiones a sus discípulos.

La analogía, como podrán apreciar, es perfecta en todos los detalles, aunque lógicamente deberemos consentir ciertas lagunas en nuestro proceso de investigación oculta, para dejar mejor clarificados los conceptos y las ideas. Bastará un simple ejemplo: El átomo de hidrógeno, el más simple y más ligero de los elementos químicos conocidos y que hemos tomado como base de nuestras explicaciones sobre el proceso de estructuración dévica de las formas, aunque científicamente admitido, consta solamente de un protón central, de un electrón y de un neutrón, posee sin embargo en su interior otros dieciocho cuerpos menores radiantes como pequeños soles y perceptibles únicamente a la visión oculta, que esotéricamente llamamos ANUS, átomos ultérrimos o esenciales. Ustedes reconocerán, no obstante, que el estudio de estos «átomos ultérrimos», pese a ser realmente interesantes desde el ángulo de apreciación esotérica, habría hecho quizá demasiado complejo nuestro estudio, el cual, tal como hemos dicho en otras ocasiones, debemos encauzar lo más técnica y científicamente que nos sea posible.

Aclarado este punto y volviendo a la idea básica de Substanciación del éter por parte de las Entidades Dévicas correspondientes deberemos considerar, de acuerdo con las enseñanzas esotéricas, que las sucesivas oleadas o corrientes de vida provenientes de los más elevados Planos del Sistema solar y atravesando todos los niveles imaginables llegan a coincidir y a manifestarse ostensiblemente en el mundo físico y a establecer allí, en lo más hondo, un anclaje seguro para la Vida de Dios. A la impresionante magnitud de este infinito movimiento se le puede definir técnicamente «Proceso de Estructuración de las Formas», un proceso que no es simplemente físico y orgánico, sino que abarca todas las dimensiones del Espacio vital en donde nuestro Universo «vive, se mueve y tiene su razón de ser». Habrá que admitirse, pues, en orden a la lógica y al buen sentido esotérico, que hay FORMAS en todos los niveles de manifestación solar, desde las más acusadamente densas a las más increíblemente sutiles, abarcando la grandiosidad de los Planos, de los Reinos y de todas las especies vivientes. Habrá que aceptarse también como lógica la existencia de infinidad de jerarquías angélicas o dévicas en cada plano o en cada dimensión natural del ESPACIO y de que son tales huestes o jerarquías las que llevan adelante con inimitable acierto el proceso de Construcción de todas las Formas que es, esotéricamente comprobado, el destino creador de sus vidas radiantes. Tal destino es de cumplimiento universal, una tarea sagrada que diligentemente y con todo amor tratan de cumplir todos los Ángeles, sea cual sea su jerarquía espiritual dentro de los indescriptibles arcanos de sus maravillosos mundos.

Substanciación del Éter y Estructuración de las Formas

Cómo y de qué manera trabajan los devas en sus innumerables huestes, jerarquías y funciones es un Misterio de carácter iniciático, pero la comprensión del mismo puede hallarse quizá en la debida interpretación del proceso técnico de SUBSTANCIACION, mediante el cual las cualidades etéricas de la naturaleza sensible de Dios sufren tremendas modificaciones, ya que por sucesivas fases de compresión, el Éter del Espacio llega a convenirse en una especie de materia gelatinosa de cuyas cualidades maravillosas se nutren todas las Galaxias para producir el milagro permanente de creación de los infinitos Universos, cualidades cuya expresión más técnicamente conocida es la Nebulosa, una increíble masa de materia etérica condensada y cuya forma geométrica en espiral constituye el centro de la atención de no importa qué Logos creador en proceso de manifestación cíclica. Alrededor de dicho centro de atención logoica, los grandes Ángeles Substanciadores van agregando cada vez más contenido etérico substanciado o ectoplásmico —utilizando aquí un conocido término parapsicológico— hasta llegar a aquel supremo grado de saturación en el que el centro de gravedad de la atención divina ha logrado atraer la suficiente cantidad de materia etérica condensada como para poder iniciar el proceso creador de las Formas, máxima preocupación o Necesidad de su Vida radiante.

E. Estructuración básica de las formas

Como anunciábamos al inicio de esta parte del libro, este es el principio de actividad del proceso de FORMACION. Se trata de un proceso cualificativo mediante el cual las unidades de vida «mantenidas en expectante espera» en el omniabarcante seno de la Intencionalidad de Dios empiezan a vibrar exigiendo una Forma adecuada que sea representativa de todos los poderes y facultades adquiridas en un proceso anterior de vida o en otra fase de existencia. En respuesta a tales vibraciones, las cuales no son más que simples modificaciones del Mantra solar A.U.M., surgen de las oquedades infinitas del espacio aquellas misteriosas Entidades dévicas cuya misión es construir todas las formas posibles de la Naturaleza, y utilizando los dos poderes mágicos de la Vida divina: la Voluntad de Ser y el Deseo de Existir, dinamizan la substancia etérica condensada y, actuando posteriormente «a manera de hábiles alfareros», modelan y construyen todas las formas imaginables, desde la del simple átomo químico hasta aquellas soberbias e indescriptibles estructuras que constituyen los Cuerpos o Moradas de los Logos planetarios y aun del propio Logos solar, es decir, los planetas y el Sol, centro del Universo. Se trata de un proceso que habrá de seguirse teniendo en cuenta la regla exacta de la analogía hermética, sin cuya reconocida clave sería imposible aprehender el significado oculto de estas trascendentes ideas. Tenemos frente a nosotros una panorámica de extraordinarias perspectivas que deberemos tratar de abarcar lo más ampliamente que nos sea posible, pero teniendo en cuenta de que al llegar a cierto elevado punto de tensión espiritual deberemos dejar a un lado nuestra mente intelectual y avanzar en mística soledad, completamente desnudos, por estas fértiles tierras de prodigalidad angélica en las que sólo la intuición espiritual puede brindarnos algunos leves indicios de Verdad y de reconocimiento.

Todas las grandes obras de construcción se inician en sus bases o cimientos, debiendo ser estas bases tanto más sólidas cuanto más potente sea la estructura que ha de sostener su mole arquitectónica. Pero, con respecto al trabajo de construcción que realizan los Devas en cada uno de los niveles de la Naturaleza, tales bases se fundamentan en la simplicidad del átomo, el cual, pese a su aparente insignificancia, es la pieza fundamental de la arquitectura cósmica y constituye la pieza clave del proceso básico de la Creación. Así, los puntos de luz y de actividad creadora latentes en el interior del gran océano de la substancia etérica condensada, al vibrar, hacen «un hueco» dentro de dicha substancia y crean una especie de oquedad en su interior en donde un deva o un grupo de devas, según los casos, empiezan a trabajar, ya sea con respecto al insignificante vacío creado por la vibración del punto de luz o de conciencia que ha de habitar dentro de la estructura geométrica de un átomo o de cualquier elemento de materia química, o aquellos tremendos vacíos abismales dentro del infinito espacio molecular del Cosmos donde debe habitar un trascendente Logos, teniendo en cuenta, sin embargo, que las más elevadas y complejas estructuras universales o planetarias son el resultado de la unión de un infinito número de elementos químicos dotados del poder de elegir sus propios campos de expansión y círculos magnéticos de acuerdo con determinados sonidos vibratorios.

Si analizamos profundamente esta idea quizá lleguemos a la conclusión de que el espacio es mucho más denso de lo que nuestra mente tridimensional pueda llegar a figurarse y reconocer que los cuerpos sólidos conocidos, incluido el del propio Universo, con todos sus planetas, satélites y demás cuerpos celestes, no son sino ESPACIOS VACÍOS en el interior de una materia más sólida todavía que en su esencia es ETER substanciado por la vida de los Ángeles. No hay que extrañarse, pues, al leer en algunos de los más viejos tratados esotéricos de la Jerarquía acerca de la Creación del Universo estas enigmáticas y misteriosas palabras: «DIOS CAVA AGUJEROS EN EL ETER». Tal es asimismo el significado místico del «GRAN KOYLON» esotérico, el cual, siendo virtualmente Espacio, es de tal naturaleza que para habitarlo hay que introducirse en su interior «cavando agujeros», hechos a la medida de nuestra intencionalidad creadora o a nuestro grado de evolución.

El trabajo de los Ángeles es adaptar el Espacio molecular creado por la substanciación del Éter a las necesidades universales de construcción, hasta que «el agujero» cavado por cualquier centro de vida contenga todas las condiciones requeridas para poder emitir ondas vibratorias de acuerdo con su naturaleza peculiar y recibir recíprocamente ondas vibratorias de respuesta por parte de todas las demás vidas evolucionantes. Hay aquí, en este punto, un delicado motivo de atención, pues la correcta interpretación de este puede orientar nuestras pesquisas a lo más profundo y secreto de nuestro ser. Somos esencialmente puntos de conciencia sumergidos en un espacio intermolecular en donde aparentemente tiene lugar el drama kármico de nuestra vida, el dilatado escenario en donde los devas, utilizando cada uno de nuestros pensamientos, sentimientos y acciones, construyen panoramas, ambientes y circunstancias cada vez más apropiados para que nuestras particulares motivaciones, ideales o sueños, hallen en todo momento la posibilidad infinita de manifestarse.

La Sensibilidad del Reino Vegetal

La misión de los Ángeles, sea cual sea su elevación espiritual o jerárquica, es embellecer la vida de la Naturaleza y dotarla de sensibilidad. Se nos dice esotéricamente al respecto que el Reino vegetal es el más bello y sensible de la Creación. Esta afirmación tiene una explicación muy lógica desde el ángulo oculto si se tiene en cuenta que este Reino constituye en su totalidad la máxima expresión de la Sensibilidad Cósmica en lo que a nuestro planeta se refiere, debido a que la sensibilidad es una radiación proveniente de aquel Centro de Vida Universal que llamamos esotéricamente «EL CORAZON DEL SOL» y que es a través de los éteres dinamizados del Espacio que estas energías del Amor de Dios se transmiten al Universo entero, constituyendo los anclajes permanentes de la Vida divina en el centro místico de todas las formas conocidas. La imponderable belleza del Reino vegetal, el más evolucionado desde el ángulo de vista de las formas arquetípicas que ha logrado desarrollar, es producto de la incidencia sobre la Entidad Angélica que le da Vida a este Reino procedente de aquellas energías altamente sensibilizadas que crean belleza y armonía. Es precisamente en este Reino donde pueden ser apreciadas en su máximo esplendor las formas geométricas que han de constituir en un lejano futuro las nobles bases de un más prometedor orden social para la humanidad, cuando los seres humanos hayan desterrado definitivamente de su corazón los gérmenes del odio, de la lucha y de la destrucción que actualmente los mantienen divididos entre sí.

El ser humano posee también un centro de sensibilidad que le pone en comunicación, si asilo siente y desea, con el Centro de Amor divino. Nos referimos a su vehículo emocional mediante el cual le es posible acercarse a los demás seres de la Naturaleza en forma mucho más directa y profunda que a través de los elementos de juicio mental, el cual, sujeto a la refracción de los sentidos internos, todavía en proceso de estructuración, distorsionan y falsean las cosas. El ser humano utiliza parte de esta sensibilidad como elemento embellecedor del deseo y como motivo de acercamiento al corazón de todo ser viviente, pero todavía no ha sido desarrollado en su aspecto más sublime: el del contacto con los Ángeles o los Devas, estos maravillosos centros de sensibilidad que desde los mundos invisibles están tratando de establecer un acercamiento cada vez más vivo y más profundo con los seres humanos. Hay una indudable relación entre los Ángeles del Equilibrio, en el Cuarto Subplano del plano Astral, el Reino Vegetal y el Vehículo Emocional de los seres humanos a través de la medida universal de la Sensibilidad Cósmica. No queremos indicar con ello que los demás Reinos de la Naturaleza carecen de Sensibilidad, sino que tratamos de explicar por qué los Ángeles y los hombres hallan su más virtual zona de atracción mística en el Reino vegetal, pues el Señor Deva Regente de este está en más íntimo y directo contacto con la Divinidad debido a los vínculos de Amor establecidos en muy alejadas épocas de nuestra vida planetaria entre nuestro Logos solar y aquel exaltado Deva... La necesidad que hace que los Ángeles y los hombres establezcan un mutuo y espiritual contacto en la vida de la Naturaleza es debida precisamente al hecho fundamental de que la sensibilidad de Dios se halla más particularmente centralizada, ya que ello forma parte de Su propia y exaltada Evolución, en la vida y actividades del poderosísimo Ángel Regente del Reino Vegetal, la más bella expresión del Amor de Dios en la vida de la Naturaleza, y en el corazón místico de la humanidad, el cual es un centro viro de sensibilidad que constantemente trata de explayarse y fundirse en el Cosmos.

La SENSIBILIDAD emocional es aparentemente una ley en nuestro Universo de Segundo Rayo, pero podríamos hacer referencia a otros Universos dentro de nuestra misma Galaxia, en los cuales el AMOR, tal como humanamente lo conocemos, es prácticamente desconocido o, a lo sumo, constituye sólo un aspecto adicional dentro del Centro atractivo mayor que origina la Vida en aquellos Universos. Nuestra intención en este *Tratado* es abrir unos nuevos cauces de comprensión y entendimiento de la Vida de Dios en nuestro planeta, haciendo un énfasis especial sobre el espíritu vivificador de SENSIBILIDAD que se expresa a través de nuestro Sistema solar y sirve de vehículo de relación e intercomunicación de todos los seres vivientes, dioses, ángeles y hombres, constituyendo aquel supremo lazo de indefinible unidad espiritual que llamamos corrientemente «Fraternidad», el sentimiento más elevado de integridad interna a que puede aspirar el ser humano aquí en la Tierra.

La Concreción de las Formas

El tercer aspecto del proceso de construcción de las Formas por parte de los Devas podría ser descrito técnicamente como de CONCRECION. En el devenir de este han de ser construidos los elementos internos dentro de los organismos físicos mediante los cuales la entidad central dentro de no importa qué tipo de forma puede establecer contacto con su propio vehículo de manifestación. Esta parte del trabajo de construcción viene encomendada a una especie particular de Agnis, o Devas del fuego, los cuales tienen el poder de extraer del centro mágico de la materia substanciada —en proceso de estructuración constante— los más seleccionados y sutiles átomos de materia etérica, para constituir con ellos las delicadas fibras de los tejidos nerviosos de los cuerpos o de las formas más evolucionadas, así como aquellos que constituyen la radiante estructura magnética, o doble etérico, de la cual todo tipo de forma viene revestida, sea cual sea su grado de evolución. A este proceso contribuye necesariamente el propio aliento vital del alma o conciencia, la cual, desde las zonas más profundas, está tratando de proyectarse hacia el exterior en un intento supremo de aproximación a los demás seres y a las demás cosas existentes. En el Reino mineral, aparentemente dormido y sin conciencia, hay también un centro de actividad relacionado con los espíritus o elementales del fuego que no puede ser percibido ni surgir raudamente al exterior debido a las misteriosas leyes impuestas por la Divinidad al Señor Deva que guía los destinos de aquel Reino. El Reino mineral, deberemos repetirla de nuevo, constituye en su totalidad «la osamenta del planeta», es decir, la base sólida sobre la cual se erigirá la noble estructura de los demás Reinos de la Naturaleza. Pero podemos asegurar que, pese a su inaudito grado de solidez, o de acumulación de elementos químicos, no está absolutamente desprovista de Sensibilidad. Examinada una tosca piedra, de la clase que sea, utilizando la clarividencia mental, aparece —tal como lo hemos dicho ya en otras ocasiones— como una estructura viviente surcada por una profusión de líneas ígneas de energías, las cuales están conectadas con el centro místico o vital de la piedra donde, esotéricamente hablando, se halla la conciencia de la piedra y desde donde actúa la misteriosa fuerza que científicamente llamamos «gravedad» y de la cual es responsable en su integridad el poderoso Deva Regente del Reino mineral, quien, según se nos ha enseñado ocultamente, es un precioso Agente del Gran Arcángel YAMA, Señor del Plano Físico en su totalidad.

El centro místico de una piedra o de cualquier otro mineral es un asiento secreto del Fuego de Kundalini, pero éste no ha lograda todavía constituir un aspecto recognoscible o perceptible en la vida de la Naturaleza, por carecer del suficiente número de pétalos en la vida causal de este Reino y del necesario sistema de comunicación del fuego interior latente en la piedra o en los minerales, pera que un violento choque o fricción externa puede hacer aflorar a la superficie, tal como ocurre con la piedra pedernal y con ciertas metales. Este fuego, técnicamente descrito como «de Fricción», es la base de la radiactividad que puede apreciarse ya en muchos elementos minerales en la vida de la Naturaleza cuando las unidades de vida y de conciencia que los integran se hallan en una muy elevada fase de su evolución en la vida del Reina mineral. Esta es una forma de afirmar que las piedras, el elemento natural aparentemente más tosco, poseen sensibilidad, aunque apropiada a su propia condición y naturaleza evolutiva.

La Sensibilidad del Reino vegetal es notoria y las líneas de Fuerza que partiendo del Centro místico de las plantas convergen en la superficie del suelo son expresiones del mismo fuego de Kundalini, aunque convenientemente manipulado y dirigido por cierto tipo de devas del agua y del aire. Estos devas lo convierten en aquella substancia, base de la vida en el Reino vegetal que llamamos «SAVIA». Podríamos decir, en forma muy esotérica, que la SAVIA es el Fuego de Kundalini, tal como es capaz de expresarlo el gran Arcángel VARUNA, el Señor de las Aguas y Regente del Plano astral en su totalidad, a través del poderoso Deva cuya misión es atender las necesidades del Reino vegetal. En este Reino, y utilizando la clarividencia mental, es posible apreciar el desarrollo de dos pétalos o de dos vías de distribución del Fuego de Kundalini, los cuales en su mutua interdependencia producen la infinita gama de delicadas formas en este suntuoso y bendito Reino. Es de notar al respecto a relación de analogía que existe entre el Reino vegetal, el segundo de la manifestación planetaria, los dos pétalos del Fuego de Kundalini desarrollados y el segundo Rayo de Amor y de Sabiduría, expresión esencial de la Vida de la Divinidad. Las líneas de fuerza que rigen la vida de las formas de las plantas es la obra de los Ángeles que ordenan el proceso de Construcción en este Reino y su misión es establecer una definida relación e intercomunicación entre estas líneas de fuerza con determinados centros de su estructura geométrica, así como con el sol, el aire y el agua, siendo vivificadas desde sus raíces por los «espíritus de la tierra», una especie de gnomos expertos en el arte de extraer de las profundidades del suelo los elementos semietéricos que constituyen el alimento de todas las formas de vida del Reino vegetal, desde la minúscula hierba que cubre de verdor de los prados y los bosques hasta el más ingente y poderoso árbol.

En el Reino animal, y visto el proceso desde el ángulo de Concreción de las Formas, se combinan todas las fuerzas de la Naturaleza y las energías dévicas que constituyen la vida de los Reinos precedentes. Podríamos decir que tres principales tipos de Devas constructores intervienen en el proceso: los que cualifican la potencia de las piedras y de los demás minerales y construyen la estructura ósea de todos los animales vertebrados, los que crean la sensibilidad de las plantas e intervienen asimismo en la construcción del apropiado sistema respiratorio y sanguíneo de los organismos físicos que lo precisen y aquellos, más evolucionados, que crean los delicados tejidos que constituyen el sistema nervioso de los animales y la contraparte nádica por donde oportunamente circulará la energía ígnea de Kundalini. En el Reino animal el Fuego de Kundalini ha desarrollado ya tres pétalos en la Vida de la Entidad Dévica que rige su expresión evolutiva. Esto significa, desde el ángulo de la analogía, que hay una muy directa relación entre el tercer Reino, los tres pétalos desarrollados, y el tercer Rayo, el de la Actividad creadora de la Divinidad. La sensibilidad en el Reino animal ha sido agudizada al extremo de producir lo que podríamos llamar «una crisis de movimiento», mediante la cual las infinitas especies pueden desplazarse por la tierra, el mar y el aire, constituyendo diferentes centros de vida dentro de la Unidad central, la Vida Dévica animadora de dicho Reino, la Cual coordina y centraliza en Sí la actividad de los Devas directores de los dos Reinos precedentes y está directamente conectada con el trabajo del Gran Arcángel AGNI, el Señor de todos los Fuegos de la Naturaleza.

Parte II. La estructuración dévica de las formas

Sensibilidad Espiritual

El Reino humano constituye el Reino de Síntesis en lo que a la evolución general de los Reinos subhumanos se refiere, ya que centraliza y actualiza el poder actuante en todos ellos, siendo su sensibilidad la obra máxima de la Evolución planetaria de la cual es su más preciosa joya. Las unidades de vida correspondientes al Reino humano, a diferencia de las de los Reinos mineral, vegetal y animal, poseen autoconciencia, es decir, alma individual. No siguen, por tanto, un proceso ciego en orden a la intervención de los elementos dévicos creadores de las formas de la Naturaleza, sino que poseen Intencionalidad, Memoria y Discernimiento. Aunque en ciertas alejadas fases de la evolución humana existe todavía un anclaje de aquellas energías dévicas que intervienen en la construcción de los cuerpos o de las formas que utilizan los Reinos inferiores, en el transcurso del tiempo y a medida que el alma humana va penetrando en zonas más profundas e incluyentes de sí misma, se le desarrolla una marcada tendencia a «gobernar» inteligentemente el proceso de construcción de sus vehículos de manifestación «cíclica», eligiendo entonces deliberadamente los ángeles o devas constructores que más adecuada y perfectamente pueden concurrir en el proceso místico de la construcción aportando las energías etéricas más adecuadas al tipo de sensibilidad espiritual que haya logrado desarrollar. El Reino humano ha desarrollado en su conjunto el Cuarto Pétalo del Fuego de Kundalini. Esta coincidencia le permite andar «erguido» constituyendo una vertical sobre la horizontalidad del suelo, diferentemente de las unidades de vida en el Reino animal cuya constitución ósea les obliga a moverse siguiendo la horizontalidad del suelo y a estar de esta manera más cerca del Reino vegetal que les provee de alimento. Hay, en todo, una suprema lógica, y de esta se desprende el principio de analogía, el cual, convenientemente aplicado, permite descubrir los secretos revelables o misterios menores que conciernen a la vida de nuestra vieja Tierra. Vemos así, de acuerdo con la evolución de la sensibilidad, que el Reino humano posee el más delicado y perfecto de los vehículos de manifestación cíclica, el físico, más un cuerpo astral sede de su sensibilidad interna que le acerca misteriosamente por lazos de oculta afinidad a todos los seres y a todas las cosas de la Creación, pues en cada unidad de vida, de conciencia y de forma presente o intuye un diminuto, aunque perfecto corazón que late al unísono del gran Corazón Solar. Posee además una mente discriminadora, mediante la cual le es posible comprender las cosas y efectuar operaciones trascendentes siguiendo la estela del destino superior que la propia Divinidad le ha trazado. Iodo este conjunto de expresiones espirituales vienen sustentadas desde sus más remotas raíces por aquella mística flor de cuatro pétalos que constituye el centro de recepción del Fuego de Kundalini (chacra Muladhara) y enlaza misteriosamente al hombre con el Cuarto Rayo, el de la Armonía a través del Conflicto, con el Cuarto Reino al cual pertenece, con la Cuarta Jerarquía creadora, los Ángeles Solares, y con la Cruz kármica que «él debe llevar a cuestas hasta la quinta iniciación».

Los Devas que trabajan especialmente con el Cuarto Reino son de una naturaleza especialmente sensible, mucho más evolucionada que la de los que operan con los Reinos subhumanos y esto puede significar que los átomos o elementos químicos que entran en la composición de su total estructura son más livianos o más sutiles que los que entran en el proceso de estructuración de los demás Reinos, es decir, que poseen un mayor contenido etérico.

El ser humano posee también un tipo definido de organización mental que le permite afirmarse en poderes y capacidades de tipo espiritual, unas facultades que constituyen sólo un sueño muy lejano en el animal y una remotísima posibilidad en el vegetal y en el mineral. Estas capacidades mentales exigen de los devas especializados de la construcción de formas, unos refinados instrumentos de percepción de carácter etérico; de ahí que paralelamente a la complicada red del sistema nervioso que poseen ya algunos animales superiores ha de añadirse la sutilísima red de los Nadis. Los Nadis son en realidad los instrumentos de contacto consciente con el mundo de las emociones y de los pensamientos, que hacen del ser humano un verdadero centro de creación en la vida planetaria. Se puede afirmar que el vehículo humano en su totalidad constituye la más perfecta idea del Logos en el proceso de creación de la Naturaleza. Habrá quizá en la vida de este Universo en donde vivimos, nos movemos y tenemos el ser, otros mundos en los cuales vivirán también humanidades como la nuestra, dotadas de una mejor o peor organización social y de una evolución espiritual distinta, pero lo que si puede afirmarse rotundamente desde el ángulo supremamente esotérico, es que la forma arquetípica de las mismas será esencialmente la nuestra, la humana, más o menos refinada y con más o menos sentidos de percepción desarrollados, pero, en definitiva, la figura central de la evolución solar y posiblemente de otros sistemas solares, será la del Hombre Celestial, cuyo símbolo perfecto ha de hallarse sin duda en la forma geométrica de la Estrella de Cinco Puntas, la Forma Causal de la propia Divinidad, el verdadero Arquetipo de Creación de nuestro Sistema Solar...

El proceso angélico de estructuración de las formas

[FON, p.57] Todas las cosas de la vida tienen forma geométrica. Sin embargo, cuando utilizamos el término FORMA caemos inevitablemente en el error de creer que sólo existen formas en los niveles físicos densos de la Naturaleza. Pero, esotéricamente sabemos que la OBJETIVIDAD existe en todos los Planos del Universo y el hecho de que la Ciencia no lo haya admitido así se debe a que los investigadores científicos no han desarrollado todavía la contraparte sutil de los cinco sentidos físicos conocidos De ahí que consideren como «arrúpicos», abstractos o sin forma los Planos Astral, Mental, Búdico, etc., que caracterizan la cuarta, quinta y sexta dimensión del espacio, en tanto que los investigadores esotéricos pueden percibir «objetividades» en los mundos subjetivos por haber desarrollado convenientemente algunos sentidos ocultos de percepción interna.

La OBJETIVIDAD constituye la base estructural del Universo y al tratar de explicar racionalmente esta circunstancia hay que recordar que nuestro Sistema Solar con todo su contenido de planos, jerarquías, reinos, razas, especies, etc., es el CUERPO FÍSICO de una Entidad Cósmica, más allá de la medida de nuestro entendimiento, que utiliza a nuestro Logos solar como Su Agente de expresión en el Plano Físico Cósmico. De ahí que las ideas de objetividad y de forma geométrica constituyen para los esoteristas temas del más profundo interés y dedicado estudio. En orden al proceso de estructuración de las FORMAS los investigadores esotéricos han logrado comprobar la actividad de las siguientes Jerarquías Angélicas:

a) AGNISVATTAS Señores de los Arquetipos

b) AGNISURYAS Ángeles del Diseño

c) AGNISCHAITAS Devas Constructores

E. Estructuración básica de las formas

Poco puede decirse acerca de la actividad de los primeros, salvo que perciben los Arquetipos o Ideas divinas para cada Reino, cada Raza y cada especie y los visualizan creadoramente, les revisten del fuego eléctrico de Sus vidas y los mantienen como Imágenes vivientes en los subplanos superiores del Plano Mental.

Los Ángeles del Diseño, o Señores de la Imaginación Creadora, captan la imagen de luz ígnea en los planos de la mente y construyen con ella FORMAS objetivas, dotadas de sensibilidad, en los niveles astrales. Se les denomina también en lenguaje esotérico «Ángeles Arquitectos» ya que, utilizando un inconcebible tipo de imaginación, más allá de las posibilidades humanas, tejen con rayos de luz astral reflejados de los niveles akásicos las formas que corresponden kármicamente a la evolución de una Era, de un Reino o de una Raza.

Los Devas Constructores en los niveles etéricos del Plano Físico fabrican el aspecto concreto, objetivo y perceptible de los «diseños» presentados por los Ángeles Arquitectos. Poseen un gran poder sobre los éteres y pueden «sustanciar la luz de los diseños» hasta convertirlos en sustancia material, blanda y maleable mediante la cual y a manera de hábiles alfareros modelan todas las formas que precisan los Reinos de la Naturaleza para realizar su evolución. Hay tres principales tipos o categorías de devas constructores:

- Los que sustancian la Luz del Diseño, comprimen el éter y crean los elementos químicos de que están fabricadas todas las formas.
- Los que construyen el doble etérico de todas las formas objetivas dotándolas de un particular campo magnético.
- Los que fabrican los cuerpos sólidos o formas sustanciales de la Naturaleza y de la vida de los Reinos por la inteligente agrupación molecular de los elementos químicos.

Los primeros realizan su trabajo en el subplano atómico del Plano Físico, o cuarto nivel etérico, los segundos operan en el tercer subplano, el subatómico, y los terceros, según sea la calidad de las formas que han de ser construidas, lo hacen en los subplanos subetérico y etérico. Entre estos últimos podríamos citar a aquellos más cercanos a la humanidad y a la vida física de los Reinos y de cuya existencia nos han dado fe los investigadores ocultos dotados de visión etérica por medio de aquellas imágenes llenas de colorido e impresionante realismo que hacen referencia a los gnomos o enanitos de los bosques, a las hadas de las flores, a las ondinas de las aguas y a las sílfides del aire que constituyeron desde tiempos inmemoriales la base de las grandes narraciones infantiles y los maravillosos relatos esotéricos llenos de alto virtualismo y simbolismo espiritual.

La evolución espiritual de los Devas Constructores de las Formas puede ser medida observando clarividentemente el nivel etérico donde normalmente ejercen su poder y la sutilidad de los elementos que utilizan en su misión de dotar a las especies diferenciadas de todos los Reinos de la Naturaleza de cuerpos adecuados a sus particulares estados o niveles de conciencia. A medida que avanza en su trabajo esta evolución dévica son más laboriosos, complejos y sutiles los materiales que utilizan, pero, paradójicamente, cada vez son menos los grupos o especies que se benefician de los mismos.

El siguiente diagrama aclarará la posición que ocupan en el orden evolutivo de la Naturaleza los Devas constructores. Observemos que, a la multiplicidad y diversidad de formas utilizados en los Reinos mineral, vegetal y animal, sólo un tipo específico de FORMA corresponde al Reino humano. Es por tal motivo que al hombre se le considera ocultamente como el ARQUETIPO de la Creación, pues «hecho a imagen y semejanza de su Creador» adopta para expresión objetiva de su alma individual la Forma del Universo.[19]

---

[19] Según se nos dice esotéricamente nuestro Sistema Solar visto desde los niveles cósmicos tiene FORMA HUMANA. En ciertos cultos religiosos primitivos, tales como los que efectuaban los antiguos sacerdotes atlantes y los grandes sacerdotes egipcios, se situaba en el centro del culto y como deidad reverenciada encima del altar a la figura del HOMBRE, ya que según ellos era la medida exacta del Universo y cada uno de los órganos de su cuerpo correspondía perfectamente con todos los planetas y demás cuerpos celestes.

E. Estructuración básica de las formas

PLANO FÍSICO

SUBPLANO	ELEMENTO	REINO	DEVAS CONSTRUCTORES
Atómico	Éter cósmico	Divino	Devas constructores conectados con los SEÑORES DE LOS ARQUETIPOS
Subatómico	Éter solar	Espiritual	Devas constructores vinculados a la obra de los ÁNGELES DEL DISEÑO.
Etérico	Éter planetario	Superhumano	Devas constructores en su propio nivel de actividad.
Subetérico	Aire	Humano	La infinita variedad de los silfos del aire.
Gaseoso	Fuego	Animal	La gran diversidad de agnis y salamandras del fuego.
Líquido	Agua	Vegetal	Hadas y Ondinas en multiplicidad de especies en las regiones de las aguas.
Sólido	Tierra	Mineral	Las numerosas especies de Gnomos o espíritus de la tierra.

F. El increíble mundo de las formas

[EDF, p. 53] Nuestro Universo es esencialmente físico y cada uno de sus siete subplanos son sutilizaciones físicas que van de lo más denso en el Reino mineral a las sutiles e inconcebibles regiones espirituales que en terminología mística llamamos el Reino de Dios. En cada uno de tales planos, subplanos y niveles de la vida del Creador existen FORMAS, ya sean sólidas, liquidas, gaseosas, etéricas, astrales, mentales, etc. Estas formas están condicionadas al valor cualitativo o grado de sutilidad de los elementos geométricos que las integran y sirven de envolturas o cuerpos de expresión a determinadas especies de almas espirituales o conciencias en proceso de evolución. Interesa lógicamente, pues, que establezcamos clasificaciones tan concretas como nos sea posible acerca de los cuerpos o vehículos que en la actualidad y desde el punto de vista humano constituyen Formas definidas, tal como ocurre con el cuerpo físico, el vehículo etérico y el cuerpo astral, en menor medida con el vehículo mental y muy tenuemente con el cuerpo búdico.

Sin embargo, la estructuración de las formas sigue un proceso muy similar en todos los casos, debiendo advertirse que los Devas que trabajan con los cuerpos físicos y astrales de los hombres manipulan energías etéricas en forma de cuadrado, los que estructuran los cuerpos mentales lo hacen con energía etérica condensada en forma de triángulos y los exaltados Devas que construyen los vehículos búdicos de los seres humanos muy avanzados extraen de los éteres inmortales del espacio energías condensadas en forma de circulo. De ahí la importancia que se les asigna en simbología oculta a las figuras geométricas del cuadrado, del triángulo y del circulo, tal como examinábamos en el capítulo anterior, pues, desde el ángulo oculto, poseen un poder tremendamente mágico y su cuidadoso estudio puede ayudar muy positivamente en el trabajo de integrar cada uno de nuestros vehículos periódicos de manifestación, tal como es realizado por medio de ciertos ejercicios ashrámicos de visualización de estas figuras complementándolos con la pronunciación adecuada y en determinado tono del mantra solar O.M.

Estas ideas, como podremos apreciar, son una ampliación a lo dicho anteriormente, pero lo más importante desde el ángulo de nuestro estudio es que induce a introducirse conscientemente en los mundos dévicos, para cuyo logro será evidentemente necesaria la integración del triple vehículo de manifestación del alma y del vehículo etérico de relación de las energías sin cuyo concurso resultaría imposible toda comunicación de los distintos niveles entre sí, y la creación de un definido tramo del gran Puente de ARCO IRIS o Antakarana solar que ha de unir nuestra pequeña vida con la Vida de algún elevado Deva, Quien, conociendo las leyes sagradas de la construcción, puede ayudarnos en nuestras pesquisas acerca del proceso de estructuración de las formas. Podemos decir muy humilde y honestamente que este *Tratado Esotérico sobre los Ángeles* no hubiera logrado salir a la luz a no ser por las indicaciones ocultas de cierto número de Devas en distintos niveles que nos ayudaron positivamente durante el curso de nuestras investigaciones.

Utilizando la intuición espiritual y observando clarividentemente el proceso de estructuración de las formas, fuimos conscientes del espíritu de fraternidad y de sincera colaboración de los Ángeles. En la mayoría de los casos activaron nuestras dotes de percepción oculta y nos permitieron acceder a ciertas zonas de registros akásicos que proyectadas en la luz astral a nuestro alcance revelaron «escenas históricas, esotéricas y místicas» pertenecientes a eras muy alejadas de la nuestra actual. Tal fue el caso, solo por citar uno, de la visión que tuvimos del Cáliz Atlante al cual hicimos referencia anteriormente, de la singularidad del Recinto sagrado donde se estaba realizando una Ceremonia oculta y del grupo de asistentes a la misma, así como de la grave majestad del Sacerdote Iniciado que dirigía aquella espiritual liturgia. Eran unas imágenes muy positivas y reales traídas del seno infinito de la Memoria Cósmica de la Naturaleza cuyo objetivo único era demostrar que la raíz de todos los cultos religiosos de la humanidad se halla siempre en el Misterio del Cáliz y del Verbo, siendo el Cáliz el hombre y el Verbo la propia Divinidad, tal como intentaremos explicar en el capítulo referente a «la Ceremonia Mágica de la Iniciación».

El proceso de estructuración de las Formas es muy similar en todos los casos y sólo deben ser resaltadas la sutilidad de los materiales dévicos utilizados y la calidad de las vibraciones emanantes de cualquier centro de conciencia en la vida de la Naturaleza. Un tipo especializado de Devas construye el cuerpo físico de todos los seres existentes, otra especie, o familia, estructura el vehículo astral de la sensibilidad de estos y un tercer tipo o especie crea los vehículos mentales de los seres humanos, el único ser en la Creación que posee autoconciencia o alma individual... Más allá de la mente y conforme el observador va penetrando profundamente en la misma, quebrantando la resistencia de los elementos etéricos que condicionan los vehículos, nota con sorpresa que sus pensamientos pierden concreción, objetividad y consistencia, como si se diluyeran en el espacio, y penetra entonces en una zona de indecible quietud y recogimiento místico que le da razón y le orienta acerca de una especie de Ángeles cuyo divino cometido es «llenar de paz y armonía el corazón de los hombres». Son llamados esotéricamente «Los Ángeles del Equilibrio». El silencio de palabras, de deseos y de pensamientos logrado cuando hay una perfecta integración de los vehículos inferiores del ser humano es aparentemente el medio de establecer contacto con tales Ángeles, los cuales están muy íntimamente vinculados con una jerarquía de Devas habitantes del cuarto subplano del Plano búdico, solamente visibles a los discípulos que hayan obtenido la segunda Iniciación. La forma más directa de ponerse en relación consciente con los Ángeles del Equilibrio es la práctica continuada del Silencio, algo aparentemente muy fácil, pero increíblemente difícil para los aspirantes espirituales en esta Era de transición que estamos viviendo, en la que hay que construir los andamiajes del Gran Antakarana Cósmico que la humanidad desarrollará en forma de Conciencia Social y que permitirá establecer las bases de la fraternidad espiritual aquí en la Tierra.

Llegados a este punto, la pregunta general que nos haremos todos seguramente será ésta: «¿cómo trabajan los Ángeles?». Pues, evidentemente Ellos no poseen Manos como nosotros y seguramente nuestra mente está tratando de imaginar el proceso de estructuración dévica de las formas basándose quizá en la manera de trabajar de los hombres cuando levantan un edificio o cuando construyen una máquina. Hay una sutil referencia al trabajo de los Ángeles en las palabras de Pablo, el Apóstol Iniciado, cuando con respecto al Cuerpo de Luz o Causal dice: «... no es un Cuerpo creado por las manos de los hombres», pudiendo ser añadido esotéricamente: «... sino por los gloriosos Devas AGNISVATTAS que construyen los vehículos superiores del ser humano

El proceso de estructuración de las Formas debe ser considerado desde el ángulo de vista del ETER, o de la «materia radiante» sin forma aparente alguna, pero que a la visión espiritual aparece como totalmente integrada por una infinita concentración de puntitos de luz, o vibrantes criaturas dévicas mucho más pequeñas que los átomos, las cuales viven agrupadas en familias y especies, realizando cada cual una determinada función en el proceso de construcción de todos los cuerpos geométricos de la Naturaleza, a partir del infinitamente pequeño elemento etérico denominado esotéricamente ANU. Para dar una ligera idea de la pequeñez del ANU bastará recordar que el más ligero de los átomos químicos conocidos, el hidrógeno, posee dieciocho de tales ANUS, animado cada uno de ellos por una refulgente vida dévica.

La Materia Radiante

Vamos a clarificar ahora nuestra idea acerca del Éter, cuya substancia se halla en la base de toda posible construcción de forma, adaptándola a ciertas expresiones que son habituales en nuestros estudios esotéricos, tales como el prana, la energía vital, la substancia ectoplásmica, la materia radiante, etc. Para una mejor comprensión del sentido de nuestro estudio, vamos a utilizar el último de estos términos, es decir, el de «materia radiante», siempre que hagamos referencia a la substancia etérica tal como es manipulada por los Ángeles o Devas durante el incesante proceso de estructuración de las formas. Según nuestras observaciones, tanto el prana, como el ectoplasma, como la energía vital emiten unas radiaciones magnéticas y brillantes de carácter positivo en relación con las formas que surgen de sus maravillosas e infinitas combinaciones, por efecto del trabajo de construcción de los devas. Así, el cuerpo etérico de cualquier cuerpo, mineral, vegetal, animal o humano, emite radiaciones y posee un tipo definido de electricidad o magnetismo que atrae de las zonas invisibles del espacio «la cantidad y calidad de Éter» cualificado que precisa para que sea construida o estructurada la forma objetiva adecuada a su proceso de evolución.

Los Devas, en sus infinitas especies, son los grandes intermediarios de este proceso y utilizan sabiamente los materiales básicos que suministran las radiaciones etéricas, astrales o mentales de la infinita multiplicidad de conciencias en evolución para crear el vastísimo océano de todas las Formas, objetivas unas y subjetivas otras. Observado cualquier cuerpo desde el ángulo oculto, utilizando la clarividencia, aparece circundado por una aura o halo de luz o de irradiación magnética, cuyo color y brillo varían de acuerdo con la calidad de los componentes etéricos o materia radiante. El vehículo etérico, o doble etérico, de los seres humanos va del color azul difuso hasta el color dorado de vividos resplandores como el de los rayos solares, indicando tales matices la calidad de los elementos que integran dicho vehículo etérico y el grado de expansión de su campo magnético. Por tanto, la materia radiante es el principio integrador de toda posible forma expresiva. Viene infundida de vitalidad ígnea y forma parte del AURA SOLAR, o CUERPO ETERICO DE LA DIVINIDAD, siendo su irradiación o proyección magnética la obra de un exaltado grupo de Devas cuya evolución se realiza en los más elevados niveles del Plano físico, constituyendo lo que científicamente podríamos definir «el Campo Magnético del Universo

Del seno infinito de esta «materia radiante», de ese éter dinamizado o prana, surgen todas las posibles manifestaciones universales «cubriendo con su manto de luz —tal como está escrito en un bello y místico poema oriental— las Decisiones del Señor», es decir, los sagrados impulsos de vida y de existencia que se elevan del más diminuto centro de conciencia hasta el más glorioso Hombre Celestial. Una de las expresiones esotéricas que más positivamente pueden clarificar nuestra mente acerca de la forma de trabajar de los Ángeles es la de «Tejer en la Luz», ya que, observados clarividentemente, se les ve realmente tejer con hilos de luz etérica de todas las sutilidades posibles el destino de toda forma o de todo cuerpo en la vida de la Naturaleza. Hay que tratar de imaginar al respecto que estos «hilos de luz» son originados por aquellas diminutas vidas dévicas a las que anteriormente hacíamos referencia, al moverse por el espacio etérico a increíbles velocidades portando cada una de ellas una cierta cantidad de la «materia radiante» dentro de la cual viven, se mueven y tienen el ser.

Así, el hábil investigador esotérico que sigue profundamente atento el desarrollo de la acción misteriosa que se realiza en los éteres, percibirá en el centro de la actividad principal de construcción de cualquier tipo de forma la figura radiante de un Deva constructor de la categoría de los AGNISVATTAS, AGNISHSURYAS o AGNISCHAITAS, según que el proceso de construcción de las formas tenga lugar en el plano mental, en el astral o en el etérico-físico, quien, con rara habilidad y maestría dirige todas aquellas diminutas vidas dévicas al objetivo común de estructurar la requerida forma que precise cualquier tipo de vida o de conciencia en proceso de encarnación o manifestación. Las órdenes de este Deva Constructor son captadas a través del Éter por estas pequeñísimas criaturas dévicas que se hallan en la base de cualquier tipo de expresión de forma, y si el observador esotérico posee clarividencia mental podrá percibir en los éteres astrales y físicos una infinita serie de signos geométricos luminosos que aparecen y desaparecen con extraordinaria rapidez constituyendo, al parecer, indicaciones específicas de cómo ha de ser realizado el trabajo de estructuración o de construcción.

Anteriormente nos referimos al lenguaje de los Devas cuando tratan de impresionar a la mente humana, pero el lenguaje cálido y vibrante de los Devas cuando «conversan» entre sí, o del que preside un proceso determinado de construcción, es mucho más rápido ya que no existe de parte del Deva la intención de reducir la velocidad de éste como ocurre, por ejemplo, cuando desea establecer una «conversación» con un ser humano. La clave del lenguaje de los Devas se halla en el plano búdico y su interpretación parcial por parte de los investigadores esotéricos del pasado permitió crear las notas universales de la MUSICA. Así, las pequeñísimas criaturas dévicas que son invocadas por el Nombre o Sonido oculto de sus grupos respectivos —el Nombre oculto del Deva Constructor que las comanda y dirige— y en orden a sus especies y jerarquías trabajan a una rapidez impresionante e inconcebible, ya que la percepción e intención del Deva director, la organización de los elementos del proceso de construcción y la capacidad de trabajar de tales minúsculos devas, constituyen un fenómeno único de simultaneidad y la estructura de las formas va haciéndose así perceptible en materia radiante primero, y finalmente en materia física densa, a través de un trabajo incesante de «acumulación de átomos químicos» de todas las necesarias densidades hasta llegar a constituir cuerpos u organismos perfectamente organizados, formas objetivas llenas del eterno dinamismo de la Vida.

«Tejer en la Luz» implica, por tanto, el extraordinario movimiento que va de lo puramente etérico a la más densa acumulación de materia física, transportando «materia radiante», o éter dinamizado, hábilmente moldeada por el Deva constructor de la Forma por medio de la increíble concentración de aquellas criaturas dévicas que «viven, se mueven y tienen su razón de ser» en el seno del conglomerado etérico, ectoplásmico o «nebulósico» —si nos permiten ustedes esta última expresión— que constituye el principio básico de estructuración de todas las posibles formas universales, la verdadera substancia cósmica puramente simple, cuya progresiva densificación o solidificación a través de planos, dimensiones y niveles constituye el Universo físico.

Después de este necesario preámbulo, vamos a introducirnos ahora tan concreta, objetiva y científicamente que nos sea posible en el misterio infinito que se oculta tras la apariencia objetiva de toda forma conocida, analizando todas aquellas que nos fue posible observar durante el curso de nuestra investigación esotérica sobre el mundo de los Ángeles y de los Devas Constructores de la Naturaleza. Debido a la increíble sutilidad que algunas de dichas formas adoptan en el espacio o éter cualificado, que constituye su elemento natural de vida, nos hemos visto obligados a establecer unas inevitables comparaciones con aquellas que son más asequibles a la comprensión de nuestro cerebro físico, inmerso todavía en un espacio tridimensional, estando plenamente persuadidos que la imaginación creadora de cada uno de ustedes les aproximará intuitivamente a la calidad sensible, mística o espiritual que la percepción de tales formas exige. Para una mejor adaptación al proceso de estructuración, base angular de este *Tratado*, circunscribiremos nuestras investigaciones y el orden de nuestro estudio a tres grandes grupos de Formas:

- FORMAS ETERICAS,
- FORMAS ASTRALES,
- FORMAS MENTALES,

constituyendo cada uno de estos grupos un definido capítulo de esta Segunda Parte del. *Tratado Esotérico sobre los Ángeles.*

G. Formas etéricas

[EDF, p. 61] **FORMAS ETERICAS**

Vamos a dividirlas o clasificarlas en orden a nuestro estudio por su grado de evolución, que, lógicamente, se extenderá de lo más denso a lo más sutil dentro del infinito campo de substanciación del Éter:

1. Las Formas Etéricas de los Devas, cuyas vidas constituyen misteriosamente los Cuatro Elementos básicos de la Naturaleza, es decir, la tierra, el agua, el fuego y el aire.
2. Las Formas Etéricas, o doble etérico, de todos los Reinos de la Naturaleza.
3. Las Formas Etéricas de las Entidades Dévicas de mayor desarrollo evolutivo que los devas o elementales constructores de los cuatro elementos de la Naturaleza, designados esotéricamente «los Poderes Aglutinantes de la Energía».
4. La Forma Etérica de los Ángeles AGNISCHAITAS, o Devas superiores del Plano Físico.
5. La Forma Etérica de los Devas que construyen los cuerpos físicos de los seres humanos.
6. Las Formas Etéricas de los Devas, Señores de los Reinos Mineral, Vegetal y Animal.
7. La Forma Etérica del Gran Arcángel YAMA, Señor del Plano Físico

1. Las Formas etéricas de los Devas, cuyas vidas constituyen misteriosamente los Cuatro Elementos básicos de la Naturaleza

[FON, p.60] Según las más ocultas versiones esotéricas la forma humana es un reflejo perfecto del Arquetipo o forma ideal del Universo. El axioma bíblico «...Sois hechos a imagen y semejanza del Creador» es altamente significativo y creemos sinceramente que se fundamenta en una verdad esencial que ha de aplicarse no sólo a las virtudes espirituales y cualidades divinas que el ser humano ha de desarrollar durante el larguísimo proceso de la evolución, sino también a la forma de su cuerpo físico denso y del vehículo etérico que le circunda y le crea su particular campo magnético.

Si la Naturaleza tal como esotéricamente se afirma es el Cuerpo de la Divinidad, es decir, una Forma total, es lógico suponer que todo cuanto existe en el interior de este Universo ha de poseer una forma definida, de acuerdo con las cualidades y características específicas de un determinado nivel evolutivo de conciencia. Y si, tal como se asegura en todos los tratados filosóficos y místicos de la humanidad, «todo es conciencia en la Vida de Dios», habrá que suponerse obviamente que los Ángeles, que participan íntegramente de esta Conciencia divina, poseen también una Forma definida que les distingue perfectamente a unos de otros de acuerdo con la medida de su propia evolución, es decir, de acuerdo con la jerarquía espiritual que cualifica sus vidas y sus destinos angélicos.

Siendo así y según el orden de nuestras investigaciones, la pregunta que se presenta de inmediato es ésta: ¿Cuál es la forma de los Ángeles? Con esta interrogante enfrentamos un gran misterio, imposible de ser resuelto satisfactoriamente a menos que poseamos visión espiritual y seamos capaces de percibir en los mundos invisibles. Podemos decir, sin embargo, que todo es igual pero que paradójicamente todo es distinto al estudiar la evolución angélica libres de la limitada visión objetiva y más allá del permanente estímulo de las vanas comparaciones. La diferencia estriba a nuestro entender en que el Ángel utiliza cuerpos radiantes de energía en distintas frecuencias vibratorias y el hombre se manifiesta por medio de cuerpos de sustancia. ¿Nos dice algo esta sutil distinción? Podríamos argüir quizás que nuestro cuerpo es un receptáculo de todas las energías actuantes en el Cosmos y que al hablar del cuerpo de los Ángeles como de «radiantes focos de energía» no lo distinguimos del nuestro más que en un sólo aspecto, la Sutilidad. Pero ¿es esto realmente así? El conocido axioma esotérico «la energía sigue al pensamiento» presta un sentido muy particular a la relación humano dévica al considerar que el pensamiento pertenece a los hombres y el dinamismo de la energía a los Ángeles. La consecuencia de esta idea, en el orden clásico de la analogía, es admitir que existe RECIPROCIDAD, o quizás sería mejor decir SIMULTANEIDAD, entre la actividad de los Ángeles y de los seres humanos y admitir lógicamente que la forma de los Ángeles —aun considerándoles rutilantes centros de energía— debería ser muy

G. Formas etéricas

parecida a la del cuerpo humano. Éste, según dijimos anteriormente, adopta esotéricamente la forma del Universo. Parece ser que hay algo o quizás mucho de verdad en esta semejanza de forma entre Ángeles y hombres, singularmente en las superiores formas de evolución angélica dentro del Sistema Solar. Debemos tener en cuenta, sin embargo, que no todos los Ángeles pertenecen al mismo Reino dévico dentro de sus innumerables huestes o jerarquías, de la misma manera que en orden a la progresiva evolución del ser humano, un ciudadano del Cuarto Reino difiere sensiblemente de las formas inferiores que cualifican a los demás Reinos de la Naturaleza, animal, vegetal y mineral.

De acuerdo con el sentido de la analogía habrán de observarse grandes diferencias de forma entre las distintas categorías de Ángeles, desde los grandes Arcángeles Señores de un Plano de la Naturaleza hasta las diminutas vidas angélicas o dévicas que construyen la envoltura física de un átomo. La Forma, en todas sus expresiones, es siempre la representación simbólica de un tipo particular de energía subjetiva en lo que a los Ángeles se refiere y la objetiva expresión de cualidades de conciencia en lo que a la vida humana se refiere. Podríamos decir por tanto que hay una absoluta correspondencia entre los diferentes tipos de energía que manipulan los Ángeles y las distintas capacidades de conciencia que distinguen entre sí a los seres humanos. Así, pues, el axioma esotérico «la energía sigue al pensamiento» puede aplicarse enteramente a la relación vital de la conciencia humana representativa del Pensamiento divino con la energía angélica que es una expresión del Fuego creador de la Divinidad. Su resultado es la forma objetiva, el aspecto más denso y positivo de la Creación universal, siendo los Ángeles y los hombres misteriosos agentes consustanciales de este proceso que tiene como objetivo llenar de formas el Universo. El proceso de sustanciación del pensamiento en formas densas y objetivas corresponde sin embargo a los «ángeles menores», aquellos que en los estudios esotéricos son denominados «elementales constructores» o «fuerzas elementales de la Creación». Estas fuerzas dévicas elementales se hallan en la base de la vida evolutiva de los Reinos y de las especies y sus formas peculiares, observadas clarividentemente, ofrecen multiplicidad de particularidades de acuerdo con su grado de evolución. Tal como su denominación indica, sus vidas están vinculadas en orden a su evolución con los llamados elementos naturales, es decir, la tierra, el agua, el fuego, el aire y el éter; siendo este último el elemento coordinador y sintetizador. Las formas etéricas merced a las cuales estas fuerzas dévicas pueden ser percibidas y clasificadas varían de acuerdo con su evolución y con la función que desempeñan dentro del elemento vital en donde viven, se mueven y tienen el ser. Actúan en grandes concentraciones y son inteligentemente dirigidas por expertos Ángeles atendiendo la ley universal de Belleza y Cumplimiento, la sagrada divisa de los Ángeles mayores del Sistema.

He aquí, someramente clasificadas, las principales fuerzas y elementales constructores que estructuran las formas de la Naturaleza.

Los Elementales de la Tierra

Son aquellas fuerzas dévicas que manipulan las energías etéricas que convenientemente sustanciadas constituyen las distintas gradaciones del Reino mineral. Existen en increíbles cantidades y en multiplicidad de formas y características, desde las que construyen las piedras, el elemento sólido que constituye la osamenta del planeta, hasta las que operan a través de los minerales dotados de radiactividad, pasando por los devas especializados que construyen la extensa gama de piedras preciosas. Los elementales de la tierra más conocidos son los llamados GNOMOS, de forma muy parecida a la que vemos reflejada en los cuentos infantiles, aunque dotados de un poder superior al que se les asigna corrientemente y bastante más difíciles de ser contactados de lo que usualmente se cree, a pesar de que ellos se esfuerzan por establecer contacto con los seres humanos. Habitan en el interior de las piedras, en las profundidades del suelo y en los huecos de los grandes árboles.

Tales devas constructores existen en todos los niveles del Plano Físico denso constituyendo de manera misteriosa la fuerza gravitatoria de los cuerpos. Desde las formas semietéricas de los devas inferiores que construyen las piedras, perceptibles a veces a los sentidos físicos, hasta aquellas que pertenecen a los que se expresan por medio de la «geometría luminosa», especializados en la construcción de las piedras preciosas con poderes talismánicos, hay una increíble profusión de formas dévicas en el mundo físico que el investigador esotérico debe tratar de distinguir y de clasificar, por cuanto al analizar su forma y el carácter específico de su misión en la Naturaleza preparará el camino para una nueva Ciencia física de los elementos químicos.

Los Elementales del Agua

Entre ellos hay que distinguir a las hadas y las ondinas, es decir, a las minúsculas y refulgentes criaturas etéricas que pueblan los campos y los bosques y la misión de elaborar y sazonar los frutos de las distintas especies. Hay una especie particular de tales devas o «pequeños Ángeles» del Reino Vegetal que dan forma a las distintas plantas y cubren de verdor los campos y los prados, así como las hojas de los árboles. Otros, más evolucionados y actualizando gran poder magnético, pueden ser localizados en los lugares del planeta considerados como sagrados o en el interior de los templos, respondiendo creativamente a toda posible forma de liturgia. Dentro de la misma categoría, aunque mucho más evolucionados, se hallan los protectores invisibles de los lugares magnéticos de la Tierra, allí donde existen talismanes sagrados de la Jerarquía o «círculos mágicos» creados por las grandes invocaciones ashrámicas. Son los Ángeles protectores que exigen «las palabras de pase» en las reuniones realmente esotéricas y que blanden «sus espadas de fuego» para ahuyentar a los malintencionados, curiosos o profanos que intentan acercarse a estos lugares.

Las Ondinas del agua cooperan también activamente en la evolución de las formas del Reino Vegetal. A la vista del cualificado observador clarividente aparecen en formas muy diversas según sea el grado de su evolución. Ciertas ondinas muy evolucionadas adoptan una forma transparente, muy hermosa y vagamente humana. Los grandes Ángeles que presiden la evolución de los elementales del agua y cuidan a través de ellos de mantener las propiedades de esta como uno de los más preciados elementos de conservación planetaria, constituyen el Arquetipo de las ondinas, aunque su tamaño es considerablemente superior y de más rutilantes y bellos colores: verde mar, azul intenso o azul claro, según se manifiesten en el agua de los océanos, de los ríos, de los lagos o de los pequeños arroyuelos de las montañas. Habitan generalmente en el seno de las aguas y en el interior de las plantas constituyendo la savia de estas.

Los Elementales del Fuego

Se les denomina generalmente AGNIS en lenguaje esotérico y en sus expresiones inferiores se les llama también salamandras y se les halla virtualmente en todos los lugares de la Naturaleza en donde el elemento fuego se halle en actividad, desde el Fuego místico de Kundalini en el centro del planeta hasta las pequeñas hogueras, pasando por el fuego de los volcanes y los grandes incendios. Las salamandras aparecen ante la visión clarividente como pequeñas lenguas de fuego en distintas formas. Los Ángeles superiores del fuego, denominados Agnis, son difíciles de ser percibidos y contactados ya que su expresión es peligrosa y cualquier relación con tales Entidades en el presente estado de la evolución humana sólo es aconsejable a aquellos que poseen un perfecto control de sí mismos y una gran sensibilidad espiritual. La actividad suprema de los Agnis, llamados «Señores de las Salamandras» consiste en dirigir las corrientes de fuego del Plano Mental en dirección al Plano Físico, vivificando así el entero sistema universal de vida en la Naturaleza. Estos Agnis, observados desde el Plano causal, aparecen como gigantescas llamas de Fuego, distinguiéndose en el interior de estas una forma vagamente humana con grandes y flotantes cabelleras de un intenso color rojo y despidiendo a través de toda su aura magnética grandes y peligrosas llamaradas rojas amarillentas. Poco más puede decirse acerca de estas fuerzas elementales del Fuego, aunque por su vinculación con el Plano Mental del Sistema, tendremos que hacer frecuentes referencias a las mismas durante el curso de este *Tratado*.

Los Elementales del Aire

Se les denomina corrientemente sílfides o silfos y viven, se mueven y tienen el ser en los insondables éteres del espacio constituyendo la atmósfera donde vivimos y merced a la cual respiramos. Su color es transparente y se confunden con el azul del cielo por lo cual es muy difícil adjudicarles una imagen determinada. Son responsables de algunos de los fenómenos eléctricos de la Naturaleza, tales como los relámpagos, los rayos y los truenos, así como todos aquellos que están relacionados con el aire, es decir, el viento, desde la ligera brisa a los grandes huracanes. Aliados con las ondinas condensan el agua de la atmósfera y la transforman en lluvia. Una especie particular de silfos trabajan asociados con los devas constructores del Reino vegetal y tienen como especial misión colorear las flores y dotarlas de perfume, determinar las cualidades de las plantas y sazonar los frutos. Cuando merced a la evolución del sentido etérico de la visión puede observarse a estos silfos del aire, se les ve como ráfagas de luz desplazándose por los espacios a velocidades increíbles. Se les ha denominado en lenguaje esotérico «los grandes comunicadores» y, según puede desprenderse de la analogía, son responsables de toda forma de comunicación, singularmente la que opera utilizando el éter del espacio como vehículo de relación y comunicación, es decir, la radio, el teléfono, la telegrafía, la televisión, etc., así como con el desarrollo del pensamiento humano. Están misteriosamente vinculados por tanto con la evolución del Cuarto Reino. Un grupo muy especializado de Devas del aire de gran evolución espiritual constituyen la legión de los «Ángeles Guardianes de la Humanidad» y, podríamos asegurar, de acuerdo en esto con la tradición religiosa y mística, que cada ser humano, sea cual fuere su evolución, tiene su particular Ángel guardián.

[EDF, p. 62] Hemos seleccionado intencionadamente algunas de las formas más corrientes de estos tipos de devas, advirtiendo al lector que cada deva posee una característica definida de acuerdo con la calidad del elemento dentro del cual vive, se mueve y actúa. Los espíritus de la tierra están especializados en el trabajo de mantener la cohesión en el Reino mineral, debiendo tener presente que existen espíritus de la tierra o elementales constructores en materia densa cuyas características son casi desconocidas aún para el investigador entrenado en el arte oculto de la observación dévica, y deben ser percibidos utilizando la clarividencia mental enfocándola en las capas más profundas del suelo. Son apreciadas así en ciertas especiales circunstancias unas extrañas criaturas, de no muy agradable aspecto, que habitan en las grandes y profundas simas planetarias, en los insondables e insólitos abismos subterráneos y en los oscuros laberintos situados en las capas más hondas del suelo. La misión de tales elementales, algunos de ellos de forma casi humana, aunque de gigantescas proporciones, es permitir «la aireación» del vasto cuerpo de la Tierra. Cuando se hunde alguna de estas inmensas cuevas subterráneas se originan los terremotos y los maremotos, las precipitaciones de tierra, los aludes, etc., y los daños que originan en la superficie y las pérdidas de vidas humanas nos informan de una ley kármica sabiamente manejada por Aquéllos que son los Responsables Augustos del destino planetario. Estas criaturas dévicas de las grandes profundidades manejan un extraordinario poder en el nivel etérico en donde actúan. Sus cuerpos están construidos de materia semidensa y trabajan —buscando aquí su analogía más sencilla de acuerdo con nuestros conocimientos— a la manera de los topos, es decir, construyendo cuevas, galerías, subterráneos y profundísimas grutas. Puede percibírseles en grandes grupos o concentraciones trabajando intensamente en aquellos «lugares del planeta» donde por «presión kármica» deben producirse grandes cambios o reajustes en su superficie. Como he dicho anteriormente, algunos de tales Devas son de gran tamaño y, al parecer, constituyen una Jerarquía que comanda o dirige a otras fuerzas menores en la labor de ajustar el proceso kármico a las necesidades evolutivas del Planeta, el cual, como sabemos, es el Cuerpo físico del Logos planetario de nuestro Esquema Terrestre.

Hay también otros espíritus de la Tierra de carácter benevolente y de muy agradable aspecto que cuidan del proceso de vivificación del Reino vegetal mediante la creación o substanciación, en unión de cierto grupo de Ondinas, de aquella misteriosa substancia alquímica técnicamente definida como SAVIA. La SAVIA es el licor de la Vida para el Reino vegetal, fraguándose en las profundidades del suelo, y cada una de las especies vegetales, sea cual sea su evolución, sensibilidad o naturaleza, posee su propia SAVIA. Deberemos referirnos aquí, por tanto, a los múltiples y diferenciados espíritus de la tierra que trabajan para cada especie de árbol, de vegetal o de planta, así como al considerable grupo de Ondinas especializadas que cooperan con aquéllos para producir el determinado jugo vital, merced al cual se estructura la totalidad del Reino. Cuando una planta, un árbol o una simple hierba han surgido a la superficie, maravillosamente impelidas por la fuerza atractiva del Sol, el único y verdadero Dador de Vida en la Naturaleza, entran en actividad los Silfos, o espíritus del aire, los cuales, de acuerdo con las distintas especies, «pigmentan las flores y sazonan los frutos» y contribuyen así a la obra mágica, aunque de orden natural, mediante la cual la vida infinita del Universo queda substanciada para cumplimentar el destino de cualquier especie evolutiva en los inconmensurables confines de aquella Alma Grupo que en su totalidad llamamos el Reino Vegetal. Ahora bien, la Fuerza impelente que provoca el desarrollo de las simientes y el crecimiento

G. Formas etéricas

de no importa qué tipo de árboles o de plantas es debida a la suprema actividad de ciertos definidos espíritus del fuego, misteriosamente conectados con la incesante presión oculta del esotéricamente llamado «Fuego de KUNDALINI», el cual asciende desde el centro mismo del planeta hacia la superficie en forma de ondas concéntricas, vitalizando a su paso todas las capas geológicas y a todas las criaturas dévicas o espíritus de la tierra que en cada una de ellas tienen su morada, incluidos aquellos estratos que corresponden a los mundos submarinos o profundidades oceánicas.

Las ondas concéntricas proyectadas desde el centro místico del planeta a un ritmo constante y persistente son vivificadas por los grupos especializados de Agnis, o Señores del Fuego planetario, los Cuales «viven, se mueven y tienen el ser» en las misteriosas e inescrutables regiones del Fuego Creador de la Divinidad, llamado místicamente la obra mágica del Tercer Logos o del Espíritu Santo. Los Agnis, sea cual sea su evolución, constituyen la esencia natural del Fuego de la Naturaleza y su poder es realmente ilimitado desde el ángulo de vista de los seres humanos, en tanto que el Logos planetario mantenga Su infinita Atención invariablemente mantenida hacia este Foco de Fuego Central y origine a través de este el movimiento de rotación del planeta Tierra, símbolo invariable de vida en todo cuerpo celeste. Hay en estas últimas palabras unas profundas significaciones que el aspirante espiritual debe tratar de comprender y de asimilar.

La actividad del Fuego planetario, sea cual sea su poder y grado de expansión. es siempre una obra de los Señores Agnis, denominados también «Señores de las Salamandras», siendo las salamandras en su multiplicidad de especies los elementales constructores que están en la base de toda actividad ígnea en la Naturaleza; desde el humilde fuego del hogar hasta el más terrible y poderoso incendio. Los Silfos del aire colaboran en la expansión del Fuego. Son aparentemente indispensables en la propagación de un incendio en la superficie del suelo o en la gigantesca concentración de Agnis que provocan una erupción volcánica. De ahí que muchas veces las explosiones volcánicas vienen precedidas de terremotos, es decir, por la presión de los gases liberados en las profundidades planetarias. El aire en movimiento es el auxiliar del fuego, y hay que imaginar por analogía que los elementales del aire y los del fuego guardan potentes líneas de afinidad en sus distintas jerarquías. Lo mismo puede decirse en relación con los elementales del agua y de la tierra, los cuales trabajan aparentemente siguiendo ciertas definidas líneas de afinidad visando en su conjunto la evolución natural del contenido del planeta Tierra. Estas líneas de afinidad son particularmente evidentes en los estudios astrológicos, constituyendo la base de los signos que marcan las Constelaciones, es decir, de tierra, de agua, de fuego y de aire. Lo mismo puede ser dicho en orden a los temperamentos humanos, siempre en armonía con las fuerzas de los elementos naturales.

Veamos:

ELEMENTO	*TEMPERAMENTO*	*TENDENCIA*
Tierra	Linfático (Indolencia)	Física
Agua	Bilioso (Cordialidad)	Emocional
Fuego	Sanguíneo (Actividad)	Etérica
Aire	Nervioso (Movilidad)	Mental

Estas pequeñas analogías informarán al lector de cómo los cuerpos humanos están constituidos, tal como hemos considerado ya en otras ocasiones, por concentraciones de fuerzas elementales, o devas constructores, los cuales en cada uno de los niveles etéricos realizan una ordenada selección de las energías físicas, astrales o mentales que deben ser substanciadas como base de los vehículos o mecanismos de conciencia que han de utilizar los seres humanos.

Las formas de las Ondinas y de las Sílfides son muy parecidas, pese a que unas se manifiesten como el elemento agua y las otras se muevan en el aire. En general, son transparentes y de vivos colores y ciertas especies en ambos grupos son de gran belleza. Hicimos ya algunas referencias a las Ondinas y a las Sílfides o Silfos en la Primera Parte de este *Tratado*. Estos espíritus de la Naturaleza son definidos también con otros nombres, tales como: hadas, ninfas, neptas, agaptas, etc., de la misma manera que los espíritus de la tierra, o los Gnomos, toman también, según a la familia a que pertenezcan, los nombres de faunos, dríadas, nereidas, etc. Debido a esta complejidad de especies es difícil establecer tipos comunes. Hay que decir, sin embargo, ya que hemos podido comprobarlo en varias ocasiones, que la forma típica que se halla en la base de cada especie y de cada familia de espíritus elementales es la humana, con las naturales diferenciaciones que el tipo de misión encomendada a cada grupo de tales espíritus exija o requiera. Por las figuras geométricas, que hemos sometido a la consideración de ustedes anteriormente en este *Tratado Esotérico sobre los Ángeles*, se darán cuenta de estas formas esenciales o de base, inspiradas arquetípica o geométricamente en la figura de la estrella de cinco puntas.

2. Las Formas Etéricas, o doble etérico, de todos los Reinos de la Naturaleza

Todo cuerpo físico, animado o inanimado, posee un cuerpo etérico o Vehículo radiante que permite la introducción de las energías vitales de la Naturaleza en los centros de fuerza que desarrollan los numerosísimos grupos, especies o familias de cada Reino, mineral, vegetal o animal. La calidad de este vehículo etérico, es decir, su tipo vibratorio, dependerá de la evolución de los Reinos y de las especies, estando determinada esta evolución por la capacidad de recibir, acoger y distribuir en la vida de estos el Fuego promotor de la vida de la Naturaleza, el Fuego de KUNDALINI. Según se ha podido comprobar por visión clarividente al examinar la vida mística de los Reinos, en un intento de descubrir sus capacidades invocativas, el Reino mineral posee un solo Pétalo desarrollado u orificio de introducción del Fuego de Kundalini dentro de su densa estructura, el Reino vegetal posee dos, el Reino animal tres y el Reino humano cuatro. Esta actividad desarrollada, de acuerdo con la evolución de los Reinos, repercute lógicamente en la calidad de los elementos ígneos que entran en la composición de los vehículos etéricos de las especies o grupos de cada Reino, cualificando así los cuerpos físicos y dotando a cada uno de distintivas y muy bien definidas peculiaridades.

Las cosas inanimadas —o quizá sería mejor decir aparentemente inanimadas—, sean de la clase y naturaleza que sean, poseen también un cuerno etérico que las circunda e irradian a través de cada uno de los límites impuestos por su propia forma, una especie de energía o campo magnético, cuya extensión dependerá de su mayor o menor estructura física y también de la calidad vibratoria de los átomos químicos que entran en la composición de esta. Este vehículo etérico es, en todos los casos, un perfecto duplicado de la forma densa; pero hay que insistir, sin embargo, en el hecho de que el elemento etérico que lo integra y cualifica vendrá absolutamente condicionado por el número de Pétalos dentro del gran Chacra en cada Reino, a través del cual las energías del Fuego de KUNDALINI se proyectan y circulan vivificando su entero contenido. Al Fuego de KUNDALINI se lo denomina esotéricamente LA GRAN SERPIENTE, y podríamos decir que es el Talismán Sagrado que el tercer Logos, o aspecto Espíritu Santo del Creador, mantendrá en actividad mágica hasta que el planeta Tierra haya consumado plenamente su misión kármica en el espacio, como un Chacra vital, despierto y plenamente desarrollado dentro del Cuerpo del Logos Solar, es decir, del Universo.

3. Las Formas Etéricas de las Entidades Dévicas de mayor desarrollo evolutivo que los elementales constructores, designados esotéricamente «los Poderes Aglutinantes de la Energía»

Constituyen una familia especial de Devas cuya misión definida es «aglutinar» la substancia etérica del espacio a fin de constituir la materia plástica con la cual han de ser construidos los cuerpos físicos de todos los seres vivientes, no importa cuál sea su grado de evolución espiritual. Los elementales constructores trabajan en distintos niveles para dotar a esta materia aglutinada de la forma requerida por cada una de las especies dentro de un Reino, teniendo en cuenta que han de construir los cuerpos apropiados de acuerdo con la mayor o menor sutilidad de las vibraciones que surgen y se expanden de cualquier centro de vida y de conciencia en proceso de evolución. La misión particular de los Devas a los cuales hacemos referencia exclusiva en este apartado es la de substanciar los éteres del espacio. Poseen un tremendo y desconocido poder de compresión de dichos éteres y merced al mismo «los densifican» al grado requerido de substanciación o materialización que exigen aquellos centros de conciencia a través de las irradiaciones de sus campos magnéticos, los cuales cualifican, colorean o condicionan la extensión del espacio dentro del cual viven inmersos y en donde lógicamente han de realizar su particular evolución. Esto presupone, naturalmente, la existencia de una infinita multiplicidad de «devas aglutinadores» del éter, tantos como frecuencias vibratorias procedentes de los Reinos de la Naturaleza se elevan de cada uno de los centros de conciencia evolucionantes. Los Devas aglutinadores o substanciadores de las formas en el Reino mineral tendrán obviamente una evolución dévica inferior a los que aglutinan la materia etérica que corresponde al Reino vegetal, siendo los devas aglutinadores de la materia con que se crean los cuerpos humanos los más evolucionados dentro de la escala de valores dévicos. Y aun dentro de la infinita prodigalidad de un Reino, habrá que hacer una clara distinción entre los devas que operan con los tipos superiores de cada Raza y de cada especie.

Como verán ustedes, el tema es muy extenso y complicado debido a la vastedad infinita del programa de la evolución universal. Interesa, por tanto, introducimos en la actividad de tales Devas utilizando la regla hermética de la analogía y considerando la actividad y forma de los más cercanos a la humanidad, es decir, a los que manipulan y substancian las energías etéricas que finalmente convierten en «ectoplasma» especifico a ciertos grados de condensación, que han de constituir la materia física de la cual extraerán los Devas constructores los elementos básicos para el proceso de construcción de los cuerpos requeridos para las incontables individualidades que constituyen en su totalidad la gran familia humana.

La forma de tales Devas es muy parecida a la de los elementales constructores. Recordemos al efecto que la forma humana es el prototipo de la Creación y que salvo ciertas diferenciaciones de base afectando la misión de los Devas en sus infinitas jerarquías, éstos suelen adoptar —desde el ángulo de la clarividencia— ciertas formas y determinadas actitudes que recuerdan siempre, aunque a veces sólo vagamente, la figura humana. Las diferenciaciones de base en lo que hace referencia a los «Devas aglutinadores» aparecen cuando se les observa en el devenir de su trabajo o de sus actividades naturales, un trabajo que aparentemente realizan con gran placer y deleite, no en la forma como realizan sus trabajos los seres humanos, siempre pendientes de sus horas de inactividad o descanso. Aquí, en este punto, aparentemente tan insignificante, reside parte de la idea o del principio místico admitido por muchos investigadores espirituales en el sentido de que «los Ángeles no tienen Karma». Lo único que podríamos decir al respecto, ya que todo deber y todo trabajo en la vida de la Naturaleza constituyen un aspecto kármico en la Vida del Creador, es que el Karma de los Ángeles o Devas es muy distinto al de los seres humanos.

Observado un Deva substanciador del éter utilizando la clarividencia etérica, aparece bajo una forma vaporosa, de apariencia

167

lechosa, «entrando y saliendo del éter» —por explicar el proceso de alguna manera— llevando cada vez una porción de substancia etérica entre sus diminutos brazos, una especie de miembros superiores en forma curvada y con manos —sí es que debemos utilizan esta expresión— en forma de espátula. Examinando el proceso de introducción del Deva en el éter o en las zonas subjetivas del espacio, por lo cual la percepción habrá de elevarse al tercer subplano del plano astral, se le ve «acumulando por absorción» o por succión, mediante una actividad muy parecida a la de las abejas cuando liban en el cáliz de las flores, cantidad de éter. el cual, conforme va entrando en contacto con la energía del Deva aglutinador, va adquiriendo plasticidad y consistencia material. Cuando el deva «surge o reaparece» del éter lleva consigo una cierta cantidad de esta materia plástica, la cual va depositando, al igual que las abejas, en el lugar previamente elegido por Devas superiores para la realización de algún trabajo específico. En lo que al ser humano se refiere, esta materia es acumulada alrededor del átomo permanente físico, constituyendo la materia densa y orgánica que utilizará el Elemental Constructor, un Deva de evolución superior, con la misión de construir mediante diseño solar el cuerpo físico del alma en proceso de encarnación cíclica.

4. La Forma Etérica de los Ángeles AGNISCHAITAS, o Devas superiores del Plano Físico

Las formas de los Devas, a medida que avanzan en el proceso de su evolución, tienden a parecerse cada vez más a las de los seres humanos, pues Ellos, al igual que «los hijos de los hombres», deben realizar el Arquetipo solar, o forma esencial del Universo, el cual, visto desde el ángulo cósmico, aparece bajo la Forma Humana. Entendámoslo en el sentido de que el hombre y el Ángel adoptan esta Forma porque tal es la forma del Sistema Solar visto desde el Sistema Superior o Constelación al cual nuestro Sol con todo su contenido pertenece. De ahí que el grado de perfección de un Ángel se demuestra por esta Forma, aunque con una increíble y maravillosa multiplicidad de colores y matices que el cerebro humano es incapaz todavía de percibir ni de imaginar.

La Forma de los AGNISCHAITAS es sutilísima, ya que está construida con substancia del primer nivel etérico-físico, el llamado «atómico».

G. Formas etéricas

Son los directores en funciones de todas las actividades dévicas realizadas en el Plano físico. Se les denomina ocultamente «Las Huestes de la Voz», habida cuenta de que parte de Su trabajo es convertir en sonidos o «mandatos» las proyecciones arquetípicas procedentes del Plano mental. Tienen el poder de impresionar los éteres de todos los niveles físicos y saben hacerse comprender —por cuanto poseen el secreto de la Voz o del Lenguaje— por todas las jerarquías dévicas del Plano físico, desde el nivel atómico al físico más denso. Son de gran belleza y sus auras son maravillosamente resplandecientes de un color dorado, símbolo de la energía solar, realmente indescriptible. Poseen un tremendo magnetismo y utilizan el Fuego de KUNDALINI para energizar la materia física en todas sus infinitas combinaciones y densidades para crear los organismos apropiados a cada Raza y a cada especie evolucionantes en el Plano físico. Son llamados también «los Señores de las Formas», ya que es en el nivel físico en donde las formas son más apreciables, más densas y objetivas. Según la calidad de su misión o la cualidad específica del nivel físico en donde ordinariamente trabajan, siempre desde un sentido altamente jerárquico, los colores, las auras o «los ropajes» —para decirlo de alguna manera— que les caracteriza o personifica, y mediante los cuales pueden ser reconocidos, dependerán siempre de las necesidades dévicas de aquellos niveles, teniendo presente al respecto que los ángeles o devas menos evolucionados se sienten «atraídos» a la autoridad del Deva mayor o AGNISCHAITA por el brillo, luminosidad e intensidad magnética de los colores que irradian, por la suprema majestad de su Presencia, indescriptiblemente poderosa y radiante. Para poder percibírseles hay que contar de antemano con su aquiescencia y beneplácito, pues nadie como ELLOS posee en el Plano físico el Secreto de la Magia del Séptimo Rayo y fácilmente pueden hacerse invisibles a voluntad a la percepción de la más perfecta clarividencia o inducir a errores de interpretación o de observación a los investigadores del mundo oculto, por muy capacitados que estén en el arte de la visión de los mundos invisibles. Sin embargo, dentro de un Plan de perfecta hermandad que Ellos practican por ser esencia de Sus propias Vidas, les es sumamente fácil «mostrarse» a aquellos cuya mente es sencilla y su corazón puro y que «a fuerza de amar» —tal como rezan los antiguos comentarios místicos acerca de los Ángeles— se han hecho accesibles a la excelsa grandeza de sus mundos de armonía, de radiación y de cumplimiento planetario... Se les aparecen entonces en toda su Serena Majestad «e inmarcesible Gloria» y el contacto, siquiera fugaz y rápido como un relámpago, marca para siempre la vida del ser humano y ya jamás se borrará de su mente y de su recuerdo la imagen radiante y maravillosamente resplandeciente de aquel Ángel AGNISCHAITA.

5. Forma Etérica de los Devas que construyen los Cuerpos de los Seres Humanos.

Ese tipo de Devas son los más parecidos al ser humano, ya que guardan grandes líneas de semejanza con el «cuerpo» que estén construyendo, el cual, a su vez, es el resultado de un proceso kármico que el Deva constructor intuye, aunque de manera muy difícil de comprender para nuestra mente humana, ya que lo recibe a través de un Arquetipo de Luz proyectado por el Señor AGNISCHAITA, del que jerárquicamente depende, y transmitido a través de los éteres inmortales a un increíble ritmo de simultaneidad. Los Devas constructores del cuerpo físico de los seres humanos basan el proceso de dicha construcción en los siguientes factores:

- Las cualidades causales que el alma humana ha desarrollado y que vienen transmitidas por las vibraciones naturales del «átomo permanente físico».
- La intervención directa de los Señores del Karma, quienes vierten `Su contenido de JUSTICIA en aquellas vibraciones, estableciendo contacto con aquellos seres humanos en el plano físico que han de cumplir con la misión de ser «los padres», o generadores del cuerpo o mecanismo que el alma humana ha de utilizar durante el proceso de encarnación o de manifestación física.
- La línea de comunicación establecida entre el «átomo permanente físico», el alma que va a encarnar y que «se halla gravitando» —en su plena aceptación científica— alrededor del cuerpo que está siendo estructurado y el ÁNGEL SOLAR, el Yo superior del hombre en el Plano Causal.

Más allá de estas líneas de actividad es realmente difícil apreciar otras razones viables para nuestro intelecto en el sentido del trabajo específico del Deva Constructor. Nos limitaremos a remarcar solamente «la extrema devoción» que experimenta este Deva hacia el alma espiritual cuyo cuerpo o mecanismo físico está construyendo. Hay que puntualizar, sin embargo, que su labor empieza desde el preciso momento —el instante cósmico, podríamos decir— en que el germen de vida masculino se ha introducido en el santuario de la vida femenina realizando el acto sagrado, mágico y de infinitas repercusiones causales que técnicamente conocemos bajo el nombre de CONCEPCION.

Por la calidad de su trabajo y por su contacto con los hombres, ese tipo de Devas constructores son perceptibles a los niños que no han abandonado todavía «la gracia de la inocencia» y poseen todavía un notable desarrollo en materia etérica de la Glándula Pineal. Son perceptibles también durante el proceso de gestación, rodeando a la futura madre, a la cual, sin que ésta se dé cuenta, están colmando de «increíbles atenciones», visando la obra que en el seno material de la misma están realizando... Es realmente conmovedor verles ante el lecho de los niños enfermos y atendiéndoles más solícitamente que lo haría «ninguna madre del mundo». Un Ángel, aun de la categoría espiritual de los Devas constructores, posee un tipo de sensibilidad que todavía no ha desarrollado la Raza humana, sumida en la complicación de sus erróneos sistemas de vida y siempre en pos de ilusiones pasajeras. De ahí, aquella permanente solicitud y sincerísima devoción, llena de incomprensible delicadeza que les anima en su trabajo.

Los Devas constructores de los cuerpos físicos de los seres humanos permanecen al lado de la criatura hasta que ésta ha llegado a la edad cíclica de los SIETE años. A partir de este momento los Devas quedan libres de la presión kármica que los enlazaba al aura etérica del cuerpo construido y tal como esotéricamente se dice, «siguen el rastro infinito de las nuevas almas que quieren reencarnar» para cumplir con su destino cíclico y kármico, a fin de prepararles el Tabernáculo que deberán utilizar. Tal es la obra constante de los Devas constructores de los cuerpos físicos humanos. Pero, al observar la larguísima trayectoria de la evolución humana, hemos podido apreciar mediante la ayuda gentilmente ofrecida por ciertos Devas Superiores del Plano de la Mente, quienes «descorrieron para nosotros, plasmándolos en la luz astral, algunos acontecimientos históricos relacionados con la obra de los Ángeles constructores». Nos fue posible observar así algunas entrañables vinculaciones establecidas entre hombres y devas constructores que persistieron a través del tiempo y que, vida tras vida, «estuvieron juntos» durante el proceso de construcción de tabernáculos físicos necesarios para la extinción de toda la serie de karmas contraídos por el ser humano y que el Ángel compartió con cada vez más indecible fidelidad y renovador amor..., llegando a establecer entre ellos unos lazos kármicos cuya trascendencia escapa a toda nuestra comprensión humana. Según hemos podido leer en algunas de las viejísimas páginas del «Libro de los Iniciados», a través de la luz astral de los acontecimientos planetarios hay unas sutilísimas referencias a estos incomprensibles lazos de amistad establecidos entre ángeles constructores y seres humanos. Veámoslas: «He aquí que te seguiré siempre, edad tras edad, ciclo tras ciclo, rastreando en los éteres inmortales la estela de tu inconfundible Luz, ¡oh alma amada!, preparando para ti túnicas sagradas cada vez más luminosas y radiantes, hasta llegar juntos un día al Puerto de Destino que el Señor de la Eterna Inseguridad ha situado frente a nosotros como meta de nuestras vidas...» Esotéricamente descrito, el enorme e incalculable significado de estos viejísimos textos nos habla indudablemente de un MOMENTO CUMBRE en el TIEMPO en el que el alma humana, convertida en un Logos Creador, y el Deva Constructor en un Glorioso Arcángel, comparten juntos la responsabilidad de algún desconocido Universo, perdido en la inmensidad del Cosmos...

6. La Forma Etérica de los Devas, Señores de los Reinos Mineral, Vegetal y Animal

Conforme avanzamos en nuestro estudio acerca de las formas de los Devas, vamos introduciéndonos en ciertas regiones secretas en donde el elemento dominante es el éter sublimado de los subplanos superiores del Plano físico, de ahí que cada vez sean más sutiles y gloriosas las formas que surgen de las profundidades místicas del Espacio y, naturalmente, más difíciles de ser OBJETIVIZADAS por parte del observador. Cuando hagamos referencia a las Formas de los Grandes Devas que dirigen el proceso de evolución de los Reinos de la Naturaleza, deberemos tener en cuenta que la dificultad es todavía mayor debido a la Grandeza de su propia evolución y a la dificultad humana de interpretar adecuadamente los «sonidos, colores y formas geométricas» que surgen en forma potentísimamente radiante de Sus Auras Magnéticas. Según se nos dice esotéricamente, su evolución espiritual corresponde a la de los CHOHANES de RAYO de nuestra

G. Formas etéricas

Jerarquía Planetaria con los cuales guardan aparentemente estrechísimas vinculaciones en orden al trabajo de sintetizar las energías de los Rayos y de los Reinos, visando el cumplimiento del Plan general de la evolución del Universo.

Habrá que decirse al respecto que los CHOHANES transmiten las energías de los Rayos procedentes de determinados Centros Cósmicos «utilizando la virtud» de ciertos Devas especializados, los Cuales, de manera maravillosa e incomprensible, constituyen las cualidades y características de tales Rayos. Los Grandes Ángeles, Señores de cada uno de los Reinos de la Naturaleza, acogen o reciben estas energías de Rayo mediante un CETRO DE PODER representativo de la Jerarquía Espiritual que ostentan y la hacen circular por toda Su omniabarcante naturaleza, la dinamizan con su peculiar magnetismo y la distribuyen después, de acuerdo a unos muy bien definidos flujos vibratorios, por la extensión infinita de Sus Reinos a todas y a cada una de las especies que en el mismo tienen su vida y su razón de ser. Cada Reino recibe asilas energías apropiadas a su grado de evolución dentro del conjunto planetario, teniendo en cuenta, sin embargo, ya que en esta afirmación va encubierto alguno de los grandes secretos de la Iniciación, que cada Ángel, Señor de un Reino, posee un CETRO DE PODER, o TALISMAN SECRETO, mediante el cual le es posible «recibir y transmitir» las energías de los Rayos, constituyendo este CETRO la correspondencia del eje de la Tierra, polarizado hacia energías cósmicas que escapan a nuestra razón y entendimiento o el Canal SUSUMMA en el Vehículo etérico del ser humano, es decir, la Columna Vertebral del Reino. EL CETRO DE PODER que utiliza el Señor Deva del Reino Mineral posee un solo PETALO desarrollado u orificio de entrada para la energía de los Rayos y para el desarrollo del Fuego de KUNDALINI, es decir, de entrada, en la vida del Reino de aquellas tremendas energías de la Naturaleza. Según se nos dice esotéricamente la sede natural del FUEGO DE KUNDALINI es un globo ígneo de incalculable poder y de potentísimas irradiaciones situado en el centro mismo de la Tierra, el cual origina la vida física del planeta en su conjunto. Debido a que el Cetro de Poder del Deva Regente del Reino Mineral posee un solo orificio de entrada, las formas en este Reino son las más densas, toscas y pesadas. Los Cetros de Poder de los grandes Regentes de los demás Reinos guardan una estrecha y mágica analogía, aumentando el número de pétalos u orificios de entrada de las energías de los Rayos y del Fuego de Kundalini —véase aquí la analogía entre Rayos y Fuego—

de acuerdo con las líneas de la propia y singular evolución, siendo lógicamente ésta la relación de analogía que existe entre los Reinos, los Rayos y el número de Pétalos que se halla en la base mística de los Cetros de Poder de los Reinos Angélicos. Veamos:

PLANO FÍSICO

REINO	RAYO	ENERGÍA	PÉTALOS DESARROLLADOS
Divino	1°	Unidad	Siete
Celestial	2°	Síntesis	Seis
Espiritual	3°	Fusión	Cinco
Humano	4°	Inteligencia	Cuatro
Animal	5°	Sensación	Tres
Vegetal	6°	Sensibilidad	Dos
Mineral	7°	Substanciación	Uno

El Reino humano constituye una Indescriptible Entidad Causal llena de unidades autoconscientes o de Almas individualizadas. No depende, por tanto, de ningún Alma grupo, como ocurre con los Reinos subhumanos. La energía de los Rayos le llega al hombre a través de siete centros de energía alojados en su vehículo etérico, llamados esotéricamente CHACRAS, y el Fuego de Kundalini penetra en su organismo a través de cuatro Pétalos u orificios de entrada situados en el Chacra MULHADARA, en la base de la columna Vertebral. Podemos decir así, aplicando íntegramente la analogía, que la Entidad humana, sea cual sea su grado de evolución, posee un cetro de Poder, la columna vertebral, el cual debe utilizar cada vez más sabiamente para que pueda penetrar energía espiritual o de Rayo cada vez más sutil y de más potente radiación. El Chacra MULHADARA, con sus cuatro pétalos, representa a través de la Cruz, o forma geométrica de los cuatro pétalos, el símbolo místico del Karma, del Cuaternario inferior: mente concreta, sensibilidad emocional, vehículo etérico y cuerpo físico, pero también su enlace con el Cuarto Rayo de «la Armonía a través del Conflicto» y con la inefable Cuarta Jerarquía Creadora, los ÁNGELES SOLARES o los Prometeos del Cosmos...

Más allá del Reino humano, sería inútil tratar de extendernos en averiguaciones. Podríamos únicamente señalar, siempre de acuerdo con la analogía, que los cinco Pétalos dé poder que corresponden al Quinto Reino, el Espiritual, constituyen la Estrella mística de las Cinco Puntas, símbolo perfecto del Alto Iniciado, del Adepto, del Maestro de Compasión y de Sabiduría, cuya esplendente Vida constituye la Meta espiritual de los hombres avanzados de la humanidad. No vamos a introducirnos, pues, en la desconocida y trascendente Vida de los CHOHANES o Señores de Rayo, a cuyas órdenes se hallan sujetas increíbles concentraciones de vidas dévicas constituyentes de las cualidades de los Rayos, ni tampoco en la de los Grandes Devas que secundan con su específica participación la entrada en el planeta Tierra de las energías cíclicas de los Rayos y mueven, con singular y divina maestría, los grandes acontecimientos de la historia.

Como ustedes podrán imaginar, resulta casi imposible percibir la forma de los Devas Regentes de los tres primeros Reinos de la Naturaleza. Las características de dichas formas, aun aceptando la hipótesis de que de acuerdo con el Arquetipo universal han de poseer definidas líneas de semejanza con la forma humana, escapan por completo a nuestra visión y percepción. Sin embargo, ayudados por Ángeles superiores que se dignaron ilustrarnos sobre estos extremos, para los cuales nuestra imaginación carece total y absolutamente de medida, nos mostraron objetivamente reflejándole etéricamente la FORMA DEL DEVA REGENTE DEL REINO MINERAL. Apareció así ante nuestras maravilladas percepciones una gigantesca e incomprensible ENTIDAD, llena de gravedad e impresionante Misterio, atendiendo la vida del Reino y comandando con indiscutible e impenetrable AUTORIDAD la evolución de cada una de las especies del Reino, desde el simple átomo químico hasta la más elevada forma mineral dotada de radiactividad, la cual, según nos enseñaron los Ángeles Mentores, era prueba de la evolución alcanzada por la vida del propio Reino y demostrada a través del fenómeno de RADIACIÓN que lo distinguía perfectamente de los objetivos definidos de los demás Reinos. Esta incomprensible ENTIDAD DEVICA parecía sumida en un indescriptible e impenetrable SILENCIO. Aparentemente no se movía, pero a través de su hierática, grave y solemne expresión se adivinaban potentísimas expansiones de energía que surgían de su SER en forma de fulgidas irradiaciones de un intensísimo color violeta que se introducían en la calma infinita de aquel Reino en evolución cuya misión específica —tal como gentilmente nos explicaron nuestros excelsos Mentores— «es ENTERRAR LA SIMIENTE DE LA VIDA DIVINA PARA QUE A SU DEBIDO TIEMPO PRODUZCA LOS ANHELADOS FRUTOS DE LA PERFECCION COSMICA».

7. La Forma Etérica del Gran Arcángel YAMA, Señor del Plano Físico

Tal como apuntábamos en el apartado correspondiente, la forma del Gran Rajá YAMA sólo puede ser visible a los grandes Iniciados. Acerca de este excelso e infinito SER únicamente podemos decir que SU RADIANTE AURA MAGNETICA abarca la totalidad del Plano físico, dependiendo de Su omniabarcante Poder todos los Ángeles y Devas que en dicho Plano viven, se mueven y tienen el ser. El Gran Arcángel YAMA, o Mahadeva KSHITI, tal como lo definen también algunos tratados esotéricos orientales, mantiene la cohesión perfecta del Plano Físico mediante un sostenido e indescriptible proceso de CONCENTRACION. En los elevados estudios ocultos se nos dice que Yama es «el Señor del Éter», virtualmente el Promotor de toda la energía etérica en diversos grados de expresión, desde las más densas hasta las más incomprensiblemente sutiles y radiantes. Ejerce AUTORIDAD directa e indiscutible sobre cada uno de los Ángeles Regentes de los Siete Subplanos del Plano Físico y es el Agente directo de los Logos Planetarios del Sistema Solar en el proceso creador de los Mundos o Planetas que tales Logos utilizan como Cuerpos de expresión. Manipula con singular maestría las energías del Séptimo Rayo, cuyo primer Subplano en nuestro planeta constituye el aspecto cohesivo del Reino Mineral. El Reino Vegetal actualiza las energías del segundo Subplano, el Reino Animal las del tercero y así sucesivamente hasta llegar al séptimo y último Subplano, es decir, el más sutil, con cuyas energías son construidas las formas etéricas más refinadas, como las que utiliza el propio Señor del Mundo, SANAT KUMARA, los Grandes CHOHANES, los gloriosos Adeptos y los excelsos Ángeles superiores del Plano Físico.

Al inconcebible Señor YAMA se le reconoce fundamentalmente como «EL CUERPO FISICO DE LA DIVINIDAD» a través de los Ángeles Regentes de cada uno de los Subplanos del Plano Físico, permite la expresión y reconocimiento físico y objetivo del Logos Solar, es decir, el Universo. Podríamos decir también, siguiendo la analogía, que nuestro planeta Tierra es el Cuerpo físico del Logos Planetario de nuestro Esquema Terrestre; de la misma manera, y extremando la idea, podemos decir que nuestro cuerpo físico constituye el Universo de expresión de nuestra Alma inmortal.

G. Formas etéricas

La Forma Física del Señor YAMA está constituida de «luz etérica» y por medio de este Vehículo puede participar de la gloria Búdica de Unidad con los demás Planos del Universo. Posee una Omniabarcante Conciencia de Síntesis y Su misión, en el presente Universo, es volver RADIACTIVO cualquier elemento químico integrante de Su formidable Sistema de Expresión Física y convertir todos los mundos o planetas integrantes de la Vida de Dios en «PLANETAS SAGRADOS», en verdaderos Soles resplandecientes que reproduzcan perfectamente la Gloria Divina del Sol Central Espiritual. Su AURA MAGNETICA se proyecta por todo el ámbito físico del Sistema Solar promoviendo en su interior todos los cambios posibles, los cuales vienen determinados por la evolución constante de Sus Grandes HERMANOS, los Arcángeles Regentes de los demás Planos del Universo, Vehículos asimismo en otros niveles de la Gloria manifiesta del Logos Solar... ¿Podríamos imaginar una soberana y radiante Figura Humana de incalculables proporciones, inmersa en la Luz de una Realidad desconocida y eternamente vibrante y expresando por medio de un indescriptible despliegue de Energías Luminosas, conteniendo el PRANA VITAL DEL UNIVERSO, una Radiación infinita que produce Vida, Dinamismo, Fuerza, Radiación, Conservación y Perpetuación de toda la Substancia viviente de la que se nutre nuestro Universo objetivo...? Si alcanzáramos tal posibilidad seríamos quizá consciente de algunas de las Cualidades descriptivas en el sentido de la FORMA que adornan la Vida del Gran Arcángel YAMA, el Señor del Plano Físico.

H. Formas astrales

[EDF, p. 79] **FORMAS ASTRALES**

Clasificaremos estas Formas por orden de evolución o de sutilidad psíquica, tal como lo hicimos en el capítulo anterior:

1. Las Formas Astrales minerales, vegetales, animales y humanas que pueden ser percibidas en determinados subplanos del Plano Astral.
2. Las Formas Astrales o Psíquicas creadas por la humanidad. Veamos algunas de las más corrientes y conocidas:
   a. Larvas
   b. Cascarones Astrales.
   c. Íncubos y Súcubos.
   d. Lemures.
   e. Las Formas Psíquicas de las Enfermedades.
   f. Las Formas Psíquicas de los Vicios y de las Virtudes Humanas (Los Pecados Capitales).
   g. La Forma Psíquica del «Guardián del Umbral».
   h. La Forma Psíquica del «Ángel de la Presencia
3. Las Formas Astrales de los Devas que dirigen el proceso de incorporación de energía sensible a cada uno de los cuerpos físicos creados por la Naturaleza.
4. Las Formas Astrales de los Devas cuya misión es construir el Cuerpo Astral de los seres humanos.
5. Las Formas Astrales de los Ángeles Regentes de cada uno de los Siete Subplanos del Plano Astral.
6. La gloriosa Forma Astral del Gran Arcángel VARUNA, el Señor de las Aguas.

1. Las Formas Astrales minerales, vegetales, animales y humanas que pueden ser percibidas en determinados subplanos del Plano Astral.

Todos los niveles de conciencia en la vida de la Naturaleza son complementarios y obedecen a la ley misteriosa de los Ritmos. Podríamos decir así que existen muy estrechas vinculaciones entre los Reinos, las Razas, las especies y el contenido químico que constituye el complejo celular de todos los cuerpos de la Naturaleza. Habrá, pues, indudablemente una definida relación entre el Reino mineral que constituye el aspecto más denso del Plano físico y el primer subplano del Plano astral y, por analogía, todas las demás relaciones que a través del principio de Ritmo pueden ser establecidas por los demás Reinos. Así, el Reino vegetal estará en íntima sintonía con el segundo nivel astral, el Reino animal con el tercer subplano y el Reino humano con el cuarto. Estas relaciones de orden vibratorio actúan notablemente en el mundo de las Formas que el investigador esotérico puede observar en los niveles astrales y que condicionan por «gravedad» las reacciones de dichas formas al estímulo de los estados de conciencia que «irradian» de todos los seres de la Creación, sea cual sea el Reino o la especie dentro de la cual se manifiestan. No es de extrañar, pues, que existan formas minerales, vegetales, animales y humanas en los cuatro primeros niveles o subplanos del Plano Astral. Hay otros tipos de formas que pueden ser apreciadas en cada uno de tales niveles, como, por ejemplo, las de los devas, cuya vida suministra la energía sensible necesaria para la producción de las formas astrales, así como aquellas otras formas «elementarias» sostenidas en aquellos niveles por la actividad emocional, correcta o incorrecta, de los seres humanos.

Todos los Reinos de la Naturaleza emiten radiaciones magnéticas. Tales radiaciones, al transformarse en impulsos astrales, se convierten en formas definidas bajo la experta dirección de unos Devas, llamados de la Sensibilidad, y de los innumerables agentes astrales a sus órdenes. Existe así «un universo paralelo» al físico, un duplicado perfecto del mismo. Para el hombre corriente, situado en el plano astral, sin tener allí una evolución autoconsciente, las formas de este plano se le manifiestan como realidades físicas, tal como ocurre, por ejemplo, en el fenómeno del «sueño» mediante el cual el alma del hombre funciona en el campo astral y percibe allí, aún a través de las limitaciones propias de su estado semiconsciente, todas las formas que corrientemente percibe por medio de los sentidos corporales en el plano físico. Desde este punto de vista podría ser admitido, sin que careciese de lógica, que se realiza un fenómeno sincrónico de percepción físico-astral.

En los seres humanos de elevada integración espiritual este fenómeno aparecerá perfectamente desglosado en su doble vertiente astral o física. Él sabe perfectamente lo que es físico y lo que es astral por cuanto posee autoconciencia en ambos mundos y puede provocar a voluntad el requerido desglose para funcionar inteligentemente sin ser condicionado en su acción por la multiplicidad de formas astrales que aparecen ante su atenta y profunda percepción. Sabe también en todo momento si las formas que percibe son físicas o astrales y no esta confusa mezcolanza psicofísica en la que se ve envuelto sin cesar el hombre común por medio de nuestra humanidad terrestre y que aparece normalmente ante el campo de sus percepciones habituales, ya sea por medio de la imaginación o en el estado de sueño cuando abandona su cuerpo físico durante el tiempo dedicado al descanso corporal.

Las formas astrales percibidas así dependerán, por tanto, de la evolución espiritual de los seres humanos. Un hombre poco evolucionado percibirá las formas astrales que sean afines a su especial naturaleza y lógicamente «soñará» o imaginará las cosas que tal naturaleza exige como fuente de su propia e íntima integración espiritual. El hombre muy evolucionado elevará la sintonía de sus cualidades astrales hasta alcanzar las fronteras de la sensibilidad búdica y su cuerpo astral será un centro de proyección o un recipiente de las energías universales que producen y determinan la UNIDAD de conciencia con todo lo creado, con lo cual se pondrá en contacto con los Ángeles de la Paz, unos extraordinarios Devas cuya misión es llevar la Paz Universal del Logos Solar a todas las humanidades de nuestro Sistema planetario.

De acuerdo con esta Ley de sintonía el Plano astral de la humanidad constituye un verdadero universo paralelo del universo físico y de todo ser humano y cuanto existe en la Naturaleza tendrán allí un «duplicado perfecto», aunque en materia sensible o psíquica, de su contenido físico o molecular. Este cuerpo psíquico, en lo que al ser humano se refiere, estará situado en orden a la calidad de su vida espiritual o evolución personal en el nivel o subplano que por ley o principio de vibración le corresponda entre los siete que constituyen el Plano Astral.

Las unidades de vida en los demás Reinos tendrán también allí su duplicado psíquico, siendo apreciadas así en el plano astral formas minerales, vegetales o animales en el subplano correspondiente. El fenómeno del «sueño» —que viene a ser como una muerte aparente en lo que al Plano físico respecta— muestra todo este conglomerado de fuerzas y de formas, y de acuerdo con la riqueza de la imaginación y la facultad de recuerdo que posee el hombre, así serán los «cuadros» e imágenes que fabricará durante el tiempo en que su conciencia funcione en el plano astral y que posteriormente trasladará al cerebro físico, utilizando el hilo misterioso del SUTRATMA, o hilo de la Vida, a fin de registrar y «archivar» todos aquellos hechos y experiencias vividas en el cuerpo astral.

2. Formas Astrales o Psíquicas creadas por la Humanidad.

Otros tipos de formas astrales en infinidad de modificaciones, categorías y grados de sutilidad se ofrecen a la consideración del observador en el mundo astral. Se trata de todas aquellas que en lenguaje esotérico llamamos «formas elementales», y habrá que distinguirlas de las demás en el sentido de que no constituyen un duplicado de las formas físicas existentes, sino que son construcciones en materia astral que los devas de la sensibilidad en grandes grupos y en distintos niveles realizan, tomando como base y centro de su poder aglutinante los deseos, emociones y sentimientos que los seres humanos emiten durante el proceso kármico de sus particulares existencias. Estas formas se condensarán de acuerdo con la ley de vibración y el principio de selectividad natural, pudiendo ser apreciables en todos los niveles y subniveles del plano astral en donde las reacciones psíquicas de los hombres pueden hallar una adecuada respuesta. Las habrá, pues, de todas las vibraciones posibles dentro de la esfera de proyección del cuerpo astral de los seres humanos, desde las más densas, repulsivas e indeseables hasta las más sutiles, agradables y apetecibles, constituyendo una verdadera escala de valores cualitativos que informarán al hábil investigador de la situación psíquica o emocional de la humanidad o de cualquier hombre en particular en un momento dado o histórico del tiempo, es decir, de su grado de evolución espiritual. Tal como anunciamos al principio de este capítulo, vamos a presentarles a ustedes algunas de las formas psíquicas de «carácter elementario» que pueden ser percibidas en el Plano astral.

2a. Larvas.

Las larvas son pequeñas concentraciones de materia astral provocadas por los deseos insanos y materialistas de los seres humanos y mantenidas coherentemente en el aura astral o proyección magnética astral por cierto tipo de devas inferiores, constituyendo puertas de entrada a entidades elementales mayores... Adoptan frecuentemente la forma de gusanos y de pequeños reptiles y su presencia en el aura de una persona indica evidentemente un grado inferior de evolución espiritual.

2b. Cascarones Astrales.

Constituyen las envolturas psíquicas de un determinado tipo de devas inferiores, utilizando para su expresión los «cuerpos astrales» de las personas o animales que dejaron el cuerpo físico en el fenómeno de la muerte y que normalmente deberían haber sido «desintegrados» de acuerdo con el proceso redentor de la substancia material que la Naturaleza realiza normalmente cuando un cuerpo o una forma ha dejado de ser utilizado por un determinado centro de conciencia. Vemos, desde el ángulo oculto, que este proceso natural de redención de la substancia viene enormemente dificultado por la proyección en el aura astral o psíquica del mundo, de las «formas objetivas» de las personas fallecidas y de toda especie de animales que dejaron el cuerpo físico siguiendo el proceso kármico de sus existencias particulares, pero que no fueron debidamente desintegradas. En lo que a los seres humanos se refiere, la permanencia de las formas objetivas de los difuntos o de sus «cascarones astrales» es motivada por las potentes vibraciones que se elevan del plano físico, constituyendo sólidas invocaciones que atraen la atención del alma del difunto, prolongando su existencia astral en el mundo psíquico durante tiempos superiores a los normales y naturales hasta que, finalmente, su alma se libera y penetra en el Devachán. Pero, si las invocaciones de los deudos, de los amigos o de las personas interesadas en establecer comunicación psíquica con el difunto persisten, a pesar de que el alma de este se halla funcionando ya en niveles superiores, operan entonces negativamente en el éter astral[20] y posibilitan la actividad de los devas de la sensibilidad inferior, los cuales pasan a «habitar» aquellos

---

[20] Utilizamos intencionadamente esta expresión por cuanto el Universo en su totalidad está compuesto por ETERES en distintos grados de sutilidad o calidad vibratoria, pudiendo decirse así que cada Plano está compuesto por una especie particular y definida de ETER.

cuerpos o cascarones astrales sin conciencia o sin alma y a vitalizarlos con su particular energía e influencia, creándoles una apariencia de vida y de consistencia que sólo el hábil y entrenado observador oculto es capaz de descubrir e identificar. Tales formas astrales de alta densidad psíquica son las que ordinariamente se manifiestan en las reuniones de carácter espiritista y aparecen a la visión de los clarividentes astrales de orden inferior como pertenecientes realmente a determinadas personas fallecidas. El campo científico de la PARAPSICOLOGIA sería altamente desbrozado y clarificado, singularmente en los fenómenos de «comunicación mediumnística», si hubiese verdaderos clarividentes en el nivel mental capaces de distinguir la verdad de lo falso en el orden apreciativo de los «cascarones astrales» que con apariencias de «entidades espirituales» penetran falazmente en las reuniones espiritistas o de carácter psíquico. Desde un ángulo de vista rigurosamente esotérico debemos advertir a los investigadores del campo psíquico del peligro que representa para la integridad espiritual de la Raza la presencia en el aura astral de la humanidad de esta increíble cantidad de «cascarones», los cuales, sin que el ser humano se dé cuenta, le succionan la energía psíquica y le hacen susceptible a enfermedades físicas, a desequilibrios emocionales y a ilusiones y perturbaciones de carácter mental.

2c. Íncubos y Súcubos.

Lo mismo podría decirse en orden al proceso de creación de formas astrales con respecto a los INCUBOS (formas astrales con figura masculina) y a los SUCUBOS (manifestados bajo forma o figura femenina), siendo tales formas «imágenes voluptuosas» del hombre con respecto a la mujer y de la mujer con respecto al hombre. Las hay de todas las categorías imaginables que pueden ser percibidas en los más bajos substratos del plano astral constituyendo agrupaciones por orden vibratorio, aunque siempre de carácter evidentemente inferior. Son formas nefastas que se perpetúan en el plano astral por falta de pureza emocional y física en la vida colectiva de la humanidad. Algunas de ellas pertenecen todavía a la época LEMUR; poseen, pues, una enorme consistencia psíquica y no será fácil extirparlas del aura astral de la humanidad por la presencia de estas de los «gérmenes históricos» de lo que místicamente podríamos definir como «pecado original», es decir, el pecado del sexo prostituido. La imagen de la lujuria, de la lascivia y del goce desenfrenado de los sentidos corporales constituyen los elementos de que se valen cierto tipo de devas inferiores, llamados «los ángeles del deseo», para construir las figuras psíquicas de los INCUBOS y de los SUCUBOS. Algunas de tales formas o figuras poseen un elevado grado de consistencia física y su invocación por parte de alguna persona desenfrenadamente lujuriosa[21] ha permitido ciertos contactos carnales en el plano físico dando la clara sensación de «poseer» o de ser «poseídas». No consideramos necesarias más amplias informaciones acerca de este desagradable asunto, el cual es más frecuente de lo que ordinariamente creemos, pero sí estimamos oportuno «advertir del peligro» de una imaginación ardiente y lujuriosa en el sentido de que las vibraciones que emite invocan a aquellas fuerzas psíquicas elementarias que construyen las formas de los INCUBOS y de los SUCUBOS. El aura astral del mundo está lleno de tales formas condensadoras del deseo sexual de los seres humanos y la corriente desenfrenada de las energías que constituyen el placer sensorial de la humanidad desde tiempos realmente inmemoriales, y de las cuales no se ha liberado todavía, mantiene enrarecida y altamente «contaminada» la atmósfera astral de nuestro mundo impidiendo que se filtren a través de ella las gloriosas formas emocionales puras —e inmunes a toda contaminación— de una evolución superior a las que debe aspirar constantemente al ser humano.

2d. Lemures.

Con la denominación esotérica de Lemures quisiéramos describir a tres poderosísimas Formas psíquicas que pueden ser percibidas en el Plano astral por los observadores esotéricos dotados de visión clarividente. Se trata de las Formas psíquicas del **Deseo Sexual,** del **Miedo y** del **Egoísmo,** que fueron engendradas durante las primeras subrazas de la Raza Lemur y que todavía hoy pueden ser observadas en los estratos inferiores de los Planos mental, astral y físico del planeta, constituyendo potentísimas estructuras psíquicas que condicionan la vida psicológica de la humanidad. Sobre algunas expresiones psíquicas del **Deseo Sexual** ya hicimos referencia en el apartado anterior dedicado a los INCUBOS y SUCUBOS y no vamos a insistir en las mismas, pero existen una extensa variedad de «formas

---

[21] Los sátiros y las ninfómanas son personas esclavizadas por alguno de tales potentes devas inferiores y el deseo de placer sensual de las mismas es realmente inextinguible.

psíquicas construidas por el poder aglutinante del deseo sexual», sin tener que ver necesariamente con la figura humana. Se trata de unas figuras repugnantes de aspecto bestial, a veces de grandes proporciones, que se arrastran pesadamente por los más densos niveles del Plano astral bajo la forma de una especie de pulpos gigantes de aspecto viscoso, color marrón oscuro casi negro y ojos verdosos o rojizos de apariencia vidriosa, extendiendo sus tentáculos hacia el aura astral de las personas desenfrenadamente lujuriosas y penetran en sus vehículos etéricos condicionando la imaginación y el pensamiento a imágenes lúbricas, obscenas y concupiscentes. Tales influencias impiden lógicamente la correcta orientación mental y un adecuado equilibrio de los valores psicológicos del ser humano, lo cual repercute dolorosamente en los ambientes familiares y sociales en donde corrientemente desenvuelven sus existencias kármicas. Algunos de esos «tentáculos» irrumpen en el vehículo etérico de los seres humanos a través de las larvas astrales que pululan por la extensión de sus auras etéricas o campos magnéticos y llegan a constituir en algunos casos —que podemos llamar desesperados— elementales psíquicos dotados de tal extraordinario poder y consistencia vital que llegan a condicionar a la conciencia individual, utilizándola como «un médium» de aquellas torpes y bajas inclinaciones.

Con respecto a la forma psíquica del **MIEDO**, deberemos referimos primero a sus remotas causas u orígenes, que se pierden en lo insondable de los tiempos y constituyen el elemento condicionante, total e instintivo que dará lugar «en cierto momento crucial» de la historia humana al instinto de conservación o de preservación, el aspecto primario de la autoconciencia y del libre albedrío. El MIEDO surgió inicialmente por la imposibilidad del hombre primitivo de explicarse racionalmente fenómenos físicos provocados por «las fuerzas desatadas de los elementos de la Naturaleza». Los Rayos, los Truenos, las grandes tormentas, los terribles cataclismos geológicos: volcanes, huracanes, terremotos, inundaciones, etc., marcaron a aquellas incipientes conciencias no dotadas todavía de razón con el sello de un irracional trauma colectivo que dio lugar progresivamente a la espantable Forma Psíquica del MIEDO. Esta Forma subsiste todavía en nuestros días y el creciente imperio de la tecnología no ha sido suficiente para desterrar del ser humano sus nefastas influencias. Podríamos decir, sin embargo, que el MIEDO ha ido sutilizándose, pasando a actuar en los niveles astral y mental y no constituyendo quizá una forma objetiva o definida para el observador superficial; pero sus efectos continúan siendo desastrosos y altamente perjudiciales para el correcto desarrollo de la personalidad creadora del hombre. La multiplicidad de formas psíquicas que surgen de esta potentísima Entidad Astral, gestada por la humanidad desde el principio de los tiempos, adoptan la figura humana, aunque bestializada por las expresiones psíquicas del terror y revelando con una nitidez realmente sobrecogedora los claros síntomas del MIEDO. Algunas de las inseparables expresiones psíquicas del temor son: la inquietud, el desequilibrio nervioso, la tensión emocional y algunas enfermedades físicas de carácter vibratorio, tales como el cáncer y la diabetes. La Forma Psíquica del MIEDO abarca todas las zonas de expresión de la psicología humana y se extiende desde el simple miedo a la oscuridad hasta el invencible temor a la muerte, constituyendo un bagaje humano que deberá ser progresivamente destruido a medida que la mente humana, cansada de extenderse en horizontalidad, busque definitivamente la verticalidad augusta de la conciencia orientada hacia los Bienes inmortales.

La tercera Forma Psíquica es la del **EGOISMO**. El EGOISMO es un aspecto fundamental en la creación y desarrollo de la personalidad humana y corresponde a aquella etapa esotéricamente descrita como de «Acumulación de Valores en el tiempo». El ser humano, desde que nace a la vida física hasta que deja el cuerpo en el momento cíclico de la muerte, no ha dejado un solo momento de «acumular valores», sea en el nivel físico propiamente dicho, en el nivel emocional o en el mental.

Este sentido innato de acumulación es básicamente EGOISMO, aunque nuestra sutilidad mental trate de hallarle otras explicaciones a este fenómeno de acumulación que halla su punto culminante en el TEMOR a perder todo cuanto se haya adquirido o acumulado en el devenir del proceso de incorporación de substancia etérica, astral o mental al equipo kármico de manifestación humana. Como ustedes podrán apreciar, hallamos aquí un punto de coincidencia entre las Formas Psíquicas del EGOISMO y del TEMOR, aunque notablemente diferenciadas en sus expresiones normales o corrientes, es decir, las que condicionan la conducta habitual del ser humano.

En la adquisición de nuevos y más estilizados valores y en su correcta aquilatación se halla el sentido esotérico y místico de liberación espiritual del ser humano, la cual se basa esencialmente en el difícil arte del «inteligente rechace de valores», solamente al alcance de los discípulos mundiales, quienes hacen de la sencillez y de la ausencia de todo temor la guía suprema de su conducta.

Crecer en el tiempo es el móvil básico de toda posible forma de EGOISMO, hasta llegar el momento cumbre en la vida del ser humano en que se establece dentro de su conciencia una natural e inevitable réplica de carácter espiritual, llena de suaves, aunque profundas reflexiones, que hacen que el alma del hombre empiece a «desnudarse» —simbólicamente hablando— de todo cuanto no le es imprescindible o necesario en el orden físico, emocional o mental. Es en este momento de «cíclica reorientación» de actitudes que el ser humano empieza a desvincularse de la potentísima Forma Psíquica del EGOISMO y a desarrollar aquella nueva condición humana basada en el olvido de sí mismo y en el servicio activo por toda la humanidad, buscando el bien del conjunto y no la gloria efímera de la autoglorificación individual.

2e. Las Formas Psíquicas de las Enfermedades.

Es la forma que adoptan en el Plano astral los sufrimientos psíquicos creados por cualquier tipo de enfermedad, desde la que es de orden curable e intrascendente, como puede ser un resfriado o una pequeña lesión orgánica, o aquella otra de carácter aparentemente incurable y que implacable o invariablemente conduce a la destrucción o muerte del cuerpo físico. El sufrimiento, en todas sus infinitas variantes, produce una reacción en los éteres sensibles del Espacio, y la materia astral, que constituye el nivel en donde se manifiesta, se agrupa creando vórtices de energía y atrayendo a su centro de radiación toda clase de substancia psíquica que entra dentro de su campo vibratorio, hasta adquirir una Forma organizada con carácter propio y entidad independiente que a la vista del cualificado observador aparece como perteneciente a tal o cual tipo de enfermedad o dolencia física.

El dolor moral y el sufrimiento interno producido en el propio nivel astral por los seres humanos adoptan también sus formas características, pudiendo ser catalogadas tales formas en orden a su cualidad e intensidad por el observador e investigador esotérico. La angustia, el temor, el odio, los celos, la vanidad, la insatisfacción, la envidia, etc. aparecen cada cual con el inconfundible sello de sus peculiares características y puede decirse que constituyen avenidas de entrada en el cuerpo físico denso, a través del vehículo etérico, de casi todas las lesiones o enfermedades de tipo orgánico que padece la humanidad.

2f. Las Formas Psíquicas de los Vicios y de las Virtudes Humanas.

Toda actividad del alma humana constantemente repetida llega a constituir una Entidad psíquica. Tal Entidad, ocultamente observada, responde por su Forma o Figura a las cualidades que se hallan en la base de toda conducta o modo habitual de vivir y de comportarse. Esta es una verdad natural que toda persona realmente analítica podrá comprobar si observa a la personalidad humana desde el ángulo de las virtudes y de los vicios, o de las cualidades y defectos que exprese corrientemente en el devenir de su existencia. Desde el ángulo esotérico, y tal como es apreciado también místicamente a través de las conocidas tradiciones religiosas de la humanidad, SIETE son las formas psíquicas de los vicios o defectos humanos, prescindiendo aquí del gastado léxico de los Pecados Capitales: SOBERBIA - AVARICIA - LUJURIA - IRA - ENVIDIA - GULA - PEREZA, las cuales, lógicamente, tienen también sus cualidades opuestas, constituyendo, a su vez, Siete Formas Psíquicas que contrarrestan la acción negativa de los vicios y dejan siempre a la humanidad en óptimas condiciones de equilibrio kármico a fin de que las decisiones humanas puedan ser debidamente integradas dentro del proceso inmutable de la evolución espiritual. Estas cualidades humanas, que normalmente se oponen a los vicios engendrados en las edades primitivas de la humanidad, son en su totalidad la suma de los esfuerzos de los hombres por «resurgir de sus propias cenizas» —tal como ocultamente se dice— y reorientar las energías cíclicas de la evolución hacia los elevados subplanos de cada Plano a fin de establecer allí los anclajes de la voluntad superior o divina que a través del hombre trata de manifestarse. Estas cualidades de carácter espiritual y de orden trascendente, constituyendo tal como esotéricamente se afirma «las Perlas Místicas del Sendero de Retorno», son, como ustedes saben, las siguientes: HUMILDAD - LARGUEZA o PRODIGALIDAD - CASTIDAD - PACIENCIA - CARIDAD - TEMPLANZA - ACTIVIDAD o DILIGENCIA.

Tales cualidades, al igual que los vicios y defectos humanos, constituyen un sólido bloque de materia astral o psíquica y se agrupan, como todas las cosas de la Naturaleza y del Universo, en las antes descritas Siete Divisiones, cada cual con su propia forma o figura característica representativa de las virtudes que encarnan y que pueden ser observadas objetivamente en la vida personal de las personas que las desarrollan y practican. Lo mismo ocurre naturalmente con la Séptuple división de los vicios y defectos humanos, los cuales arrancan asimismo de un sólido bloque de materia psíquica. A estos dos bloques, de naturaleza lunar uno y de ascendencia solar el otro, se los denomina esotéricamente: EL GUARDIAN DEL UMBRAL y EL ÁNGEL DE LA PRESENCIA. Son dos poderosísimas Entidades Psíquicas que se expresan utilizando las energías dévicas de los diferentes subplanos de cada Plano en donde el ser humano posee cuerpos o vehículos de expresión y constituyen en su justo y natural equilibrio «la Serena Medida de la Evolución. Tal es el orden en que pueden ser clasificadas todas estas Formas Psíquicas:

EL GUARDÍAN DEL UMBRAL	*EL ÁNGEL DE LA PRESENCIA*
Soberbia	Humildad
Avaricia	Largueza o prodigalidad
Lujuria	Castidad
Ira	Paciencia
Envidia	Caridad
Gula	Templanza
Pereza	Diligencia

El estudio algo más detallado de las Dos Entidades Psíquicas originarias del proceso será realizado en los dos próximos apartados. Creemos sinceramente que arrojará una nueva luz sobre los conceptos tradicionales de la fe religiosa en el sentido del Bien y del Mal y sobre sus figuras representativas el ÁNGEL y el DEMONIO, las dos poderosísimas Entidades dotadas de Forma Psíquica creadas por los hijos de los hombres a través de las edades.

2g. La Forma Psíquica del GUARDIAN DEL UMBRAL.

Es la Forma total y absoluta de la INVOLUCION —si es que podemos decirlo así— correspondiente al Plano astral de la humanidad. Constituye la suma de todas las esperanzas y deseos sustentados por los hombres desde el principio mismo de la historia del Cuarto Reino y adopta la figura de una gigantesca y horrorosa Entidad Humana, muy parecida en sus trazos a la que ostenta tradicionalmente el Demonio Tentador de los antiguos relatos religiosos y místicos de la Antigüedad. Esta terrorífica Entidad creada por los seres humanos a través de las edades «encarna en sí» todo cuanto éstos desearon y sintieron de incorrecto dentro del corazón y que expresaron luego a través de una conducta profundamente egoísta y posesiva creando su impronta en los bajos sedimentos del plano astral, constituyendo la base de aquella forma psíquica o elementaria de gigantescas proporciones que ya, desde aquellos remotos tiempos, ha acompañado y acompaña la actividad kármica de los hijos de los hombres. La Forma psíquica del Guardián del Umbral será destruida a su debido tiempo, durante la Iniciación que recibirá nuestro Logos Planetario en una determinada fase de Su Integración espiritual o proceso evolutivo, pero, según se nos dice esotéricamente, es la propia humanidad –que forma parte de la Voluntad del Logos– la que deberá realizar el necesario esfuerzo inicial y cumplir religiosamente la «deuda kármica» contraída hace unos ciclos imponderables de tiempo con esta divina ENTIDAD PLANETARIA; Guía espiritual de nuestro mundo.

La Forma involutiva del **Guardián del Umbral de la Humanidad** es la suma del contenido psíquico inferior segregado por los seres humanos a través de incontables edades. Habrá que admitirse lógicamente, pues, la existencia de una Forma Psíquica Astral del Guardián del Umbral para cada ser humano, siendo parte de la responsabilidad kármica individual la desintegración de esta Forma elementaria creada en el transcurso del tiempo, mantenida «en suspensión» sobre su aura etérica y constituyendo el principal impedimento para la realización espiritual del alma en el Sendero. Habrá que prestarse, pues, una especial atención a esta Forma astral construida con los burdos materiales del astralismo inferior, salpicada de todos los bajos instintos y coloreada de todas las indeseables cualidades de la personalidad autocentrada y egoísta. Es la espantable figura que deberá afrontar el candidato a la Iniciación y que tendrá que destruir inexorablemente si quiere continuar ascendiendo por la gran Escalera de Jacob, que se extiende desde el Plano físico al espiritual más elevado e incluyente.

Esotéricamente existen dos Formas típicas del Guardián del Umbral, aparentemente superpuesta la una sobre la otra.

- Astral o Psíquica, condensando todos los innobles deseos humanos.
- Mental, poderosamente incluyente y condensando todos los pensamientos incorrectos de la humanidad.

La primera corresponde a la evolución astral de la humanidad y está constituida de substancia psíquica, seleccionada por los devas correspondientes a estos bajos niveles de acuerdo con el grado de densidad de los deseos humanos que intervienen en el proceso de construcción; la segunda depende de la evolución mental de la humanidad y está construida por la cualidad íntima de los pensamientos bajos e innobles, elaborados por todos los seres humanos, individualmente y como grupo, en el curso misterioso de los ciclos del tiempo. Como siempre, la medida de la evolución humana, en lo que corresponde al presente evolutivo, se halla en el contenido astral y mental de los seres humanos y en su capacidad augusta de transmutarlo en cualidades espirituales o místicas de la más excelsa vibración.

2h. La Forma Psíquica del Ángel de la Presencia.

Contrarrestando la horrorosa y espantable silueta del Guardián del Umbral, está la bella y delicada forma del Ángel de la Presencia. Ha sido creada asimismo por la humanidad y en su totalidad constituye una hermosa Entidad Psíquica que centraliza en si todas las nobles y apetecibles cualidades que los seres humanos desarrollaron durante el larguísimo trayecto de la evolución del Cuarto Reino y constituyen aquella suma de energías psíquicas que esotéricamente llamamos «el buen karma» de la humanidad.

Podríamos decir que ambas Formas, la del Guardián del Umbral y la del Ángel de la Presencia, son verdaderas Entidades, ya que poseen una conciencia que les es propia y constituyen en su interdependencia la Balanza Mística de la Evolución, encarnando las Fuerzas duales de la existencia. Según se nos dice esotéricamente, en el momento místico de la Iniciación y frente a la dorada Puerta que da acceso a la «Cámara de los Misterios» pueden ser percibidas estas dos Entidades. Dichas Entidades le ofrecen al Candidato las «dádivas» u ofrendas que son esencia de su propia y particular estructura psíquica; es decir, vicios y defectos, encubiertos bajo engañosas y falaces formas de sanos placeres por parte del Guardián del Umbral, y cualidades y virtudes espirituales, por parte del Ángel de la Presencia. Finalmente, es el discípulo candidato a los Misterios quien debe decidir «sin presión externa alguna» —ya que la Balanza de Osiris que pesa el corazón del aspirante a la Iniciación se halla siempre en mágico y misterioso equilibrio— hacia qué lado deberá inclinarse el platillo de la balanza cósmica que pesa su corazón: si hacia el Guardián del Umbral o hacia el del Ángel de la Presencia. La decisión del Candidato por una u otra de las Entidades Psíquicas que alberga su corazón, y que es el fruto de las edades transcurridas desde el principio de su proceso evolutivo como ser humano, determinará su entrada o no dentro del Recinto Iniciático en donde están esperando ya imperturbablemente el HIEROFANTE Iniciador, los Dos Padrinos Espirituales[22] y los miembros de la Gran Fraternidad Blanca que pueden concurrir con pleno derecho al desarrollo de aquel supremo y trascendente proceso creador planetario. Si el candidato se decide por el Guardián del Umbral, lo cual muy raramente sucede, la Puerta Iniciática permanece cerrada y el aspirante a los Misterios deberá volver de nuevo al mundo profano sin llevar consigo las dádivas espirituales y si «un más pesado y fatigoso peso sobre los hombros», ya que deberá iniciar un nuevo y más doloroso camino de acceso a los Bienes Inmortales. Si, por el contrario, elige al Ángel de la Presencia, desaparecerá inmediatamente de su vista la espantable silueta del Guardián del Umbral, el cual, en aquellos momentos, presenta su verdadera y horrorosa Faz y ya no podrá engañar más al discípulo espiritual. Es entonces cuando se abre la Dorada Puerta de los Misterios y el Candidato puede recibir la Iniciación que corresponde a su estado evolutivo... Desde aquel momento, y gracias a la intervención del Hierofante y de los dos Padrinos, una energía de más elevada potencia y sutilidad circula por los centros etéricos del Iniciado y una parte considerable del karma inferior acumulado dentro del corazón por la presión del Guardián del Umbral es liberado. El Guardián del Umbral pierde entonces «densidad y consistencia» y, por el contrario, el Ángel de la Presencia adquiere una nueva luz y una más radiante proyección de su aura de Paz y de Armonía. Este es a grandes rasgos el proceso iniciático, el cual, como habremos podido observar, viene precedido siempre por una

---

[22] Por cuanto se trata de la preparación para un Nuevo Nacimiento, octava superior del nacimiento físico del hombre y los dos padrinos son absolutamente necesarios para contrarrestar la potentísima presión de las energías que el Hierofante transmite a través del Cetro Iniciático.

voluntaria y muy íntima elección de parte del discípulo o del hombre verdaderamente espiritual.

Lo mismo que fue dicho en el apartado anterior acerca de los niveles de expresión psíquica y mental donde desarrollaba sus actividades el Guardián del Umbral, puede ser dicho ahora con respecto al Ángel de la Presencia, en el sentido de que existen dos Formas características del mismo: una concreta y objetiva, construida por los devas de acuerdo con las delicadas y elevadas emociones y sentimientos del hombre, y otra, más sutil todavía, que corresponde a la energía generada por los más potentes, dinámicos y constructivos pensamientos e imágenes mediante los cuales es estructurada la radiante figura angélica, centro de paz y de armonía dentro del corazón del hombre.

3. Las Formas Astrales de los Devas que dirigen el proceso de incorporación de energía sensible a cada uno **de los cuerpos físicos creados por la Naturaleza.**

Algunas de estas jerarquías dévicas están muy por encima de la evolución humana corriente, pero sus formas no son fáciles de identificar aún en sus inferiores especies o familias debido a que forman parte del «bloque de energía sensible» —he ahí una expresión que sólo muy deficientemente da una idea de la realidad— constituyendo un aspecto vibratorio especifico del nivel astral en donde se manifiesta, el cual se extiende desde los bajos y densos niveles en donde se expresan los deseos posesivos de los hombres hasta las elevadas cumbres de inenarrable belleza en donde se expresa en su aspecto más sublime el sentimiento creador de la Divinidad, pasando por los niveles vibratorios en donde son actualizadas todas las emociones posibles del corazón humano.

Con respecto a las Formas de los **Devas de la Sensibilidad**, tal como nos ha sido posible observarlas en distintos niveles del Plano astral, podríamos decir que poseen generalmente una vaporosa figura humana revestidas de los colores característicos de las cualidades sensibles que encarnan y que infunden en el corazón místico de toda posible forma física creada en la Naturaleza. Por ejemplo:

H. Formas astrales

Color	Cualidad
Blanco	Pureza
Rojo	Decisión
Anaranjado	Comprensión
Amarillo	Certeza
Verde	Serenidad
Azul	Esperanza
Azul Índigo	Amor Puro
Violeta	Elevada Espiritualidad

Como verán, sólo hemos analizado las cualidades sensibles que corresponden a los colores básicos de la manifestación solar. El estudio científico de la CROMOTERAPIA, tal como la viene practicando ya la Ciencia Médica actual con vistas a la curación de ciertas enfermedades de tipo flemoso, puede extender la investigación al inmenso campo de la sensibilidad humana y al de las cualidades sensibles de Orden superior que el correcto empleo de ciertos colores Puede desarrollar en los seres humanos, hasta llegar a un determinado punto —lo cual ocurrirá en un no muy lejano futuro— en el que las investigaciones científicas se introducirán en el Plano astral y establecerán contacto con las huestes dévicas que concurren en la actividad planetaria de dotar de sensibilidad a todas las formas creadas.

Un tipo especial de Devas de la Sensibilidad ubicados en un definido nivel dentro del Esquema Emocional de la Naturaleza intervienen directamente en la evolución de la sensibilidad humana y realizan la desconocida y misteriosa alquimia de transmutar el deseo de los hombres en aspiración superior, activando en sus corazones las cualidades sensibles superiores que se manifiestan en las cálidas emociones humanas y en sus insaciables anhelos de perfección. A esta categoría de Ángeles se les denomina esotéricamente «los Ángeles del Equilibrio» y son especialmente invocados cuando el hombre alimenta en su Corazón encendidos anhelos de integridad y pureza.

Los tipos corrientes de «devas de la sensibilidad» son responsables directos de los cambios efectuados constantemente en el cuerpo astral de los seres humanos, ya sean los normalmente apetecibles o los habitualmente indeseables, con lo cual nos introducimos nuevamente en el problema de la jerarquía espiritual, definido esotéricamente en aquel sencillo axioma, tratado ya anteriormente en nuestro estudio, y que dice así: «... hay un Ángel para cada hombre y un hombre para cada Ángel». En nuestro particular estudio sobre el aspecto sensible de la Naturaleza, del cual el cuerpo astral de los hombres constituye una pequeña parte, tenemos en cuenta esta particularidad, más la especial referencia derivada del axioma antes descrito, en el sentido de «hay un deva de la Sensibilidad para cada estado de conciencia humana». Siendo tales estados de conciencia de carácter automático y de orden constante, es comprensible que el observador clarividente que analiza el cuerpo astral de cualquier ser humano pueda darse cuenta del grado de elevación espiritual del mismo, es decir, su grado de integración o de sensibilidad que afectará lógicamente la radiación magnética de su aura astral y la proyección a través de la misma de sus cualidades más íntimas por medio de los colores que fúlgidamente aparecerán o desaparecerán siguiendo el trazado señalado por cada uno de los estados de conciencia, dando razón de la calidad de la materia sensible que constituye el cuerpo astral de la persona analizada. Los colores claros, brillantes y de gran radiación magnética indicarán sin lugar a duda las elevadas inclinaciones espirituales de la misma, en tanto que los colores oscuros, apagados y sin radiación magnética definirán sin error posible a las personas de tendencias netamente materialistas y egoístas. Esto lo saben los aspirantes espirituales y todos aquellos que hayan estudiado en alguna medida los libros teosóficos u ocultistas. Falta agregar, sin embargo, a estos posibles conocimientos la idea esencial, sin la cual mucho de cuando intenta decirse en este *Tratado* quedaría sumido en la penumbra de lo incompleto, de que «las cualidades sensibles de la Naturaleza» son Entidades astrales con la misión de vivificar el cuerpo emocional de los seres humanos y de las especies superiores del Reino animal y cualificarlos de acuerdo con sus particulares tipos vibratorios.

La idea de una Entidad angélica correspondiéndose mágicamente con cada una de las cualidades espirituales que puedan desarrollarse en la vida mística del ser humano, arrojará mucha luz para la científica comprensión de los fenómenos internos, los de orden psicológico normal y aquellos que son estudiados bajo la denominación de esotéricos o de parapsicológicos, estableciéndose así unos vínculos de relación que hasta este momento habían permanecido encubiertos bajo la pesada losa le la tradición u ocultos tras el tupido velo de los misterios espirituales, en el sagrado Retiro de los Ashramas de la Jerarquía.

H. Formas astrales

Nuestro mundo se halla inmerso desde hace varios lustros dentro de un océano de realizaciones científicas. Los adelantos en este campo son extraordinarios y no vamos a discutir sobre ellos, pero sí deberemos hacer mención al paso siguiente que deberá emprender la Ciencia actual sí quiere explicarse racionalmente —tal como es su sistema de investigación— algunos de los fenómenos sometidos a su consideración inmediata, Como pueden ser, por ejemplo, los de la electricidad, de la luz, de la energía y de la proyección magnética de los cuerpos, cuya causa permanece todavía como un enigma ante el conocimiento intelectual Un paso que deberá ser dado muy humildemente admitiendo, siquiera como una hipótesis mental, que la Naturaleza —que tiene respuesta para todas las preguntas formuladas con buena fe y recta intención— guarda en su interior un mundo invisible para el profano, pero que no es un lugar de misterios ni de secretos irrevelables, sino un campo de conocimientos y de verdades ocultas que «exige ser descubierto y revelado». Así la sabía Naturaleza revelará que hay un aspecto sensible en el interior de todas las cosas creadas que gobierna todas las manifestaciones que tienen lugar en el plano físico, y de que no existe fenómeno alguno en la Naturaleza, incluida la Causa suprema de la Vida, ni estado de conciencia humana que no puedan ser convenientemente explicados por la intervención de las potestades ocultas o Entidades angélicas, cuya Vida manifestada a través de todo tipo de materia sensible constituye el verdadero CONOCIMIENTO que el ser humano realmente inteligente tiene el deber de descubrir y de revelar.

4. Las Formas Astrales de los **Devas** cuya misión es construir el **Cuerpo Astral** de los Seres Humanos.

Pertenecen a una categoría especial de AGNISURYAS cuya evolución natural está relacionada con la de los seres humanos y tiene como principal objetivo construir los vehículos astrales de los hombres de acuerdo con sus particulares naturalezas, tendencias e inclinaciones. Tal como decimos en otra parte de este *Tratado*, el átomo permanente astral del ser humano contiene en potencia todas las experiencias astrales por las que pasó el alma individual a través del tiempo, y en el proceso de «reencarnación» al que han de sujetarse todos los seres vivientes, sea cual sea su condición o especie en la vida de la Naturaleza, ese átomo permanente, situado en el subplano atómico del Plano astral, emite unas vibraciones conteniendo impulsos de vida y deseos de manifestación de los que se hacen eco «los Elementales Constructores del cuerpo astral», los cuales con singular maestría —tal como se nos dice esotéricamente— utilizan substancia sensible de la cualidad correspondiente a los peculiares tipos de vibración emitidos y construyen lentamente el vehículo astral de cada ser humano, prosiguiendo luego «la solidificación de su estructura» hasta la edad física de catorce años, en la que el cuerpo astral adquiere cierta capacidad de independencia y deja de estar bajo el control exclusivo del Elemental Constructor, el cual se mantiene desde aquel momento discretamente aparte y sólo interviene normalmente en la adición de materia sensible de mejor cualidad vibratoria al cuerpo astral del ser humano a medida que éste va progresando espiritualmente en el Sendero.

La diferencia entre este Deva Constructor del cuerpo astral de los seres humanos y aquellos otros analizados anteriormente, cuya misión de dotar de cualidad sensible a todos los cuerpos de la Naturaleza, reside en el hecho de que el Deva Constructor viene kármicamente enlazado al alma del hombre, en tanto que los Devas de la Sensibilidad en sus innumerables huestes se limitan a «agregar substancia sensible» al cuerpo astral del hombre de acuerdo con sus estados peculiares de conciencia y prescindiendo en absoluto de otras razones. En el hecho de la «vinculación kármica», anteriormente mencionado, hay un misterio que le será revelado al hombre en el momento en que reciba la segunda Iniciación.

Ahora bien, contemplado un AGNISURYA Constructor desde el nivel mental y utilizando la facultad de clarividencia se le aprecia bajo una increíble variedad de matices. Si bien el color característico predominante de los AGNISURYAS es el azul índigo en un infinito y sorprendente despliegue de tonalidades, en la evolución de su trabajo adopta los colores típicos de los estados de conciencia de los seres humanos, los cuales se reflejan en el aura sensible astral produciendo en la misma radiación brillantes del color característico de las emociones que corresponden a aquellos estados de conciencia. Nada tan bello e interesante desde este ángulo de vista, es la observación del cuerpo astral de una persona de elevada integración espiritual. Su aura posee todas las irisaciones posibles dentro de los tonos cromáticos de la Naturaleza con unos fúlgidos destellos de brillantes colores amarillo claro, azul, blanco y violeta que en tal caso son predominantes y contrastan poderosamente con las opacas radiaciones que emite el cuerpo astral de una persona muy escasamente evolucionada y a través de cuya aura sólo son perceptibles colores parduscos, grisáceos o rojizos. Pero no olvidemos que tras este velo de materia sensible coloreada por las cualidades espirituales o materiales del ser humano se halla siempre la presencia oculta del Elemental Constructor, quien, tal como vulgarmente se dice, «no quita ni pone rey», limitándose únicamente a agregar el contenido astral del hombre y a través de «los Devas de la Sensibilidad», substancia sensible del Plano astral que más en armonía o sintonía se halle con sus estados de conciencia y peculiares condiciones psíquicas.

La Forma del Elemental Constructor Astral es la humana, siendo radiante la naturaleza de su contenido psíquico, y guarda una cierta semejanza con las facciones físicas del hombre, corroborándose aquí de nuevo la verdad esotérica de que «hay un Ángel para cada persona y una persona para cada Ángel». La actividad de este Deva es muy difícil de ser percibida, singularmente si es de gran evolución, tal como ocurre con aquél que ha de construir el cuerpo astral de algún elevado discípulo o iniciado del planeta, ya que deberá utilizar materia sensible de alta cualidad proveniente de los más elevados subplanos del Plano astral. En general los AGNISURYAS Constructores son transparentes, excepto en aquellos de categoría espiritual inferior cuya misión es construir los vehículos astrales de los hombres poco evolucionados y de los animales superiores. Estos Devas aparecen a la visión del observador clarividente bajo tintes opacos y con los apagados colores propios de las cualidades inferiores de los hombres y especies a quienes deben construir sus adecuados vehículos astrales. Como ustedes comprenderán, las jerarquías de los Elementales Constructores astrales son innumerables. Para tener una acertada noción de sus infinitas variedades bastará considerar la multiplicidad increíble de tonalidades cromáticas que pueden ser creadas con sólo mezclar entre sí los tres colores básicos: rojo, azul y amarillo, y entre los siete que en su totalidad constituyen los irisolados colores del espectro solar, habida cuenta, y de acuerdo con la analogía, de que a cada estado de ánimo o a cada emoción humana corresponde un tipo definido de vibración y un adecuado color dentro de la infinita escala cromática de la Naturaleza.

5. Las Formas de los **Ángeles Regentes** de cada uno de los Siete **Subplanos del Plano Astral.**

Es tarea dificilísima, por no decir imposible, percibir a los Ángeles Directores o Regentes de los Subplanos del Plano astral. Nos limitaremos a decir que el color del Aura que irradia de sus radiantes «Cuerpos» constituye la NOTA característica o dominante del Subplano del cual son Regentes. Esta Aura se extiende como un Manto de Luz sobre la totalidad de cada Subplano y constituye una maravillosa experiencia para que el observador esotérico pueda sumergirse en la interioridad augusta del Centro de Luz desde donde el Ángel Regente hace sentir su presión sobre cada una de las vidas que en aquel nivel «viven, se mueven y tienen el ser» y poder captar el significado oculto del COLOR, en forma de radiante Luz, que surge de aquel insondable Centro y sentirse inundado de las Cualidades augustas de aquella Vida Central cuya evolución, en lo que a la vida de nuestro planeta se refiere, corresponde analógicamente a la de los grandes CHOHANES de Rayo con los cuales y de manera misteriosa vienen enlazados.

La obra mística de estos excelsos Ángeles del Plano Astral será mejor comprendida si, de acuerdo con los sentimientos que suscitan en los seres humanos, establecemos la siguiente relación de analogía:

PLANO ASTRAL

Subplano	Cualidad Dévica	Sentimiento Humano
1º	Paz	Unión
2º	Amor	Identidad
3º	Comprensión	Fraternidad
4º	Armonía	Equilibrio
5º	Entusiasmo	Participación
6º	Devoción	Idealismo
7º	Serenidad	Confianza

El estudio de las cualidades humanas nos muestra una extensa gama de sentimientos, los cuales matizan el aura astral del mundo y lo cualifican para poder atraer de los grandes Señores de cada Subplano la correspondiente y adecuada respuesta a sus íntimas y más ocultas necesidades, pues es obvio que los Ángeles, que son los Custodios del Sentimiento creador de la Divinidad, no pueden ofrecer más de lo que los hombres sean capaces de recibir y de proyectar. Así, el cuadro astral de la humanidad, visto en cualquier momento histórico o cíclico del tiempo, aparecerá coloreado por el sentimiento que embarga a la mayoría de los seres humanos de acuerdo con la presión de los acontecimientos kármicos planetarios, los cuales alteran radicalmente a veces los hábitos establecidos en el pasado y dotan a la gran familia humana de nuevas oportunidades de vida con un enriquecimiento apreciable de sus cualidades emocionales de aproximación a la Vida. En general, las cualidades adquiridas se exteriorizan en forma de sentimientos, y cuando los sentimientos humanos son mantenidos o perpetuados en el tiempo se convierten en Entidades Astrales de gran envergadura espiritual y de gran poder inspirativo.

Vemos, en consecuencia, que la cualidad de Paz, expresión de la Vida del Ángel Regente del primer subplano del Plano astral, desarrolla en los seres humanos el sentimiento de Unidad con todo lo creado. De ahí que la falta de Paz en los individuos y en los grupos degenere en el sentimiento de separatividad de los hombres entre sí y cree las semillas de todas las posibles discordias en los ambientes sociales del mundo.

El Amor, cualidad esencial en la vida de nuestro Universo de segundo Rayo, es la energía más incluyente en la vida de la Naturaleza, generando el sentimiento de Identidad de los hombres, los cuales, sin necesidad de elemento de juicio alguno, SABEN que existe un Misterio de Participación divina en el corazón de todo ser viviente que un día será absolutamente consciente en la vida de todo ser humano.

La cualidad de Comprensión, tal como la expresa el Ángel Regente del tercer Subplano, será precisamente la que creará en los hombres aquella conciencia de integridad y participación que ha de convertirse un día en Fraternidad. Intelectualmente el ser humano sabe que forma parte de un conjunto de valores sociales, pero su corazón no está todavía lo suficientemente desarrollado como para COMPRENDER que él y todos los demás hombres de la Tierra participan de la misma esencia creadora y que son realmente hermanos, ya que su procedencia es divina y han surgido del mismo Centro Creador.

La cualidad de Armonía es la Vida expresiva del Gran Señor AGNISURYA, Regente del cuarto Subplano del Plano Astral, es la cualidad máxima que ha de desarrollar la humanidad en esta Cuarta Ronda planetaria para poder establecer un orden social recto y equilibrado, sujeto a la condición de tantos errores y desaciertos cometidos en el pasado. Esotéricamente sabemos que el destino de la humanidad es la búsqueda de la Armonía a través del Conflicto, es decir, de la lucha contra todos los impedimentos situados entre ella y la meta deseada de equilibrio social, y que esta lucha adquiere caracteres de verdadera desolación y tragedia cuando las naciones se enfrentan entre sí, originando las monstruosas matanzas de la guerra, con sus inevitables genocidios y destrucciones de todas las clases imaginables...

El quinto subplano del Plano Astral está definido por la cualidad del Entusiasmo, el que confiere la capacidad íntima de investigación de todas las cosas de la Vida, idealizándolas y ennobleciéndolas dentro de un sentido justo de valores causales, reconociéndolas como formando parte del gran conjunto creador y considerándolas unas piezas necesarias e imprescindibles para el desenvolvimiento de la Obra universal. De ahí que el sentimiento que despierta en el corazón humano sea el de Participación en esta obra singular de incorporación de energías a la Obra mística de la Creación.

La cualidad característica del Ángel Regente del Sexto Subplano Astral es la de Devoción infinita a la obra de la Divinidad, a la que idealiza hasta extremos insospechables, más allá de nuestra comprensión. Todas las aspiraciones humanas de orden superior, sus grandes imaginaciones e ideales y el amor por la obra mística de la Naturaleza son expresiones infinitas de este glorioso Ángel, protector oculto de todas las grandes religiones del mundo y responsable directo de toda forma de liturgia religiosa amparada en el ejercicio del Bien Divino y en el contacto con la obra misteriosa de los Ángeles que en toda ceremonia y liturgia tratan de expresarse.

La cualidad infinita de Serenidad opera en los seres humanos grandes transformaciones internas en el orden individual, ya que le presta al hombre valor y confianza en cada una de las empresas que intenta llevar a cabo. Confiere audacia en los intentos y marca el rumbo de los acontecimientos sociales que tienen lugar en el mundo y elimina el Miedo, cualidad nefasta, extremadamente negativa, que se introduce en el corazón humano y le impide reaccionar en forma valiente y razonable frente a los hechos y a las dificultades de carácter kármico. El valor, la serenidad y la resolución frente a la adversidad son las aportaciones del Ángel Regente del Séptimo Subplano Astral al mundo de los sentimientos humanos; una garantía del irreversible cumplimiento en el orden social y en la esfera de las relaciones humanas.

6. La Forma Gloriosa del Gran Arcángel VARUNA, el Señor de las Aguas.

La Forma del Gran Arcángel VARUNA es ACUOSA, si tenemos en cuenta su participación —muy activa— en todas las manifestaciones liquidas del Universo. Se le llama esotéricamente «el Señor de las Aguas» y cada uno de los Ángeles Regentes de los Siete Subplanos del Plano Astral son expresiones de una u otra de las cualidades acuosas del Señor Varuna, actuando sintónicamente con ellas y transformándolas en cualidades y sentimientos según las necesidades de los Reinos y de las especies que realizan su evolución en el dilatado seno de la Naturaleza. Todos los Signos de Agua estudiados en la Astrología científica son emanaciones intimas del Señor VARUNA, ya que Este recibe mayormente las energías de las Constelaciones de CANCER, ESCORPIO y PISCIS, y utiliza como un aspecto de Su Vida al Logos planetario de NEPTUNO, de la misma manera que YAMA, o KSHITI, el Arcángel del Plano Físico, utiliza a SATURNO como Agente principal de su expresión en la Vida física de la Naturaleza Solar.

El aura etérica del Señor VARUNA abarca la totalidad del Plano Astral pudiendo ser considerado en su aspecto esotérico como el Cuerpo Psíquico o Sensible del Logos Solar. Las dificultades para la percepción de tan elevado Arcángel son derivadas de la escasa evolución astral de los seres humanos y de su capacidad manifiesta de atraer al campo de sus relaciones individuales y sociales substancia sensible de los Subplanos superiores del Plano Astral. Podríamos referirnos aquí, utilizando la clave de la analogía, al aura magnética de tan glorioso MAHADEVA del Plano Astral, cuya substancia personal o psicológica dota de cualidades sensibles a todos los seres de la Naturaleza, incluidas todas las Jerarquías Angélicas y todos los Logos planetarios, así como también a las repercusiones cósmicas de su actividad sobre todos los cuerpos celestes dentro de nuestro Sistema Solar, sujetos a la influencia del Sexto Rayo, como, por ejemplo, MARTE, aunque influenciando también poderosamente las energías psíquicas procedentes de la LUNA y de algunos astros todavía no descubiertos, pero que serán perceptibles en la próxima Ronda planetaria. Actúa preponderantemente asimismo en la evolución del Reino Vegetal y en los devas que confeccionan el vehículo emocional de los seres humanos. Está muy directamente vinculado con la obra que realiza Su gran Hermano INDRA, el Arcángel Regente del Plano Búdico y con aquellas otras esplendentes Entidades cuya misión es «transportar» las energías de la Constelación de CANCER procedentes del Plano Astral Cósmico, El Cuerpo Astral de Aquella poderosísima Conciencia, de la Cual nada puede decirse, Creadora del Sistema Cósmico del cual nuestro Sistema Solar en su vasta totalidad es solamente el Cuerpo Físico.

En el presente estadio de la evolución planetaria sólo pueden establecer contacto consciente con el Señor VARUNA las excelsas Entidades de nuestro planeta que han alcanzado o rebasado el proceso místico de la Sexta Iniciación.

I. Formas mentales

[EDF, p. 106] **FORMAS MENTALES**

Las clasificaremos de acuerdo con los siguientes Grupos:

1. Las Formas de los AGNIS, Señores de las Salamandras.
2. Las Formas de los Ángeles AGNISVATTAS, Señores del Fuego Mental.
3. Las Formas Mentales, o formas de pensamiento, de los seres humanos.
4. Las Formas Vibrantes de los misteriosos Arquetipos, cuya plasmación, desarrollo y cumplimiento constituyen el aliciente de la evolución Universal.
5. Las Formas Geométricas, grabadas en el Éter con carácter ígneo, que constituyen la raíz mística del Lenguaje de los Ángeles y de los hombres.
6. La Forma ígnea, esplendorosa y radiante del Gran Arcángel AGNI, el Dios del Fuego y Señor del Plano Mental.

1. Las Formas de los AGNIS, Señores de las Salamandras.

Los AGNIS del FUEGO tienen la misión de dinamizar el Universo en todos sus niveles expresivos, siendo el Plano mental del Sistema, con sus Siete Subplanos, el centro energizador de toda forma creada y, por tanto, de cada una de «las partículas de éter» que en su totalidad constituyen la substancia creadora del Universo. Hay que considerar a los AGNIS como los Agentes Promotores del Fuego, ya que no puede existir Fuego alguno en la Naturaleza sin que intervenga uno u otro de estos Agentes Ígneos. Igual que sucede con los Devas constructores de los Planos físico y astral, los AGNIS del Fuego pueden ser clasificados en orden a jerarquías, las cuales vienen condicionadas por la calidad e intensidad de los Fuegos que sean capaces de manipular y transmitir. Se les llama esotéricamente «Señores de las Salamandras», en el sentido de que cada AGNI comanda y dirige un grupo más o menos numeroso de Salamandras, estos agentes ígneos que están en la base mística del Fuego. Así, en los grandes incendios son percibidas legiones de AGNIS seguidos por sus particulares grupos de Salamandras, las cuales siguen el rastro de Fuego de sus Agnis respectivos y secundan su labor en la participación ígnea en que Aquéllos se hallaren inmersos y dinámicamente activos.

Las Formas de los AGNIS son múltiples. En general se definen por la forma que puedan adoptar en el momento en que entran en actividad objetiva. De no ser así es imposible percibírseles dado que se hallan refugiados en los éteres de los niveles mentales que por ley de vibración y evolución les corresponde y de los que surgen rauda e instantáneamente en el momento en que las condiciones físicas de la Naturaleza exigen alguna actividad de carácter ígneo. Esotéricamente son reconocidos tres tipos principales de AGNIS, de los cuales se derivan todas las demás posibles especies y jerarquías:

a) AGNIS relacionados con el Fuego Cósmico de FOHAT, llamado también «Fuego Eléctrico».

b) AGNIS que surgen del Corazón místico de la Divinidad. A este tipo de Fuego se le llama Fuego Solar. Constituye el Fuego más importante del Universo, pues vitaliza todas las Formas creadas a través de la substancia esotéricamente definida como PRANA.

c) AGNIS relacionados con el Fuego Místico de la Naturaleza, el del propio planeta, esotéricamente conocido bajo el nombre de KUNDALINI. Se le denomina también «Fuego por Fricción» y está en la base del Karma planetario.

Existen, pues, tres absolutas Jerarquías ígneas, las cuales actúan interdependientemente a pesar de sus distintos niveles de evolución, ya que la naturaleza esencial del Fuego nace con la manifestación del Espíritu de Dios y se expande a través de las cualidades causales de Su Alma.[23] Se concretan luego en el Fuego de KUNDALINI, el Fuego central que alienta, dinamiza y vivifica el entero contenido planetario de cualquier astro en proceso de evolución y es responsable de su movimiento particular de ROTACION. Esto, naturalmente, en lo que a nuestro Universo se refiere, pero si aplicamos convenientemente la analogía llegaremos quizá a la conclusión de que todo cuerpo celeste ocupando un lugar definido dentro del Espacio Cósmico posee un núcleo de poder ígneo, llámesele KUNDALINI u otro nombre, que vivifica todos y cada uno de sus componentes vitales y le presta su

---

[23] La Divinidad, al igual que todos los seres de la Naturaleza de no importa qué grado de evolución, posee un ALMA mediante la cual coordina sus Decisiones espirituales con sus expresiones físicas u objetivas. A esta Alma o Conciencia infinita de la Divinidad Logoica se la denomina esotéricamente la SUPER ALMA UNIVERSAL

movimiento particular y característico de ROTACION, el cual vendrá condicionado por la calidad y potencia creadora de su Logos regente y por su peculiar NOTA vibratoria. Esta NOTA es la expresión del Espíritu de Vida de aquel Logos y la que origina el Poder ígneo que arde en las entrañas misteriosas del planeta o cuerpo celeste mediante el cual realiza su particular e íntima evolución. Hay, por tanto, una misteriosa relación entre el Poder del Fuego responsable del movimiento de ROTAC ION de un planeta y la NOTA vibratoria, o A.U.M. sagrado, en multiplicidad de tonos, que emite su Logos planetario conteniendo el Espíritu de Resolución de SER y de EXPRESARSE en el tiempo... Cuando la Voluntad Logoica deja de prestarle atención a Su Cuerpo planetario, enmudece la NOTA y extinguido el Fuego que aquella suprema NOTA evocaba de las insondables entrañas del COSMOS ABSOLUTO, el planeta deja de ser en el tiempo y muere por inanición, por falta de Fuego y empieza para él el no menos misterioso trabajo de disolución de sus componentes químicos. Los Devas del Fuego dejan prácticamente de actuar y, llevando cada cual consigo «su grupo de salamandras», se refugian en las indescriptibles regiones del éter, en donde el Fuego creador se halla en perfecto reposo, a la «eterna espera del Día de la Oportunidad», es decir, el momento solemne en que otra NOTA invocativa, más potente que la que galvanizó sus impulsos ígneos precedentes, los vuelva a poner en cíclico movimiento y contribuyan de nuevo a la obra creativa de introducir fuego en la masa incandescente del planeta. Esto hará infundir vida a su entero contenido y dotarle del movimiento de ROTACION mediante el cual la NOTA mágica que surge del gran Océano Creador de Vida pueda hacer sentir su presencia social —si así podemos decirlo— en el Espacio y en el Tiempo. Comprendemos que estas ideas son muy abstractas; sin embargo, no hay otra manera de expresarlas. La aplicación correcta del principio de la analogía hará posible su correcta interpretación.

La desintegración de cualquier astro que ocupe un lugar definido en el Espacio tiene lugar cuando el Agni que rige y alimenta la «combustión» o «incandescencia» de su núcleo central deja de prestarle atención y, siguiendo las misteriosas instrucciones del Logos creador de aquel particular cuerpo celeste, «ABSORBE EL FUEGO DENTRO DE SI» y se refugia con él en el impenetrable Misterio del definido Plano de la Naturaleza en donde tiene su Morada. Esta retirada del Fuego que origina automática y simultáneamente el fenómeno de la MUERTE de un astro es similar, dentro de los limites naturales impuestos por la evolución, a la que origina la muerte del cuerpo físico de cualquier ser humano.

En ambos casos se produce la retirada del factor vital (llámesele Fuego, Vitalidad o Dinamismo creador) y el consecuente fenómeno de la desintegración. Pero, siempre serán los AGNIS, los Promotores del Fuego Sagrado de la Vida de la Naturaleza, los Responsables del proceso, ya se realice en los éteres del Plano físico, del Astral o del Mental, pues el Fuego en todas sus infinitas modificaciones es el eterno Dador de Vida en todos los niveles del Sistema Solar. Los tres tipos de Fuego antes descritos, el físico, el emocional y el mental, están muy íntimamente vinculados, en lo que a nuestro Universo se refiere, con las tres grandes Constelaciones de ARIES, de LEO y de SAGITARIO, siendo Marte, el Sol y Júpiter los astros que canalizan las tres potentísimas corrientes de energía ígnea dentro de nuestro Sistema planetario.

La evolución de un astro cualquiera dentro de nuestro Universo dependerá absolutamente de la evolución de los AGNIS que promueven y mantienen encendidos sus Fuegos internos. Dichos Agnis son un resultado invocativo de la evolución espiritual del Logos Solar. Lo mismo ocurre con la evolución mística o espiritual del hombre, que determinará el desarrollo de sus centros etéricos y consecuentemente la calidad de los que concurren en el desenvolvimiento del destino de su vida, o sea, del Fuego de Fohat, del Fuego Solar o del Fuego de Kundalini, expresiones ígneas de su Mónada, de su Alma y de la triple Personalidad en cualquier momento del tiempo y en cualquier lugar del Espacio.

2. Las Formas de los AGNISVATTAS, Señores del Fuego Mental.

Tal como es ley en la Naturaleza, hay AGNISVATTAS en distintos y bien diferenciados grados de evolución; algunos de ellos son de tan elevada jerarquía en relación con la especie humana que es imposible contactarles. Cuanto pueda decirse acerca de Su vida será siempre en función de analogía con aquellos que viven en estrecho contacto con el hombre y constituyen la esencia de su espiritual evolución. Tres jerarquías especiales de DEVAS AGNISVATTAS deben ser particularmente estudiadas con respecto a la vida humana:

I. Formas mentales

a) Los que construyen el Vehículo Mental de los seres humanos.
b) Los que construyen sus formas de pensamiento.
c) Los que inspiran desde niveles causales la vida espiritual del hombre.

Los AGNISVATTAS que construyen el vehículo mental de los seres humanos están conectados con el átomo permanente mental, situado en el subplano atómico, superior o abstracto del Plano mental. Son de naturaleza radiante y su magnetismo es producido por la sutilísima energía eléctrica que manipulan, siendo su misión reconocida «condensar» la electricidad etérica del espacio para producir el mecanismo mental de los seres humanos. Se manifiestan ocultamente como «impulsos dinámicos». Sus figuras recuerdan la de los hombres, pero intensamente radiantes. Una persona ardiendo totalmente, aunque guardando íntegramente su silueta en el centro del fuego podría dar una ligera idea de cómo se manifiestan los AGNISVATTAS creadores del cuerpo mental de los seres humanos. Utilizan partículas de fuego del nivel específico que está en vibración sintónica con la naturaleza espiritual del hombre. Así, vista el aura mental de cualquier persona desde el ángulo de la clarividencia causal se pueden apreciar innumerables partículas de fuego espiritual, las cuáles entrarán proporcionalmente en el cuerpo mental de acuerdo con la evolución Interna de la misma. La intensidad y cualidad de cada una de dichas partículas de fuego dará una exacta idea de la jerarquía espiritual del ser humano sujeto a supervisión.

Los AGNISVATTAS que construyen las formas de pensamiento del ser humano están clasificados en orden al desarrollo mental del mismo y a su capacidad de emitir pensamientos, así como a la cualidad e intensidad de estos. Habrá lógicamente así una multiplicidad de Devas en cada uno de los subplanos del Plano mental en donde el hombre puede determinar impactos o de los que puede invocar la energía cualificadora que precisa para su iluminación espiritual. La misión de los AGNISVATTAS constructores de «formas de pensamiento» es estructurar bajo determinadas reglas geométricas las impresiones mentales de los hombres, sus reacciones frente al mundo de las ideas y sus propias elaboraciones mentales en el mundo del pensamiento. Dentro de una vastísima profusión de AGNISVATTAS es establecida así una distinción espiritual que produce dos definidas vertientes: concreta una, abstracta la otra.

Parte II. La estructuración dévica de las formas

La primera tiene que ver con las formas de pensamiento corrientes de los hombres, las que surgen de sus elaboraciones intelectuales y las que resultan de su contacto con el dilatado campo del conocimiento concreto. La segunda obedece a razones de orden superior y son formas «subjetivas», aunque pueden ser objetivadas por la mente de los grandes pensadores. Se trata de las formas arquetípicas que se mueven en la suntuosa majestad de la Mente del Creador y son captadas intuitivamente como IDEAS por las mentes más creadoramente sutiles. La respuesta de la mente humana a tales IDEAS y su peculiar manera de interpretarlas, según su juicio y entendimiento, produce una especie particular de formas geométricas. Estas formas, acogidas amorosamente por los Devas, se convierten en Ideales superiores que pueden ayudar a la humanidad en el devenir de su destino planetario.

Tenemos finalmente a los AGNISVATTAS que inspiran, desde los niveles causales, la vida espiritual del hombre. En nuestros estudios esotéricos los definimos «Ángeles Solares», y son esta especie particular de AGNISVATTAS los responsables y promotores de la mente humana. Según sabemos esotéricamente, toda alma humana posee su propio Ángel Solar, el Yo superior, o director espiritual de su vida. Del fondo místico del corazón reciben los hombres las sutiles indicaciones y advertencias del Ángel Solar, siendo la Voz de la Conciencia, tal como corrientemente la conocemos e interpretamos, las suaves amonestaciones de nuestro Ángel Guardián aconsejando, inspirando y enalteciendo constantemente nuestra vida.

La forma del Ángel Solar es la humana —aunque quizá sería mejor decir que la forma humana es la del Ángel Solar—, carece de sexo y es perceptible dentro de una indescriptible profusión de matices irradiantes dentro del Cuerpo Causal, el Cuerpo de Luz —al que se refería Pablo de Tarso— situado en el tercer subplano del Plano Mental. Puede observársele si se posee la necesaria evolución en el interior del Estuche Causal y su radiación es extraordinariamente bella e inspirativa, constituyendo la visión de Su radiante Presencia una de las experiencias espirituales correspondientes a la Tercera Iniciación.

I. Formas mentales

3. Las Formas Mentales, o Formas de Pensamientos de los Seres Humanos.

Las reacciones de los seres humanos a las energías que proceden del Plano mental producen las formas de pensamiento. Estas son condensaciones de tales energías en diversos grados de sutilidad y pueden ser percibidas, si se poseen determinadas capacidades de visión, en cada uno de los niveles que constituyen el Plano mental; este, como esotéricamente se sabe, es el Cuerpo Mental u Órgano del Pensamiento de la Divinidad.

Técnicamente hablando, podríamos decir que el pensamiento humano, en sus infinitas modificaciones, es un impulso eléctrico en respuesta a las condiciones ambientales y adopta una forma definida en contacto con los éteres que cualifican cada uno de los niveles mentales en donde el hombre puede utilizar su capacidad de pensar. Como decimos en el apartado correspondiente, un tipo especial de AGNISVATTAS en sintonía con la multiplicidad de mentes humanas es responsable de «las formas de pensamiento» de los hombres. La observación de tales formas, en cada nivel mental, le da al observador clarividente una exacta noción del desarrollo mental de la humanidad en cualquier momento cíclico de la historia planetaria. Actualmente pueden ser detectados un muy elevado índice de formas KAMAMANASICAS, es decir, formas de pensamiento relacionadas con los impulsos emocionales, o técnicamente descrito, con los potentes estimulo. del Deseo. Tales formas son visibles en los más bajos subplanos del Plano mental. Constituyen desde el ángulo esotérico potentes núcleos de poder magnético, «egregores de todas formas y vibraciones» que condicionan el modo de pensar de la gran masa de los seres humanos. En los niveles intermedios del Plano mental, en donde empieza a ser efectiva la labor de los aspirantes espirituales del mundo, las formas tienden a disociarse del Deseo y empiezan a cumplir una misión realmente importante desde el lado oculto, con plena independencia de los factores emocionales que condicionan el modo de pensar de la humanidad corriente. Estas formas de pensamiento son más sutiles y tienden a agruparse en ciertas definidas zonas del tercer y cuarto nivel del Plano mental, constituyendo vértices de energía positiva que lenta, aunque persistentemente, va introduciéndose en la mente de todos aquellos seres humanos cuya lucha en el plano astral empieza a tener un significado realmente espiritual y guía gran parte de sus actitudes y actividades frente a la vida organizada de la sociedad.

Esto significa que su pensar es inteligente y que están tratando de independizarse mentalmente del ambiente psíquico que les rodea y envuelve como una espesa nube... En el quinto nivel del Plano mental puede ser apreciada la labor del discípulo, del verdadero investigador esotérico, el cual actúa científicamente —si podemos decirlo así— orientando inteligentemente las energías mentales hacia los mundos superiores a fin de contribuir con su voluntaria y consciente aportación al desarrollo del definido Plan de perfección que el Logos Solar trata de llevar a cabo a través del Plano mental del Universo. A medida que la mente humana se hace vulnerable a los impulsos internos, las formas de pensamiento que surgen de la misma son más definidas, sutiles e incluyentes. Ya no constituyen una masa condensada de energía mental en forma de nebulosa que va y viene de uno a otro extremo de los subplanos inferiores del Plano mental, atrayendo el pensamiento negativo de los hombres o sus vagas formas de pensar e influyendo sobre sus mentes en el sentido de una presión activa, constante y persistente sobre sus tendencias emocionales, sino que se han convenido en claras y nítidas formas de pensamiento llenas de intencionalidad y de permanente estimulo creador. A partir del quinto subplano del Plano mental[24] las formas son «arrúpicas», subjetiva y abstractas. Constituyen núcleos de energías armónicas, llenas de estabilidad y equilibrio. En el sexto subplano pueden ser percibidas —si se posee la necesaria capacidad de visión— las Formas Ideales de los Arquetipos, o Ideas Divinas, que constituyen el programa de acción del Creador para todo el Universo. En el séptimo subplano, el más elevado del Plano mental, pueden ser contactadas por los altos Iniciados las Formas de los Señores AGNISVATTAS que centralizan en Sus exaltadas Vidas la Voluntad del Creador para los tres mundos de experiencia kármica, el mental, el emocional y el físico. Pueden ser percibidos también «los átomos permanentes» mentales que utilizan las Mónadas espirituales humanas para «descender» vía el SUTRATMA, o Hilo de la Vida, a los mundos inferiores. La visión de tales átomos permanentes constituye una experiencia única para el investigador esotérico cualificado —un Iniciado de la Tercera Iniciación—, pudiendo

---

[24] El quinto subplano a partir de los niveles inferiores, es decir, de abajo hacia arriba. Contando de arriba hacia abajo, el quinto subplano se convierte en el tercero, es decir, el nivel causal en donde mora el Ángel Solar o Yo superior del hombre.

observarlos como brillantes esferas ígneas de un poder radiactivo – utilizando aquí una locución científica correcta— o de energía cualificada que forma parte del Fuego Creador de la propia Divinidad por medio de los altos Regentes AGNISVATTAS. Dichos REGENTES «avivan la visión y permiten penetrar en los Altos Designios del Señor», que en el Plano mental del Sistema comienzan a tener para el osado investigador un pleno e inteligente significado. Penetrar en el misterio de los átomos permanentes presupone establecer un definido contacto con la Mónada Espiritual, el verdadero SER del hombre, e iniciar la escalada hacia las superiores Iniciaciones que deberán ser recibidas en el Plano Búdico y en los cuerpos más sutiles del Iniciado. Resumiendo, el proceso, podríamos decir que existen las siguientes Formas de Pensamiento:

a) Formas de pensamiento kama-manásica, registradas en los éteres de los subplanos primero y segundo del Plano mental. Tales formas vienen condicionadas por los impulsos dinámicos del deseo y guardan cierto parecido por efecto de ello con las formas astrales o psíquicas a que hicimos referencia en páginas anteriores.

b) Formas de pensamiento generadas por los aspirantes espirituales del mundo, en proceso de desvinculación del segregado astral o emocional de la humanidad y actualizadas en los niveles tercero y cuarto del Plano mental.

c) Formas de pensamiento, de carácter geométrico, de gran pureza de líneas, creadas por los discípulos mundiales en distintos niveles vibratorios y constituyendo los centros luminosos a través de cuyos focos de luz llegan las energías superiores de la Mente a la humanidad. En líneas generales, los discípulos del mundo manejan creadoramente las energías del quinto nivel mental.

d) Formas de pensamiento Arquetípicas mantenidas en «suspensión creadora» en el sexto subplano del Plano mental por los AGNISVATTAS responsables de su gestación y desarrollo. Sólo los más cualificados Videntes Iluminados pueden percibir, bajo ciertas circunstancias, tales Arquetipos, condensadores de las IDEAS de la Divinidad con respecto a Su Universo.

e) Formas de pensamiento netamente abstractas y expresadas como «energía mental pura», tal como pueden observarías los altos Iniciados de nuestra Jerarquía planetaria. Constituyen centros magnéticos de Fuego Creador y de Intención Radiante y por medio de ellos la Voluntad del Logos expresa Sus Decisiones en el desarrollo evolutivo de Su Universo de Segundo Rayo.

Para un más correcto entendimiento del significado y finalidad de tales Formas, vamos a entrar seguidamente a considerar la obra de los Constructores de estas, es decir, de los grandes Ángeles AGNISVATTAS que en su totalidad constituyen el Plano Mental:

Primer Nivel. Actúan los AQNISHVATTAS de la Objetividad. Poseen un gran poder aglutinante de los éteres mentales y su misión es unificar mediante el adecuado tipo de substancia etérica los deseos de los hombres con la substancia mental que generan los incipientes pensamientos humanos.

Segundo Nivel. En este nivel empieza a notarse cierta desvinculación entre las energías del deseo y las que provienen del Plano mental. En este particular subplano se perilla, siquiera vagamente, una línea de separación entre KAMA, el deseo, y MANAS, el poder coordinador intelectual.

Tercer Nivel. Los Señores AGNISVATTAS de este subplano arremolinan las energías que proceden de los dos campos, emocional y mental. Crean, mediante un poder misterioso que les es propio, una sutil barrera de separación entre ambos campos. El mundo del deseo es separado del de la mente y ésta empieza a funcionar como un vehículo independiente.

Cuarto Nivel. Terminada la obra de los Ángeles AGNISVATTAS del tercer subplano, empieza la actividad de los que se hallan en el centro mismo del Plano mental, es decir, el Cuarto subplano. Estos AGNISHVATIAS son los que cualifican a la mente humana como un vehículo plenamente independiente, ofrecido a la voluntad e inteligencia del Pensador, o Ángel Solar, en el Plano causal. Sólo una sutilísima línea de luz conecta la mente con el mundo del deseo. El pensamiento humano puede así adquirir forma coherente. Ya no se trata de formas vagas y nebulosas flotando como nubes en los ambientes individuales de los hombres y en sus contextos sociales. Se trata, por el contrario, de formas nítidas, brillantes, concretas, dinámicas y persistentes. Los Señores AGNISVATTAS de este Curto nivel mantienen la coherencia de estas formas de pensamientos y las impulsan como corrientes de energía hacia las mentes de los seres humanos capaces de responder a sus vibrantes estímulos y beneficiarse de sus poderosas e incluyentes significaciones.

Quinto Nivel. Los AGNISVATTAS del Quinto Nivel son definidos esotéricamente como «los ÁNGELES SOLARES». Cada uno de Ellos se halla estrechamente vinculado con el alma de un ser humano, constituyendo aquella maravillosa Entidad que oculta y místicamente llamamos «nuestro Ángel Guardián». Existen Siete Jerarquías de ÁNGELES SOLARES correspondiendo cada una a una definida línea de RAYO. Estos Señores AGNISVATTAS proceden del Quinto Plano Cósmico y se introdujeron en el aura planetaria en la segunda mitad de la Era Lemuriana. Se caracterizan por su amor hacia los hijos de los hombres y constituyen en su totalidad «la Cuarta Jerarquía Creadora».

Sexto Nivel. En el Sexto Nivel operan los grandes AGNISVATTAS que captan las IDEAS del Logos Soler y las convierten en los Arquetipos que han de presidir el destino de la evolución Solar, de la Naturaleza y de los Reinos. Cada uno de los subplanos mentales está dividido a su vez por otros siete subniveles. Los que corresponden al sexto SUBNIVEL del SUBPLANO mental que estamos estudiando pertenecen a los Arquetipos de cada uno de los Siete Reinos de la Naturaleza. Cada nuevo tipo racial humano y cada nueva especie mineral, vegetal o animal tienen allí su augusta fuente de procedencia. Los MANUES de las Razas y los Iniciados que cooperan en la actividad de los Devas de las Formas en todos los Reinos de la Naturaleza, están muy estrechamente vinculados con la obra de los grandes AGNISVATTAS de este sexto nivel mental.

Séptimo Nivel. Este Nivel constituye el Subplano Atómico del Plano Mental. Es el mundo de las IDEAS de la Divinidad reflejándolas allí desde el Plano Monádico, en donde Sus Intenciones y Resoluciones se manifiestan como FUEGO ELECTRICO. Poco puede decirse acerca de este Nivel, salvo la consideración esotérica de que constituye el soporte dinámico de la Voluntad Creadora del Logos Solar en proceso de manifestación cíclica. Los AGNISVATTAS de dicho nivel cuidan con especial dedicación las semillas puras de la Divinidad. Dichas semillas se expresan como los máximos incentivos de la evolución en forma de «los átomos permanentes» mentales de todos los seres humanos. Vistos desde el ángulo más puramente esotérico tales átomos permanentes constituyen el centro místico de la evolución de la humanidad. Es también en este Subplano atómico en donde se proyecta en forma misteriosa e indescriptible la Memoria Cósmica correspondiente al pasado de nuestro Universo, el cual, de esta manera, puede seguir así proyectándose en tiempo y espacio cumplimentando el glorioso Destino de la Divinidad.

4. Las Formas vibrantes de los **Misteriosos Arquetipos**, cuya plasmación, desarrollo y cumplimiento constituyen el aliciente de la Evolución Universal.

Todo cuanto dijimos en correspondencia con el Sexto Subplano Mental tiene absoluta validez aquí, por cuanto es en este nivel en donde se reflejan bajo Formas definidas los Arquetipos generados en forma de IDEAS por la Mente y Voluntad del Creador. Estableceremos al respecto una sencilla relación que aclarará el orden de las correspondencias analógicas entre cada uno de los niveles subsidiarios en el Sexto Subplano Mental:

SEXTO SUBPLANO MENTAL

Nivel	Reino	Ángeles AGNISHVATTAS
Séptimo	Divino	Impulsores de las Ideas
Sexto	Celestial	Señores de los Arquetipos
Quinto	Espiritual	Ángeles Solares
Cuarto	Humano	Señores de la Voluntad Coherente
Tercero	Animal	Señores de la Separatividad
Segundo	Vegetal	Señores de Kama-Manas
Primero	Mineral	Señores de la Objetividad

Téngase en cuenta, sin embargo, al observar el presente diagrama que se trata solamente de dar una ligera idea del mundo de las formas y de la función particular asignada a cada grupo de AGNISVATTAS en relación con los Arquetipos que deben desarrollar en cada uno de los niveles de Actividad creadora. Todas las formas de la Naturaleza, sea cual sea su capacidad de respuesta vibratoria al impulso de la vida, proceden inicialmente de Arquetipos provenientes de uno u otro de los niveles subsidiarios en que está dividido el Sexto Subplano del Plano Mental. Tendremos así una idea bastante aproximada y comprensible de cómo funciona y se expande el proceso creador de las Formas con sólo efectuar, en relación con cada nivel subsidiario, la siguiente analogía. Por ejemplo: «Los Arquetipos del primer nivel corresponden a la evolución del Reino Mineral y son mantenidos en actividad vibratoria por los Ángeles AGNISVATTAS, denominados esotéricamente «Señores de la Objetividad». Los Arquetipos del Segundo nivel corresponden a la evolución del Reino Vegetal y son mantenidos en actividad vibratoria por los Ángeles AGNISVATTAS ocultamente definidos como «Señores de Kama-Manas» .... Y así sucesivamente hasta tener perfectamente clasificadas en nuestra mente las actividades de cada grupo particular de AGNISVATTAS en relación con el Esquema general correspondiente a los Arquetipos de cada Reino de la Naturaleza.

5. Las **Formas Geométricas** grabadas en el Éter con carácter Ígneo, que constituyen la Raíz Mística del Lenguaje de los Ángeles y de los Hombres.

La Raíz Mística de cualquier tipo de lenguaje se halla en el símbolo o figura geométrica encarnando una idea o un grupo de pensamientos. Tales símbolos arrancan precisamente de cada uno de los niveles arquetípicos del Plano mental, los cuales, tal como hemos visto anteriormente, se hallan ubicados en el Sexto subplano de este Plano. El proceso de objetividad con respecto al lenguaje, es decir, el que sigue cualquier tipo de símbolo antes de ser convenientemente objetivado o concretado en la manifestación hablada o escrita, es un misterio en el que el investigador esotérico debe intentar penetrar. Saber si de una u otra manera quiere ser consciente de las causas del lenguaje articulado no sólo de la humanidad, sino también de las jerarquías dévicas y de la infinita profusión de especies vivientes en todos los Reinos de la Naturaleza. De acuerdo con nuestra intención de descubrir las fuentes universales del lenguaje, deberemos tener en cuenta que a medida que avanza la evolución, ya sea en el Reino humano o en el Angélico, el lenguaje deja de ser objetivo, articulado o audible (físicamente hablando) y se introduce en el mundo misterioso de los símbolos. Podríamos decir así que en los Planos Superiores del Universo de donde surgen las IDEAS ARQUETÍPICAS, que constituyen la base fundamental del infinito sistema de crecientes objetividades, solamente son percibidos símbolos subjetivos de estas IDEAS de Dios, encarnando intenciones supremas y razones esenciales de Vida.

Parte II. La estructuración dévica de las formas

Podríamos decir también que en nuestro Universo de Segundo Rayo hay una especie particular de ÁNGELES, más allá de nuestra humana comprensión, cuya misión es dotar de LENGUAJE ARTICULADO a todos los Reinos de la Naturaleza y a todas las Cohortes Dévicas que en multiplicidad de Jerarquías constituyen el Andamiaje creador y sustentador del Universo. Ello quiere significar que hay un prodigioso sistema de elaboración y un impresionante proceso alquímico mediante los cuales los SÍMBOLOS se convierten en IDEAS, éstas en PENSAMIENTOS o Formas geométricas y, finalmente, los PENSAMIENTOS en PALABRAS, es decir, en aquellos definidos SONIDOS capaces de ser adecuadamente interpretados a través del lenguaje hablado o escrito; por los sentidos del oído, de la vista y de la mente coordinadora.

La causa del lenguaje característico de las Razas y de las Especies de cada Reino se halla inicialmente en los exaltados niveles de la Intención de Dios, pudiéndose afirmar que cada uno de los sonidos más o menos perfectos que constituye un lenguaje humano o el sonido gutural de una especie definida en los Reinos inferiores de la Naturaleza, son expresiones, no importa en qué perfección de tono, del Mantra Solar A.U.M. Ahora bien, situando nuestra mente en el más elevado nivel al que nos sea posible acceder podríamos ser conscientes quizá, ya que todo en la vida de la Naturaleza está estrechamente vinculado, de un sistema de lenguaje basado únicamente en símbolos geométricos, algunos de ellos de la más elevada singularidad y pureza de líneas. Este sistema de lenguaje no puede ser oído ni percibido a menos que se posean, en un notable proceso de desarrollo, ciertas facultades de tipo espiritual, singularmente las de clarividencia y clariaudiencia en el plano de la mente superior. La tarea de interpretación de este en forma correcta y sin errores exigirá asimismo una elevada integración espiritual y haber desenvuelto la conciencia búdica de unidad un elevado grado de evolución. Con un equipo humano de tales características será posible percibir el lenguaje simbólico o causal mediante el cual los Ángeles se comunican entre sí o el que utilizan los grandes Iniciados para establecer relación con otros Iniciados, de dentro o fuera de nuestro Sistema planetario. Cuanto pueda decirse, con respecto al lenguaje simbólico esencial será lógicamente de muy limitado orden. Dejaremos sentada, no obstante, la idea de que se trata de un lenguaje universal capaz de ser interpretado correctamente por todos aquellos que poseen el debido grado de desarrollo espiritual.

Como complemento de estas ideas, deberíamos añadir la «percepción clarividente de los símbolos» viene simultáneamente acompañada de «la audición perfecta» de los sonidos particulares que les son propios. Las frecuencias vibratorias más afines con la capacidad de nuestro vehículo astral de la sensibilidad se registran como MUSICA, aunque mucho más suave y sutil que la que conocemos como «música selecta» en el plano físico. Estas palabras pueden parecer hasta cierto punto exageradas, dada la alta sutilidad de la música selecta que penetra en nuestro ánimo como un acorde perfecto de la vida espiritual, sublime y mística de la humanidad. Sin embargo, deberemos reiterar que los «sonidos» a los que hacemos referencia contienen algo más que «música». En tales sonidos se adivina e intuye algo superior e indefinible para nuestra mente o para nuestro corazón sensible, ocultos bajo un impenetrable velo de susurrantes misterios... ¿Será una parte del Propósito Divino de Redención lo que se oculta tras dicho velo de misterio?

Lo que si puede afirmarse es que se experimenta una indescriptible sensación de plenitud cuando alguno de dichos símbolos, notas o sonidos pueden ser captados por nuestros sentidos de percepción superior, una plenitud idéntica sin duda a la que experimentaban los grandes músicos de la humanidad cuando lograban extraer de las misteriosas y elevadas regiones del espacio, aquellas sublimes melodías que engrandecen y dignifican el corazón del hombre. Esotéricamente sabemos que la MUSICA es el lenguaje de los Ángeles y que los signos musicales que constituyen la estructura técnica de la música son muy parecidos a los símbolos geométricos que constituyen el lenguaje simbólico medí ante el cual los Ángeles se comunican entre sí... Más allá del placer auditivo, cuando la música ha sido concretada u objetivada —por decirlo de alguna manera— en los conocidos signos interpretativos, tenemos una imagen muy parecida a la de ciertas formas angélicas de comunicación, como las que podrán ustedes observar en los gráficos adjuntos. Se nos abre en todo caso una maravillosa perspectiva de unidad en lo que se refiere a las dos evoluciones humana y dévica. Los puntos de contacto son realmente interesantes y dignos de estudio por parte del investigador consciente.

Hay que considerar también el lenguaje gutural, con escasas articulaciones, de la multiplicidad de especies que realizan su evolución en los Reinos inferiores de la Naturaleza. Cada una de estas especies expresa ciertos estados de conciencia evolutiva con determinados símbolos geométricos como base de estos y un determinado orden de sonidos. Se nos abre aquí una vastísima panorámica en el devenir de nuestros estudios esotéricos, ya que nos permitirá clasificar a las huestes angélicas, cuyas Vidas estamos tratando de investigar, con sólo enfocar nuestras percepciones en aquellos niveles en que los símbolos geométricos son «substanciados» u «objetivados» y empiezan a formar parte de nuestro equipo mental como motivos de conocimiento. así, el canto de un pájaro, el ruido del viento, de la lluvia y el de cualquier elemento vivo de la Naturaleza nos dará razón de un aspecto del Creador que a través de una infinita legión de Ángeles está tratando de manifestarse. Lo mismo puede decirse con respecto al lenguaje humano, el más perfecto de la creación, mediante el cual los ciudadanos de un país pueden establecer relaciones sociales entre sí, en tanto la ley infinita de la evolución está «trabajando silenciosamente» por medio de los Devas superiores del Sistema Solar para dotar a la humanidad de un lenguaje común y unitario que sirva de medio de comunicación normal y natural a los hombres de todas las Naciones de la Tierra. Un lenguaje universal, lleno de inefables matices y de indescriptibles símbolos que unirá al mundo más estrechamente de lo que humanamente podemos suponer y que será la amplia y fecunda avenida de la Fraternidad Universal.

6. La Forma Ígnea, Esplendorosa y Radiante del **Gran Arcángel AGNI**, el Dios del Fuego y Señor del Plano Mental.

Se trata de una Forma de tal indescriptible y fúlgida radiación que sólo puede ser contemplada por los grandes Logos planetarios de nuestro Esquema Terrestre. Cuanto pueda decirse acerca de dicha Forma sonará siempre a algo vago e incompleto, ya que sólo en términos de forma podemos referirnos a tan augusta Entidad Arcangélica. Como un pequeño ejemplo, sólo bastará decir que la Electricidad dinámica, en su más elevada cualidad e intensidad, constituye solamente una de sus más débiles expresiones en la vida física de la Naturaleza.

I. Formas mentales

El Dios AGNI, el Señor de los Fuegos, comunica su impresionante dinamismo a cada uno de los átomos constituyentes de los Planos de nuestro Sistema Solar, originando con sus infinitas radiaciones el fenómeno de la vida en el Universo. Dícese de EL en los más antiguos tratados místicos y esotéricos de la Jerarquía: «Sus Manos alcanzan el más elevado FOHAT Cósmico. Su Corazón es un Radiante Centro del Fuego de la Vida o PRANA Universal y Sus Pies están profundamente anclados en las entrañas místicas del KUNDALINI Solar.» Es una manera muy poética de afirmar que el Señor AGNI abarca en SÍ la totalidad de las funciones asignadas al Triple Fuego Creador de la Divinidad: el Eléctrico, el Solar y el Fuego por Fricción, es decir, los Fuegos del Espíritu, del Alma y del Cuerpo de la Entidad Logoica, Señor de nuestro Universo. A partir de estas afirmaciones nuestra mente sólo ha de limitarse a efectuar analogías entre estos tres absolutos campos de Energía Ígnea y a analizar sus infinitas repercusiones en la vida de la Naturaleza y muy concretamente en la vida del ser humano. Este, por su divina constitución, es un receptáculo en espacio y tiempo de la triple energía ígnea que proyecta y mantiene controlada «en dinámica expectación» el Gran Arcángel AGNI. Si pudiésemos expresar gráficamente la Forma del Gran Señor del Fuego lo haríamos en forma de Tres infinitas Esferas de Fuego; la del centro, representando Su naturaleza Eléctrica o cósmica más elevada, la Esfera intermedia, que sería la representación de Su Corazón interno dotando de vida consciente a todo el Universo y la Esfera, que representada la superficie de este vasto esquema de Fuego, constituida la expresión más objetiva de Su Fuego Creador, dotando de vida física a todas las formas creadas, ordenando de esta manera el proceso de la evolución cíclica del Sistema Solar entero. Y, sin embargo, pese a Su tremenda y exaltada evolución, el Dios AGNI es solamente el Vehículo Mental de la Divinidad, el Instrumento Sagrado del que se vale para infundir Vida, Conciencia y Forma a todas las Mónadas espirituales que «viven, se mueven y tienen el Ser» en este Universo. Llegados a estas conclusiones, podríamos establecer el siguiente cuadro de analogías:

Parte II. La estructuración dévica de las formas

Fuego	Cualidad	Relación Planetaria	Cualidad Humana a Desarrollar
Cósmico	Eléctrico	SHAMBALLA	Síntesis
Solar	Pránica	JERARQUÍA	Intuición
Kundalini	Material	HUMANIDAD	Intelecto

La relación Dévica correspondiente a estos Tres Tipos de Fuego sería la siguiente:

- Fuego Cósmico: Ángeles AGNISVATTAS, Señores de la Radiante Visión.
- Fuego Solar: Ángeles AGNISVATTAS, Señores del Vibrante Dinamismo.
- Fuego de Kundalini: Ángeles AGNISVATTAS, Señores de las Salamandras.

El Triple Fuego es llevado así a nuestro planeta mediante la intercesión de los grandes Agentes Ígneos del indescriptible Arcángel AGNI; en su cualidad esencial o eléctrica por cada uno de los Agnisvattas, Señores de la Radiante Visión, que regentan los subplanos superiores del Plano mental y son Servidores del Centro místico de SHAMBALLA; en su cualidad intermedia por los Agnisvattas, Señores del Vibrante Dinamismo. Quienes trabajan especialmente con ciertos exaltados Adeptos de nuestra Jerarquía planetaria y de las demás Jerarquías espirituales dentro de nuestro Sistema Solar. La Cualidad objetiva del Fuego es expresada por los Agnisvattas, Señores de las Salamandras. Quienes se relacionan mayormente con la Humanidad y con los Fuegos místicos de la Materia en los subplanos inferiores del Plano mental. Sin embargo, podríamos afirmar, ya que esotéricamente partimos del principio de unidad, que solamente existe un FUEGO en el Universo, el de la Resolución de Dios de SER y de EXPRESARSE. Los tres Fuegos, al igual que el Misterio místico de la Trinidad Divina, son únicamente emanaciones distintas del Fuego principal o único de la Deidad Creadora.

J. La forma de los ángeles y de los devas

LA FORMA DE LOS ÁNGELES Y DE LOS DEVAS CONSTRUCTORES DE LA NATURALEZA

[EDF, p. 61] Las Formas etéricas de los Devas, cuyas vidas constituyen misteriosamente los Cuatro Elementos básicos de la Naturaleza fueron examinadas anteriormente y clasificadas en orden a: Gnomos, o espíritus de la tierra; Ondinas, o espíritus del agua; Salamandras, o espíritus del fuego, y en Silfos o Sílfides, los espíritus del aire, teniendo en cuenta que cada uno de estos cuatro tipos de espíritus elementales posee infinidad de especies o variantes en el sentido de las formas que pueden ser perceptibles a la visión etérica.

Los Elementales de las Sombras.

[FON, p.66] Hay también los llamados «Ángeles Oscuros», clasificados en varias categorías, que habitan en las profundas oquedades planetarias y en todos los lugares sombríos y oscuros de la Tierra, las minas, las cuevas, los subterráneos, etc. Sus formas son muy difíciles de ser precisadas pues instintivamente huyen de la luz que es precisamente lo que el ser humano necesita para poder objetivar las formas. Cierta especie de estos Ángeles oscuros habita en la superficie de la tierra y participan ciegamente, cuando son invocados mediante ciertos definidos mantras, en la actividad de los magos negros. En lo que al aspecto psicológico humano se refiere son responsables del miedo a la oscuridad, ya que es en la oscuridad en donde ellos viven, siendo su alimento las sombras. Muchas especies de «devas oscuros» desaparecieron de la Tierra con el descubrimiento de la electricidad aplicada en forma de luz, pero su desaparición será total cuando el hombre haya alcanzado la iluminación espiritual de su vida. Estos devas aparecen y desaparecen del cuadro de la manifestación según la luz del sol que da lugar a los días planetarios y de su ausencia con la llegada de la noche. Es por tal motivo que en todas las tradiciones de la humanidad se acepta normalmente el hecho de que los magos negros que practican el mal trabajan por la noche cuando las sombras son más espesas, así como los magos blancos lo hacen de día cuando el sol brilla esplendorosamente en su cenit. Pero, prescindiendo de otras muchas razones, la particularidad de que existen todavía «lugares oscuros en el planeta» habitados por los «Ángeles de las Sombras», le da al esoterista, entrenado en el arte de la investigación, la seguridad del por qué nuestra Tierra no es todavía un planeta sagrado y el por qué el trabajo espiritual de las personas inteligentes y de hombres y mujeres de buena voluntad del mundo debe continuar incesantemente hasta haber logrado destruir todas las formas oscuras de la vida, a partir de sus particulares vehículos de manifestación y prosiguiendo su labor en todos los ambientes sociales de relación y de contacto. El llamado «Guardián del Umbral» que debe necesariamente enfrentar y destruir el aspirante con respecto a los Misterios iniciáticos, así como la tradicional forma del «Demonio Tentador» son, en realidad, acumulaciones de sombras invocadas por la propia humanidad que no ha respondido todavía al llamado de la LUZ y constituyen las expresiones más rigurosas de sus destinos kármicos.

Los Ángeles Superiores.

Las Formas de tales Ángeles de los Planos Físico, Emocional y Mental que participan plenamente en la evolución del ser humano, escapan casi por completo a nuestra ponderación por la extrema sutilidad de los éteres que las constituyen y por el intenso brillo de sus auras de luz y de sus mágicos resplandores. Son de inenarrable belleza y poseen un tremendo poder sobre los éteres que cualifican el nivel en donde habitualmente residen y pueden adoptar a voluntad el tipo particular de forma que precisen para cumplir determinada misión universal, la que les haya sido encomendada por el excelso Arcángel del Plano específico que corresponda a sus naturalezas dévicas.

Los Ángeles Guardianes de la Humanidad.

La forma de los **Devas familiares** o de los Ángeles Guardianes, percibida mediante la visión clarividente mental, nos presenta una imagen típica del Arquetipo del Universo, es decir, la forma humana, aunque con una singularidad de matices lumínicos y proyección magnética de amor y benevolencia imposible de ser descritos con palabras humanas. Aparecen y desaparecen con la velocidad de la luz dejando tras de sí una gloriosa estela de rutilantes colores que define la propia evolución y el tipo de rayo espiritual al cual pertenecen. A veces, algunos de ellos adoptan voluntariamente aquellas sutilísimas y vaporosas formas de que les dotó el Arte divino del Renacimiento. Si embargo, pese a su magnífica trascendencia, estos Ángeles familiares son los inseparables Amigos de los hombres, los que les inspiran las ideas universales del Bien cósmico y los que les ayudan en sus momentos cumbres de soledad o de tristeza.

Vamos a terminar este tema, el cual, por sus infinitas complejidades, sólo podrá dar una idea muy limitada de la profunda realidad del mundo angélico. Vamos a insistir, sin embargo, en un hecho fundamental que deberemos tener muy presente durante el curso de nuestras investigaciones, y es que la Forma humana es el Arquetipo del Universo y dentro de todas las posibles particularidades es la Forma a la que se ajustan las humanidades de todo nuestro Sistema Solar.

Por lo que hemos ido explicando a través de este capítulo, podremos deducir que el mundo de las formas angélicas es tan dilatado y complejo como el de todos y cada uno de los Reinos de la Naturaleza. Pero, como un corolario infinito de la evolución de todas las formas tendientes incesantemente hacia un Arquetipo de perfección, tenemos la Forma del Hombre Celestial a la cual se ajustan indistintamente los Ángeles y los seres humanos. Tal es indudablemente la meta infinita de toda posible perfección...

K. Rituales mágicos y ceremonias litúrgicas

Los ángeles y su intervención en los rituales mágicos y ceremonias litúrgicas.

[EDF, p. 130] Vamos a analizar en este capítulo las Formas que surgen del Éter al conjuro de los Ritos y Ceremonias realizados en el planeta Tierra en demanda de «ayuda e inspiración divina». Dichas Formas existen en una extensísima gama y en una multiplicidad de matices y características, ya que «la Energía sigue al Pensamiento», un axioma esotérico de la más elevada trascendencia por cuanto rige la totalidad de relaciones establecidas desde tiempos inmemoriales entre Ángeles y hombres.

Al analizar subjetivamente las Formas invocativas que surgen del Centro planetario de la Humanidad, enraizadas en los deseos, esperanzas y temores de los seres humanos, nos encontramos siempre con la intervención dévica, la cual regula las expresiones etéricas de las fórmulas invocativas de acuerdo con los siguientes factores:

a) INTENCIONALIDAD.
b) Intensidad del Deseo.
c) Cualidad de Vida.
d) Sentida de Persistencia.

La Liturgia perfecta es un compendio de las cuatro cualidades básicas que acabamos de describir. Surge siempre de una gran Intención o Resolución, se intensifica por la fuerza del deseo o de la aspiración superior, se expande en grandes espirales de luz vivificadas por las cualidades espirituales del propósito creador y se mantiene supremamente vivida y expectante en el Espacio en virtud de la indomable perseverancia en el intento invocativo. Cuando estas cuatro cualidades han sido debidamente establecidas y desarrolladas en el corazón del hombre, tenemos, esotéricamente hablando, a un MAGO en potencia, capacitado para «invocar eficazmente» de las ALTURAS, fuerza espiritual y energía angélica.

Ahora bien, las Formas psíquicas creadas por la humanidad a través del tiempo han dejado impresas sus huellas en los éteres planetarios. Algunas de estas Formas son de carácter benéfico, como las creadas por la humanidad en la cúspide de sus gloriosas y aparentemente extintas civilizaciones, conteniendo elevados ideales, exquisita cultura, pensamientos sublimes y amor al bien. La utilización correcta de la Liturgia ayuda a que se mantengan «vivas» tales Formas y a que incrementen todavía más sus sanas influencias en los ambientes sociales de la humanidad. Otras Formas, por el contrario, son recipientes de los perniciosos residuos del mal karma actualizado por la humanidad en otras fases de su historia, en las que la civilización atravesó grandes crisis y la cultura humana alcanzó sus cotas más bajas y sombrías. Al experimentado observador esotérico se le aparecen tales Formas bajo aspectos realmente densos, opacos y frecuentemente, repugnantes. Las influencias de tales Formas son muy nocivas e indeseables en los niveles psíquicos en donde la inmensa mayoría de la humanidad realiza su evolución espiritual y, lógicamente, deberían ser destruidas si hay que introducir cambios positivos y realmente importantes en los ambientes sociales del mundo. Las Ceremonias litúrgicas efectuadas correctamente, con profunda devoción e íntimo sentimiento de aproximación espiritual, ayudarán a destruir estas nocivas Formas ancestrales y a reemplazarlas por otras de más elevada vibración y grado de sutilidad. Como podrán ustedes observar, nos encontramos aquí de nuevo con la eterna lucha entre el Bien y el Mal, analizada muy objetivamente a través de nuestro estudio acerca del Guardián del Umbral y del Ángel de la Presencia. Así, pues, aceptemos la idea —siquiera como una simple hipótesis mental— de que la Liturgia correctamente utilizada es un método científico de invocación de energías planetarias y extraplanetarias destinado a establecer el equilibrio físico, emocional y mental de los seres humanos. Vamos a considerar, a tal efecto, las dos principales Fuentes de Liturgia Organizada realizadas en nuestro planeta Tierra:

1. Ceremonias Litúrgicas de carácter mágico realizadas por la Jerarquía Espiritual Planetaria, o Gran Fraternidad Blanca.
2. Ceremonias Litúrgicas realizadas en el seno de las distintas Religiones mundiales.

No tendremos en cuenta en este estudio los ritos, ceremonias o formas de liturgia realizadas con carácter mágico y utilizando grandes poderes por aquellas oscuras organizaciones que siguen el «Camino de la Izquierda» y son denominados en nuestros estudios esotéricos «Magos Negros». Pero, utilizando la clave de la analogía, base fundamental de todo estudio científico seriamente realizado, puede

K. Rituales mágicos y ceremonias litúrgicas

considerarse que tales ceremonias, rituales, invocaciones o liturgias estarán regidas e inspiradas por un espíritu separativo y egoísta, siendo su ley el crecimiento en el aspecto material, el placer de los sentidos y la soberbia del «yo». Dejaremos marginada, por tanto, la obra de los Magos Negros en este capítulo y consideraremos únicamente la obra de aquellos que han desarrollado el espíritu de buena voluntad y cuyos objetivos principales se fundamentan en hacer que el Bien cósmico alcance al mayor número de seres humanos.

1. **Ceremonias Litúrgicas de carácter mágico realizadas por la Jerarquía Espiritual Planetaria o Gran Fraternidad Blanca.**

Estas Ceremonias son de orden auténticamente mágico y tienen por objeto la invocación de energías espirituales de alta trascendencia, a través de ciertos definidos centros planetarios. Los Centros más importantes del Planeta son, como ustedes saben, los siguientes:

a) SHAMBALLA
b) LA JERARQUÍA
c) LA HUMANIDA

SHAMBALLA es el Centro más incluyente del planeta por cuanto es la Morada del Señor del Mundo. Está misteriosamente conectado con las energías que proceden del SOL CENTRAL ESPIRITUAL, el aspecto más elevado del Logos Solar, y utiliza para Sus invocaciones el Poder indescriptible del Fuego Eléctrico. Mediante este Fuego le es posible establecer contacto con el plano con el Plano Mental Cósmico y recibir de allí las necesarias Fuerzas para poder desarrollar convenientemente Su Propósito Individual de Perfección dentro de la total evolución planetaria. Sus Agentes principales o Ayudantes Colaboradores reconocidos en el desarrollo de las Ceremonias Mágicas de la Liturgia son tres excelsos Seres denominados en nuestros estudios esotéricos Grandes Kumaras. Poseen una tremenda evolución espiritual y, según reza la tradición mística, vinieron de VENUS hace unos dieciocho millones de años acompañando a SANAT KUMARA, el Gran Regente Planetario. A estos cuatro indescriptibles y trascendentes Seres Venusianos, Alma y Luz de nuestro planeta, se les reconoce esotéricamente bajo la denominación de «Señores de la Llama».

Parte II. La estructuración dévica de las formas

El proceso de evolución de un mundo o de un sistema solar se basa en la invocación incesante de energías espiritual, habida cuenta de que los planetas y los Universos son los Cuerpos físicos de Entidades planetarias o solares y que el sistema mágico de la invocación viene a ser para Ellos —buscando la analogía del proceso— una especie de Meditación Esotérica o sistema de contacto entre el aspecto material o Personal de Sus Vidas Logoicas con Sus aspectos espirituales más elevados e incluyentes, lo mismo que hace el esoterista entrenado plegándose a estas leyes invocativas de la energía cósmica cuando a través del proceso de la meditación oculta está tratando de integrar sus vehículos de manifestación cíclica.

LA JERARQUIA ESPIRITUAL del planeta puede ser considerada en su conjunto como el ASHRAMA o Grupo Meditativo de SANAT KUMARA. Sigue las indicaciones del Gran Señor y se sujeta a las Leyes marcadas por Su elevado Propósito Meditativo, creando un Plan planetario en todos los niveles de integración dentro de la Naturaleza, a fin de que este Propósito vaya realizándose en el mundo y en la más alejada zona de influencia planetaria. La Jerarquía utiliza para Su Trabajo las energías que proceden —místicamente hablando— del CORAZON DEL SOL y por mediación de estas puede establecer contacto con el Plano Astral Cósmico. Al frente de la Jerarquía, o Gran Fraternidad Blanca, se halla aquel excelso SER que en los estudios esotéricos es denominado EL BODHISATTWA o Instructor Espiritual del Mundo. En nuestro mundo occidental, tan gloriosa Entidad es reconocida bajo el nombre de CRISTO, la sublime Personalidad Humana cuyo infinito AMOR por la humanidad lo ha llevado a reencarnar cíclicamente como AVATAR o SALVADOR DEL MUNDO, a través de las edades. Está asistido en Su vasto Plan de Perfección planetaria por un escogido grupo de Seres humanos perfectos, llamados ADEPTOS o Maestros de Compasión y de Sabiduría, así como por una inmensa pléyade de Ángeles superiores y Devas constructores en todos los niveles de evolución de la humanidad. Por tal motivo, en los tratados ocultos se considera a CRISTO como «MAESTRO DE MAESTROS, DE ÁNGELES Y DE HOMBRES».

LA HUMANIDAD es el tercer gran Centro planetario y engloba a todas las Razas y a todos los seres humanos que viven, se mueven y tienen su ser dentro del vasto Esquema terrestre. Está constituida, siguiendo rigurosamente el principio de analogía, por SIETE grandes grupos de seres humanos, cumpliendo cada uno de ellos con las reglas exactas que señala la evolución del conjunto planetario. Veamos tales grupos:

a) Hombres involucionados.
b) Hombres corrientes, o del promedio.
c) Aspirantes espirituales.
d) Discípulos en Probación.
e) Discípulos Aceptados.
f) Discípulos en el Corazón del Maestro.
g) Iniciados.

La técnica invocativa que utilizan los seres humanos en sus primeras fases evolutivas es el DESEO material en todas sus amplias perspectivas. En los que empiezan a sentir, consciente o inconscientemente, dentro de sí, el estímulo de la vida interna, el DESEO material se convierte en ASPIRACION espiritual. En los discípulos la ASPIRACION se transmuta en RESOLUCIÓN y utilizan el poder de la mente para lograr sus propósitos internos. Los INICIADOS hasta la Cuarta Iniciación utilizan las energías superiores de la mente y abren a través de ellas las misteriosas puertas que llevan al Plano Búdico y una vez trascendida la Cuarta Iniciación, el Iniciado deja de pertenecer kármicamente a la humanidad y se convierte en un ADEPTO, en un ser humano perfecto, en un ciudadano del Quinto Reino de la Naturaleza, en un Servidor perfecto del Plan que el SEÑOR DEL MUNDO CONOCE Y TRATA DE REVELAR.

La humanidad en su conjunto, y de acuerdo con un vastísimo Plan jerárquico o espiritual, utiliza el Fuego de la Materia, denominado ocultamente KUNDALINI, para establecer contacto con el Plano Físico Cósmico, el cual, como esotéricamente se sabe, es nuestro Sistema Solar, hasta donde sus energías, sus esfuerzos y merecimientos lo permitan.

Ahora bien, en orden a Jerarquías Espirituales hay que tener en cuenta que SANAT KUMARA es el más alto exponente del Poder de Dios aquí en la Tierra. El Logos Solar es —por así decirlo— Su Maestro. De ahí que las Ceremonias Litúrgicas celebradas en SHAMBALLA, de acuerdo con el Propósito de establecer contacto con el Logos Solar y aun con otras Fuentes Cósmicas de más elevada trascendencia, constituyen un alto secreto iniciático que sólo conocen Aquellos

Parte II. La estructuración dévica de las formas

Excelsos Seres de la Jerarquía que forman parte del Consejo Privado del Gran Señor y Aquellos otros, de naturaleza angélica, llamados esotéricamente «Los Agentes de Shamballa», cuya misión es canalizar fuerza cósmica con destino a nuestro planeta y están bajo las órdenes de los Señores de la Llama. El «Gran Consejo de Shamballa» está constituido por el Señor del Mundo y Sus tres Grandes Discípulos o KUMARAS, llamados también «Budas de Actividad»; por el divino Señor BUDRA, Aquel que en su última encarnación en nuestro planeta se llamó Sidharta Gautama y fue Príncipe de un pequeño Reino en el norte de la India, cerca del Nepal, bajo las nevadas Montañas Tibetanas; por los tres grandes Jefes de los Departamentos de Política, Religión y Civilización, o sea, el MANU, el CRISTO y el MAHACHOHAN, y por los Siete Chohanes de Rayo, aquellos grandes Adeptos cuya misión es canalizar las energías de los Siete Rayos de nuestro Sistema Solar hacia la Tierra. Hay también unos Elevados Consejeros Solares que están más allá de nuestra comprensión y ciertos exaltados Ángeles, de categoría espiritual similar a la de los Chohanes, cuyo trabajo, examinado desde nuestra limitada esfera de percepciones, consiste en dotar de adecuadas Formas a cada Plano de la Naturaleza y son los Agentes Directores de los Siete Reinos de la Naturaleza y de todas las especies vivientes que en los mismos realizan su evolución.

Las Ceremonias Mágicas efectuadas cíclica y periódicamente por los Señores de la Llama, los Adeptos Planetarios y los Agentes Dévicos de SHAMBALLA constituyen verdaderos secretos iniciáticos. No vamos a referirnos a ellas en este *Tratado*. Sin embargo, habrá que hacer un énfasis especial a su altísimo poder invocativo que puede atraer de las regiones místicas del Espacio un tipo de energía que por su cualificada y potentísima vibración sólo en muy contadas ocasiones fue utilizada en el devenir de la evolución planetaria. Una categoría especial de AGNISVATTAS sirven de vehículos de transmisión de este Fuego Eléctrico liberado de regiones cósmicas, y del que se nos dice esotéricamente: «Es celosamente guardado en la Cámara Secreta del Señor del Mundo» para utilizarlo creadoramente cuando las circunstancias planetarias así lo requiriesen. (Una cantidad de este fuego cósmico fue utilizada para «destruir el gran Continente de la Atlántida», en donde se había refugiado un elevado número de Magos Negros, o «Ángeles Caídos», que atentaban contra la correcta marcha de la evolución planetaria.)

K. Rituales mágicos y ceremonias litúrgicas

El fuego Eléctrico de Shamballa, utilizado creadoramente por SANAT KUMARA, siguiendo la ley invariable de los ciclos o etapas evolutivas, produce integración planetaria, la cual está basada en el Propósito Espiritual del Gran Señor. Los Fuegos latentes, los de la inspiración espiritual avivados por el fuego místico de Shamballa, producen a su debido tiempo la perfección de la humanidad y conducen a los seres humanos «de la oscuridad a la Luz, de lo irreal a lo Real y de la muerte a la Inmortalidad».

Aclarada hasta cierto punto la identidad psicológica y mística de Shamballa, de la Jerarquía y de la humanidad, vamos a intentar descubrir ahora hasta donde nos sea posible la índole de las Ceremonias Mágicas o invocativas que tienen lugar en el Centro planetario de la Jerarquía. Tengamos presente, sin embargo, que la Jerarquía en su conjunto es el ASHRAMA, o Grupo Espiritual, a través del cual SANAT KUMARA ordena y dirige los destinos del mundo. Así, este segundo gran Centro engloba o reúne en su seno sin distinción alguna, aunque siempre por orden jerárquico o evolución espiritual, a todos los grandes Adeptos planetarios, a las Potestades Angélicas trabajando conscientemente para el establecimiento del Plan de Dios aquí en la Tierra y a todas aquellas personas de reconocida buena voluntad y mente inteligente capaces de reaccionar en forma positiva y constante a los impulsos espirituales de la Jerarquía planetaria a través de los Adeptos o Maestros de Compasión y de Sabiduría en las distintas líneas de Rayo. A este grupo escogido de seres humanos, definidos «Sal de la Tierra» por Cristo, les corresponde la noble tarea de «unir el Cielo y la Tierra dentro del propio corazón». Los podremos hallar en todos los departamentos de trabajo creador en el mundo, en todos los Rayos y en todas las esferas sociales, y consciente o inconscientemente todos ellos trabajan para el establecimiento del nuevo orden mundial, secundando la obra espiritual de introducir buena voluntad y deseos de bien en los ambientes sociales donde kármicamente viven inmersos.

Así, una Ceremonia Ritualista, Invocativa o Mágica realizada en el Centro Místico de la Jerarquía, repercute en cualquiera de las zonas planetarias por medio de los Adeptos, de los Agentes Dévicos y de los discípulos y llega a cumplir adecuadamente los Propósitos de Shamballa integrando el mundo en una sola e indestructible UNIDAD. En lo que a la humanidad concierne, esta obra espiritual se realiza principalmente en el Plano Astral debido a la polarización astral del alma humana. Sin embargo, no tiene carácter místico, sino que es esencialmente dinámica y tiene por objeto eliminar del aura psíquica de la Tierra todas aquellas formas astrales procedentes de lejanísimas edades que impiden al Logos Planetario desarrollar Su Plan de Redención, de Armonía y de Equilibrio tal como lo tiene proyectado en Su indescriptible Mente para esta Nueva Era de grandes transformaciones sociales en el seno de la humanidad. Unas de las grandes conquistas humanas será la realización objetiva del «programa de relaciones conectas» que surgen del establecimiento del principio de buena voluntad y hará posible que se trasciendan los recelos y antagonismos humanos y se cumpla la ley de la comprensión y del amor. Así el «respeto mutuo» reemplazará la antigua fórmula de «el temor de Dios», que tantos estragos ha venido causando en el seno místico de la humanidad a través del tiempo. En todo caso, el propósito del Logos Planetario es claro y definido para esta nueva época de inspiradas realizaciones: la Instauración de un Nuevo Orden Social basado en la igualdad de oportunidades y el reconocimiento de la Divinidad en la vida de todos los seres humanos. Estos dos puntos son dos avenidas de Luz que aclaran la visión de los investigadores esotéricos, los cuales pueden comprender mejor el sentido de las Ceremonias celebradas en los santuarios místicos de la Jerarquía —definidos esotéricamente como ASHRAMAS— en muchas partes del mundo y el aspecto integrante de la multiplicidad de grupos y asociaciones políticas, económicas, religiosas, culturales, etc., aparecidos en los últimos tiempos y que dan fe de un trabajo mancomunado de aproximación entre los seres humanos.

Bien, esto que acabamos de decir es sólo una pequeña indicación de las bases jerárquicas en donde se afirma el proceso invocativo, sea cual sea el nivel en donde se realice dentro de la propia Jerarquía, la calidad espiritual de los participantes y el grupo, o Ashrama, en donde tales invocaciones o meditaciones tienen lugar. Esto nos llevará a reconocer, como siempre, el principio de jerarquía dentro de la Gran Fraternidad Planetaria y a comprender que el misterio iniciático, que es la culminación de una serie infinita de invocaciones humanas, produce unión y acercamiento entre ciertos grupos espirituales internos bien definidos, un hecho tan absolutamente natural como el que rige la ley cósmica de equivalencias, que reúne y atrae hacia determinados centros comunes a grupos específicos de elementos químicos. Esta idea, basada en las más elementales reglas de la analogía, nos llevará asimismo a la consideración del Gran Centro Jerárquico Planetario, como constituyendo un núcleo infinito de Poder Espiritual, extendiéndose en ondas concéntricas de energía de diversas intensidades hasta llegar al lugar más alejado del Centro en donde trabajan, se esfuerzan y luchan los discípulos mundiales, aquéllos que fueron reconocidos como aptos por sus espirituales Mentores y tratan de extender y propagar la luz de la Jerarquía en sus respectivos lugares de residencia, cumpliendo correctamente con sus deberes sociales y constituyendo puntos de luz de inspiración espiritual para todos los que viven en contacto con ellos en el difícil proceso de la existencia kármica.

Podemos imaginar, por tanto, que independientemente de la calidad de las ceremonias o actividades ritualistas que se realicen en el seno místico de la Jerarquía, los frutos de las mismas, actuando como poder superior, serán percibidos en todos los niveles jerárquicos y cada miembro, sea cual sea su espiritual evolución, recibirá e irradiará «la parte de tales energías liberadas que por ley le corresponda», es decir, la que pueda asimilar perfectamente y sin peligro de congestión externa, a la medida exacta de sus posibilidades individuales. Así, pues, lo interesante desde el ángulo oculto, y aquí habrá que hacer una obligada mención a los Ángeles, es que el flujo o corriente espiritual no se estanque o paralice y que en ningún momento se produzcan «innecesarios cortocircuitos». Loa Ángeles, que por su calidad etérica pueblan los mundos invisibles, constituyen de manera misteriosa esta infinita corriente de Vida divina, que arrancando del Propósito indescriptible de SANAT KUMARA llega al más alejado centro de vida planetaria a través de la Jerarquía. Por tanto, la denominación de «energía individualizada» con respecto a los Ángeles, tal como lo hacemos nosotros, adquiere una tremenda realidad al observar el mundo oculto y percibir cómo las energías que surgen de la Divinidad y llegan a nosotros en aspectos de Rayos, de cualidades internas y de estímulos externos dentro de la multiplicidad infinita de actividades humanas, mentales, emocionales y físicas, adquieren FORMAS definidas al atravesar los éteres de nuestro mundo y constituyen núcleos de Poder espiritual flotando por encima de la densa y contaminada atmósfera planetaria, exigiendo de los seres humanos debidamente preparados el esfuerzo necesario para invocarlo y recibir del mismo los sagrados impulsos espirituales para poder proseguir sin desmayos y hasta el fin el humilde, aunque maravilloso, propósito de la vida humana, de encarnar en si el indescriptible Propósito del Señor del Mundo.

Yendo esotéricamente al fondo de la cuestión, podríamos decir que las invocaciones especiales, bases de las Ceremonias Jerárquicas, pueden ser comparadas —aunque teniendo en cuenta las limitaciones humanas en tal sentido— a las que se realizan en algunas de las iglesias organizadas de nuestro mundo, ya que, como esotéricamente es sabido, estas iglesias responden, en cierta manera y hasta cierto punto, a la gran ley de analogía o de semejanza con el gran proceso invocativo del Señor del Mundo llevado a cabo por la Jerarquía Espiritual Planetaria. De acuerdo con este sentido íntimo de la analogía hermética, podríamos «visualizar» un cuadro de alguna de las Ceremonias Invocativas del Gran Centro de la Fraternidad Planetaria utilizando nuestra mente creadora. Contemplaríamos así un vastísimo Recinto o Templo de incalculables perspectivas, cuyo ALTAR se pierde en las inmensidades del Espacio. En el centro de este Templo, cuyas bóvedas se sustentan en el Infinito, se yergue llena de resplandeciente Luz una blanquísima Figura, la de CRISTO. Su Cabeza se halla inclinada hacia arriba, y encima de EL dos Ángeles de auras refulgentes de color oro sostienen una Copa de Cristal... A ambos lados del CRISTO se hallan en profundo y dinámico recogimiento Sus dos grandes Hermanos; a Su derecha el Señor MANU, de la Raza Aria, y a Su izquierda el Señor de la Civilización, el Gran Mahachoán de la Era presente, aquél que hasta hace muy poco era el Chohán del Séptimo Rayo, el Adepto conocido esotéricamente como el Conde de Saint Germain (Príncipe Rakoczy de Transilvania). Detrás de estas tres excelsas Figuras pueden contemplarse, constituyendo una estrella de seis puntas con un punto en el centro, a los Siete Grandes Señores de Rayo y más allá de Ellos pueden contemplarse, formando diversidad de figuras geométricas llenas de simbolismo creador y de acuerdo con la calidad de sus respectivas misiones, a todos los Adeptos de la gran Fraternidad Blanca y a todos los Iniciados, que sin ser todavía Maestros de Compasión y de Sabiduría, han alcanzado el suficiente poder espiritual como para poder asistir, en cuerpo mental, a estas renovadas Ceremonias de Invocación de Fuerza Cósmica con destino a nuestro Planeta.

El Grupo total de la Jerarquía bajo la directa inspiración y guía del CRISTO, que actúa como SACERDOTE, inicia el Acto Mágico de la

K. Rituales mágicos y ceremonias litúrgicas

Literatura mediante un dinámico culto de expectante Silencio, dentro del cual sólo son audibles las Palabras y los Mantras que EL va pronunciando y que van repitiendo sucesivamente, con los «requeridos tonos jerárquicos», todos los Congregantes o Asistentes a este Ritual Mágico. Al llegar a cierto punto, dentro del proceso de la Ceremonia, los Ángeles elevan la Copa de Cristal y encima de la misma aparecen los Tres Budas de Actividad, los tres Señores de la Llama, los Cuales, en Nombre de SANAT KUMARA, el Señor del Mundo, llenan místicamente la Copa con las energías eléctricas de SHAMBALLA, aquellas que proceden de las elevadas zonas del Cosmos por Intercesión directa del Logos Planetario. Hay que advertir, sin embargo, ya que de no hacerlo atentaríamos contra la verdad esotérica, que estas Ceremonias Litúrgicas están destinadas a favorecer la totalidad de la Existencia planetaria y que las energías invocadas, tras el obligado proceso de transformación de estas, irrumpen en los éteres que circundan la Tierra y dinamizan su entero contenido. Nunca con más justicia podría ser educida la conocida sentencia esotérica de: «cada cual recibe según su propia medida y capacidades naturales». No hay que olvidar tampoco que las Grandes Transformaciones de la Acción Cósmica o de las potentes Energías Liberadas son realizadas en lo más profundo y oculto de los éteres planetarios por los Grandes Ángeles o Devas que en lenguaje oculto denominamos «los Agentes Místicos de Shamballa». Llegamos finalmente a la conclusión de que las Ceremonias, los Rituales, la Magia y la Liturgia son procedimientos universales de invocación de energías, mediante los cuales los grandes Devas del Sistema transmiten Vida, Amor e Inteligencia siguiendo el dictado inexorable de la Ley de la Necesidad, compartida cósmicamente por todos los Logos Creadores, no importa la grandiosidad infinita de Sus Excelsas e Indescriptibles Vidas y Gloriosos Destinos dentro del Cosmos Absoluto.

Bien, hemos tratado de «visualizar» un cuadro, un cuadro demasiado grande quizá para poder ser contenido dentro de nuestra insignificante mente finita, pero sabemos, oculta o intuitivamente, que Dios, el infinito Creador, está en nosotros y es nuestra vida en lo profundo del corazón. ¿Por qué no admitir serenamente que cuanto hemos visualizado internamente ES UNA REALIDAD y que constituye un retazo de la Gran Idea que inspira nuestra mente y la lleva por la Senda que el Altísimo nos trazó hace muchos millones de años y que ahora, al recorrerla, nos da una clara sensación de plenitud y de realidad?

2. Ceremonias Litúrgicas realizadas en el Seno de las distintas Religiones Mundiales.

Todo aspecto de liturgia es una forma mágica de invocación. Tiene por objeto relacionar el alma de los fieles de cualquier religión, o comunidad espiritual, con el Alma Subjetiva de la Divinidad, representada por el bendito Ser que estuvo presente en los orígenes de estas: KRISHNA, BUDMA, CRISTO, MAHOMA, etc. Existen, sin embargo, centenares de otras religiones organizadas dentro de la humanidad, siguiendo cada una de ellas las reglas invocativas impuestas por la fe, por la tradición, por la superstición o basadas simplemente en la carencia de plenitud espiritual, el dolor moral o físico y el temor. Pero no es nuestra intención en esta investigación esotérica acerca de las formas de Liturgia organizada introducirnos en la raíz mística o espiritual de las religiones o creencias ni argumentar acerca de la calidad de Sus Guías y sacerdotes. Este estudio no corresponde a nuestro estudio sobre las actividades angélicas, cuyo interés principal radica en analizar el proceso vinculativo de la humanidad y de los Devas a través de las formas litúrgicas y en las variadas ceremonias que se efectúan en los templos, pagodas, mezquitas y otros centros de culto religioso para establecer contacto espiritual con los Grandes Guías Espirituales de la humanidad.

El templo, sea cual sea su denominación, es un lugar de oración y culto, de ceremonia litúrgica o ritualista, es decir, un centro de Magia organizada en el cual la figura principal es el sacerdote u oficiante, quien debe centrar en sí el poder de la liturgia y efectuar las necesarias ceremonias y rituales cuya finalidad es cuádruple, a saber:

a) Atraer la atención espiritual o mística de los fieles.
b) Invocar energía superior o trascendente.
c) Establecer contacto con los Ángeles, los Mensajeros inefables de la Divinidad.
d) Elevar, a través de Ellos, sus plegarias al Altísimo y solicitar el favor de Su Gracia.

K. Rituales mágicos y ceremonias litúrgicas

Estas cuatro finalidades constituyen, en todo proceso ritualista, el Cuerpo Místico de la religión, así como el Centro de un Misterio que intenta revelarse. Cada religión tiene su propio Cuerpo de Misterios, el cual es revelado en el momento cumbre de la ceremonia cuando el oficiante pronuncia ciertos definidos mantras o palabras sagradas y una cierta cantidad y calidad de Ángeles son invocados,[25] llenando el interior de los templos o recintos místicos de una energía especial, cuya cualidad dependerá siempre del poder espiritual engendrado por los fieles, de la importancia de la liturgia y de la pureza de los sacerdotes. En nuestros tiempos modernos, y debido al notable incremento de la tecnología y de los avances científicos, así como a la evolución mental de grandes sectores religiosos, antaño místicos; singularmente en las grandes ciudades han disminuido considerablemente las aportaciones de los «Ángeles color Violeta» de las Ceremonias religiosas de carácter místico. Las Formas Angélicas, que son percibidas clarividentemente «sosteniendo la Copa mística» encima del sacerdote oficiante, tienen ahora colores mis claros, predominando los de color amarillo oro y azul claro. El cambio de polaridad que se está realizando en muchos sectores religiosos de la humanidad es debido a la presión del Quinto Rayo de la Mente y del Séptimo Rayo de la perfecta Liturgia o Ceremonial Mágico. Este último Rayo ha de presidir amplísimos sectores de la vida espiritual humana por cuanto es el Poder que centraliza en los ambientes sociales y religiosos del mundo las energías de la Constelación de Acuario que han de condicionar la evolución interna del mundo durante toda la Nueva Era, cuya aurora es perfectamente visible en el plano espiritual. Pero, repetimos, los ambientes religiosos y centros de liturgia o ceremonia mágica están acusando un cambio muy apreciable en el color de las auras magnéticas de los Ángeles que presiden desde el mundo oculto la eclosión del Cuerpo de Misterios de todas las religiones. Hemos podido observar, sin embargo, en las iglesias de los pequeños pueblos, singularmente en aquellos de la alta montaña, que los Ángeles que «asisten» y son colaboradores en las humildísimas liturgias mantienen todavía en sus auras o en «sus túnicas» el color violeta intenso del fuego encendido de los ardores místicos y el azul intenso de la verdadera fe religiosa, creando «egregores» o formas

---

[25] Cada religión, creencia o ideal religioso o místico «crea» sus propios Ángeles, les da una Forma definida y los mantiene «curiosamente atados o condicionados» a sus determinados ritos o ceremonias.

psíquicas de estos colores dentro y fuera de los templos e iglesias. Los «egregores» [26] que construyen los Ángeles que asisten en las ceremonias litúrgicas de las ciudades son, con muy raras excepciones, de tonalidades claras, en las que predominan los matices amarillentos o dorados y verdes brillantes. Naturalmente sólo extendemos esta consideración al aspecto ritualista de las religiones occidentales, en donde «el espíritu científico» va adueñándose de amplísimos sectores sociales y condiciona la apreciación de toda posible forma de liturgia religiosa a la evolución del criterio mental y al íntimo juicio analítico o científico. Los pueblos orientales mantienen, todavía y por razones obvias de un menor desarrollo científico o tecnológico «grandes áreas espirituales» inmersas en la fe encendida del corazón. Los «egregores» creados por los Ángeles bajo la presión mística de las liturgias y de las invocaciones intensamente místicas de los fieles son de un acusado color azul o violeta, imperando también un brillante color rojo púrpura que aparece encima de estos dos colores siguiendo la forma característica de los «egregores» construidos por los Ángeles, siguiendo la presión mágica de una renovada actividad litúrgica. Los «egregores» que los Ángeles de la Liturgia construyen y mantienen en suspensión en el éter definen para el atento observador clarividente el alma oculta que se manifiesta a través de la perpetuación de los rituales y ceremonias, es decir, el poder espiritual que trata de expresarse a través de estas y la efectividad de los contactos dévicos establecidos. Tengamos en cuenta que, al valor místico de la ceremonia, al contenido simbólico de las formas geométricas y al poder de los mantras pronunciados habrán de agregarse los elementos externos en que se basa una importante parte de la liturgia o ceremonial mágico y que son utilizados casi sin excepción por todas las religiones organizadas de la humanidad: las campanas, los perfumes, la música, el canto, etc. Elementos muy importantes si tenemos en cuenta que cualquier tipo de campana producirá un eco del O.M. esotérico al ser tañida, que los perfumes son esencias que provienen del alma oculta de la Naturaleza y segregados de los Reinos mineral y vegetal. Este dato es muy importante cuando se le relaciona con los espíritus de la tierra, del agua y del aire que los producen. La música religiosa es un precioso elemento de contacto con los Ángeles

---

[26] Formas psíquicas creadas por los Ángeles utilizando las energías astrales y mentales proyectadas por los seres humanos. Tienen un gran poder radiactivo y dinamizan los éteres del espacio

superiores, cuyas auras se bañan místicamente en sus notas y los cantos que surgen del fondo del corazón de los fieles tienen un gran poder mántrico o invocativo. Así, la figura central del sacerdote oficiante, sea cual sea el tipo de religión que ostente y manifieste aprovechando la riqueza de significados mágicos que ofrece la singularidad de una determinada liturgia, viene a ser en cierta manera el Hierofante que actúa como Agente integrador en las Iniciaciones de la Jerarquía, aunque salvando naturalmente la enorme distancia que separa ambas evoluciones espirituales y teniendo en cuenta que el principio de ordenación del proceso y la ejemplaridad del método no varían fundamentalmente. Hoy día se nos habla esotéricamente de «Iniciaciones en Grupo», y puede suponerse, utilizando como siempre la analogía, que tales Iniciaciones tendrán lugar en ciertos Templos o Recintos Sagrados de la Jerarquía, que los fieles serán los discípulos mundiales debidamente probados en el fuego del desprendimiento y sacrificio de sus personalidades y que el Sacerdote Oficiante será el CRISTO, el BUDHA o el propio SEÑOR DEL MUNDO. Esto sólo para que tengamos una idea del sentido de participación espiritual en el proceso invocativo de Fuerza Cósmica, ya sea desde el Centro místico de la humanidad o desde los misteriosos Retiros de la Gran Fraternidad Blanca del Planeta.

L. Formas angélicas de la liturgia religiosa

[EDF, p. 146] Siguiendo el proceso escalonado que hemos ido señalando desde el principio, vamos a analizar ahora las formas específicas que se crean en el éter bajo los efectos mancomunados de la Ceremonia Litúrgica y de la Intervención Dévica o Angélica:

1. Formas Etéricas, hasta cierto punto densificadas, creadas en el interior de los templos por los mantras, perfumes, cantos y tañidos de campana.

Pueden ser observadas durante el curso de una ceremonia litúrgica flotando en el interior del templo y adoptando los colores característicos de la energía particularmente invocada. Envuelven, por así decirlo, el espacio vital del templo y llenan el ambiente de una cualidad mística de recogimiento y de silencio, introduciéndose en el aura etérica de los fieles, propiciándoles para las cualidades místicas del misterio que intenta revelarse. No tienen forma humana; son más bien nubes brillantes, suspendidas en todos los ámbitos del templo, que se desplazan constantemente, siguiendo las orientaciones ritualistas del ceremonial que está llevándose a cabo. No obstante, no se trata de «fuerzas ciegas», ya que, según hemos podido observar, extremando la visión, puede percibirse en el interior de estas un grupo de entidades dévicas de la categoría especial de los SILFOS que cuidan, al parecer, de substanciar el éter del recinto en donde tiene lugar la ceremonia y de mantenerlo «en suspensión» en forma de nube para que sirva de vehículo de expresión de fuerzas superiores de carácter espiritual.

2. Formas Etéricas observadas en el interior de los templos por efecto de la persistencia y asiduidad de las ceremonias litúrgicas.

Adoptan en general la figura de los templos o lugares de culto en donde se realizan las ceremonias, aunque de más amplias proporciones, a veces hasta diez veces más que el de la estructura externa de los mismos, surgiendo de las cúspides de las torres y creciendo proporcionalmente de acuerdo con un proceso eminentemente científico. Sea cual sea la religión organizada que utiliza sistemas definidos de culto, los templos poseen siempre está «aura protectora», la cual vibra intensamente y aviva sus colores específicos cuando son tañidas las grandes campanas situadas en los elevados campanarios, ya que, según hemos dicho en páginas anteriores, las campanas emiten el O.M. sagrado. Esta es su misión, y según sabemos esotéricamente, las primeras campanas fueron construidas por los grandes sacerdotes atlantes tomando como modelo de estas la laringe humana, la única dentro del plan de evolución de la Naturaleza que puede pronunciar este sagrado Mantra solar.

Las formas etéricas externas de los templos son curiosamente sutilizadas cuando en el interior de estos se ejecuta música religiosa, singularmente a través de los mecanismos de viento de los ORGANOS, cuyas vibraciones producen ciertos definidos estímulos en el éter que son canalizados por una especie particular de silfos, denominados esotéricamente «transmisores de la música». Los cantos religiosos realizados por grupos escogidos de cantores con buena voz, dotes musicales y fe religiosa producen estímulos parecidos en el éter, aunque más potentes que los señalados anteriormente, pues no hay que olvidar nunca que «la voz humana» es el instrumento único, cuando está perfecta y adecuadamente afinado, para emitir los sonidos perfectos de la Creación. Son de remarcar a tal efecto las palabras de «LUZ EN EL SENDERO»: «Antes que el hombre pueda hablar en presencia del MAESTRO tiene que haber perdido toda posibilidad de herir.» La perfección del lenguaje está estrechamente vinculada con la absoluta inofensividad del corazón humano; de ahí la importancia que se le asigna esotéricamente al silencio de palabras, de deseos y de pensamientos cuando el aspirante espiritual ha de ser introducido en «la Antesala de los Misterios» y en la que místicamente ha de penetrar, y de la cual no podrá salir a la búsqueda de la Iniciación en tanto no haya logrado superar hasta cierto definido punto la irresistible tendencia a «hablar», desear y pensar bajo el incentivo de las cosas superficiales.

Las campanas, si están bien construidas y afinadas, emiten un tañido puro que atrae a los devas del aire, y utilizando sus mágicas vibraciones construyen alrededor y por encima del templo una poderosa forma psíquica que lo envuelve y circunda, creando un vacío protector en el espacio dentro del cual pueden expandirse las energías de la fe, de la complacencia mística y de la devoción que emiten los fieles durante el curso de la ceremonia litúrgica.

3. Formas Astrales creadas por los Devas superiores siguiendo el proceso espiritual de toda verdadera liturgia religiosa.

Todo ese tipo de formas se basan en el sentimiento religioso, en la fe, en la devoción, en la fuerza de las plegarias y en los ardores místicos y reverenciales. Suelen estar potentemente polarizadas con la energía del Sexto Rayo y producen en el templo aquel ambiente inconfundible de paz y de recogimiento. Se trata de formas angélicas muy similares a las humanas, aunque matizadas de cualidades y colores que no poseen todavía las auras astrales de los seres humanos. Los Ángeles que presiden estas formas proceden —según sea la calidad del culto del cuarto o del sexto subplano del Plano astral y llevan con su presencia el espíritu religioso de quietud y de silencio que suele observarse en el interior de los templos y lugares de oración. Secundados por huestes de devas menores, estos Ángeles son «transmisores externos de las energías internas», que son liberadas en los momentos cruciales del culto, dinamizando con su poderoso estimulo las nubes etéricas que habitualmente flotan en el interior de las iglesias, templo o lugares en donde periódicamente se realizan ceremonias litúrgicas. Hay así un estrecho vínculo establecido entre los devas astrales y los devas etéricos en todo tipo de manifestación humana, y hay que contar naturalmente con el estado de ánimo de los fieles asistentes a las ceremonias religiosas durante el proceso escalonado de la liturgia para determinar resultados de carácter realmente espiritual y no simplemente astral, pues la categoría o evolución de los Ángeles que son invocados e intervienen en todo tipo de ceremonias o rituales religiosos dependerá principalmente de la evolución interna de los congregantes o asistente, así como a la calidad espiritual del sacerdote oficiante. No olvidemos que «los ángeles transmisores», etéricos o astrales, son simplemente unos canales de distribución de energías más sutiles y elevadas.

4. Ángeles de elevada integración en varios niveles, funciones y Jerarquías, que atentos al clamor invocativo de la liturgia responden a la misma con poder espiritual.

Se trata de poderosos Agentes Espirituales del Bien Cósmico y se encuentran por doquier inundando el aura planetaria de sus beneficiosas influencias. Habitan corrientemente en el cuarto subplano astral, el cual está misteriosamente sintonizado con el Plano Búdico, y desde allí proyectan las energías del Bien con destino a nuestro planeta. Pertenecen, por la línea de Rayo, a los AGNISURYAS, pero son de evolución muy superior a los Ángeles de esta categoría que operan en los niveles astrales del Sistema Solar. Guardan más bien una cierta relación analógica con los BUDHAS de ACTIVIDAD, o Señores KUMARAS, en el sentido de que son también transmisores de energía venusiana. Puede decirse, sin embargo, que algunos de estos poderosos Ángeles del Bien son Agentes Colaboradores del Señor BUDHA recibiendo de este bendito Ser energía extraplanetaria procedente del Cuarto Subplano Astral Cósmico con destino al Plano Astral de nuestro mundo, motivando con ello las grandes eclosiones del Sentimiento creador, las más bellas obras de Arte y la más sublime y exaltada Música.

De acuerdo con la calidad de la Liturgia y de la devoción de los fieles, estos Ángeles liberan energías espirituales y las mantienen en suspensión sobre el sacerdote oficiante en las ceremonias litúrgicas, aguardando su momento solemne y culminante para «derramarlas» a través del mismo sobre todos los congregantes al culto, fundiéndoles en un lazo de amor y de unidad que, en forma de energía causal, penetra en el corazón de cada uno llevándose algo de egoísmo y reemplazándolo por un poco más de amor y de comprensión. Nos referimos naturalmente a los efectos de la verdadera liturgia o ceremonia mágica, en la cual el sacerdote, los fieles y los Ángeles en sus distintas expresiones están perfectamente identificados e integrados. Han de constituir, hablando en un sentido geométrico, un triángulo equilátero perfecto a través del cual puedan los Ángeles superiores liberar y proyectar las energías cósmicas del Bien, las cuales sólo pueden responder, debido a su elevada vibración espiritual, a las motivaciones de amor, de belleza y de armonía que surgen de los centros individuales humanos y dévicos que normalmente deberían estar presentes en cualquier actividad realmente mágica o litúrgica.

L. Formas angélicas de la liturgia religiosa

Podemos decir también que las ceremonias litúrgicas fueron iniciadas en las primeras edades de la vida humana, cuando el hombre no poseía todavía inteligencia creadora y se limitaba a vivir en forma externa, constituyendo parte del drama místico de la Naturaleza, pero sin intervenir inteligentemente en el mismo. Lo único que poseía interés particular para él en sus fases primarias de existencia y le atraía poderosamente hacia las alturas era el Sol físico, del cual recibía los dones benéficos de la Vida. Las primeras liturgias que inconscientemente practicaron los hombres como grupo fue el culto sencillo y humilde de reverencia al astro rey. Transcurridas las edades que marcan los ciclos de la evolución, nuevamente el Sol es el centro místico de la liturgia, pero ahora el hombre comprende, aunque sólo en parte, el Misterio o Drama Solar que se verifica en la Vida indescriptible del Logos Solar, y utilizando una liturgia inteligente y llena de simbolismos, trata de penetrar en el secreto oculto del Corazón Místico del Sol, en donde constante e ininterrumpidamente se liberan las energías de la Paz, del Amor y de la Buena Voluntad con destino a todos los seres de la Creación. La liturgia, en este caso, ha rebasado el concepto meramente físico del Sol, que constituía el centro de interés mayor para el hombre primitivo y ha penetrado en los niveles astrales superiores. Allí, en aquellos niveles, se halla —ocultamente hablando— la Fuente mística de donde brota el «agua, de más abundante Vida», símbolo de perfección espiritual para los verdaderos aspirantes espirituales del mundo.

Los Ángeles superiores del Plano Astral que colaboran con los Agentes Espirituales del Bien Cósmico adoptan las forma y los colores correspondientes al desarrollo de la liturgia y se les ve «flotar» por encima de los fieles, inspirándoles sentimientos de paz y de recogimiento y redimiéndoles de la substancia astral negativa centralizada en el centro del plexo solar a medida que el proceso de la liturgia avanza en un sentido cada vez más integrante, incluyente y objetivo.

Con respecto a los Ángeles Agentes del Bien Cósmico, sólo puede decirse que sus formas son sutilísimas y que para observarles deberá haberse desarrollado previamente la clarividencia mental. En tal caso se percibirá, situadas encima del sacerdote o del oficiante en la ceremonia, a unas esplendentes Entidades Angélicas, cuyas auras irradian unas energías de incalculable dinamismo pese a los delicados colores blanco inmaculado y brillante color amarillo oro que las acompañan. Muchos videntes astralmente polarizados que asisten a las ceremonias litúrgicas celebradas en los templos y lugares de culto habrán percibido, aunque fugazmente, en determinadas ocasiones, a alguno de estos Ángeles del Bien Cósmico y lo han confundido con el Guía Espiritual de la religión de cuya comunidad forman parte, ya sea Buda, Cristo, Krishna o Mahoma. Esto ha suscitado grandes confusiones y dudas dentro de sus corazones, pero a nuestro juicio, y dejando de lado estos pequeños errores de interpretación que progresivamente irán corrigiéndose, consideramos útil y conveniente que los fieles de todas las religiones del mundo establezcan contactos místicos con estos Ángeles superiores, los cuales, por su naturaleza búdica de unidad, utilizan indistintamente todas las posibles formas de liturgia religiosa para introducir el principio de la Paz y de la Fraternidad en el corazón de los seres humanos que sinceramente invoquen el Poder infinito de la Divinidad.

M. Las formas mentales de las ceremonias mágicas

Los ángeles y las formas mentales de las ceremonias mágicas creadas en el éter por efecto de las ceremonias mágicas y ritualistas que celebran las sociedades ocultas o místicas y escuelas esotéricas de entrenamiento espiritual de los discípulos mundiales.

[EDF, p.152] Las Ceremonias mágicas o litúrgicas que periódicamente celebran las llamadas «Sociedades Secretas», tales como la Masonería, la Fraternidad Rosacruz, la Orden Mística de los Templarios, etc., y aquellas otras llevadas a cabo por las Escuelas Esotéricas de Entrenamiento Espiritual y Centros de Raja Yoga bajo formas de «meditación oculta» son altamente beneficiosas desde el ángulo de vista de la evolución planetaria, pues permiten la invocación de energías superiores procedentes del Plano mental y la efusión de energía causal de la Jerarquía por medio de los «Ángeles Solares». Las formas mentales construidas por la utilización del poder esotérico de la mente constituyen núcleos de energía espiritual y normalmente son símbolos geométricos de alta significación oculta que pueden ser atraídos al aura de tales grupos y sociedades volviéndola magnética y radiante.

Las ceremonias ocultas tienen carácter meditativo y adoptan ciertos símbolos geométricos llenos de dinamismo creador como agentes de invocación, siendo dirigido el proceso mágico de la liturgia por el poder mental y no por la fe emocional. Esto hace posible que ciertas energías que normalmente se hallan en suspensión en los niveles mentales y espirituales puedan ser puedan ser atraídas hacia aquellos centros invocativos y los dinamicen con nuevos y más poderosos impulsos. Según sabemos ocultamente, las Sociedades secretas dignas de tal nombre, las Escuelas Esotéricas de Entrenamiento Espiritual y los Grupos de Integración Mental constituidos por discípulos mundiales pertenecientes a algún definido Ashrama de la Jerarquía, se hallan bajo la supervisión directa del Adepto Maestro MORYA, Chohán del Primer Rayo e impulsor en nuestro planeta de las energías extraplanetarias esotéricamente reconocidas como de «Voluntad hacia el Bien» y conteniendo el indomable Propósito del Logos Solar de SER y de REALIZAR.

Parte II. La estructuración dévica de las formas

El tema de las Sociedades Secretas adquirirá cada vez más importancia desde el ángulo de vista de la Magia Organizada en nuestro mundo, por efecto de la entrada en actividad de las energías del Séptimo Rayo. Este, junto con el Primer Rayo, constituyen el Alfa y el Omega de la Creación Universal, rigiendo ambos el principio místico de «coparticipación de las Energías» que origina toda posible objetividad espiritual en el seno de la materia y tienen la misión de manifestar la Voluntad de Dios en el Plano Físico por medio del proceso dinámico de la Magia Organizada, es decir, litúrgica o ritualista, mediante la cual todo ser humano puede convertirse virtual o sacramentalmente en un Sacerdote oficiante, plenamente integrado en el sentido espiritual y capacitado, por tanto, para «invocar Fuerza Cósmica» con destino al planeta. Sin embargo, es necesario tener en cuenta que las verdaderas Sociedades Secretas y Escuelas Esotéricas son escasas, raras y muy difíciles de encontrar. Con respecto a ello habrá que decir que, debido a las persecuciones de carácter religioso sufridas a través de los siglos y a la falta de integridad espiritual en sus componentes, son pocas las Escuelas Esotéricas y Sociedades Ocultas que merezcan la atención de la Jerarquía Planetaria. Hay, no obstante, una «gran expectación» desde el ángulo interno a la espera de que entren en actividad las energías del Séptimo Rayo a fin de que mezclándose con las del Primero, actuante ya en algunos reconocidos centros esotéricos del mundo, produzcan el divino revulsivo que ha de conmover las bases místicas de tales sociedades y corporaciones ocultas y hacer surgir del centro de las mismas, con el suficiente dinamismo, «nueva sangre y nueva Vida», para poder afrontar el tremendo reto que les impone la Nueva Era de acuerdo con las circunstancias que progresivamente van adueñándose de la vida silenciosamente invocativa y expectante de la humanidad.

En este *Tratado* no es nuestra intención introducirnos en el estudio de las Escuelas secretas y Sociedades ocultas, ya que lo que pretendemos únicamente, es estudiar las Formas Angélicas actualizadas a través del alma espiritual de la humanidad utilizando no importa qué tipo de ceremonias o fórmulas de liturgia.

En el caso de las Sociedades secretas y Escuelas Esotéricas de entrenamiento espiritual que hemos venido mencionando, y que lógicamente no son las únicas existentes en el mundo, hay que tener en cuenta —tal como dijimos anteriormente— que las invocaciones que promueven son particularmente poderosas por venir inspiradas dinámicamente por el poder del Primer Rayo y porque los Ángeles que responden a las mismas vienen cualificados por el trepidante dinamismo del Quinto Plano Cósmico, cuyo reflejo en nuestro Universo es el Plano Mental, o Cuerpo Mental del Logos Solar. Hay razón, por tanto, de prestarle una muy particular atención a las fórmulas invocativas utilizadas por estas Sociedades ocultas de carácter espiritual, pues, según sabemos esotéricamente, constituyen los anclajes de la Fuerza espiritual que se proyecta desde los Centros Ashrámicos de la Jerarquía con destino al aura mental de la humanidad, produciendo el despertar de la visión interna y la orientación definida de las almas hacia la Luz divina que brilla en lo más secreto e íntimo del humano corazón. Por lo que hemos podido comprobar, tales Formas tienen un carácter eminentemente simbólico y adoptan en el espacio toda clase de figuras geométricas, dotadas de refulgentes colores, gráciles movimientos y un gran poder inspirativo. Tras estas figuras es posible apreciar, cuando la evolución espiritual lo permite, a los grandes Ángeles que rigen con singular maestría el mundo de la mente, ya que de manera misteriosa constituyen el fuego que la rige, condiciona y cualifica. Se trata de unos Ángeles de categoría muy especial y están entrañablemente vinculados a la evolución de la gran familia humana. En la «DOCTRINA SECRETA» son denominados «Ángeles Solares» y, según se nos dice, esotéricamente poseen conciencia cósmica, es decir, que son unos Iniciados de todos los grados. Se nos dice también que su perfección proviene de un Universo anterior, estando misteriosamente unidos a los seres humanos en virtud de «un voto inquebrantable» formulado ante el propio Logos Solar y que consiste en «permanecer al lado de los hijos de los hombres hasta el momento culminante en que, habiendo alcanzado éstos la Liberación, puédase penetrar en el Nirvana». Los Ángeles Solares son virtualmente los impulsores de la evolución de las Mónadas Espirituales que realizan su evolución en el Reino humano, y su trascendental resolución de permanecer al lado de los hombres para acelerar el proceso de evolución del Cuarto Reino es un secreto iniciático que oportunamente será revelado. Hay Ángeles Solares en todos los Rayos, y, debido a que por su íntima cualidad de Adeptos poseen «conciencia jerárquica», están vinculados con la obra de la Jerarquía planetaria y contribuyen con su valiosa e indescriptible cooperación al desarrollo del Plan que lleva adelante el Logos de nuestro Esquema Terrestre. Pues bien, un grupo especial de Ángeles Solares del Primer Rayo vivifican con la Luz de sus vidas radiantes los dinámicos impulsos que surgen de los grupos esotéricos, sociedades ocultas y escuelas de entrenamiento espiritual y los convierten en figuras geométricas dotadas del suficiente poder invocativo como para convertirse en centros magnéticos de atracción mental para todos los seres humanos, cuyas mentes, siguiendo los sagrados impulsos internos, ascienden por encima de los pensamientos concretos e intelectuales y buscan el camino de la Intuición espiritual que tales formas geométricas señalan.

Formas creadas en los distintos subplanos del Plano Mental por las invocaciones o meditaciones de los seres humanos.

Como dato preliminar debemos hacer una distinción entre la meditación propiamente dicha y la oración o plegaria. La meditación es de tipo mental y se realiza por medio del centro AJNA, en tanto que las oraciones y plegarias son de carácter emocional y se realizan utilizando el centro del PLEXO SOLAR o el Chacra CARDIACO, según sea la evolución espiritual de las personas que las efectúan. Hecha esta aclaración, sólo habrá que añadir que las meditaciones humanas serán tanto más potentes y efectivas cuanto más elevado sea el nivel desde donde son realizadas. Esto nos llevará por analogía a considerar el aspecto jerárquico o evolutivo que encubre esta idea, ya que es la evolución mental de los seres humanos la que les sitúa automáticamente en el nivel requerido de meditación o invocación mental y no la voluntad individual o el llamado libre albedrío. Deberemos deducir, por tanto, que hay Siete niveles de meditación, correspondiendo cada uno a un subplano determinado del Plano Mental, lo cual quiere significar también que habrá Siete particulares tipos de Formas a ser consideradas desde el ángulo de la observación clarividente, las cuales se extenderán desde las formas kama-manásicas más corrientes a las sutilísimas formas —casi imposible de ser percibidas— del subplano atómico del Plano Mental, en donde se hallan en sus preciosos estuches de esencia espiritual los átomos permanentes mentales de los seres humanos. Hay que tener en cuenta al respecto que las formas mentales, constituyendo una gama infinita de variedades, son condensadas y construidas en cada subplano por la actividad de ciertos Devas, cuya misión es darles forma y consistencia objetiva a los impulsos mentales de los seres humanos, creando así en los distintos subplanos una serie impresionante de zonas «radiactivas» —si podemos utilizar esta expresión— que influyen poderosamente en la vida mental y social de los seres humanos.

La dificultad de percepción clarividente en el Plano Mental es notoria cuando han de observarse las formas geométricas propio tiempo la riqueza infinita de significados que entrañan, teniendo muy presente que a veces la misma forma geométrica tiene un significado distinto cuando se aúna a la percepción clarividente, un muy notable desarrollo de la intuición espiritual. Es obvio que dichas formas deberán ser cuidadosamente observadas y que no deberán ser extraídas consecuencias de inmediato. La observación tendrá que ser realizada muy pacientemente hasta que la luz intuitiva señale de manera absoluta y sin error posible si la forma mental observada es una simple figura geométrica o si es un símbolo mental lleno de espirituales significados.

El símbolo mental y la forma geométrica propiamente dicha son partes consubstanciales de un proceso invocativo llevado a cabo por la humanidad desde el principio mismo de su historia. Son el legado de la experiencia de las edades, y la prodigalidad de Formas geométricas —que son símbolos expresivos de la Vida de la Divinidad, por cuanto «Dios Geometriza»— le indicarán siempre al hábil y paciente observador de la vida oculta de la Naturaleza el grado de evolución mental de cualquier ser humano por la calidad, forma y potencialidad magnética del aura mental que le circunda. Como ya dijimos en un capítulo precedente, hay tres figuras geométricas principales de las cuales se derivan todas las demás que pueden ser percibidas en el aura mental de cualquier persona como factores condicionantes de su evolución interna: el cuadrado regular, el triángulo equilátero y el circulo perfecto. Estas tres figuras constituyen los tres Símbolos máximos de la evolución particular o psicológica de nuestro Logos Solar, el Cual, como sabemos, evoluciona por medio de Tres Universos a fin de cumplimentar los Designios de Su Omniabarcante Voluntad Creadora. En el primer Universo el Logos Solar llegó a la perfección del Cuadrado, es decir, de Su Personalidad Psicológica Inferior. Actualmente, es decir, en este Segundo Universo «en donde vivimos, nos movemos y tenemos el ser», está desarrollando el aspecto AMOR, de Su Naturaleza Divina, y todas las Facultades de Su Alma están centralizadas en la evolución de Su indescriptible TRIADA ESPIRITUAL, simbolizada en la figura geométrica del Triángulo Equilátero, y según se nos dice esotéricamente en el próximo Universo desarrollará el Aspecto Monádico o Esencial de Su Vida Divina, con lo cual cerrará un Ciclo Cósmico de perfección y realizará en su máxima y eficaz expresión la figura geométrica del Círculo perfecto. Estas tres figuras geométricas rigen, por tanto, la totalidad del proceso Logoico de Perfección, pudiendo ser deducidas de acuerdo con la analogía estas posibles relaciones:

VIDA DEL LOGOS	SÍMBOLO GEOMÉTRICO	EXPRESIÓN
Primer Universo	Cuadrado Regular	Personalidad
Segundo Universo	Triángulo Equilátero	Alma
Tercer Universo	Círculo Perfecto	Mónada o Espíritu

RAYO CUALIFICADOR	FACULTAD CREADORA	ASPECTO
Tercero	Inteligencia	Espíritu Santo
Segundo	Amor	Hijo
Primero	Voluntad	Padre

Tales relaciones pueden ser íntegramente aplicadas al ser humano y a las Entidades angélicas en todas sus posibles jerarquías, habida cuenta que Dios, el Logos Solar, es el Factor indescriptible mente COHERENTE que todo lo abarca, todo lo incluye y todo lo vivifica. Así, de acuerdo con las explicaciones antecedentes deberemos apreciar en los símbolos geométricos del Cuadrado, del Triángulo y del Circulo una potencialidad realmente magnética y trascendente cuando el hombre pueda utilizarlos en forma inteligente e inspirado por la buena voluntad del corazón. Bastará decir al respecto que el modo habitual de pensar de cualquier persona es cualificado espiritual y psicológicamente de acuerdo con el poder que emana de las figuras del cuadrado, del triángulo o del circulo, grabadas en su aura mental y que «flotan» etéricamente a su alrededor, siéndole fácil al clarividente entrenado deducir la evolución espiritual de cualquier persona por la cantidad y calidad de los cuadrados, de los triángulos y de los círculos que pueden serle apreciados en su aura magnética. Es lógico pensar, por tanto, que el entrenamiento espiritual, utilizando el proceso científico de la meditación oculta de contacto con el Ser superior o Ángel Solar, se basará en la utilización inteligente de las formas geométricas antes descritas como motivos substanciales de perfección. La visualización del Cuadrado ofrecerá integración de los vehículos de expresión personal: el cuerno físico, el vehículo etérico, el cuerpo astral y la mente inferior. La visualización del Triángulo equilátero ofrecerá la oportunidad de establecer contacto con la mente superior y con el Ángel solar y la visualización del círculo perfecto ayudará a establecer contactos trascendentes con los aspectos monádicos centralizadores de la Presencia Divina en el corazón del hombre. Todo el proceso acompañado naturalmente de un profundo sentido de los valores humanos, de una mente muy perspicaz y un gran amor hacia la humanidad.

Por otro lado, respecto a la singularidad del proceso invocativo o meditativo, cada forma geométrica realmente simbólica irradia un color y emite un particular sonido y que la infinita combinación de tales sonidos, colores y formas geométricas dan razón de la increíble cantidad de elementos psicológicos que adornan a la humanidad en cualquier momento cíclico de su evolución planetaria. Buscando las relaciones que existen entre los seres humanos y la Divinidad creadora podríamos establecer las siguientes relaciones:

VEHÍCULO HUMANO GEOMÉTRICA	ASPECTO PSICOLÓGICO	FIGURA
Cuerpo Físico	Subconciencia	Cuadrado
Cuerpo Emocional	Conciencia	Triángulo
Cuerpo Mental	Supraconciencia	Círculo

CUALIDAD MEDITATIVA	FACULTAD	EXPRESIÓN SUBJETIVA	FINALIDAD
Concentración	Memoria	Instinto	Integración
Meditación	Entendimiento	Intelecto	Relación
Contemplación	Voluntad	Intuición	Síntesis

En la línea de estas relaciones podríamos extendernos hasta el infinito, pero lo dicho será suficiente para que nos demos cuenta de la importancia de los símbolos y de las figuras geométricas que concurren en el proceso de la evolución de los seres humanos a través de las edades y dan idea de la calidad de los Ángeles que les asisten en tal proceso. Quizá sería de utilidad que estableciésemos una nueva tabulación incluyendo en ella a las Entidades Dévicas relacionadas con los símbolos geométricos principales y a los Elementales Constructores que secundan su labor en el proceso evolutivo. Por ejemplo:

Parte II. La estructuración dévica de las formas

FIGURA GEOMÉTRICA	MECANISMO	EVOLUCIÓN HUMANA
Cuadrado	Físico	Personalidad
Triángulo	Emocional	Alma
Círculo	Mental	Mónada Espiritual

EVOLUCIÓN	ÁNGELES	ELEMENTALES CONSTRUCTORES
Cuaternario	AGINSCHAITAS	Espíritus de la Naturaleza
Tríada Espiritual	AGNISURYAS	Los Señores del Deseo
Aspecto Monádico	AGNISHVAITTAS	Los Ángeles de la Mente

Ahora se podrá pasar, de acuerdo con estos datos, a examinar las formas geométricas o símbolos espirituales que surgen de las «deliberadas meditaciones», es decir, científicamente controladas por el individuo y persiguiendo una finalidad de Síntesis.

Quizá antes debemos explicar la sutil distinción que existe entre una forma geométrica aparecida en el plano de la mente y el símbolo arquetípico de una idea. En el primer caso, y debido al escaso poder de atención, observación y calidad mental que posee el ser humano —a pesar de las instrucciones y ayuda de los Ángeles—, las formas geométricas que puede percibir a su alrededor y a través de su aura mental son irregulares, imperfectas y sin apenas color y radiación magnética. Son las formas más corrientes y las principalmente perceptibles en la mente por su irradiación durante el proceso de la meditación. Como dato curioso extraído de nuestras propias observaciones, podemos decir que una persona perfectamente integrada en sus impulsos, tendencias e inclinaciones físicas ve aparecer en su aura mental pequeñas formas geométricas de cuadrados perfectamente regulares y de vivos y variados colores, los cuales dependerán de sus estados de conciencia. Si se observa a una personalidad humana que añade a esta integración física cualidades morales y un alto refinamiento psicológico, se percibirá en su aura magnética una cantidad increíble de diminutos triángulos equiláteros, los cuales se suman a los cuadrados ya construidos constituyendo una impresionante variedad de formas geométricas de fúlgidos y brillantes col6res; pero si a estas cualidades antes descritas se le añade una perfecta integración espiritual, como en el caso de los discípulos avanzados y los Iniciados, entonces el espectáculo del aura magnética será sencillamente impresionante, pues a las figuras anteriormente señaladas se le agregan una serie incalculable de pequeños círculos refulgentes como soles, estableciéndose como consecuencia nuevas y más expresivas combinaciones geométricas. La sutil distinción entre una figura geométrica, tal como aparece en un espacio tridimensional, y los símbolos espirituales formados por bellas y perfectas combinaciones de formas geométricas, tal como son percibidas en los niveles superiores del Plano Mental, sólo pueden ser establecida por un observador altamente cualificado, capaz de leer en cada uno de los símbolos sus significados esotéricos y mágicos. Es interesante remarcar aquí que cada símbolo verdadero —y no cualquier tipo de figura geométrica— puede descomponerse en una impresionante cantidad de ideas, de la misma manera que una idea puede descomponerse en una multiplicidad de pensamientos. La forma más fácil de llegar a la perfecta interpretación o intimo significado de un símbolo sería quizá «reducir la mente a su más simple expresión», dejándola «vacía» de los ordinarios pensamientos e imágenes conocidas, y a partir de esta aparente «nadencia» reflejar en la mente por vía intuitiva el grado de sabiduría o de conocimiento perfecto asignado a aquel símbolo por la propia Divinidad. Esto nos llevaría a analizar por analogía los principios sagrados del lenguaje dévico y el que utilizan los grandes Iniciados, que emplean preferentemente símbolos en vez del lenguaje corriente, teniendo en cuenta que el símbolo posee el valor inapreciable de la Intención y que la Idea representa sólo la cualidad de esa Intención, aunque reflejada o expresada en la prodigalidad de pensamientos que puede surgir de cada una de las Ideas.

Llegados a este punto, y habida cuenta de que nuestro propósito en este *Tratado* es clarificar lo mejor que nos sea posible la espiritual vinculación del Reino humano y del Mundo de los Ángeles, tenemos que expresar que una de nuestras grandes sorpresas al tratar de averiguar el significado esotérico de los símbolos que los Ángeles introducían por vía del éter en la mente humana fue el descubrir que las raíces del lenguaje articulado de la humanidad se hallaban precisamente en aquellos símbolos. Dichos símbolos eran precisamente los medios de comunicación de los Ángeles entre sí, cuyo lenguaje —contemplado en distintos niveles de expresión— es esencialmente geométrico y simbólico, aunque dotado de una profusión de formas y colores de cada vez más rara e incomprensible belleza, a medida que la percepción del observador clarividente va ascendiendo internamente y alcanzando más altos niveles de integración espiritual. Quizá esta idea puede aclararnos las sutiles motivaciones de la mente humana que ha llegado a un punto en que, «desgastada por la acción de las edades», reduce su volumen y paradójicamente «extiende su dimensión», llegando a un estado perfectamente NEUTRO, a ese punto CERO infinito perdido en la inmensidad del Cosmos, a partir del cual los pensamientos ordinarios y superficiales han desaparecido de la mente, siendo reemplazados, tras el espontaneo proceso de una maravillosa ALQUIMIA espiritual, por la comprensión esotérica del significado de los símbolos. Ello presupone la introducción en un nuevo mundo de altas y secretas concepciones en donde el SÍMBOLO tiene perfecta identidad y es reconocido sin dudas como la base mística de la Creación, por cuanto DIOS es el GRAN GEOMETRA DEL ESPACIO y el SÍMBOLO será siempre una figura geométrica encarnando los Propósitos y las Ideas que surgen de la Mente de la Divinidad. Y, naturalmente, la comprensión exacta e intuitiva de los SIMBOLOS nos llevará indefectiblemente y por analogía a la comprensión y reconocimiento de las Entidades que encarnan dichos Símbolos, es decir, los Ángeles, los Devas, los Moradores del Espacio, con los cuales, si nuestro grado de integración espiritual lo permite, podríamos establecer profundas e íntimas relaciones de fraternal amistad y descubrir progresivamente el secreto místico de su universal lenguaje. La aclaración de este punto nos ayudará a comprender la importancia de las meditaciones humanas cuando son realizadas con pureza de intención y elevado sentido espiritual, es decir, sin pretender beneficios de tipo personal, ya que la MEDITACION, considerada desde el nivel angélico, es un Acto de Ofrenda, de Servicio y de Sacrificio, habida cuenta de que los Devas mentales utilizan los impulsos creadores de la mente para construir las adecuadas formas geométricas. Estas formas, «suspendidas sobre los ambientes sociales del mundo», promueven el desarrollo social o comunitario de la Raza y establecen las bases de su futuro bienestar. Este es realmente el significado esotérico de la Meditación Oculta — tal como es enseñada y practicada en las verdaderas Escuelas Esotéricas— y esta es la enseñanza mística que los Ángeles están tratando de llevar al mundo en los inicios de esta Nueva Era que ya hemos empezado a vivir. Puede decirse con toda seguridad que los individuos que «meditan» pensando únicamente en los beneficios individuales que la misma puede aportarles sólo manipularán formas geométricas llenas de cuadrados irregulares, es decir, formas negativas de pensamiento agrupadas en torno al interés egoísta de la personalidad. Sin embargo, a medida que prosiga la tarea meditativa y el alma espiritual va siendo contactada, el interés meditativo se desplazará lentamente hacia el «interés comunitario», hacia el grupo mayor constituido por la humanidad con toda su infinita proyección de necesidades... Más adelante, el alma del aspirante espiritual recibirá las inspiraciones e instrucciones que le enviará su Ángel Regente en el Plano Causal y su visión de las cosas, así como los verdaderos motivos de la Meditación aparecerán ante su atenta visión como un Mandato supremo al cual inexorablemente habrá de adaptarse y conformarse, para llegar finalmente a un punto en el que puede enfrentar «cara a cara» —tal como esotéricamente se dice— a su ÁNGEL SOLAR, Señor de su vida y de su destino, y ya desde aquel momento sabrá el alma humana por visión directa y sin deformaciones mentales el valor infinito de los SÍMBOLOS, la CUALIDAD de las IDEAS y el sentido real de todos y cada uno de los pensamientos suscitados o evocados por la potencialidad de las Ideas. El esfuerzo de la meditación, en un intento de integrar perfectamente el cuaternario inferior, dará como resultado la creación de cuadrados regulares en el aura magnética. El contacto espiritual con el Ángel Solar permitirá la construcción dévica de una profusión infinita de triángulos equiláteros surgiendo como chispas de fuego del aura mental y la entrada en «la corriente iniciática», que el contacto con el Ángel Solar habrá propiciado, deparará la aparición de refulgentes y diminutos soles en toda la extensión de su campo magnético... Así, aun dentro de los límites que le son impuestos al hombre en la vida de la Naturaleza, podremos decir que él, al igual que la propia Divinidad, también GEOMETRIZA, también crea e idealiza dentro de su diminuto universo.

Epílogo

[EDF, p. 221] Esta Segunda Parte de «UN TRATADO ESOTÉRICO SOBRE LOS ÁNGELES» ha intentado profundizar lo más amplia y científicamente que ha sido posible la FORMA de los Ángeles y el Sistema de Estructuración de las FORMAS de la Naturaleza, tal como se presentan a la visión del observador clarividente, dotado de gran percepción mental y lo suficientemente sensible como para captar intuitivamente el significado de las impresiones espirituales procedentes del mundo dévico.

Al autor no le pasa por alto que algunas de las ideas emitidas serán difíciles de ser admitidas por los lectores de mente muy concreta o intelectual. Cree, sin embargo, que si la mente racional posee lógica y un gran sentido común, lo cual es un indicio de que en más de una ocasión se habrá preguntado el porqué de las cosas ante el dilema sometido a su análisis por algún hecho aparentemente indescifrable físico o psicológico, aceptará —siquiera como una razonable hipótesis mental— la idea de unas entidades angélicas, o simplemente de unas energías individualizadas, que en los niveles ocultos de la Naturaleza realizan el «prodigio» de convertir el Éter del Espacio en Substancia material, un «MAGNUS OPUS» de transmutación sin el cual no podría existir forma alguna en la vida del Universo.

En la confección de este *Tratado Esotérico* se han establecido las bases de una nueva Ciencia, que podríamos definir de SÍNTESIS, mediante la cual se acepta como natural y lógica la idea de una Programación Cósmica abarcando la vida de las más esplendentes Galaxias y de los más insignificantes átomos químicos, dentro del marco común de una VOLUNTAD OMNIPOTENTE de naturaleza totalmente indescriptible, pero de la cual todos participamos íntegramente, que decide manifestarse cíclica o periódicamente en Espacio y Tiempo bajo una increíble cantidad de Universos objetivos o Sistemas Solares que arrastran tras de sí una interminable secuela de otros cuerpos celestes menores, tales como los planetas, los satélites y los más insignificantes asteroides. Sin embargo, en la base común de tales creaciones universales hallamos siempre la augusta polaridad ESPÍRITU-MATERIA y la relación entre ambos aspectos bajo la forma de ENERGÍA. El término ENERGÍA, como sistema de relación y de contacto cósmico entre el principio espiritual y el material, puede ser íntegramente aplicado en nuestro estudio a la vida de los Ángeles, prescindiendo por completo de sus particulares jerarquías o grados de evolución.

No pueden ser establecidas las bases de una creación cósmica, universal o planetaria sin contar con el principio mediador de la ENERGÍA, la cual, en su aspecto más sutil, la ELECTRICIDAD DINÁMICA DEL COSMOS, no es sino expresión de la Vida de unas potentísimas Entidades Angélicas que, de acuerdo con «las Voluntades Logoicas de Manifestación», crean las indescriptibles estructuras del Universo, Sus Planos de expresión como revelación de atributos creadores de la Divinidad, y las formas substanciales en infinitos grados de condensación que constituyen los cuerpos organizados de todas las vidas y conciencias «que viven, se mueven y tienen el ser» en el gran océano de Creación Universal.

En el devenir de nuestras investigaciones fuimos gentilmente ayudados por Ángeles amigos de elevada integración espiritual, quienes nos permitieron el acceso a algunos de los misterios ocultos de sus mundos de armonía, introduciéndonos conscientemente en «zonas intermoleculares», esotéricamente descritos como «registros akásicos», donde pudimos observar la creación de las formas de la Naturaleza a partir de algún definido arquetipo causal, o idea divina, y siguiendo el hilo de luz de una acción dévica que se iniciaba con «la percepción de una idea» en ciertos niveles de captación o de registro angélicos y que culminaban en la estructuración de cualquier tipo de forma en la vida de la Naturaleza. Todo aparecía ante nuestra vista tan claro y sencillamente que las investigaciones científicas del hombre moderno llevadas a cabo con ayuda de los más sofisticados instrumentos de percepción nos parecieron increíblemente primarios, lentos e inmersos en el océano de contradicciones que constituye a veces la mente concreta y especulativa del hombre.

La investigación esotérica llevada a cabo en las «zonas intermoleculares» del Espacio nos permitió observar también las maravillosas formas de comunicación dévica, introducirnos en el secreto místico del lenguaje humano, el cual, según pudimos darnos cuenta, es un resultado de algunos de aquellos místicos secretos angélicos revelados en ciertas fases de la evolución humana, siguiendo el trazado del gran triángulo causal del sonido, el color y la forma geométrica.

Epílogo

La resolución de algunos de los misterios relacionados con estos tres elementos nos introdujo en el mundo de los significados mentales, que hasta aquel momento sólo existía como una maravillosa hipótesis en las áreas idealizadas del ser. Fue así como comprendimos el misterio de luz que entraña el término de ANTAKARANA, que una vez que ha salvado las barreras de la mente concreta y penetra en las regiones abstractas por intermedio del Ángel Solar, o Yo superior, ya no culminará jamás, siguiendo sus indescriptibles rutas estelares hasta coincidir gloriosamente en el centro de vida de la Mónada y convirtiéndose potencialmente en un dios, capaz de crear a semejanza de los Logos Solares.

Únicamente suplico atención al contenido de las sucesivas fases de este estudio, una atención reverente que no ha de ser naturalmente hacia el autor, el cual, personalmente, se considera sólo una pequeña pieza dentro de esta programación de ideas universales, sino hacia los excelsos Ángeles que desde los niveles internos guían la evolución de la Raza humana y son sus más directos instructores en el orden de los conocimientos sagrados que a través de las edades fueron impartidos a la humanidad en todos los aspectos de la vida social y en cada una de las fases de su historia.

Vicente Beltrán Anglada

Bajo el Signo de Piscis de 1980

Parte III. Los ángeles en la vida social humana

Prefacio

[AVSH, p. 9] Ésta es la Tercera Parte de *Un Tratado Esotérico sobre los Ángeles*. En la Primera Parte estudiamos las fuerzas ocultas de la Naturaleza, el misterio de la electricidad y los fenómenos geológicos y atmosféricos, iniciando un recorrido cósmico partiendo de la labor universal de los grandes Logos creadores y de las excelsas Entidades Angélicas.

Tal estudio permitió sentar las bases para la Segunda Parte, la ha sido titulada muy intencionadamente *La Estructuración Dévica de las Formas*, ya que toda su temática oscilaba alrededor de las formas dévicas o angélicas de la Naturaleza, desde las de las humildes, aunque importantes, entidades llamadas esotéricamente «elementales constructores», hasta las gloriosas Existencias Angélicas cuya misión o destino es dirigir desde niveles universales más asequibles a la razón humana la evolución de los Planos, de los Reinos, de las Razas y de todas las especies vivientes dentro de los ámbitos de nuestro Sistema Solar. Una de las principales motivaciones de esta Segunda Parte fue el presentar por primera vez quizás en el devenir de los estudios esotéricos, unas ideas sobre el principio místico del lenguaje de los Devas y su directa relación, vía la ley augusta de los sonidos creadores, con el lenguaje que utilizan los hombres de la Tierra. Objetivo muy importante también de la Segunda Parte, *La Estructuración Dévica de las Formas*, fue el estudio de las formas psíquicas creadas en el ambiente planetario por las ceremonias mágicas o litúrgicas efectuadas por todas las congregaciones religiosas del mundo, las Ordenes secretas de carácter iniciático y las escuelas esotéricas de entrenamiento espiritual.

En esta Tercera Parte se tocarán las interesantes temáticas[27] de las Jerarquías Angélicas del Universo, de las vinculaciones humano-dévicas con un estudio de la ciencia de la invocación y del contacto angélico, de la intervención de estos excelsos moradores de los

---

[27] Originalmente incluidas en el *libro* «Las Fuerzas Ocultas de la Naturaleza» (N. del E.).

Parte III. Los ángeles en la vida social humana

mundos invisibles en la vida social del hombre, del misterio implícito en la generación angélica y el destino de perfección de los Ángeles, para culminar la investigación con unas ideas acerca del Ángel Solar, el Yo espiritual del ser humano, y la actividad de los Ángeles en la evolución de los sentidos superiores de la humanidad y su participación en los fenómenos denominados parapsicológicos.

Esta Tercera Parte, titulada *Los Ángeles en la Vida Social Humana*, viene a ser como una síntesis de los dos anteriores, aunque haciendo un énfasis especial en la necesidad urgente de que los seres humanos de cierta comprensión espiritual establezcan contacto inteligente con los Moradores del Espacio, designación esotérica de los Devas en su multiplicidad de especies y jerarquías, con vistas a una síntesis de poder espiritual la cual tendrá lugar si los discípulos, aspirantes y hombres y mujeres de buena voluntad del mundo realizan los necesarios esfuerzos y se ajustan a las correspondientes disciplinas, a últimos de este siglo o a principios del otro.

A nuestro entender, la importancia de las tres partes que constituyen este *Tratado* radica en el hecho de que vienen a rellenar un hueco vacío dentro del estudio esotérico de los fenómenos que se realizan en el éter y cuya causa permanece aún ignorada por la ciencia de nuestros días, tales como la electricidad, la conciencia inteligente del átomo inmerso en una gran comunidad de elementos químicos o las motivaciones ocultas de las manifestaciones parapsicológicas.

La presentación de las entidades dévicas o angélicas en su prodigiosa diversidad como los agentes ocultos de todo fenómeno en la vida de la Naturaleza, geológico, eléctrico, psíquico o espiritual, irradiará una nueva luz hacia la comprensión del mecanismo psicológico que por encima de la voluntad humana, origina en el éter del espacio toda clase de reacciones las cuales se transforman progresivamente en las leyes cíclicas de la Naturaleza con sus perfectos ritmos, cálidas demostraciones del poder creador de la divinidad, en la manifestación natural de todas y cada una de las especies vivientes y en la creación de los ambientes psíquicos o sociales de la humanidad.

Por todos estos motivos consideramos que este *Tratado* —si bien insuficiente todavía para abarcar las inmensas profundidades del maravilloso mundo dévico— serviría al menos para ofrecer una mejor noción del permanente milagro que se realiza en las infinitas oquedades de los éteres universales y planetarios para llevar la magna obra de la evolución, así como estimular a los sinceros aspirantes espirituales del mundo para que dediquen parte de su vida y de sus esfuerzos a establecer un vínculo de amorosa unión con el mundo oculto de los Ángeles, sabiendo de antemano que Estos están aguardando con inmensa simpatía y comprensión, el inicio de estos sinceros y particulares intentos para ofrecer a cambio la inapreciable dádiva de su espiritual inspiración.

Vicente Beltrán Anglada

A. El mundo maravilloso de los devas

[AVSH, p. 13] Una de las incógnitas que surge en la mente del hombre inteligente es quizás la que tiene que ver con aquello que corrientemente solemos llamar fatalidad, hado o destino. Se nos dijo esotéricamente desde siempre que el destino corresponde a la actividad de los Señores del Karma. En unos capítulos de esta Tercera Parte de *Un Tratado Esotérico sobre los Ángeles*, hemos intentado desbrozar algo esta incógnita utilizando el principio de analogía y la intuición superior, lo cual nos obligó a realizar un gran esfuerzo espiritual y no simplemente intelectual para poder remontarnos en conciencia a ciertos niveles de expresión causal y poder extraer de allí algunos significativos argumentos que esclarecían sin duda los orígenes del destino humano, planetario y universal, una idea absolutamente abstracta pero que el investigador esotérico se ve obligado a presentar en forma racional y científica. Algunos de los secretos relacionados con esta idea espiritual del karma tienen que ver con la revelación oculta de los Ángeles y debemos confesar con gran honestidad, que, en el desarrollo de ésta, tuvimos el inmenso privilegio de ser ayudados y recibir inspiración directa de algunos de Estos excelsos moradores del mundo oculto. En ciertos pasajes de este *Tratado* hicimos referencia ya a alguna de estas experiencias particulares de contacto angélico, tratando de presentar a los Ángeles como nuestros hermanos de los reinos invisibles de la Naturaleza, supremos artífices en el arte de la construcción de formas en todos los planos del Universo y rebosantes de simpatía y buena voluntad hacia los seres humanos. A través de tales contactos, tuvimos siempre una visión mucho más certera y científica de lo que en términos esotéricos llamamos procesos místicos, misterios universales, secretos alquímicos, magia organizada y fraternidad cósmica.

Efectivamente, los Ángeles no se limitaron a introducirnos en ciertas áreas desconocidas del mundo oculto, sino que nos explicaron técnicamente y a nuestra manera cómo y de qué manera se producían los hechos y fenómenos de la Naturaleza, fuese cual fuese su plano o nivel de expresión. Así, la comprensión de los mundos invisibles adquirió para nosotros un carácter tan eminentemente científico como el que tiene que ver con la explicación racional o intelectual de cómo la energía de un rayo eléctrico creado en la atmósfera planetaria, puede ser canalizada convenientemente por un simple *pararrayos* — aunque quizás sería mejor definirle «*atraerayos*»— siguiendo el principio eléctrico científicamente reconocido como *ley de puntas* de Faraday, o de la actualización de la energía eléctrica de la luz por medio de una bombilla de cristal con filamento metálico de la cual fue extraído previamente el aire, tal como descubrió Edison. Todo en la Naturaleza es electricidad, energía en acción, fuerzas en movimiento..., una interacción constante entre la vida y la forma a través de la actividad dévica o angélica presente en todas las fases de estructuración, conservación y destrucción del Universo.

Bien, quizás esto lo hayamos dicho ya en otras ocasiones o en otras fases de nuestro estudio, pero interesa observar que la repetición de las mismas cosas no obedece a un equivocado sentido de redundancia o a algún olvido de parte nuestra, sino que la utilizamos como un vehículo de necesidad para que la comprensión de ciertas ideas ocultas se vaya definiendo a través de una multiplicidad de ideas afines, concretas y ya previamente establecidas en nuestra mente. Recomendamos, por tanto, una profunda atención a cada uno de los temas presentados en este *Tratado* con la serena convicción de que en alguno de ellos hallarán Uds. un punto importante o de esencial interés por medio del cual, y sin utilizar otros medios que los del simple discernimiento, podrán abarcar una serie impresionante de significados espirituales y quizás también el aliciente máximo para poder establecer —al igual que lo hicimos nosotros— un contacto verdaderamente significativo e importante con *el mundo maravilloso de los Devas.* Si tales previsiones son ciertas y hallan Uds. en la totalidad del libro algunos de estos puntos ascensionales que los eleve por encima de Uds. mismos y los conecte con la realidad espiritual oculta en todos y cada uno de los seres vivientes, nos sentiremos realmente felices y verdaderamente satisfechos, ya que nuestro interés esotérico y más acendrado anhelo es contribuir de alguna manera al despertar de las almas suficientemente preparadas para dar el siguiente paso dentro de la ordenación jerárquica de la vida, aquel que conduce a las cúspides máximas del ser y permite penetrar vía el cuerpo causal en la gran corriente iniciática.

Parte del gran legado kármico de este *Tratado* persigue esta suprema meta y conscientes de la virtualidad de esta obra jerárquica, sólo pedimos atención y persistencia en el estudio y un gran amor por

A. El mundo maravilloso de los devas

las grandes corrientes de vida divina que procedentes del mundo oculto, deben penetrar silenciosamente en nuestro corazón, desvaneciendo las huellas de un pasado corrupto y haciendo cesar definitivamente los tormentos del deseo esclavizado. Tal es en esencia el supremo objetivo que persiguen los Ángeles y los hombres inteligentes, sabiendo ocultamente que todos estamos vinculados por idénticos motivos divinos de universal perfección.

B. La imaginación y los ambientes sociales

Los devas y la imaginación humana

[AVSH, p.29] Según decíamos en un capítulo anterior (Parte II), *la Geometría es el Andamiaje de la Imaginación.* Según esta declaración, la imaginación humana ha de basarse necesariamente sobre estructuras geométrica definidas si ha de objetivar figuras, ideas o pensamientos, teniendo en cuenta que la calidad de las creaciones de la imaginación dependerá lógicamente de la forma geométrica en que se fundamenta dicha actividad, circulares para las formas superiores de la imaginación relacionadas con propósitos de carácter espiritual, triangulares cuando se trate de expresar cualidades psicológicas, y cuadrangulares cuando se trate de expresar únicamente formas objetivas relacionadas con el mundo físico. De acuerdo con estas tres figuras geométricas fundamentales y con la actividad creativa que compete a cada una de ellas se realiza el entero proceso de la imaginación en la vida humana, pudiendo ser añadido que ningún ser humano carece de imaginación, sea cual sea el nivel espiritual o psicológico en que se mueva, debiendo recordarse que existe una norma general o corriente para aquilatar el valor de las imaginaciones:

- Los individuos de escasa evolución espiritual imaginan formas basadas en la figura geométrica del cuadrado.
- Los aspirantes y discípulos basan sus imaginaciones en la figura geométrica del triángulo equilátero.
- Los seres muy evolucionados y los Iniciados fabrican sus imaginaciones partiendo de la figura geométrica del círculo, la forma arquetípica del Sistema solar.

Si analizamos los tres tipos de imaginación humana con la actividad dévica o angélica, tendremos la siguiente relación:

- Los hombres involucionados utilizan en sus imaginaciones la energía que proviene de ciertos devas constructores a las órdenes de los Ángeles AGNISCHAITAS, integradores, en multiplicidad de jerarquías, del plano físico.
- Los aspirantes espirituales y discípulos utilizan en sus imaginaciones la energía que dimana de los Ángeles AGNISURYAS del plano astral, o psíquico.

- Consecuentemente, los seres humanos de alta cualificación espiritual y los Iniciados fundamentan la actividad de sus imaginaciones en la energía que transmiten los Ángeles AGNISVATTAS, Señores del plano mental.

Naturalmente, de estas relaciones expuestas no deberemos establecer conclusiones demasiado rígidas ni de orden autoritario. Hay que tener en cuenta sobre esta cuestión, que cada plano del Universo contiene siete subplanos y aún que cada uno de tales subplanos está dividido en otras tantas subdivisiones, siguiendo un orden armónico que permite todas las extensiones posibles en cada uno de los niveles de la vida de la Naturaleza. Tengamos presente, sin embargo, que hay líneas naturales de acceso que comunican entre sí a planos y subplanos y que existe una pluralidad infinita de extensiones dentro del espacio vital que ocupa el ser humano en el orden social de la vida. Lógicamente, no podemos circunscribirle dentro de una esfera conceptual constante, sino que hay que admitir que dentro de sí se opera una alquimia de carácter espiritual que le obliga a extenderse constantemente y que, por tanto, las imaginaciones —que son una constante en su vida— estarán sujetas, sin duda, a innumerables e insospechables cambios de ritmo en el devenir de espacio y tiempo, deparándole esta circunstancia campos de expansión imaginativa cada vez más dilatados, es decir, que las imaginaciones meramente físicas evocarán condiciones emocionales o particularidades psíquicas y que el campo emocional, a su vez, despertará ecos mentales que sugerirán en ciertas ocasiones experiencias espirituales de alta trascendencia.

Podríamos decir, esotéricamente hablando, que el campo de la imaginación es absolutamente neutro, ya que las imágenes que surgen o son invocadas durante el proceso imaginativo no son sino energías dévicas circunstancialmente substanciadas que prestan su concurso en los fenómenos psíquicos generados por los sucesivos estados de conciencia humanos. Podríamos deducir, pues, de acuerdo con estas conclusiones, que la imaginación es la expresión un estado de conciencia hecho objetivo por la actividad de aquellas energías angélicas o dévicas, misteriosamente Vívidas y dinámicas en cada porción íntima del espacio o del éter que constituye la esencia de sus vidas. Se trata en todo caso, de una actividad sincrónica humano-dévica mediante la cual el hombre utiliza mecánicamente, la mayoría de las veces, la substancia creadora que surge de sus estados de

B. La imaginación y los ambientes sociales

conciencia y el ángel o deva se limita a registrarlos en el éter en forma objetiva, visible y concebible, creando en el espacio infinito las condiciones apropiadas que armónicamente dispuestas y conjuntadas producirán:

1. Los ambientes individuales
2. Los ambientes familiares
3. Los ambientes profesionales
4. Los ambientes grupales
5. Los ambientes sociales de las naciones

El estudio de cada uno de estos ambientes o efectos psíquicos creados por la entidad humana nos deparará una idea más concreta del significado íntimo de la imaginación y de sus consecuencias en la evolución planetaria en su conjunto.

Veamos:

1. Los Ambientes Individuales

Son la base estructural de la sociedad humana en su conjunto. Se sustenta en la capacidad que posee el hombre de IMAGINAR, es decir, de elaborar estados de conciencia y de transmitirlos al éter o substancia etérica que lo envuelve, cualifica y vivifica. Tales estados de conciencia dependen, tal como vimos anteriormente, de la evolución espiritual de los seres humanos y cada uno de ellos los elabora a partir de un determinado nivel, físico, emocional o mental, siguiendo las leyes universales de vibración. La vibración cualificada, es decir, surgiendo de un centro de conciencia individual, explica científicamente el fenómeno de la imaginación. Es interesante reconocer al respecto que la imaginación es una facultad inherente a la raza humana que el hombre utiliza constantemente, sin que se dé cuenta de ello la mayoría de las veces, pero deberemos admitir que esta facultad inteligentemente aplicada podría constituir la base angular en la creación de los ambientes psíquicos correctos de la humanidad y las grandes avenidas para un nuevo orden social. Podríamos deducir, por analogía, que todas las imaginaciones humanas, correctas o incorrectas, deseables o indeseables, constituyen un poder psíquico que envuelve a nuestro planeta y le da su carácter ambiental, el cual, examinado desde el ángulo oculto y utilizando la visión clarividente, aparece como una verdadera ENTIDAD PSÍQUICA, cuya estructura molecular —si podemos decirlos así— se nutre de las imaginaciones humanas, o sea, de sus estados de conciencia. La comprensión de esta idea orienta la visión hacia los mundos invisibles o subjetivos, de los cuales tan poco sabemos, en el sentido de aceptar como lógica la idea de que la forma psíquica de esta ENTIDAD es una construcción planificada realizada por los Devas superiores de cada uno de los tres primeros planos de la Naturaleza, secundados en Su labor por un increíble número de entidades dévicas menores, las cuales se apropian de las moléculas químicas del espacio afectadas por determinados tipos de vibración humana, las convierten en formas etéricas y las introducen bajo la dirección de los grandes Devas constructores en la estructura molecular de la gran ENTIDAD PSIQUICA PLANETARIA que es el centro místico de todas las imaginaciones humanas.

La persistencia de esta ENTIDAD PSIQUICA, creada conjuntamente por las imaginaciones humanas y las actividades dévicas, constituye un aspecto definido de la regulación del karma de la humanidad, siendo el intermediario causal entre el destino de los hijos de los hombres y la Voluntad inquebrantable del Señor del Mundo y utilizado, por tanto, por los Señores del Karma, Quienes ajustan la balanza de la vida planetaria y de cada uno de los seres humanos de acuerdo con la cualidad de las aportaciones psíquicas segregadas por la imaginación y energizadas por la actividad prodigiosa de los devas que viven, se mueven y tienen el ser en cada uno de los estratos o niveles que constituyen los vehículos de la Vida de Dios en el seno de la Naturaleza. Hay, por lo tanto, una gran analogía entre la imaginación humana y el cumplimiento del karma, teniendo en cuenta que la imaginación obedece a estados de conciencia y que el karma es la medida exacta o representación Vívida de los mismos. Ahí, en este punto, hay una explicación racional, lógica y científica del hecho oculto de que el KARMA es JUSTICIA y de que expresa en todo momento la bondad exquisita de un principio de luz que trata de revelarse en el tiempo, propiciando cada vez más nobles cualidades dentro del corazón humano. Los problemas sociales surgidos del choque de sus estados de conciencia contra el plan organizado de la Vida y formulados en forma de imaginación, podrán ser solucionados un día con solo utilizar creadora y conscientemente la facultad representativa, utilizando para ello *la fuerza mística del corazón* —tal como esotéricamente se dice— para provocar en el ambiente planetario todos los cambios positivos que exige un adecuado y correcto orden social. Es a partir de este

B. La imaginación y los ambientes sociales

punto que puede ser comprendida la idea expuesta hace siglos por Pablo, el Apóstol iniciado, cuando decía: *el hombre es tal como piensa en su corazón*, no mencionando aquí para nada a la mente como centro de las imaginaciones humanas, sino al corazón, el lugar sagrado en donde la justicia divina tiene su secreto santuario y desde donde *evoca y ordena* misteriosamente a las infinitas huestes dévicas para que produzcan todos los ambientes necesarios para la correcta evolución del hombre.

Aun cuando al principio de este interesante tema clasificábamos a la imaginación como física, emocional o mental, no lo hacíamos en el sentido de conceptuarla como creaciones en cada uno de estos niveles, sino para establecer una diferencia de niveles entre los estados de conciencia humanos, es decir, entre grados de evolución espiritual dentro del conjunto planetario de la humanidad. De ahí que al considerar esotéricamente como neutra a la imaginación la incluíamos dentro de un orden completamente nuevo desde el ángulo psicológico, es decir, de canalizadora de estados de conciencia humanos siendo estos los que determinaban, vía al corazón, lo que técnicamente definimos como imaginaciones.

Pero, prescindiendo en todo caso de estos *grados de conciencia evolutiva*, deberemos considerar que cada hombre será, psicológicamente hablando, según sean sus particulares estados de conciencia, es decir, sus imaginaciones, hasta llegar a la lógica conclusión de que cada cual imaginará o efectuará espontáneamente sus representaciones subjetivas u objetivas del ambiente, de acuerdo con sus naturales tendencias psicológicas y aptitudes innatas. Al llegar a este punto hay que tener presente que existen **siete definidas particularidades psicológicas**, marcadas por un determinado tipo de Rayo,[28] de acuerdo con el patrón arquetípico del Universo del cual nuestro planeta forma parte. Estas particularidades psicológicas determinan los siguientes tipos humanos:

- 1er Rayo: El Político, el Líder, apto para gobernar.
- 2do Rayo: El Religioso, el Educativo que ayuda a desarrollar la conciencia humana.

---

[28] Los Siete Rayos son corrientes de vida encarnando las cualidades características de la Divinidad, expresadas por medio de Siete Logos planetarios y a través de los Siete Planos de la Naturaleza.

- 3er Rayo: El Filósofo, que responde a la ley oculta de las formas subjetivas de la Vida.
- 4to Rayo: El Artista, que cultiva la belleza como base de la armonía.
- 5to Rayo: El Científico, que experimenta concretamente en las cosas objetivas de la Naturaleza.
- 6to Rayo: El Devoto, o místico, que en todas las cosas de la Naturaleza ve la mano del Señor.
- 7mo Rayo: El Organizador, o Mago, que trata de apropiarse del Orden creado que se halla oculto en la base del Universo cíclico.

Tengamos presente, al examinar estas definiciones, que cada Rayo es una entidad Dévica que pone en movimiento una corriente definida de Vida universal y que esta corriente de Vida es, al propio tiempo, la expresión psicológica de alguno de los Siete Logos planetarios, Señores de los siete planetas sagrados, los cuales personifican en tiempo y espacio una u otra de las Siete Cualidades Espirituales del Logos Solar, considerando a ESTE, pese a su excelsa naturaleza cósmica, como una Entidad Psicológica en proceso de evolución. Será lógico admitir así, por analogía, que las energías dévicas de los Siete Rayos afectan muy particularmente a la humanidad definiendo los tipos psicológicos humanos, de la misma manera que éstos afectan la cualidad distintiva de sus particulares imaginaciones. El hecho de que nuestro *Tratado* tenga que ver muy especialmente con las vidas angélicas, impide extendernos demasiado acerca de otras muy importantes peculiaridades de los Rayos. Para nuestras investigaciones nos será más necesario establecer una directa relación entre las Siete Jerarquías Angélicas del Universo, portadoras de las energías de los Rayos, e identificarlas con las cualidades psicológicas de cada tipo de imaginación humana, para determinar finalmente la gran hegemonía que existe entre los Ángeles y los hombres y establecer, de esta manera, las bases de una gran fraternidad de relaciones entre las dos corrientes místicas de la evolución solar y planetaria. Tales bases deberían sustentarse lógicamente en los siguientes puntos:

- El reconocimiento de la fraternidad humano-dévica y de los puntos de contacto marcados por la ley de la evolución Solar.
- El establecimiento de los adecuados sistemas de acercamiento de ambas corrientes de vida divina, a través del estudio de los Rayos.

B. La imaginación y los ambientes sociales

- El desarrollo de un proceso mediante el cual la imaginación se convierta en una forma psíquica adecuada a la evolución de los seres humanos, constituyendo lo que técnicamente definimos *los valores sociales del ambiente.*
- La comprensión de que cualquier ambiente, individual, familiar, grupal y social es esencialmente una creación humana. De ahí el conocido axioma esotérico: *El Karma o destino es una creación del hombre.*

El estudio analítico de estos puntos deberá aproximarnos cada vez más al mundo de los Devas y reconocer como válida y substancial la constante psicológica que guía nuestro *Tratado*, en el sentido de considerar que *la energía sigue a la imaginación*, de la misma manera que anteriormente afirmábamos también que *la energía sigue al pensamiento*, aunque estableciendo la diferenciación de que el pensamiento organizador y culto de la humanidad es el factor dinámico que debería conducir la imaginación por el sendero de la rectitud, del orden y de la realización espiritual.

Lo interesante a ser remarcado en nuestra investigación esotérica es el deliberado intento de hallar los puntos de confluencia de las actividades psicológicas humanas con las corrientes de energía de los Devas y establecer, a partir de ahí, todas las relaciones posibles en orden a la claridad y objetividad científica de la cuestión. Habida cuenta de que un ambiente social dentro de la humanidad es el resultado de la suma de muchas imaginaciones humanas *substanciadas* —por decirlo de alguna manera— por las energías etéricas manejadas por los Devas, vamos a ver ahora la manera como estas relaciones son efectuadas:

- Por similitud de vibraciones, o gama de sonidos espirituales, establecidas entre los hombres y los Devas.
- Por radiación cromática, es decir, por los efectos del color en la creación de los ambientes particulares y sociales del mundo.
- Por la belleza de las formas geométricas de la imaginación, la cual condiciona la estructura psíquica de las formas ambientales.

Parte III. Los ángeles en la vida social humana

Como veremos, nos hallamos aquí de nuevo con los tres vértices del gran Triángulo de la Creación Universal, la cual se basa en

- El Sonido   = Voluntad Creadora   **A**
- El Color   = Amor Incluyente   **U**
- La Forma geométrica = Inteligencia Activa   **M**

que hemos ido considerando en varias fases de nuestra investigación oculta. El sistema hermético de establecer analogías nos permitirá seguir adelante con este *Tratado Esotérico sobre los Ángeles* y percibir cada vez más claramente en nuestras vidas individuales, la acción espiritual del Señor del Universo.

La acción particular del hombre en el lugar que ocupa kármicamente en la vasta esfera de la Creación está matizada por el poder espontáneo de la imaginación, por la cualidad del Rayo distintivo de su evolución espiritual y por la calidad del ambiente que sea capaz de crear a su inmediato alrededor y que, de una u otra manera, constituye su aportación —buena o mala— dentro del contexto social del que forma parte, familiar, local, grupal, etc. El ser humano, sea cual sea su particular evolución, contribuirá siempre con sus expresivas a crear el ambiente social del mundo, en todos momentos será un creador capacitado por sus innatas aptitudes y capacidades imaginativas para embellecer la vida en términos de realización, o para afearla y destruirla de acuerdo con las motivaciones provenientes de su arraigada naturaleza inferior.

2. Los Ambientes Familiares

La familia es la base de la convivencia social. Mediante ella el ser humano se capacita para profundizar cada vez más dentro de sí, siguiendo las directrices marcadas por el amor, la responsabilidad y el deseo de bien para los seres allegados. Se basa inicialmente en la ley de polaridad y el hombre y la mujer que la representan en espacio y tiempo constituyen dentro de la humanidad el principio unificador de la familia. Los hijos que nacerán serán la representación genuina del segundo aspecto de la Divinidad, siendo esencialmente su misión la de establecer una armonía constante en el orden dual en que se basa tal polaridad. Que esto se realice o no en el seno de la humanidad en que vivimos, dependerá del grado de evolución del contexto familiar,

B. La imaginación y los ambientes sociales

debiendo tener presente que las familias del futuro —cuya meta reconocida desde el ángulo esotérico es el ser ANDROGINO— deberán pasar previamente por una fase prolongada de perfecta convivencia familiar, dentro de la cual, y a igual que en el proceso de la creación universal, el hombre asumirá la representatividad del Dios-Padre, que la mujer será una digna y perfecta representante del aspecto Madre-Espíritu Santo en la vida de la Naturaleza y que los hijos, sin distinción alguna de sexos, serán genuinas representaciones del equilibrio estable de la Creación que en la cualidad incluyente del Amor, el aspecto Hijo de la Divinidad, tiene en la vida del Universo su expresión más sensible y perfecta.

Bien, todo esto lo sabemos ya y no es necesario insistir sobre el principio de la Trinidad universal, que en el establecimiento de la familia como *modelo social de vida* tiene su más acabada expresión en el seno de la humanidad. Sin embargo, bueno será que examinemos esta idea desde el ángulo oculto y que tratemos de descubrir la actividad de los Ángeles en el desarrollo del proceso social que llevan adelante los seres humanos por medio de la familia. El hacer referencia a la misma desde el ángulo esotérico nos obligará a analizar el proceso desde el campo de observación del individuo y a considerar las circunstancias kármicas que coinciden fatalmente —al parecer— en la unión de un hombre y una mujer sobre la base del matrimonio y en la numerosísima secuela de hechos concatenados que llevan irremisiblemente a aquel punto crucial en la vida de dos seres humanos. Deberemos considerar también, la actividad de los devas que intervienen en el proceso que culmina en una unión matrimonial sin necesidad de remontarnos a causas precedentes que provienen a veces de muy alejadas épocas de la vida planetaria y que, al parecer, constituyen unas constantes dentro de la acción familiar o proceso kármico mediante el cual y sin que aparentemente juegue papel alguno, o quizás sólo muy poco importante, la decisión individual, los hechos y las circunstancias de la vida se suceden de tal misteriosa manera que el matrimonio se convierte en un hecho casi totalmente social y no simplemente un acto de decisión particular del individuo.

En mi libro *La Jerarquía, los Ángeles Solares y la Humanidad* (Editorial Kier, de Buenos Aires), relato un caso *leído en la luz astral* de los acontecimientos planetarios, en el cual aparecen dos seres humanos unidos tan entrañablemente desde el ángulo espiritual que renacieron juntos muchas veces a través de las épocas, constituyendo la mayoría de las veces uniones matrimoniales tan perfectas desde el ángulo de vista social, que en su vida particular eran genuinas representaciones de la trinidad espiritual que rige el Universo. Estos casos naturalmente no son generales y, tal como podremos apreciar en la consideración del ambiente social que nos rodea, la vida familiar es muy imperfecta todavía ya que existen en el seno de esta muchas tensiones emocionales y grandes divergencias de opiniones. Los ambientes modélicos de vida familiar con respecto al ambiente general o social, constituyen fenómenos muy aislados y se hallan todavía en una muy alejada fase de integración en la vida de la humanidad y, desde el ángulo oculto, esta inadaptación a la expresión correcta de la vida familiar constituye un semillero de discordias, desavenencias e incomprensiones humanas que fatalmente y por un proceso de espontánea imaginación son llevadas al éter circundante y convertidas mediante la actividad dévica, a la que anteriormente hacía referencia, en una nube psíquica, obscura y desagradable que se convierte fatalmente en ambiente social. Ahora bien, cuando hagamos referencia a los ambientes familiares del mundo, deberemos tener en cuenta los siguientes factores:

- Participación kármica de dos seres humanos en la elaboración de un hecho social.
- La calidad espiritual de los devas que secundan aquellas decisiones.
- La importancia de una misión social —considerada desde el ángulo oculto— que aquellos dos seres humanos tienen el deber de realizar.

Cada uno de estos tres factores arranca de un tronco común que bien podríamos definir como el *karma de la humanidad*, al cual cada ser humano agrega su pequeña parte. Uno de los aspectos más substanciales del proceso kármico es el matrimonio en el mundo físico, basado en el sentimiento de amor y no en los inútiles convencionalismos humanos. Este sentimiento genera espontáneamente el ambiente familiar ideal. Siendo así, resulta interesante observar desde el ángulo oculto la concatenación de hechos que lleva a dos seres a unir sus vidas en matrimonio y a generar hijos los cuales, a su vez, serán continuadores de idénticos procesos de vida social.

B. La imaginación y los ambientes sociales

Con respecto a la intervención angélica o dévica en la elaboración de las circunstancias que rodean aquel hecho principal, deberemos tener en cuenta constantemente su capacidad de crear situaciones sociales de acuerdo con estados de conciencia humanos y la manera impersonal y armónica mediante la cual ajustan los estados de conciencia o imaginaciones y *un proyecto vital* previamente señalado por los Señores del Karma después de *una cuidadosa lectura de los registros akásicos de la Naturaleza.* Las huestes angélicas en multiplicidad de jerarquías y funciones cumplen con su deber secundario de elaborar situaciones sociales de acuerdo con aquella voluntad kármica que acatan implícitamente, pero que sólo los Ángeles superiores son capaces de comprender. En otras partes de este *Tratado* se ha hecho referencia a una categoría especial de Ángeles que rigen la plasmación de los Arquetipos —o formas ideales de las razas, especies y Reinos de la Naturaleza. Pues bien, dependiendo de éstos y en una categoría muy específica también, hay unos Devas que registran en sus vidas los arquetipos de los hechos y de los ambientes sociales de la humanidad y que mediante un proceso de ajuste realmente incomprensible para nosotros, dignifican en una considerable parte las relaciones humanas entre jóvenes de ambos sexos preparando sus conciencias para aquel tipo de ambiente familiar que preludie un matrimonio perfecto, establecido de acuerdo con el principio del amor y de la recta convivencia.

Estos razonamientos podrán aparecer como románticos o fantasiosos; sin embargo, nosotros los calificaríamos como de muy lógicos, por cuanto resuelven de alguna manera el dilema de aquel gran acontecimiento social mediante el cual dos seres humanos deciden unir sus vidas y vivir juntos en el seno de la sociedad organizada que les rodea.

Con respecto a la calidad de la misión especial que ambos seres humanos deben realizar, la visión exacta de la misma y la capacidad de llevarla a cabo dependerán naturalmente de la evolución espiritual de los mismos, de la calidad de sus estados de conciencia y de su perfecta adaptabilidad a la manera de ser del otro. Debemos decir al respecto que esta calidad espiritual llevada al matrimonio y al plan familiar son tan importantes desde el ángulo de apreciación de la Jerarquía planetaria, que desde hace unos años se ha tratado de vincular el karma individual de muchos discípulos espirituales del mundo a fin de que *coincidiendo en el tiempo*, bajo la forma física de hombre y de mujer, pudieran efectuar uniones matrimoniales correctas que constituyesen un estímulo oculto en el orden social y ayudaran, con su ejemplo, a la creación de unos nuevos vínculos familiares más de acuerdo con la sensibilidad espiritual de la Nueva Era.

3. Los Ambientes Profesionales

Desde tiempos inmemoriales, los Ángeles de las Profesiones[29] han regido un karma específico de la humanidad, el que tiene que ver con la forma como un ser humano desarrolla sus facultades en el plano físico en el sentido del trabajo o de las actividades cotidianas de carácter lucrativo o aquellas otras realizadas como placer o deleite. Algunas de tales facultades provienen del recuerdo subconsciente de vidas pasadas y vienen suministradas por la vibración de los átomos permanentes, físico, emocional o mental; otras se corresponden con ciertas declinaciones astrológicas y manifestadas como habilidades técnicas, en una u otra profesión. Otras, finalmente, son el resultado de un duro esfuerzo contra las tendencias innatas en la lucha por adquirir ciertas habilidades o capacidades profesionales y, desde el ángulo esotérico, constituyen la línea de máxima resistencia impuesta a un ser humano en el devenir de su destino kármico.

He ahí, pues, que las facilidades o dificultades que pueda encontrar un ser humano en el ejercicio de una profesión determinada es el resultado de ciertas previsiones cósmicas de carácter kármico que han de cumplirse radicalmente en la vida social de la humanidad. Es verdaderamente contrastante contemplar al ser humano en el ejercicio de una profesión determinada mediante la cual debe ganarse el sustento, desde el ángulo esotérico. El ambiente psíquico que crea a su alrededor una persona que está a gusto con su trabajo, porque se trata de una declinación astrológica favorable o porque está ampliamente capacitada para ejercerla, contrasta notablemente con el de aquella otra que trabaja a disgusto y sin estímulo alguno de carácter interno. Si consideramos íntimamente ambos casos, nos daremos cuenta de cómo actúan en todos los niveles los Señores del Karma a través de la actividad de los Ángeles de las Profesiones, facilitando la

---

[29] Un grupo de los espíritus guardianes de la humanidad (Parte III-K).

B. La imaginación y los ambientes sociales

tarea a algunos y dificultando enormemente la de otros, para llegar a la consecuencia de que existe algo en la vida de todo ser humano que le facilita o, por el contrario, le dificulta, el éxito en el logro de la estabilidad personal, social y económica.

Si se contempla este panorama desde el ángulo de vista puramente externo, hay motivos suficientes para sentirse terriblemente oprimido al considerar estas tremendas diferenciaciones humanas en orden a oportunidades, capacidades y actividades contradictorias en el aspecto social de las profesiones y habrá muchos que, sin duda, pensarán que Dios no es la Justicia, tal como pregonan aún distinción alguna todas las religiones del planeta, y que habrá suficientes motivos para dudar de su Bondad infinita al contemplar el deprimente panorama de las injusticias humanas que pueden ser observadas desde el ángulo de vista social. Esta concepción externa de la vida ha dado lugar a través del tiempo al fenómeno de conciencia reconocido como *ateísmo* y las personas que piensan de esta manera tienen su absoluta razón ya que, al percibir las cosas desde el plano de las apariencias objetivas y externas, no pueden concebir a una Divinidad de Justicia que otorga a unos lo que les quita a los otros.

Sin embargo, desde el ángulo oculto, las cosas varían enormemente ya que no sólo se acepta el principio de *las causas subyacentes* y le reconoce al ser humano un tremendo poder de decidir y de actuar y aún de crear situaciones individuales, familiares y comunales, sino que recorriendo la línea desconocida y secreta del pasado humano que no todo el mundo puede recordar, se puede percibir *la memoria oculta de las almas* y se asiste, a veces, al curioso espectáculo de ver que el mendigo de hoy fue rico anteriormente y no supo aprovechar dignamente el poder de sus riquezas, que el ignorante que vemos aprender con dificultad los conocimientos prácticos impartidos en la infancia, fue en un remoto pasado un inteligente hombre de ciencia que utilizó egoístamente y sólo para beneficio propio sus notables conocimientos científicos y que un hombre que en el devenir de su vida profesional es un fracasado fue también en procesos anteriores de vida un notable ejecutor profesional al cual le son aparentemente negadas en el presente ciertas habilidades técnicas, a fin de que desarrolle otras nobles capacidades de acción profesional y social.

Bien, quizás se diga que estas razones son pueriles y que en sí mismas no constituyen argumentos válidos para persuadir a un convencido ateísta. Nosotros, en todo caso, no intentamos convencer a nadie, sólo estamos emitiendo ideas. Esotéricamente hemos investigado el pasado de muchas almas y personalmente estamos convencidos de la justicia del Karma, siendo el Karma desde otro ángulo de apreciación *la Mano del Señor trazando el destino del Universo,* sin preocuparse demasiado —y esta afirmación no niega en absoluto nuestro convencimiento de Su Bondad y Justicia infinitas— de lo que ocurre en el seno de la sociedad humana. Es la misma santa indiferencia que adoptamos nosotros en relación con los insignificantes átomos que constituyen nuestro organismo físico. Esta indiferencia no es sin embargo falta de amor o de justicia en nuestro ánimo con respecto a nuestro conjunto celular, ya que nadie mejor que nosotros está interesado en que nuestro cuerpo en la totalidad de sus funciones fisiológicas se comporte lo más armónica y correctamente que sea posible. Estamos seguros de que si el átomo tiene conciencia —tal como se asegura ocultamente— más de una vez se sentirá *ateísta* con respecto a nosotros.

Las imaginaciones que surgen de los estados de conciencia humana en torno a las profesiones ejercidas constituyen técnicamente los ambientes profesionales, o lo que esotéricamente definimos como el *espíritu de una profesión.* Tal espíritu, en su totalidad, es un Ángel capacitado técnica, psíquica y astrológicamente para realizar un arquetipo de perfección a través de los seres humanos más hábiles y capacitados. Así, cualquiera que sea el tipo de profesión que un hombre ejerza en la vida y por adecuadamente que la ejercite, siempre será susceptible esta profesión de un mejoramiento técnico o de una creciente perfección en sus cualidades expresivas. Tal es, en efecto, la labor de los Ángeles de las Profesiones y su obra en la vida social de la humanidad a través del tiempo, la vemos reflejada en la creación de los Gremios, hermandades y comunidades humanas basadas en idéntica profesión y sabiamente dirigidas desde los niveles ocultos por los Espíritus de las Profesiones.

B. La imaginación y los ambientes sociales

4. Los Ambientes Grupales

Cada profesión, en el orden comunitario de gremios y hermandades —actualmente los definimos Sindicatos de Ramo— están regidos por unos Devas o Entidades ocultas, los cuales, de manera misteriosa, constituyen el aspecto técnico de la misma. Esta idea nos presenta a los profesionales destacados de cada gremio u oficio como personas sensibles en tales aspectos capaces de *recibir instrucción oculta* de parte de los Ángeles de las Profesiones. Elevando sin embargo nuestra medida conceptual sobre las comunidades profesionales, nos hallamos con el primer hecho social importante en la vida de la humanidad. Ya no se trata de individuos aislados, por muy bien cualificados que estén dentro de sus respectivas profesiones, sino de la suma total de los mismos inmersos en una parcela particular dentro del campo absoluto de las profesiones. Estos núcleos de poder activo dentro de los ambientes sociales de la humanidad son puntos de contacto dévico, anclajes perfectos de energías espirituales llevando a los seres humanos un dinamismo vital e integrador que promueve en ellos grandes transformaciones internas.

La importancia de las hermandades y de los gremios de carácter profesional es evidente para el esoterista, quien no solamente aprecia el aspecto económico de las profesiones que los seres humanos ejercen para atender su subsistencia vital y la de sus familiares, sino que las considera esencialmente como unos fecundos sistemas de acercamiento humano en el intento natural y social de establecer rectas relaciones entre individuos que ejercen idéntica profesión y entre los distintos gremios y hermandades. La profesión de un ser humano —vista desde el ángulo oculto— es un incentivo creador en su vida, un punto de enfoque de sus naturales aptitudes o un centro de desarrollo de sus capacidades innatas, y si bien el karma individual no siempre da facilidades en tal sentido ya que no todos los seres humanos ejercen una profesión a la medida de sus deseos, tendencias y capacidades, la lucha que ha de sostener el individuo para adaptarse a un tipo de profesión que no le gusta o para la cual no está debidamente capacitado, comporta siempre un sutil problema de adaptación o de integración social. Esta lucha es kármica y desde el ángulo oculto tiene que ver con la necesidad de que los hombres establezcan contactos con devas de distinta vibración a la de aquellos que, por orden de Rayo, de tendencias internas o de signo astrológico debería corresponderles. Ahora bien, analizando más profundamente esta idea acerca de las profesiones, vemos que todas las corporaciones, sociedades y núcleos humanos persiguiendo idénticos fines u objetivos, ya sea en el campo de la religión, de la política, de la ciencia, de la filosofía, del arte, de la enseñanza, del deporte, etc., son esencialmente *campos profesionales* dentro de los cuales cada cual hallará el adecuado cauce para las energías internas, sea cual sea el nivel de las mismas, siendo el Karma, gran regente del destino humano, el que otorgará la medida necesaria de integración humana en cada profesión y el grado de capacitación o de jerarquía dentro de la misma. Se debe tener en cuenta cuanto digamos posteriormente sobre los ángeles representantes de las profesiones humanas, respecto a que, todo tipo de profesión, desde la más humilde a la de Jefe de Estado de un país, está regido por determinadas Jerarquías de Ángeles Guardianes, siendo Éstos, los Agentes místicos de los Señores del Karma, los que exteriorizan la Voluntad de la Mónada y los que promueven, desde los éteres más sutiles, los ambientes grupales de la humanidad.

5a. Ambientes Sociales Nacionales

Habida cuenta de que todo tipo de ambiente social, ya sea particular, familiar, profesional, grupal o nacional, es un producto de la imaginación humana expresada en forma de estados de conciencia, podríamos afirmar con todo sentido de lógica, que cada nación de la Tierra es psíquicamente y desde el ángulo del ambiente social, la suma de los estados de conciencia de todos sus ciudadanos, pudiendo colegir también de acuerdo con esta idea que habrá una Entidad psíquica de carácter dévico, que utilizando creadoramente las elaboraciones físicas, psíquicas y mentales de todos los ciudadanos de aquel país, determinará lo que técnicamente definimos como su *Espíritu Nacional*, es decir, su idiosincrasia particular, su singularidad psicológica, su manera típica de pensar y de enfrentar situaciones, así como la riqueza o pobreza del lenguaje que condiciona su grado de civilización y de cultura.

De manera muy sutil y de acuerdo con unas significaciones ocultas que escapan por completo a nuestra ponderación mental, el Deva protector de un país —si podemos clasificarle de esta manera— es

B. La imaginación y los ambientes sociales

responsable también de la forma geométrica del territorio dentro del cual se circunscribe o crea sus fronteras, de la riqueza o pobreza del suelo nacional, de sus productos agrícolas o ganaderos y del desarrollo de la ciencia y de la industria en relación con otros territorios y naciones, no siendo tampoco ajeno dicho Deva a la estructuración de la forma de política o de gobierno que rige la vida de sus ciudadanos, los cuales, desde el ángulo oculto y de acuerdo con la ley del karma son la representación genuina de las verdaderas necesidades de los pueblos. Esta afirmación aparecerá sin duda como muy dura y arbitraria al superficial examen y quizás creerá el lector que estamos justificando de una u otra manera la actitud de los gobiernos despóticos, crueles o deshonestos con respecto a las naciones que por el dictado de una ley cíclica y kármica les ha tocado gobernar. No se trata de esto naturalmente, por cuanto todo ser inteligente y de buena voluntad reconoce de manera clara e incontrovertible la acción correcta o incorrecta, moral o inmoral dado que posee lo suficientemente desarrollado el sentido cualificativo del Bien y del Mal. Sin embargo, debo reiterar una vez más que el investigador esotérico suele ver las causas ocultas de los ordinarios acontecimientos externos y si bien por ética y acrisolados sentidos humanos experimenta una irresistible tendencia hacia el Bien y lucha con todas sus fuerzas para establecer sus leyes aquí en la Tierra, reconoce igualmente que en la vida de un ser humano, de una comunidad o de cualquier país, se está cumpliendo inexorablemente un destino de Justicia que los hombres deben tratar constantemente de reorientar, de comprender y de mejorar en todas las fases de su cumplimiento y desarrollo.

El investigador esotérico acepta naturalmente, frente a cualquier hecho y circunstancia, la actitud impersonal que surge al considerar sus raíces kármicas, pero aún y admitiendo el destino de justicia que ha de cumplirse, su sensibilidad interna y su sentimiento íntimo de comprensión humana profundamente arraigados en su corazón, se entregará con todas sus fuerzas y capacidades a la noble tarea de remediar los males provocados por *la incorrecta manera de gobernar un país*, un sentimiento que surge triunfante de su corazón por efecto de sus contactos internos con SHAMBALLA, morada del Señor del Mundo y el verdadero centro de la Justicia y del Bien planetario. Bien, estas derivaciones, como comprenderán, son consubstanciales con la idea básica de llegar al fondo de una investigación oculta, que ha de llevarnos necesariamente a considerar la vida evolutiva de su Ángel regente y a las misteriosas relaciones de Este con el Gran Señor planetario dentro de cuya aura magnética *se mueven, viven y tienen su razón de ser* todas las naciones de la Tierra.

Deberemos admitir también, de acuerdo con lo que acabamos de decir, que habrá una extensa, singular y cualitativa jerarquía oculta entre los numerosísimos Ángeles que *personifican* las voluntades de los ciudadanos de cualquier país, en orden a su desarrollo evolutivo y constituyen lo que técnicamente hemos definido como su *espíritu nacional*, el carácter peculiar y psicológico de las gentes que habitan normalmente en sus más o menos extensos territorios.

El ambiente psíquico de un país —lo hemos dicho ya en otras varias ocasiones— es eminentemente subjetivo, pero sus efectos, considerados desde el ángulo de la substancia etérica que manipulan los devas, son tan objetivos, que toda persona medianamente sensible es capaz de captar el *espíritu nacional* de un país cuando por cualquier razón ha debido desplazarse al extranjero. Este efecto es también notorio, aunque en grado menor, cuando en virtud de un viaje por el interior del país propio le es posible contactar el *espíritu comarcal* o territorial de las ciudades y pueblos que lo componen, con sus particulares tipismos psicológicos, artísticos y culturales, así como el especial matiz con que cada porción de territorio diversifica las inflexiones o sonidos del lenguaje común o idioma propio. Estas particularidades tienen naturalmente sus raíces en el alma oculta de los pueblos o Deva familiar que los integra, cuya misión especial es captar todos y cada uno de los estados de conciencia de los individuos que constituyen tales comunidades nacionales, regionales o comarcales y *darles adecuada forma psíquica*, creando así los ambientes característicos de las naciones y pueblos de la Tierra.

Podemos hablar por tanto de ALMA —en su sentido más estricto y oculto— cuando hagamos referencia a las comunidades humanas, pues allí donde se halle un cierto número de individualidades capaces de pensar y de sentir y con capacidades para emitir y proyectar estados de conciencia, allí se hallará sin duda el correspondiente Deva familiar, regional o nacional que cuidará de crear las necesarias condiciones psíquicas para que aquel contexto subjetivo se haga objetivo, íntimo y familiar.

B. La imaginación y los ambientes sociales

5b. El Alma Territorial

Bien, el tema del alma de los pueblos es complejo, aunque profundamente excitante, pues nos da una idea muy ajustada de lo que hay que entender por karma o destino nacional. En todo caso, Alma indica conciencia, dirección inteligente y capacidad de síntesis y no hay parcela alguna de la superficie o del interior del planeta, por pequeña que sea, en donde el investigador esotérico no pueda contactar un alma, es decir, a un pequeño o Gran Deva que en la multiplicidad de sus funciones no sea un representante directo de la justicia de los Señores del Karma. Podríamos hablar así de los pequeños ambientes de la Tierra, creados por las *congregaciones psíquicas* o las comunidades sociales de las abejas y hormigas y otros animales profunda y misteriosamente comunitarios y de los grandes ambientes planetarios, universales y cósmicos. En su fondo hallaremos siempre la actividad maravillosa de un Deva o de un increíble número de Devas cuya misión es crear Alma o manifestación de Alma, con vistas al desarrollo de un misterioso Plan evolutivo.

Podríamos hablar, asimismo, de la participación psíquica de los animales domésticos en la creación de los ambientes familiares de los seres humanos, de la misma manera en que yendo más al fondo de la cuestión podríamos incluir a ciertos Devas muy próximos a la gran familia humana, los cuales intervienen muy activamente en la estructuración de los ambientes familiares por cuanto manipulan creadoramente los estados de conciencia de los integrantes de cada familia y según el grado y calidad del potencial psíquico que desarrollen, *matizarán o colorearán* aquellos ambientes. Podríamos afirmar al respecto que los Devas familiares son a la familia lo que los Espíritus nacionales son para una pequeña o gran nación. La analogía siempre será perfecta en todos sus detalles ya que *igual es arriba que abajo e igual es abajo que arriba*. Extremando la idea, cabría igualmente asegurar que existen ambientes territoriales, es decir, aquellos que cualifican todos y cada uno de los lugares de la Tierra, los cuales dependen de la evolución de sus particulares Ángeles regentes o Espíritus nacionales, pero que pueden ser conectados si se posee la adecuada sensibilidad psíquica para registrarlos. Estos ambientes territoriales son creados por los devas de la tierra, del agua, del fuego y del aire en su interdependiente actividad de *substanciar* o de darle forma psíquica a las reacciones comunales de las miríadas de especies minerales, vegetales y animales que evolucionan por doquier y constituyen, desde el ángulo esotérico, la faz oculta o mística de la Tierra.

Es decir, que lo que técnicamente definimos como la flora y fauna de un país es el resultado de la evolución de todas las especies vegetales y animales que allí tienen su vida y razón de ser, es decir, las motivaciones distintas regidas por la Ley del Karma que se expresan de acuerdo con la singularidad propia de aquel país.

Sobre este punto deberíamos ser enormemente críticos y ver hasta qué punto la inclinación del eje de la Tierra en relación con la eclíptica o movimiento alrededor del Sol, afecta el karma de ciertas regiones o áreas del planeta, favoreciendo a unas y perjudicando a otras, siempre desde el ángulo de apreciación humana, como ocurre por ejemplo en la evolución de las especies vivientes, incluidos los seres humanos, en las zonas tórridas, templadas o glaciales, cuyas condiciones de vida serán tanto más difíciles cuanto más afectadas estén por los ángulos de inclinación terrestre en relación con el astro solar. Bien, éstas pueden ser unas ideas muy interesantes y dignas de tener en cuenta al tratar los ambientes territoriales del planeta, inhóspitos unos, acogedores y hasta singularmente benignos otros, lo cual —aparte de la idea implícita del Karma gravitando sobre aquellos territorios— nos muestra la singularidad de ciertos Devas regentes de los mismos y que *cubriéndolos con su manto de luz etérica*, como se dice esotéricamente, confeccionan las condiciones ambientales y psíquicas que constituyen sus particulares almas territoriales.

El tema de los ambientes territoriales es inmenso y no puede ser abarcado en su totalidad ya que atañe a todas las unidades de vida en ellos inmersas, desde los elementos químicos que evolucionan a través de la materia organizada del planeta hasta el más esplendente Deva realizador y constructor del ambiente que caracteriza a un extenso Continente planetario. Lo que mayormente nos interesa en el estudio de este *Tratado Esotérico sobre los Ángeles* es percibir el significado íntimo del término *ambiente*, a fin de que captando por intuición, por discernimiento o por simple análisis intelectual, la idea de que toda unidad de vida y de conciencia crea su propio ambiente psíquico y que la suma de todas estas unidades, independientemente de sus particulares evoluciones, crea en el éter las modificaciones sensibles que llamamos ambiente colectivo, nuestra actitud psicológica frente a

B. La imaginación y los ambientes sociales

la sociedad o comunidad social de que formamos parte, ya se refiera a la familia, al gremio profesional al que pertenezcamos o al lugar del planeta en donde hemos nacido y en el que iniciamos nuestro destino humano, será sin duda la de los verdaderos aspirantes espirituales, es decir, de cooperación consciente con los Devas que en multiplicidad y diversidad de especies y jerarquías, pueblan los éteres del espacio y crean los distintos ambientes psíquicos de la Tierra convirtiéndolos en los anclajes de las energías planetarias de los Señores del Karma, teniendo presente, de acuerdo con el principio de Bondad y de Justicia que Ellos representan, que todos los ambientes de la Tierra pueden y deben ser mejorados, dignificados y ennoblecidos de acuerdo con la voluntad inteligente del ser humano. Así, obrando en tal sentido, la ley del Karma será tanto más benigna cuanto con más interés se aplique el hombre a la tarea creadora de gobernar sus propias actitudes personales, de modificar sus impulsos emocionales de acuerdo con la ley de fraternidad y de expresar bondad y comprensión en todas sus relaciones sociales.

C. Los devas y el cuerpo etérico humano

[AVSH, p.57] El tema del cuerpo etérico, o doble etérico, tal como se le reconoce también en los tratados esotéricos, es de gran interés para el cualificado investigador de las ciencias ocultas, ya que es a través de este que las energías solares y planetarias se proyectan sobre todos los cuerpos físicos de la Naturaleza y les infunden vida, calor y movimiento. Todas las energías del Universo son etéricas, es decir ígneas y vienen impregnadas de las peculiaridades distintivas del Logos Solar. Al incidir estas energías sobre nuestro planeta evocan una respuesta de parte del Logos planetario, Quien, después de apropiarse de su contenido vital para dinamizar su Esquema Terrestre, les infunde sus propias y distintivas cualidades y las transmite al planeta, creando asimismo las condiciones adecuadas de vida, calor y movimiento. Existen pues en la Tierra, y probablemente en algunos otros planetas de este Sistema solar, tres tipos específicos de energía como base de su particular vida orgánica y celular. La una tiene carácter solar ya que procede del Sol, centro de vida del Universo, la otra es de tipo lunar y la tercera, que surge del equilibrio entre las dos primeras, es una particular emanación del propio Logos terrestre y puede definírsela por tanto como energía planetaria.

Buscando la analogía, podríamos decir que sobre el vehículo etérico del ser humano convergen asimismo dos tipos de energía, solar una y lunar la otra, constituyendo la primera un enlace con lo espiritual y respondiendo la otra a los imperativos de la existencia material. Del centro de ambas actividades o energías en acción surge la expresión natural del yo psicológico o personalidad humana, siendo esta energía la correspondencia analógica de la que manipula el Logos planetario. A esta energía etérica personificada o particularizada se hace precisamente referencia cuando hablamos del cuerpo etérico humano, el cual constituye un bien definido campo magnético que le permite establecer contacto con el campo magnético de todos los demás seres humanos, creando la vastísima esfera de relaciones sociales que condiciona su íntima y personal evolución. Así, el entero campo de expresión de la vida en todas sus infinitas zonas de proyección es ETERICO, variando únicamente las condiciones que determinan que el cuerpo etérico o campo magnético que rodea y compenetra a todos los seres y a todas las cosas, sea más sutil o más denso, dependiendo su cualidad vibratoria del grado de evolución alcanzado. Explicada la idea del cuerpo etérico y del aura magnética que establece alrededor del cuerpo físico denso podríamos establecer ahora la siguiente tabla de analogía:

CUERPO ETÉRICO

Entidad	Cualidad	Fuego	Expresión
Logos Solar	Vida	Fohat	Cósmica
Logos Planetario	Calor	Solar	Universal
Ser Humano	Movimiento	Kundalini	Planetaria

Vista esta analogía de acuerdo con los razonamientos precedentes, vamos a identificar ahora a las tres jerarquías de DEVAS etéricos cuya misión es **acumular, canalizar** y **distribuir** las energías que en su totalidad constituyen el vehículo etérico de los seres humanos:

- Una jerarquía dévica de evolución superior a la humana, tiene la misión de **acumular** las energías etéricas de vida procedentes del Sol. Tales Devas, a la vista del observador esotérico cualificado, aparecen como destellos ígneos de un intensísimo, esplendente y brillante color dorado. Así, en literatura esotérica tales Devas son definidos como los *Señores de la Luz Dorada* y también como los *custodios del Prana Solar.*[30]

- Otra categoría de Devas etéricos, asimismo de gran evolución, tienen como propósito de sus vidas **canalizar** las energías solares y después de *bañar con ellas* —si podemos decirlo así— las cualidades íntimas del Logos planetario, las proyectan sobre el aura etérica del hombre y le infunden calor vital, una expresión del fuego solar al incidir sobre el campo magnético de cualquier cuerpo planetario. A la visión del observador esotérico tales Devas aparecen bajo distintos matices del color violeta, cuyo brillo y luminosidad varían de acuerdo con su propia evolución y según sea el desarrollo espiritual de los seres humanos con los cuales entran en contacto. Tales Devas constituyen ocultamente el *aura de salud* del hombre y crean definidamente el campo magnético o circulo de expansión etérica dentro del cual realiza éste el proceso de su evolución física.

---

[30] Devas dorados.

C. Los devas y el cuerpo etérico humano

- Hay todavía otro tipo de Devas, llamados esotéricamente los *Señores de la Radiación Magnética*, cuyo cometido en la vida de la Naturaleza es unificar las energías solares y las planetarias y dotar de forma adecuada al vehículo etérico de los seres humanos, una forma dinámica y radiante sobre la cual será estructurado el cuerpo físico denso. A este tipo de Devas suele denominárseles también ocultamente los *Impulsores del Movimiento*, siendo esta denominación muy correcta, habida cuenta que el necesario equilibrio y la adecuada **distribución** de las energías del fuego solar y del planetario, debe realizarse por medio de la traslación o movimiento de los fuegos dentro del organismo físico, dinamizando el proceso de unificación etérica de los NADIS, contraparte etérica del sistema nervioso en sus dos vertientes, cerebro espinal y neuro vegetativo, con el de la circulación de la sangre que da vida al proceso hormonal. El movimiento que surge de la incidencia del fuego creador de la Naturaleza sobre el vehículo físico es un agente kármico, relacionado con las capacidades de absorción de Prana solar y planetario por parte del Ego en proceso de encarnación física. Los Devas Impulsores del Movimiento son de color gris azulado y según sea su evolución o capacidad vibratoria, variarán la intensidad, pureza y brillo de los colores de sus refulgentes auras, es decir, que serán de tonalidad casi enteramente gris, y por tanto con menor movimiento y capacidad de distribución y traslación, o enteramente azules, de un intensísimo azul celeste con brillantes resplandores, si se trata de introducir energía solar o planetaria en los vehículos etéricos de las individualidades más avanzadas de la Raza.

La vida, el calor y el movimiento reflejan en los niveles etéricos del Sistema las cualidades íntimas y esenciales que provienen del Espíritu, del Alma y de la Personalidad humana, siendo el vehículo etérico del hombre el centro de incidencia de todas las energías planetarias, solares y extrasolares que constituyen el vastísimo Esquema de Evolución de todos y cada uno de los Reinos de la Naturaleza en proceso de encarnación cíclica.

Los Devas lunares

Parte III. Los ángeles en la vida social humana

Entendemos por Devas lunares, dentro de nuestras investigaciones esotéricas, a todas aquellas numerosísimas huestes dévicas de tipo inferior, laborando misteriosamente dentro de la substancia material para construir las formas más densas en cada uno de los tres planos físico, emocional y mental del planeta. La tradición esotérica y mística transmitida a través de las edades por los verdaderos CONOCEDORES del mundo oculto, nos asegura que toda substancia material utilizada en nuestro planeta es de origen lunar y es un legado histórico que los *PITRIS, o grandes Adeptos lunares*, transmitieron a la Tierra hace muchos millones de años en respuesta a ciertas necesidades planetarias en orden al proceso general de la evolución solar. Lo cierto es que desde incontables edades nuestro Logos planetario viene utilizando aquella substancia material —carente de principio creador— *prefabricada,* si podemos decirlo así, durante el largo ciclo de la evolución lunar, siendo aquel legado histórico o herencia kármica, uno de los principales fundamentos de la evolución de los Reinos inferiores de nuestro mundo, es decir, el mineral, el vegetal, el animal y de los cuerpos físico, astral y mental inferior o concreto del Reino humano. Se nos dice esotéricamente al respecto que, con la oleada de vida material o substancia lunar, vinieron también una considerable cantidad de devas lunares los cuales habían terminado completamente su misión en nuestro satélite y debían iniciar aquí en la Tierra un nuevo período evolutivo, siendo tales devas los que en nuestros estudios esotéricos sobre los Ángeles denominamos los *Agentes substanciadores de la Energía.* Algunas de sus cualificadas jerarquías constituyen el ingente grupo de los elementales constructores a los cuales nos hemos referido abundantemente durante el curso de este *Tratado.*

Ahora bien, nuestra consideración esotérica acerca de los devas lunares deja abierta en las mentes el gran interrogante que más de una vez habrá intrigado a los sinceros investigadores del mundo oculto... ¿Qué es de la Luna en el momento presente? La Luna, tal como se sabe, es un astro muerto, siendo la prueba de ello —al menos dentro de las concepciones lógicas que surgen de la utilización del principio de analogía— que carece de rotación, siendo el movimiento de rotación un misterio que será resuelto en el curso de cierta iniciación planetaria. Una de las ideas que han podido ser captadas a través de la laboriosa serie de investigaciones esotéricas, es que la Luna carece de rotación o de movimiento individual e independiente porque en el centro de su

C. Los devas y el cuerpo etérico humano

masa de materia no hay FUEGO que la vitalice y dinamice, tal como ocurre con los demás cuerpos planetarios del Sistema en donde el Kundalini solar —el tercer aspecto ígneo de la Divinidad— hace sentir su dinámica presión. Así, pues, el hecho de que la Luna sea un cuerpo muerto la sitúa en nuestros comentarios esotéricos, siempre de acuerdo con el inapelable juicio crítico de la analogía, en la posición de cualquier cuerpo orgánico muerto en la vida de la Naturaleza, es decir, que se halla en pleno proceso de desintegración. Tal desintegración —al igual que ocurre con todos los demás cuerpos físicos en ese estado— emite unas radiaciones negativas que afectan poderosamente su entorno, siendo nuestro planeta Tierra el más afectado por ellas, en orden a su proximidad y también por efecto de una misteriosa vinculación kármica.

Existen, como Uds. saben, ciertas previsiones planetarias desarrolladas por las naciones más cultas y civilizadas o con mayores medios técnicos a su alcance, acerca de lo que podríamos definir saneamiento de la *ecología terrestre*. Poco se realiza, sin embargo, en orden a lo que podríamos definir como *ecología extraterrestre*, la cual deberá ocupar un lugar preferente dentro de la atención mundial en el devenir de las próximas décadas, a medida que la Tierra se haga más sensible a las influencias cósmicas. Ahora bien, el problema que plantea nuestro satélite la Luna, siguiendo las directrices de una adecuada ecología extraterrestre, es de orden inmediato y no admite dilaciones. Hay unas definidas influencias negativas de la Luna sobre nuestro planeta, las cuales, observadas desde el ángulo esotérico, producen los siguientes resultados:

- Incrementan la actividad de los devas lunares de todos los órdenes y jerarquías en la vida de la Naturaleza, así como la de aquellas otras criaturas dévicas planetarias situadas en el arco descendente o de la involución en nuestro mundo.
- Activan poderosamente las condiciones nocivas de los gérmenes, virus y bacterias causantes de todas las enfermedades físicas planetarias, produciendo trastornos de orden general y ensombreciendo el *aura de salud de la Raza* que es la ofrenda universal de los devas dorados que transmiten energía solar.
- Revitalizan a extremos insospechables las formas psíquicas o *egregores* negativos que gravitan sobre los ambientes

planetarios, determinando enfermedades de tipo nervioso, altas tensiones emocionales y dificultades de integración mental en la vida psicológica de los seres humanos.

- Estimulan la actividad de los *obscuros devas grises* del planeta, cuya misión es estructurar los vehículos físicos de las formas animales más densas en la vida de la Naturaleza, algunas de las cuales realizan su evolución en las regiones más profundas e inaccesibles de los océanos o en ciertos ignorados niveles geológicos del planeta. Estas formas de vida animal, gigantescos peces y monstruosos reptiles, completamente trascendidas desde el ángulo de la evolución del Logos planetario, constituyen un obstáculo evidente para la buena marcha de la evolución total en la vida de la Naturaleza.

- Intensifican la corriente vibratoria que une a los devas lunares de más densa vibración con los *devas planetarios de las sombras*, responsables del miedo psicológico a lo desconocido, a la obscuridad, al proceso natural de la muerte y de las dudas humanas con respecto a la inmortalidad del alma.

- Establecen y mantienen una constante sintonía entre las radiaciones negativas que se nutren de las substancias etéricas producidas por efecto de la *desintegración lunar* y las que provienen de los devas inferiores del propio planeta, los cuales se alimentan de la densa substancia etérica procedente de los cuerpos y organismos físicos fallecidos y en proceso de putrefacción o descomposición, dentro de las áreas físicas de la Naturaleza.

Démonos cuenta, al llegar a este punto, de la necesidad de que sean adoptadas prudentes e inmediatas medidas de saneamiento y de control de las adversas condiciones ecológicas del mundo. Una de ellas, la aparentemente menos nociva, pero que ocultamente es la más perjudicial, tiene que ver con el fenómeno físico de la muerte y sus posteriores consecuencias en el orden ecológico ambiental, siendo la cremación de cadáveres, esotéricamente hablando, la técnica más perfecta y conveniente para liberar los despojos mortales, ya sean de personas o de animales de la acción condicionante del karma físico, por cuanto permite la rápida liberación de elementos dévicos que operan sobre la substancia material y que, lógicamente, se hallan presentes durante el proceso de desintegración de la misma, de ahí que será *sagrado* —desde el ángulo oculto— el día en que la humanidad como un todo se decida inteligentemente por el método de cremación o de incineración de los cuerpos en los cuales se ha producido el fenómeno físico de la muerte. Habrá entonces, según lo que hemos razonado anteriormente, mucha menos contaminación física y astral, por cuanto se habrá logrado restituir rápidamente mediante el poder del fuego — el único y verdadero elemento transmutador de la Naturaleza— los átomos ultérrimos, llamados esotéricamente ANUS, a su fuente universal de procedencia, el éter primordial del Espacio, sin pasar por los estados agónicos y dolorosos del elemento tierra, ni por las mil tribulaciones astrales que implica la permanencia de materia etérica densa alrededor de los cuerpos físicos en lento proceso de desintegración, con la consiguiente creación de focos infecciosos en el aura astral o psíquica del planeta que favorecen la permanencia de *larvas y cascarones astrales*, vivificados o energizados por entidades dévicas de inferior vibración, cuyas vidas elementales se nutren precisamente de la densa substancia etérica que se desprende de estos despojos físicos de seres humanos y de animales en período de descomposición.

Todo es empezar, tal como vulgarmente se dice, y, si se inicia la nueva fase ecológica del mundo con un riguroso sistema de cremación de las formas físicas gastadas en el seno de la Naturaleza, una mayor oportunidad de sutilización habrá para los éteres del espacio que constituyen el aura del planeta y a través de los cuales llegan a nosotros las energías sutiles correspondientes a los niveles superiores de nuestro Sistema solar.

Otra manera altamente nociva y peligrosa de contaminación ambiental es la producida por el mantenimiento artificial de formas muertas, bajo apariencias de vida, mediante la técnica de momificación y de embalsamamiento de los cadáveres. El problema se agudiza cuando estas *formas momificadas* son expuestas a la curiosidad del público, tal como ocurre en el caso de los museos y centros de enseñanza específica sobre etnología, medicina, ciencias naturales, etc., pues las radiaciones que emiten tales cuerpos artificialmente integrados son altamente perjudiciales y pueden llegar incluso en determinados casos a interferir magnéticamente en la vida de los Egos que los utilizaron.

En un concilio de la Jerarquía planetaria celebrado hace unos años, se planificó una actividad jerárquica destinada a *destruir* progresivamente las formas psíquicas creadas en los ambientes mundiales por las radiaciones etéricas de estas formas momificadas, cuyo proceso de desintegración natural fue detenido artificialmente. Una de sus inmediatas previsiones fue seleccionar de entre los distintos Ashramas de los Maestros, algunos grupos de discípulos altamente cualificados para esta misión, los cuales fueron intensamente entrenados en el arte de *disolver* las formas psíquicas que por afinidad vibratoria se agrupaban en torno de los lugares en donde se guardan restos humanos y cuerpos momificados. El experimento jerárquico y el trabajo de los discípulos prosigue con éxito en el intento de paliar los efectos de aquellas causas, aunque se espera con gran interés y expectación por parte de la Jerarquía de Maestros, la decisión humana de *destruir definitivamente y por el poder alquímico del fuego*, todas aquellas formas cristalizadas y adulteradas en su natural proceso de desintegración. Otra de las misiones encomendadas a tales discípulos —según hemos podido observar— es colaborar también con los grupos de *devas luminosos* de los subplanos superiores del plano físico en el trabajo de sanear los pesados y negativos ambientes creados alrededor de los hospitales, cementerios y otros lugares de sufrimiento humano, tales como las prisiones, los manicomios y los hogares sin armonía, así como los pesados ambientes psíquicos que se estructuran en los mataderos de animales y en todos aquellos lugares del planeta en donde existen grandes conflictos y profundos sufrimientos humanos. Todas estas densas vibraciones contribuyen —como Uds. podrán comprender— a elevar el índice de contaminación ambiental y si bien hay muchos grupos de Ángeles trabajando en el sentido de la purificación de los ambientes planetarios, secundados activamente por los numerosos discípulos entrenados en la técnica de destrucción de las formas psíquicas negativas que envuelven los éteres planetarios, se precisa realizar un esfuerzo todavía mayor y de conjunto con la participación de los aspirantes espirituales y hombres y mujeres de buena voluntad del mundo, para que puedan ser apreciados efectos realmente espectaculares dentro de aquel vasto plan de saneamiento psíquico proyectado por los augustos Responsables del Bien planetario.

D. La actividad de los devas dorados

[AVSH, p.65] Los Devas Dorados son aspectos consubstanciales con la Vida del Sol y rigen el proceso mágico mediante el cual la Vida del Logos se transmite al Universo. En relación con nuestro planeta, y seguramente con todos los planetas de nuestro Sistema Solar, tales Devas actúan:

1. Como transmisores de las corrientes de vida del Sol, llamadas esotéricamente PRANA.
2. Como Agentes inductores del PRANA planetario.
3. Como dinámicos impulsores de los Ritmos respiratorios de los seres humanos.
4. Como impulsores de los fenómenos de irradiación magnética en la vida de los Reinos.

1. Como transmisores de las corrientes de vida del Sol, llamadas esotéricamente PRANA.

Los Devas Dorados, llamados místicamente Los Señores de la Vida, constituyen tres corrientes vitales que surgiendo del centro del Sol se transmiten a todo el contenido del Universo. Estas Jerarquías de Devas se extienden desde los grandes Ángeles vinculados con el aspecto Voluntad, o Vida del Logos, hasta los pequeñísimos devas expresados como *partículas doradas* que refulgen en la atmósfera y forman parte del aura de vitalidad del Creador en cualquier zona libre del Espacio. En cualquier caso, tales Jerarquías nos dan una idea exacta de lo que hay que entender por vitalidad, o PRANA. El PRANA, como esencia de vida, se halla presente en todas las áreas del Universo, abarcando la extensión de los Planos, de los Reinos, de las Razas y de todas las especies vivientes. Constituye lo que en términos ocultos llamamos la simiente viva de la evolución, siendo tal denominación muy exacta, habida cuenta de que sin vida la evolución sería imposible.

Las cualidades expresivas de los Planos son asimismo una manifestación de PRANA solar; así, cuando hablamos de PRANA, no lo hacemos única y exclusivamente en el sentido de vitalidad, sino que le asignamos también un significado muy íntimo de cualidad, reconociendo que la calidad del PRANA estará lógicamente en correspondencia con el nivel en donde se manifieste, pudiendo hablarse en tal sentido de PRANA monádico, átmico, búdico, mental, astral y físico-etérico, cualificado para introducirse ocultamente dentro de todos los cuerpos y vitalizar y mantener coherentemente todas las formas que en tales niveles tienen necesidad de un cauce de expresión, ya que, como esotéricamente se sabe, todos los Planos del Universo, no importa cuán elevados sean, son OBJETIVOS, perceptibles y densos para las unidades de conciencia que en ellos viven, se mueven y tienen el ser. Esta afirmación puede indicar que habrá Ángeles dorados, o Señores de Vida, cumpliendo su especial cometido en todas las regiones del Espacio, abarcando todas las áreas de la Creación que en cada Plano de la Naturaleza manifiesta y cualifica la ley de Jerarquía, siendo esta idea de jerarquía, ya sea dévica o humana, la que nos explica razonablemente el proceso dinámico que en oleadas sucesivas de Vida va llenando el Universo de cualidades cada vez más íntimas y trascendentes del Logos solar.

Ahora bien, la manera como las Entidades Dévicas Solares realizan su trabajo dependerá, sin duda, de las especiales características de las zonas estelares en donde deben desarrollar sus actividades. Los tres tonos de *color dorado* que cualifican a estos Devas: el dorado ígneo y refulgente, imposible de ser percibido por los seres humanos, el color dorado amarillo y el color dorado blanco proyectados sobre la Tierra procedentes del Sol, son símbolos de Jerarquía y de poder angélico. Indican, por tanto, grados de acercamiento de estos exaltados Devas al centro místico y espiritual de donde emanan todos los rayos solares. Veamos estas distinciones dévicas y sus relaciones en la expansión de la Vida del Logos, en el Universo y en el Planeta:

D. La actividad de los devas dorados

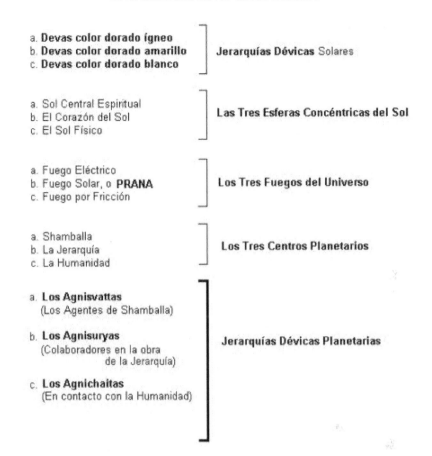

a. **Devas color dorado ígneo**
b. **Devas color dorado amarillo**   **Jerarquías Dévicas** Solares
c. **Devas color dorado blanco**

a. Sol Central Espiritual
b. El Corazón del Sol   **Las Tres Esferas Concéntricas del Sol**
c. El Sol Físico

a. Fuego Eléctrico
b. Fuego Solar, o **PRANA**   **Los Tres Fuegos del Universo**
c. Fuego por Fricción

a. Shamballa
b. La Jerarquía   **Los Tres Centros Planetarios**
c. La Humanidad

a. **Los Agnisvattas**
(Los Agentes de Shamballa)

b. **Los Agnisuryas**   **Jerarquías Dévicas Planetarias**
(Colaboradores en la obra
de la Jerarquía)

c. **Los Agnichaitas**
(En contacto con la Humanidad)

Estas relaciones, como Uds. podrán observar, tienen que ver absolutamente con todo cuanto hemos venido diciendo durante el curso de este *Tratado*. Así nos será fácilmente comprensible que cada una de estas tres categorías de Devas dorados cumple una misión muy definida en la vida del Universo. Tal como vimos anteriormente su misión esencial es *irradiar*, extendiendo su campo de proyección sobre zonas definidas del Espacio y sobre parcelas expresivas muy bien cualificadas del Universo físico, el Cuerpo del Logos solar. Los Planos de la Naturaleza, por ejemplo, están particularmente cualificados y vivificados desde el ángulo oculto por una u otra de estas Jerarquías Dévicas Solares. Como un dato más a ser añadido al contexto de nuestras investigaciones, podríamos citar estas zonas de influencia, con lo cual nuestra idea acerca de peculiaridades expresivas de esas Entidades solares o pránicas, verá notablemente enriquecida. Veamos:

ANGELES DORADOS		PLANO	
Devas Dorados-Igneo	....	Adico Monádico Átmico	1º 2º 3º
Devas Dorado-Amarillo	....	Búdico	4º
Devas Dorado-Blanco	....	Mental Astral Físico	5º 6º 7º

Esta clasificación nos ilustrará en el sentido de reconocer que la actividad de los Devas Dorados se extiende, por analogía, a los subplanos de cada uno de los Siete Planos del Universo numéricamente relacionados. Por ejemplo, los Devas dorado-Ígneo influirán también muy particularmente sobre los subplanos primero, segundo y tercero de todos los Planos, por cuanto su campo expresivo se extiende a los Planos primero, segundo y tercero, etc. Otra relevante actividad de los Devas Dorados en general será, sin duda, la de ser los Agentes inductores del PRANA solar sobre el aura planetaria, por lo que bien pueden ser denominados asimismo Impulsores del PRANA planetario. Veamos más detalladamente esta actividad de los Devas Dorados.

2. Como Agentes Inductores o Transmisores del PRANA planetario.

La irradiación del PRANA que surge del centro místico del Sol abarca el entero sistema universal. Así, cada planeta absorbe el que le es necesario para el correcto desarrollo de sus necesidades físicas y psíquicas y el sobrante de estas energías constituye lo que podríamos definir como su *campo magnético*. Los Devas dorados son los conductores de estas energías pránicas, cuya cualidad, intensidad y características variarán notablemente al incidir en el aura etérica de

D. La actividad de los devas dorados

cada uno de los planetas del Universo, habida cuenta que dicha aura refleja junto con el sobrante de energía pránica solar, ciertas cualidades intimas de los propios Logos planetarios.

Esto quiere significar, desde el ángulo oculto, que dentro del aura etérica de cualquier planeta, y en cada una de sus particulares irradiaciones magnéticas, se expresarán simultáneamente devas dorados conductores del PRANA solar y otro tipo de Devas que son conductores de la propia energía planetaria. El grupo más importante de estos conductores de la energía pránica del planeta lo constituyen los Devas color violeta, *Señores del Magnetismo Terrestre*. Es por el convencimiento de esta verdad que en algunos pasajes de este *Tratado* se les ha mencionado en el sentido de que siendo impulsores de la salud de los cuerpos físicos dentro de la Naturaleza planetaria, la invocación de su poder por parte de los seres humanos facilitaría en gran manera la tarea científica de hallar adecuado remedio a todas las enfermedades físicas de la Raza y despejada definitivamente la incógnita de la Ciencia médica frente a las enfermedades consideradas todavía como incurables, tales como el cáncer, la diabetes, el reumatismo, etc. Los Devas violeta planetarios y los Devas dorados procedentes del Sol tienen en sus rayos un poder que, de acuerdo con las previsiones jerárquicas, debe vencer a la enfermedad y a la propia muerte.

La evolución de la Raza, el incremento del sentimiento de buena voluntad—un poder espiritual cuyo dinamismo afecta a los éteres e invoca a los Ángeles superiores—y el establecimiento de correctas relaciones humanas, cuya expresión en los éteres es limpiar el campo magnético de la Tierra y con él los ambientes sociales de la humanidad, es una tarea kármica de gran envergadura que debería iniciarse cuanto más pronto mejor, recordando aquí la aseveración de un gran Iniciado de la Jerarquía: «Las épocas florecientes, las civilizaciones de carácter superior y las culturas más amplias, dignas e incluyentes no vienen únicamente a la Tierra en virtud de las posiciones cíclicas de los astros, sino mayormente porque los seres humanos se esforzaron sinceramente en conquistarlas». Las palabras de este Adepto nos indican claramente que la conocida frase esotérica proveniente de la más lejana antigüedad —los astros inclinan, pero no obligan— se fundamenta en las posibilidades creadoras innatas en el corazón del hombre, es decir, en lo que podríamos calificar de *determinismo espiritual*, un poder captado de la propia Divinidad y acatado por los Ángeles, siendo por tanto la creación que nace de esta determinación una actividad humano-dévica. Hay que tener en cuenta al respecto que el Reino humano y el Reino dévico constituyen los principios masculino y femenino de cualquier tipo de creación, aquí en la Tierra y en no importa qué planeta de nuestro Sistema solar y son, por tanto, los cualificadores de todos los poderes existentes, cuya base sea el Propósito divino encarnado por los seres humanos. La expresión de este Propósito en la vida de la Naturaleza es la capacidad de respuesta de los Devas.

Tal como puede leerse en los antiquísimos textos del *Libro de los Iniciados*: «No puede existir Vida organizada ni Vida consciente allí donde no haya hombres ni Devas...» ¿Nos dice algo esta afirmación? En estas palabras se halla precisamente la respuesta a la gran interrogante del ser humano: ¿Quién soy?, ¿de dónde vengo?, ¿a dónde voy?, en el sentido de considerar que la humanidad, el Cuarto Reino de la Naturaleza, es el eje de la evolución planetaria tal como ya apuntábamos en otras partes de este *Tratado*, significando que el término HUMANIDAD, considerado desde el ángulo de la Jerarquía, abarca la multiplicidad de humanidades que viven, se mueven y tienen su razón de ser en no importa qué astro dentro del Cosmos absoluto. Siempre desde al ángulo jerárquico, podría afirmarse que existen humanidades, es decir, entes inteligentes constituyendo diversas jerarquías espirituales, en el centro místico de la evolución de cualquier planeta dentro del Universo y aún más allá del Universo. Y, consecuentemente con esta verdad y para completarla, tenemos a los Devas, a los alter egos —si podemos decirlo así— de los seres humanos, cuyas cualidades de sensibilidad y especiales características son altamente necesarias para poder ser efectuadas en el Éter del Espacio las necesarias modificaciones que preceden al ACTO CREADOR.

Deberemos insistir necesariamente sobre este punto y afirmar constantemente que los hombres y los Devas son el eje de la polaridad planetaria. La naturaleza de las Mónadas humanas, o Cuarta Jerarquía Creadora, es masculina y la de las Mónadas dévicas, o Sexta Jerarquía Creadora, es femenina. Ambas Jerarquías constituyen en su mancomunada actividad y en la gloria de sus Reinos respectivos, la Voluntad y el Propósito Inteligente de la Divinidad, manifestadas bajo las leyes de la Polaridad que rigen el proceso infinito de la Creación.

D. La actividad de los devas dorados

Esta polaridad, observada en su mágico despliegue de oportunidades espirituales y habiendo llegado a su punto más elevado de síntesis, contiene el secreto del ser ANDROGINO— mitad hombre, mitad deva— que unificará el karma de los dos Reinos y llevará el planeta a un grado muy exaltado de perfección.[31]

Bien, siguiendo con esta idea, vamos a considerar ahora otro sujeto de profundo interés esotérico. Tiene que ver con lo que ocultamente llamamos *refracción de los rayos solares* y que tanto limita la plena expansión de los Devas dorados. Se trata, tal como Uds. habrán podido imaginar, con la oblicuidad manifiesta de los ángulos de visión humanos con respecto a cualquier campo de perspectiva. Sabemos ocultamente que la inclinación del eje de la Tierra y su distanciamiento del punto vernal, regido astrológicamente por la Constelación de Aries, se debe principalmente al escaso grado de fusión o de integración alcanzado por la humanidad con respecto al mundo dévico. Lo lejos que se hallan todavía entre sí estas poderosísimas corrientes de Vida determina que en el devenir de los ciclos mayores del Sistema, los que definen a los grandes YUGAS del Universo, el eje de la Tierra se halle en perpetua declinación y oblicuamente dirigida su superficie al sentido de los rayos que provienen del centro místico del Sol, dando lugar a aquello que en términos esotéricos definimos como MAYA, ESPEJISMO e ILUSION, es decir, que el ángulo de declinación del eje de la Tierra con respecto a la eclíptica produce, tal como decimos en otra parte de este *Tratado*, el karma de nuestro planeta. Según se nos dice ocultamente esta inclinación irá siendo corregida en virtud de sucesivas iniciaciones cósmicas de nuestro Logos planetario, el Cual cifra Sus esperanzas —si podemos utilizar una locución tan aparentemente contradictoria— en la reconciliación del Reino humano con la Sexta Jerarquía creadora de los Ángeles, ya que tal reconciliación o fusión determinará una afluencia tal de energía cósmica sobre el planeta, que producirá la liberación de una considerable porción de karma, con las naturales consecuencias de que el planeta pierda peso y de que acelere su movimiento de rotación, por lo cual será mucho más regular y uniforme el movimiento de traslación por el espacio sideral y determinando, finalmente, que el eje planetario adopte progresivamente una posición perpendicular con respecto al plano de la eclíptica, con la desaparición paulatina del

---

[31] A su conversión en un planeta sagrado.

movimiento de retrogradación o de precesión de los Equinoccios. Bien, estos datos aun cuando parecen ir muy particularmente dirigidos a los amantes de la Ciencia astrológica, están muy íntimamente relacionados con nuestro estudio sobre los Devas y constituyen, por tanto, aclaraciones acerca del mismo para todos los sinceros investigadores esotéricos y aspirantes espirituales deseosos de conocimiento superior.

3. Como dinámicos impulsores de los Ritmos de Respiración de los Seres humanos.

El dinamismo vital con el que impregnan los Devas dorados los éteres de nuestro mundo constituye lo que técnicamente definimos como *atmósfera planetaria*, a la cual dotan de los elementos activos que permiten la respiración de los seres humanos, de todas las especies animales y de todo el conjunto planetario. La respiración es un misterio iniciático al que oportunamente accederán todos los seres humanos. Contiene el secreto de los movimientos de Sístoles y Diástoles del Corazón solar y con el tiempo será demostrado que la respiración, correctamente practicada, puede prolongar la vida del hombre sobre la Tierra durante largos ciclos de tiempo.

Existen, naturalmente, unas razones muy esotéricas que avalan la precedente afirmación, entre ellas la de que los pequeños devas dorados que dinamizan la atmósfera planetaria pueden penetrar en los pulmones de los seres humanos y permanecer allí largo tiempo como elementos de vida y no surgir rápidamente al exterior, tal como ocurre habitualmente, sin darle tiempo al PRANA vital de los Devas dorados para que ejerzan sobre el organismo su benéfica acción. Interesa, por tanto, que el hombre aprenda a respirar correctamente, aunque las técnicas que preceden a tales entrenamientos respiratorios son de orden espiritual y sólo las facilitan las escuelas esotéricas, vinculadas de una u otra manera, con la gran Logia Blanca del planeta o Jerarquía planetaria. Según hemos podido constatar ocultamente, la respiración correcta es suave, profunda y rítmica, y según sea la evolución espiritual de los seres humanos, los Devas dorados, o devas pránicos, invocados por la Ciencia de la Respiración, técnicamente descrita como PRANAYAMA, cumplirán adecuadamente su cometido de dotar a los

D. La actividad de los devas dorados

organismos humanos de la suficiente dosis de vitalidad y dinamismo que les permita curar las enfermedades y vencer a la muerte.

Al hablar de RITMOS, debemos hacer referencia a los tres más importantes que cualifican las respiraciones humanas y a los Devas que intervienen en el desarrollo de estos:

- Ritmo lunar .... Devas grises
- Ritmo planetario .... Devas violeta
- Ritmo solar .... Devas dorados

El **Ritmo respiratorio lunar** está relacionado con los movimientos cíclicos de nuestro satélite y expresados, desde nuestro ángulo perceptivo, por las cuatro fases de la luna nueva, cuarto creciente, luna llena y cuarto menguante. Estas fases lunares imprimen un ritmo respiratorio definido en la vida de la Naturaleza, el cual es el adoptado corrientemente por la mayoría de los seres humanos. Este Ritmo se caracteriza por respiraciones cortas y sin pausas entre la actividad de inhalación y la de exhalación.

El Ritmo respiratorio planetario tiene también cuatro fases: noche, día, aurora y crepúsculo, pero su exteriorización o actividad en el hombre le induce a efectuar ciertas fases o intervalos entre el proceso de inhalación y el de exhalación, las mismas que van de la noche al día cualificando las auroras o las que van del día a la noche y dan lugar a los crepúsculos. En la expresión de este Ritmo respiratorio de introducción de PRANA en los pulmones, intervienen muy activamente los devas color violeta, llamados también devas de la salud, por cuanto contribuyen muy poderosamente a energizar el aura humana y dotar al hombre de un dinámico y refulgente campo magnético. Le permiten asimismo establecer contacto con cierta categoría de Devas dorados, los cuales suelen infiltrarse en el organismo físico durante las pausas o intervalos de la respiración y preparan dentro del cuerpo, sin que el hombre se dé cuenta, el conjunto celular para posteriores recepciones de vida dévica superior.

El Ritmo respiratorio solar tiene que ver con las cuatro etapas definidas como las estaciones del año, es decir, la primavera, el verano, el otoño y el invierno. Las personas sujetas a este Ritmo son de naturaleza profundamente espiritual y tanto sus inhalaciones como sus exhalaciones son profundas y extensas con pausas entre ellas asimismo largas y prolongadas. Los Devas dorados que intervienen en el proceso, no sólo son los más evolucionados procedentes del Sol que se introducen en el aura etérica de la Tierra, sino que son también los que purifican el aura etérica y campo magnético de los seres humanos a quienes la Jerarquía espiritual del planeta, a través de sus correspondientes ASHRAMAS, está preparando para la Iniciación.

Al llegar a este punto, y continuando con la progresión de las etapas místicas que preparan a los seres humanos para estas elevadas zonas de integración espiritual, habrá que hacer referencia, siquiera brevemente, a un Ritmo respiratorio que podríamos calificar de *Ritmo Zodiacal*, ya que está vinculado con las doce Constelaciones que rigen nuestro Cielo sideral y con la actividad de los Devas de tremenda evolución cósmica que sólo cuidan de los Ritmos espirituales de los Seres más avanzados del planeta. Según se nos dice ocultamente, algunas de sus Jerarquías intervienen en la confección de los vehículos superiores de los Adeptos y de otros Seres espirituales todavía más elevados en evolución y jerarquía. Establecer contacto con tales esplendentes Devas exige una integración espiritual de índole solar y haber accedido durante el devenir de la existencia física al estado supremo de SAMADHI, cuyo ritmo, desde el ángulo respiratorio es tan extraordinariamente prolongado que prácticamente ha desaparecido la necesidad de respirar, es decir, de inhalar PRANA. El ser excepcional que ha logrado elevarse a ese estado tiene poder sobre los Devas dorados del Sol y, al igual que Cristo, puede curar las enfermedades físicas y psíquicas sólo por la *irradiación* de su campo magnético, sin necesidad de recurrir a *la imposición de manos*.

Se nos dice también esotéricamente que, por medio del establecimiento consciente de ciertos Ritmos respiratorios, el ser humano suficientemente integrado en el orden espiritual puede vencer las leyes de gravitación, remontarse a voluntad por el espacio, viajar por los éteres, liberarse de las necesidades humanas de comer y de beber —sin que la salud de su cuerpo se resienta— y establecer contacto con los Devas superiores. Pero, tal como hemos dicho anteriormente, los Ritmos superiores que han de liberar al hombre de sus necesidades kármicas, deben ser aprendidos en las duras pruebas de la vida, en el sacrificio del yo y en el servicio a los demás, sin olvidar nunca que en el devenir de este proceso de integración los Devas estarán siempre a su lado beneficiándole del extraordinario poder de síntesis que se desprende de sus auras radiantes.

4. Como creadores de los fenómenos de irradiación magnética en la vida de los Reinos.

El fenómeno de irradiación tiene que ver con el aura de salud de los Reinos de la Naturaleza y con la expansión natural del sobrante de energía pránica en forma de campo magnético. De ahí que las personas de salud delicada carecen casi por completo de campo magnético, debido a que el PRANA emanante de los Devas solares debe circunscribirse únicamente a las necesidades físicas de supervivencia, no poseyendo así capacidad alguna de irradiación de la energía. Cuando el caso es extremo, es decir, cuando no sólo no existe sobrante, sino que incluso falta energía aún para las necesidades físicas de base, cuales son la respiración, la circulación de la sangre, la asimilación de los alimentos, etc., entonces las células del cuerpo, ávidas de energía para satisfacer las demás necesidades del organismo, se hacen parasitarias o vampíricas. El vampirismo en tal caso indica únicamente la apropiación inconsciente de prana vital perteneciente a otros organismos, por parte de las personas con un evidente déficit de energía pránica. Indica, por tanto, que existen algunas lesiones íntimas de carácter etérico que impiden la entrada de la energía dévica solar a través de los cuerpos etéricos o que las correspondientes glándulas endocrinas y plexos nerviosos se hallan obstruidos o deteriorados y no pueden transmitir a los órganos del cuerpo físico el PRANA necesario para su natural supervivencia. En ambos casos, la incapacidad de que penetre el PRANA en el organismo y que por efecto de ello los Devas dorados no puedan cumplir su natural cometido, hace que aquellos cuerpos se hagan vampíricos o que perdido el estímulo de vida sobrevenga el fenómeno de la muerte... En el caso contrario, es decir, en el de los individuos de salud desbordante, cuyo cuerpo etérico está perfectamente organizado y lleno de dinamismo vital, la irradiación del sobrante de energía origina un extenso y radiante campo magnético, colaborando inconscientemente en la labor de los Devas dorados en la actividad de infundir PRANA vital en los ambientes planetarios.

Sin embargo, y siguiendo una tónica general impuesta por la propia Ley de evolución, la irradiación de energía pránica a través del campo magnético de los seres humanos afecta poderosamente a un tipo de Devas de color violáceo misteriosamente vinculados con la evolución del Reino animal, singularmente con las especies muy desarrolladas dentro del mismo, tales como nuestros animales domésticos, los cuales se benefician del contacto humano y —tal como ocultamente sabemos— se están preparando para la Individualización. Los Devas violáceos constituyen el enlace magnético de ambos Reinos y observados clarividentemente se les ve agrupados por jerarquías, cuyo color se extiende desde el matiz violáceo hasta el gris obscuro y les define como pertenecientes a Almas grupo más o menos evolucionadas dentro del Reino animal. En todo caso, puede ser comprendida la relación que existe por doquier en la vida de la Naturaleza, atravesando los Reinos, las Razas y las especies, gracias a la participación del mundo dévico, cuyas jerarquías se extienden desde el Centro místico del Sol hasta el más humilde de los átomos ultérrimos... Será fácilmente asimilable entonces la idea de que el Reino animal cumple, a su vez, una misión muy similar a la de los seres humanos con respecto a la evolución del Reino vegetal a través de las huestes algo menos evolucionadas de los devas violáceos, pero no por esto menos útiles dentro del Plan general de la evolución. Igual actividad será desarrollada inconscientemente por el Reino vegetal en relación con el Reino mineral, ya que las vidas dévicas —prescindiendo de sus particulares evoluciones— se hallan por doquier transmitiendo ENERGIA y manteniendo unida la cadena magnética que une el conjunto universal con la Vida infinita del Creador.

E. La gran analogía humano-dévica

[EDF, p.212] Posteriormente en este *Tratado Esotérico* trataremos de responder a una de las incógnitas espirituales más interesantes desde el ángulo oculto, la que hace referencia al Sexo de los Ángeles,[32] llegando a la conclusión de que existe un sistema generativo en la vida de los mismos que permite su perpetuación en el tiempo y que, por tanto, han de existir forzosamente ciertos atributos etéricos específicos cuya misión es precisamente atender la continuidad de vida de las especies o familias angélicas a través de determinadas formas específicas. Guardando una estrecha relación analógica con los seres humanos, los Ángeles utilizan el principio universal de generación para reproducirse, aunque no de manera similar a la de los hombres, por cuanto las características del Reino son diferentes, pues, como sabemos, las formas dévicas son etéricas y constituyen centros individualizados de energía cósmica, debiendo tener presente que el ÉTER, como esencia de creación, llena todos los Planos del Universo, y que la idea de los contactos físicos establecidos entre hombres y mujeres en el sentido de la generación se convierten en conjunciones magnéticas en lo que respecta a la vida de los Ángeles.

Sólo los devas que están por debajo de la evolución humana, como la mayoría de los espíritus de la tierra y los ángeles lunares, poseen ciertos atributos generativos parecidos a los que utilizan los seres humanos, escapando por completo a nuestra consideración intelectual la manera como se reproducen los Ángeles superiores que rigen los Reinos de la Naturaleza, los que construyen los cuerpos físicos, astrales y mentales de la Raza humana y los que vivifican las especies superiores de los Reinos subhumanos en evolución. Sin embargo, utilizando el principio hermético de analogía que rige nuestras investigaciones esotéricas, aceptamos íntegramente el hecho de que todas las Entidades angélicas del Universo se reproducen cíclicamente, que poseen un sistema generativo que les es propio y que utilizan a este fin ciertas polaridades eléctricas o magnéticas más allá del alcance de nuestro humano entendimiento.

---

[32] Los ángeles y el misterio universal del sexo (Parte III-G.5)

La Edad de los Devas

Siendo así, habremos de admitir lógicamente que los Ángeles están sujetos también a un proceso de evolución en el tiempo universal y que por inmenso que sea el ciclo expansivo de sus vidas inmortales, este ciclo estará condicionado por las leyes augustas que regulan la edad o el tiempo de permanencia dentro de una forma dévica o angélica determinada. El hombre evoluciona a través de la forma por el sistema de crecimiento interno y por la ley kármica de renacimiento; los Ángeles evolucionan por medio de la energía y por un sistema misterioso de «renovación incesante de sus atributos creadores». El hombre va del instinto a la intuición pasando por el intelecto, y a que utiliza son cada vez más sutiles. El Ángel surge sin esfuerzo del ÉTER, siguiendo un impulso natural, técnicamente, ENERGÍA, que le transmite la propia Divinidad. Tal estímulo, acrecentado conforme avanza la evolución universal, permite creaciones o construcciones cada vez más bellas e incluyentes en la vida de la Naturaleza, dado que, tal como hemos ido explicando en otras partes de este *Tratado*, el hombre PIENSA y el Ángel CONSTRUYE, es decir, que existe una permanente conjunción humano-dévica, admirablemente sintetizada en el conocido aforismo esotérico «LA ENERGÍA SIGUE AL PENSAMIENTO».

Por tanto, si seguimos el hilo de todos estos razonamientos que nos sugiere el principio de la analogía, deberemos aceptar la idea de que los Ángeles poseen también una edad cíclica que puede ser medida a partir del momento en que iniciaron determinado ciclo de vida bajo la forma específica de una definida familia o especie dentro del maravilloso mundo angélico. La pregunta esencial, incisiva y directa debería ser forzosamente ésta: ¿qué cómputos de tiempo rigen la vida de los Ángeles? Recordamos haber hecho esta pregunta a un Deva muy evolucionado, el Cual nos contestó muy afablemente «que carecía de edad», añadiendo seguidamente que «... los Ángeles, en su multiplicidad de jerarquías, carecen de mente especulativa y que, por tanto, no tienen una noción del tiempo como los seres humanos». Prosiguió el Deva, «Los factores que originan la sensación de tiempo son el esfuerzo, la lucha, la impaciencia y la fatiga, condiciones propias de los cuerpos sujetos a gravedad y a la densidad del aura planetaria, de la que extraen sus capacidades naturales de vida y de experiencia.»

E. La gran analogía humano-dévica

De acuerdo con esta explicación, sencilla pero contundente, resulta muy lógico que los Ángeles no le asignen importancia alguna al tiempo por cuanto carecen de gravedad, ya que sus cuerpos son etéricos y no están sujetos como el hombre al esfuerzo y a la fatiga, aunque, de acuerdo con el principio universal de ENERGÍA, de la cual Ellos son una mística emanación, «siguen escrupulosamente y con toda reverencia los ciclos inmortales de actividad o de tiempo marcados por el Logos».

Analizadas estas ideas muy profunda y analíticamente cabría admitir que el ciclo de vida o «edad cronológica» de un Deva dependerá de su grado particular de evolución, es decir, de la sutilidad del ÉTER en donde vive inmerso y que condiciona su velocidad de desplazamiento por los espacios siderales, teniendo en cuenta —según nos fue revelado— que la velocidad normal o natural de movimiento en un Deva altamente evolucionado dentro de nuestro Universo es la de la luz, es decir, de trescientos mil kilómetros por segundo, la unidad de velocidad utilizada en los cálculos astronómicos. Sin embargo, esta velocidad en los desplazamientos siderales es ampliamente rebasada por los Ángeles superiores del Sistema, en los Cuales se verifica el fenómeno esotéricamente descrito como de «simultaneidad en el tiempo», o sea, que para Ellos no existe prácticamente la distancia. Por decirlo de alguna manera, estos excelsos Devas o Ángeles superiores constituyen, misteriosa e incomprensiblemente, el Espacio y rigen desde las insondables oquedades de este todos los fenómenos que pueden ser registrados en el Tiempo.

Hay, por tanto, desde el ángulo esotérico, una directa relación de analogía entre el principio de gravedad, la velocidad de movimiento por el espacio y la edad de los Devas. El principio de gravedad, porque siempre es un indicio de substanciación material, indicando peso, dificultad de traslación, esfuerzo y fatiga; el movimiento de traslación, porque viene condicionado por la mayor o menor sutilidad del éter que entra en la composición de las formas o de los cuerpos, y la edad cronológica, porque, por su naturaleza, es «una extensión en el tiempo», pudiendo decirse que un ciclo de tiempo será tanto más amplio y dilatado cuanto menor sea la gravedad de los cuerpos y mayor la velocidad de movimiento. De acuerdo con el sentido de estas ideas, las investigaciones ocultas nos han permitido entrever la edad media de los Devas más cercanos a la evolución espiritual de la humanidad.

Esta edad se rige por una constante matemática que podría ser representada así:

HOMBRE es a 1 lo que DEVA es a 360,

es decir, que por cada año que viva el ser humano, los Devas viven 360, no siendo en manera alguna arbitrarias estas cifras, ya que corresponden a la división por grados de cualquier círculo geométrico en la vida de la Naturaleza. Así, si esotéricamente se le asigna a la vida física de la humanidad una duración media de 72 años, que corresponde cíclicamente a un grado de meridiano dentro del gran Círculo Precesional de los Equinoccios, la edad media de los Devas será de: 72 x 360 = 25.920 años, abarcando la totalidad de un ciclo terrestre de retrogradación, es decir, de una traslación completa por las inmensas franjas de los Cielos, condicionadas por las doce Constelaciones del Zodiaco. La edad cíclica de 25.920 años terrestres con respecto a los Devas más cercanos a la evolución humana nos dará una idea de su enorme poder de «extensión en el tiempo» y, paradójicamente, de su extraordinaria capacidad de «vivir fuera del tiempo». Las enormes cifras antes descritas serán considerablemente aumentadas cuando se hace referencia a los Ángeles superiores del Sistema y a los Ángeles planetarios que rigen los Reinos, las Razas y las especies, los cuales pueden persistir cíclicamente «bajo la misma Forma Angélica» cantidades astronómicas de años luz en el tiempo, que naturalmente no podremos precisar, pero que imaginamos estarán regidas por unas constantes cósmicas relacionadas con la Vida Logoica dentro de nuestro Sistema Solar.

Ahora bien, la constante periódica de 72 años con respecto al ser humano; no olvidemos que el número 72 = 7 + 2 = 9 tiene que ver con la conocida sentencia esotérica «el 9 es el número del hombre»,[33]

---

[33] En otras secciones de este *Tratado* (Parte I.B y Parte III.I) llegamos a la conclusión de que místicamente el 9 es también, en orden de Rayos actuantes, el número del Ángel. Si reducimos a un número dígito las cifras que constituyen las edades cíclicas de los Devas, corroboraremos esa afirmación. Veamos. 360 años: 3 + 6 = 9; 25.920 años: 2 + 5 + 9 + 2 = 18 = 1 + 8 = 9. Esta misma constante de 9 se reafirma al analizar la edad media de los pequeños devas constructores, o espíritus de los elementos. Gnomos: 288 años = 2 + 8 + 8 = 18 = 1 + 8 = 9; Ondinas: 360 años = 3 + 6 = 9.

E. La gran analogía humano-dévica

y el grado de acercamiento al mundo etérico de las formas substanciales en la vida de la Naturaleza por parte de los devas, que es otra *constante matemática* sometida a nuestra consideración, podría facilitarnos algunos indicios acerca de la edad probable de los elementales constructores o espíritus de los elementos. Tal como hemos considerado en otras partes de este *Tratado*, tales devas son:

- Espíritus de la tierra (GNOMOS);
- Espíritus de las aguas (ONDINAS);
- Espíritus del Fuego (SALAMANDRAS y AGNIS inferiores);
- Espíritus del aire (SILFOS o SÍLFIDES);

ocupando cada uno de tales grupos una zona etérica determinada de entre las cuatro que integran el Plano físico, es decir:

- Cuarto subplano físico (subetérico) o Primer Éter: Gnomos.
- Quinto subplano físico (etérico) o Segundo Éter: Ondinas.
- Sexto subplano físico (subatómico) o Tercer Éter: Salamandras.
- Séptimo subplano físico (atómico) o Cuarto Éter: Sílfides.

Hay aquí dos elementos a considerar de acuerdo con lo dicho anteriormente: primero, la edad mística del hombre de 72 años, que, al parecer, es una constante cósmica, y segundo, el grado de sutilidad del Éter en donde viven y tienen su razón de ser los espíritus de los elementos o devas constructores. De acuerdo con estas dos constantes, podríamos establecer las siguientes relaciones:

Devas Constructores	Subplano Físico	Edad Humana	Edad Dévica
GNOMOS	4º	72 años 72 x 4 =	288 años
ONDINAS	5º	72 años 72 x 5 =	360 años
SALAMANDRAS	6º	72 años 72 x 6 =	432 años
SILFOS	7º	72 años 72 x 7 =	504 años

Salamandras: 432 años = 4 + 3 + 2 = 9

Sílfides: 504 años = 5 + 4 = 9

Esta es, a nuestro entender, la edad media de los devas constructores, o espíritus de los elementos, debiendo tener en cuenta que esta edad media es solamente una simple medida de indicación, lo mismo que la edad media de 72 años ha sido entresacada visando la vida entera de la humanidad y no la unidad aislada que es el hombre.

No podemos decir, por tanto, que un SILFO del aire deba vivir inevitablemente 504 años, sino que esta es la edad media que corresponde al ciclo de vida de la especie a la cual pertenece, lo cual quiere significar que habrá sílfides que vivirán más de mil años y que otras no llegarán a los 300, dado que, según hemos podido observar durante el curso de nuestras investigaciones ocultas acerca del mundo dévico, los espíritus integradores de los elementos del Plano físico están sujetos a las enfermedades, a la vejez y a la muerte, aunque todo ello se realice en forma muy diferente a la de los seres humanos.

La Reencarnación de los Devas

La exposición de estas ideas nos obliga a formulamos otra muy interesante pregunta desde el ángulo esotérico: «¿reencarnan los Devas?», es decir, ¿están Ellos, al igual que nosotros, atados inexorablemente a la Rueda de Samsara que rige la ley kármica de muerte y nacimiento?

Bien, esta pregunta podría ser contestada afirmativamente, ateniéndonos al principio de analogía que rige para nuestro Universo de Segundo Rayo, aunque teniendo en cuenta que la muerte y el proceso de renacimiento pueden ser radicalmente distintos a tal como los verificamos los seres humanos, desde el ángulo puramente físico y sin otras medidas de consideración que las que nos suministran nuestros cinco sentidos corporales y nuestro grado de percepción mental.

Deberemos tener en cuenta, ante todo, que la muerte como fenómeno de extinción física y posterior proceso de desintegración de la forma no opera en los niveles etéricos por cuanto es en estos niveles precisamente a donde van a parar todos los residuos etéricos que se liberan de los cuerpos físicos densos en proceso de desintegración. Hay que observar, sin embargo, que pese a la sutilidad del éter en donde viven inmersos los elementales constructores, siempre será perceptible a la visión esotérica un intervalo de descanso, aunque mucho menos prolongado que en el caso de los seres humanos. Una especie de Devachán por el que ha de pasar un deva o elemental constructor antes de asumir un nuevo vehículo etérico, teniendo presente, de acuerdo con las leyes infinitas de la evolución, que hay una línea progresiva que lleva a los GNOMOS a convertirse en

E. La gran analogía humano-dévica

ONDINAS, a las ONDINAS en SALAMANDRAS o pequeños Agnis del Fuego, a las SALAMANDRAS en SÍLFIDES y a las SÍLFIDES en Devas directores del proceso de construcción de Formas en la vida de la Naturaleza. Así, podríamos decir que un Deva de evolución similar a la de un ser humano espiritualmente integrado lleva tras de sí la experiencia mística de los cuatro niveles etéricos trascendidos, de idéntica manera a como el hombre superior lleva consigo la experiencia del Cuaternario inferior, integrado y trascendido, es decir, del cuerpo físico, del vehículo etérico, de la sensibilidad astral y de la mente concreta. En todos los órdenes de la vida puede hallarse siempre la analogía, ya que en ella se encuentra la clave del conocimiento perfecto.

Hay que considerar también que en cada uno de los niveles etéricos del Plano físico hay diferentes grados de sutilidad y que cuando hablamos, por ejemplo, del quinto subplano físico, que corresponde al segundo nivel etérico, no nos referimos a que viven allí solamente los elementales constructores o «espíritus de las aguas», llamados esotéricamente ONDINAS, sino que hay una prodigiosa multiplicidad de devas en evolución, desde las simples ONDINAS hasta los poderosos NEPTUNOS que integran con su extraordinaria vida dévica los grandes océanos del planeta. Lo mismo puede ser aplicado a los demás niveles etéricos, aunque extendiendo la idea a los subplanos de todos los demás Planos del Universo, en donde, de acuerdo con la ley de sutilidad de la substancia utilizada en orden a la creación de formas integrantes, habrá que imaginar —si podemos hacerlo— una extraordinaria capacidad de vida dévica con facultades y atributos divinos más allá del más elevado entendimiento humano.

Consubstancialmente con la idea de renacimiento tenemos la del karma, y es ahí, sobre este punto, donde deberemos aplicar creadoramente la analogía. Nuestro Universo en su totalidad es kármico, ya que se halla en proceso de manifestación cíclica en el Tiempo, y lo mismo podría decirse de todo Universo, Constelación o Galaxia que pueblan los mares infinitos del Espacio. Así, pues, hablar del karma de los Devas, sea cual sea su grado de evolución espiritual, no es una mera hipótesis de nuestra mente, sino una certeza total que nace de la aplicación correcta del principio de analogía.

Lo único que hay que tener presente, en todo caso, es que el karma de los Devas es muy diferente al de los seres humanos. El karma del hombre es crear, a través de la experiencia resultante del contacto con la substancia material de los niveles mental, astral y físico; el del Deva es construir, mediante una energía potencial que les es propia, los vehículos de substancia que los Reinos de la Naturaleza precisan para realizar normalmente su evolución. Hemos discutido este punto en otras partes de este *Tratado* y no vamos a insistir sobre el mismo.

Sin embargo, la sutilidad del elemento en que viven inmersas las diferentes jerarquías que constituyen el Reino Dévico las ubica, desde el ángulo de vista de la ley del Karma, en una pluralidad de zonas mucho menos conflictivas que las humanas y sin el dolor moral y físico que aqueja a las razas y a las especies en nuestro mundo físico. Siempre de acuerdo con la analogía, deberemos admitir, sin embargo, que habrá ciertas zonas de conflicto en los niveles etéricos de todos los Planos de la Naturaleza en donde exista un punto de contacto dévico con la vida de los hombres, singularmente en los niveles psíquicos en donde hace sentir más acentuadamente su presión el Guardián del Umbral de la Humanidad y en donde con mayor intensidad y potencia se manifiestan los devas lunares, sujetos todavía a la atracción inferior del arco descendente de la evolución planetaria y en donde, esotéricamente hablando, hay una permanente lucha o conflicto entre los Ángeles de la Luz y los Ángeles de las Tinieblas disputándose —tal como se dice místicamente— la presa del corazón humano. Y aquí habría mucho que hablar acerca del fenómeno psicológico —o quizá sería mejor decir psíquico— de la tentación con el fin objetivo de despertar espiritualmente el alma humana.

Parte importante del karma humano se halla precisamente en la lucha que sostienen dentro de su corazón los devas de la luz y los devas de las sombras, la cual ha dado lugar a la tradición religiosa del Ángel Guardián y del Demonio Tentador, trasfondo de esta épica lucha humana hay que tener en cuenta el karma particular de ambos grupos de Devas que infiltrados en el aura etérica del hombre penetran en su corazón y le incitan a la lucha en los niveles de la existencia material.

Y con respecto al karma, deberemos admitir también —siquiera con carácter de hipótesis— el que tiene que ver con los grandes Ángeles del Universo y del propio Planeta, sujetos a la presión divina y representando estadios de la vida de Dios en los Planos o niveles de la existencia material, teniendo en cuenta que la Divinidad, pese a ser Omnipotente en todos los órdenes de la vida manifestada, no puede llegar a establecer contacto con Sus infinitas Creaciones si no es a través de Sus Directos Mensajeros, los Ángeles. Ellos son los que construyen la soberbia estructura del Universo según los Planes de la Ordenación divina y utilizan la ENERGÍA que surge de Sus Cuerpos Radiantes para mantener inconmovible dicha estructura a través de las edades, siendo el Karma particular de tales Esplendentes Entidades Angélicas la actividad maravillosa que desprende de Sus indescriptibles Cualidades espirituales, que, esotéricamente, se describen como: Conocimiento de los Sabios Designios del Señor, Integración de las Justas Medidas de Su Indescriptible Inteligencia y Construcción de todos y cada uno de los Planos del Sistema Solar.

F. La vinculación espiritual de ángeles y hombres

1. La fraternidad humano-dévica

[FON, p. 51] La preocupación constante de la Jerarquía Espiritual del Planeta es el establecimiento de las condiciones ambientales requeridas por los nuevos órdenes sociales de la Humanidad. Desde el principio mismo de Su instauración en nuestro mundo, hace unos veinte millones de años, los miembros de la Jerarquía han colaborado con los Grandes Ángeles del Sistema Solar, principalmente con Aquellos que dirigen el proceso de construcción y conservación de los tres primeros Planos de la Naturaleza, es decir, el Mental, el Astral y el Físico. Estas Jerarquías impulsan la evolución de los cuatro primeros Reinos, el Mineral, el Vegetal, el Animal y el Humano, utilizando las huestes dévicas que laboran en el seno de la sustancia kármica del Planeta para construir los adecuados vehículos o formas expresivas de cada especie viviente. Crear situaciones nuevas en colaboración estrecha con los Ángeles es la tarea creadora de la Jerarquía y, en lo que al Reino humano se refiere, estas situaciones tienen que ver con la implantación de un nuevo orden social y una mejor utilización de los atributos de conciencia que dicho Reino ha logrado desarrollar.

Esotéricamente sabemos que nuestro planeta es uno de los más densos del Sistema Solar en orden a la fase crítica de desarrollo que está atravesando el Logos planetario cuya Misión iniciática −si podemos decirlo así− es enlazar místicamente cierto planeta que recién ahora está emergiendo del Espacio por ser todavía de sustancia etérica y otro de carácter sagrado, probablemente MERCURIO, que se halla en una evolución superior. Es necesario observar al respecto que esta coincidencia o fase de desarrollo viene determinada por el hecho de que el planeta Tierra es el Cuarto planeta de la Cuarta Ronda de una Cuarta Cadena de mundos, hallándose, por lo tanto, en el centro mismo de la evolución solar y constituyendo, tal como decíamos antes, el eslabón o punto de paso de ciertas energías objetivas de carácter universal que han de ser transustanciadas en subjetivas y pasar a ser esencia espiritual pura y radiante. Este es un punto muy interesante a considerar si tenemos en cuenta que estas «corrientes de Vida universal» son impulsadas a la actividad por Entidades Angélicas de elevada trascendencia y convergen muy especialmente sobre el Reino humano, el Cuarto dentro del Esquema general de los Reinos planetarios y especializándose, por tanto, en la misión solar, de ser un punto crítico dentro de la evolución planetaria por el que deben pasar los Reinos subhumanos a fin de prepararse para la gran Iniciación de la Individualización o de la autoconciencia.

Una muy importante crisis en orden a la evolución solar tiene actualmente en el planeta Tierra sus más profundas repercusiones, y dentro de la vida planetaria es el Reino Humano quien más abundantemente acusa estas potentísimas crisis solares y planetarias. la Humanidad como un todo está regida —vean por favor la analogía— por el Cuarto Rayo, definido técnicamente como el de la Armonía a través del Conflicto, es decir, y dándole un significado todavía más profundo, el de la Iniciación por medio del Sacrificio. He ahí el por qué el planeta Tierra es el Cuarto planeta de la Cuarta Ronda, que el Reino humano es el Cuarto Reino de la evolución planetaria y porque el Cuarto Rayo es el que mayormente condiciona la evolución del Cuarto Reino. Vistas tales coincidencias, habrá que aceptar como lógica la idea de que los grandes Ángeles cósmicos que dirigen, canalizan y son esencialmente las energías del Cuarto Rayo, el de la Belleza y la Armonía en nuestro Sistema Solar, son los más importantes desde el ángulo de vista de la humanidad en esta presente Cuarta Ronda de grandes oportunidades cíclicas de evolución y quizás, dentro del proceso de desarrollo espiritual humano, los que más frecuentemente toman contacto con los hijos de los hombres.

Los Rayos son unas corrientes naturales de Vida angélica que proceden del Centro creador del Sol Espiritual de nuestro Universo, expresando ciertas cualidades de Vida y de Conciencia del Logos solar. Actúan incesantemente por todo el ámbito universal, pero siguiendo el ordenamiento de ciertas Leyes de carácter cíclico —que preceden a las Grandes Iniciaciones Cósmicas— se manifiestan más activamente unos que otros durante ciertos periodos importantes en la Vida del Logos solar y con respecto a Su cuerpo de expresión, el Universo. Una de estas grandes expansiones cíclicas de naturaleza solar y mediante la actividad del Cuarto Rayo, está gravitando sobre nuestro planeta y condicionando la etapa evolutiva que corresponde al Reino humano. Vean pues cuán importante es el ser humano vista su proyección celeste y considerando los propósitos indescriptibles del propio Logos solar con respecto a nuestro planeta.

F. La vinculación espiritual de ángeles y hombres

Una de las condiciones básicas para que el trabajo general que se está realizando en el planeta Tierra mediante el Cuarto Reino tenga éxito es que el ser humano, al llegar a cierto determinado punto en su evolución espiritual, establezca contacto consciente con las vidas angélicas que presiden la Vida de los Rayos para seguir inteligentemente las indicaciones de éstos y poder acceder así más fácilmente a la gloria de la Iniciación. Muy intencionadamente nos referimos en otras páginas de este *Tratado* a los «espacios intermoleculares» en el Universo, a aquellas misteriosas zonas que separan entre sí a Planos y subplanos, lo mismo que a grupos de elementos químicos entre sí, ya que su descubrimiento y su conquista facilitan «la rasgadura de los velos» que los encubren y permiten al ser humano inteligente una extraordinaria eclosión de facultades superiores, el establecimiento de un contacto consciente con los Ángeles Guardianes de la Raza y la ulterior penetración en el misterioso y enigmático Quinto Reino de la Naturaleza, el Reino de los Cielos o de las Almas Liberadas.

Esto no quiere significar naturalmente que sólo el Cuarto Rayo actúa dentro de la Humanidad, sino indicar que es el más potente en su acción dada su mística relación con el Cuarto Reino. Todos los Rayos del Universo, es decir, todas las facultades de Dios concurren potencialmente en el hombre y sólo se requiere el impulso cíclico de la evolución para que entren paulatinamente en actividad. Ángeles de todos los Rayos están misteriosamente unidos al destino del ser humano colaborando estrechamente en el proceso evolutivo que ha de llevarle finalmente a la Iniciación. La iniciación indica siempre la perfecta actualización de determinado Rayo en cualquier época cíclica de la evolución humana. Las doce Constelación del Zodíaco a través de los Siete Rayos constituyen esotéricamente el número de la perfección del hombre.

La suma de las 12 Constelaciones zodiacales y de los Siete Rayos es 19, número que sumado entre sí nos da 10, el de la divina Tétrada —Tetraktys Pitagórica— del gran Iniciado Pitágoras. No ocurre lo mismo con los Ángeles, cuyo número de perfección es el 12, habida cuenta de que el hombre emerge básicamente del Cuaternario, sobre el andamiaje del Cuarto Rayo, en tanto que la vida de los Ángeles, en todas sus Jerarquías, son emanaciones directas del Sexto Principio Cósmico del Sentimiento Creador por medio del Sexto Rayo, coordinado con el Tercero de la Inteligencia Activa, o Actividad Creadora, que los lleva a la existencia. La suma de la Perfección del hombre, según la divina Tétrada es la siguiente:

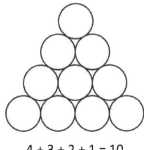

4 + 3 + 2 + 1 = 10

La suma de la perfección de los Ángeles, según el «Libro de los Iniciados» es ésta:

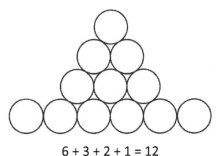

6 + 3 + 2 + 1 = 12

El UNO, como podrá observarse, es el principio unificador de todas las vidas existentes y de todos los Reinos de la Naturaleza y la base mística de los elementos químicos que constituyen la estructura material del Universo. En el indescriptible Misterio de la Iniciación el Cuaternario humano se convierte en el Triángulo, es decir, en la Triada espiritual. Al final del proceso de perfección de la vida humana, cuando el Cuarto Reino ha trascendido, el hombre se convierte en el UNO, adquiriendo así la Conciencia Cósmica. Cuando el Iniciado ha alcanzado la categoría de Adepto, en la Quinta Iniciación, se le denomina esotéricamente «Señor del Quinto Principio». Su emblema es entonces la Estrella de Cinco Puntas brillando permanentemente sobre Su aureolada Cabeza. Sabe entonces por experiencia el Secreto de la Voz que actúa sobre los Devas y puede «mandar» —esotéricamente hablando— sobre las huestes angélicas que constituyen la base estructural o química del Universo. Pero, esta afirmación constituye todavía un secreto, un misterio irrevelable a la conciencia humana en su presente estado de evolución.

La vida de los Ángeles continuará siendo todavía una gran incógnita para los no iniciados, aunque los discípulos mundiales irán siendo informados progresivamente de todos los detalles correspondientes a la Ciencia del Contacto. Es posible afirmar, que, a finales del siglo XX, muchos de los discípulos, miembros de los distintos Ashramas de la Jerarquía, podrán establecer contacto consciente con cierta categoría de Ángeles traídos a la manifestación por medio de una corriente de energía del Quinto Rayo que ha de efectuar en el planeta y en la conciencia de los hombres y mujeres de buena voluntad del mundo grandes transformaciones. Tales Ángeles serán «los acompañantes del Sendero» de muchos seres humanos que dejaron tras de sí las tendencias potentemente devocionales y utilizando creadoramente sus actividades mentales en bien de la humanidad tal como lo hacen muchos científicos de nuestros días. Será progresivamente demostrado así el conocido axioma esotérico, clave de la Iniciación, «El 9 es el número del hombre». La explicación de dicho axioma en nuestra época será una simple suma de los Rayos principales que actuarán sobre el hombre en forma muy objetiva, aunque subjetivamente actuaron siempre; serán el Cuarto Rayo de la propia Humanidad más el Quinto que corresponde al principio mental. El resultado para muchos seres humanos será la Iniciación en sus diversas fases de evolución jerárquica o espiritual.

Coincidiendo con la actividad de estos Rayos, las Vidas angélicas serán potentemente inducidas a la actividad redentora de la sustancia en virtud de una confluencia particular de los Rayos Sexto y Tercero. El Sexto, porque es ya una expresión devocional de los Ángeles más próximos a la evolución del ser humano, y el Tercero, porque esencialmente los Ángeles son una expresión inefable del tercer Rayo de Actividad Creadora de la Divinidad expresándose como Éter sustancial, es decir, como el Aspecto Madre de la Naturaleza que guarda el secreto de la formación de todas las cosas existentes.

Observemos la coincidencia de que en el aspecto de los Rayos y pese a sus diferentes energías condicionantes, los Ángeles y los hombres van llegando cíclicamente a un punto ideal de confluencia, a partir del cual puede surgir una cooperación inteligente entre ambas evoluciones y el inquebrantable convencimiento de un destino común. Vean la coincidencia cíclica:

Los Ángeles: Rayos 6º y 3º = 9

Los Hombres: Rayos 4º y 5º = 9

La coincidencia numérica es tremendamente importante desde el ángulo de vista esotérico, teniendo en cuenta de que el Universo es un resultado del número y de la forma, ya que «DIOS GEOMETRIZA» mediante la Ciencia de los Números. Siguiendo el hilo de esta idea y de acuerdo con el sentido oculto expresado en el axioma «El 9 es el número del Hombre», podemos afirmar que, en el presente ciclo de la evolución planetaria, habiendo sido rebasada ya la mitad de nuestra presente Cuarta Ronda, la vida de los grandes Devas que actúan sobre la Humanidad adquiere un idéntico significado místico y puede asimismo decirse que «el 9 es el número del Ángel».

A partir de este hecho será comprendida la idea señalada en páginas anteriores, del por qué la Jerarquía Espiritual del Planeta tiene un especial interés en aleccionar a muchos discípulos mundiales acerca de las Vidas Angélicas y sobre la necesidad de que se establezcan vínculos de fraternal relación entre ellos y estas inefables corrientes de vida que constituyen el principio de formación, concreción y organización del Universo.

2. Belleza y cumplimiento

Belleza y cumplimiento: el nuevo orden social.

[FON, p.68] Solo el cumplimiento del Plan de Belleza de los grandes Arquetipos, que son los Sueños de Dios, puede conducir a la humanidad hacia el nuevo orden social. La expresión individual de Belleza ha de llevarnos normalmente a un nuevo mundo de relaciones humanas, siendo la Fraternidad en sus más ocultos significados la Belleza de una IDENTIDAD de origen comprendida y aceptada por el hombre y extendida no sólo al Reino humano, sino a todos los demás Reinos de la Naturaleza. Este sentido innato de Belleza deberá presidir el nuevo orden social, el cual jamás será completo si la mente del hombre matizada de grandes intereses egoístas no despersonaliza sus habituales actitudes de autocomplacencia y no se decide, siguiendo las grandes motivaciones angélicas en su corazón, a volver sus ojos y su vida entera al mundo supremo de los valores internos regidos por los poderosos y vibrantes Arquetipos que ocultamente proceden de aquella incomprensible y trascendente Entidad Psicológica que llamamos ACUARIO y que se manifiesta a partir de una ESTRELLA cósmica de la más elevada magnitud. Tal estrella es —esotéricamente hablando— el Corazón místico del Gran Ser Espiritual que utiliza la Constelación de ACUARIO como Cuerpo de expresión.

Démonos cuenta de manera profunda que cuando se habla de «las grandes oportunidades cíclicas de la Nueva Era» y del nuevo orden social de la humanidad, se hace referencia, aunque de manera inconsciente, a la actividad de las energías dévicas, procedentes de esta divina e indescriptible Entidad espiritual, al rasgar los éteres de nuestro mundo. Existen también, tal como dijimos en anteriores ocasiones, grandes concentraciones de energía en forma de siniestras nubes de incomprensión y de egoísmo situadas entre nuestro planeta y las energías zodiacales procedentes del Cosmos. Según se nos dice ocultamente, hay un Arquetipo de eximia e incomparable belleza latente en los éteres planetarios y poéticamente descritos como «EL HUEVO CÓSMICO DE LA FRATERNIDAD», el cual está siendo incubado simultáneamente por los Ángeles familiares[34] y por las almas de todos los hombres y mujeres de buena voluntad de mundo. La rotura del

---

[34] Ángeles Guardianes.

HUEVO y el surgimiento a la luz de la manifestación de este Arquetipo supremo de Fraternidad correrá a cargo del Logos cósmico que es el Chacra Cardíaco del Señor de ACUARIO, tal como es de ley o de rigor desde el punto de vista de la decisión universal o solar, siempre y cuando los hombres ajusten su visión a la de los Ángeles familiares y decidan definitivamente cooperar inteligentemente con Ellos en la obra de proyección de dicho Arquetipo en el seno de la Humanidad.

Decimos en otra parte de este *Tratado*, y deberemos repetirlo muchas veces todavía, que las energías de los Rayos y de las Constelaciones son ENTIDADES vivas y conscientes y que el término ENERGÍA, tal como lo utilizan los hombres de Ciencia de nuestros días, deberá sufrir profundas transformaciones antes de poder penetrar en las regiones ocultas de la Naturaleza en donde se gesta el permanente misterio de la Vida y de donde surge el sentimiento íntimo de Fraternidad. El término «energía individualizada» con respecto a los Ángeles aclarará el misterio y revelará el secreto subyacente en la energía del Amor. Los científicos del futuro utilizarán el término de *energía individualizada* para referirse a las distintas cualidades o vibraciones de la Materia y reconocerán como Entidades angélicas, clasificadas en orden a Jerarquías, a todas las modificaciones sustanciales de la energía. Habrá, así, un cambio absoluto de situaciones en el orden planetario que afectará profundamente el orden social.

La conquista de la velocidad en el tiempo y la frecuencia de contactos entre los continentes, las naciones y los seres humanos entre sí, son el principio de las rectas relaciones humanas que han de constituir el primer tramo del gran Puente de la Fraternidad en nuestro planeta. Sin que la mayoría de investigadores espirituales lo hayan quizá advertido, la frecuencia y rapidez de contactos humanos producidos mediante el desarrollo de los grandes ingenios científicos que producen «la velocidad en el tiempo», ha «introducido» cierto tipo de Ángeles en la vida social de la humanidad, y si bien los grandes Ángeles familiares del pasado, responsables de los Arquetipos espirituales de la Raza, se mantienen respetuosa y muy comprensiblemente aparte en esta primera fase del proceso, podemos asegurar que grandes concentraciones de Ángeles subalternos, aunque superiores en evolución al común de los seres humanos, se hallan actualmente plenamente activos fomentando el nuevo orden social al cual hicimos referencia.

Se trata de unas huestes angélicas muy especializadas con una misión muy definida en orden a los acontecimientos planetarios, que están trabajando en los espacios etéricos de nuestro mundo «tejiendo con singular maestría» las nuevas situaciones sociales. Corresponden a una especie particular de AGNISVATTAS manejando energías esencialmente mentales y dirigiendo grandes concentraciones de «elementales constructores» de todos los tipos etéricos, mental, astral y físico con la especial misión de canalizar los nuevos sonidos, los nuevos colores y las nuevas formas geométricas que forman parte del Gran Legado Acuariano para nuestro planeta.

Podemos decir también que muchas de las llamadas «desviaciones» artísticas, filosóficas y místicas observadas en el seno de la humanidad, son el resultado del choque de las energías individualizadas provenientes de ACUARIO, trayendo unas nuevas y más inspirativas formas, con las gastadas expresiones artísticas del mundo, que desde la floreciente época del Renacimiento han ido degenerando y rigen las condiciones astrales del mundo. Se trata —tal como esotéricamente se dice— de introducir luz en los acontecimientos mundiales y de tejer nuevas situaciones planetarias. Este trabajo o misión angélica hallará siempre la oposición de las formas atávicas y tradicionales de las cuales nutren todavía los seres humanos sus pensamientos, emociones y palabras, manteniendo así en actividad a una considerable hueste de elementos dévicos y elementales constructores que deberían haber sido trascendidos hace ya muchos siglos de acuerdo con el Designio de Dios y el Plan organizado de la Jerarquía.

Si hay un proceso incesante de «degeneración artística», si hay carencia de plenitud mental en los pensadores de la época y si existe vacuidad religiosa en el místico es debido únicamente a la atracción gravitatoria de los hombres hacia formas de pensamiento gastadas y empobrecidas en periodo de desintegración, a intensas emociones astrales sin riqueza de sentimiento y a la falta de amor en los ambientes sociales de la humanidad. Una potente coraza de egoísmo arma el corazón de los hombres y les impide acoger las semillas de la Fraternidad y de la Creatividad tan fecundas en el Espacio cósmico que les circunda. Dicho de otra manera: no hay BELLEZA en sus mentes y corazones... ¿Cómo puede entonces haber cumplimiento universal en sus vidas?

La actitud humana frente a la existencia, sus constantes preocupaciones en torno al confort y bienestar físico, la indolencia mental frente a las formas de pensamiento tradicionales que en forma de códigos vigentes constituyen la base de la sociedad y los sentimientos de separatividad, de odio y de egoísmo individual y comunal que mantienen en incesante conflicto a los seres humanos, conservando por lo tanto permanentemente abierta una puerta que conecta astralmente nuestro planeta con el satélite Luna. Este satélite, como esotéricamente se sabe, es un astro muerto y en proceso de descomposición, pero dotado todavía de un potentísimo elemental astral —¿o quizás sería mejor decir «cascarón astral?— que lo envuelve y que se nutre precisamente de los pensamientos de temor, de los sentimientos de separatividad, de la vibración nociva de las palabras incorrectas, hirientes y agresivas y de la actitud entera y displicente de la humanidad, para mantenerse vivo y en condiciones de afectar el aura planetaria con sus potentísimas y negativas radiaciones.

Veamos el proceso muy esotéricamente y tengamos en cuenta que este terrible Elemental Lunar, considerado en su totalidad, es un Ángel inferior dotado de conciencia y atendiendo ferozmente —si nos permiten utilizar esta palabra— a su propia supervivencia, de la misma manera que los «cascarones astrales» que pueblan los éteres astrales de nuestro mundo y que son alimentados de las pasiones de los seres humanos, luchan también en sus respectivos niveles para sobrevivir y perpetuarse en el tiempo. El trabajo de limpieza de estas gastadas formas de pensamiento y de pasiones humanas es la obra del discípulo mundial de nuestra época, el cual colabora con la Jerarquía en el trabajo básico y preliminar de destruir estas arcaicas creaciones del espíritu elemental del pasado y crear puntos de luz en el éter en colaboración con los Ángeles de la Nueva Era, para poder canalizar así, a través de ellos, las energías que el Señor de ACUARIO proyecta con destino a nuestro mundo. Se trata de un trabajo arduo, lento y singularmente difícil.

La tarea comienza, como es natural, en la vida del propio discípulo, el cual deberá limpiar su aura etérica de la influencia de los «devas lunares» o energías astrales condicionantes que resisten su empuje y noble empeño y le acarrean no pocos problemas y dificultades. El trabajo inicial, tal como místicamente se ha dicho siempre, empieza en el corazón del discípulo y es así como ha surgido en todos los tiempos aquel aspecto cualificador de tal etapa de compromiso espiritual que llamamos «tentación». La tentación, técnicamente descrita, es la obra de los Ángeles familiares actuando sobre los devas lunares que coexisten en el aura etérica del discípulo y se nutren de sus innobles pasiones y deseos. Robustecen su actividad cíclicamente para que el discípulo no se sienta nunca a salvo mientras exista alguna semilla de mal en su interior y no caiga en la falsa presunción de que sus pasiones inferiores están muertas cuando se hallan simplemente dormidas, al acecho de cualquier oportunidad de manifestación.

Es así, de esta manera, que se suceden las etapas de grandes desalientos después de haberse vivido momentos de inefable grandeza espiritual. Los Ángeles familiares, los verdaderos Amigos del hombre, cuidan el Alma del discípulo y velan armas en su corazón cuando éste se siente seguro y fuerte, sin darse cuenta de que el mal, es decir, los devas lunares, se hallan solamente aletargados, adormecidos y a la espera de la oportunidad para manifestarse. Una de sus más curiosas y engañosas influencias en el ánimo del discípulo, es la de inclinar su razón y emociones hacia la total confianza en el nivel espiritual alcanzado, en la soberbia de sentirse mejor que los demás y en la falsa creencia de que «todo está ya hecho y realizado». La etapa de «tentación» se reproduce cíclicamente en la vida del discípulo espiritual y rige una gran parte de su proceso kármico.

Se trata de una etapa obligada dentro de un orden social en marcha y constituye una característica definida en el proceso espiritual del discipulado donde se apoya precisamente el poder de la Jerarquía para destruir del aura etérica de la Tierra todos los sedimentos del Mal existentes desde que el hombre tuvo uso de razón y empezó a invocar inexpertamente a los «Testigos del Mal Cósmico», enlazados al aura del planeta por efecto del Karma del Logos planetario que, al igual que en el Alma del discípulo, se hallaban silenciosamente expectantes esperando la hora de la oportunidad de manifestación. Tales *Testigos del Mal* son llamados «los Oscuros Viajeros del Cosmos» en algunos tratados esotéricos y «Ángeles Caídos» en los escritos bíblicos. Son, en realidad, el fruto de las humanas imperfecciones existentes en todos los planetas «no sagrados» de no importa qué Universo en el Cosmos absoluto, allí en donde existe todavía la lucha por alcanzar la medida o estatura espiritual exigida por los Augustos promotores del indescriptible proceso de Redención Cósmica. Constituyen tres absolutos Poderes reconocidos en el Cosmos y se manifiestan a la infinita y clarividente visión del Logos planetario en forma de tres espantables y subyugantes Entidades. Éstas han sido reconocidas en todos los tiempos como *Agentes del Mal organizado*, ya sea en una Galaxia, en un Universo, en un Planeta o en un hombre. Estas tres Entidades coexisten misteriosamente en la vida evolutiva de los grandes Señores YAMA, VARUNA y AGNI de los Planos Físico, Astral y Mental de nuestro Sistema Solar que, como esotéricamente sabemos, son los tres Cuerpos inferiores del Dios del Universo y los perpetuadores de su indescriptible Karma a través de las edades.

A la experimentada vista del Adepto, el MAL CÓSMICO aparece siempre en forma de una triple Entidad psíquica que llena el espacio de puntos oscuros mezclándolos con la sustancia radiante y magnética de cualquier Logos planetario en proceso de evolución. En lo que a la vida del discípulo espiritual se refiere, tales exponentes del llamado Mal Cósmico se manifiestan en forma de:

- MAYA. La inmoderada atracción hacia las sensaciones físicas.
- ESPEJISMO. El desorbitado apego a todas las formas de deseo.
- ILUSIÓN. Las dificultades de percibir claramente el mundo de los significados mentales.

En una forma muy peculiar y absolutamente reconocible para todos los seres humanos, el Gran Señor BUDHA descubrió a los Testigos del Mal Cósmico en forma de ENFERMEDAD, VEJEZ y MUERTE, siendo sus influencias en la vida humana las perpetuadoras del Karma de la Raza y las causas del dolor que ata los hombres a la incesante rueda de Muerte y Nacimiento.

Estas Tres Entidades se hacen visibles al discípulo en el momento místico de la Iniciación en forma del terrorífico GUARDIÁN DEL UMBRAL, el testigo del mal en el corazón del discípulo y el que centraliza, mantiene y coordina todas las pasiones humanas acumuladas en su corazón a través del tiempo. Es la espantable Entidad que el discípulo debe destruir enteramente en todos y cada uno de sus sustratos físicos, astrales y mentales antes de poder franquear la dorada Puerta iniciática. Realizado ello, soportada la prueba y destruida la Entidad, o parte de ella según sea la Iniciación, el campo magnético del mundo se siente aligerado de aquellos gérmenes de descomposición psíquica; muchos cascarones astrales son eliminados y tal como se dice en los verdaderos libros esotéricos: «...el mal que corresponde a un discípulo es diluido en el éter sin posibilidad alguna de nueva manifestación». Podría añadirse también, en orden a la peculiaridad de este capítulo, que los espacios libres del mal, ya sea el que corresponde al aura etérica de un Iniciado, de un Maestro de Compasión y de Sabiduría o de un Logos planetario, son llenados místicamente por la luz y la belleza de una nueva situación ambiental en la que los Ángeles familiares de la humanidad pueden participar plenamente y empezar a construir las nobles estructuras de los órdenes sociales que exigen los nuevos tiempos

3. El ángel y el artista

[FON, p.74] La consideración de las ideas expuestas en el capítulo anterior acerca del proceso de realización de los Arquetipos correspondientes a cada una de las ideas que surgen de la Mente de Dios y se agrupan o estructuran de acuerdo con definidas características, deberá abrirnos las puertas de un nuevo sentido de orientación hacia los niveles ocultos en donde se fraguan las situaciones planetarias y se realiza el proceso místico de la evolución. De la misma manera que se le reconocía al hombre un sentido innato de belleza, cualquiera que fuese su condición social y sus definidas características individuales de Rayo y de signo astrológico, hay que considerar en todos los seres vivientes de la Naturaleza de no importa qué Reino o especie, un definido sentido de orientación hacia la Belleza oculta de todo lo creado, es decir, hacia la realización de un Arquetipo que, al parecer, es su Meta de perfección inmediata dentro del extenso Plan evolutivo.

Hay, pues, desde este ángulo de vista un Artista potencial en cada alma espiritual de la Naturaleza, desde la pequeña alma que informa a la flor de delicado perfume hasta el resplandeciente Ángel que cuida de la preservación de las prístinas formas que desde los niveles más ocultos intentan sustanciarse o materializarse. La Belleza, el sentido innato de acercamiento a los ocultos Arquetipos que tratan constantemente de manifestarse, es la Nota peculiar y característica de la Naturaleza, siendo el Hombre, el ser dotado de razón y de sensibilidad y por tanto con más capacidades de cumplimiento, el único ser dentro de esta magnificente Naturaleza que altera el sentido innato de Belleza y llena de horrorosa fealdad el extenso campo de sus realizaciones individuales y comunales. Su obra es así deseada, pero al propio tiempo temida, por los Ángeles familiares[35] que cuidan de la evolución de los ambientes sociales de la Humanidad y tienen como especial misión introducir los delicados Arquetipos logoicos en la mente y corazón de los seres humanos. Puede decirse que grandes corrientes de Vida angélica con destino a la Humanidad quedan detenidas en su camino, en expectante espera y suspensión, debido a los perniciosos hábitos contraídos por los hombres desde muy remotas

---

[35] Ángeles Guardianes.

edades y que muy peligrosamente han degenerado en el desmedido afán de comodidades, en el Maya de los sentidos y en los mil espejismos de la naturaleza astral. Puede asegurarse, también, que ciertos definidos Arquetipos espirituales que desde hace mucho tiempo deberían haber sido sustanciados por los Ángeles familiares, se hallan virtualmente paralizados o detenidos en su descendente fluir constituyendo vórtices de energía muy activos en el mundo oculto, pero que no pueden introducirse en la vida de la humanidad por el espeso velo creado por las contradicciones existentes. La técnica humana que en muchos aspectos ha logrado vencer la inercia de la gravedad terrestre y ha enviado naves espaciales en dirección a otros mundos, ha descuidado lamentablemente el cuidado de su innato sentido de Belleza y de síntesis, que sin apercibirse de ello ha dejado que la gravedad terrestre se posesionase de su elevada esencia espiritual y la mantuviese atada, comprimida o sustanciada al igual que las cosas materiales, sin posibilidad aparente de redención o acercamiento a los grandes Arquetipos que el Señor ha programado como Metas esenciales de la vida del hombre aquí en la Tierra. Hay una espesa nube etérica y astral, situada entre la visión humana de redención y aquellos redentores Arquetipos del nuevo orden social, que impide coordinar las actitudes humanas con el Plan divino, una ruptura de comunicación entre el hombre y la Divinidad a causa del desvío humano en lo que respecta a los grandes Planes de organización social que lleva adelante la Jerarquía planetaria.

Se han perdido de vista algunos de los grandes aspectos de la Verdad regentes para este mundo de contradicción y de incesantes conflictos que deberían haber producido ya un orden social nuevo, de acuerdo con aquellos magníficos Arquetipos de realización. No puede navegarse, por decirlo de alguna manera, por este espacio tan alterado por las poderosas concentraciones de energía negativa flotando en la atmósfera planetaria y llenando de sombras aquellas ricas zonas del éter que deberían expresar la luz de Dios en su más acrisolado sentido de orden, plenitud y síntesis. Podríamos decir que la CONTAMINACIÓN ambiental, mental, astral y física ha sido elevada hasta tal grado que ha llegado a afectar incluso los éteres sutiles del planeta en donde los Ángeles, estas energías individualizadas de la Naturaleza, realizan infatigablemente su misión de ajustar el plan arquetípico de la Divinidad a la vida y necesidades de los seres humanos, hasta el punto de que muchos de Ellos han decidido en forma temporaria, pero

F. La vinculación espiritual de ángeles y hombres

acuciados por su tremenda necesidad de inmortal pureza, retirarse a unos niveles superiores de organización espiritual a la paciente espera de que suene nuevamente para Ellos la «Hora de la Oportunidad», o clamor invocativo de los hijos de los hombres, para reemprender la obra iniciada y llevar a feliz cumplimiento la Ley de los Arquetipos vigente para esta Era planetaria de grandes promesas universales.

Cuanto acabamos de decir tiene que ver con la visión de los Ángeles Guardianes o Familiares de la humanidad, en sus distintos niveles, que llevan en Sus manos el poder de canalizar las potentes energías que proceden de los grandes arquetipos de Belleza que han de ser sustanciados. Los Ángeles están siempre activos en la maravillosa peculiaridad de su mundo y no pueden en manera alguna plegarse al condicionamiento humano, habiendo cifrado desde hace muchos siglos sus cuidados y sentida devoción hacia aquellos hijos de los hombres capaces de comprenderles, juiciosamente interpretarles y seguir conscientemente sus íntimas y espirituales sugerencias, en orden a la propia evolución individual y al progresivo desarrollo del sentido innato de aproximación al sentido oculto de la Belleza. Esta Belleza es una expresión sensible de la Voluntad de Dios que exige ser revelada en todos y cada uno de los seres creados.

En el capítulo anterior nos referíamos a la Belleza y a la Armonía como una expresión de las facultades máximas a las que podían acceder los seres humanos de acuerdo con la evolución de los grandes Arquetipos que constituyen las Metas de la evolución humana. Existe un centro de irradiación o de expansión de tales Arquetipos en todos los Planos de la Naturaleza y en cada uno de los niveles psicológicos de la humanidad. Sólo es preciso darse cuenta de ello y tratar de comprender lo más ampliamente posible que, al referirnos al Cuarto Rayo como promotor directo de las corrientes de Armonía y de Belleza que inciden en la vida de la Humanidad y en el corazón de todos los seres humanos, lo hacíamos en un sentido muy particular y teniendo en cuenta que el Artista, como una peculiar ejemplarización de cómo han de ser realizados aquellos Arquetipos de Belleza y Armonía, no se halla circunscrito únicamente al terreno específico del Arte, sino que el hombre creador de los cánones sociales de armonía, belleza y cumplimiento puede ser localizado en todos los niveles expresivos de la vida humana, en cada signo astrológico y en cada uno de los Siete Rayos. Se trata en realidad de un sentimiento innato de Síntesis en el corazón humano y en su largo peregrinaje a la búsqueda de sus inmortales Fuentes de procedencia espiritual ha pasado muchas veces por las corrientes de energía que cualifican la actividad de los Siete Rayos y de los Doce Signos del Zodíaco. Lo importante para el hombre es ser genuinamente creador dentro de un sentido natural de belleza y armonía en cada una de las fases obligadas de su vida social. El orden natural de los acontecimientos se ajustará quizás un día a la ley de los grandes Arquetipos espirituales «en cálida suspensión» —según se dice en lenguaje esotérico— en regiones etéricas de alta y refinada sutilidad vibratoria. La atención que dedican los Ángeles familiares a determinados hijos de los hombres dotados de sensibilidad frente al mundo oculto y amantes decididos de la Belleza introduce lenta, aunque implacablemente en el orden social de la humanidad las prometedoras y fecundas semillas de la Belleza planetaria que Dios ha imaginado para el hombre y que constituye la base solemne de la posible y deseada redención de éste como un verdadero creador y un perfecto Artista.

Mucho de cuanto venimos diciendo es conocido por los aspirantes espirituales del mundo que pretenden realizar la vida de Dios, como energía espiritual o de síntesis, en el seno de la humanidad. Pero, quizás no todos ellos han logrado penetrar en el íntimo secreto de Belleza y Armonía que preside la creación divina, ni convertir la ciencia de la investigación oculta en un instrumento de expansión de aquella armonía y aquella belleza, tal como ocultamente y desde el principio mismo de sus investigaciones les están insinuando los Ángeles familiares que les asisten en sus esfuerzos, en sus ideales o en sus sueños. Creemos sinceramente que si a los investigadores espirituales no les acompaña ese íntimo sentido de la belleza oculta en todas las cosas, a la larga el impulso básico de sus investigaciones carecerá del suficiente aliciente creador para poder proseguir en sus intentos o de eludir el inevitable riesgo de alterar o de inutilizar los indomables esfuerzos que exige la búsqueda.

Busquemos al hombre ideal, de acuerdo con este claro sentido de valores angélicos, en el verdadero Artista, en el Artífice que debe objetivar un Arquetipo en cualquier nivel dentro del orden social y en cualquier departamento de trabajo en la vida espiritual de la Jerarquía. Veámosle trabajar, idealizar, soñar y hasta sufrir intensamente, mientras trata de percibir en su mente y sentir en su corazón aquel cálido aliento angélico que le habla de mundos maravillosos de suprema e inenarrable Armonía. ...Sí, hay que considerar el valor del Artista, del creador en el nuevo orden social, a menudo criticado, escarnecido y vilipendiado cuando no ferozmente perseguido por los factores sociales gastados o corrompidos que presiden las grandes estructuras planetarias, para comprender el infinito amor que sienten los grandes Ángeles hacia estos hijos de los hombres y el porqué de sus inefables cuidados, devoción y complacencia para con ellos, ya que en ellos reconocen al Artista que puede secundar creativamente su misión realizadora de los eximios Arquetipos de Belleza y Armonía que tanto necesita acoger en su corazón la doliente humanidad de nuestros días.

4. Los ángeles y las iniciaciones

[FON, p.79] ¿Qué es la iniciación? La respuesta rigurosamente técnica que acude inmediatamente a nuestra razón al formular esta pregunta es la siguiente: «Revelar el secreto de SHAMBALLA». SHAMBALLA es el centro espiritual más elevado e incluyente de nuestro planeta. Es la morada de SANAT KUMARA, Regente oculto de nuestro mundo y la más alta autoridad espiritual reconocida. SHAMBALLA, es la base de la Fraternidad que guía los destinos planetarios y es tal su naturaleza que trasciende todos los conceptos, ideas y teorías que acerca de la misma haya fabricado la mente humana. Bastará concluir estos argumentos con la afirmación esotérica de que la Iniciación es un proceso mediante el cual el ser humano puede convertirse conscientemente en una Entidad divina por haber captado plenamente el principio de fraternidad y haber decidido vivirla y realizarla en el mundo.

Existe así un vasto plan de relaciones basadas en el principio de fraternidad que va realizándose mediante la continuidad de un proceso de vida que se efectúa en todas y cada una de las criaturas vivientes, ya sea un simple átomo, una planta, un animal, un ser humano o un esplendente Arcángel. La Iniciación, refiriéndola concretamente al ser humano, es el paso que va de la simple aspiración devocional a la firme e inalterable resolución espiritual. El deseo ha de transformarse en voluntad antes de que el hombre se convierta en un firme candidato a la Iniciación. Hablando en sentido oculto podríamos decir que los devas acuosos del deseo han dejado de tener preponderancia en el cuerpo emocional del discípulo, siendo progresivamente reemplazados por cierta categoría de AGNISHWATTAS, o Ángeles ígneos del plano mental. Estos Ángeles son los que ultiman la construcción del cuerpo mental del aspirante o candidato a los Misterios y utilizando la energía de resolución generada por los esfuerzos que éste realiza van introduciendo en dicho vehículo los elementos ígneos que acelerarán el desarrollo de los centros etéricos o chacras superiores y proporcionarán aquel necesario cambio de ritmo en la estructura química de sus componentes que precede a las dos primeras Iniciaciones; la primera para obtener autoridad sobre los átomos químicos del cuerpo físico, la segunda para adquirir un efectivo control sobre los devas del deseo que constituyen en su totalidad el vehículo emocional.

Todo ello ha sido posible por la actividad potentemente ígnea desarrollada por la resolución espiritual del candidato pues, tal como reza un antiguo axioma esotérico: «El Fuego es el único agente transmutador en la vida de la Naturaleza», una verdad altamente científica que conocían y aplicaban los verdaderos sabios alquimistas del pasado. Podemos decir asimismo que el Fuego es el agente misterioso de la Iniciación, pues los devas ígneos de la mente invocados por el fuego de la resolución del discípulo se introducen progresivamente en sus chacras etéricos, se mezclan creadoramente con los fuegos latentes de los devas del deseo que allí actúan y finalmente los desplazan al exterior siguiendo el principio evolutivo de «cambio de ritmo». La renovación de los ritmos es incesante en el Universo y en el caso de la Iniciación actúa a tal potentísima intensidad vibratoria que los devas inferiores que entran en la composición del cuerpo etérico no pueden seguir el impetuoso ritmo impuesto y son desplazados hacia afuera de los centros o chacras diluyéndose en el éter del espacio, entrañando esta dilución el secreto de la Redención espiritual de la Materia o de la sustancia.

El principio de ritmo de la Naturaleza al que debe ajustarse enteramente el candidato a la Iniciación es un proceso totalmente angélico, siendo la polaridad que lo representa una expresión de los ciclos evolutivos planetarios misteriosamente conectados con los movimientos de rotación y de traslación. Estos, a su vez, son impulsos magnéticos o angélicos generados por los movimientos de contracción y dilatación del gran Corazón solar.

La vida angélica lo llena todo. No hay vacío alguno en el Cosmos y lo que técnicamente llamamos Espacio no es más que una misteriosa forma de vida dotada de entidad y sensibilidad angélica a la que no han logrado acceder todavía los más ingeniosos y sofisticados aparatos científicos. Cuando hablamos esotéricamente de la Iniciación hacemos referencia a ciertas maravillosas y desconocidas zonas del Espacio en las que deberá penetrarse audazmente para descubrir en sus infinitamente sutiles repliegues las causas ocultas de cualquier expresión de vida en la Naturaleza y de las cuales las leyes soberanas de la gravitación universal y del principio mágico de la electricidad se hallan en sus más hondas raíces. De ahí el por qué la Iniciación es

F. La vinculación espiritual de ángeles y hombres

considerada un proceso oculto mediante el cual la conciencia humana puede polarizarse en ciertas zonas del Espacio corrientemente impenetrables a los profanos por constituir «lugares secretos» en donde se realiza la alta Alquimia de la Vida organizada de la Naturaleza y siendo los Ángeles en sus distintas jerarquías «los celosos guardianes de aquellos misterios».

Tal como hemos venido explicando en otras partes de este *Tratado*, los «espacios intermoleculares» de la Naturaleza, del planeta o del Universo encubren los grandes secretos de la Divinidad, siendo los Ángeles los moradores de tales espacios. La evolución espiritual de los Ángeles será reconocida en todo caso por la calidad de los espacios intermoleculares, reducidos a su más ínfima expresión cuando se trata de los espacios concebibles en el interior de un átomo químico de hidrógeno o elevados a su enésima potencia cuando los referimos a la vida estructural de las Constelaciones o de las más dilatadas Galaxias. Los espacios o vacíos intermoleculares existen por doquier y hasta donde nuestra mente es capaz de comprenderlo constituyen la morada de los Ángeles. Siendo la Iniciación, técnicamente hablando, el descubrimiento y conquista de espacios intermoleculares cada vez más elevados y sutiles determinando expansión de conciencia, podemos afirmar que el proceso iniciático tiene carácter universal y no se circunscribe únicamente a la evolución del Reino humano. Lo que sí cabe decir es que en el ser humano la iniciación adquiere carácter de identidad y de conciencia. Esto quiere significar que los contactos con las jerarquías angélicas que misteriosamente velan los espacios intermoleculares que separan entre sí a los planos y subplanos de la Naturaleza son conscientes e implican nuevas ideas o conceptos acerca de las leyes de fraternidad a las que anteriormente hicimos referencia.

En los reinos subhumanos la Iniciación procede de estímulos grupales y delimita perfectamente las fronteras o espacios intermoleculares que separan a unos de otros. Determinadas jerarquías angélicas cuidan del orden y del estímulo grupal que caracteriza a cada reino subhumano y puede decirse que las especies evolucionan siguiendo las directrices trazadas por sus Ángeles regentes. En cada reino hay jerarquías angélicas especializadas que cuidan del proceso de la evolución y fomentan poderosamente los incipientes impulsos espirituales de las unidades de vida y de conciencia hacia lo alto, definiendo las razones de ser de cada familia o de cada especie e introduciendo en las almas-grupo el necesario tipo de sensibilidad que precisan para acceder constante e invariablemente a nuevas y cada vez más refinadas formas.

Así el paso de las unidades de vida de un Reino de la Naturaleza a las zonas intermoleculares de otro Reino o la polarización de ciertas especies definidas dentro de un Reino a otras de carácter superior dentro del mismo Reino, son pequeñas iniciaciones que concurren en el misterio de la evolución. Si bien se han hecho esotéricamente muchas referencias a la gran Iniciación grupal que trajo a la existencia al Reino humano o aquellas otras iniciaciones de carácter individual que introducen progresivamente en el quinto Reino, el de las Almas liberadas, muy poco se ha hablado todavía acerca de las pequeñas iniciaciones que incesantemente tienen lugar en la vida de la Naturaleza y convierten determinados grupos de elementos minerales en vidas vegetales o ciertas cualificadas vidas vegetales en mariposas e insectos. Analizando la vida oculta de los Ángeles podemos precisar dichas iniciaciones con sus humildes, aunque sagradas ceremonias en las que la potencia ígnea de SHAMBALLA se halla presente y en las que, al igual que en las grandes ceremonias mágicas de las Iniciaciones planetarias, cada humilde e insignificante unidad de vida «se halla en presencia del Iniciador Único del planeta y ve brillar también ante sí Su radiante Estrella». De ahí que cuando en los viejos escritos de la Logia se lee que «...ni una hoja cae del árbol ni un pájaro hace su nido sin que se halle presente el amoroso estímulo de SANAT KUMARA», se nos hace una cálida referencia a la total presencia divina en todos y cada uno de los tan aparentemente insignificantes actos de la amante y pródiga Naturaleza.

La Iniciación viene regida de esta manera por los sagrados impulsos del Gran Regente Planetario atrayendo hacia sí a toda forma de vida y cualificando con incomprensible amor a toda unidad de conciencia y los Ángeles, cada cual, siguiendo ciertos definidos y marcados designios, velan constantemente por que la vida del Señor del Mundo llegue a lo más profundo de la Naturaleza, purificando formas y enalteciendo voluntades de vida. Las jerarquías angélicas, constituyendo una verdadera «Escalera de Jacob» ascienden así de las más ocultas y profundas entrañas de la vida planetaria, allí donde la conciencia divina se halla encerrada en la tosca forma de una piedra, hasta las más elevadas y sublimes alturas espirituales en donde la Vida

F. La vinculación espiritual de ángeles y hombres

del Logos planetario se expresa en toda su infinita majestad. La cadena iniciática se extiende así al infinito enlazando a las especies y a los Reinos y constituyendo una espiral de luz sin culminación posible, pero dentro de la cual cada alma, cualquiera que sea su condición o estirpe espiritual, hallará siempre el punto aquél, segregado del misterio de las edades, en que se hallará en presencia del Señor del Mundo representado por la correspondiente jerarquía angélica y a través de esta verá irradiar su radiante Estrella. Igual es arriba que abajo, igual es abajo que arriba. Tal es la Ley.

5. La ceremonia de la iniciación

[FON, p.83] Cuando en los tratados esotéricos se hace referencia a la Iniciación se habla también de ciertas ceremonias o de ciertos rituales mágicos como formando parte inseparable de la misma. La Vida, en todas sus manifestaciones es una expresión mágica y la liturgia en todas las religiones es asimismo una representación mágica u objetiva de los acontecimientos internos relacionados con la vida del Espíritu. Se trata de una fórmula invocativa lanzada a los éteres del Espacio con respuesta angélica, estando relacionada tal respuesta con la calidad de la liturgia o de las ceremonias las cuales, como es natural, vendrán condicionadas por la trascendencia de los acontecimientos internos que intentan revelarse.

No tienen por lo tanto idéntica representación mística o espiritual las ceremonias mediante las cuales un candidato es introducido en los misterios menores de alguna orden secreta en el mundo externo, como por ejemplo, la sociedad masónica o la orden rosacruz o las que se realizan en las distintas iglesias del mundo, que las ceremonias realmente ocultas y trascendentes mediante las cuales el candidato a la Iniciación es introducido en el «Cuerpo de Misterios de la Divinidad», es decir, en los Misterios del Reino tal como místicamente se dice. La Ceremonia ejerce en todo momento una potente presión en la totalidad del ambiente etérico circundante o en el lugar preciso en donde la Iniciación tiene efecto, para evocar así de las entrañas de los éteres la correspondiente respuesta angélica, pero hay indudablemente una enorme diferencia de potencial invocativo entre las diferentes formas de liturgia. Cada iglesia y cada grupo religioso tienen sus peculiares sistemas de contacto angélico, aunque se utiliza casi indistintamente la campana como principal agente invocativo, pues de todos los instrumentos conocidos es el que más acertadamente imita el Mantra solar AUM, u OM.[36]

---

[36] El «AUM» es representativo de misterios menores, corresponde al «HÁGASE LA LUZ» de los textos bíblicos y al «AMEN» de los cristianos es expresión de:
A. El principio mental inferior (Reino animal);
U. El principio ASTRAL, EMOCIONAL o psíquico (Reino vegetal);
M. El cuerpo físico, que no es un principio (Reino mineral).

Parte III. Los ángeles en la vida social humana

Se nos ha explicado esotéricamente que los grandes sacerdotes atlantes habían construido las primeras campanas ajustando su forma a la de la laringe humana, la única en la Naturaleza que puede pronunciar correctamente el Mantra solar. Así las ceremonias de casi todas las religiones tratando de reproducir ritos solares utilizan la campana como elemento de contacto con determinadas jerarquías angélicas capaces de responder a estos místicos sonidos. Las grandes campanas situadas en lo alto de las iglesias, templos o pagodas, más que instrumentos sonoros para llamar a los fieles a la oración, aunque en este sentido cumplen un especial cometido, son instrumentos mágicos de invocación de los Ángeles. De esta forma se precipitan alrededor de los templos y lugares de ceremonias grandes concentraciones de energía dévica que les prestan a los mismos este aire de solemnidad y de serena majestad.

Otro aspecto singularmente interesante e invocativo de la liturgia y de los rituales mágicos es la representación del misterio de la Creación a través del Cáliz y del Verbo, de la Copa sagrada y del Vino. Una representación simbólica de la sangre del Cristo en la liturgia cristiana, pero que ya antiguamente y con ciertas variantes formaba parte los Misterios invocados en el sagrado culto de Mitra. La Sangre, en su significación esotérica, es Éter en constante movimiento dentro y fuera de todas las formas de la Naturaleza. Luego, la introducción de la Sangre de Cristo en el interior del Cáliz sagrado, un hecho histórico atribuido a José de Arimatea, sólo ha de ser considerado como una representación simbólica mediante la cual se da vida al Misterio de la Eucaristía en muchas órdenes secretas y místicas del mundo, teniendo como significado único e incontrovertible la manifestación del Espíritu, o del Verbo, en cualquier tipo de Cáliz o de Forma en la Naturaleza, sirviendo de vehículo de comunicación de los Ángeles, los alados Mensajeros de la Divinidad, que comunican virtualidad y movimiento a la Sangre que llena de vida el Universo, es decir, al Éter primordial

---

El OM es representativo de MISTERIOS MAYORES por cuanto es expresión de la vida espiritual del Alma misteriosa de la Divinidad, oculta pero eternamente presente en el centro místico de toda cosa creada, siendo únicamente consciente en el hombre y caracterizando al Reino humano.

mediante el cual los Dioses creadores pueden comunicarse con los hombres en los dilatados confines de la Naturaleza.

Todo Cáliz consta indistintamente de tres partes principales, prescindiendo de los ornamentos accesorios o superficiales que le han ido añadiendo las distintas religiones del mundo a medida que iban alejándose de los prístinos Misterios originales: la BASE, el SOPORTE y la COPA, o parte continente del Verbo, representaciones simbólicas de los vehículos físico, emocional y mental de los seres humanos y de los tres primeros Reinos de la Naturaleza, el Mineral, el Vegetal y el Animal. El Verbo, o Alma espiritual del Creador, viene —casi indistintamente— simbolizado en todos los cultos religiosos en forma de un disco de oro, representación genuina del sol, o de la hostia sagrada en el sacramento de la Eucaristía cristiana.

En los primitivos cultos atlantes, cuando todavía las ceremonias contenían altos secretos solares, tal era la disposición geométrica del Símbolo. La BASE del Cáliz era un cubo perfecto, el SOPORTE era un prisma triangular siendo perfectamente equilátera la base de este y la COPA era una semiesfera hueca de puro cristal de roca tallado por procedimiento mágico. Encima de esta COPA mística se hallaba suspendida mediante un proceso oculto de levitación una esfera de oro maciza que ajustaba perfectamente en la semiesfera de cristal. Este Cáliz se hallaba fijo sobre el altar. El Oficiante, habitualmente un Iniciado en los Misterios, se limitaba a entonar mantras a intervalos regulares y a efectuar ciertos movimientos de carácter ritualístico o mágico. Durante el curso de la ceremonia y a cierto tipo de invocación o de mantra de la que participaban los congregantes, la esfera de oro descendía al interior de la COPA y se veía entonces brillar ésta con rayos de intenso color áureo. Al mismo tiempo, suaves melodías angélicas llenaban el ambiente y el corazón de los fieles de un inusitado sentimiento de mística expectación que propiciaba la revelación de las altas verdades cósmicas que el Verbo irradiando a través del Cáliz estaba revelando.

Sin embargo, pasaron aquellos tiempos en que los Ángeles formaban parte de los Misterios externos y los santificaban con su inmaculada Presencia. En la actualidad no existen fórmulas positivas de contacto angélico por cuanto los hombres han perdido la fe interna y los sacerdotes oficiantes aquella efectiva gracia producto de una gran evolución espiritual. Los ritos, las ceremonias y la liturgia han perdido su sacrosanto poder mágico. Ha pasado ya mucho tiempo desde que se perdieron las fórmulas mántricas de contacto y los Ángeles superiores han dejado de asistir a las ceremonias de las religiones organizadas del mundo. El Cáliz es solamente un precioso ornamento externo, estético o artístico y una joya de gran valor por la calidad de los materiales que lo componen, pero místicamente, desde el ángulo de los Misterios, ha dejado de tener significado espiritual y es simplemente una cosa más añadida a las otras muchas que en su totalidad constituyen el soporte actual de los rituales en las grandes religiones del mundo.

El Misterio de la Iniciación al cual va dedicado nuestro máximo empeño carece de ornamentos externos. Su expresión es supremamente vivida y actuante. El sacerdote es el Hombre interno, el cual, en aquellos momentos, representa místicamente a la humanidad y deposita el Cáliz sagrado de su vida sobre el altar del sacrificio personal para que sea llenado por el Verbo de revelación, imagen glorificada del Espíritu Santo.

Insistiendo en la simbología mágica del Cáliz atlante, vemos que la disposición de sus tres elementos constituyentes ofrecía las siguientes particularidades:

LA BASE CÚBICA

Constituida por seis superficies cuadradas, simbolizaba:

- Los Cuatro elementos conocidos: tierra, agua, fuego y aire.
- Los Cuatro vehículos periódicos del hombre: cuerpo físico, vehículo etérico, cuerpo emocional y mente inferior.
- Los Cuatro Reinos de la Naturaleza: Mineral, Vegetal, Animal y Humano.
- Los Cuatro puntos cardinales: Norte, Sur, Este y Oeste.
- Las Cuatro fases de la Luna: nueva, creciente, llena y menguante.
- Los Cuatro Señores del Karma que utilizan todos aquellos elementos para confeccionar el destino de los seres humanos.

F. La vinculación espiritual de ángeles y hombres

EL SOPORTE

Un prisma triangular de base equilátera, que se elevaba por encima del Cuaternario era la representación simbólica y mística de la Tríada Espiritual constituida por:

a) ATMA, la Voluntad Espiritual de la Mónada.
b) BUDHI Su indescriptible Amor incluyente.
c) MANAS, Su infinita Inteligencia creadora.

LA COPA

Una semiesfera de Cristal puro que debía contener el Verbo constituía la parte visible del Misterio total que intentaba revelarse, ya que sólo es posible extender la visión o percepción humana a 180º, es decir, a la mitad de la esfera celeste, quedando la otra mitad siempre oculta por la línea transversal del Ecuador.

LA ESFERA DE ORO

Que constituía el Misterio total de la Divinidad en forma de Verbo de Revelación, era el símbolo de la Mónada espiritual del ser humano y durante el curso de la ceremonia y tras la pronunciación de cierto mantra de invocación angélica se introducía en el interior de la Copa de cristal volviéndola refulgente y permitiendo a los congregantes que durante breves instantes su visión interna se extendiese en todas direcciones abarcando los 360º de la visión total del Misterio. Era también la representación simbólica de la *clarividencia superior* mediante la cual se percibe en todas direcciones y para la cual no hay ni longitud, ni latitud, ni arriba ni abajo, ni delante ni detrás, ni izquierda ni derecha...

El símbolo iniciático del Cáliz es la representación genuina de la vida de la Naturaleza, siendo el Verbo la expresión de la esencia creadora de la Divinidad la cual, a través de los Ángeles, llena de Sangre o de Vida todas las formas o cálices que en su totalidad constituyen el Universo manifestado. Igual sentido tiene la imagen del SANTO GRIAL, cuya Copa de oro refulgente era intuida «a distancias inverosímiles», tal como rezan los comentarios esotéricos, por las altas individualidades del planeta, siendo una cálida demostración de que en su interior moraba el Espíritu de la Divinidad, el verdadero sentido de que la sangre es VIDA.

Así, los iniciados atlantes, los adeptos del Culto de Mitra, los sacerdotes celtas, los Caballeros de la Tabla Redonda, los esforzados paladines de la Orden de los Templarios, los nobles Ismaelitas del ISLAM, etc., no eran en su conjunto sino expresiones de la humanidad altamente evolucionada que mediante el culto sereno de la «sagrada ofrenda de sí mismos», eran ayudados y asistidos por los Ángeles. Éstos, adoptando muchas veces forma humana los conducían a través de ciertas obligadas pruebas iniciáticas al «Castillo», a «Avallón» o a la «Isla Blanca» de SHAMBALLA, en donde se halla permanentemente la Sede del SANTO GRIAL, por cuanto es la Morada del Señor del Mundo.

6. Los rituales mágicos de la iniciación

La participación angélica en los rituales mágicos de la iniciación.

[FON, p.88] Este es un suceso al que esotéricamente se le concede gran importancia, pero que hasta hace muy poco se tuvo en secreto debido a que la mente humana, más atenta al desarrollo de las cosas objetivas que suceden en el limitado campo de las sensaciones, de la sensibilidad emocional y de la mente inferior, quizás hubiese reaccionado de manera indebida a ese tipo de conocimiento y lo hubiese situado sin duda en el área de lo que en lenguaje corriente designamos como milagroso o sobrenatural. Pero, ha llegado el momento de presentar a los Ángeles y a las energías ocultas de la Naturaleza, como los factores básicos de toda posible manifestación en cada uno de los Planos de la Naturaleza.

Ya como guardadores del orden cósmico, como agentes especializados en el Arte divino de la Construcción, como amigos inseparables del hombre y de la vida de los Reinos o como emanaciones de la conciencia divina tratando constantemente de establecer contacto con cada ser y cada cosa y como vehículos de acción y participación en los Misterios celestes, los Ángeles son una Energía incondicionada actuando por doquier y estando presentes por orden de jerarquía en cada una de las ceremonias y rituales mágicos mediante los cuales la Vida de Dios, en forma de Misterio espiritual se introduce en el seno de la Naturaleza. Todo cuanto ocurre en la vida es un misterio, una magia que cada ser interpreta de acuerdo con la cualidad espiritual de su vida y la calidad sustancial de sus vehículos de expresión. La evolución de todas las formas de la Naturaleza viene condicionada así por la actividad de las infinitas y diversas jerarquías dévicas o angélicas que intervienen en el proceso evolutivo y constituyen los agentes de vinculación entre las cosas y los seres y entre los seres y la Divinidad.

Es obvio que la Iniciación, que en su esencia es un Misterio, utilice también un Ritual o Ceremonia mágica para que este Misterio pueda transmitirse, revelarse y hacerse comprensible en la conciencia del candidato. De ahí que las razones ocultas que guían la totalidad del proceso deben adquirir para él un significado realmente trascendental, ya que por propia experiencia y no como resultado de algún previo estudio esotérico sabe entonces de la verdadera identidad espiritual del Ángel Solar de su vida y de aquellos otros Ángeles amigos que a través del tiempo le ayudaron en sus pesquisas.

La Iniciación, como reveladora de Misterios o de Sacramentos, utiliza una determinada forma de Ritual para crear un sistema de distribución para cierto tipo de energías con destino a los centros etéricos del Iniciado. Estos centros son estimulados hasta el punto de crear dentro de los mismos una misteriosa actividad esotérica reconocida como de «dispersión de agentes dévicos inferiores», quienes son lanzados hacia afuera de los centros por la invasión de una fuerza superior que los desplaza hacia las corrientes de energía del cuerpo etérico y de allí al espacio exterior del cuerpo físico del Iniciado en donde —tal como esotéricamente se dice— «se reagrupan a la anhelante espera de una nueva oportunidad de vida y existencia». Con respecto a las superiores unidades de vida dévica que se introdujeron en los sensibilizados vehículos del Iniciado, sólo puede decirse que provienen de los niveles etéricos superiores del Plano Físico y constituyen agrupaciones de vida solar o espiritual que originan cambios fundamentales en la existencia personal y predisponen la mente, las emociones y las sensaciones físicas a nuevos y superiores estados de armonía, contribuyendo así a la percepción clara y definida de los soberbios Arquetipos raciales que todo Iniciado tiene el ineludible deber de revelar.

La Ceremonia iniciática y cada uno de sus rituales poseen carácter mágico y tienen por objeto llenar el triple Cáliz del Iniciado de «Vida más abundante», es decir, sus cuerpos mental, emocional y físico que hasta aquel momento estuvieron sujetos a la presión del esfuerzo espiritual que desde el interior de estos ejercía el Alma o yo interno. Los devas, en varios niveles de actividad y pertenecientes a diversas jerarquías, cooperaron en el proceso iniciático. Algunos para recibir y cumplimentar ciertas órdenes o mandatos de parte del Iniciado a partir de algunos mantras que el Alma avanzada es capaz de emitir correctamente por medio de su mente, potentemente organizada, como consecuencia de su fina y controlada sensibilidad emocional o a través de las palabras que emite en el mundo físico de las relaciones humanas. Otros devas colaboraron en los esfuerzos del Iniciado brindándole ayuda y prácticas instrucciones. Otros, de elevada jerarquía espiritual, le ofrecieron la visión de los inmediatos Arquetipos que debía realizar en su vida como precursores de su gloriosa actividad iniciática.

Las Ceremonias iniciáticas tienen lugar en determinados subplanos del Plano Mental en lo que respecta a las tres primeras Iniciaciones. Las que les siguen son impartidas en los niveles búdico y átmico del Sistema Solar y en cada uno de tales niveles se hallan las legiones angélicas que «mantienen la expectación mágica del recinto» mediante la pronunciación de cierto tipo de incomprensibles mantras, misteriosamente vinculados con la vida del candidato, que dichos devas invocan de los éteres cósmicos donde se halla albergado el Misterio de las Edades que constituye la Gran Memoria Cósmica de la Naturaleza.

El Iniciado se hallará siempre, por tanto, en el interior de un recinto familiar y la Iniciación, pese a ser un Misterio sagrado, tiene para él el doble incentivo de lo CONOCIDO que le llega del más lejano pasado y de lo eternamente DESCONOCIDO que en el momento cumbre de la Iniciación va a serle revelado. Hay así un enlace perfecto desde aquel momento entre el pasado y el futuro del Iniciado, el primero para mostrarle la causa de sus antiguos errores, el segundo para desplegar ante su expectante visión la perspectiva magnifica de sus oportunidades de servicio creador. Ángeles de exaltada evolución espiritual le llevan en conciencia hacia el misterioso futuro al cual iluminan con la radiante luz de sus auras y el Iniciado puede percibir entonces con toda claridad y sin posible error cuál ha de ser en lo sucesivo la línea maestra de su acción espiritual y de todas sus actividades en el mundo físico.

En la Ceremonia de la Iniciación, sea cual fuere la calidad espiritual del candidato que ha de recibirla, hay que precisar invariablemente los siguientes factores:

- EL HIEROFANTE, o Iniciador.
- Dos Altos Iniciados, cuyo rango espiritual dependerá en todo caso de la importancia de la propia Iniciación.
- La Jerarquía Espiritual del Planeta, por medio del grupo de Iniciados cuya exaltación espiritual les permite asistir a la Ceremonia y tomar parte activa en la misma.

- Determinado y escogido grupo de Ángeles de esplendente evolución cuya misión es transmitir energías solares o cósmicas en momentos cumbres del Ritual mágico.
- Grupos especiales de devas, habitantes de los niveles espirituales en donde tiene lugar la Ceremonia iniciática, que intervienen también directamente en la misma «dinamizando el recinto» e Introduciendo energía superior en los centros etéricos del Iniciado.

El objetivo de la Ceremonia y de los Rituales que la acompañan es el de invocar energía cósmica por medio de los agentes dévicos y por el grupo de Ángeles mayores. El Ritual, en todas sus representaciones, tiene como supremo objetivo revelarle al candidato los Misterios del Reino, es decir, nuevas facetas de la Vida de la Divinidad que dejan entrever los Arquetipos de la Naturaleza que han de ser revelados o sustanciados y la parte que el Iniciado puede tomar en la manifestación de estos. Los Ángeles, hay que insistir mucho sobre este punto, establecen una mágica sintonía entre tales Arquetipos y la conciencia del Iniciado y proyectan poderosamente la visión de estos dentro de su cerebro, a fin de que ya jamás puedan ser olvidados en la vida personal, a pesar de las crisis y dificultades kármicas presentes hasta el último momento, aquellas sagradas reglas y divinas instrucciones.

Considerada la Iniciación desde un ángulo profundamente científico puede ser comparada al misterio de la Electricidad y revelada de la siguiente manera:

- El HIEROFANTE, es el representante genuino de la LUZ en todos sus posibles voltajes.
- Los Dos Iniciados que apadrinan al Iniciado, constituyen los polos positivo y negativo que producen la LUZ diferenciada en su mágico equilibrio y reducen la extrema tensión de la LUZ que irradia o transmite el HIEROFANTE.
- El INICIADO, o el Candidato a la Iniciación, es el receptor de la Luz diferenciada. la bombilla que se enciende cuando los polos positivo y negativo manejados sabiamente por los Dos Adeptos o Iniciados establecen contacto en su cuerpo causal.

Viendo el proceso iniciático desde el ángulo angélico puede ser apreciada idéntica manifestación, por cuanto el grupo superior de Ángeles constituye el polo positivo de la LUZ que transmite el

F. La vinculación espiritual de ángeles y hombres

HIEROFANTE y el grupo de devas del nivel en donde la Iniciación tiene efecto constituye el polo negativo de dicha LUZ. El resultado será en todo caso de Iluminación al coincidir el entero proceso en los vehículos sutiles del Iniciado, siendo la Iluminación la expresión santificada de la luz que se introduce en los mismos y los dinamiza a extremos indescriptibles.

La correcta audición de las PALABRAS o de los ECOS COSMICOS que hieren los oídos del Iniciado tiene relación con la ley de vibración que rigen la construcción del Universo, siendo el AUM sola,[37] escuchado en los planos superiores y repetido incansablemente por los Ángeles, el que le permite al Iniciado la percepción clara de los mágicos destellos del Verbo y la perfecta audición de la NOTA o mantra específico mediante el cual le será posible en lo sucesivo establecer consciente contacto con su Ángel Solar o con su Mónada espiritual, según sea la calidad de la Iniciación que se está recibiendo. Es también el Sonido invocativo al que responden los Ángeles superiores de los Planos Mental, Astral, Físico y las numerosas huestes dévicas que construyen las estructuras sustanciales de todos los vehículos de manifestación.

La transmisión de la energía cósmica a los vehículos sutiles del Iniciado por medio del Cetro iniciático que sostiene el HIEROFANTE es también una actividad angélica. Las corrientes de energía son siempre expresiones divinas que los Ángeles incorporan a Sus Vidas y les prestan el movimiento de acción y comunicación. Por ejemplo, la electricidad cósmica que maneja el Hierofante y que los dos Adeptos que asisten en la ceremonia iniciática descomponen en sus dos aspectos positivo y negativo antes de incidir en el cuerpo causal del Iniciado, constituyen una FUERZA que los Ángeles canalizan, dirigen y proyectan. Podemos decir, por ello, que los Ángeles en todas sus posibles jerarquías constituyen el movimiento de la Luz, el elemento de comunicación que regula la velocidad de esta o su voltaje en la vida de la Naturaleza. Es así posible que las formas subsistan según su grado de receptividad, pues ninguna forma recibirá más velocidad o más voltaje de luz que aquella que pueda realmente contener. De ahí que todo sea una Ceremonia o un Misterio iniciático en la vida de la

---

[37]OM MANI PADME HUM es el más sagrado de los mantras conocidos. Cada sílaba de esta frase tiene un significado oculto y está relacionado con las Siete Jerarquías Angélicas del Universo. El OM solar y el AUM de la manifestación cíclica son solamente aspectos de este Mantra original.

Naturaleza que cada ser y cada cosa reciben de acuerdo con su ley y sus necesidades. Los Ángeles en todas sus posibles manifestaciones y grados de evolución saben más del misterio iniciático que los propios seres humanos, pues si bien éstos van avanzando progresivamente hacia la Iniciación, los Ángeles son la propia ley que regula la Iniciación, dado que constituyen el alma mística de la Ceremonia y son aquella parte indescriptiblemente maravillosa de la Divinidad que responde con obras de amor a las súplicas o invocaciones de todo lo creado.

Queda mucho por decir todavía acerca de la Iniciación y la parte que los Ángeles toman en sus Rituales y Ceremonias, pero con lo dicho habrá suficiente para situar a las Jerarquías angélicas en el lugar que les corresponde en la expresión maravillosa de aquella mágica liturgia que tiene como centro de inspiración a la propia Divinidad y como recinto iniciático a la totalidad del Universo.

7. Redención y el misterio de la ascensión

El principio de redención y el misterio iniciático de ascensión.

[FON, p.93] La corriente de vida iniciática o solar introducida en cualquier tipo de forma organizada propicia, en cada una de las infinitas células que la constituyen, un superior cambio de ritmo vibratorio. Es como si afirmásemos que el impulso de vida angélica penetra en el interior de cada célula viva extendiendo su poder en ondas gravitatorias cada vez más extensas hasta llegar a un punto extremo en donde se produce la desintegración o la rotura del cuerpo de la célula permitiendo a la pequeña vida que la animaba liberarse y buscar automáticamente un cuerpo celular más sutil y más delicadamente organizado que le permita iniciar un nuevo y más elevado ciclo de vida.

Hay que suponer pues, de acuerdo con el principio de que todo cuerpo ocupando un lugar en el espacio es virtualmente una modificación etérica de la energía, que este proceso de evolución celular que rige a todas las formas de la Naturaleza es una actividad netamente angélica, debiendo suponerse la existencia de incontables jerarquías dévicas velando el orden de adaptación de la vida a cualquier tipo de forma en no importa qué nivel expresivo o plano de manifestación.

El principio de redención, técnicamente descrito, es un proceso incesante de infusión de vida cada vez más amplia e incluyente en el seno de las formas obligando a éstas a sufrir cada vez más elevados cambios de ritmo hasta llegar a ciertos extremos límites en los que la evolución interna que anima a las células es superior a las capacidades de resistencia de la forma en la que están incorporadas, determinando entonces una potente crisis de adecuación o reajuste que al no poder ser debidamente asimilada produce la desintegración de la forma condicionante y «siendo diluidos sus infinitesimales fragmentos en el espacio y convirtiéndose nuevamente en éter». Así el paso que va de la esencia a la sustancia y el inevitable retorno de la sustancia a la esencia o al éter primordial es técnicamente REDENCIÓN, teniendo presente que la presión ejercida por cualquier centro de conciencia encerrada en los límites impuestos por determinado tipo de forma dinamiza todo su contenido celular cualificándolo y poniéndolo en sintonía con las energías de un nivel superior. Los elementos etéricos o angélicos volverán así periódicamente a su sede de procedencia, el Espacio, pero jamás volverán a ser como antes de haber desempeñado una determinada función en cualquier tipo de forma por cuanto habrán elevado considerablemente su sintonía. Por lo tanto, el incesante fluir de las energías de la vida y de la conciencia a través de las formas es el constante precursor de un orden nuevo, un proceso ininterrumpido de redención que tiene lugar en el inmenso laboratorio de la Naturaleza tomando como base el más insignificante átomo químico del cual se nutre el más complejo cuerpo celular.

Veremos, pues, que hay una muy estrecha relación entre el principio redentor que cualifica a todas las formas creadas con un tipo particular de luz y el proceso iniciático, el cual, por su naturaleza, es una representación vital de la vida del Creador tratando de ser consciente en todas y cada una de las formas creadas por el dispositivo infinito de su omniabarcante Conciencia. Ambos aspectos forman parte inseparable de un mismo Cuerpo de Misterios y el resultado de su intercomunicación es constante e invariablemente el mismo: infusión de luz en la sustancia, liberación del contenido sustancial de cualquier cuerpo celular y la conversión de dicho contenido en luz o éter cualificado.

A medida que el éter que constituye la base sustancial o estructural del Universo va siendo utilizado se producen diversos efectos sustanciales en la vida de la Naturaleza y las formas representativas de las distintas especies en cada Reino son entonces más bellas y de más delicados tonos cromáticos. Las huestes angélicas que operan sobre dichas formas son asimismo de más elevada jerarquía y el enorme potencial desarrollado llega con el tiempo a unos extremos límites que abarcan las fronteras de los Reinos convirtiéndose en potentísimos clamores invocativos de tal elevada trascendencia que, tal como esotéricamente se dice, «... llegan a herir los delicados oídos del Señor» y exigen de ÉL una inapelable respuesta. Tal es el caso de la trascendente invocación que se elevó un día desde ciertos estratos superiores del Reino Animal y la respuesta del Señor, que a través de aquella sagrada hueste de AGNISVATTAS que llamamos «Ángeles Solares», convirtió a los hombres animales en seres humanos o aquellas otras invocaciones de carácter individual surgidas del Reino humano y que convenientemente atendidas por los Ángeles Solares, propician el paso del Alma humana al quinto Reino de la Naturaleza, el Reino de las Almas liberadas.

En el devenir del proceso de Redención considerado en su aspecto total, ha habido una infinita secuela de cambios de vibración o de ritmo operando sobre los cuerpos utilizados por las unidades de vida humanas y subhumanas con su inevitable consecuencia de incesante rotura y destrucción de formas que ha propiciado la liberación del espíritu en ellas contenido y la purificación del éter de la sustancia hasta determinar el adecuado punto de redención de la increíble cantidad de diminutas vidas dévicas especializadas que construyeron aquellas formas y que redimidas circunstancialmente del karma divino de su acción retornan al Éter primordial que constituye su vida, su morada y la fuente infinita de todas sus posibles expresiones. La Iniciación, sea cual fuere el nivel donde se produzca o realice, demuestra siempre determinado grado de cualificación de los éteres, la expresión de un destino de luz que se halla en la base mística de la Creación.

El Misterio iniciático de la Ascensión, al cual esotérica y místicamente se le concede una trascendente importancia, es la culminación en lo que a la vida humana se refiere del principio de Redención de la sustancia, estando debidamente representada por el fenómeno de «agravitación» mediante el cual los cuerpos físicos se tornan más ligeros por ser más liviana la composición etérica de los elementos que los constituyen y más pura y radiante la expresión de los centros de vida que habitan en tales cuerpos. Así, el Misterio de la Ascensión se fundamenta en la cualidad etérica de los elementos que constituyen las formas, pero sin olvidar que esta cualidad es esencialmente espiritual y obedece al grado de luz angélica que cada elemento físico ha logrado asimilar por efecto de las potentes invocaciones que se elevan del centro de vida espiritual, dinamizando el entero contenido de la forma y preparando a cada unidad de conciencia informante de no importa qué tipo de átomo químico, célula o estructura molecular para una nueva y más radiante luz.

La luz, desde el ángulo esotérico, es el elemento menos pesado del Cosmos; de ahí su aquilatamiento a la expresión del Espíritu, el cual carece absolutamente de gravitación. Podemos asegurar, de acuerdo con la interpretación del Misterio llamado de la Ascensión, que en el mismo el peso específico de la gravitación es cero y no existe en el

Alma del Iniciado cualidad gravitatoria alguna. Ésta se convierte en luz y se eleva por encima de la Materia la cual, por sus condicionamientos kármicos, contiene toda posible gravedad y es precisamente por esta circunstancia el agente kármico en la vida expresiva del Logos.

Hay siempre una natural infusión de luz en la sustancia, teniendo en cuenta que la luz en todas sus posibles modificaciones es energía angélica expresada a través de infinitas y diversas jerarquías, viniendo determinada esta jerarquía por la sutilidad de la luz, la cual, siendo esencialmente etérica, entra en la composición de todas las formas.

Podemos asegurar que las actividades angélicas son rigurosamente científicas, debiendo ser catalogados como de científicos todos los fenómenos que se realizan en los éteres espaciales de la Naturaleza, aunque la Ciencia de nuestros días no se haya decidido a penetrar ampliamente en sus vastísimos e ignorados campos de expresión. Para nosotros, que prescindimos en absoluto de conceptos tradicionales, las poderosísimas energías ocultas que actúan en la vida de la Naturaleza y a través de todo cuerpo organizado de sustancia se hallan en la base misma de la Creación y el luminoso rastro de su poder puede seguirse observando atentamente y en profundidad cualquier hecho aparentemente sobrenatural o milagroso del cual se haya hecho eco la tradición o la historia religiosa de la humanidad.

Tomemos, por ejemplo, la experiencia de «levitación» tal como la obtenían dos conocidos místicos españoles, Juan de la Cruz y Teresa de Ávila. Ambos convenían, según referencias esotéricas que nunca trascendieron de los archivos secretos de la fe religiosa, que «... era levantado hacia arriba por los Ángeles» (Juan de la Cruz) o «... me sentía arrastrada hacia arriba por una fuerza espiritual que sólo los Ángeles pueden ejercer» (Teresa de Ávila). En ambos casos el sentido místico tradicional añadía nuevos elementos de juicio a los misterios de la fe y de la religión al aludir al concurso directo de ciertas fuerzas angélicas, aparte de las genuinamente individuales, que actuaban como consecuencia o bajo el rigor de una potente invocación motivada por la propia intensidad de la fe o del intento espiritual y que determinaba ciertos efectos físicos como el de la levitación o ascensión, o simplemente de los de pérdida de peso tal como ocurre en el caso de la mediumnidad corriente. Tales efectos vienen a corroborar nuestra afirmación de que el poder gravitatorio, en todas sus científicas expresiones, es una prerrogativa de estas fuerzas ocultas de la Naturaleza dévicas o angélicas. Estas fuerzas ocultas poseen la cualidad de comprimir y dilatar el Éter del Espacio utilizando los movimientos universales de contracción y dilatación del gran Corazón Solar del cual son, aparentemente, una misteriosa emanación. Se trata de una ley o un principio que rige también para el mundo espiritual en toda su grandeza y majestad y desde el principio de los tiempos la humanidad se ha sentido místicamente proyectada «hacia arriba», en dirección al Centro Coronario, o fatalmente «atraída hacia abajo», hacia el Centro de la base de la columna vertebral, siguiendo la fuerza centrífuga de la aspiración espiritual o la de gravitación centrípeta que procede de su naturaleza kármica.

Por todo ello, el proceso evolutivo de la humanidad será siempre la eterna lucha entre el poder gravitatorio inherente a todo tipo de sustancia material, o éter comprimido, y la cualidad ascensional que posee toda alma o expresión de conciencia en la vida de la Naturaleza a la eterna búsqueda del Paraíso perdido o de los Tesoros del Reino. En tiempos venideros, cuando la Ciencia haya logrado elevarse por encima de muchos de los conceptos actualmente considerados como fundamentales, algunos de los misterios ocultos serán revelados, especialmente el del símbolo esotérico de la CRUZ al que se le ha asignado un significado enteramente místico, cuando es el más valioso y dinámico elemento de comprobación del poder gravitatorio de la sustancia y de la natural tendencia a la agravitación que posee en esencia el espíritu creador del ser humano. En medio de ambas fuerzas, en el centro de este vórtice de energías centrípetas y centrífugas, el Alma humana o la de cualquier ser viviente de la Naturaleza, se hallará sujeta a la extraordinaria tensión provocada por aquellas tremendas fuerzas aparentemente antagónicas, pero que en realidad son complementarias y compensatorias que el Alma utilizará sabiamente un día para situarse en alguno de aquellos centros de equilibrio universal que esotéricamente llamamos Iniciación. Esta idea es sólo un leve indicio de las inmensas posibilidades que la Ciencia tiene a su alcance para introducirse en la vida religiosa y mística de la humanidad sin menoscabo de su integridad científica, utilizando solamente las leyes por todos conocidas y sobre las cuales ha ido estructurando todos sus principios, investigaciones y conocimientos.

El principio de gravitación ha de ser en lo sucesivo el gran aliado de la Ciencia, aun cuando ésta se decida a penetrar en los dominios de la

Cuarta dimensión ya que la ley de gravedad actúa en todos los planos y niveles de nuestro Sistema Solar. El reconocimiento científico del «drama místico de la Ascensión» como un fenómeno puramente angélico realizado en los éteres y provocando ciertos resultados definidos en el espacio, aportará una nueva luz en la investigación de ciertos hechos históricos para los cuales no existe todavía una explicación satisfactoria en el orden científico. Tenemos un ejemplo de ello en la construcción de las Pirámides de Egipto. Las moles de piedra que las constituyen tienen un peso enorme y, sin embargo, están colocadas y ajustadas de manera tan perfecta como si «un poder viniendo desde arriba» las hubiese situado con tan rara y matemática precisión. No puede haber una explicación realmente científica acerca de la construcción de las Pirámides si no se admite la presencia de unas desconocidas y poderosas fuerzas anti gravitatorias operando desde el centro mismo de las piedras y a partir de unos «espacios intermoleculares» con tendencias netamente centrífugas que poseen todos los cuerpos moleculares de la Naturaleza. Al llegar a este punto es donde el osado investigador de las leyes ocultas de la vida debe intentar penetrar en el misterio de los éteres, que es el misterio de la Cuarta dimensión, y tratar de descubrir allí el principio de la ley anti gravitatoria de la sustancia, una ley que evidentemente conocían los grandes sacerdotes egipcios y cuyo poder les permitía mover a voluntad aquellas inmensas moles de piedra cúbica con las cuales fueron construidas las Pirámides.

En el fondo de esta cuestión que ha intrigado a filósofos y científicos de todos los tiempos se observará siempre la existencia de un poder iniciático que permite la invocación y el control de ciertas fuerzas ocultas de la naturaleza, llámeselas devas o ángeles, que habitan el interior de las piedras y de otros minerales pesados y que, bajo el imperativo de ciertos mantras, pueden operar sobre los espacios intermoleculares que son sus naturales habitáculos y dilatarlos a unos extremos en que sin que la piedra pierda su forma geométrica ni su volumen quede totalmente libre de peso. Se trata de un «poder que eleva», utilizando aquí una locución eminentemente mística, de un poder extraño, aunque de orden natural que opera por grados de descompresión de los éteres y de los principios coherentes que rigen la vida de la sustancia. Así, un cuerpo en el espacio, por pesado que sea, puede elevarse o levitar cuando una fuerza más sutil a las científicamente conocidas[38].se introduce en el interior del campo molecular ensanchando sus espacios intermoleculares y produciendo por descompresión del éter y de la consiguiente dilatación de este una considerable pérdida de peso, al extremo que puede decirse que sólo existe éter en el interior de cada minúsculo centro molecular con la consiguiente liberación de las leyes de gravitación que rigen para todo cuerpo sustancial en el Universo.

Podemos afirmar por extraño e inverosímil que parezca, que cualquier cuerpo geométrico ocupando un definido lugar en el espacio puede perder completamente su peso específico o cualidad gravitatoria sin que adopte forma distinta que la que por ley y orden de simetría le corresponde. Esta aparente contradicción o reversión de los principios universales de gravedad se explica, sin embargo, por el conocimiento esotérico de los planos o niveles de la Naturaleza. Estos planos se superponen por orden de densidad o de cualidad de los éteres que los componen, dotando a todo su contenido de una virtud específica y definida de acuerdo con su evolución, teniendo en cuenta que cada uno de tales planos desde el meramente físico al espiritual más trascendente y elevado, obedecen a las leyes de gravitación que condicionan el destino kármico de los Dioses creadores, que crean planetas, universos, constelaciones y galaxias. El principio de gravitación que da coherencia molecular a la sustancia es el mismo en todos los casos, aunque difieren enormemente los grados de densidad de los éteres cósmicos con que se construyen los mundos y los sistemas solares.

Insistimos en que «el Drama Místico de la Ascensión», considerado desde el ángulo esotérico de investigación de las fuerzas ocultas de la Naturaleza que operan en la sustancia material de todos los planos y a través de todo contenido molecular, es un fenómeno científico de levitación que se produce en el interior de un cuerpo físico cuya Alma o conciencia condicionante se halla bajo los efectos de una tremenda actividad creadora de expansión espiritual, ya se trate de un exaltado místico, de un perfectamente enfrenado yogui o del propio Cristo, ascendido a los Cielos «en cuerpo y alma», tal como reza la tradición religiosa, pero impulsados o impelidos por ciertas misteriosas corrientes de vida angélica que operan sobre la sustancia de dichos

---

[38] Energía del primer nivel etérico del plano físico, denominado esotéricamente subplano atómico.

cuerpos determinando una inversión total de las leyes de polaridad. Sin embargo, sólo la incorporación de estas misteriosas fuerzas dévicas que rigen la expresión de la sustancia al campo experimental de la Ciencia, podrá aportar los elementos indispensables mediante los cuales todos los fenómenos extraños, sin aparente y lógica explicación, tales como los hechos sobrenaturales o milagrosos, adquirirán un carácter rigurosamente científico y una explicación realmente válida y consecuente.

G. La intervención angélica en la vida del hombre

1. Las jerarquías angélicas del universo

[FON, p.101] El tema de las Jerarquías Angélicas es muy complejo, teniendo en cuenta de que abarca el sentido genérico de todas las vidas ocultas, etéricas o sutiles que escapan por su propia ley o por su propia sustancia a la ponderabilidad de nuestros cinco sentidos físicos. La investigación sobre las Jerarquías Angélicas impone dos reglas definidas, en primer término, el desarrollo de la visión oculta o facultad de *clarividencia*, en segundo lugar, el desenvolvimiento del sentido mental superior de la *intuición*, mediante el cual «se conoce cuanto se percibe en los mundos sutiles» que es donde viven, se mueven y tienen su ser los Ángeles en sus infinitas gradaciones y jerarquías.

Lógicamente tendremos que suponer que cada investigador esotérico poseyendo como obligada premisa el desarrollo de las facultades psíquicas superiores de la clarividencia y de la intuición, se verá limitado en el curso de sus investigaciones por una serie de impedimentos; el principal será sin duda el de la propia evolución espiritual que sólo le permitirá «ver, oír y conocer» dentro del círculo más o menos dilatado de sus propias e íntimas posibilidades. Así, cada investigador, sin que pueda tachársele de falta de veracidad, tendrá una idea muy personal y objetiva acerca de las Jerarquías Angélicas con las cuales le sea posible establecer contacto. Es observando cuidadosamente las aportaciones de los distintos investigadores esotéricos y estableciendo inteligentes relaciones entre las mismas que será posible hallar un nexo de identidad común con respecto a las Jerarquías Angélicas del Universo.

Visando las necesidades de nuestro estudio y a fin de simplificar y clarificar nuestra mente lo máximo que sea posible, en lo que a las gradaciones angélicas hace referencia, vamos a prescindir radicalmente de términos tales como: Serafines, Querubines, Tronos, Dominios, Genios, Potestades, etc., suministrados por la tradición religiosa o mística del pasado y estableceremos una relación única de acuerdo con la composición septenaria de nuestro Universo y tras el cuidadoso y profundo análisis de Aquellas poderosísimas Entidades Angélicas, definidas en los textos bíblicos como «LOS SIETE ESPÍRITUS ANTE EL TRONO DE DIOS». En nuestro *Tratado Esotérico sobre los*

Ángeles consideraremos a estos Siete Espíritus como ARCÁNGELES, o MAHADEVAS y le asignaremos a cada Arcángel la dirección de un Plano del Universo. A las Jerarquías angélicas inferiores a los Arcángeles las consideraremos genéricamente como ÁNGELES, caracterizando la evolución o jerarquía espiritual de dichos Ángeles por la sutilidad de los Éteres que manipulan en los distintos subplanos de cada uno de los Planos de la Naturaleza. Tal es, desde el ángulo de nuestro estudio, la tabla de Jerarquías Angélicas del Universo:

- Un excelso e indescriptible ARCÁNGEL de categoría espiritual a la del propio Logos Solar a Quien, por falta de cualificación adecuada, llamaremos MEMORIA CÓSMICA o SEÑOR DE LOS REGISTROS AKÁSHICOS.
- Siete poderosísimas Entidades Arcangélicas regentes de cada uno de los Planos del Universo.
- Cuarenta y nueve ÁNGELES mayores, regentes de cada uno de los Siete Subplanos de cada Plano.
- Trescientos cuarenta y tres ÁNGELES subalternos dependientes de la actividad jerárquica de los Ángeles mayores y regentes de las subdivisiones septenarias de cada uno de los Subplanos.
- Una infinita cantidad de devas habitantes de todos los niveles etéricos de la Naturaleza, a las órdenes de los Ángeles subalternos y directores cualificados de las leyes que regulan la vida de los elementos naturales, tales como la tierra, el agua, el fuego, el aire y el elemento esencial etérico que los coordina, unifica y vivifica.
- La increíble e ingente cantidad de aquellas diminutas criaturas etéricas denominadas esotéricamente «elementales constructores», cuya actividad se halla en la base de toda sustancia organizada, de todo conjunto molecular, de toda unidad atómica y de todo elemento químico.

Tal es la Jerarquía angélica del Universo de acuerdo con nuestra tabla de simplificación que regirá para la totalidad de nuestro estudio e investigaciones en este *Tratado*. Tengamos en cuenta, sin embargo, que cada uno de los Planos del Universo viene condicionado por la Ley de Gravedad de la Materia y que los Planos se superponen por orden de densidad del Éter utilizado en su composición esencial. Desde este punto de vista podemos considerar la Jerarquía angélica de acuerdo con la densidad del Plano en donde espiritualmente vive, se mueve y

G. La intervención angélica en la vida del hombre

tiene el Ser. Como esotéricamente sabemos tales son los Siete Planos de nuestro Sistema Solar a los que les hemos añadido los calificativos de sus ARCÁNGELES-REGENTES:

PLANO	ARCÁNGEL REGENTE	ELEMENTOS	PRINCIPALES ÁNGELES MAYORES
ÁDICO	ADI	Éter Cósmico	Desconocidos
MONÁDICO	ANUPADAKA	Éter Solar	Desconocidos
ÁTMICO	ATMI	Éter Planetario	Desconocidos
BÚDHICO	VAYU o INDRA	Aire	ÁNGELES PLANETARIOS
MENTAL	AGNI	Fuego	AGNISHVATTAS
ASTRAL	VARUNA	Agua	AGNISURYAS
FÍSICO	YAMA o SHISTI	Tierra	AGNISCHAITAS

La excelsitud de los Ángeles superiores a la visión humana en el presente estadio de la evolución hace que solamente podamos catalogar la obra dinámica de los que actúan preferentemente en los niveles mental, astral y físico etérico y cuidan el desarrollo vital de los Reinos de la Naturaleza hasta alcanzar el Reino humano. A partir de este Reino actúan los ÁNGELES SOLARES, o MANASADEVAS y DHYAN-CHOANES (tal como son mencionados en «*LA DOCTRINA SECRETA*» por Mme. Blavatsky). Su actividad es más reconocida, sin embargo, en los niveles mentales actuando como AGNISVATTAS. Se trata de una Jerarquía especial de ÁNGELES muy estrechamente vinculados con el karma espiritual de la Humanidad pues, tal como esotéricamente se nos dice, son los agentes aquí en nuestro planeta de la Mente Cósmica, o Quinto principio Universal, la Mente de Dios, y son Ellos los que según la tradición mística legada por los grandes Responsables del Plan planetario «...hace unos dieciocho millones de años se sacrificaron por la incipiente humanidad de aquellos lejanos días y la dotaron de mente, albedrío y autoconciencia». Se los denomina poéticamente «los PROMETEOS DEL COSMOS» y su intervención directa en la vida espiritual de la humanidad hace que ésta pueda surgir triunfante siempre, a pesar de todos los avatares y vicisitudes kármicas inherentes a la vida organizada, de su destino planetario.

Con respecto a los Tres Grandes Arcángeles que rigen la vida de los primeros Planos de la Naturaleza, es decir, YAMA, VARUNA y AGNI, podemos afirmar que Sus actividades promueven la vida de los elementos naturales desde los que se agitan en los más densos niveles físicos hasta los espiritualmente más elevados, llevando en Sus manos el destino kármico de todas las criaturas vivientes, desde un insignificante insecto hasta el ser humano más poderosamente integrado e inteligente. En posteriores escritos haremos más detallada referencia sobre dichos Arcángeles. Los cuatro ARCÁNGELES SUPERIORES: INDRA, ATMI, ANUPADAKA y ADI están más allá y por encima de nuestra comprensión y continúan siendo para nosotros Entidades Secretas que sólo la Iniciación y los progresivos acercamientos al Centro místico de SHAMBALLA permitirán conocer en el momento oportuno. Lo mismo reza también con todo cuanto haga referencia al indescriptible MAHADEVA denominado esotéricamente «SEÑOR DE LOS REGISTROS AKÁSHICOS» o «LA MEMORIA CÓSMICA DE LA NATURALEZA». Utilizando el principio hermético de la analogía que rige el conocimiento esotérico podríamos considerar su posición jerárquica con respecto al Logos analizando la relación psicológica que existe entre la mente humana, sede del poder creador, y aquella parte de sí misma capaz de archivar todos los recuerdos posibles dentro del absoluto campo de experiencias del Yo espiritual. La principal función del glorioso MAHADEVA, Señor de los Registros Akáshicos, es, por tanto, perpetuar la Conciencia del LOGOS a través de las edades.

2. El mundo angélico corresponde al humano

Un ángel para cada hombre, un hombre para cada ángel.

[FON, p.105] Esta idea debe ser estudiada —tal como es de rigor esotérico— de acuerdo con el principio de analogía. Siendo el hombre el microcosmos del gran Macrocosmos y una exacta reproducción en tiempo y espacio de la Vida de Dios en el Universo, es lógico que reproduzca en miniatura y en todos sus detalles, cuanto ocurre en cada uno de los Planos del Universo de acuerdo con su evolución natural. Al utilizar la locución «un Ángel para cada hombre, un hombre para cada Ángel», tenemos en cuenta la relación existente en el Acto de la Creación Universal entre los Planos o Niveles de la Naturaleza y los gloriosos Arcángeles que los construyen, es decir, la Idea de Dios y Su Voluntad de expresión en espacio y tiempo y la Obra de los grandes Devas Constructores.

Tal como esotéricamente sabemos, los Planos del Universo en sus distintas densidades moleculares —si podemos expresarnos así— son en realidad los Cuerpos que utiliza el Dios Solar para expresar Su Voluntad, Su Idea o Su Propósito Creador. Así, el Cuerpo físico del Logos aparece ante nuestra visión como la totalidad del Plano Físico con Sus Siete Subplanos, siendo el Gran Arcángel YAMA el Constructor de este Plano utilizando a Sus Ángeles y devas constructores en increíble diversidad de funciones y jerarquías para construir y modelar todas las formas existentes en el Plano Físico. Podemos decir, por analogía, que nuestro cuerpo físico con todas sus cualidades y limitaciones es, a su vez, el Plano Físico total e inmenso desde el ángulo de percepción —si lo hubiere— de cualquier elemento molecular dotado de conciencia y formando parte de nuestro cuerpo físico. También podemos imaginar que hay un Ángel o un Deva constructor que, siguiendo el impulso de nuestra voluntad, de nuestras ideas y de nuestras emociones, trabaja constantemente en el interior de este cuerpo y atiende —sin que nosotros nos demos cuenta de ello— el proceso vital y regenerador que permite su supervivencia. Así, el alcance del axioma esotérico «hay un Ángel para cada hombre y un hombre para cada Ángel» tiene sus absolutas repercusiones en cada uno de los cuerpos o vehículos periódicos que el hombre utiliza en el proceso evolutivo de manifestación kármica.

Actualmente, el ser humano utiliza cuatro vehículos objetivos de sustancia, a saber:

a) Un vehículo mental, sede de la autoconciencia.
b) Un vehículo astral, o cuerpo psíquico.
c) Un doble etérico físico, campo magnético del ser humano y vehículo transmisor de la energía.
d) Un cuerpo físico denso.

Podemos decir, así, que cuatro principales grupos de Ángeles de distintas categorías o frecuencias vibratorias laboran desde sus planos respectivos en la estructuración, vitalización y perpetuación de los elementos moleculares que estos vehículos periódicos requieren de acuerdo con las cualidades espirituales desarrolladas por el ser humano durante el proceso incesante de la evolución. Veamos:

a) Ciertos poderosos ángeles provenientes de los distintos subplanos del Plano Mental, atraídos por el poder espiritual de la mente humana de acuerdo con el principio mágico de la invocación. Son una especie particular de AGNISVATTAS, o emanaciones del Gran Arcángel AGNI, el Dios del Fuego, los cuales construyen los elementos moleculares que constituyen el cuerpo mental de los seres humanos.

b) Determinados grupos de Ángeles procedentes de los diversos subplanos del Plano Astral y que encuadrados bajo la denominación genérica de AGNISURYAS y bajo la suprema dirección del Gran Arcángel VARUNA, construyen con la esencia de sus vidas los elementos químicos dotados del tipo de sensibilidad requerida de acuerdo con la evolución emocional de los seres humanos y con las cualidades morales que les haya sido posible desarrollar durante el proceso evolutivo de sus vidas kármicas.

c) Un grupo específico de Ángeles procedentes de alguno de los tres niveles etéricos del Plano Físico, definidos esotéricamente como etérico, subatómico y atómico, tienen la misión de construir el cuerpo etérico, doble etérico o «vehículo de la energía», de los seres humanos. A través de este cuerpo, todas las energías del Sistema planetario pueden pasar al cuerpo físico denso de acuerdo con la medida de la evolución espiritual y al desarrollo de los chacras, o centros etéricos de proyección y distribución de las energías provenientes de los niveles superiores al físico.

d) Un grupo de Ángeles, llamados en su totalidad devas o elementales constructores que viven, se mueven y tienen su ser en los cuatro niveles inferiores del Plano Físico, el subetérico, el gaseoso, el líquido y el sólido, cuyo cometido en esta presente Cuarta Ronda planetaria es dotar al ser humano de un vehículo físico denso de relación que cristalice en su totalidad el Karma de sus vidas pasadas. La frase crística «...por sus frutos los conoceréis», puede aplicarse por entero al cuerpo físico ya que a la apreciación corriente aparece rodeado de todas las condiciones requeridas a que un buen karma o un mal karma dio lugar. El cuerpo físico da siempre «la medida del karma» en su justa expresión y cuando se utiliza la conocida sentencia filosófica «...los ojos son los espejos del Alma», se hace una alusión directa a la evolución espiritual del Alma que se manifiesta por medio de aquel cuerpo. Éste, lo mismo que el vehículo etérico que constituye su contraparte en materia sutil o radiante, están constituidos por una increíble cantidad y diversidad de devas y elementales constructores que bajo la jurisdicción del Gran Arcángel YAMA y reconocidos esotéricamente con el nombre genérico de AGNISCHAITAS, concurren en la expresión de las características kármicas aludidas en cada ser humano. Intervienen también en la creación de los motivos ambientales que definen el ambiente social del hombre y constituyen en su totalidad lo que en lenguaje técnico podríamos definir como el andamiaje o «estructura básica» de la evolución.

Como iremos progresivamente apreciando, hay una estrecha relación entre los elementos químicos y componentes moleculares de cada uno de los cuerpos o vehículos que utiliza el ser humano en sus distintos grados de densidad u objetividad y los Ángeles constructores de los distintos Planos de la Naturaleza. Los Arcángeles son los Directores supremos de esta inenarrable Orquestación universal que en un fantástico despliegue de luces, melodías y formas geométricas constituyen el Universo y el Cuerpo de la Divinidad. Podemos considerar los elementos químicos que constituyen cualquier Plano con sus respectivos subplanos como «agrupaciones sociales» de vidas atómicas cuya ley es la manifestación y cuya energía, o contenido eléctrico, infunde vida a la totalidad del Plano, así como que su evolución que es la propia Vida de la Divinidad llega a lo más hondo y alejado de la expresión universal.

Los elementos químicos, pese a su extrema pequeñez y aparente insignificancia, constituyen indudablemente la base estructural del Universo y están animados por unas vidas y conciencias atómicas con capacidad universal de síntesis. Cuando el ser humano posea órganos de visión especializados en otras dimensiones del espacio, podrá observar la actividad oculta de los elementos químicos, así como su sistema social de vida, más perfecto en ciertos aspectos que el que demuestra la sociedad humana, siempre envuelta en nubes de prejuicios, temores, inquietudes y conflictos que la hacen desdichada. Los elementos químicos son una corriente de vida desconocida todavía por los científicos de nuestra época que han considerado solamente su constitución estructural y peso atómico. La observación clarividente muestra, sin embargo, una imagen más real, la de una sociedad corporativa muy parecida a la de las abejas y las hormigas en la que impera el principio de afinidad, sin luchas ni reacciones y el lema fraternal de «todos para uno y uno para todos», una meta muy lejana todavía en la vida de la humanidad que fundamenta el principio de libertad en el egoísmo y sólo admite y aún exige normas de derechos en la perpetuación de su efímera existencia.

La humanidad en su conjunto, salvo la rara excepción de los verdaderos discípulos e Iniciados, constituye una sociedad de derechos en donde muy pocos conocen en realidad cuáles son sus deberes dentro del cuerpo social del cual forman parte. Por esta razón la labor de los grandes Ángeles, los fieles compañeros del hombre, pasa constantemente inadvertida. Hay que decir con respecto a ello y haciendo honor a la verdad que debido a la presión de los tiempos, a las consecuencias psíquicas de las últimas guerras mundiales con la cantidad impresionante de elementos químicos de carácter regresivo que toda lucha fratricida promueve, así como la contaminación ambiental que ha roto casi enteramente el equilibrio ecológico de la Naturaleza, dichos Ángeles han tenido que proteger su propia integridad espiritual y se han separado circunstancialmente de la humanidad refugiándose en los mundos ocultos donde tienen su morada. Actualmente no son posibles aquellas grandes eclosiones de poder angélico que dieron vida al Renacimiento; el Arte en todas sus clásicas manifestaciones está degenerando. No hay un arte angélico como lo hubo en el pasado. Sólo existe técnica, una técnica fría, ausente de espíritu creador en el corazón del hombre. Habrá que recurrir de nuevo al sentimiento místico de invocación que indudablemente poseían los grandes artistas del pasado.

Los Ángeles se han refugiado, hablando en un sentido muy peculiar y esotérico, en ciertos «espacios intermoleculares» situados en las misteriosas profundidades de cada uno de los subplanos superiores del Plano Astral conectados con ciertos niveles específicos del Plano Búdico, esperando, tal como esotéricamente se dice, «el día de la oportunidad».

Al espíritu creador humano le falta delicadeza y sutilidad y a la técnica le falta inspiración, amor por la profundidad y por la síntesis. Cuando hablamos de inspiración en nuestros tiempos modernos sólo podemos referirnos desdichadamente a una creciente superación de la técnica. En muy raras ocasiones y en casos muy aislados vemos surgir inopinadamente un creador, un verdadero artista, que consigue penetrar en las zonas intermoleculares en donde moran los Ángeles y puede extraer de allí algunos de los misteriosos secretos de la inspiración humana.

Por lo demás, los grandes sectores sociales y aún los aspectos místicos de las religiones humanas han perdido casi por completo la ciencia angélica de inspiración y contacto. De ahí la preocupación, por parte de la Jerarquía planetaria, de informar a los discípulos mundiales y a las personas mentalmente polarizadas del planeta, sobre algunos de aquellos secretos espirituales que contienen la *ciencia de impresión y de contacto*. Los Ashramas de la Jerarquía, singularmente los pertenecientes a los Rayos segundo, cuarto y sexto están creando centros especiales de meditación para atraer de nuevo la atención de los grandes Ángeles, compañeros fieles del hombre, para desarrollar en el cerebro y en el corazón de los seres humanos las células específicas que producen respuesta a la inspiración espiritual. Un gran trabajo les espera por tanto a los verdaderos discípulos espirituales en estas horas supremas de expectante y silenciosa espera.

3. Los ángeles y la curación de enfermedades

Los ángeles y la curación física de las enfermedades.

[FON, p.109] Hemos rebasado ya el último cuarto del siglo XX y la humanidad continúa enfrentando todavía enfermedades engendradas durante los períodos atlante y lemur. El escaso éxito alcanzado por los especialistas y técnicos en el Campo de la Medicina en lo que respecta al tratamiento y curación de aquellas enfermedades consideradas como «incurables», tales como el cáncer, la diabetes, la artritis y determinadas lesiones del sistema nervioso y del corazón, puede ser una prueba de que la investigación de las causas productoras de las mismas se realiza en niveles demasiado objetivos y posiblemente, ellas se hallan localizadas en niveles etéricos, psíquicos o subjetivos.

El hecho de que la investigación se realice mediante un cerebro tridimensional, cuya propia constitución exige un incalculable número de comprobaciones concretas y objetivas, constituye un verdadero impedimento para la investigación de las causas más profundas o el origen más remoto de las enfermedades conocidas y catalogadas por la Ciencia médica. El estudio del «cuerpo etérico» o aura magnética humana, tal como muy seriamente ya lo han iniciado algunos eminentes tratadistas en el campo de la Medicina, puede ser el primer paso en la localización de las causas ocultas de las enfermedades, el inicio de una serie ininterrumpida de inteligentes comprobaciones en los niveles subjetivos de la Humanidad y el reconocimiento de que las enfermedades en general obedecen más a razones psíquicas que a fenómenos meramente orgánicos o puramente físicos. La introducción del sistema de investigación de lo puramente orgánico a lo etérico o espacial puede trastornar completamente las bases empíricas sobre las cuales se apoyó hasta el presente la Ciencia de la Curación.

Esotéricamente se sabe, y se poseen pruebas irrefutables de ello por la calidad de las investigaciones realizadas en los niveles ocultos de la Humanidad por cualificados discípulos mundiales, que todas las enfermedades adoptan en el éter una *forma* específica y que esta *forma* —por maravilloso que pueda parecer— detenta una entidad psicológica, es decir, que posee una especie de mente instintiva y una serie de reacciones psíquicas muy parecidas a las corrientemente humanas.

La forma psíquica de una enfermedad —tal como puede observarla el investigador esotérico dotado de clarividencia mental—, es el resultado de una lenta cristalización o sustanciación de las violentas tensiones emocionales y de la forma incorrecta de pensar. El mal psíquico como cualquier tipo de enfermedad física proceden de muy lejanas edades, algunas de ellas del principio mismo de la Raza, constituyendo lo que en términos bíblicos se llama el «pecado original», o más técnicamente, el Karma, generado en aquellos tiempos en que el ser humano enfrentaba la vida y los acontecimientos con una mente rudimentaria y utilizando inadecuadamente su cuerpo de expresión física y su naturaleza emocional. Estos males, cuyas raíces están profundamente hundidas en lo cósmico, fueron invocados —si podemos utilizar semejante expresión— en la raza lemur y a través de la raza atlante que les añadió poder psíquico, llegaron a nuestra raza actual, la aria, que trata técnicamente de descubrirlos y de extirparlos del karma racial.

La técnica, sin embargo, por elevados que sean sus logros y conquistas en el orden científico, sólo servirá como en el caso de las computadoras electrónicas para registrar hechos y examinar críticamente las situaciones que en la vida humana vayan produciéndose. Claro que por sí sola, no logrará alterar el curso fatal de los acontecimientos cuando una fuerza tremendamente destructiva como la que maneja la entidad psíquica del cáncer por ejemplo, hace sentir su terrible presión sobre el cuerpo etérico de una persona y a través del mismo introduce en su cuerpo físico algunos de sus repugnantes tentáculos, produciendo una alteración o desequilibrio celular y asentando en ciertos puntos definidos del organismo las bases de la enfermedad, que convenientemente desarrollada por las incorrectas formas de vida llevará fatalmente a la muerte. Esto que decimos con respecto al cáncer puede aplicarse igualmente a todas las enfermedades conocidas.

Un axioma proveniente del lejano pasado y popularizado dice así: «La Medicina alivia, pero no cura». ¿No será este axioma la expresión evidente de que la Ciencia médica no ha penetrado todavía en el mundo de las causas determinantes de las enfermedades? Hasta el momento presente tal ha sido la triste verdad debido a que no existen enfermedades puramente físicas, sino que la potencia radioactiva de cualquier dolencia, es decir, su poder de expansión y su grado de intensidad dependerán siempre de las reacciones mentales y psíquicas de los seres humanos de acuerdo con su contenido kármico o genético, de su constitución psicológica y, muy singularmente, del grado de evolución espiritual.

La angustia, el temor y las grandes tensiones individuales y comunales constituyen el semillero de toda clase de enfermedades. Las personas predominantemente emocionales o psíquicas, así como las muy irritables están predispuestas al cáncer de hígado, del bazo y también a la diabetes. Las de tipo acusadamente mental suelen contraer enfermedades de tipo nervioso y cardiovascular. La presión general de la vida moderna, el creciente imperio de la técnica que crea excesivo confort y reduce progresivamente la actividad física, la utilización del sistema de la velocidad como un método científico de vencer al tiempo y que obliga al ser humano a unos intensos y frecuentes cambios de ritmo de vida, la creciente contaminación ambiental que ha alterado casi por completo el equilibrio ecológico de la Naturaleza y las tensiones ambientales producidas por los impactos de las energías acuarianas al chocar con el aura etérica de nuestro mundo, profundamente pisciano, han provocado una potentísima activación de todas las enfermedades potenciales en el seno oculto de la Naturaleza. También han propiciado el desarrollo de algunas otras enfermedades de carácter psíquico, más difíciles de localizar, que producen estragos en la vida mental y afectiva de los seres humanos.

Hoy, más que nunca, en que la presión de las fuerzas psíquicas planetarias sobre la Humanidad es casi total y abarca todos los sectores de la vida organizada, interesa fundamentalmente penetrar en las zonas ocultas del Planeta y localizar allí las verdaderas causas de las enfermedades, los motivos sutiles que trascienden de aquellos centros de poder radiactivo en los bajos estratos mentales y psíquicos de nuestro mundo y las terribles consecuencias de su poder cuando han llegado a contactar directamente con cualquier órgano físico o determinadas áreas psicológicas del ser altamente sensibilizadas. Como siempre, el hombre enfrenta todavía hoy, en este siglo de grandes oportunidades espirituales, el terrible dilema de la acción correcta, el único remedio aparente para descubrir en la mente y en el corazón, y finalmente en el éter, la causa de todos sus problemas, sus tensiones y sus dificultades.

Parte III. Los ángeles en la vida social humana

Al inicio de este capítulo hemos hablado de «entidades psíquicas» al referirnos a cualquier tipo de enfermedad, pero la mente se resistirá quizás a considerar a la enfermedad como «alguien» después de tantos siglos de admitirla y reconocerla como «algo». Sin embargo, ésta es la verdad, y el estudio del problema de la enfermedad desde este punto de vista puede propiciar el descubrimiento de los métodos profilácticos directos y efectivos para destruirla. La investigación ha de pasar por consiguiente del método analítico o deductivo al método intuitivo, utilizando los descubrimientos técnicos, singularmente en el campo de la electrónica, como puntos de partida para una futura profilaxis de orden general.

Tal como decía un conocido Adepto de la Jerarquía a un grupo de discípulos en Su Ashrama: «...El Espacio es tierra virgen, pero hay en el mismo toda clase de semillas. Unas buenas porque proceden del Bien Cósmico, malas las otras, porque provienen del Mal cósmico y fueron engendradas en las primitivas edades universales, cuando las distintas humanidades no habían adquirido todavía una verdadera conciencia de selectividad entre el Bien y el Mal. Las enfermedades de la Raza y todo tipo de dolencias humanas deben ser localizadas en el Espacio y es en el Espacio donde finalmente deberán ser destruidas».

El hecho de que las enfermedades tengan sus causas o raíces en el Espacio, tal como dice el Maestro, nos obliga esotéricamente a «penetrar» en el Espacio y descubrir allí, en la zona correspondiente, a la Entidad psíquica que centraliza en sí a las semillas o gérmenes nocivos correspondientes a determinado mal o enfermedad y estudiar después inteligente y científicamente la manera de destruirlos. Pero, hay que tener en cuenta también, ya que ello constituye la parte más importante del proceso de curación, «el enlace directo o kármico» de un grupo determinado de personas con un grupo específico de enfermedades y considerar de qué manera y hasta qué punto la Entidad psíquica representativa de una enfermedad es «alimentada» por las reacciones psíquicas de los seres humanos. Descubrir y localizar en los mundos ocultos una «enfermedad individualizada» es una cosa, cortar los hilos o lazos psíquicos que ligan esta enfermedad a un grupo de seres humanos, es otra. Lo más importante, la verdadera profilaxis deberá iniciarse fundamentalmente en los pensamientos y voluntades de los hombres.

G. La intervención angélica en la vida del hombre

Un gran número de discípulos inició en todos los Ashramas de la Jerarquía, a partir de la segunda mitad de este siglo, un trabajo específico de «invocación del Bien Cósmico» como una forma directa y positiva de vencer el Mal planetario y reducir progresivamente así el poder radiactivo de todas las enfermedades y dolencias que aquejan a la Raza humana. La comprobación clarividente en los mundos ocultos demostró que las Entidades psíquicas reconocidas como el Cáncer, la Diabetes, la Artritis y otras muchas consecuentes de la vida presurosa, inquieta e incontrolada de los seres humanos, habían sido reducidas en tamaño y radiación. La obra continúa y se espera introducir en la gran corriente invocativa de los discípulos mundiales a todos los aspirantes espirituales, así como a hombres y mujeres de buena voluntad de este mundo.

Las reglas de curación, mediante la técnica invocativa, tal como fueron oportunamente señaladas por el Maestro, son las siguientes:

a) Invocación de las Fuerzas cósmicas del Bien, representadas por aquellos Ángeles denominados AGNISCHAITAS y muy particularmente por un grupo específico dentro de los mismos a quienes esotéricamente se les reconoce como ÁNGELES DE CURACION.

b) Invocación de las Jerarquías angélicas conocidas esotéricamente bajo la denominación de AGNISURYAS, cuya expresión en los éteres planetarios es posible mediante la actividad de unos excelsos Ángeles llamados del EQUILIBRIO cuya misión es estabilizar el cuerpo emocional de los seres humanos y llenar de armonía los éteres que envuelven nuestro mundo.

c) Invocación de los poderosísimos ÁNGELES AGNISVATTAS, o Señores del Fuego creador. Sus representantes más directos en nuestro mundo son los ÁNGELES SOLARES. Éstos están kármicamente vinculados al destino de la Humanidad y, según se nos dice esotéricamente, fueron los que en un remoto pasado dotaron de mente a los seres humanos y su misión espiritual es enseñar a los hijos de los hombres el camino de la verdad, de la comprensión y del amor.

Las considerables fuerzas invocativas utilizadas por las mentes y corazones de los seres humanos conscientes y de todos los hombres y mujeres de buena voluntad del mundo, crearán progresivamente unas nuevas Formas Psíquicas representativas del Bien Cósmico y basadas en el amor al Bien, tal como puede actualmente comprenderlo el Alma humana de una cierta evolución espiritual, que irán contrarrestando paulatinamente la nefasta actividad de las poderosas Entidades Psíquicas que desde los mundos ocultos y desde tiempos inmemoriales, promueven y determinan toda clase de dolencias físicas, tensiones astrales y dificultades mentales. Los Ángeles de Curación, los Ángeles del Equilibrio y los Ángeles Solares, a través de sus correspondientes y compactas huestes de devas menores y de elementales constructores serán, como siempre, los fieles amigos del hombre, los Testigos del Bien Cósmico y los realizadores de la Paz Universal.

4. La ciencia de invocación y de contacto

[FON, p.115] Se trata del medio científico de aproximación del Reino humano al mundo de los Ángeles, del sistema lógico, comprensible y racional mediante el cual los seres humanos de cierto grado de desarrollo espiritual, los aspirantes y los discípulos mundiales pueden establecer contacto consciente con los Ángeles. Dicho contacto ha de ser establecido obviamente «en cierto nivel de conciencia», el que mejor se adapte a las posibilidades latentes, frutos de la evolución, de todos y cada uno de los seres humanos. Nunca puede ser forzada la marcha de la evolución ni sobrepasarse la medida espiritual que tal evolución impone a cada unidad de conciencia en la vida de la Naturaleza. Quebrantar un ritmo en tal aspecto sería destruir la forma específica y natural impuesta por este ritmo en el proceso evolutivo general. La forma debe ser modelada suave y armoniosamente ejercitando las normas naturales de invocación y de contacto que rigen el destino general de la Naturaleza.

Todos los Reinos del Universo son esencialmente invocativos siendo la invocación la base del proceso de la evolución. Cuando la invocación de la corriente evolutiva llega al Reino humano se convierte en «aspiración superior», en un deseo imperioso y avasallador de alcanzar alguna definida meta en el aspecto psicológico, social o espiritual trascendente. Al llegar a este punto la invocación se hace científica y el proceso mágico de «llamar a la puerta» y de «pedir las llaves» que permiten introducirse en el interior del Santuario donde se hallan silenciosamente recogidos los Misterios de la Divinidad, es rigurosamente mental y asombrosamente técnico. Los grandes arrebatos emocionales y los profundos ardores místicos deben quedar para siempre ante los dinteles de la Puerta sagrada a la expectante espera del momento de la oportunidad, es decir, de las palabras de pase que juntamente con las llaves han de propiciar las nuevas fórmulas de la invocación.

Las fórmulas mántricas, las palabras de pase al interior del círculo sagrado en donde se guarda un Misterio son absolutamente mentales y en el corazón del verdadero investigador esotérico deben haber sido trascendidas las etapas condicionadas por los fervores emocionales y los arrobamientos místicos. Únicamente ha de quedar en el corazón «la decisión de llegar» más allá y por encima del simple «deseo de llegar». Lo emocional va siendo progresivamente reemplazado por lo técnico y es en términos de mente que se realiza la invocación y se ejecuta el mandato. El axioma crístico de «llamad y se os abrirá, pedid y se os dará» vela la clave mística de los Misterios y es precisamente en los niveles mentales en donde se hallan escritos con caracteres de fuego las normas y los deberes que deben regir la vida de los candidatos a la Iniciación.

Ahora bien..., ¿cuál es el papel que juegan los Ángeles, de cuyas Vidas estamos tratando, en todo este proceso de polarización de la conciencia de lo emocional a lo mental? Se trata, como vemos, de un simple cambio de Ritmo, pero..., ¿acaso no es el Ritmo la propia Vida de los Ángeles, utilizando modalidades de energía en infinitas e increíbles modificaciones?

La Vida de la Divinidad es una constante y permanente proyección de variados ritmos. Un Reino de la Naturaleza expresa un ritmo particular dentro de la gran Conciencia Creadora y dentro de cada Reino los elementos químicos que lo integran constituyen pequeños y particularizados ritmos. A este proceso incesante de cambios de ritmo se le denomina técnicamente la «polaridad» y tal polaridad motiva la luz, el sonido y cada una de las formas geométricas de que se reviste cada parcela de vida en la Naturaleza. Así, el cambio de polaridad del ser humano con respecto a la técnica de la invocación es Magia, siendo esencialmente la *Magia* la *respuesta de los Ángeles a la técnica invocativa*. Esta respuesta existe en todos los Planos y subplanos de la Naturaleza en donde el ser humano posee cuerpos organizados en determinadas fases de desarrollo. Más allá de estos Planos existen lógicamente Ángeles que responden a más elevadas fórmulas invocativas, pero están fuera del alcance de los aspirantes y discípulos mundiales en su presente estadio de evolución y sólo pueden ser contactados utilizando la intuición y la elevada inspiración espiritual ya que el cambio de ritmo es tan extremadamente rápido que la mente, como elemento técnico de contacto, ha quedado sumida en un impresionante y desconocido silencio.

La creación del Antakarana en la vida espiritual del discípulo, es decir, del sutilísimo hilo de luz causal que va del intelecto a la intuición es obra también de ciertos Ángeles de elevada jerarquía espiritual. Proceden del planeta Venus y son unas de las corrientes de vida evangélica que actuaron en el áurea etérica de la Tierra cuando encarnó en la misma el Logos planetario de nuestro Esquema terrestre por medio de SANATKUMARA, Aquel a Quien los tratados esotéricos denominan el SEÑOR DEL MUNDO y los textos bíblicos EL ANCIANO DE LOS DÍAS.

Existe así una infinita corriente invocativa que se eleva del más humilde electrón dentro de un átomo hasta la Vida esplendente del Logos Solar. Con la técnica de la invocación no se intenta crear un nuevo proceso de vida, sino sublimizar técnicamente cualquier proceso de vida con vistas a una mayor expansión de conciencia en la vida oculta de la Humanidad. Como hemos dicho anteriormente, tal expansión de conciencia se realiza por un armonioso sistema de polarización o de cambio de ritmo. El ser humano puede pasar así de lo instintivo a lo emocional y de lo emocional a lo mental, empezando a penetrar técnicamente desde este punto en los niveles intuitivos. La etapa actual de la humanidad considerada en su conjunto viene condicionada por aquella imperiosa necesidad de convertir la aspiración emocional en una definida y bien organizada técnica mental. «NO BASTA CON PEDIR, HAY QUE ESFORZARSE POR LLEGAR». Esta es una respuesta dada por un conocido Adepto de la Jerarquía a uno de Sus discípulos al pedirle éste información acerca de la técnica invocativa. Tal respuesta, como advertiremos, presenta a la Invocación como un acto de Resolución y tal aspecto resolutivo de la mente hallará siempre su adecuada réplica en los éteres por parte de las jerarquías angélicas.

Como decimos en otras partes de este *Tratado* «hay un ángel para cada hombre y un hombre para cada ángel», es decir y utilizando la analogía, hay un ángel para cada tipo de invocación y un tipo de invocación para cada ser humano. Cuando la incesante impetración que se eleva de lo más hondo de la conciencia del hombre se convierte en la resolución indómita de llegar, se alcanza una elevada meta en el proceso evolutivo de la Humanidad. Los Ángeles que responden a tal llamada proceden de las elevadas zonas etéricas correspondientes a los niveles superiores de la mente y siendo su modalidad extremadamente ígnea. Al penetrar en el cerebro de los seres humanos henchidos de resolución, destruyen las gastadas estructuras geométricas de antiguos y trascendidos conocimientos e implantan la ley de los Arquetipos superiores de la Raza que los grandes Ángeles planetarios gestaron al amparo de Sus indescriptibles visiones divinas.

Parte III. Los ángeles en la vida social humana

Vamos introduciéndonos, así, por las absolutamente asépticas y desconocidas avenidas que conducen a Síntesis, esotéricamente hablando, es una expresión muy particular en la vida de SANAT KUMARA, el Señor del Mundo. Su expresión más asequible a nuestra inteligencia humana es el sentimiento inquebrantable de Unidad y el vehículo natural mediante el cual este sentimiento se expresa en una modalidad de Fuego creador que surge de los primeros subplanos del Quinto Plano Cósmico, la Mente de Dios. Por lo tanto, no hay que esforzarse mucho para comprender lo extremadamente peligroso que resulta utilizar este tipo de fuego sin estar debidamente preparados. La invocación de estos AGNISVATTAS, Señores de los Fuegos superiores del Sistema, exige una pureza de vida a toda prueba y la indomable resolución de llegar a los sagrados Retiros internos para conquistar la Luz de la Verdad, ponerse en contacto con los grandes Seres que guían la evolución espiritual de la Raza y aprender el NOMBRE, o mantra invocativo, al que responden maravillosamente organizados aquellos Ángeles que secundan los planes de la Jerarquía Espiritual en esta Tierra.

De esta manera, el llamado invocativo de Resolución basado en las más estrictas leyes de la Magia organizada en nuestro planeta, conduce al ser humano «de la oscuridad a la Luz, de lo irreal a lo Real y de la muerte a la Inmortalidad», antiguo axioma que constituirá siempre el norte y guía de los candidatos a la Iniciación. Su exposición en lenguaje técnico y a los fines específicos de este *Tratado* podría ser ésta: «de la luz al color, del color al sonido, del sonido a la forma geométrica y de la forma geométrica al Arquetipo». Esta nueva fórmula axiomática expresa el dictado esencial de la Nueva Era, cuyas prodigiosas energías angélicas imponen un ritmo superior de vida y de conciencia a los seres humanos y a todos los Reinos de la Naturaleza, nuevas formas de enfrentar los hechos y las situaciones ambientales y sociales. Una nueva modalidad de contacto angélico y un nuevo y más adecuado sistema de introducirse en los profundísimos Misterios de la vida del ser constituyen el escalonado proceso de la Iniciación...

5. Los ángeles y el misterio universal del sexo

[FON, p.118] El sexo de los Ángeles es un tema que suscitó siempre grandes polémicas y las más enconadas y apasionadas controversias entre teólogos, místicos, filósofos e intelectuales de todos los tiempos. Pues si bien aparece claro a la observación natural y racional que el sexo es la incorporación objetiva del principio o ley de generación de la Naturaleza y que aparentemente constituye el aspecto natural de la función reproductora de las especies en todos los Reinos, la representación de la idea de pecado que casi siempre acompañó las discusiones de los hombres de las distintas iglesias de la humanidad en torno a la manifestación del sexo, oscureció y desvirtuó constantemente el principio de orden y reglamentación mediante el cual la Vida de la Divinidad se manifiesta en la Naturaleza. Sin embargo, el mandato bíblico de «CRECED Y MULTIPLICAOS» parece ser la expresión natural de una orden dada por el Creador al conjunto de Su Obra Universal, abarcando la vida de los Planos, de los Reinos y de todas las especies vivientes. Pero tal mandato carece de sentido si no se le dota a cada ser viviente de los atributos consustanciales con la función reproductora mediante unos definidos órganos sagrados de procedencia cósmica que constituyen los aspectos objetivos de la propia necesidad cósmica de expansión. Esta es la reglamentación y el orden en la vida de la Naturaleza.

Está fuera de discusión la necesidad de los órganos de reproducción de las distintas especies evolucionantes en el Universo o en el planeta. Lo que mayormente interesa aclarar es el carácter específico de la función reproductora, tal como se realiza en los distintos niveles de la Naturaleza, mediante la actividad de ciertas definidas fuerzas físicas, emocionales o mentales que centralizan la fuerza de la Creación divina y le dan adecuada forma de acuerdo con el carácter específico de la evolución que corresponde a cada especie y a cada Reino.

El sexo, tal como lo conoce el ser humano y del cual tanto se ha usado y abusado desde los tiempos lemures, contiene la tremenda fuerza mágica de la evolución. Desdichadamente, esta fuerza ha sido limitada, condicionada y prostituida constantemente siguiendo la línea de mínima resistencia del maya de los sentidos y de los mil espejismos astrales. De ahí que el llamado esotéricamente «pecador lemur», o dicho en términos más conocidos, «el pecado original», cuya significación esotérica es «prostitución del sexo», prevalece todavía en nuestro mundo moderno. Este pecado estimulado incesantemente por la actividad de una Entidad psíquica de extraordinario poder cuyos tentáculos —expresando aquí una idea correcta— se extienden desde los bajos niveles del Plano Físico a los niveles inferiores de la mente, pasando por los más densos estratos del Plano Astral de la humanidad.

El pecado original proviene precisamente de aquella lejanísima era planetaria en la que el principio creador de la Divinidad decidió escindirse en dos, convirtiendo los cuerpos humanos hasta aquel momento andróginos o carentes de sexo en masculinos y femeninos, esta manera originó el principio de generación que desde entonces debería condicionar la vida del hombre aquí en la Tierra y estableció con ello las bases místicas de la evolución, es decir, el movimiento incesante de la vida separativa y dual a la perpetua búsqueda del principio de Unidad Divina.

Estamos enfrentando aquí, como ustedes se darán cuenta, una idea esotérica de extraordinaria envergadura, teniendo en cuenta que el sexo humano, conteniendo en esencia el sentido innato de la unidad de la cual forma parte, tiende constante e irresistiblemente a la búsqueda de la otra mitad que por ley le corresponde y es su complemento para constituir la unidad mental, astral o física que guiará sus pensamientos, emociones y actitudes durante el larguísimo proceso de la evolución y de las sucesivas encarnaciones. Y si, tal como aseguran indistintamente los libros sagrados de las grandes religiones del mundo, «el hombre está hecho a imagen y semejanza de Su creador», es lógico suponer y esotéricamente debemos afirmar que la ley de generación actúa en todos los Planos del Universo. También podemos decir que existen Maridajes Celestes resultantes de potentísimas atracciones magnéticas de carácter cósmico, como existe el matrimonio humano y los naturales acoplamientos subhumanos, basados en la suprema Ley de Polaridad o de atracción de sexos.

Pensando en ello podemos atenernos a lo escrito en ciertos antiquísimos libros de la Jerarquía: «Nuestro Universo es el resultado de una indescriptible conjunción magnética establecida hace incontables ciclos entre la Constelación de la Osa Mayor y la de las Pléyades, con una respuesta desde Sirio, la más brillante estrella de la Constelación del Can». De acuerdo con esta afirmación esotérica la función del sexo, pese a las tremendas limitaciones a que le obligan los

G. La intervención angélica en la vida del hombre

seres humanos, tiene un carácter esencialmente sagrado por su procedencia cósmica, siendo el tabernáculo de un poder creador que ansía constantemente liberarse, merced al insaciable DESEO de Unidad que constituye el máximo estímulo de su acción. Tal sagrado poder induce a todos los seres de la Creación universal a unirse o acoplarse incesantemente hasta que llegue el día en que el ser humano, que es centro de la creación en que lo que al planeta Tierra se refiere, haya purificado su poder pasional mediante el desarrollo de la inteligencia creadora, del amor incluyente y de la voluntad dinámica. Así reintegrará el sexo a su profundísimo e ilimitado centro creador, restableciendo la Ley cósmica de Unidad y convirtiéndose en el Cáliz sagrado que ha de contener el Verbo inmaculado de la conciencia redimida.

He ahí por qué el Iniciado es definido esotéricamente como «un ser humano que modificó su entera naturaleza mediante la purificación del Triple Cuerpo, mental, emocional y físico, que alberga el fuego creador del sexo liberado». Lo que realiza el Iniciado, al igual que los grandes Creadores Universales es, en realidad, unificar en el Fuego Único del Espíritu, los Fuegos del Alma y del Cuerpo. La Fuerza Mágica de la Naturaleza que opera bajo la tremenda presión planetaria del Fuego de Kundalini y el Fuego impelente del Alma procedente del Corazón del Sol llegan finalmente a equilibrarse. Consecuentemente el Fuego eléctrico del Espíritu se posesiona del Cuerpo físico y el sexo no revela ya impulso pasional alguno, sino que, reducido a la cualidad mística de la Unidad esencial, deja virtualmente de ser necesario para el Plan físico de la evolución planetaria.

Es lógico suponer, de acuerdo con este último comentario, que el Adepto es esencialmente Andrógino. Tal como místicamente es reconocido, «...la Serpiente de la Sabiduría que ascendía por la columna vertebral descansa ahora en brazos de Mercurio, Señor del Caduceo y de la doble serpiente (Ida y Píngala) en perfecto equilibrio».

El hecho de que el Esquema Solar de la Osa Mayor sea considerado cósmicamente de carácter masculino y que el de las Pléyades obedezca al principio cósmico de identidad femenina —tal como aseguran ciertos sagrados Libros de la Jerarquía— puede constituir un indicio certero de lo expuesto para el sincero y profundo investigador espiritual. Admitido el hecho de que los planetas, los Universos, las Constelaciones y las Galaxias obedecen a la Ley de Creación siguiendo los principios de polaridad y de generación, es lógico admitir que los Ángeles también participan de esta Gloria de la Creación. Es decir, que utilizan igualmente algún desconocido sistema de generación que les permite perpetuarse en el tiempo, dentro de un sublimado e inconcebible orden universal.

La idea de sexo aplicada a un Ángel escandalizará quizás a ciertos bien cualificados místicos y aspirantes espirituales, cuyas concepciones acerca de la pureza son arcaicas o tradicionales. Pero ¿qué es exactamente la pureza? Una simple palabra, un mero concepto, una pura y estricta imaginación que cada cual interpretará según el alcance de su espiritual visión. ¿Dejará el Ángel de ser puro e inmaculado, según las elevadas interpretaciones de los místicos, por el simple hecho de que Dios le haya dotado, al igual que al hombre y a todos los demás seres de la Naturaleza, de la gloria perpetua de la generación que ha de permitirle acceder a todos los Planos del Sistema Universal mediante la fuerza avasalladora de la energía creadora del Espíritu Santo?

Lo que ocurre —y ahí deberíamos centralizar nuestra investigación inteligente— es que los atributos del Ángel con respecto a la Obra de la Creación son muy distintos de los que cualifican la vida del ser humano. No es posible establecer una clara analogía entre el Ángel y el hombre, desde el ángulo de vista del sexo. Basándonos en datos esotéricos, vemos que la función del Ángel, con respecto a la Creación del Universo, es proveer a la Naturaleza de todos los materiales sustanciales del Éter susceptibles de adoptar una Forma, una actividad muy distinta de la del ser humano cuya misión creativa es precisamente la de «encarnar por medio de Formas», incorporando su vida espiritual a la sustancia material. Los pensamientos humanos, la sensibilidad emocional, las palabras y los actos constituyen «resonancias en el Éter» que el Ángel utiliza para dotar al ser humano de los necesarios y adecuados instrumentos de manifestación.

De esta manera, la sensibilidad al placer que acompaña a las expresiones del sexo en la vida de la Humanidad no rige la vida de los Ángeles cuyo sexo —si es que debemos utilizar esta expresión— se halla naturalmente compensado y equilibrado por razones celestes que escapan a nuestra más elevada inteligencia. Solamente los ángeles inferiores, de categoría espiritual inferior a la humana, que acompañan al hombre en el incentivo del fuego del deseo, poseen algo parecido a lo que corrientemente llamamos sexo.

Los Ángeles familiares,[39] muy superiores espiritualmente al ser humano, son netamente Andróginos. Ciertos Ángeles son Andróginos por la Ley que regula su evolución en la Vida de la Naturaleza; otros lo son por su particular función en los éteres que vivifican nuestro mundo. Sin embargo, los principios masculino y femenino se manifiestan en todos los Ángeles sin distinción, a medida que realizan su tarea de perfeccionar la obra de la Naturaleza. Algunas especies de Ángeles, los que más cerca se hallan de la gran familia humana y constituyen la legión de «los protectores invisibles de los hombres», suelen participar tanto de la vida de éstos que finalmente reciben un impulso espiritual de carácter cósmico que rompe, por así decirlo, con el equilibrio natural del principio andrógino y llegan a educir un día caracteres de sexo. Muchos fueron los Ángeles en el devenir de las edades que por amor a los hijos de los hombres llegaron un día a convertirse en seres humanos, participando así del poder creador de la Divinidad lo mismo que participaron en su momento del poder constructor de la Naturaleza que les permitía sustanciar el Éter y crear las formas que requiera la evolución humana.

En este orden de ideas podemos igualmente decir que el Iniciado que ha llegado a la perfección humana como un Adepto y ha alcanzado la etapa de la Unidad que le permite ser Andrógino, puede acceder asimismo a la Vida angélica y participar de la sagrada obra de construcción y redención de las Formas exigida para todos los Reinos de la Naturaleza.

El punto más importante por considerar ahora, de acuerdo con la idea del sexo, es el que concierne al misterio de la generación angélica y tratar de descubrir los móviles de sus maravillosas vidas y la índole de su particular misión con respecto a los seres humanos.

Podríamos dividir nuestros razonamientos en los dos puntos siguientes:

a) La Generación Angélica.
b) El Destino de Perfección de los Ángeles.

---

[39] Ángeles Guardianes.

Parte III. Los ángeles en la vida social humana

a. La generación angélica

La generación, tal como se realiza en el indescriptible e impenetrable mundo de los Ángeles, o su perpetuación como Raza o como Especie, buscando aquí la analogía con la evolución humana, es muy simple debido precisamente a la simplicidad exquisita de sus vidas que no poseen una Mente organizada como los seres humanos, sino un Centro altamente cualificado de Sensibilidad. Esta sensibilidad de los Ángeles es muy difícil de ser comprendida por el hombre por hallarse vinculada con el ambiente etérico cósmico del que proceden y del que sin esfuerzo participan en su obra particular de dotar a la Naturaleza de la infinita multiplicidad de Formas que tan pródigamente se ofrecen a nuestra maravillada observación.

Podríamos decir, de acuerdo con la analogía a nuestro alcance, que los Ángeles se perpetúan en su obra, pero tal afirmación tendrá que revestirse lógicamente de un cierto rigor científico si es que tiene que intelectualizarse o «sustanciarse» para una mejor comprensión general. Para hacerlo, nada mejor que utilizar el término «campo magnético» en relación con la vida de los Ángeles, lo mismo que lo hicimos con anterioridad al analizar el cuerpo etérico de los seres humanos. El Ángel posee su propio e inconfundible «campo magnético». Merced a las sutilísimas radiaciones que del mismo emanan puede saberse, siempre y cuando haya suficiente pureza de vida en el investigador esotérico, la función que tiene asignada dicho Ángel en la vida de la Naturaleza y la manera específica de reproducirse o de perpetuarse en el tiempo, a través de su cualificada obra de asimilación de las «energías positivas» provenientes del ambiente mental y psíquico de los seres humanos, tejiendo y destejiendo en el Éter los acontecimientos mundiales, las formas típicas de una civilización en marcha y los distintos y cualificados ambientes sociales de la Humanidad.

Hemos utilizado el término «energías positivas» en el buen criterio de que los Ángeles, en relación con la totalidad de los seres humanos, utilizan la tremenda fuerza receptiva de la Naturaleza, aquella que sin lugar a duda podríamos definir como «femenina», siempre en orden al concepto «masculino» y que se pueden aplicar a la vida de la Humanidad como un todo. La concreción del término *energía positiva masculina* con respecto a la vida de los hombres, y del de *energía receptiva femenina* en relación con la vida de los Ángeles, no presupone en manera alguna asignarles a aquéllos una jerarquización espiritual por encima de éstos, sino que tratamos de explicar un hecho fundamental que se realiza constantemente en la vida de la Naturaleza, cuyos maravillosos impulsos mágicos traducidos en aspectos de sonido, de luz y de forma constituyen la gloria inefable de la Creación. No se trata de anteponer una fuerza masculina de carácter positivo a otra femenina de condición receptiva, sino que hay que intentar comprender un proceso cósmico de las más elevadas consecuencias para el hombre. Este proceso puede ser el conocimiento de los Métodos mágicos y sagrados que utiliza nuestra Logos solar en la proyección, conservación y perpetuación del Universo a través de los Ángeles, los Cuales son Sus Agentes directos en la obra de la Creación.

b. El destino de perfección

Los Ángeles, lo mismo que los hombres y como los demás seres vivos de la Naturaleza, marchan hacia un destino de perfección. La perfección del hombre culmina —en lo que a la Raza humana se refiere— en el Adepto; la perfección del Ángel tiende hacia el Arcángel. Sin embargo, no hay comparación posible entre ambos aspectos de una misma perfección, que es la Perfección de Dios, sino que hay que observar el proceso desde un ángulo de percepción puramente central —el de la perfecta analogía— cosa que no hace todavía el ser humano, pero que espontáneamente realiza el Ángel, dotado del poder de intuir las cosas de la vida desde el centro de estas y no desde un plano de engañosas perspectivas tal como lo hace el hombre.

En esta afirmación se halla la clave del por qué los Ángeles no poseen sexo, al menos desde el limitado punto de vista humano. La comprensión de este hecho, aparentemente sin importancia, constituye, sin embargo, un secreto iniciático que oportunamente será revelado a la humanidad evolucionada de nuestra época. Otro hecho muy importante a considerar es el de que la vida del hombre y la de todas las especies vivientes de la Naturaleza obedecen a la ley de «la energía diferenciada», sujeta a la separatividad y al karma; algo que no sucede con la vida espiritual de los Ángeles. Estos, no poseen un cuerpo orgánico como el nuestro, lleno de necesidades, sino que son como Rayos de Luz de distintas cualidades y vibraciones actuando bajo la constante impresión de un Sentimiento de Síntesis. La indescriptible sutilidad de esta Luz les permite incorporar su maravillosa vida a todas las formas imaginables, tejiendo y destejiendo en el éter con inimitable maestría las formas que precisan los Reinos de la Naturaleza en cada uno de los incesantes períodos de la evolución planetaria o solar.

Si analizamos profundamente este proceso hallaremos quizás una aclaración de todo cuanto decimos en otra parte de este *Tratado* con respecto a la evolución angélica, considerándola una corriente de vida cuya expresión subjetiva corre paralela a la que constituye la vida de la humanidad. Los seres humanos, merced a la fuerza tremendamente dinámica del deseo, llenan el éter del espacio de impulsos magnéticos revestidos de esencia creadora. El Ángel aglutina tales impulsos, se baña en ellos –si podemos decirlo así– y construye finalmente con aquel éter dinamizado y convenientemente sustanciado, la forma requerida. Esta idea puede aclarar mucho el sentido referente a que la Naturaleza se mueve en el orden expresivo y en el aspecto sensible, de acuerdo siempre con las cualidades naturales que se desprende de cada uno de los Reinos de la Naturaleza y, dentro de estos Reinos, las diversificadas especies que constituyen sus incalculables etapas evolutivas.

Si seguimos el proceso con mente serena y profundamente advenida, y si por efecto de ello se admite, aunque hipotéticamente, que enfrentamos una gran verdad que, aunque no es muy nueva tampoco dejará de ser profundamente científica en el orden de la evolución, se tendrá una idea racional del por qué la vida de los hombres exige creciente lucha y constante esfuerzo en tanto que la vida de los Ángeles, por el contrario, es de aparente e imperturbable armonía y equilibrio. Todo se halla escrito en el libro de la evolución del Universo como fases de la Vida del propio Dios, Quien, para iluminar los dilatados confines de Su omniabarcante Existencia, tiene que llevar LUZ a las más alejadas formas de vida del Universo. Una LUZ extensible, armoniosa y total, capaz de penetrar en la más densa sustancia química del Reino Mineral o de proyectarse a los más exaltados niveles místicos en alas de Su propia Perfección Individual».[40] Los Ángeles son una manifestación de esta extensible

---

[40] El Principio de Analogía lo rige todo y el impulso hacia la Perfección guía indistintamente la vida de los Dioses, de los Ángeles y de los Hombres.

G. La intervención angélica en la vida del hombre

LUZ que llena el Cosmos, desde el más alejado punto de la Conciencia Espiritual Logoica, la Materia más densa y de mayor poder gravitatorio, hasta aquellas inconcebibles regiones en donde el Espíritu Logoico, convertido en Fuego de Síntesis, goza la eterna dicha del Gran Nirvana Cósmico.

Dejando hasta cierto punto aclarada la idea del destino angélico de perfección que como hemos podido apreciar depende de la evolución de las cualidades de vida de los seres humanos y de los demás Reinos de la Naturaleza, vamos a considerar ahora el aspecto kármico en la vida de los Ángeles. Pero..., ¿qué es exactamente el Karma? Simplemente el aspecto sustancial de la Vida de Dios; la expresión de Su Vida a través del Universo. Por consiguiente, la idea vertida en algunos estudios teosóficos y místicos de que los Ángeles no están sujetos al Karma puede ser por lo tanto inadecuada. Lo correcto sería, a nuestro entender, decir «... el Karma de los Ángeles es distinto al de los seres humanos», o bien, yendo más profundamente al centro de la cuestión, concretar que: «El Karma de los hombres es de dolor, de lucha y de incesantes conflictos, en tanto que el Karma de los Ángeles es de armonía, de gozo y de bienaventuranza». Esta definición del Karma es el resultado de la visión humana desde cierto ángulo de proyección, pero podría objetarse también, elevando el razonamiento a esferas causales, que el Ángel posee una Sensibilidad al dolor, tan aguda como puede ser la propia expresión del dolor humano. Lo que ocurre es que los Ángeles lo perciben o experimentan de muy distinta manera. Esta Sensibilidad, tanto más aguda cuanto más evolucionada, es la vida del Ángel, y provee el campo del sentimiento y de la imaginación humana de la necesaria inspiración espiritual.[41] Sin esta sensibilidad la vida del hombre aquí en la Tierra carecería de sentido o de sabor espiritual como carece de sabor, si le falta la sal, el más sabroso de los manjares.

He aquí que la «sal de la tierra», o sensibilidad, es la Vida de los Ángeles en su contacto con la Naturaleza a la cual proveen de sus inestimables dones y de sus vitalizadoras corrientes de armonía. Todo ser humano que se hace sensible a la vida de la Naturaleza y percibe a través de ella los benéficos dones angélicos, se convierte a igual que los Ángeles en bendita sal de la tierra. Es entonces cuando tienen un

---

[41] Esotéricamente se dice que cuanto más intensamente sufre el ser humano más cerca se halla de la sensibilidad angélica.

significado concreto y definido las palabras de Cristo a Sus discípulos: «Vosotros, sois la sal de la Tierra», siendo discípulos de Cristo todas las almas sensibles del mundo que aspiran a la redención y perfección de sus vidas.

6. Los ángeles y las facultades psíquicas

[FON, p.127] Vamos a analizar en primer lugar lo que hay que entender por facultades psíquicas. Esotéricamente son sentidos superiores que se desarrollan en el individuo a medida que éste avanza en su evolución espiritual. Para ser más concretos todavía podríamos decir que son el aspecto sutil de los cinco sentidos físicos conocidos: oído, tacto, vista, gusto y olfato, o sea, la prolongación de estos sentidos en los niveles astrales y mentales de la vida del hombre.

Desde un punto de vista racional y científico podríamos decir que las facultades psíquicas son «fenómenos en el éter» que surgen del centro de conciencia que llamamos Yo. Estas facultades se extienden en ondas concéntricas cada vez más dilatadas hasta abarcar la totalidad de los vehículos sutiles, introduciendo en ellos más intensa vibración, o vida, y obligando a éstos a responder a la misma mediante el desarrollo de las capacidades internas o sentidos en latencia. Lo mismo que hizo el individuo, el ser o el Yo espiritual al desarrollar los cinco sentidos físicos, debe repetirse íntegramente en cada nivel de conciencia, hasta que finalmente el Yo espiritual es dueño absoluto de sus vehículos o mecanismos de expresión en los tres mundos y puede lanzarse entonces a la gran aventura de lo Cósmico que culmina en Síntesis, en el gran Centro místico de SHAMBALLA, en donde el Hombre se convierte en un Testimonio de la Luz y en un Servidor del Plan. En una palabra, en un agente consciente del Plan de la Divinidad aquí en la Tierra.

Hacemos estas necesarias declaraciones para situar las facultades psíquicas en el justo lugar que les corresponde en la evolución espiritual del ser humano y para tratar de desvanecer el hálito de misterio con que usualmente se le suele rodear. Al decir que las facultades psíquicas son «fenómenos en el éter», introducimos la idea de participación angélica en la manifestación de estos. También podemos asegurar que no existe manifestación alguna de tipo paranormal o psíquico en la que no intervengan directamente los agentes invisibles o dévicos que utilizan el éter del Espacio como vehículo de manifestación.

La Ectoplasmia, es decir, la parte de la Ciencia Parapsicológica que estudia la creación de formas en los niveles astrales se basa principalmente en la participación de ciertos particulares devas etéricos, especializados en la sustanciación del éter, que crean el ectoplasma. Tales devas existen por doquier y no hay manifestación de tipo etérico o ectoplásmico en la que no intervengan directamente estas criaturas invisibles del éter. La causa de que la inmensa mayoría de los investigadores parapsicológicos no hayan percibido aún su actividad se debe a que todavía no han desarrollado los necesarios sentidos de percepción en los Planos Astral y Mental, existiendo por ello grandes lagunas en el curso de sus investigaciones. Lo mismo ocurre con el fenómeno de la levitación, producido por la actividad de otros devas más sutiles, con capacidades de «introducir luz en la sustancia física» y hacerla permeable a la acción de otro tipo de éter más puro y menos sustancia que produce y determina una inversión completa de las leyes de la polaridad, tal como las conoce y estudia el hombre de Ciencia.

Estas ideas son sólo un intento de presentar las facultades psíquicas dentro del orden normal y natural de la evolución. No guardan relación alguna con las pretendidas afirmaciones de que quienes las poseen son seres «superdotados» o de que pertenecen únicamente al equipo expresivo de personas de alta evolución espiritual. En este orden de ideas hay que distinguir *dos clases de poderes psíquicos*: los que provienen del pasado ancestral de la Raza y pueden ser considerados virtualmente trascendidos, y los que pertenecen a la evolución espiritual de la humanidad del presente. Los primeros son sólo rudimentos de pasadas evoluciones, los segundos son el intento espiritual y científico del hombre inteligente de nuestros días en pleno ejercicio de actividad mental. Durante el período atlante el ser humano desarrolló grandes poderes psíquicos en el Plano Astral. Tales poderes o facultades estaban en relación con la evolución del gran centro etérico del plexo solar y eran el paso obligado del proceso instintivo del hombre animal al ser humano autoconsciente, teniendo como objetivo desarrollar la sensibilidad emocional o psíquica en el cuerpo físico. Entre tales facultades pueden ser citadas la clariaudiencia, la mediumnidad, la clarividencia, la proyección astral, la ectoplasmia, etc. pero, teniendo en cuenta que dicho desarrollo se realizaba completamente aparte de la voluntad individual, el hombre no se daba cuenta de lo que sucedía en su interior ni en el dilatado escenario de sus experiencias astrales.

G. La intervención angélica en la vida del hombre

Idéntico proceso se está desarrollando en la actualidad en la evolución de las especies superiores del Reino Animal. Estas especies se están preparando para convertirse en los hombres del futuro y están progresando a partir del gran centro astral del plexo solar que es su centro inductor e instintivo. Los caballos, los perros, los gatos, los elefantes, cierta especie de simios, así como algunos animales marinos, tales como las ballenas y los delfines son «muy psíquicos». Estos, al igual que las especies humanas poco desarrolladas, reminiscencias de aquellas que vivieron en la época atlante sin haber logrado consumar su experiencia, están desarrollando ciertos mecanismos de percepción en los bajos niveles del Plano Astral. Es evidente que todas estas especies evolutivas, en sus niveles respectivos de evolución, «oyen, ven y participan», aunque inconscientemente, de la evolución de sus sentidos astrales de adaptación a la vida.

Pero, repetimos, tales facultades psíquicas deben ser consideradas como inferiores y situadas «bajo el umbral de la conciencia» con respecto al hombre inteligente de nuestros días. La inteligencia exige discernimiento y control, y todo poder psíquico no controlado ha de ser considerado como de tipo inferior y relegarse por lo tanto a las zonas de «santo olvido de la conciencia». Tal como esotéricamente se nos ha enseñado... «toda actividad psíquica no controlada constituye un freno para la evolución espiritual de la Humanidad». Sin embargo, muchos aspirantes espirituales de nuestros días tienden a rememorar, a revivir o a reproducir la actividad de ciertos centros inferiores situados por debajo del diafragma en un intento de obtener poderes psíquicos. Con lo cual, y sin darse cuenta, establecen contacto con aquellos devas del mundo astral inferior que en lejanas épocas cooperaron en la creación del cuerpo astral de la humanidad, pero que como ya dijimos antes, actualmente trabajan con la evolución del Reino Animal.

El hombre civilizado de nuestra época debe dejar de ser astral e instintivo y realizar su evolución en el Plano Mental con lo cual establecerá contacto con los devas de la mente, de naturaleza eléctrica, altamente dinámicos e incluyentes. Deberemos recordar al respecto que a partir de la segunda mitad del siglo XIX empezaron a regir para la humanidad unas nuevas reglas evolutivas. Dichas reglas culminaron con la maravillosa aportación de Mme. Blavatsky acerca del Reino Espiritual y de la Gran Fraternidad de Hombres perfectos que dirigen sabiamente el Plan de la evolución planetaria. Las aportaciones espirituales aludidas tuvieron como consecuencia el enaltecimiento de la visión de un gran número de seres humanos y, como consecuencia de ello, la corriente espiritual evolutiva se elevó, simbólicamente hablando, por encima del diafragma hacia los centros superiores, desde el centro cardíaco al centro ajna pasando por el centro laríngeo. Un grupo escogido de discípulos pertenecientes a aquella época y otros muchos que les sucedieron en nuestros días lograron desarrollar grandes poderes psíquicos, pero de carácter mental e inteligentemente controlados por una voluntad potente e integradora.

Enjuiciamos la acción del tiempo, somos observadores impersonales de un proceso que se desarrolla ante nuestra visión contemporánea, no añadimos ni quitamos nada al proceso regenerador de la Raza, pero sí somos muy conscientes de las grandes oportunidades del presente y de la gran verdad esotérica de que el pasado debe relegarse bajo el umbral de la conciencia para ofrecerle al futuro la gloria de nuestras experiencias del presente. Empezamos a considerar inteligentemente las facultades psíquicas que corresponden a nuestra época y a nuestra Raza y para ello hemos hecho un profundo análisis de las aportaciones psíquicas que cada Era ha de introducir en la conciencia del ser humano plenamente identificado con la misma. Veamos:

- TERCERA RAZA LEMUR: Cualidad Física. Desarrolló los cinco sentidos físicos de oído, tacto, vista, gusto y olfato. Contacto etérico con los devas del Plano Físico.
- CUARTA RAZA ATLANTE: Cualidad Astral. Inhibió en cierta manera y hasta cierto punto la actividad de algunos de los sentidos físicos y desarrolló la clariaudiencia, la mediumnidad, (manifestada correctamente en un principio como contacto con los devas astrales), la clarividencia y ciertas formas de psicometría y proyección astral, aunque sin efectivo control individual.
- QUINTA RAZA ARIA: Cualidad Mental Concreta. Debe inhibir, o situar bajo el umbral de la conciencia su sensibilidad psíquica o astral y desarrollar el sentido mental del discernimiento como bases del control de la personalidad psicológica y como un elemento coordinador de los demás sentidos actuantes. Contacto con los devas eléctricos del Plano Mental.

G. La intervención angélica en la vida del hombre

- SEXTA RAZA: Cualidad Mental Abstracta. Utilizará la Mente como instrumento de coordinación superior con los niveles espirituales del Ser y revelará el sentido de la Intuición. Contacto con los Ángeles Solares.
- SÉPTIMA RAZA: Cualidad Espiritual. Utilizará un sólo sentido que será de SÍNTESIS de todos los demás sentidos, los del cuerpo físico, los de la sensibilidad astral y los de la actividad mental. Contacto con los Ángeles superiores del Planeta.

7. Los ángeles y los sentidos superiores

Los ángeles y la evolución de los sentidos superiores.

[FON, p.132] En orden a lo dicho en el capítulo anterior está claro que el esfuerzo del aspirante espiritual de nuestros días ha de tender necesariamente al desarrollo de sus facultades superiores prolongando la actividad de los cinco sentidos físicos a los niveles ocultos. Hay que tener en cuenta que el esfuerzo realizado repercutirá en bien del conjunto humano y que las zonas misteriosas del éter en donde las Entidades angélicas realizan sus actividades han de ser descubiertas y analizadas tan concreta y analíticamente como lo hacen los científicos de nuestra época en las áreas físicas del mundo.

El desarrollo y utilización correcta de los sentidos superiores implicará lógicamente el contacto con aquellas maravillosas Fuerzas invisibles que constituyen lo que esotéricamente definimos como «la LUZ de un Plano» y son impulsoras de los diferentes tipos de energía que en el mismo se originan y que a través de este se manifiestan. La versión tradicional y mística sobre las Vidas angélicas y el velo de misterio que acompañó siempre los conceptos que sobre sus actividades espirituales fueron edificados, han impedido que su verdadera misión con respecto a la humanidad y a los demás Reinos de la Naturaleza fuese correctamente comprendida y explicada. Sin embargo, su obra es la obra de la Evolución. En algunos textos místicos de la más lejana antigüedad se las denomina «Las Manos del Señor», ya que es a través de Ellas que la Divinidad se manifiesta en cada ser y en cada cosa creada.

Siendo los sentidos humanos en cada Plano del Universo los mecanismos de contacto con la obra de la Creación, es obvio admitir que forman parte del gran contexto evolutivo de la Naturaleza y que también tienen asignada una misión muy concreta y definida: «Permitirle a la Divinidad ser consciente de Su Obra». Las Manos del Señor, las Jerarquías angélicas, modelan estos sutiles mecanismos humanos de respuesta a la Vida y el ser humano evoluciona incesantemente por medio de los sentidos, siendo cada uno de ellos una puerta secreta que deja entrever siempre la gloria de un Misterio. De ahí que, al investigar profundamente el origen de los sentidos y las sucesivas etapas de su crecimiento y desarrollo en la vida de la humanidad, asistimos a la verdadera historia de la evolución humana. También empezamos a percibir, siquiera fugazmente, aquellas Manos misteriosas que utilizando el éter como medio de expresión crean las oportunidades cíclicas de una Era y los elementos vitales que acompañan siempre en la expresión de un sentido externo o en el desarrollo de una facultad interna.

Todo cuanto existe en el Universo, sea subjetivo u objetivo, tiene su adecuada proyección en el Espacio y puede ser contactado si se poseen los adecuados instrumentos de percepción. Cuando esotéricamente nos referimos a la tercera, cuarta, quinta o sexta dimensión del Espacio, no hacemos más que tratar de reconocer y de sentirnos impelidos a descubrir lo que hay «más allá del velo de la materia conocida» e investigar las razones ocultas que guían el proceso evolutivo de todo cuanto existe, sabiendo de antemano, ya que todo en la vida de la Naturaleza se halla estrecha e indisolublemente vinculado, que la investigación muy profunda de un hecho externo ha de conducir lógicamente al descubrimiento de su contraparte interna. Con ello un proceso radicalmente científico puede convertirse en metafísico sin menoscabo alguno de la comprobación objetiva, por cuanto esotéricamente sabemos y la experiencia así nos lo ha demostrado, que las cosas subjetivas pasan a ser objetivas cuando se las estudia o investiga en su propio nivel de expresión.

Podríamos asegurar que las investigaciones científicas del futuro se realizarán en la cuarta, quinta o sexta dimensiones por haber sido convenientemente desarrolladas algunas de aquellas facultades de percepción superior o sentidos de evolución interna de que actualmente se carece. Hay que tener en cuenta que cada dimensión del Espacio corresponde a un determinado Plano del Universo, a un nivel definido de conciencia y a un sentido específico de percepción. Utilizando creadoramente la analogía podríamos establecer el siguiente cuadro de relaciones:

PLANO	ELEMENTO	SENTIDO	DIMENSIÓN	RAZA	AGENTES DÉVICOS
Ádico	Éter Cósmico. Agente atómico.			CÓSMICA	
Monádico	Éter Solar. Agente sub-atómico.			SOLAR	
Átmico	Éter planetario. Agente etérico.	Conocimiento total Perfección Realización Servicio Beatitud	Séptima	Séptima	
Búdico	Aire Agente sub-etérico	Idealismo espiritual Intuición Visión divina Curación Captación	Sexta	Sexta	Ángeles planetarios bajo la suprema dirección del Arcángel INDRA
Mental	Fuego Agente Gaseoso	Discernimiento Discriminación Clarividencia Telepatía Clariaudiencia	Quinta	ARIA	AGNISHVATTAS, bajo la dirección del Arcángel AGNI. Algunas de sus elevadas jerarquías son los Ángeles Solares o Dyan Chohanes.
Astral	Agua Agente líquido	Idealismo emocional Imaginación Clarividencia Mediumnidad Clariaudiencia	Cuarta	ATLANTE	AGNISURYAS, bajo la dirección del gran Arcángel VARUNA
Físico	Tierra Agente sólido	Olfato, Gusto, Vista, Tacto, Oído	Tercera	LEMUR	AGNISCHAITAS, bajo la dirección del gran Arcángel YAMA

Parte III. Los ángeles en la vida social humana

Estas relaciones podrían ser todavía más ampliamente extendidas, pero entendemos que serán suficientes para el desarrollo de nuestro estudio.

Las razas humanas desarrollan normalmente sus sentidos de percepción de acuerdo con las presiones cíclicas de una Era determinada y a las condiciones astrológicas reinantes que dinamizan los éteres planetarios y cualifican determinados tipos de civilización. El ritmo de la evolución prosigue incesantemente y sobre las bases de lo mejor que fue desarrollado en épocas anteriores deben ser erigidas las estructuras de los nuevos tiempos. Por acumulación de la experiencia que se transmite de edad en edad son creados los nuevos tipos raciales y cada uno de ellos desarrolla nuevos sentidos y nuevas facultades de percepción o de respuesta a la Vida. Nuestra Era actual, profundamente marcada por la técnica, ha de saber inhibir inteligentemente los sentidos astrales del oído, del tacto y de la vista que conserva todavía como rudimentos de una etapa de evolución astral anterior y estructurar el entero proceso de desarrollo emocional sobre el sentido astral del GUSTO, es decir, sobre la IMAGINACIÓN. Esta IMAGINACIÓN corresponde armoniosamente con la facultad de DISCRIMINACIÓN mental que ha de desarrollar la humanidad en los momentos actuales con vistas al noble ejercicio del DISCERNIMIENTO espiritual que oportunamente llevará a la INTUICIÓN.

Nuestra comprometida participación en este proceso podría coadyuvar en el establecimiento del nuevo orden planetario, y deberíamos considerar un honroso deber y una inapreciable oportunidad el desarrollo consciente de los sentidos superiores para poder captar así, más ampliamente, el mágico sentido de la Vida. Para los aspirantes espirituales de nuestra época y en general para todos los hombres y mujeres inteligentes de buena voluntad en el mundo, ésta es la tarea por realizar de acuerdo con la visión y comprensión del plan evolutivo de la Naturaleza:

a) Relegar inteligentemente bajo el umbral de la conciencia las facultades psíquicas inferiores procedentes de la era atlante y utilizadas sin control alguno, tales como la clariaudiencia, la psicometría astral o mediumnidad, y la visión astral y desarrollar al máximo la IMAGINACIÓN creadora con lo cual se vitalizarán ciertas células del corazón y se activará el desenvolvimiento de los correspondientes pétalos del chacra cardíaco.

b) Desarrollar mentalmente el sentido de la DISCRIMINACIÓN hasta convertirlo en DISCERNIMIENTO claro, preparando así las bases del sentido búdico de la INTUICIÓN que corresponde a la más elevada forma de IMAGINACIÓN en el nivel astral.

c) Alcanzado este punto y libres de los espejismos provenientes del mundo emocional, recobrar y utilizar creativamente bajo control individual las facultades o sentidos astrales circunstancialmente relegados bajo el umbral de la conciencia y situar todos los sentidos desarrollados bajo la supervisión del ÁNGEL SOLAR.

8. Los ángeles y los átomos permanentes

[FON, p.136] Todos los sentidos humanos se mueven en un inmenso campo de vibraciones. Desde las más lentas que se manifiestan como Materia, hasta las más elevadas y sutiles que proceden del Espíritu. Dentro de este absoluto campo de vibraciones y de acuerdo con las cualidades de Vida de la Divinidad son estructurados los Planos del Universo. La respuesta de cada Plano a estas cualidades de vida divina constituye el Sentido de este Plano, siendo también este Sentido la puerta de contacto mediante la cual el Logos creador puede establecer contacto con Su Obra universal.

Podemos decir entonces que cada Plano es un Sentido inmenso de la Divinidad, y de acuerdo con el tipo de vibración requerido en el proceso de la evolución universal, este Sentido cualifica la entera organización atómica de cada uno de los elementos químicos que están en la base del Plano. De acuerdo con la analogía que surge al contemplar el desarrollo de los sentidos corporales en el ser humano, el orden universal parece ser el siguiente:

PLANO	SENTIDOS DE LA DIVINIDAD	ARCÁNGEL CONSTRUCTOR
Físico	Oído	YAMA
Astral	Tacto	VARUNA
Mental	Vista	AGNI
Búdico	Gusto	INDRA
Átmico	Olfato	ATMI

La perfección del Sistema Solar comporta, de acuerdo con la constitución septenaria del mismo, la evolución de otros dos sentidos divinos correspondientes a los Planos Monádicos y Ádico, pero nada sabemos concretamente acerca de los mismos salvo las pequeñas informaciones que se derivan del examen de la constitución y actividad del ser humano, «hecho a imagen y semejanza de Su Creador». Así, dentro de un cuadro de valores establecido por medio de la analogía, podríamos deducir que cada uno de los sentidos de la Divinidad expresando la capacidad vibratoria de un Plano se refleja y manifiesta en el ser humano y a medida que avanza éste en el proceso de su evolución, tales sentidos se agudizan y vienen a ser como avenidas de contacto con su contraparte superior en los demás Planos. Desde tal punto de vista puede ser establecida la siguiente analogía:

413

CUERPO	SENTIDOS DEL YO ESPIRITUAL	ELEMENTAL CONSTRUCTOR
Físico	Oído	AGNISCHAITAS Etéricos
Emocional	Tacto	AGNISURYAS Astrales
Mental	Vista	AGNISHVATTAS Mentales - AGNIS
Búdico	Gusto	ÁNGELES Búdicos
Átmico	Olfato	ÁNGELES Átmicos

El hombre utiliza, además, el centro de la mente como un sentido coordinador de los demás sentidos físicos y parece ser que progresa incesantemente hacia un sentido superior muy remoto para la mayoría de los seres humanos que denominamos Intuición, cuya cualidad es Unidad y se expresa como síntesis.

Existe una relación total entre un Arcángel, que es la energía coherente de un Plano de la Naturaleza y un Deva constructor, que es el factor coherente que construye el cuerpo expresivo de un hombre. Puede comprenderse, utilizando como siempre la analogía, que tal relación ha de hallarse en el misterio del Éter, la sustancia cósmica mediante la cual, y de acuerdo con su grado de sutilidad son estructurados los distintos Planos de la Naturaleza, y dentro de estos Planos, los cuerpos correspondientes a todos los estados de conciencia humana y a todas las infinitas especies dentro de los Reinos en evolución. Hemos hablado de «factor coherente» en lo que respecta a la construcción de cualquiera de los mecanismos que el hombre utiliza en el devenir de su existencia kármica o el que utiliza la propia Divinidad en la manifestación de los Planos del Universo.

Sin embargo, hay que tener en cuenta también el «factor aglutinante» que corresponde a la actividad del *átomo permanente*. Este consta asimismo de siete espirillas, cada una con sus propias líneas de energía, que son la representación en la vida del átomo de los siete Planos del Universo, dotadas de un movimiento particular de contracción y dilatación a igual que un diminuto corazón reaccionando sincrónicamente a los movimientos de sístoles y diástoles del gran Corazón solar que determina el fenómeno de la Vida en el Universo. En la presente era evolutiva sólo cinco espirillas están activas dentro del *átomo permanente* humano, correspondiendo cada una a la evolución de un sentido físico y al posible despertar de sus contrapartes en los mundos más sutiles. Tengamos en cuenta, al respecto, que el movimiento de contracción y dilatación del minúsculo corazón del *átomo permanente* está regido misteriosamente por unas

G. La intervención angélica en la vida del hombre

vidas angélicas especializadas, atraídas a este centro de vida atómica por ciertas radiaciones emitidas a través de este por el principio espiritual o Monádico del ser humano. El Espíritu, mediante el desarrollo de las espirillas en el *átomo permanente*, una para cada gran Raza en evolución, origina los sentidos de percepción o avenidas de contacto con la obra de la Naturaleza. De acuerdo con el proceso de la evolución puede ser establecido el siguiente cuadro de analogías:

Plano	Raza	Sentido	Átomo Permanente	Espirilla Desarrollada
Ádico				
Monádico				
Átmico	Séptima	Olfato	Átmico	Quinta
Búdico	Sexta	Gusto	Búdico	Cuarta
Mental	Aria	Vista	Mental	Tercera
Astral	Atlante	Tacto	Emocional	Segunda
Físico	Lemur	Oído	Físico	Primera

Esotéricamente se nos dice que cada espirilla en el *átomo permanente* es una corriente de energía que transmite no sólo vida, sino que irradia también conciencia. Esto viene a significar que el *átomo permanente* del ser humano en cualquier de los cinco Planos del Universo en donde tiene necesidad de cuerpos expresivos es un centro de vida, de conciencia y de actividad creadora. La Ley única que rige el proceso de expansión del *átomo permanente* en el subplano superior o atómico de cada Plano es RADIACION. De acuerdo con tal radiación, expandiendo energía vital y cualidades espirituales a través de los demás subplanos, son misteriosamente atraídas a su centro aquellas minúsculas vidas coexistentes con el Éter que llamamos «elementales constructores» o devas de las formas. Existen en muchos niveles de sutilidad y en innumerables modificaciones. Su ley es responder a toda clase de vibraciones y construir mediante el éter a su alcance el pequeño núcleo de sustancia que corresponde a cada tipo de vibración.

La creación de las unidades atómicas de elementos químicos necesarios para la estructuración de las células vivas de cualquier organismo físico es el inmenso trabajo de un increíble número de pequeñísimos obreros trabajando al unísono y coordenadamente a los impulsos vitales del *átomo permanente* físico y al estímulo de los sucesivos estados de conciencia que condicionan el ritmo de la evolución. La fuerza coherente del átomo, su capacidad de expansión y la calidad de sus radiaciones constituyen esencialmente el *Elemental*

Constructor, el Señor de un Vehículo reconocido de manifestación humana. Este Elemental Constructor es la representación en miniatura de un Arcángel en lo que al Sistema Solar se refiere. Su poder es muy grande y así es reconocido en los estudios esotéricos ya que una vez que ha construido el vehículo u organismo humano en el Plano que corresponda, mental, emocional o físico, se constituye en el Morador de este, con una conciencia propia y reconocida. Esta conciencia es muy difícil de ser controlada y gobernada si el ser humano no posee una gran evolución espiritual. Podemos decir así que la conciencia que anima a un elemental constructor varía en cada nuevo ciclo de evolución o en cada nuevo período de encarnación del Alma humana. En su esencia es un Ángel o Deva que utiliza todas las vidas elementales coexistentes con el éter a su alcance, las atrae a su centro de poder y las mantiene luego coherentemente en la evolución del sistema celular de acuerdo con las cualidades y los impulsos eléctricos que brotan del centro de conciencia humana condicionada por el karma. Se trata, en todo caso, de la expresión mística del Alma por medio de la forma, pero con la participación espiritual de la Mónada. Ésta, al igual que el Logos Solar, está empeñada en la tarea evolutiva que corresponde a cada nueva fase de vida o de encarnación cíclica.

El proceso sigue invariablemente un orden analógico, ya se trate de la construcción de un cuerpo físico, astral, mental, búdico o átmico. El *átomo permanente* en cada uno de estos Planos, emitiendo ondas de vida, de conciencia y de magnetismo kármico,[42] atrae del misterioso seno del Espacio a las vidas dévicas que constituyen el Éter, el misterioso fluido inmortal e imperecedero que difunde e irradia el aura magnética de la propia Divinidad. Cada una de estas diminutas vidas angélicas forma así parte del cuerpo coherente del Elemental Constructor. Su grado de refinamiento dependerá siempre del índice de sutilidad de las cualidades del Alma y de la etapa de evolución alcanzada por la misma en anteriores procesos cíclicos de encarnación o de manifestación.

Las ondas emitidas por los *átomos permanentes* afectan a una inconcebible cantidad de elementos dévicos, los cuales responden a la ley de la necesidad que le obliga al hombre a reencarnar cíclicamente. Desde el momento en que por leyes misteriosas de afinidad penetra

---

[42] Sin este magnetismo especial irradiante de los Señores del Karma no podrían ser construidos ninguno de los cuerpos expresivos del hombre.

G. La intervención angélica en la vida del hombre

un elemental dévico dentro del campo magnético creado alrededor de un *átomo permanente*, forma parte ya del equipo de manifestación del Yo espiritual y participa de hecho del karma que este Yo tiene la misión de cumplir y realizar. El misterio de la vida y de la forma se halla así complementado y el investigador esotérico de todos los tiempos y el discípulo en entrenamiento espiritual tienen el deber de penetrar en el interior de los campos magnéticos creados en cualquier zona de vida en el espacio y establecer inteligente contacto con ciertos Ángeles superiores. Estos Ángeles, en cada Plano, son los responsables de que las vidas angélicas en función de elementales constructores realicen perfectamente la obra que les ha sido asignada de construir elementos químicos, átomos y células, en respuesta a la necesidad evolutiva de cualquier Yo espiritual, o Hijo de Dios en encarnación cíclica.

9. Los ángeles y las almas grupo

Los ángeles y las almas grupo de la naturaleza

[FON, p.140] En directa analogía con lo dicho en el capítulo anterior vamos a analizar ahora el tema profundamente inspirativo de las «ALMAS GRUPO», del cual se ha hablado mucho esotéricamente, aunque sin enlazarlas quizás directamente con la actividad espiritual de los Ángeles que constituyen las raíces cósmicas de su evolución.

Vamos a preguntarnos ante todo... ¿qué es un ALMA GRUPO, ya se refiera al Reino Animal, al Vegetal o al Mineral? Se trata simplemente de grandes concentraciones de energía angélica manteniendo en suspensión en el espacio vital de un Reino o de una especie determinada en la vida de la Naturaleza, a grandes grupos de partículas de vida dotadas de esencia monádica en distintos grados de evolución, impelidas por un impulso trascendente divino a la incesante búsqueda de un tipo de FORMA que responda adecuadamente a sus necesidades de manifestación. Sea cual fuere el nivel evolutivo de tales concentraciones de energía dévica y monádica, cuando se las examina clarividentemente desde el plano causal aparecen como «nubes» coloreadas por las cualidades espirituales alcanzadas en procesos anteriores de manifestación o existencia y se las distingue perfectamente unas de otras en diversos estratos del Plano Mental, por la calidad de los colores y sutilidad de la nube dentro de la cual se hallan inmersas.

En su aspecto esencial, los Reinos de la Naturaleza son ENTIDADES DÉVICAS de trascendente evolución. Estas ENTIDADES mantienen dentro de Sí y en el Éter específico que constituye la sustancia de Sus Vidas, a las Almas Grupo de la multiplicidad de especies que en cada Reino evolucionan. Para establecer la jerarquía espiritual evolutiva entre las distintas Almas Grupo de cada especie definida bastará observar la calidad de los elementos químicos que entran en la composición de estas, tal como ocurre por ejemplo cuando se examina la estructura química y forma geométrica de un pedrusco cualquiera o la que constituye una piedra preciosa o un conjunto molecular radiactivo en el Reino Mineral.

El Alma Grupo de cualquier Reino de la Naturaleza contiene en potencia el Arquetipo de perfección de todas y cada una de las Almas

Grupo características de las distintas especies que la integran. Estas Almas Grupo menores pueden percibirse asimismo como «nubes» dentro de la «NUBE TOTAL DEL REINO» al que pertenecen, coloreadas cada una de ellas por las cualidades distintivas de las especies evolucionantes que revelan su particular evolución espiritual o monádica y «flotan», por así decirlo, en orden a densidades o a peso específico en el interior del Alma Grupo total de un Reino. Cabe notar el grado de fluidez etérica de unas especies en relación con otras por el orden o posición que ocupan dentro del mismo, es decir, superpuestas por ley de densidad o de gravitación. Siendo la Gravitación el poder que regula el proceso kármico en este Universo Físico en donde vivimos, nos movemos y tenemos el ser, podríamos establecer, de acuerdo con el principio de las analogías base del conocimiento oculto, las siguientes correspondencias o consideraciones:

a) El Alma Grupo total del primer Reino de la Naturaleza, el Mineral, se halla localizada en el séptimo subplano del Plano Mental. Las energías etéricas de construcción y los agentes dévicos constructores en diversas gradaciones operan en el cuarto subplano etérico del Plano Físico.

b) El Alma Grupo total del segundo Reino, el Vegetal, se halla ubicada en el sexto subplano del Plano Mental. Las energías etéricas y las ingentes huestes de elementos dévicos que intervienen en el proceso de construcción de las formas requeridas pueden ser localizadas en el tercer subplano etérico del Plano Físico.

c) El Alma Grupo total del tercer Reino, el Animal, con todas sus numerosísimas especies integrantes en tierra, agua y aire, constituyendo variadísimos centros de actividad, se halla confinada en el quinto subplano del Plano Mental y la numerosísima hueste de agentes dévicos constructores especializados que construyen la multiplicidad de formas animales características de las distintas especies, extraen la sustancia etérica del segundo subplano del Plano Físico, aquel que en los tratados esotéricos se denomina subatómico.

En orden a este grupo de ideas relacionadas podríamos añadir que, al Reino humano, constituido por las almas individuales de todos los seres humanos, le corresponde en orden a la analogía el cuarto

G. La intervención angélica en la vida del hombre

subplano del Plano Mental, aunque el centro espiritual y radiante de su vida se halla en el tercer subplano, llamado también plano causal, morada del ÁNGEL SOLAR, centro inspirativo de toda vida humana. Las energías etéricas que entran en la composición de las delicadas fibras nerviosas del cerebro y de los todavía más sutiles NADIS del sistema nervioso interno son extraídas del subplano primero del Plano Físico, el subplano atómico. Esta relación total entre Reinos, Planos, subplanos, Jerarquías angélicas y Agentes constructores dévicos será mejor comprendida utilizando el siguiente diagrama:

PLANO	SUBPLANO	ENTIDADES ANGÉLICAS
	Primero	AGNISHVATAS Señores De los Arquetipos Arcángel Regente Señor AGNI
MENTAL Arcángel Regente Señor AGNI	Segundo	Señores de la Visión
	Tercero	Los Ángeles Solares
	Cuarto	Zona de Individualización
	Quinto	Alma grupo Animal
	Sexto	Alma grupo Vegetal
	Séptimo	Alma grupo Mineral
ASTRAL Arcángel Regente Señor VARUNA	Primero	AGNISURYAS Los Ángeles Del Diseño Arcángel Regente Señor VARUNA
	Segundo	Huestes de la Voz
	Tercero	Zonas de Intercomunicación, de Sensibilidad y de Imaginación Creadora
	Cuarto	
	Quinto	
	Sexto	
	Séptimo	
FÍSICO Arcángel Regente Señor YAMA	Atómico	AGNISCHAITAS Agentes Constructores Arcángel Regente Señor YAMA
	Sub-atómico	Los Sustanciadores del Éter
	Etérico	Los Creadores de los Elementos Químicos
	Sub-etérico	Los silfos o sílfides del Aire
	Gaseoso	Los Agnis del Fuego – Las Salamandras
	Líquido	Las Hadas y Ondinas de las Aguas
	Sólido	Los Gnomos o espíritus de la tierra

Otra correspondencia analógica podría ser establecida entre las Almas Grupo Subhumanas, las Almas individualizadas de los seres humanos en el Cuarto Reino y las Almas Liberadas del Reino Superhumano en orden a las grandes Jerarquías Creadoras que operan en el Segundo Plano Monádico del Universo.

Veamos:

JERARQUÍA CREADORA	REINO	TIPO DE CONCIENCIA
Séptima	Divino	Cósmica
Sexta	Espiritual	Solar
Quinta	Superhumano	Planetaria
Cuarta	Humano	Individual
Tercera	Animal	Gregaria (de Rebaño)
Segunda	Vegetal	Instintiva (Sensibilidad)
Primera	Mineral	Física (Sensación)

El proceso de la evolución, tal como surge de la mente y de la voluntad del Creador, se manifiesta como un impulso vital ascendente a la búsqueda incesante de un Arquetipo de perfección que se eleva de las densas profundidades del Reino Mineral, atraviesa los diferentes estadios de vida en los Reinos Vegetal y Animal y converge en el corazón del hombre.

En el proceso iniciático conocido esotéricamente como INDIVIDUALIZACIÓN, grandes concentraciones de mónadas espirituales habiendo rebasado la medida impuesta por los Arquetipos superiores de ciertas Almas grupo en el Reino Animal, fueron dotadas de alma individual y pasaron a constituir el Cuarto Reino de la Naturaleza, el Reino Humano. Fueron cierto tipo de AGNISVATTAS, conocidos ocultamente como Ángeles Solares o Dyanes del Fuego, los que introdujeron la luz de la mente proveniente del quinto Plano Cósmico, la Mente de Dios, en los rudimentarios cerebros de los animales superiores, o de los hombres animales, y los convirtieron en seres humanos elevándoles, tal como puede leerse en ciertos pasajes del «*LIBRO DE LOS INICIADOS*» «por encima del karma de las Almas Grupo y preparando para cada uno de ellos un glorioso karma individual». La meta espiritual de la Raza de los hombres desde aquel momento es alcanzar la estatura de perfección del propio Ángel Solar, la representación genuina de la Voluntad de Dios en lo que respecta a la Humanidad de esta presente Cuarta Ronda y el objetivo supremo del Logos planetario en estos trascendentales tiempos marcados por la indescriptible oportunidad cíclica de un cambio de Eras.

10. El Ángel Solar

[FON, p.145] Las Almas Grupo fueron trascendidas y los hombres animales poseían ya un Alma individual. La opción humana frente a la vida universal que le rodeaba era desde aquel momento una: establecer contacto con el AGNISVATTA Ángel Solar de su vida e inspirador y director de su destino kármico. Se trataba de una obra que tendría que durar millones de años y solamente desde hace unos pocos siglos la idea del Ángel Solar es lo suficientemente fuerte en la conciencia de los hombres como para inspirarles internamente indicios de eternidad. Ahora el Misterio de la Divinidad se singulariza al extremo de mostrarle al espíritu investigador del hombre una sola y definida Meta, el reconocimiento de su trascendente divinidad simbolizada en el gran AGNISVATTA, el Ángel Solar o el Ángel de la Presencia que desde siempre fue la gloria y luz y de su destino.

En el capítulo anterior nos preguntábamos ¿qué es el Alma Grupo? Ahora debemos preguntarnos... ¿quién es el Ángel Solar? Evidentemente, fue esta gloriosa expresión del amor divino quien elevó al hombre animal a la categoría de ser humano. Si logramos resolver la incógnita que rodea la Vida de este celestial Avatar habremos resuelto quizás de una vez y para siempre el enigma del corazón del hombre, centralizado en la triple interrogante ¿quién soy?, ¿de dónde vengo?, ¿a dónde voy?, que constituye el secreto impulso que lo eleva constantemente a las sempiternas alturas espirituales.

El Ángel Solar es un tipo especial de AGNISVATTA capacitado en el arte supremo de la transmisión de Luz. Procede, según se nos dice esotéricamente, de los planos cósmicos de la Mente divina y tiene un gran poder sobre la vida humana en el sentido de que en virtud de una solemne decisión e indescriptible sacrificio de su parte... «... determinó vincular Su radiante Vida de Adepto con la pequeña vida de un hombre animal a fin de dotarle de mente y elevarle por encima del nivel de actividad de las Almas Grupo». El proceso de la INDIVIDUALIZACIÓN es profundamente místico y corresponde a una evolución natural de la Vida de Dios a través de cada uno de los Reinos de la Naturaleza. Hubo, al parecer, un proceso, técnicamente descrito como de ABSORCIÓN, mediante el cual las almas animales que habían llegado a cierto definido estadio de evolución dentro de sus particulares Almas Grupo se sintieron elevadas hacia arriba y emitieron al unísono una potente y clara nota invocativa. Dícese que al conjuro de ella respondieron los Ángeles Solares, aquellos que según reza la tradición esotérica «... aguardaban este momento desde extensas edades».

Hay que tratar de explicar, aunque brevemente, la parte de este Misterio universal que dicha tradición permitió llegar a nosotros: «Hace unos dieciocho millones de años la vida del planeta Tierra registró un acontecimiento espiritual de trascendentes consecuencias. El Logos de nuestro Universo, impulsado por razones cósmicas que escapan por completo a la humana comprensión, había decidido acelerar el movimiento evolutivo espiritual de nuestro mundo. Como efecto de esta decisión universal descendió a la Tierra procedente de Venus una poderosísima Entidad espiritual, la cual es conocida esotéricamente como SANAT KUMARA y más familiarmente como el SEÑOR DEL MUNDO. Éste trajo consigo a otras elevadas Entidades que constituían Su grupo de discípulos en aquel planeta y al incidir Su poder en el aura etérica de nuestro mundo provocó ciertos hechos principales:

a) En el Reino Mineral, algunos de los elementos químicos que constituían la base de la sustancia en dicho Reino recibieron un impulso adicional y se volvieron radioactivos, lo cual facilitó la entrada de muchas unidades de conciencia de este Reino en el Reino Vegetal. La radioactividad, tal como es científicamente conocida, procede de aquellos tiempos.

b) En el Reino Vegetal tuvo lugar asimismo un misterioso cambio químico que desarrolló potentemente la sensibilidad de este y propició el paso de muchas unidades de vida de este Reino al Reino Animal.

c) En el Reino Animal, el rudimentario centro del cerebro instintivo alojado en la región del plexo solar recibió un tremendo impulso espiritual y fue creada una línea de luz o de energía que unió este centro con cierto punto de la cabeza. Consecuentemente, muchos animales enderezaron la columna vertebral y pudieron sostenerse verticalmente sobre la horizontalidad del suelo. El centro de Kundalini, que hasta aquí sólo había desarrollado tres pétalos, desarrolló el cuarto y empezó a funcionar la base de la columna vertebral como centro espiritual y vital de la vida de un nuevo tipo de evolución planetaria.

G. La intervención angélica en la vida del hombre

d) Como consecuencia de este trabajo preliminar en el Reino Animal sobrevino el maravilloso acontecimiento que convirtió al hombre-animal en un ser humano. Unos poderosos Ángeles de la estirpe de los AGNISVATTAS, los Ángeles Solares, procedentes del quinto Plano Cósmico, la MENTE DE DIOS, decidieron intervenir voluntariamente en la obra de la Divinidad con respecto al planeta Tierra y mediante un acto supremo de indescriptible sacrificio «unieron la Luz de Su radiante Vida» con la incipiente luz que temblorosamente surgía del cerebro de los hombres animales. Merced a aquella potente y santificada efusión de energía divina los convirtieron en seres humanos. Es así, por un proceso de vida esencialmente angélica, fruto de amor y de voluntad de sacrificio, que surgió de las místicas entrañas del planeta el Cuarto Reino de la Naturaleza, la Humanidad, la Raza de los hombres.

No pueden hacerse conjeturas acerca de la misteriosa esencia de los Ángeles Solares, de los HIJOS DE LA MENTE —tal como esotéricamente se les define. Sólo hay que tener presente un hecho esencial. Su voluntad, su amor y su sacrificio con respecto a la humanidad exigen de parte del hombre actos de voluntad, de amor y de sacrificio en su equivalente medida, teniendo en cuenta que la liberación del pacto de sacrificio del Ángel Solar en favor de la humanidad depende única y exclusivamente del ser humano. Leyendo en los anales akáshicos el misterio de la vida de los Ángeles Solares puede verse reflejada en los éteres inmortales las sublimes condiciones a que cada Ángel Solar sometió Su Pacto inquebrantable a la Divinidad y a la Raza de los hombres: «...NO ABANDONARÉ AL SER HUMANO HASTA QUE ÉL ME PERCIBA COMO CENTRO DE SU VIDA Y SE DIRIJA HACIA MÍ CON DEVOCIÓN Y GRATITUD, DOTADO DE IDÉNTICO AMOR, VOLUNTAD Y SACRIFICIO EN FAVOR DE SUS HERMANOS DE TODOS LOS REINOS, TAL COMO YO, EL HIJO DE LA MENTE, LE HE DEMOSTRADO A TRAVÉS DE LAS EDADES».

La promesa o el pacto supremo de cada Ángel Solar ha sido invariablemente cumplido. Es pues el hombre que posea inteligencia suficiente el que debe cumplir ahora la parte del pacto solar que le corresponde. Él debe establecer contacto consciente con el Ángel Solar de su vida, tenerle constante e invariablemente como meta de todas sus acciones y acercarse tanto a ÉL como para participar de la gloria de

Su Vida, «tomar su lugar y reemplazarle en Sus funciones causales» a fin de que pueda retornar a Su patria celestial. A aquella patria nirvánica de la que se ausentó durante extensos ciclos de tiempo para cumplir con una deuda de amor, de voluntad y de sacrificio que había contraído en bien de la Humanidad y como eco supremo de la Voluntad de Dios.

H. Los devas y el trabajo de la Jerarquía

[AVSH, p.77] Habiendo estudiado, siquiera parcialmente, la actividad que desarrollan los Devas en la vida de la Naturaleza, desde la que tiene que ver con la elaboración de los elementos químicos, unidades básicas de la materia, hasta la construcción de los más excelsos Universos por parte de los indescriptibles Ángeles Cósmicos, la idea a considerar ahora debería ser indudablemente la de la relación que existe entre las evoluciones dévicas del planeta y las vidas integrantes de aquella Gran Corporación de Almas Iluminadas que en nuestros estudios esotéricos denominamos Jerarquía Espiritual planetaria o Gran Fraternidad Blanca. Pues, es evidente que la actividad de los Devas en sus distintas huestes y jerarquías, deben guardar una muy estrecha relación con la Obra que lleva a cabo esta Gran Fraternidad —inspirada por el Señor del Mundo— dentro del «círculo-no-se-pasa» del planeta. Así es en efecto y el carácter de esta relación o vinculación es tan importante que abarca todas y cada una de las parcelas de vida planetaria ocupadas por los Reinos de la Naturaleza y por cada una de las especies vivientes.

La Ley esotérica podría ser definida así: Donde hay Vida hay necesariamente una Conciencia que la cualifique y donde hay Conciencia ha de haber forzosamente una Forma apropiada que la manifieste. En esta frase se halla enteramente implícito el misterio de la Creación, tantas veces mencionado durante el curso de nuestro estudio, ya que siguiendo el rigor esotérico de la analogía sabemos que Vida, Conciencia y Forma constituyen en su mutua interdependencia el soporte vivo de la evolución universal abarcando el confín de todo lo existente. Deberemos suponer, por tanto, que en la vida del planeta hay jerarquías dévicas de todos los órdenes imaginables trabajando en todos los sectores evolutivos, ya sea en relación con SHAMBALLA —Sede del Señor del Mundo— con el aspecto mediador dentro del desarrollo evolutivo planetario, cuyo Centro llamamos Gran Fraternidad Blanca, o con el aspecto representativo de la Forma con Centro místico en la vida de la Humanidad.[43] Profundizando algo más en la idea, podríamos establecer la siguiente analogía incluyendo en ella a las unidades de Vida dévica que presumiblemente, ejercen sus

---

[43] No hay que olvidar que el primer ser en el proceso de la Creación que adopta la Forma o Figura del Arquetipo solar es el ser humano.

427

actividades de acuerdo con la evolución alcanzada por cada uno de los tres Centros planetarios:

CENTROS PLANETARIOS	JERARQUIAS DEVICAS
SHAMBALLA	**Los Agentes de SHAMBALLA**

Función: Vitalizar todas las formas de la Naturaleza y estimular el desarrollo espiritual de todas las unidades de Vida Monádica en cada uno de los Reinos de la Naturaleza.

La JERARQUIA O GRAN FRATERNIDAD BLANCA	**Los Impulsores del Plan**

Función: Estimular el aspecto Alma o Conciencia en todas las Formas de la Naturaleza por medio del principio crístico que en cada una de ellas se halla latente y en proceso de expansión

LA HUMANIDAD	**Las Tres Jerarquías Dévicas** descritas como: AGNISCHAITAS, AGNISURYAS y AGNISHVATTAS

Función: Establecer vínculos conscientes de unión con todos los Reinos de la Naturaleza a fin de desarrollar, a través de esos contactos, formas cada vez más perfectas e integradas.

Bien, estas relaciones merecen un comentario algo más extenso, habida cuenta que las actividades desarrolladas por cada uno los tres Centros planetarios están muy íntimamente vinculados entre sí y constituyen en realidad un solo Centro de expansión universal. Podríamos decir así que la Jerarquía Espiritual o Gran Fraternidad, tiene a su cargo el desarrollo del aspecto alma o conciencia en todos los Reinos de la Naturaleza y que Devas de todas las jerarquías imaginables cooperan en este trabajo de infundir Conciencia en la Vida de la Forma. Otra de las consideraciones a tener en cuenta es que la Vida de SHAMBALLA lo llena todo y que, por tanto, la actividad de la Jerarquía espiritual es cualificar esta Vida omniabarcante de SHAMBALLA de acuerdo con las necesidades de la evolución del planeta, planeando el futuro de acuerdo con las exigencias del presente y avizorando las etapas que corresponde actualizar de acuerdo con la ley cósmica de los ciclos, las corrientes de energías astrológicas y la evolución alcanzada por cada Reino, Raza o Especie.

H. Los devas y el trabajo de la Jerarquía

He ahí otra trinidad que conviene tener en cuenta de acuerdo con el principio de analogía, debido a que de manera muy sutil los Reinos de la Naturaleza en su totalidad dependen directamente de SHAMBALLA, que las Razas humanas están conectadas con la obra de la Jerarquía y que todas las especies vivientes en los Reinos subhumanos están misteriosamente enlazadas con la vida evolutiva de la Humanidad. Esta, según se desprende de una profunda y sostenida investigación de sus móviles más ocultos y trascendentes, es el centro de la evolución planetaria. Esta es una razón muy obvia si tenemos en cuenta que la humanidad es el Cuarto Reino de la Naturaleza y que ocupa el cuarto lugar en la evolución de un Sistema Septenario como el de nuestro Universo. Veamos estas relaciones:

- El Sistema Solar de Cuarto Orden (El Nuestro)
- El Cuarto Esquema (El Esquema Terrestre)
- La Cuarta Cadena (de nuestro Esquema Terrestre)
- La Cuarta Ronda (La Ronda que corresponde a la Encarnación física de nuestro Logos planetario)
- El Cuarto planeta de la Cuarta Ronda (nuestro Planeta Tierra)
- El Cuarto Reino (el Reino humano)
- El Cuarto Rayo, de Armonía a través del Conflicto (que cualifica la evolución de nuestra humanidad)
- El Cuaternario Humano (Cuerpo físico, doble etérico, cuerpo astral y mental inferior
- El Cuarto Chacra (ANAHATA) (El Corazón, centro de la vida material y espiritual)
- La Cuarta Glándula Endocrina (Timo) (Cuya segregación hormonal en la vida del cuerpo constituye todavía un secreto esotérico)

En último lugar, y sintetizando todos los posibles cuaternarios en la vida de la Naturaleza, tenemos a los Cuatro Señores del Karma, representantes en nuestro planeta de los Cuatro grandes Maharajáes que rigen el destino de nuestro Sistema solar. La comprensión de estas relaciones es altamente necesaria para alcanzar un punto óptimo de clarificación de las actividades desarrolladas por las Entidades angélicas del Universo y, muy especialmente, por las de nuestro planeta, en relación con la obra jerárquica. A este respecto debemos tener presente que SHAMBALLA se expresa por medio de la Jerarquía y que la Jerarquía lo hace muy definidamente a través de la humanidad. El sistema evolutivo de la Tierra funciona virtualmente como un todo y el proceso, tal como se expresa en la vida del Universo, va de lo menor a lo mayor y de lo inferior a lo superior. En el caso que nos ocupa, vemos que las unidades de vida humana se especializan para ingresar en las filas de la Jerarquía y que los Miembros de esta Jerarquía se están preparando para penetrar en el Centro, extraordinariamente místico, de SHAMBALLA, conteniendo estas últimas palabras el secreto de la íntima vinculación de los grandes Adeptos con los excelsos Devas a quienes en páginas anteriores hemos definido como los Agentes de SHAMBALLA. Con este término podrían ser definidas también las innumerables huestes dévicas y jerarquías evolutivas humanas capaces de resistir, tal como esotéricamente se dice, la Presencia radiante del Señor del Mundo, SANAT KUMARA.

Los Agentes de SHAMBALLA

Con este término se intenta representar a una nueva Jerarquía espiritual, cuyas cualidades están mucho más allá y por encima de la comprensión de los hombres más inteligentes de la humanidad y del término corrientemente asignado a los Miembros de la Gran Fraternidad Blanca. Estos Agentes, ya sean de estirpe dévica o de naturaleza humana, están capacitados para manejar el Fuego Eléctrico de la Divinidad, el cual es esencialmente VIDA o ESPIRITU. Trabajan en íntimo contacto con el Señor del Mundo y con los Ángeles directores de la evolución de los Reinos. Su misión es mantener en ininterrumpida circulación la corriente de Vida que emana del gran Corazón Solar espiritual y penetra en cada uno de los Planos del Universo por medio de los Siete Grandes Arcángeles, distribuyéndola luego para la absorción y manipulación de los Ángeles regentes de los Reinos.

Un tipo especial de AGNISVATTAS distribuyen a su vez este Fuego en dirección al Reino humano desarrollando la mente de los hombres y otros devas menores, aunque mucho más evolucionados que los individuos corrientes de la Raza humana, dinamizan la corriente de vida que incide en las especies de cada uno de los tres primeros Reinos, utilizando lo que en términos esotéricos definimos como esencia elemental y abarca la enorme vastedad de unidades de vida de los Reinos mineral, vegetal y animal. La labor de los grandes Devas cualificados como Agentes de SHAMBALLA consiste en introducir el propósito de la Vida solar en cada una de las unidades de vida de nuestro esquema terrestre. Constituyen considerables legiones de Ángeles de distintos grados de evolución, pero marcados todos ellos por la impronta espiritual del Señor del Mundo y llenos del Designio ígneo del Logos Solar de introducir Su Vida en cada uno de los seres que viven, se mueven y tienen el ser en los dilatados confines de Su omniabarcante Esquema evolutivo. El resultado de sus actividades es la continuidad de la corriente de Vida circulando por todo el Universo y, particularizándola, por nuestro esquema planetario.

Tal como dijimos anteriormente, el Centro cualificador de la Vida solar espiritual de nuestro planeta es el Logos regente de este, encarnado en Aquel esplendente e indescriptible Ser que en los estudios esotéricos es definido como SANAT KUMARA, o Señor del Mundo. Este glorioso Ser es el Gobernante absoluto del planeta Tierra. De EL dependen todos los Centros planetarios y todas las jerarquías, angélicas y humanas, que realizan su evolución dentro del formidable esquema terrestre. Sus decisiones obedecen al Mandato Solar y sólo al Logos de nuestro Universo ha de rendir cuentas —si así podemos decirlo— de Sus decisiones y gobierno de nuestro mundo. Las jerarquías angélicas y humanas que en su totalidad hemos descrito como los Agentes de SHAMBALLA cumplen sus obligaciones según la calidad de su rango o estirpe. Forman parte de la sociedad ultrasecreta que ocultamente llamamos el Concilio de SHAMBALLA, en donde el Señor del Mundo y Sus Agentes y Colaboradores terrestres y extraterrestres se reúnen para examinar conjuntamente los Planes de la Evolución y las necesidades de fuerza solar para cada ciclo evolutivo afectando a Reinos, razas y especies. Tales necesidades, vistas con la percepción ultradimensional de SANAT KUMARA y de los Agentes místicos de SHAMBALLA, toman la forma de un Plan organizado, marcando ciertos jalones u objetivos determinados de acuerdo con el ciclo evolutivo particular del planeta Tierra y las necesidades de integración con las grandes Decisiones solares.

Los Impulsores del Plan

La Jerarquía espiritual del planeta está formada asimismo por unidades de vida angélica y humana a las cuales se las denomina ocultamente los Grandes Mediadores, ya que su particular misión si bien difiere en el desarrollo de las distintas actividades asignadas a hombres y a Devas, coinciden en el santo propósito de que cada unidad de vida en el seno de la Naturaleza tome conciencia de su estado y condición y aprenda a alinearse conscientemente con el grupo mayor del cual forman parte. Lógicamente, el grupo mayor y más incluyente para la humanidad será la Jerarquía espiritual o Gran Fraternidad Blanca y el que corresponde a los tres primeros Reinos de la Naturaleza, el mineral, el vegetal y el animal será la humanidad.

Existe, en todo caso, una función mediadora constante en la evolución del Universo, del planeta o del hombre. Ya en otras partes de este *Tratado* hacemos referencia a un ANTAKARANA, o puente de arco iris, por el cual las unidades de vida de una especie se transportaban a otra superior, de la misma manera que el ser humano creaba conscientemente el Antakarana o puente de luz que enlazaba su yo inferior con el Ángel solar en el plano causal. Este puente de luz tiene carácter universal y constituye el enlace de todas las unidades de vida del Sistema solar con el Propósito de Realización del Logos. Lo único que habrá que añadir aquí para que la idea aparezca con mayor claridad, es que los Ángeles superiores de la Jerarquía, los cualificados Adeptos de esta, trabajan armoniosamente al unísono para construir este Puente de Unión, que podríamos definir como del Propósito o Intención de Dios, el Logos, con respecto a la vida de la Naturaleza que es su campo de expresión. Así, cada Ángel y cada Adepto, utilizando el concurso de miríadas de unidades dévicas de orden subalterno, infunden la luz del propósito iluminado en las almas de los seres humanos y de los Reinos inferiores del planeta y dinamizan o exaltan en la intimidad de sus vidas el anhelo permanente de perfección. Una infinita cadena de Luz partiendo del Reino mineral y llegando al ser humano puede ser percibido así por el investigador esotérico, atravesando la vida de los Reinos vegetal y animal.

Otra cadena de Luz, todavía mayor y más brillante se eleva del Reino humano en dirección a la Jerarquía la Cual ha sido descrita con mucha justicia el Quinto Reino de la Naturaleza, el Reino de los Cielos. Esta cadena de luz, encarnando el propósito de liberación de Dios y el deseo de perfección humana, llega a su más exaltado grado de sutilización, cualidad, resplandor y belleza en las fases de evolución técnicamente definidas como Sendero del Discipulado consciente y Sendero de la Iniciación, ya que en el devenir de estos las almas humanas penetran conscientemente en los Planes de la Jerarquía y empiezan a ser partícipes del Propósito de Dios.

El ANTAKARANA, o Puente de Unión, indica siempre relación y participación, unidad de vida y de conciencia y una eterna vinculación de Dios con la inmensa estructura de Su Obra, el Universo. Los Ángeles que colaboran en esta labor jerárquica de creación del Puente y de aceleración del Ritmo de la conciencia, suelen pertenecer a las especies superiores de las Entidades Angélicas definidas como AGNISURYAS, aunque hay también muchos Devas de la categoría de los AGNISVATTAS y una considerable hueste de Devas que intervienen conscientemente en la evolución del aspecto conciencia en la vida de todos los Reinos, comandando innumerables legiones de devas menores y elementales de la Naturaleza, excelentemente cualificados para el arte de la construcción de formas en todos los niveles. Otro grupo muy especializado de Ángeles superiores de la Jerarquía, trabajan bajo la directa supervisión de los Señores del Karma para llevar a cabo el Propósito de Liberación del Logos en cada uno de los Reinos de la Naturaleza. La actividad particular de cada uno de los Señores del Karma podrán estudiarla Uds. más adelante, en otros capítulos de este libro.

Interesa, sin embargo, que tengamos muy presente la vinculación humano-dévica en relación con los Señores del Karma y la misteriosa relación de los mismos con el Cuaternario individual, constituido por el cuerpo físico denso, el vehículo etérico, la naturaleza astral o psíquica y la mente organizada, con el Cuarto Reino en su totalidad, con el cuarto planeta de un Sistema de siete mundos, que es nuestra Tierra, con la evolución del chacra MULADHARA, cuyos cuatro pétalos son una proyección del karma humano y con el Cuarto Rayo de Armonía a través del Conflicto que cualifica la actividad del hombre aquí en este planeta. Los Señores del Karma son cuatro poderosos Ángeles de naturaleza cósmica y Su intervención en la vida del Universo, del planeta, del hombre y de todos los seres creados, es otra demostración de la gran fraternidad humano-dévica a la cual hemos debido hacer mención en muchas páginas de este *Tratado*.

Parte III. Los ángeles en la vida social humana

Como más adelante veremos, tales son los Señores del Karma:

- El Ángel de la Muerte.
- El Ángel de la Justicia.
- El Ángel de los Registros Akásicos.
- El Ángel de la Liberación.

Son lógicamente también Agentes de SHAMBALLA, pero Su obra, al igual que la del Señor del Mundo, tiene un Designio Solar y abarca la grandiosidad infinita del contenido universal, con sus planos, reinos, humanidades y especies vivientes...

Cada uno de los Señores del Karma tiene bajo Sus órdenes innumerables huestes de Devas de todos los grados de evolución, realizando sus actividades de acuerdo con ciertos propósitos definidos y a la presión de determinados Rayos de poder, los cuales, a su vez, atraen hacia los Señores del Karma potentísimas e inexplicables corrientes astrológicas procedentes del espacio cósmico. Sin embargo, los Impulsores del Plan dentro del planeta Tierra, Adeptos y Ángeles, constituyen la gran Corporación de las Almas Iluminadas que dirigen todas las energías universales, la de los Señores del Karma incluidas, hacia el desarrollo del Alma o de la Conciencia en la integridad absoluta de los Reinos de la Naturaleza, de las Razas humanas y de todas las especies que tienen su vida y su razón de ser en cada uno de los Reinos.

La Humanidad, el Centro Místico de todos los Reinos.

Tal como hemos venido diciendo en páginas anteriores, el Reino humano, el Cuarto dentro de la evolución espiritual de la Tierra, es el Centro de la vida planetaria, debido precisamente al número CUATRO que le distingue, personifica y cualifica en orden a la evolución de la Naturaleza entera. Tal como decía un Maestro de la Jerarquía en el pasado siglo a un grupo de discípulos: «La Cadena infinita de la Luz y de los Conocedores pasa por el Reino humano, como la circulación de la sangre pasa por el corazón «. La descripción no puede ser más afirmativa ni más categórica. La función del CUARTO Reino, el reino humano, es tremendamente importante debido a la posición que ocupa dentro de un esquema septenario de evolución universal y cabe preguntarse, después de analizar críticamente la obra del hombre aquí en la Tierra, si el ser humano ha respondido plenamente a las exigencias kármicas de su especial cometido como eje de evolución de los Reinos y, en caso contrario, determinar cuáles han sido las causas de su aparente fracaso. Bien, no hay que argumentar demasiado sobre tales extremos, teniendo en cuenta el grado de evolución de los seres humanos en la presente Cuarta Ronda y sus dificultades por mantenerse dignamente en el centro de la evolución planetaria, siguiendo el imperativo del CUARTO Rayo que cualifica al CUARTO Reino y debe llevarle a la Luz de la Revelación y de la integración espiritual por medio de las crisis y las tensiones psicológicas que surgen inevitablemente del conflicto de la separatividad, del egoísmo del yo y del apego a las cosas materiales.

El Reino humano, la humanidad en su conjunto, está evolucionando por fases, por grados o niveles de integración espiritual y la esperanza de la evolución y del cumplimiento planetario se halla depositada actualmente en los discípulos mundiales, los cuales constituyen CUATRO grandes grupos, conectado cada uno con una jerarquía específica de Devas AGNISVATTAS. Veamos:

1. Discípulos en observación o probación.
2. Discípulos aceptados (por haber pasado con éxito las pruebas exigidas).
3. Discípulos en el Corazón del Maestro (a los que se prepara para Iniciación).
4. Discípulos Iniciados (que van de la primera a la tercera Iniciación).

Cada uno de estos CUATRO grupos, se dé o no se dé cuenta de ello, se halla espiritualmente vinculado con la evolución de los CUATRO primeros Reinos de la Naturaleza:

1. Los Discípulos Iniciados se hallan especialmente vinculados con la evolución de los seres humanos de cierto grado de integración espiritual.
2. Los Discípulos en el Corazón del Maestro colaboran en la obra de introducir la luz de la conciencia en los seres humanos de escasa evolución espiritual y en las unidades superiores de vida animal, o especies más evolucionadas de este Reino.
3. Los Discípulos Aceptados realizan una idéntica actividad sobre las unidades de vida del Reino animal menos evolucionadas.

4. Los Discípulos en Probación perfeccionan, a través de las disciplinas físicas de sus vidas, las actividades de los Reinos vegetal y mineral.

La obra de los Señores del Karma en la vida de la Naturaleza halla a través de estos cuatro grupos y la correspondiente hueste de Devas afines, unos puntos de contacto para poder influir en la vida de los Reinos. No es necesario advertir que cada uno de los grupos de Discípulos es un centro de inspiración para todos los seres humanos los cuales, en determinadas fases o períodos de sus vidas, deberán convertirse a su vez en discípulos en una u otra de las clasificaciones antes descritas.

Ahora bien, el propósito del Señor del Mundo a través de la Jerarquía incide en la vida de la humanidad, produciendo un despertar gradual de la conciencia humana. Esta conciencia, como Uds. saben, repite en su vida evolutiva los tres aspectos universales de Vida, Cualidad y Apariencia a través de su mente organizada, su naturaleza astral y su cuerpo físico. Así la mente humana deberá ser consciente un día del Centro místico de SHAMBALLA; la naturaleza astral se convertirá a su vez en el Amor de la JERARQUIA y el aspecto objetivo o corporal tendrá que reflejar también en tiempo y espacio la obra de la Divinidad reflejando perfectamente el Arquetipo de Belleza de la Creación. Es obvio comentar que en el desarrollo de esta triple actividad de la conciencia intervendrán tres tipos específicos de Devas: AGNISCHAITAS (plano físico), AGNISURYAS (plano astral) y AGNISVATTAS (plano mental). La analogía, convenientemente interpretada nos llevará siempre a inevitables puntos de coincidencia.

Los Tres Departamento de Trabajo de la Jerarquía y la Obra de los Devas

Cada uno de los tres sectores de vida organizada del planeta en orden a la evolución de la humanidad, técnicamente definidos como vida material, cualidad emocional y mente organizada, persigue un Arquetipo de perfección. Tales son estos Arquetipos:

- Vida Material. Deberá encarnar el Arquetipo de Belleza física y el equilibrio perfecto de las funciones orgánicas.

- Cualidad Emocional. Deberá reflejar oportunamente el Arquetipo de Bondad, que es una expresión natural del Amor e indica desarrollo de la sensibilidad humana.
- Mente Organizada. Capaz de captar el Arquetipo de Verdad que se halla presente en el devenir de cada cosa creada y se manifiesta como Luz e Inspiración.

La resolución humana de estos tres Arquetipos esenciales que llevan a la perfección constituye la obra particular de tres excelsas Entidades planetarias definidas esotéricamente: el MANU, el BODHISATTVA y el MAHACHOHAN, cuyo trabajo en orden a la evolución planetaria se centraliza en tres esferas muy definidas de contacto:

1. El Departamento del MANU

Esta excelsa Entidad planetaria tiene a su cargo la evolución y desarrollo de las Razas humanas conforme van apareciendo en la vida del planeta. Puede decirse así que cada Raza, con sus correspondientes siete subrazas, están a cargo de un MANU. Tiene bajo sus órdenes un considerable número de Devas AGNISCHAITAS, con la misión de preparar y construir en materia etérica el cuerpo físico de cada nueva subraza a la búsqueda del tipo racial que mejor corresponda a las intenciones y proyectos del Manú. Una vez que ESTE ha dado el visto bueno —si podemos decirlo así— a algún Arquetipo racial o subracial, se le materializa bajo forma física densa utilizando los correspondientes factores mendelianos más afines, es decir, a través de cuerpos físicos que de una u otra manera alcanzaron cierta perfección en belleza y atributos semejantes a aquellos mediante los cuales el MANU de una Raza trata de expresar una nueva forma física humana y un más noble carácter racial.

La actividad de los Devas raciales es semejante, aunque en una escala superior a la de los elementales que edad tras edad y ciclo tras ciclo construyen los cuerpos físicos de los seres humanos, sin embargo, su trabajo es eminentemente selectivo y deben construir nuevos compuestos moleculares más sutiles, a medida que avanza la evolución espiritual y el alma humana exige cuerpos físicos cada vez más refinados, complejos y mejor organizados. Desde el ángulo esotérico, los Devas raciales son mucho más evolucionados que los Devas constructores de los vehículos físicos de los seres humanos ya que, en orden al proceso general de la evolución humana, tienen asignada la tarea de construir los Arquetipos que constituyen la Meta de perfección para cada Raza y para cada subraza.

Estos Devas, AGNISCHAITAS, trabajan bajo las órdenes inmediatas del MANU de la Raza, siendo siete las Razas humanas que han de aparecer durante el proceso de evolución de un planeta y varios los MANUS, o Señores raciales que, en la vida de la humanidad deberán dar cumplimiento al Plan general del Creador. Es obvio, también, que el destino de una Raza y la programación de sus naturales atributos, es una obra genuinamente espiritual cuyos planes y propósitos están en la mente de los MANUS, siendo virtualmente Su cometido idear el Arquetipo final de una Raza y preparar a tal fin siete Arquetipos menores, los cuales vendrán a ser como peldaños de la Gran Escalera que conduce al esplendor definitivo de aquella Raza, con la expresión física que representa el Arquetipo racial plenamente constituido y desarrollado.

Es lógico pensar también, después de las afirmaciones anteriores, que habrá un grupo específico de Devas de alta evolución espiritual trabajando directamente bajo la dirección del MANU, cuyo trabajo consiste en preparar en materia etérica los diseños del Arquetipo racial tal como los planea el Señor de la Raza y siete los grupos de Devas constructores, asimismo muy evolucionados, que construyen en materia más densa, sólida o substancial los diseños o bocetos que someten a su consideración los Devas que trabajan con los Arquetipos ideados por el MANU de la Raza. Hay que reconocer asimismo que la obra de los Devas raciales en sus múltiples divisiones, se verá recompensada en cada nueva edad y en cada nuevo ciclo de vida por la experiencia vital del MANU y de los Devas de las Razas precedentes, cuya memoria permanente registrada en los éteres akásicos permite corregir fallos, construir nuevos compuestos moleculares e imprimir más sensibilidad a las células corporales de los vehículos físicos anteriores, preparando así el luminoso camino del Arquetipo racial de la séptima subraza de la Séptima Raza que aparecerá sobre la Tierra representando en cuerpo físico y bajo apariencia objetiva la gracia, belleza y armonía de una suprema Decisión solar.

2. El Departamento del BODHISATTVA

De la misma manera que el MANU de una Raza debe idear el Arquetipo racial o físico que le corresponde, así el BODHISATTVA, o Señor de las Almas Iluminadas, tal como se le describe en lenguaje místico, tiene la misión de infundir luz, amor y comprensión en las unidades de vida humana que constituyen el Cuarto Reino. Su trabajo, visto desde el ángulo esotérico, constituye el eje del proceso evolutivo pues debe desarrollar la simiente del Espíritu en todas las almas y dotarlas del impulso interno mediante el cual se elevarán gradualmente de la materia más densa al más elevado espíritu creador. Para lograr tal fin estimula la creación de todos los sistemas religiosos, educacionales y artísticos cuya finalidad sea el desenvolvimiento espiritual del alma humana y su acercamiento al Corazón de la Divinidad presente en todas y cada una de las cosas creadas.

El BODHISATTVA trabaja con diversas jerarquías de Ángeles AGNISURYAS con objeto de purificar los deseos materiales de los seres humanos y convertirlos en aspiración superior. Así, de la misma forma que el Señor MANU trabaja específicamente con los cuerpos físicos y etéricos de los hombres, el BODHISATTVA lo hace con sus vehículos emocionales, siendo el objetivo final de todo Su trabajo desarrollar en el corazón de la humanidad el principio básico del Amor, con sus inseparables aspectos de bondad, compasión y justicia. Se espera, al final de la presente Cuarta Ronda, que el principio crístico del Amor del cual es Custodio el Señor BODHISATTVA, esté tan desarrollado en una gran mayoría de la humanidad, que justifique la entrada en la vida del planeta de una nueva y más abundante Vida, símbolo de perfección humana y esperanza suprema de la Jerarquía espiritual de nuestro mundo.

Al igual que ocurre con la obra del Señor MANU, la tarea asignada al Señor BODHISATTVA mueve a la acción a siete categorías de Devas en los distintos subplanos del Plano astral, comandados por esplendentes Ángeles AGNISURYAS, teniendo como meta de sus actividades la dignificación del alma humana y el contacto espiritual con los excelsos y misteriosos Devas del Plano búdico, cuyas Vidas están llenas de Amor por todo lo creado y son los impulsores en la vida planetaria de la llama infinita de la Gran Fraternidad Cósmica, de la cual nuestro Logos Solar es uno de los grandes exponentes en virtud del

Segundo Rayo de Amor que cualifica Su Vida radiante y del cual surgen Sus infinitas e indescriptibles creaciones.

3. El Departamento del MAHACHOHAN

Al Señor MAHACHOHAN se le define también como El Señor de la Civilización y puede decirse que es la Entidad planetaria a cuyas órdenes trabaja mayor cantidad de Devas. Tiene a su cargo el desarrollo de la inteligencia en el alma humana y para llevar a cabo Sus planes y proyectos en orden a la total evolución de la humanidad, ejerce asimismo autoridad sobre los Departamentos mundiales de la Ciencia, del Arte, de las Religiones organizadas y del Aspecto Mágico de todo ritual, ceremonia o liturgia con objeto de conectar a los seres humanos con el Reino angélico y con su aspecto espiritual más trascendente. A igual que el MANU y el BODHISATTVA, el MAHACHOHAN ejerce poder sobre numerosísimas huestes y jerarquías dévicas realizando su evolución en uno u otro de los siete subplanos del Plano mental, en un intento supremo de realzar la inteligencia humana y elevarla a las cumbres del propósito espiritual más elevado, convertir al hombre en un perfecto Conocedor, en una semilla fértil dentro de los áridos desiertos del mundo, con capacidades despiertas para crear en los niveles mentales situaciones nuevas y más apropiadas para el desarrollo de la cultura de la Raza y la expresión sublime de un tipo de civilización que provea a las necesidades de evolución espiritual de todos los seres humanos. El trabajo específico de los Devas que trabajan bajo las órdenes del MAHACHOHAN es dotar a las almas de los hombres de luz e inteligencia para que puedan captar el significado íntimo del Amor y desarrollar planes tendientes a hacerlo objetivo y revelador en el devenir de las relaciones sociales.

Los Ángeles AGNISVATTAS de la mente superior, en multiplicidad de huestes, jerarquías y funciones, cooperan con el Señor de la Civilización en la obra de hacer comprensible el Plan de Dios en las mentes de los hombres. Sus actividades son increíblemente diversas, pues por la calidad de sus respectivas misiones han de introducir luz en todas las áreas de la vida organizada de la humanidad, estimulando el germen de la inteligencia latente en el cerebro de los seres humanos y acelerando el proceso de iluminación espiritual, con el consiguiente resultado del desarrollo de la mente y el gradual acercamiento al supremo Manantial de Luz de donde surge la energía que cualifica al aspecto inteligencia en la vida de todo lo creado.

Resulta evidente, pues, de acuerdo con todo cuanto acabamos de decir, que Devas de todas las jerarquías dentro de los tres grupos principales que trabajan en estrecho contacto con la humanidad, es decir, de los AGNISCHAITAS, los AGNISURYAS y los AGNISVATTAS, actúan conjunta y muy estrechamente para producir el HOMBRE NUEVO al cual hizo referencia el Iniciado Pablo de Tarso. Las leyes infinitas de la evolución gravitando sobre todo lo creado, y muy especialmente sobre la humanidad, han hecho posible el acercamiento dévico al mundo de los hombres. Las incontables legiones de Devas de distinta evolución, especialidad, hueste o jerarquía, han dotado a la Naturaleza de todos sus maravillosos encantos. Sin embargo, la obra más bella e infinitamente más importante dentro de la evolución cíclica de los Reinos, la Humanidad, se halla todavía en sus primeras fases de desarrollo espiritual y los Arquetipos de Verdad, Bondad y Belleza, que deben ser revelados en virtud del trabajo particular de los Grandes Señores Planetarios, el MANU, el BODHISATTVA y el MAHACHOHAN, están todavía en proceso de estructuración. Según se nos dice ocultamente los Ojos del Logos Solar están fijos sobre la Tierra, ya que debido al lugar que el esquema terrestre ocupa dentro del Sistema universal, es muy importante que este pequeño planeta en donde vivimos, nos movemos y tenemos el ser, se alinee definidamente con los Planes del Gran Señor Solar y aprenda la trascendente lección del acercamiento cósmico, cuyo recuerdo intuitivo se halla oculto en el corazón de todo ser humano y constituye el anclaje perenne de la Vida de Dios en la vida mística de la humanidad.

I. Los Señores del Karma

[AVSH, p.109] El tema de los Señores del Karma ha constituido un apasionante misterio espiritual para el investigador esotérico de todos los tiempos. Sin embargo, el impenetrable secreto que envuelve la excelsa Vida de los Señores del Karma sólo será revelado en el devenir de ciertas trascendentes Iniciaciones recibidas en los más altos niveles del Sistema solar. Así, lo que vamos a intentar mayormente en este apartado de nuestro estudio, será revelar los misterios menores acerca de la vida y cualidades y estos misteriosos Agentes del Bien Universal y el trabajo que realizan dentro del «círculo-no-se-pasa» del Universo. Una parte del secreto que puede ser revelado cerca de los Señores del Karma es que son Entidades Angélicas de elevadísima e indescriptible perfección espiritual cuya evolución se realiza en desconocidos niveles del Plano mental cósmico, que actúan en forma interdependiente y que cada uno de Ellos rige un sector definido dentro del Sistema solar y en la vida de la Naturaleza, realizando Su labor por medio de una infinita y prodigiosa cantidad de Devas de distinta jerarquía, quienes ejercen definidamente su poder desde los niveles arrúpicos o sin forma hasta las más objetivas formas de vida de los reinos inferiores, siguiendo cuatro objetivos específicos que constituyen la esencia particular de Sus vidas y de Sus especiales misiones:

- La destrucción de todas las formas cristalizadas en la vida del Universo.
- La expresión constante y permanente del propósito de perfección solar.
- 3.El registro cíclico de todos los sucesos temporales y atemporales dentro del Universo.
- 4.La creación de formas nuevas por el proceso infinito de renovación de los impulsos cíclicos en la vida de la Naturaleza.

Estas cuatro actividades fundamentales caracterizan o personifican a cada uno de los Señores del Karma. Veamos:

- El Ángel de la Muerte.
- El Ángel de la Justicia.
- El Ángel de los Archivos Akásicos.
- El Ángel de la Liberación.

Según se nos dice ocultamente, estas cuatro actividades o estos particulares aspectos de la energía divina se manifiestan por la extensión infinita del Cosmos presidiendo los ciclos inmortales del Tiempo, ya se refieren a los períodos de actividad logoica, llamados esotéricamente MAHAMANVANTARAS, o aquellos otros en que habiendo cesado los períodos de actividad, la conciencia del Logos con su inmenso contenido de memorias y experiencias, se sumerge en la Noche Silenciosa de los Tiempos, en aquel indescriptible Vacío cósmico que en nuestros estudios esotéricos definimos como EL GRAN PRALAYA. En las inmensas oquedades de aquel Vacío infinito el Logos, el GUERRERO, deja de luchar y experimenta la PAZ y el DESCANSO que sobrevienen después de todo ciclo de actividad, de lucha y de trabajo.

Podríamos afirmar que los cuatro impulsos básicos de la evolución o actividades de los Señores del Karma en la vida del Universo generan todos los aspectos cíclicos planetarios, siendo los más asequibles a nosotros y los que mayormente han de atraer nuestro interés.

- El movimiento de rotación terrestre con sus cuatro fases: día, noche, aurora y crepúsculo.
- El movimiento de la Tierra alrededor del Sol con las cuatro estaciones del año: primavera, verano, otoño e invierno.
- Los cuatro puntos cardinales del planeta: Norte, Sur, Este y Oeste.
- Los cuatro YUGAS o edades planetarias: KALI YUGA, DWAPARA YUGA, TRETA YUGA y SATYA YUGA, es decir, la edad de hierro, la edad de bronce, la edad de plata y la edad de oro.
- Las cuatro edades en la vida del ser humano: niñez, juventud, edad madura y vejez.

En general, y utilizando la analogía, se verá que, en la expresión cíclica de todos los aspectos cuaternarios de la vida manifestada, puede ser apreciada la actividad de los Señores del Karma utilizando la prodigiosa red etérica que circunda el planeta y tiene su expresión en todos y cada uno de los Reinos de la Naturaleza. Vamos a analizar brevemente ahora la obra particular que realiza cada uno de los Señores del Karma.

EL ÁNGEL DE LA MUERTE

Toda actividad desarrollada en la vida de la Naturaleza que esté relacionada con el fenómeno de la muerte está regida por este Señor del Karma. Nada muere ni nada se extingue dentro del omniabarcante seno de la Creación sin que intervenga directamente esta Voluntad ejecutora que DESTRUYE incesantemente las formas gastadas en no importa qué plano o nivel dentro del Universo, del planeta o de cada uno de los reinos, para que, sobre sus cenizas puedan estructurarse formas nuevas cada vez más bellas y luminosas a la incesante búsqueda de un arquetipo de perfección. El trabajo de destrucción encomendado a este Señor del Karma, aparentemente negativo, cruel y despiadado visto desde el ángulo unilateral, emocional y egoísta de los seres humanos es, sin embargo, eminentemente constructivo y positivo desde el ángulo de visión esotérica, ya que únicamente son destruidas las formas viejas, gastadas y cristalizadas incapaces de resistir la dinámica presión de las energías de la Vida, constantemente renovadas que surgen del Gran Océano Creador. Es así, pues, que sobre las bases inconmovibles de la Muerte son erigidas constantemente las nobles estructuras de la Vida y el poder de este glorioso Señor del Karma se extiende por doquier dentro del ámbito universal, no solamente al nivel físico de las formas o estructuras más densas, sino a los más elevados e incluyentes niveles del Sistema solar. La muerte de las ideas, cristalizadas por el uso, de los incontables espejismos del mundo emocional y de todos los estados de conciencia provenientes del pasado, permite una mayor efusión de vida y de inspiración en las mentes y en los corazones de los hombres, deparándoles de esta manera la oportunidad infinita de redención espiritual.

Antiguamente se le enseñaba al discípulo en entrenamiento espiritual que el Señor de la Muerte actuaba únicamente sobre los llamados mundos inferiores, es decir, en los niveles físico, astral y mental concreto. Nosotros diríamos, sin embargo, que con estas deducciones se estaba justificando quizás la incapacidad de considerar en la extensión infinita del Universo, la misteriosa y omniabarcante actividad de los Señores del Karma. Lo que realmente queremos significar con estas palabras es que más allá del plano mental y penetrando ya en los niveles búdicos la acción de los Señores del Karma es tan impenetrable y sutil que escapa por completo a las más exaltadas percepciones humanas y sólo los grandes Iniciados tendrán alguna noción de la actividad de los Grandes Señores. Hay también, en la línea de nuestro estudio, la incógnita de si los Ángeles estarán sujetos también como nosotros al rigor del Karma, o si la CRUZ que simboliza esta Ley actuará en forma distinta de la que se desarrolla corrientemente en la vida de la Naturaleza. Por tal motivo, durante el curso de la investigación esotérica que dio vida a este *Tratado sobre los Ángeles*, fuimos siempre muy circunspectos al referirnos al karma de los Devas, debido precisamente a nuestro convencimiento de que los Señores del Karma eran unas excelsas Entidades Angélicas y que la Proyección de Sus vidas sobre el entero universo dévico debería ser muy distinta que la que actúa sobre los seres humanos.

Ayudado por JESAZEL que es un DEVA extraordinariamente evolucionado, logré penetrar incidentalmente en ciertos aspectos muy definidos de la vida de los Señores del Karma, singularmente en aquellos donde se reflejan las cualidades distintivas de Sus esplendentes Vidas llenas de AMOR por el conjunto universal y en donde el rigor de la JUSTICIA es ley benigna llevada amorosamente a cabo. El Señor de la Muerte —a Quien la ignorancia de los pueblos asignó un carácter terriblemente cruel y fatalista— es, por el contrario, una Entidad benigna y protectora, llena de devoción por la Obra oculta de la Divinidad en cuyo inmortal seno actúa a fin de que la evolución, que es el Movimiento de la Vida de Dios siguiendo las razones ocultas de Su Alma, no se paralice jamás, venciendo la oposición de las formas gastadas en la vida de la Naturaleza o quebrantando la resistencia de las llamadas voluntades menores, surgidas del conflicto de los Reinos, que cristalizaron en movimientos contrarios, lentos o antagónicos y crearon vórtices de energía negativa en el devenir del inmaculado Camino Logoico. De manera similar a la del Señor de la Muerte actúan las incontables legiones de Devas que secundan Su voluntad de cumplimiento y se hallan, tal como esotéricamente se nos dice, misteriosamente infiltrados por todas las zonas del Universo, atentos a cualquier evento de cristalización dentro del ilimitado campo de las formas, que implique un retraso injustificable de la Obra del Creador y del sagrado designio que han de cumplir los Reinos, las Razas y las Especies dentro del «círculo-no-se-pasa» del Sistema solar. Otra de las explicaciones que me dio JESAZEL acerca de los Señores del Karma, fue que estos Ángeles del Destino reglan cada uno un sector del Universo y se manifestaban a través de unas formas de cualidad cósmica que las hacía prácticamente invisibles a las percepciones de los más profundos y agudos investigadores del mundo oculto. Sin embargo, siguiendo las presiones astrológicas de determinadas Constelaciones y de ciertos definidos Rayos, JESAZEL precipitó en los niveles etéricos a mi alcance, algunas de las peculiaridades descriptivas de los Señores del Karma. Como fruto de esta preciosa ayuda angélica me fue posible observar, aunque muy vagamente, las Formas de los Ángeles del Karma, presentándose ante mi asombrada visión unas Colosales Entidades muy parecidas a las descritas en este *Tratado* al referirnos a los esplendentes Devas de los Reinos de la Naturaleza, aunque mucho más poderosas e incluyentes, siendo mayormente consciente del color de Sus radiantes Auras, rojo fuego de incomparables matices para el Señor de la Muerte, azul índigo intensamente brillante y refulgente para el Señor de la Justicia, amarillo claro de vivísimos resplandores para el Señor de los Registros Akásicos y violeta purísimo con destellos indescriptibles de un blanco inmaculado para el Señor de la Liberación. Utilizando el principio hermético de analogía podríamos establecer, aunque con las debidas reservas, las siguientes analogías:

ANGEL	RAYO	COLOR	FUNCION
De la Muerte	1º	Rojo	Destrucción de las Formas
De la Justicia	2º	Azul Índigo	Estabilidad y Equilibrio
De los Archivos	3º	Amarillo	Registro de Memorias
De la Liberación	7º	Violeta	Movimiento de Renovación y creación

EL ÁNGEL DE LA JUSTICIA

Llevando simbólicamente este Ángel la Espada del Cumplimiento en su mano derecha y sosteniendo en la izquierda la Balanza de la Justicia de los Actos, aparece ante la percepción del clarividente iluminado como una Entidad Angélica supremamente Hierática, Serena e Inconmovible. Ante Su vista todo es Bueno en la vida de la Naturaleza y Ella no premia ni castiga, sino que se limita al Cumplimiento exacto de la Ley. El Señor de la Justicia utiliza para su expresión una poderosísima corriente universal de segundo Rayo y extrae una parte considerable de Sus energías del planeta Júpiter el cual, en todos los anales esotéricos, astrológicos y místicos es considerado como Padre de Amor y de Justicia y representa en la vida del Universo al propio Logos solar. Otra de las maravillosas peculiaridades del Señor de la Justicia es la que tiene relación con la Invocación de los Avatares, es decir, de Aquellos extraordinarios Seres cósmicos que cíclica y periódicamente retornan al mundo o a otras partes del Universo para hacer triunfar la Ley y para restablecer el Orden.

EL ÁNGEL DE LOS REGISTROS AKÁSICOS

A este Señor del Karma se le denomina esotéricamente la MEMORIA CÓSMICA. Esta extraordinaria Entidad Angélica mantiene en Su omniabarcante Seno no solamente el recuerdo vivo de todos los hechos y acontecimientos que ocurrieron en el pasado, sino también todos los que tendrán lugar en el futuro de cada uno de los planetas que constituyen nuestro Sistema solar. Es lógico suponer por ello que este Señor del Karma no es únicamente un Archivo de Recuerdos, sino que participa muy activamente en la confección del Destino de la Vida del Creador, ya que conoce los propósitos logoicos para cada uno de los ciclos de tiempo que se extienden desde el principio hasta el fin del Universo.

Por lo tanto, y sometiendo de nuevo nuestra investigación al juicio de la razón superior, es evidente que este Gran Señor suministrará a todos aquellos que sean capaces de establecer contacto con la vida de alguno de Sus Ángeles servidores, no sólo las memorias del pasado, sino también la intuición del futuro, pudiendo asegurarse que los grandes videntes, profetas y almas intuitivas de todos los tiempos fueron grandes personalidades humanas que a través de la rectitud de sus vidas y juicios pudieron introducirse más o menos profundamente en el océano de vida, de plenitud y de conocimiento del Señor de los Registros akásicos.

Por poco que profundicemos en la analogía, nos será posible establecer una relación muy directa entre el MAHACHOHAN de nuestra Jerarquía planetaria, llamado el Señor de la Civilización, con la actividad de la Memoria Cósmica dentro de la línea de actividad del tercer Rayo y utilizando seguramente como centro de canalización de recuerdos al planeta Saturno dentro de nuestro Sistema planetario.

EL ÁNGEL DE LA LIBERACION

La obra de este Señor del Karma puede ser sintetizada en las palabras renovación y creación, ya que todas Sus actividades en la vida del Universo es introducir las energías del Cumplimiento universal en todas las cosas creadas y en todos y cada uno de los seres vivientes, preparando las condiciones precisas para que Sus grandes Hermanos, el Señor de la Muerte, el de la Justicia y el de los Registros Akásicos puedan establecer la ley, el orden y la legalidad dentro del Sistema solar. Veamos cómo se realiza el proceso:

Ante todo, hay que suponer como base de la Creación y de sus posibles repercusiones en el orden evolutivo, la existencia de un tremendo e indescriptible impulso dinámico proveniente de la Voluntad de Cumplimiento de la Divinidad que surge de las misteriosas entrañas universales y se sumerge en la vida de todo ser y de toda cosa —sea cual sea su magnitud o jerarquía— creando las condiciones precisas para que el Señor de los Archivos registre el proceso. Seguidamente interviene la Voluntad del Señor de la Justicia quien busca la perfección de todas las formas creadas e impone un RITMO de acuerdo con la evolución de las conciencias que utilizan aquellas formas para manifestarse. Cuando este Ritmo es descompensado, cuando falta el requerido equilibrio o existe una acusada resistencia en el seno de la forma aparece el Señor de la Muerte, el cual destruye con sus dardos de fuego —tal como místicamente se dice— aquellas estructuras incapaces de seguir el Ritmo exigido por la Ley compensatoria de la Justicia y le entrega al Señor de la Liberación los cuerpos y las almas de las unidades de vida que no pudieron resistir el impulso sagrado del dinamismo cósmico y entonces este Gran Señor, utilizando unos métodos de vibración adecuados renueva aquellas formas y, tal como se dice en antiquísimos escritos esotéricos, quema en los Altares del Corazón Silencioso del Logos todos los gérmenes de limitación existentes creando para las Formas un Sendero de Redención y para las almas otro paralelo ocultamente definido como de renovación y liberación. En tanto que este proceso de redención y liberación va teniendo lugar, el Señor de los Registros toma nota de todo el proceso a través de dos jerarquías de Ángeles Solares desconocidos todavía en nuestros estudios esotéricos, por cuanto sus formas y cualidades dévicas no han entrado todavía en el campo de percepción de los investigadores del mundo oculto. Una de tales jerarquías utiliza el distintivo azul índigo del segundo Rayo y la otra el distintivo violeta radiante del séptimo. Ambas jerarquías colaboran con el Gran Señor de la Liberación determinando la progresiva redención y liberación de todos los seres y de todas las formas. Utilizando creadoramente la analogía podríamos considerar que este Señor del Karma actualiza las energías más íntimas —si podemos expresarlo así— del Logos de nuestro Universo y las exterioriza por medio del séptimo Rayo, utilizando aparentemente al planeta Urano como centro de proyección de Su vida en el Universo.

Bien, el examen profundo de cuanto acabamos de exponer podrá depararnos quizás una visión algo más completa acerca del misterio que desde tiempos inmemoriales encubrió la vida de los Señores del Karma. Sin que queramos ser muy rigurosos al respecto, podríamos asegurar que la actividad conjunta de estos benditos y excelsos Seres viene representada simbólicamente bajo la forma geométrica de la CRUZ, atravesando el Universo y cada uno de los planetas que lo constituyen. Los cuatro puntos cardinales de la Tierra y los movimientos de rotación y traslación de los astros, así como el misterio íntimo de la vida humana cualificando el cuaternario místico de su vida evolutiva constituido por el cuerpo físico, el doble etérico, el vehículo emocional y la mente discernidora son aspectos místicos de la CRUZ kármica. Lo mismo podríamos decir, siempre en relación con nuestro planeta, acerca del CUARTO RAYO que rige la totalidad del CUARTO REINO, nuestra humanidad terrestre, expresiones constantes de esta CRUZ, la cual puede ser observada todavía más concretamente en los cuatro pétalos que componen el Chacra MULADHARA, símbolos de la lucha y del sacrificio kármico operando sobre la conciencia humana y desde donde se inicia —si nos atenemos al juicio de los sabios y conocedores del mundo oculto— el verdadero destino del hombre.

1. La actividad en la vida del hombre

La actividad de los Señores del Karma en la vida del hombre.

[AVSH, p.117] Los aspectos principales del karma en la vida del ser humano son cuatro:

a) El Nacimiento
b) La Enfermedad
c) La Vejez
d) La Muerte

Es lógico suponer que estos cuatro aspectos estarán condicionados por la actividad particular de uno u otro de los Señores del Karma. Si establecemos una analogía con lo dicho en el capítulo anterior podremos entresacar de la misma la siguiente relación:

a) El Nacimiento .... El Ángel de la Liberación
b) La Enfermedad ...... El Ángel de la Justicia
c) La Vejez ....El Ángel del Tiempo (Archivos Akásicos)
d) La Muerte ....El Ángel Exterminador (Destructor de la Forma)

a. Las condiciones que presiden el Nacimiento de un ser humano a la vida física son inteligentemente preparadas por el Señor de la Liberación, siguiendo las directrices señaladas por Sus dos Hermanos, el Ángel de la Justicia y el Ángel de los Registros Akásicos. El Ángel de la Muerte, respetuosamente aparte, debe aguardar todavía «la hora cíclica» en que la forma sea totalmente innecesaria por falta de fluidez y de adaptación al proceso de la vida, para cumplir con su función destructora.

El Señor de la Liberación preside el acto cíclico del nacimiento rigiendo los períodos solemnes que se extienden desde el instante de la concepción hasta el momento cumbre del alumbramiento. «La salida a la luz» de la forma física gestada en los momentos de obscuridad dentro del claustro materno, constituye un acto de liberación de la propia forma y es la representación en la vida de la materia, de aquella otra liberación, o entrada en el Reino de la Luz, que esotéricamente llamamos INICIACION, confirmándose plenamente y en todos los sentidos el principio hermético de analogía ... igual es arriba que abajo, igual es abajo que arriba, cuya relación se prolonga desde las bases materiales de la existencia hasta las más elevadas cumbres espirituales, jalonando de luz el proceso que desde tiempos inmemoriales se conoce con el término místico de SENDERO.

Los actos cíclicos que presagian o anuncian un nuevo nacimiento en la vida de cualquier alma humana son cuidadosamente cronometrados —por decirlo de alguna manera— por el Ángel de los Registros Akásicos, el Cual somete la panorámica completa de la vida individual a la atención infinita del Ángel de la Justicia y Este, contemplando el pasado del alma y habiendo pesado convenientemente su corazón (Los Misterios de Osiris), y extraído del mismo las tres energías resultantes del proceso de recapitulación del alma —efectuado durante el proceso cíclico de la muerte del cuerpo de manifestación en un estadio de vida anterior— emite Su justo veredicto y pronuncia el ¡HÁGASE!, un Mantra al que responden los Devas cuyo pasado —no me atrevo a llamarle karma— viene entretejido de muchos y muy estrechos contactos con el alma que va a encarnar. A partir de este momento suceden cinco cosas:

i.   Se le muestran al alma que va a encarnar en un momento de mística iluminación las condiciones que deberá enfrentar en su nueva existencia física. Esta iluminación le viene transmitida por el Ángel Solar.

ii. Le son confiados los tres Mantra o las Tres Místicas Voces —tal como esotéricamente se dice— que han de confiarle el secreto de su nuevo nacimiento, una Voz para el cuerpo mental, otra para el cuerpo emocional y la tercera para el cuerpo físico. La pronunciación de estos tres Mantras abre los éteres del espacio y de su inmaculado seno surgen los tres Devas, o los tres Elementales constructores, que deberán construir los tres cuerpos de manifestación del alma.

iii. Una VOZ resuena entonces procedente del plano cósmico emitida por el Señor de la Liberación, proyectándola sobre el cuerpo causal del alma. El Ángel solar a su vez y al conjuro de este Mantra, emite otro muy directo y particular y lo transmite al alma en proceso de encarnación física.

iv. El alma oye esta llamada y a igual que sucede en la creación de un nuevo Universo pronuncia el Mantra de mística aquiescencia: «Cúmplase Señor Tu Voluntad».

Simultáneamente, corrientes etéricas de tres tipos vibratorios se arremolinan alrededor de los tres átomos permanentes y se inicia el proceso de substanciación del éter correspondiente a cada uno de los vehículos de manifestación, teniendo lugar entonces lo que en términos místicos llamamos el misterio de la concepción. A partir de este momento el alma entra en un estado indefinible de quietud y se sumerge en un mundo de incomprensible silencio —una especie de sueño del alma— y deja que los tres Elementales constructores vayan realizando su obra. El Elemental físico se introduce entonces en las entrañas de la mujer que va a ser la madre física del alma que va a encarnar, llevando consigo el tesoro inapreciable del átomo permanente físico que el Señor de los Registros le había confiado y alrededor de este centro de energía cósmica, conteniendo todas las memorias del alma, empieza su obra de construcción del cuerpo físico utilizando los éteres más convenientes para la futura evolución del alma.

v.   Una vez que el cuerpo físico ha sido convenientemente estructurado, la Voz del Ángel Solar resuena nuevamente desde el plano causal, despierta al alma sumida en sueño y le indica el momento exacto y trascendente del nacimiento. Este se efectúa bajo la dirección del Ángel liberador el Cual contempla el espacio sideral, ve la posición de las estrellas y con una sabiduría infinita que está más allá de la comprensión humana, pronuncia el último y definitivo Mantra: HÁGASE LA LUZ y a este conjuro mágico una misteriosa corriente de vida divina impulsa cuerpo y alma hacia el exterior, se produce el alumbramiento y un nuevo ser nace a la vida de la experiencia en los tres mundos del esfuerzo humano. El tiempo y el espacio y su obra mancomunada, la conciencia, se han fundido de nuevo para revelar el íntimo secreto de la Vida de Dios latente en lo más profundo del corazón de toda existencia manifestada.

b. Todo tipo de enfermedad registrada por el ser humano en su existencia física es básicamente el resultado de una condición kármica, dictaminada por el Señor de la Justicia después de haber examinado en los Archivos Akásicos que le suministra el Ángel de los Registros, las vidas anteriores del alma. Como consecuencia de tal lectura y visando también las oportunidades divinas de redención del alma, se provocan dos condiciones muy interesantes en la existencia humana:

i. El pago consciente, aunque irremediable de pasados errores y omisiones espirituales bajo forma de enfermedades físicas, dolencias psíquicas y desarreglos mentales.

ii. La aceptación —asimismo consciente por parte del alma— de un karma adicional de enfermedades y dolencias como oportunidades cíclicas de perfección. Ese método de aceleración del proceso kármico fue seguido mayormente por los discípulos de la Era de Piscis.[44]

Una vez que el alma aceptó el reto de los acontecimientos posteriores a su nacimiento en su contacto con el ser causal, ya nada detendrá el impulso de la ley de Cumplimiento y el Karma deberá cumplirse. La expresión de tal impulso viene determinada por aquellos factores que esotéricamente podríamos definir como presiones siderales, es decir, las influencias astrológicas procedentes de las Constelaciones Zodiacales y del propio Sistema solar. Las enfermedades físicas y las dolencias psíquicas obedecen así al dictado de una Ley justa y equitativa, aceptada conscientemente la mayoría de las veces por las almas cuando han logrado acopiar una gran reserva de luz espiritual en sus vidas y pueden reorientar el destino marcado por las estrellas, después de haber efectuado grandes y supremos reajustes dentro de sí, ya como aspirantes o como discípulos aceptados, bajo la experta dirección de algún Iniciado de la gran Jerarquía planetaria.

Nada diremos en este apartado acerca del origen kármico de las enfermedades contraídas por el género humano y transportadas a la humanidad actual procedentes de la evolución cíclica de las primeras Razas, ni tampoco entraremos en detalles acerca de las formas psíquicas de las enfermedades, ya que estas ideas fueron expuestas anteriormente en este *Tratado*. Deberemos insistir, sin embargo, en el hecho de que nuestra atmósfera planetaria está llena todavía de residuos kármicos cuya activa permanencia en los niveles etéricos demuestra la incapacidad humana de sanear su campo magnético psíquico y de invocar convenientemente a los Ángeles color violeta de

---

[44] La aceleración del proceso evolutivo por parte de los discípulos de la Era de Acuario se verifica a través del servicio creador.

la Curación Física de Enfermedades, y a los excelsos Devas azules que poseen el inapreciable secreto de la armonía psíquica.

Lo que mencionamos anteriormente acerca de la aceptación voluntaria de un karma adicional en forma de enfermedades, dolencias u otras condiciones adversas gravitando sobre el alma en encarnación física contiene, sin embargo, una cláusula secreta —si podemos decirlo así— mediante la cual una reserva complementaria de energía espiritual puede ser reorientada hacia cualquier particular o trascendente destino, el cual, desde el ángulo de vista corriente, debería haber llegado a un extremo límite de cumplimiento sin oportunidad alguna de salvación, pero que, no obstante, dicha salvación se produce y tiene lugar. No se tratará entonces, ni en ningún caso, de lo que el vulgo suele llamar un milagro, ni tampoco la expresión de un poder sobre el karma, sino simplemente que ciertas motivaciones ocultas del alma aconsejaron aquel reajuste. En algunos casos excepcionales, el karma de un discípulo sin reserva adicional de energía puede ser trascendido en alguno de sus aspectos físicos o psíquicos, cuando en virtud de algún trabajo específico que puede realizar en servicio de la Jerarquía, le son concedidos los poderes de la gracia, o los especiales favores de los Señores del Karma, los cuales dejan en las responsables manos del Maestro el karma particular de aquel discípulo. En este caso, la efectividad del servicio creador determinando una mayor afluencia de energías superiores, le permite al discípulo contrabalancear el peso del karma y trascender ciertos hechos astrológicos que normal o fatalmente deberían producirse.

c. El fenómeno de la vejez en el cuerpo físico humano —y seguramente en el de todos los seres en la vida de la Naturaleza— se produce por el desgaste de los órganos vitales a medida que las energías etéricas que hasta aquel momento lo habían ido integrando van perdiendo fluidez y no llegan con el adecuado ritmo vibratorio al centro místico del corazón. Se inicia entonces una lenta cristalización de las funciones orgánicas con sus fenómenos reconocidos de debilitamiento, pasividad, estatismo y decrepitud, siendo esta última fase la que —tal como esotéricamente se dice— prepara el camino de retorno, la vía natural de acceso al universo subjetivo por parte del alma y la destrucción del cuerpo físico por parte del Señor de la Muerte.

Parte III. Los ángeles en la vida social humana

Como Uds. saben, cuatro son las edades cíclicas que condicionan la existencia física del hombre: niñez, juventud, edad madura y vejez, las cuales son una analogía perfecta, aunque en miniatura, de las cuatro edades planetarias descritas como Kali Yuga, Dwapara, Treta Yuga y Satya Yuga, es decir, la edad de hierro, la edad de bronce, la edad de plata y la edad de oro. Ahora bien, todas las edades cíclicas vienen regidas por una porción determinada de tiempo. Utilizando la analogía hermética sobre la cual se apoya la totalidad de este *Tratado*, aparecen estos cuatro ciclos de tiempo en la vida de la humanidad como un todo:

$$0 - 18 - 36 - 54 - 72,$$

cuyas sumas, ya sean parciales o totales, nos darán siempre el número 9, ya que el 9 es el número del hombre, tal como esotéricamente es reconocido. Veamos ahora su distribución:

0 - 18 *Niñez*	Se considera la etapa de la niñez y de la adolescencia. Es la fase correspondiente al principio de integración vital.
18 - 36 *Juventud*	Es la etapa de la juventud con la máxima afluencia de energía vital. El proceso de integración o de acumulación ha llegado a sus extremos límites.
36 - 54 *Edad Madura*	A partir de los 36 años se inicia lentamente un proceso de cristalización celular y el cuerpo físico empieza a rechazar parte de la energía vital.
54 - 72 *Vejez*	De los 54 hasta los 72 el proceso es netamente de restitución el cual inicia el llamado *ciclo de retorno* que ha de llevar a la muerte física.

Como Uds. habrán podido observar, los cuatro ciclos que esotéricamente se han tomado como base de estas analogías son de 18 años,[45] una cantidad que no ha sido tomada caprichosamente o al azar, sino que tiene como fundamento el principio vital de la energía suministrado por los procesos físicos de la respiración y de la circulación de la sangre. Tal como científicamente es reconocido, el ser humano efectúa 18 respiraciones por minuto y a cada respiración corresponden cuatro pulsaciones o latidos del corazón, dándonos por tanto 18 x 4 = 72 pulsaciones por minuto. Si continuamos por esta línea

---

[45] Es curiosa esta analogía, teniendo en cuenta los dieciocho ANUS que componen la estructura del átomo de hidrógeno.

de analogía considerando un día completo de la vida de un hombre en orden a sus respiraciones, tendremos:

18 x 60 = 1.080 respiraciones por hora

1.080 x 24 = 25.920 respiraciones por día

siendo esta cantidad en años la correspondencia exacta de un ciclo menor de Brahma, es decir, un Día de nuestro Logos planetario, el periodo de tiempo que tarda la Tierra en dar una vuelta completa bajo la esfera sideral regida por las Doce Constelaciones del Zodiaco, en su movimiento de retrogradación o de precesión de los Equinoccios.

Prosiguiendo nuestro estudio, vemos que, desde el momento del nacimiento a la vida física hasta llegar a la edad de treinta y seis años, el alma fue acumulando substancia energética alrededor del cuerpo físico o natural, pero a partir de aquí debe empezar a devolverle a la Naturaleza, en forma lenta y paulatina, toda la materia energizada por los Devas con la cual llegó a establecer la medida física del karma. Se abre entonces el llamado proceso de RESTITUCION en el devenir del cual el complejo celular gastado por el noble servicio al yo espiritual en encarnación física, empieza a rechazar las energías de renovación y a encerrarse cada vez más en sí mismo hasta constituir un bloque cristalizado que progresivamente se hace inservible para las necesidades de evolución del alma, la cual no tiene otro objetivo en aquella fase de existencia que la liberación de la forma física y la entrada en el mundo subjetivo de las almas.

He ahí, pues, que para el alma en encarnación física —un proceso que se repetirá sin embargo en los otros cuerpos de manifestación cíclica, el astral y el mental— hay dos grandes procesos que constituyen el principio de su propia esencia evolutiva, primero, el de INTEGRACION o ACUMULACION de energía concretizada proveniente de los correspondientes éteres; segundo, el de RESTITUCION de dicha energía y tiene por objetivo la redención de la forma y la liberación del alma. La vejez es el fenómeno natural de esta lenta desintegración que ha de devolverle a la Madre Naturaleza todos los elementos vitales con que ésta dotó al alma para fines de manifestación.

Todo este proceso dual está regido por el Señor de la Liberación, pero cuando la materia se ha hecho completamente inservible para las necesidades del alma, somete el trabajo final al Señor de la Muerte, el

Cual destruye la forma y restituye todos los elementos integradores de los distintos vehículos a su Fuente natural de procedencia: el ETER DEL ESPACIO.

d. El Señor de la Muerte ejecuta el plan subsiguiente de liberación de la forma en tres planos definidos de la Naturaleza: el físico, el astral y el mental. Se trata de un proceso alquímico de sublimación de las energías mediante el cual y a través de los llamados Ángeles del Silencio, el alma se va liberando progresivamente de sus vehículos de manifestación. Esta liberación consta de cuatro fases:

- Rotura del cordón plateado (El Señor de la Muerte)
- Recapitulación de hechos (El Señor de los Registros)
- Examen de conciencia (El Señor de la Justicia)
- La entrada en el Devachán (El Señor de la Liberación)

representando cada una un aspecto particular en la vida del alma la cual, en el momento mismo en que uno de aquellos Ángeles del Silencio rompe el cordón plateado que la unía al cuerpo, penetra en el cuarto subplano del plano físico, llamado esotéricamente subetérico, e inicia allí un proceso increíblemente rápido de memorización o recapitulación de todos los hechos realizados en la existencia física, apreciados en sus más mínimos detalles y constituyendo un fenómeno único y trascendental de conciencia provocado por el Yo superior o Ángel Solar desde el plano causal, o mental abstracto. Una vez esta recapitulación ha sido plenamente realizada, el alma deja de ver a su vehículo de materia y se refugia en el segundo nivel del plano astral,[46] en donde pasará un cierto tiempo dedicado a lo que esotérica y místicamente se denomina examen de conciencia. Este periodo de tiempo, considerado de acuerdo con nuestro concepto tridimensional del tiempo, puede ser corto o largo, desde días o meses hasta muchos cientos de años, dependiendo en todo caso de la evolución espiritual alcanzada por el alma. Ahí, en este nivel, tiene lugar también una segunda recapitulación enteramente astral y consiste en recapitular o memorizar todos los acontecimientos astrales vividos por el alma a través de los deseos, emociones y sentimientos durante el proceso de la encarnación física.

---

[46] El sexto, a partir de arriba.

Una vez efectuada esta segunda recapitulación y realizado el requerido examen de conciencia, el alma penetra en el plano mental y efectúa en el subplano correspondiente la tercera y última recapitulación, mucho más breve que las dos anteriores, y penetra en el Devachán.

EL KAMALOKA Y EL DEVACHAN

Con estos dos nombres el investigador esotérico trata de representar dos estados particulares de conciencia que ha de enfrentar el alma después de haberse liberado de las ataduras del cuerpo físico. El KAMALOKA —técnicamente hablando— es el propio plano astral, haciendo referencia muy concreta a aquel subplano específico dentro del mismo cuyas vibraciones están más en sintonía con la evolución del alma. Hay un proceso de recapitulación de hechos astrales que se realiza corrientemente tal como vimos en páginas anteriores en el segundo subplano del plano astral. Sin embargo, las almas más evolucionadas realizan este proceso obligado de recapitulación en subplanos superiores del KAMALOKA, siendo mucho más breve también el período de permanencia en este plano, un periodo que variará sensiblemente de acuerdo con la calidad de las energías espirituales acumuladas por el alma en su cuerpo causal. Hay así, independientemente de la evolución espiritual de las almas, un proceso de vivencia astral dedicado a sublimar estados psicológicos, utilizando la técnica del examen de conciencia y la capacidad íntima que poseen las almas de utilizar creadoramente todas las experiencias del tiempo para fines redentores. En todos los casos, una irresistible tendencia mueve las almas a la ascensión de los niveles superiores del plano astral, realizándose de esta manera una especie de filtración o sublimación de las tendencias groseras contenidas en el cuerpo astral al pasar de uno a otro subplano, con lo cual el alma se siente cada vez más libre y cualificada para adaptarse a más nobles estados de conciencia y a una mayor sutilización de las cualidades atesoradas en su interior, como frutos de la experiencia espiritual. Los Devas habitantes de cada uno de los subplanos del plano astral, ofrecen gustosamente su fraternal colaboración a los intentos del alma de purificarse astralmente con vistas a la redención y sublimación de la materia astral, acumulada en su cuerpo psíquico, y afectando la mayor o menor sensibilidad espiritual del mismo.

Parte III. Los ángeles en la vida social humana

Cuando la vida del alma ha demostrado una incapacidad manifiesta de ascender a otros subplanos superiores del plano astral, es decir, que ha quedado normal y naturalmente estacionada, recibe entonces un impacto de luz causal y se siente impelida hacia el plano mental, quedando ubicada en el subplano de este plano en sintonía perfecta con el subplano que ocupaba el alma en el plano astral. Debido a que los estados de conciencia experimentados por el alma en el plano mental después del proceso de la muerte son interdependientes con los vividos astralmente, hay una relación muy estrecha y directa entre el KAMALOKA, esotéricamente descrito como lugar de deseo, y el DEVACHAN, que significa esotéricamente conciencia dévica o de bienaventuranza Podemos decir así, que cada alma posee su propio kamaloka y su particular devachán, configurados por todos y cada uno de sus estados de conciencia en el devenir de la existencia kármica y constituyendo las bases universales sobre las cuales los seres humanos levantan la noble estructura de su realización espiritual.

2. La actividad en la vida del universo

La actividad de los Señores del Karma en la vida del universo.

[AVSH, p.127] Las indescriptibles y exaltadas Entidades Psicológicas que esotéricamente llamamos LOGOS, ya se refieran a los que rigen una Galaxia, una Constelación, un Universo o un simple planeta, están sujetos también, aunque de manera inexplicable e incomprensible, a la Ley del Karma. El nacimiento, la muerte y el proceso inexorable de la reencarnación forman parte de aquella Ley, aunque utilicen para manifestarla unas zonas del espacio tan enormemente dilatadas que los efectos del tiempo están más allá y por encima de nuestros cálculos y medidas.

Sin embargo, y tal como esotéricamente sabemos, el espacio es una abstracción, siendo el tiempo un fenómeno que se realiza en el interior de la conciencia humana cuando trata de objetivar el espacio a través de los movimientos de rotación y de traslación de nuestro planeta Tierra, unos movimientos que al parecer son comunes a todos los cuerpos celestes. Precediendo a la manifestación cíclica de cualquier Universo o de cualquier planeta hay, aparentemente, una Determinación Cósmica que crea en el espacio las condiciones precisas mediante las cuales los Logos creadores podrán surgir objetivamente a la manifestación. Tal como analizamos anteriormente en este *Tratado*, tales condiciones vienen fijadas por aquel supremo sentido de elección del campo de las manifestaciones por parte de una Voluntad suprema, de la cual no se habla mucho en los estudios esotéricos, pero que es una expresión de la actividad misteriosa de los Señores del Karma. Estos ÁNGELES, supremos representantes de la Ley cósmica de armonía, tienen en conjunto coma símbolo la figura geométrica de la CRUZ, a la cual y casi sin distinción alguna han rendido adoración las religiones y filosofías del mundo desde el principio de los tiempos... La imagen de la CRUZ toma básicamente su importancia, y de manera incomprensible forma parte, de los misterios iniciáticos, porque los Señores del Karma preceden a la manifestación cíclica de cualquier Universo situándose, esotéricamente hablando, arriba y abajo y a derecha e izquierda de un punto en el espacio que bien podríamos calificar de ATENCION suprema del Logos, constituyendo las bases del Cuaternario Cósmico a través del cual la Vida del Logos creador, el Krishna universal, tendrá oportunidad de dar vida, conciencia y una forma objetiva a Arjuna, intérprete de las decisiones de Krishna y seguidor incansable del Destino que de acuerdo con experiencias precedentes del Logos, le señalarán sabiamente los Señores del Karma.

Creemos sinceramente que los conceptos que acabamos de emitir contienen significados dignos de una profunda atención, pues de acuerdo con el sistema de investigación esotérica que va de lo universal a lo particular y aplicando convenientemente la analogía, la actividad de los Señores del Karma en la vida humana podría ser correctamente clarificada.

Trazada la Cruz en los Cielos, tal como místicamente se dice, la Vida de Dios se infunde en la Materia y el Corazón Solar empieza a latir. Las mágicas contracciones y dilataciones de estos latidos, las sístoles y diástoles de este inmenso Corazón originan en tiempo y espacio los fenómenos característicos conocidos científicamente como ROTACION y TRASLACION. Tales son las analogías de estos universales movimientos:

CORAZON SOLAR

SÍSTOLES .... Movimiento de contracción hacia el centro
La Fuerza centrípeta de la Naturaleza
La Ley de Gravedad
El Movimiento de Rotación
El Egoísmo de la Materia

DIÁSTOLES .... Movimiento de dilatación hacia la periferia
La Fuerza centrífuga de la Naturaleza
El Principio de Expansión cíclica
El Movimiento de Traslación
El Altruismo del Espíritu

Tales analogías pueden ser íntegramente aplicadas al planeta y al hombre, así como místicamente también a todos los centros de vida menores que viven, se mueven y tienen el ser dentro del dilatado círculo del Universo.

Volviendo a la función primordial de los Señores del Karma, podríamos decir que las Aspas de la Cruz constituyen los límites de expansión de la rueda del Universo, creando el misterioso «círculo-no-se-pasa» del mismo, es decir, sus fronteras naturales dentro de las cuales el Logos solar deberá realizar su íntima y particular evolución y salvaguardar los intereses espirituales de Su Vida, el Tesoro infinito de Su Conciencia inmortal. El movimiento de DIASTOLES en la infinita dilatación del Corazón solar lleva las energías de la Vida a todo el contenido universal; el movimiento de SISTOLES lleva las cualidades de la forma al centro mágico del Corazón. En ese entre juego de las energías de la Vida y de la Forma se halla el secreto de la Electricidad, ese misterio al cual tantas veces nos hemos referido durante el curso de este *Tratado*. El altruismo del Espíritu y el egoísmo de la Materia manifestadas como energía contienen el secreto inmenso de la Creación, ya sea de un Universo o de un simple átomo. Es la ley de la Dualidad que rige el principio de la Manifestación cíclica.

Ahora bien, examinando científicamente los movimientos de contracción y dilatación del Corazón solar, después de haber reconocido esotéricamente la intercesión de los Señores del Karma que depositaban o introducían la CRUZ mística de la manifestación en los espacios absolutos creando el círculo máximo de expansión de la Vida del Logos, nos será fácil reconstruir el proceso creador del Universo, aceptando como absolutamente válida la imagen astronómica de la Nebulosa, esta inmensa espiral de energía cósmica en proceso de substanciación o materialización, la cual surge del centro del corazón solar y se lanza al Cosmos a la gran aventura de la conciencia, pero retorna eternamente al centro de donde dimana llevando al mismo Materia cada vez más densa pero, al propio tiempo, más cualificada. Quizás llegaremos a reconocer un día la misteriosa, aunque íntima relación que existe entre el proceso de substanciación material del Universo y la ley de Gravedad, que es su natural consecuencia, con la actividad maravillosa y secreta que llevan a cabo los Señores del Karma, los Ángeles de la Cruz cósmica.

Esta CRUZ, en multiplicidad infinita de aspectos, matizará entonces la magia dinámica de la Creación y todas las manifestaciones de la vida espiritual o monádica en proceso de experimentación y de evolución, desde el centro mismo de la materia, cualificando cada una de sus vastísimas expresiones y la imagen de esta CRUZ, penetrando profundamente en las conciencias humanas, elevará sus aspiraciones al centro místico de procedencia cósmica: el SOL CENTRAL ESPIRITUAL, creando las religiones y las creencias espirituales a través de las cuales han expresado sus ínfimos anhelos de contacto solar.

Consecuentemente al desarrollo de esta verdad esencial en la línea de nuestros comentarios, nos pareció oportuno dedicar unos capítulos al estudio de los efectos de las ceremonias mágicas y litúrgicas de las religiones en la vida espiritual del hombre, en la Segunda Parte de este *Tratado*.

Otra de las ideas que hay que considerar en relación con los Señores del Karma es la que hace referencia a la imagen mística de la CRUZ gravitando en forma de DESTINO sobre la vida de todos los seres vivientes, pudiendo afirmarse desde el ángulo esotérico y de acuerdo con el principio de analogía, que el KARMA, como esencia de MUERTE, JUSTICIA, MEMORIA y LIBERACION está presente en la manifestación de todo lo creado, dirigiendo con sabiduría infinita la evolución del Universo, de los planetas, de los planos de la Naturaleza, de las Razas humanas, de los Reinos y de las especies. Hay, por tanto, un sentido de dirección tan justo y equitativo en todas las cosas de la vida que bien podríamos calificarle como de supremamente fraternal. Este sentimiento íntimo de fraternidad actúa por doquier, en el aire, en el fuego, en el agua, en la tierra, en el éter primordial, cualificando la vida de los elementos naturales, los cuales, de manera maravillosa, constituyen las palancas de presión de los Señores del Karma en la vida de la Naturaleza física, aunque actuando asimismo en todos los niveles de evolución en el Universo y sobre todos los estados de conciencia divina, manifestados bajo no importa qué tipo de forma objetiva o subjetiva, en la extensión de todo lo creado.

Los Señores del Karma son la Ley que preside y ordena la ejecución de cualquier hecho y circunstancia en la vida de la Naturaleza. Los Arcángeles supremos que rigen los planos del Universo, los Ángeles superiores que rigen la vida evolutiva de los Reinos y los exaltados Devas que se hallan en la raíz mística de la existencia de los hombres, son Agentes de los Señores del Karma, los brazos ejecutores de la Ley, siendo su labor tan supremamente impersonal y fraternal que examinada su actividad desde el ángulo esotérico le demuestran al alma que la paz, la plenitud, el orden y la justicia no son simples y engañosas palabras, sino una REALIDAD profundamente objetiva que puede ser revelada en cualquier momento de la vida si se desarrolla un profundo sentido de atención hacia todo cuanto nos rodea, sea la vida armónica de la Naturaleza con sus perfectos y ajustados ritmos o la ininterrumpida sucesión de hechos y acontecimientos. que tienen lugar durante el curso de nuestra vida.

Tal como decíamos en páginas anteriores, consubstancialmente con el proceso de la Creación y aún antes de que la actividad dévica de substanciación del éter haga objetiva la Voluntad del Señor del Universo, se halla presente ya la Voluntad de acción de los Señores del Karma. Su Cruz, proyectándose en los insondables vacíos del Espacio, invita al germen de Vida Logoico —dicho con toda reverencia— a que se sitúe en el centro místico de la figura geométrica creada por la interacción de los Grandes Señores. Así, bajo la dirección de los Señores del Karma será iniciado el proceso creador de Universo, en el devenir del cual se sucederán dentro de la Conciencia Logoica una serie infinita de modificaciones que darán lugar al desarrollo evolutivo, desde la difícil y azarosa proyección de Vida que va de la periferia del "círculo-no-se-pasa» al centro creador logoico, originando la base potencial de la Materia y el principio de gravitación universal, hasta la plena liberación de la Conciencia Logoica, la Cual, en un postrer y maravilloso intento logrará destruir las barreras limitadoras del "círculo-no-se-pasa» que impedían su Acción cósmica y se proyectará hacia los misterios del Espacio infinito, ayudado por el Ángel Kármico de la Liberación... La evolución de los Señores del Karma, consubstancial con la de los Logos creadores, estará sin duda por encima de la de ESTOS en el sentido de que han de forjar los Destinos Universales o Logoicos de acuerdo con la visión absoluta de los Registros Akásicos o Memoria Cósmica, siguiendo el trazado de una Ley de Justicia que penetrará en el destino universal de la Conciencia Logoica, orientándola hacia Su implacable y eternamente seguro Destino de Redención y Perfección.

Los Símbolos de los Señores del Karma

La imagen del Señor de la Muerte, denominado también el Ángel Exterminador, vista su proyección en los niveles etéricos, aparece como una inmensa Entidad cuyas colosales proporciones abarcan la totalidad del Universo, llenando el espacio de unos vivísimos e indescriptibles fulgores ígneos color escarlata. Su antiguo símbolo procedente de un remotísimo pasado lunar era un Ángel que llevaba una calavera humana en la mano izquierda y en la derecha una espada de fuego. Sin embargo, vista esta imagen desde el plano causal se aprecia que el símbolo antes descrito no corresponde a la realidad. Nada más opuesto verdaderamente al significado íntimo de la Muerte que la calavera con la cual suele representársela. El Señor de la Muerte es una Llama perenne de Vida. Su verdadero símbolo es el Dardo de Fuego con el cual destruye todas las formas objetivas o subjetivas de la Naturaleza. Investigaciones posteriores llevadas a cabo bajo la experta dirección de JESAZEL me confirmaron estos extremos. Las energías que utiliza el Señor de la Muerte proceden de los primeros subplanos del Plano monádico cósmico. En nuestros estudios esotéricos las denominamos de primer Rayo, siendo estas energías de tipo superior a las actualizadas por el Logos de nuestro Universo para la vivificación de Su formidable Esquema Solar.

La sombra de Su Cruz —tal como puede leerse en el *Libro de los Iniciados*— se extiende sobre el Espacio, ocupando cada Señor del Karma el brazo de la Cruz que le corresponde creando así, de manera maravillosa, los Cuatro Puntos Cardinales que fijarán la posición y orientación del futuro Universo en relación con los demás Universos y Sistemas estelares inmersos dentro del Espacio Cósmico. Parte esencial y fundamental de la evolución universal es la orientación y posición exacta que, de acuerdo con las sabias previsiones de los Señores del Karma, debe ocupar cada Sistema Solar dentro del maravilloso Plan cósmico de conjunto.

La evolución particular de cada Logos, fatalmente vinculada con este plan cósmico de conjunto, se realizará entonces a partir del centro de la Cruz de los Señores del Karma en donde previamente fue introducido el Átomo Permanente Físico del Logos que místicamente encarnó y constituirá el centro vital del Corazón. La primera noción de Vida universal dentro del Esquema o Destino Logoico preparado por los Señores del Karma, son los movimientos de Sístoles y Diástoles del Corazón Solar, originando el primero la Ley de Gravitación molecular y el segundo la de Expansión Cíclica, estando limitada dicha expansión por la extensión en los espacios infinitos de los Brazos de la Cruz de los Señores del Karma, los cuales señalan y definen perfectamente las fronteras o "círculo-no-se-pasa» de cualquier Sistema solar y de cualquier planeta dentro de no importa qué tipo de Universo.

Según me pareció intuir más adelante —y esta idea la dejo a la inteligente consideración de Uds.— los Dardos de Fuego que utiliza el

I. Los Señores del Karma

Señor de la Muerte de nuestro Esquema Solar provienen de la Constelación de LEO, estando relacionada esta constelación con aquel Centro Logoico Monádico que llamamos esotéricamente EL SOL CENTRAL ESPIRITUAL.

El Señor de la Justicia es representado habitualmente armada su mano derecha con una espada de fuego y sosteniendo en la izquierda una balanza. De este símbolo muy arcaico —ya que proviene de un lejanísimo pasado— han sido extraídos multiplicidad de símbolos menores apropiados para expresar las ideas de Cumplimiento y de Justicia, las cuales son consubstanciales con el ejercicio de la Ley serena y equitativa que debe regir el Cosmos absoluto. Desdichadamente para la humanidad estas simbologías —correctamente establecidas a veces— jamás llegaron a plasmarse en auténticas realidades, por cuyo motivo cuando se habla de Ley y de Justicia aquí en la Tierra sólo se hace una muy pálida e insignificante referencia a la Ley de Equilibrio Universal que simboliza la Balanza y, por tanto, poco o nada tienen que ver con la auténtica justicia con que es utilizada la Espada del Cumplimiento cósmico.

«Si elevaras tu conciencia a un plano auténticamente superior, por encima del plano causal» —me decía JESAZEL— «percibirías el verdadero significado de la Ley de Justicia en la cual sólo existe Amor y Comprensión y no el odio y la ignorancia con que suelen aplicar los hombres el Sentido de la Ley compensatoria de los Actos. La imagen simbólica de la ley tradicional, Espada y Balanza, quedaría reducida al símbolo perfecto de la Bendición Cósmica mediante la cual el Señor de la Justicia, indescriptiblemente amoroso y sereno, NO premia NI castiga, sino que se limita a ajustar los actos con aquellos patrones arquetípicos que toda alma lleva consigo al nacer y que constituyen la raíz espiritual de sus mejores actos. Si se aparta de estos patrones, marcados por el fuego divino en su interior más profundo, se aparta de la Ley; si los sigue, acata la Ley y acepta noblemente su destino. El Ángel de la Justicia es el Centro mismo de la conciencia humana y forma misteriosamente parte de su destino cósmico. Así, le ayudará siempre para que sea consciente de la Ley y se apreste constantemente a cumplirla.»

Otra de las grandes y misteriosas razones cósmicas que caracterizan al Señor de la Justicia es la INVOCACION DE LOS GRANDES AVATARES que con Su presencia aceleran la evolución universal y planetaria. Tal como dice KRISHNA a ARJUNA en el BAGHAVAD GITA: «...cuando el desequilibrio del mundo altera el cumplimiento de la Ley y la Justicia es transgredida, YO envío a Mis mensajeros para restablecer la Paz y el Orden». De esta manera, para restablecer la paz y el orden universal, aparecen cíclicamente en la Tierra invocados por el Señor de la Justicia, los Avatares, ya sea bajo forma de Profetas, Salvadores o Instructores espirituales, siendo esta actividad supremamente cósmica una prueba de Amor y de Compasión absoluta por parte de los Señores del Karma.

Las energías cósmicas que se canalizan a través del Ángel kármico de la Justicia con destino a nuestro Universo proceden aparentemente de la Constelación de LIBRA y se distribuyen por medio del planeta Venus.[47]

El Señor de los Archivos, vista su proyección en los niveles etéricos, aparece a la vista del observador clarividente sosteniendo un libro en el cual están registrados todos los hechos y acontecimientos pasados, presentes y futuros de nuestro Universo. Sin embargo —y tal como oportunamente me señaló JESAZEL— este símbolo sólo debe ser aceptado de acuerdo con el significado intelectual de un libro, el cual siempre es un contenedor de recuerdos. Rebasada la medida conceptual de la mente y liberado el cerebro de los efectos tridimensionales del tiempo, la imagen del Señor de los Registros en su función natural de MEMORIA COSMICA, aparece como una impresionante Entidad Angélica envuelta completamente por una indescriptible y brillantísima aura color amarillo oro, abarcando la totalidad del Espacio. Su actividad, tal como Su nombre indica, es registrar y archivar todos los hechos, acontecimientos y circunstancias que suceden dentro y fuera de los límites temporales del espacio, es decir, tanto objetivos como subjetivos dentro del omniabarcante seno creador, constituyendo así —vean, por favor, la importancia trascendente de las memorias acumuladas en el tiempo— el fenómeno de la conciencia, ya sea la de un Logos, de un Ángel, de un hombre o de un humilde insecto. La conciencia psicológica, la propia luz de la inteligencia, el sentido del amor y el poder de la voluntad no podrían existir indudablemente si no hubiese en su base un conjunto de memorias perfectamente archivadas, en el Cosmos y en el corazón de todos los seres vivientes, que a cada cual da lo suyo y le presta un significativo carácter de evolución y, por tanto, de jerarquía espiritual.

---

[47] El planeta Júpiter interviene también muy activamente en La expansi6n de estas energías.

I. Los Señores del Karma

Cada cual será, pues, según sea la calidad de sus recuerdos. Se trata de un principio de selección natural que todas las almas sin distinción alguna efectúan en el devenir de sus particulares vivencias y nadie será mejor o peor que lo que sus íntimas memorias que justifiquen, utilizándolas en forma de conciencia para proyectarse incesantemente hacia el futuro a la eterna búsqueda de la propia perfección. El Señor de los Registros archiva así todos los actos realizados en la vida, todos los pensamientos y todas las emociones, construyendo con ellos la base sobre la cual se estructura la civilización, la historia y la cultura de los pueblos y de las humanidades. La conciencia instintiva o de rebaño, común al reino animal, es asimismo el resultado de una acumulación de hechos y experiencias realizadas en el interior del alma grupo de este Reino o dentro del alma grupo de las especies que conjuntamente lo integran. La conciencia colectiva de los reinos vegetal y animal en cada una de sus múltiples especies expresa también la actividad del Señor de los Registros, el Cual regula de esta manera las leyes de la evolución universal y planetaria. Extendamos esta asombrosa actividad de registro y archivo del Señor de la Memoria Cósmica al Espacio absoluto y tendremos en nuestro poder la clave de la analogía, que nos permitirá justificar el conocido axioma hermético Igual es arriba que abajo...

Utilizando creadoramente dicha clave no sería erróneo quizás señalar a la Constelación de Capricornio como centro de contacto del Señor de los Registros en relación con nuestro Universo y al planeta Saturno, definido astrológicamente el Mensajero del tiempo, como el Archivador de los Registros planetarios dentro del Sistema solar.

Al Señor de la Liberación se le simbolizó en todos los tiempos como un glorioso Ángel venciendo a un Dragón. El símbolo es perfecto en el sentido de que el Ángel representa al Espíritu del hombre y el Dragón la síntesis de todas sus limitaciones nacidas del contacto con la Materia, las cuales deben ser vencidas y sublimadas antes de que el alma acceda a la perfección de cualquier estado de conciencia. La Lanza mediante la cual el Ángel vence al Dragón tiene también un significado esotérico muy interesante, como por ejemplo asignarle el símbolo de la columna vertebral, profundamente hundida en las entrañas del Dragón de las que brotan sangre y fuego y que vienen a representar el Fuego de Kundalini, el cual asciende por la columna vertebral del Iniciado a medida que la lanza, símbolo de cumplimiento, va destruyendo todas las limitaciones impuestas al alma por la ley que rige la Materia.

La Liberación es, al propio tiempo, un movimiento constante de renovación. La lucha que sostiene el alma en el sentido de su redención va orientada siempre a impedir que la conciencia se paralice en el tiempo o se ate sutilmente a cualquiera de los hechos de la historia de su vida. La serpiente, que cambia de piel cíclica o periódicamente, es un perfecto símbolo del principio de renovación que lleva adelante el Ángel de la Liberación en su esplendorosa e indescriptible ejecutoria. Y véase también en la imagen de la serpiente una indicación del Fuego ascendente de kundalini una vez la Materia ha sido vencida y el alma liberada.

De todas las consecuencias expuestas en este capítulo no sería aventurado decir que el Centro de proyección de las energías del Señor de la Liberación con respecto a nuestro Universo es la Constelación de SAGITARIO, cuyo símbolo es el jinete sagrado arrojando la flecha de las grandes decisiones al mundo del Espíritu, siendo Júpiter, el Hijo predilecto del Logos —según rezan antiguos Comentarios esotéricos— el planeta que regula el movimiento de la Liberación dentro de nuestro Sistema solar, secundado por Urano, a quien en lenguaje oculto se Le denomina El Señor del Cumplimiento.

J. Las semillas del Bien cósmico

[AVSH, p.137] En nuestro Universo de segundo Rayo se expresa una ley compensatoria entre el Bien y el Mal que esotéricamente definimos como de Síntesis y se manifiesta en forma de equilibrio. La Síntesis, en todas sus expresiones objetivas o subjetivas, certifica constantemente el sentido de este equilibrio natural. Podríamos decir así, de acuerdo con las líneas que seguimos en este *Tratado*, que el armonioso entendimiento y comprensión entre dos de las más conocidas corrientes de vida evolutiva dentro del Universo, la angélica y la humana, producirá a su debido tiempo una síntesis espiritual que dará nacimiento a una nueva raza de hombres cuyas características etnológicas serán de tal naturaleza que se confundirán con las formas sutiles de los Ángeles superiores, produciendo sutilidad física, sentido de transparencia, carencia de sexo, profunda luminosidad y magnética radiación... El afortunado ser a quien le ha sido posible percibir a un elevado Deva de la categoría de los AGNISVATTAS o establecer contacto consciente con su propio Ángel Solar, sabrá por anticipado la gloria que les aguarda a los seres humanos en el devenir de ulteriores edades evolutivas, cuando trascendidas las etapas correspondientes a los cuerpos físico, astral y mental, puedan funcionar libremente en sus vehículos búdicos. Tal eventualidad, por alejada que parezca es, sin embargo, sólo un pequeño ciclo dentro del gran Camino Cósmico que ha de recorrer el ser humano hasta convertirse en un ser Andrógino, con la pureza indescriptible del Ángel superior y la conciencia cósmica que como ser humano purificado le corresponde.

Cuando el hombre llega a ese estado que bien podemos calificar de Síntesis, se convierte en un Agente universal o planetario del Bien Cósmico. Sin embargo, cuando hablamos del Bien o del Mal cósmicos, no hacemos sino extender a una superior escala o medida lo que humanamente entendemos por bien y por mal con los inevitables riesgos de confusión mental que ello presupone. Nuestras distinciones obedecen naturalmente al sentido de lo que psicológicamente nos produce placer o bienestar o, por el contrario, desazón, angustia y sufrimiento. Lógicamente, al tratar de extender estas condiciones psicológicas al Cosmos absoluto nos encontraremos siempre con la inevitable barrera de los desconocidos éteres espaciales, cuyas inexploradas regiones constituyen todavía un misterio para nuestra humana comprensión, por cuyo motivo se nos advierte esotéricamente de la necesidad de utilizar la clave hermética de la analogía, aquella que se erige como el principio intuitivo del conocimiento, en el sentido de que si el hombre es hecho realmente a imagen y semejanza del Creador es obvio que al profundizar rectamente en sí mismo ha de descubrir un día el secreto iniciático que encubre el alto Misterio del Bien y del Mal y las causas ocultas que determinan ambos efectos. Siguiendo adelante con este principio de analogía, podríamos considerar el Cosmos como una gigantesca y sobrecogedora ampliación del ser humano perfecto y teniendo una cierta idea de la perfección, tal como la evolución de nuestra mente nos la da a entender, no nos será difícil establecer estas relaciones cósmicas con solo considerar que el principio de analogía corre paralelo al del principio de semejanza que, al parecer, existe como una constante divina en la extensión infinita de todo lo creado.

El lector habrá apreciado, sin duda, que en algunos pasajes de nuestro estudio hemos utilizado el término Mal Cósmico en el sentido de que la Perfección absoluta no existe en lugar alguno del Cosmos, ya que, de haberla el Espacio, el Universo, el Cosmos en su totalidad, etc., serían un inmenso e indescriptible PRALAYA, un insondable VACIO en donde habría sido reabsorbida para siempre jamás la OBRA perenne de la Creación con sus infinitos y correspondientes MANVANTARAS. En la línea de esta idea cabe señalar que todo proceso evolutivo, sea cual sea su importancia y trascendencia, obedece a razones kármicas, viniendo cualificado todo Karma por la Ley de Necesidad que obliga a todo Logos creador a REENCARNAR cíclicamente en los insondables Espacios que guardan el secreto del Cosmos manifestado. Habrá que imaginar, por tanto, que existen Logos creadores de todas las Jerarquías posibles dentro del cuadro de lo que esotéricamente hemos aprendido, planetarios, universales, cósmicos y galácticos, cualificando cada uno de Ellos con su particular tipo de evolución y naturaleza expresiva ciertas definidas zonas del Espacio infinito. Esta analogía nos lleva consecuentemente a la consideración de excelsas Potestades Angélicas de evolución análoga a la de tales Logos que, al igual que las que consideramos como factores esenciales en la estructuración química de nuestro planeta, cooperan con Aquellos en la substanciación etérica de Sus inconcebibles Sistemas Estelares. Aparecerá claro también, y siempre hemos depositado mucho énfasis sobre este punto, que dichos Sistemas constituyen inmensas e inauditas familias cósmicas, inmersas en impresionantes ambientes sociales, sujetas a igual que nosotros a la Ley de Fraternidad la cual, al parecer, es el factor aglutinante —en el más oculto de los sentidos— que mantiene la cohesión y el equilibrio de todos los mundos oscilantes...

Habremos de imaginar también, siempre desde el ángulo de la analogía, que existirán grandes diferenciaciones de potencial magnético entre los infinitos Logos que constituyen tales agrupaciones, pudiendo asegurarse que tales diferencias de potencial producirán —como en el caso corriente de las pilas eléctricas— el Misterio imperecedero de la ELECTRICIDAD, esta ENERGIA de indescriptibles variaciones, frecuencias e intensidades en orden a la evolución cósmica, que utilizan las infinitas e increíbles huestes de Ángeles de todas las posibles Jerarquías para construir las estructuras físicas o moleculares que corresponden a cada tipo de Universo. Esto lo hemos dicho ya varias veces durante el curso de este *Tratado* y aunque pueda aparecer como una innecesaria redundancia, deberemos continuar insistiendo sobre este punto, ya que no podemos hablar de Síntesis o de Equilibrio sin aceptar previamente aquella INTERCOMUNICACION LOGOICO-ÁNGELICA que determina el misterio de la construcción de los mundos.

En este orden de cosas deberemos admitir también que en las infinitas extensiones del Espacio —vean, por favor, cuan limitados son los términos que debemos utilizar— existen ZONAS de tensión o de distensión de carácter magnético, cuyas representaciones objetivas tal como aparecen ante nuestra mente tridimensional, pueden aparecer como canalizadoras del Bien o del Mal cósmico, lo mismo que hacemos habitualmente al referirnos a nuestros ambientes cuando nos son agradables y simpáticos o cuando, por el contrario, los conceptuamos de desagradables y repelentes.

Ahora bien, al llegar a este punto deberemos considerar si la analogía que utilizamos frente al estudio del inconmensurable Cosmos es válida y representa algún tipo de realidad, o si es inadecuada e imperfecta debido a que nuestra mente es incapaz todavía de utilizar creadoramente aquella analogía por efecto de la falta de desarrollo de nuestros sentidos superiores. Deberemos decir sobre tal extremo, que no disponemos de otra medida que la de nuestro actual entendimiento y que es a través de este que nos esforzamos por acercamos honestamente a la Verdad...

Esta honestidad nos librará, sin duda, de la limitación de ciertos interrogantes científicos que todavía hoy, casi en las postrimerías del siglo XX, están preguntándose si existe vida y conciencia en otros mundos o en otros Universos. Sobre este punto, reconocerán Uds. que la investigación esotérica va mucho más allá del intento científico, ya que como inicio de sus investigaciones acepta el hecho de que la Vida lo llena todo, que no existen vacíos en el Cosmos y que la Conciencia y tipo de Forma de cada Universo, obedecen a una sublime mecánica en el centro de la cual se agitan unos misteriosos Agentes invisibles que utilizan los formidables impulsos creadores surgidos de no importa qué centro Logoico de tensión creadora, para construir los andamiajes y las estructuras de materia cósmica surgidas de aquellos Centros que objetivarán, substanciarán o darán forma a todos los planetas, a todos los Universos y a todas las Galaxias.

Utilizando pues la analogía a nuestro alcance y reconociendo, al menos como una necesaria hipótesis, que el Espacio absoluto contiene todas las medidas que puedan cualificar la Vida, crear el Entendimiento y construir todas las Formas existentes, aceptaremos el hecho de que el Bien y el Mal cósmico constituyen una necesaria polaridad, tal como ocurre en nuestro Universo y más concretamente en nuestro planeta Tierra. Así, desde el ángulo esotérico deberíamos estudiar dicha polaridad considerándola el principio misterioso del Karma Cósmico, que obliga a la Vida representada por cualquier Centro Logoico de Creación a manifestarse cíclicamente utilizando como Cuerpos de expresión a Universos cada vez más perfectos, sutiles e incluyentes. Vista la idea desde este ángulo de vista, los conceptos de Bien y de Mal aceptados como una necesaria polaridad adoptan esotéricamente el sentido místico del Karma y es a partir de aquí que podemos iniciar realmente un estudio esotérico del Cosmos, equiparando lo que sucede en sus insondables e indescriptibles oquedades con lo que ocurre en nuestro mundo en relación con la humanidad.

Si tuviésemos la visión de un inefable Adepto en nuestro intento de descubrir la maravillosa Verdad que se oculta tras el velo de nuestra humana ignorancia, quizás descubriríamos que las ZONAS que anteriormente describíamos como expresiones del Bien o del Mal cósmico, no son sino GIGANTESCAS NEBULOSAS conteniendo las semillas de todo lo correcto o de todo lo incorrecto que realizaron o están realizando las humanidades de todos los Sistemas de Mundos en eterna evolución. El Bien y el Mal en el sentido cósmico tendrían entonces un claro significado psicológico, por cuanto los relacionaríamos con nuestros. ambientes sociales en donde lo bueno y lo malo, lo correcto y lo incorrecto y lo apetecible y lo indeseable, constituyen el eje mágico alrededor del cual oscila la Vida del Espíritu, a través de toda posible expresión de Forma, a fin de ser cada vez más consciente o de tener cada vez más alma y poder afirmar así en el ámbito de lo creado aquel inefable sentido de Síntesis, el Centro Omega de todo proceso creador.

Podríamos representar la Ley del Espíritu como el impulso básico y esencial de la Creación y la Ley de la Materia como una expresión objetiva y mágica de aquel impulso, ordenando el proceso de la evolución de acuerdo con aquella parte del Espíritu presente en toda posible manifestación de forma, que llamamos Alma, Cualidad o Conciencia y situando entre el Espíritu y el Alma o entre el Alma y la forma física a aquellos excelsos, invisibles e inconcebibles Agentes divinos que llamamos Ángeles o Devas, los fieles intérpretes de la Voluntad de Dios.

Y son precisamente tales misteriosos Agentes de la Divinidad, los que en la línea de nuestro estudio y en la honestidad de nuestras investigaciones esotéricas consideramos como las Semillas del Bien Cósmico. Del Espíritu a la Materia, siguiendo la inefable Ruta de los Dioses, el Espíritu del Bien, el impulso creador se reviste de substancia material, una substancia que los Ángeles fabrican con ETER de todas las posibles densidades en el interior de aquel sublime Espacio que esotéricamente definimos como el "círculo-no-se-pasa» de la evolución Logoica y más allá del cual se halla el Espacio contenedor de otro Universo en donde —utilizando inteligentemente la analogía— se inicia el "círculo-no-se-pasa» o las fronteras cósmicas en donde otro sublime Logos ha encerrado el Karma de Su Vida para realizar un nuevo proceso creador y recorrer otro indescriptible Camino evolutivo. Pero, el Espíritu en la Materia, la cual representa el aspecto negativo del proceso, el aspecto del Mal, en el sentido del esfuerzo, de la lucha y del desesperado intento de redención o liberación halla también su representación en los Devas constructores de la Forma, en aquellos otros Agentes invisibles aunque eternamente presentes que en multiplicidad de huestes y jerarquías, laboran en el seno de la substancia material tratando de construir para el Espíritu divino la más adecuada expresión al Karma de Su Vida representado en las Leyes de la Necesidad que todos los Logos creadores acatan en los abismales repliegues de Sus insondables conciencias.

La Lucha del Bien y el Mal, la Base Mística de la Creación

Si las ideas que acabamos de exponer han sido adecuadamente interpretadas, se llegará fácilmente a la conclusión de que en las inmensas soledades cósmicas y en los divinos Espacios intermoleculares de donde extraen los Logos su inconcebible potencia creadora, existe una constante lucha —o quizás sería mejor decir un permanente intento de reconciliación— entre el Bien y el Mal, siendo tales actividades las precursoras de todo posible Universo ya que las Leyes de la Polaridad constituyen, como anteriormente señalamos, el eje mágico de la evolución alrededor del cual giran todas las expresiones de Vida cósmica, desde el inicio de una Nebulosa en substancia etérica de la más sublime sutilidad, hasta que el misterio alquímico de la substanciación angélica la convierte en un maravilloso Universo dotado de todas las infinitas cualidades de la Vida. Así, el orden universal sigue su marcha y el impulso creador eternamente renovado extrae del seno profundo del Espacio todo tipo de Éter cualificado que convenientemente estructurado por las Entidades Angélicas siguiendo un riguroso método de proporción y sabias medidas que son la esencia de sus vidas entregadas a la perfección de la Forma, se convertirá en el adecuado Cáliz que ha de contener el Verbo de la Experiencia, de la Visión y de la Revelación de un Logos creador.

Desde el ángulo de vista angélico, que es el que nos interesa captar y tratar de comprender, la lucha entre el Bien y el Mal tal como aparece ante nuestra humana visión, se aprecia como un claro intento de unión y reconciliación del Espíritu y la Materia, siendo los Ángeles los misteriosos Agentes de tal intento. Toda su obra, desde el inicio del Sistema solar por medio de una Nebulosa hasta la consumación del último Manvántara, es de armonía y equilibrio, ya que su objetivo es la Forma perfecta. Desde un buen principio y utilizando la mecánica de una inteligencia más allá de nuestro alcance, elaboran la materia, la dignifican con sus vidas de armonía y le infunden un orden de proporción y de crecimiento que regirá las sabias medidas, justas y equilibradas a las cuales deberán ajustarse todas las formas expresivas de la Naturaleza. Estas sabias medidas que rigen la perfecta proporción de todas y cada una de las cosas creadas, fueron antaño un secreto iniciático que los grandes artistas del pasado lograron conquistar y las legaron al mundo de la construcción y del arte creador bajo la denominación técnica de medidas áureas o medidas solares. Estas medidas áureas que rigen las proporciones justas y correctas de todos los cuerpos físicos de la Naturaleza constituyen misteriosamente la conciencia de los Devas y es por medio de ellas que construyen las formas perfectas que admiramos por doquier, singularmente en el Reino vegetal en donde Dios, nuestro Logos solar, ha depositado por razones intimas de carácter cósmico Su especial preferencia. La perfección angélica, vista desde el ángulo más profundamente esotérico, viene determinada por la evolución de las medidas áureas que utilizan en su trabajo de construir formas de Materia para el Espíritu creador, pudiendo asegurar que tal perfección culmina siempre con la plasmación o realización de los llamados ARQUETIPOS, es decir, la encarnación perfecta de la Idea de Dios con respecto a un Plano de la Naturaleza, a un definido Reino, a una Raza humana, a una determinada especie dentro de un Reino o a un ser humano que alcanzó la liberación... El ARQUETIPO es, por tanto, el Centro místico del Intento creador, el vórtice de energía dinámica que preside el proceso incesante de la evolución. Realizar el Arquetipo presupone tanto para los Ángeles como para los hombres el objetivo místico de la propia perfección; los hombres por la comprensión perfecta de las ideas sublimes encerradas en la Mente de Dios y constituyendo Misterios iniciáticos; los Ángeles, porque supieron interpretar adecuadamente la forma de administrar tales Misterios y fueron capaces de construir en consecuencia la Estructura molecular idónea, sabiamente calculada y maravillosamente dispuesta para poder albergar aquel Cuerpo de Misterios que el hombre introducía en su interior. De esta manera, siempre veremos surgir del glorioso intento creador incontenibles huestes angélicas llevando escritas en sus radiantes auras magnéticas de sublime vibración las suaves medidas áureas a las cuales ajustan perennemente su acción en el tiempo las indescriptibles perfecciones cósmicas.

Parte III. Los ángeles en la vida social humana

La perfección de un estado natural u original parece también, desde el ángulo psicológico, como una medida áurea o solar cuya singularidad y sentido de divina proporción son asimismo una obra angélica, de manera que si elevando la idea intelectual a la concepción sensible del verdadero artista creador tuviésemos que describir la obra de los Ángeles en relación con la manifestación infinita de la Naturaleza, no podríamos hacerlo sino que en términos de sabias y armónicas proporciones, siendo esta perfección la que el hombre debe copiar psicológicamente de la Naturaleza como el único y adecuado Camino de Unión y Reconciliación con la Vida maravillosa de los Ángeles.

Es al llegar a este punto de comprensión que la Vida del Universo, del planeta, de la Naturaleza o del hombre empieza a adquirir su verdadero significado y a considerar que la analogía —que es la medida proporcional por excelencia en orden al conocimiento superior— le deparará siempre al ser humano de espíritu investigador la clave mística del reconocimiento integral de todas las cosas. La Vida del Universo que es un concepto total en el sentido del conocimiento esotérico, se manifiesta como una Realidad cuya medida espiritual e inmaculado sentido de la proporción se hallan presentes en todas y cada una de las cosas de la Naturaleza, siendo todas ellas perfectas pues perfectas son —de acuerdo con su particular y bien definida misión— las fuerzas naturales o dévicas que siguiendo las directrices de las medidas y proporciones solares, construyen los elementos moleculares mediante los cuales son estructurados los Universos... La perfección de los estados de conciencia de los hombres y los exaltados impulsos de mística reverencia de sus almas espirituales, contemplados por un Deva de exaltada evolución, aparecerán siempre como suaves medidas de proporción cósmica. Por ello, cuando en escritos anteriores habíamos afirmado que el hombre es la medida de la Creación, no hacíamos sino preludiar estas otras afirmaciones sobre la proporción cósmica de esta medida y presentar a la humanidad como uno de los objetivos principales de la atención de Dios en esta presente fase de cumplimiento universal en lo que al planeta Tierra se refiere.

J. Las semillas del Bien cósmico

El Misterio del Espacio y del Tiempo

A medida que avanzamos en nuestro estudio esotérico sobre los Ángeles, más grande es nuestra convicción de que la Trinidad compuesta por los aspectos de Vida, Conciencia y Forma se hallan presentes por doquier, no sólo en lo objetivo, concreto y tangible, sino también en los misteriosos mundos subjetivos en donde nuestros sentidos físicos no tienen todavía un pleno acceso, pero en donde nuestra mente investigadora que se ha hecho vulnerable a las sutilidades íntimas del Espacio, descubre un insospechable orbe lleno de las más complejas, bellas e inimitables formas. Llegamos a descubrir también, en alas de nuestro sentido investigador, áreas insospechables de vida y de conciencia bajo aspectos y figuras de entidades psicológicas y psíquicas, en aquellas místicas regiones consideradas hasta aquí como sutiles abstracciones filosóficas, es decir, las contenedoras o recipientes del Espacio y del Tiempo. Desde el momento en que hemos descubierto este nuevo y maravilloso mundo, lleno de mágicas influencias celestes flotando incesantemente a nuestro alrededor y hemos establecido un cierto e inteligente contacto con las fuerzas dévicas o angélicas de la Naturaleza, las más filosóficas abstracciones aparecen ante nuestra observación como actividades psicológicas y realidades científicas en todos los niveles posibles de vida y existencia en el dilatado campo expresivo de la Naturaleza.

Hemos llegado así a la conclusión de que el Espacio en su absoluta integridad es una Entidad psíquica, inteligente y de carácter angélico poseyendo una extraordinaria e insospechable capacidad de reacción a todas y cada una de nuestras actividades humanas, desde las más sencillas como el respirar y la asimilación de los alimentos hasta las que motivan las más audaces aventuras a la búsqueda de la Verdad espiritual más profunda e incluyente. Tales reacciones obedecen siempre, no lo olvidemos, a las sabias previsiones de la Divinidad en Su voluntad de registrar en Su omniabarcante Conciencia la experiencia psicológica, espiritual o mística que resulta del contacto del ser humano y de todos los demás seres vivientes de la Naturaleza con la Entidad Espacio, la cual, en cada uno de sus infinitos repliegues místicos, alberga a aquella otra Entidad Angélica, parte consubstancial de su Vida, que llamamos Tiempo y cuya acción, apreciada desde el ángulo esotérico, aparece como Energía, lo mismo que hacemos cuando consideramos la actividad de los Ángeles o los Devas. El Espacio y el Tiempo guardan aparentemente una relación muy similar a la del Espíritu y la Materia, pudiendo ser medidas las naturales e inevitables reacciones del Espacio en aspectos de Tiempo, variando el concepto de Tiempo como Entidad, o como Energía, de acuerdo con la evolución de cada uno de los Universos que constituyen un Sistema cósmico o un grupo de Galaxias.

A medida que vayamos profundizando en la vida de los Devas, singularmente en la de Aquellos que de manera misteriosa constituyen la contraparte mística de la humanidad, nuevos conceptos filosóficos y más elevadas analogías aparecerán ante nuestras investigaciones, adquiriendo valores objetivos las más profundas abstracciones y reconociendo que todo cuanto existe es la obra de una prodigiosa hueste de Entidades dévicas, funcionando sincrónicamente con el Propósito infinito de una Voluntad Cósmica que trasciende por completo nuestro más elevado entendimiento. Pero, reconociendo el hecho, investigaremos las leyes divinas a nuestro alcance para intentar descubrir algunos de sus secretos o misterios, los cuales constituyen el objetivo de todas nuestras investigaciones ocultas. El primero de tales secretos será, sin duda, el reconocimiento intuitivo —que más adelante será científico— de que las múltiples Jerarquías Angélicas del Universo constituyen la Entidad Espacio; el segundo lo constituirá el reconocimiento de que las actividades de los seres humanos y de todas las humanidades y seres vivientes de los planetas de nuestro Sistema solar son las motivadoras de aquella otra indescriptible Entidad psicológica que en su integridad llamamos Tiempo. Resulta enormemente curioso y al propio tiempo singularmente aleccionador relacionar ambas Entidades con las ideas de Espíritu y Materia y, en una más técnica demostración objetiva, con las del Reino de los Ángeles y el Mundo de los hombres. Se abre entonces un nuevo ciclo de investigación esotérica, el cual vendrá seguramente a demostrar que, en toda universal actividad dentro de la infinita grandiosidad del Cosmos, concurren tres aspectos esenciales:

- El Espacio
- El Tiempo
- El factor Luz, mediante el cual Espacio y Tiempo pueden ser relacionados.

Al llegar a esta conclusión, la idea más importante a considerar de acuerdo con nuestras investigaciones sobre el mundo dévico. es la inevitable relación Espacio - Luz - Tiempo con respecto a la producción de los ambientes sociales que se hallan en la base de las distintas civilizaciones y culturas de la humanidad y constituyen los aspectos fundamentales de la historia. Desde tal ángulo de vista podríamos llegar a una analogía de síntesis. Por ejemplo:

CONDICION	CUALIDAD	EFECTOS	DEVAS
Espacio - Espíritu	Mente	Civilización	AGNISHVATTAS
Luz - Alma	Energía	Cultura	AGNISURYAS
Tiempo - Cuerpo	Materia	Historia	AGNISCHAITAS

Démonos cuenta así que la historia que registran objetivamente los éteres del Espacio, o Memoria Cósmica de la Naturaleza, no es sino la condensación de las culturas que segregaron subjetivamente las grandes civilizaciones planetarias en el proceso eternamente incansable y vibrante de la evolución. Bastará recordar, en todo caso, cuanto hasta aquí fue dicho en relación con las vidas dévicas y sus incesantes contactos con la vida de la Naturaleza, de la cual el hombre forma parte, y considerar que las contracciones y dilataciones del éter que preludian las infinitas creaciones universales, son la obra de los trabajadores invisibles del mundo oculto, o devas constructores, los cuales, con la luz o la energía de sus vidas tejen —tal como místicamente se dice— todas las formas objetivas y subjetivas del Universo. De ahí que, desde el ángulo esotérico, ciertas jerarquías dévicas o angélicas son consideradas el aspecto LUZ que ilumina, o la ENERGIA que vivifica los mares insondables del Espacio, de la misma manera que las actividades de los hombres en sus múltiples niveles determinan el fenómeno misterioso del Tiempo. De esta manera, el maravilloso enigma que subyace en el crecimiento de la más humilde planta, como el que se revela en la forma mística, esencialmente geométrica, de una delicada flor, de un pájaro o del propio ser humano, puede ser medido siempre en términos de Espacio y Tiempo, relacionados y vinculados por el factor Luz, constituyendo estos tres elementos la gloria infinita de la Divinidad en su incansable esfuerzo por SER y por REALIZAR, determinantes del proceso de la Evolución.

Si nos atenemos a estas conclusiones, cuando leamos o estudiemos las páginas de la historia planetaria y enfrentemos los hechos históricos creados por las distintas civilizaciones y culturas del pasado, nuestra mente investigadora penetrará, por analogía, en el carácter psicológico de los hombres que las crearon y comprobará la calidad específica de los Ángeles que intervinieron en su manifestación y estructuración, ya se trate de las civilizaciones egipcia, helénica, etrusca o maya o aquella otra, de carácter cósmico, que produjo la gloria del Renacimiento, cuyas bases culturales constituyen todavía, en las postrimerías de este siglo XX, unos ARQUETIPOS de inspiración y perfección para la Raza humana.

Tal como hemos dicho en otras varias ocasiones, el hombre piensa y, consciente o inconscientemente, CREA y el Ángel segrega de Sí la energía que corresponde al pensamiento humano; así, de acuerdo con la cualidad de este pacientemente ELABORA y CONSTRUYE las condiciones precisas de la existencia organizada de la humanidad. No existe, por tanto, Separatividad entre ambos mundos, el angélico y el humano, pues el sentido del axioma oculto «la energía sigue al pensamiento» es de orden cósmico y no existe impulso alguno de vida en el planeta o en el Universo que no halle en cualquier tipo de Deva la oportunidad infinita de manifestarse. Y esto no reza solamente para los Reinos inferiores de la Naturaleza y para la humanidad, sino también para los Reinos superiores, pues la historia es la misma, aunque escrita con distintos caracteres, en la Vida inconmensurable del Creador. El aspecto práctico de esta conclusión es que todos contribuimos con nuestros pensamientos, emociones y humanas actitudes a escribir la historia del tiempo, pero sólo los sabios conocedores serán capaces de recubrir sus imperecederas páginas con las doradas túnicas de la experiencia espiritual. Hay, pues, grandes responsabilidades en el orden individual y social, así como oportunidades múltiples de realización si se es consciente de la obra mística de la Naturaleza que la vida de los Ángeles nos está constantemente señalando. Es sólo cuestión de abrir los ojos para ver y afinar cuidadosamente el oído para oír, pues todo está hecho ya de acuerdo con los grandes patrones históricos y Arquetipos sublimes vibrantes en los mundos ocultos, desde donde los Ángeles, las energías espirituales que siguen y persiguen los pensamientos de los hombres, aguardan con infinita paciencia que la voluntad humana sea fuerte y audaz y decida penetrar con mente clara y corazón puro en sus divinos retiros e inconcebibles santuarios...

K. Los espíritus guardianes de la humanidad

[EDF, p.125] Contemplado el ser humano desde las regiones superiores del Universo aparece como un ser desvalido, débil y aparentemente incapaz de luchar por sí solo contra las impresionantes fuerzas de la Naturaleza o de las que proceden de más allá y por encima de nuestro Universo. Esta aparente debilidad frente a la Vida y al propio destino encubre, sin embargo, una potencia espiritual oculta desde siempre en el misterio del propio corazón, y mientras que el alma humana carece todavía de la suficiente fuerza para luchar contra todas las contrariedades externas. este poder interno oculto en el Sancta Sanctorum del corazón emite, pese a los numerosos y tupidos velos que lo encubren, unas radiaciones magnéticas que afectan al medio ambiente e invocan de los vibrantes éteres del espacio una serie de respuestas directas y objetivas a un creciente devenir de necesidades. Se trata de «un clamor invocativo» a las Alturas divinas, pero que es acogido amorosamente por los Mensajeros de la Divinidad, por Aquellas excelsas Jerarquías Angélicas agrupadas esotéricamente bajo la denominación genérica de Espíritus GUARDIANES, cuya misión es precisamente AYUDAR al hombre hasta que éste haya logrado afianzarse conscientemente en la vida espiritual del corazón y alcanzado el Poder supremo otorgado en la INICIACION en respuesta a una ardiente e inextinguible sed de Misterios internos. He aquí los principales ÁNGELES GUARDIANES DE LA HUMANIDAD:

1. Los Ángeles Solares, Señores del Destino del alma humana y Fuentes permanentes de su inspiración espiritual.
2. Los Ángeles del Propósito Iluminado, Guías supremos de la mente humana y misteriosos Agentes de la Comunicación Telepática.
3. Los Ángeles del Equilibrio, Impulsores del Espíritu de Buena Voluntad y Guías Serenos de las rectas intenciones humanas.
4. Los Ángeles de la Energía Pránica, cuya misión es salvaguardar la salud física de los seres humanos. Estos Ángeles están muy directamente vinculados con la obra misteriosa de los Señores del Karma.

Esta categoría de Espíritus Guardianes constituye el enlace místico del hombre con la vida de la Naturaleza. Irradian de su Ser un potentísimo dinamismo que extraen de los más elevados subplanos de los Planos físico, astral, mental y causal y ejercen, indudablemente, una gran influencia sobre aquellos Devas de la Naturaleza cuya misión es «construir» los vehículos periódicos o kármicos del ser humano. Todos los Ángeles o Espíritus Guardianes de la humanidad se hallan dentro de la línea de alguna Corriente o definido Rayo de vida divina y constituyen en forma misteriosa y realmente inexplicable «los Comunicadores de las Virtudes Astrológicas» de los Astros, cuyas radiaciones, incidiendo en los centros etéricos de los seres humanos, determinan los temperamentos biológicos y las cualidades psicológicas, es decir, las bases angulares del proceso kármico individual y social de la humanidad. En relación con esta dilatadísima y enigmática acción kármica hay que incluir también a otras Jerarquías menores de Ángeles Guardianes de la humanidad:

1. Ángeles sagrados, movidos y estimulados según razones cósmicas por los Ángeles Solares. Son, en cierta manera, expresiones vivas de las llamadas virtudes capitales capaces de ser desarrolladas por el hombre. Su actividad más conocida en la vida del alma es «la Voz de la Conciencia».

2. Los Ángeles, Señores de las Corrientes Astrológicas que presiden el Nacimiento Físico de los Seres Humanos y les infunden, vía el éter, las cualidades específicas de determinados astros y constelaciones. Rigen la sagrada ley de los ciclos y su vida se halla infundida en los «tatwas». Son, por decirlo de alguna manera, los Reguladores del Tiempo que rige para los procesos del nacimiento y muerte de los seres humanos. Son, por tanto, los Instrumentos físicos de los Señores del Karma y, según se nos dice esotéricamente, existen en doce divisiones, cada una de las cuales rige el ciclo astrológico mensual durante el año solar.

3. Los Ángeles de la Luz Resplandeciente, que rigen el proceso inmutable de la Muerte de los seres humanos, siendo su especial misión ayudarles a atravesar las fronteras que van de lo etérico físico al campo astral. Sus formas son netamente humanas y sus auras, intensamente luminosas, atraen la atención de los mortales fallecidos —hablando siempre en un sentido físico. Tales auras de resplandeciente LUZ, que ha justificado su designación esotérica por parte de los cualificados investigadores del mundo oculto, les rodea de un halo inconfundible de respeto y confianza cuando son contactados por las personas «que acaban de traspasar el velo de la materia», las cuales, en aquellos momentos, se hallan llenas de confusión y desconcierto. Aparecen en el momento justo, cuando el alma, por razones kármicas, debe abandonar el cuerpo físico y restituirlo a la Madre Naturaleza que se lo confió en el momento cíclico del Nacimiento. Tal como puede leerse en el «Libro de los Iniciados» en relación con estos Resplandecientes Devas: «... Ellos cortan con admirable maestría el cordón plateado que unía el alma al cuerpo y la ayudan a despojarse de los velos de materia que impiden la visión astral y la incorporación consciente en el mundo de liberación física de las almas...» Podría decirse que su actividad queda reflejada en el mito de «la Nave de Caronte», que lleva las almas humanas a un nuevo destino kármico de justicia, uniendo las dos orillas que separan el plano astral del DEVACHAN.

4. Los Ángeles Regentes de las Profesiones Humanas. Constituyen el aspecto subjetivo de las profesiones, estando cualificados para «instruir correctamente en cada una de ellas». Están conectados con aspectos específicos de los planetas y constelaciones y ayudan sinceramente a todos aquellos que sienten una marcada predisposición o tendencia hacia una determinada profesión. Una gran parte del bagaje kármico humano se halla en las dificultades por encontrar en la vida social aquel tipo de profesión que mejor se adapte a sus capacidades y predisposiciones innatas. Hay, así, un considerable número de seres humanos en el mundo que viven en constante frustración psicológica por no haber hallado en el devenir de su existencia al «Ángel de la Profesión» que por ley de afinidad y de vibración, así como por cualidades internas desarrolladas, les corresponde. Desde el ángulo de vista del karma podríamos decir que existe un vasto campo de experiencia para el hombre en lo que al aspecto profesional se refiere, habida cuenta que todo tipo de profesión, desde la más humilde a la del jefe de Estado de un País, está regido por determinadas jerarquías de Ángeles Guardianes. Otro dato para tener en cuenta, de acuerdo también con el sentido del karma, es el vacío interno y la sensación de soledad que invaden al hombre que, estando plenamente capacitado para un tipo específico de profesión, tiene que ejercer otra. En todo caso, soledad y vacío son avenidas de contacto con las realidades espirituales del mundo interno y esta razón es cuidadosa y creadoramente aprovechada por los Señores del Karma.

5. Las grandes concentraciones de Ángeles Guardianes en lodos los Rayos y en multiplicidad de Jerarquías, que rigen las vastas comunidades sociales de la humanidad, están en la base de todos los movimientos, políticos, sociológicos, religiosos, científicos y culturales, cooperando con la Jerarquía Espiritual Planetaria en la obra de integración causal del alma de la humanidad.

En general, todos los Ángeles Guardianes que hemos descrito en este capítulo tienen «forma humana», variando únicamente los colores de sus auras magnéticas y la sutilidad de sus formas radiantes. En todo caso, habrá que distinguir los colores particulares que corresponden a cada línea de Rayo y aquellos otros soberbios matices que caracterizan las corrientes astrológicas que transmiten esos astros y Constelaciones particularmente vinculados con el karma de nuestra pequeña Tierra dentro del sistema solar, sin olvidar los fúlgidos destellos que surgen periódica y cíclicamente de los inmortales éteres del Espacio y se convierten en los «indescriptibles tatwas» que regulan la vida de la existencia planetaria.

L. Los ángeles y las influencias astrológicas

[AVSH, p.149] Una de las grandes dificultades que tendrá que enfrentar el estudiante de Astrología de nuestros días es la que hace referencia a lo que esotéricamente se define como personificación de las energías procedentes de cada una de las Constelaciones del Zodíaco, bañadas místicamente en la luz del sol y transportadas o proyectadas sobre nuestro planeta por los misteriosos agentes del éter que dinamizan los espacios universales. De la misma manera que la luz del sol se proyecta sobre la Tierra en virtud de un acto de Decisión solar, las energías de las Constelaciones Zodiacales vienen proyectadas por las grandes Decisiones Cósmicas engendradas en los ocultos e indescriptibles centros místicos de donde se origina la vida que anima dichas Constelaciones, pudiendo afirmarse que las corrientes de energía astrológica son actos de Voluntad, de Amor o de Inteligencia engendrados por los potentísimos e incomprensibles Logos que utilizan aquellas Constelaciones como Cuerpos de Manifestación. El tema visto así, de improviso, aparece como difícilmente comprensible dada la aterradora majestad de sus cósmicas repercusiones, pero si aplicamos correctamente la analogía veremos cómo la idea aparece clara y sencillamente a nuestro análisis intelectual. Bastará para ello confeccionar mentalmente un simple cuadro de analogía de acuerdo con cuanto esotéricamente sabemos sobre la ley de evolución, es decir, a la ley de jerarquía espiritual que rige para el cosmos absoluto. En nuestro estudio esotérico sobre los Ángeles hemos podido comprobar que a cada estado de conciencia humana corresponde una corriente de energía dévica, o sea, que la sensibilidad angélica y su capacidad de crear corrientes de energía eléctrica alrededor del campo magnético humano (su Aura etérica), deben corresponderse forzosamente con las actitudes mentales, emocionales y físicas de los seres humanos. Es partiendo de esta base que nos fue posible hablar de los ambientes sociales, familiares e individuales dentro de la humanidad. Así, pues, la analogía entre el Ángel y el Hombre, creciendo en majestad y potencia, puede deparamos una visión muy objetiva de lo que podríamos denominar científicamente corrientes astrológicas, ya se refieran a los astros, a los Sistemas solares o a las propias Constelaciones que, en su mutua interdependencia, constituyen una Galaxia. Siguiendo con este orden de ideas podríamos decir que cada Constelación, vista en su conjunto, no es sino el Cuerno objetivo de una Individualidad Psicológica de carácter cósmico cuya Conciencia, expresando cualidades definidas, se manifiesta —si podemos decirlo así— como un movimiento en el Espacio mediante el cual son invocadas potentísimas Entidades Angélicas, las Cuales convierten aquel movimiento en energía y la transportan —vía el éter— a las más alejadas regiones del Cosmos absoluto. El principio hermético la energía sigue al pensamiento puede ser íntegramente aplicado aquí, facilitando el trabajo de nuestra mente investigadora. El Gran Iniciado HERMES TRISMEGISTUS les llamó a estas potentísimas Entidades Angélicas «los Gobernadores del Mundo», concretando la actividad de Aquéllas que más asidua y particularmente toman contacto con nuestro planeta Tierra.

Al analizar la definición bíblica de los Siete Espíritus ante el Trono del Señor (El Logos Solar) refiriéndose a los Siete Logos planetarios, Señores de Rayo, Regentes de los Siete planetas sagrados de nuestro Universo, es decir, de Vulcano, Mercurio, Venus, Júpiter, Saturno, Urano y Neptuno, adivinamos que se hace también una directa referencia a los Siete esplendentes Arcángeles relacionados muy íntimamente con la vida mística de aquéllos. Tales Entidades Angélicas podrían ser análogamente descritas así, de acuerdo con su relación íntima con el planeta sagrado del que dimanan o del cual —por decirlo de alguna más significativa manera— extraen sus energías:

ANGEL	PLANETA
Raziel	Vulcano
Miguel	Mercurio
Haniel	Venus
Zadquiel	Júpiter
Zapquiel	Saturno
Gabriel	Urano
Camael	Neptuno

Hay que tener en cuenta al respecto que la terminación «el», asignada a todo Ángel superior, es un símbolo del omnipotente poder de la Divinidad que le asignó un nombre o un atributo creador a cada Ángel, a cada ser humano y a cada elemento vivo en el seno infinito de la Naturaleza. Así, si utilizáramos la raíz latina en la denominación de los poderosos Mahadevas que rigen las energías que surgen de las Constelaciones del Zodíaco, los denominaríamos así: Ariel, Tauriel,

L. Los ángeles y las influencias astrológicas

Cancriel, Leoniel, Virginiel, Libriel, Escorpiel, Capriel, Acuariel y Pisciel, en vez de la raíz hebraica que los denomina así:

Aries	Malquidiel
Tauro	Armodel
Géminis	Ambriel
Cáncer	Muriel
Leo	Verquiel
Virgo	Hamaliel
Libra	Zuriel
Escorpio	Barquiel
Sagitario	Aduaquiel
Capricornio	Hanael
Acuario	Gambiel
Piscis	Batquiel

Pero prescindiendo de tales denominaciones que sólo deben ser tenidas en cuenta desde el ángulo lingüístico, lo interesante para nosotros es tratar de captar el significado íntimo de las corrientes astrológicas que desde todas las partes del cielo se precipitan sobre nuestro planeta, ya que lo más importante desde el ángulo esotérico es cómo captar adecuadamente tales energías y cómo canalizarlas individualmente para crear correctos ambientes sociales, lo cual únicamente será posible si nuestra vida personal es tan correcta que pueda servir de adecuado cauce a aquellas corrientes de energía astrológica, algunas de las cuales hacen vibrar los éteres del espacio a unas notas de tal elevada frecuencia que sólo pueden ser canalizadas perfectamente por los grandes Ángeles planetarios o por los altos Iniciados de la Jerarquía. Sin embargo, a los seres humanos de una cierta evolución les cabe la suerte —si podemos decirlo así— de acogerse consciente o inconscientemente a las influencias angélicas o astrológicas que rigen los ciclos menores del tiempo, llamados esotéricamente tatwas, y también los que se derivan del movimiento de rotación de la Tierra, es decir, del día, de la noche, de las auroras y de los crepúsculos, así como de los del movimiento de traslación del planeta alrededor del sol que originan las cuatro estaciones del año... Por todas estas coincidencias que influyen poderosamente en el destino humano, cabe admitir la importancia del conocimiento del mundo dévico en relación con la vida de la Naturaleza y de la sabia definición del gran iniciado HERMES TRISMEGISTUS, que les asignaba a los Ángeles la denominación de gobernadores del mundo.

Ahora bien, de acuerdo con la descripción esotérica hasta aquí realizada para definir las distintas jerarquías angélicas que operan en y a través de nuestro Universo, habrá que hacerse un énfasis especial a las jerarquías que actúan más allá del "círculo-no-se-pasa» del Sistema solar por cuanto personifican las energías que provienen de las Doce Constelaciones Zodiacales que constituyen nuestro cielo sideral y que a través de los grandes Ángeles planetarios convergen en la vida evolutiva del planeta a través de las fuerzas ocultas que rigen el complejo molecular de los elementos químicos de la Naturaleza, es decir, los elementales constructores del aire, del fuego, del agua y de la tierra, llamados esotéricamente en nuestro *Tratado*, sílfides, salamandras, ondinas y gnomos... Un atento examen del diagrama que sigue nos informará acerca de las relaciones astrológicas que existen entre las grandes Constelaciones, los Ángeles, los planetas y la vida oculta de la Naturaleza a través de los pequeños gobernantes de los elementos, reconocidos esotéricamente como elementales constructores:

L. Los ángeles y las influencias astrológicas

CONSTELACIONES	PLANETAS	ANGELES	ELEMENTO	DEVAS CONSTRUCTORES
Aries Leo Sagitario	Marte Sol Júpiter	Agnis	Fuego	Salamandras
Tauro Virgo Capricornio	Venus Mercurio Saturno	Saturnos	Tierra	Gnomos o espíritus de la tierra.
Géminis Libra Acuario	Mercurio Venus Urano	Mercurios	Aire	Silfides o Silfos
Cáncer Escorpio Piscis	La Luna Marte Plutón	Neptunos	Agua	Ondinas

Este diagrama va orientado hacia la comprensión espiritual del hombre corriente. El orden de los planetas regentes variaría si nos atuviésemos a la evolución de los discípulos mundiales y de los Iniciados del planeta. Sin embargo, esperamos que el orden expuesto sea suficiente por ahora, ya que no es nuestro empeño en *este Tratado Esotérico sobre los Ángeles* abordar directamente el estudio astrológico, sino que intentamos únicamente establecer analogías para facilitar nuestra investigación sobre la vida de los Devas.

La personificación Mística de las Energías

El aspirante espiritual debe estudiar el ocultismo desde el ángulo de vista de las causas motivadoras de los acontecimientos planetarios y prestar menos atención a las conclusiones exotéricas basadas en objetividades intelectuales, muy dignas de tener en cuenta, pero del todo punto insuficientes para poder adueñarse del secreto dévico o angélico que rige el mundo de las causas de todos los fenómenos naturales pero, paradójicamente, deberá experimentar, tan exotéricamente como le sea posible —si puede ser comprendida exactamente esta locución— las verdades esotéricas sometidas a su atención acerca de las causas de toda manifestación objetiva de la Naturaleza y de los ambientes sociales de la humanidad, a fin de poder localizar en el éter a las gloriosas Entidades dévicas cuya misión es personificar las energías logoicas que surgen de todos los puntos del Espacio absoluto y sirven de Vehículos de comunicación entre Sí de todas aquellas Entidades Logoicas cuyo destino inviolable es extenderse en magnitud y profundidad por las infinitas regiones cósmicas. Siendo así, la misión del aspirante espiritual, cuya participación en la vida evolutiva de la Naturaleza ha de ser cada vez más consciente y efectiva, será sin duda también la de crecer en magnitud y profundidad dentro de los ámbitos planetarios en donde vive, se mueve y tiene el ser, lo cual sólo será posible si se deja influenciar creadoramente por la fuerza mágica de los Ángeles y se somete voluntariamente a la actividad moldeadora que Ellos ejercen sobre los hombres y sobre las comunidades sociales de acuerdo con la presión de los majestuosos Arquetipos causales diseñados por la propia Divinidad. De acuerdo con esta idea podríamos decir que el mejor de los consejos que puede serle impartido al aspirante espiritual —hacia el cual van especialmente dirigidos estos comentarios— es que se deje guiar serenamente por las corrientes astrológicas que rigen su destino kármico más bien que el pretender conocer intelectualmente los signos astrológicos que lo rigen. Así avanzará más rápidamente hacia la consumación de su vida kármica ya que, tal como dice el Maestro, mejor es vivir que conocer. Como se verá por poco que se profundice en estas palabras, no se niega en absoluto la efectividad del conocimiento intelectual relacionado con la forma y principal integrador de la mente razonadora, sino que se le pospone únicamente para dar lugar a la cualidad vivencial del Espíritu, el cual está más allá y por encima de todo posible razonamiento. Es decir, y siendo todavía más concretos, en el primer caso y a través de las vías del conocimiento natural sabemos que existen los Ángeles, pero en el segundo establecemos contacto con sus inmortales Vidas y nos dejamos guiar por las luminosas expresiones de sus Presencias radiantes. La entrada en el Sendero oculto como regla obligada de nuestro propósito espiritual, es el resultado cierto –nos demos o no cuenta de ello— de alguna experiencia vivida de carácter angélico. Tal experiencia ha impresionado sin embargo tan potente y fúlgidamente nuestra memoria que ya jamás podremos olvidarla y es aquella luz subjetiva e intuitiva la que lenta, aunque persistentemente, nos va introduciendo en el Camino iniciático...

La Astrología, una Ciencia de Comunicación entre Ángeles y Hombres

Este tema será continuación del anterior, pero concretándolo a aspectos más objetivos y más fácilmente asimilables para la mente intelectual de los aspirantes espirituales. Al definir a la Astrología como una Ciencia de Comunicación o de relación entre Ángeles y Hombres, tenemos en cuenta el significado místico del contacto espiritual existente desde siempre por decisiones de la propia Divinidad y que, por ello, escapa totalmente a nuestros comentarios. Intentamos únicamente añadirle un mayor sentido potencial, asignándoles a los hombres sentido creador y a los Ángeles cualidades constructoras. Así, el sentido del axioma esotérico la Energía sigue al Pensamiento, puede ser utilizado igualmente en la locución corrientes de energía ambiental o cuando extendiendo enormemente el significado oculto de la misma hacemos uso de la frase corrientes de vida astrológica. En ambos casos se expresa idéntica idea de COPARTICIPACION, ya sea entre Entidades

Logoicas y poderosos Arcángeles o entre entidades humanas y Ángeles familiares. Lo único que hay que señalar naturalmente es la abismal distancia, medida en términos de evolución, que separa un trascendente Arcángel que teje los acontecimientos que constituyen el destino creador de un Logos, Señor de un Universo, de una constelación o de una Galaxia, de aquel Deva familiar que utilizando los materiales que le suministra la vida espiritual y oculta de un ser humano, le crea los acontecimientos ambientales que configuran y modelan su destino.

Por lo tanto, cuando hablamos de la Astrología como una vía natural de. comunicación entre Ángeles y hombres en virtud de las energías de los astros, no hacemos sino concretar el proceso en términos fácilmente comprensibles para la mente intelectual. Utilizando la clave de la analogía nos será útil considerar la relación que existe entre:

- Las Doce Constelaciones del Zodíaco (Los doce MAHADEVAS).
- Los Doce Planetas Sagrados (al finalizar el Mahamanvántara)
- Las Doce Lunas del Planeta Júpiter
- Las Doce Tribus de Israel
- Las Doce Puertas de la Ciudad Celeste (de Shamballa)
- Los Doce Trabajos de Hércules
- Los Doce Apóstoles (Los doce Ángeles planetarios)
- Los Doce Pétalos Sagrados del Corazón
- Los Doce Meses del Año

Esta relación, entresacada de las leyes de la analogía, si bien no completa, nos permitirá extender considerablemente nuestro horizonte mental en torno a nuestro estudio esotérico sobre los Ángeles ya que tales Entidades, a partir de los Doce Mahadevas de las Constelaciones del Zodíaco que presiden nuestro cielo sideral, están presentes como energías personificadas en todas y cada una de las analogías antes descritas, pues si bien es evidente su actividad bajo la forma de los grandes Mahadevas que personifican o encaman las corrientes de energía que surgen del centro místico de cada Constelación, no lo es menos en el sentido de considerar que todas las analogías con base en el número DOCE se corresponden precisamente con la actividad dévica y con el número de perfección del Reino de los Ángeles.

L. Los ángeles y las influencias astrológicas

Vemos así, en la relación oculta entre el Zodíaco sideral y los doce planetas sagrados, una posibilidad de largo alcance para la Vida de nuestro Logos solar, ya que si bien en la actualidad son sólo siete los planetas sagrados, tal como vimos en páginas precedentes de este *Tratado*, hay que tener en cuenta que existen otros tres planetas no sagrados: la Tierra, Marte y Plutón, a los cuales habrá que añadir otros dos todavía no descubiertos, pero que ya empiezan a surgir del éter —tal como esotéricamente se dice— totalizando doce planetas, relacionados místicamente con cada una de las doce Constelaciones y que serán sagrados al final de nuestro sistema solar, cuando nuestro Logos haya logrado la perfección del Arquetipo solar o angélico que corresponde al Universo actual.

Según se nos dice esotéricamente hay una misteriosa relación entre los doce planetas sagrados con los doce satélites de Júpiter el cual, a través de cada uno de ellos, canaliza misteriosamente las energías de las doce Constelaciones. Hay que advertir al respecto que Júpiter es un planeta sagrado vinculado con las energías del segundo Rayo, el mismo que rige la Vida de nuestro Logos solar y que su relación con ESTE es similar a la que unía místicamente la vida de Juan, el discípulo más amado, con la de Cristo, el Representante de las energías del segundo Rayo de AMOR en nuestro planeta. Hay que tratar de ver en toda posible analogía una base de realidad, que no es meramente simbólica, sino que intenta precisamente expresar verdades universales. Los doce hijos de Jacob, las doce Tribus de Israel y las doce Puertas de la Ciudad Celeste (Jerusalén), son analogías muy significativas de las Doce Constelaciones, aunque concretizadas en los aspectos bíblicos de pueblo elegido, teniendo en cuenta, sin embargo, que toda la humanidad y no únicamente el pueblo judío es el pueblo elegido por la Divinidad, siendo Jerusalén, la Tierra Prometida, un símbolo del Centro místico de SHAMBALLA y las doce puertas que dan acceso a este Centro Celeste son las corrientes astrológicas del Zodíaco que el ser humano perfecto ha de dominar antes de poder penetrar en el recinto secreto de SHAMBALLA, el Centro en donde la Voluntad de Dios (el Logos solar) es conocida...

Tiene entonces una realidad plenamente objetiva el mito de los doce trabajos de Hércules, siendo Hércules la personificación del Iniciado que obtuvo la perfección en cada uno de los doce signos del Zodíaco y en cada uno de los Siete Rayos: 12+7=19, 1 + 9 = 10, número que, como Uds. saben, es el de la perfección humana. Siendo más concretos todavía, deberíamos decir que cada uno de los trabajos de Hércules se realiza en el corazón del Iniciado a través de cada uno de los doce pétalos del chacra cardíaco, un trabajo que repercute en el chacra coronario, en cuyo centro espiritual y en el momento cúspide de la quinta Iniciación resplandece la estrella mística de doce puntas de un indescriptible blanco inmaculado, representación infinita en la vida del hombre perfecto de la perfección del Logos Solar, cuyo Centro Cardíaco de Doce resplandecientes Pétalos está constituido por todos los Hércules planetarios, o Maestros de Compasión y Sabiduría de todas las humanidades de este Sistema Solar, que alcanzaron la perfección en cada uno de los Doce Signos del Zodíaco.

Los Ciclos de Vida Universal

Las ideas precedentes tratan, como Uds. habrán podido comprobar, con la ley universal de los ciclos, es decir, con los períodos de actividad con que son divididos dentro de la inmensidad del espacio los momentos augustos del tiempo. Este último se basa, dentro de un plano tridimensional, en los movimientos de rotación y de traslación de los astros, siendo mayores naturalmente los ciclos de tiempo correspondientes a las inmensas orbitaciones de los grandes sistemas. No hay una correspondencia exacta, por tanto, entre el movimiento de rotación y de traslación de nuestro planeta y el de otro planeta, mayor o menor, dentro de nuestro Universo, desde el ángulo de vista del tiempo, ya que será tanto más extenso el recorrido u orbitación de cualquier planeta o astro celeste cuanto más alejado se halle de su centro solar, por lo cual casi resultará imposible conceptuar la magnitud de los ciclos del tiempo cuando los condicionemos a los gigantescos centros solares, galácticos o cósmicos que se mueven dentro de la extensión infinita del Espacio absoluto. La relación Espacio-Tiempo parece ser, sin embargo, la medida natural de la evolución en lo que a la ley de ciclos respecta, siendo el Espacio la gran Matriz Cósmica de todas las formas universales y el Tiempo el factor condicionante del Espacio, cuando movidos por las Leyes infinitas de la Necesidad Kármica se sienten atraídos los Logos creadores hacia los periodos cíclicos de la Manifestación.

L. Los ángeles y las influencias astrológicas

Pese al contenido abstracto de estas ideas nos será posible, sin embargo, llegar a la conclusión de que la noción de tiempo es muy relativa, ya que se halla condicionada siempre a las mayores o menores magnitudes de las orbitaciones cíclicas de los astros. Hay que considerar no obstante —y esta es una conclusión definidamente esotérica— que cuanto mayor sea una orbitación mayor será asimismo la efusión de energía proveniente de cualquier centro solar, siendo mayores y más potentes, por tanto, las Energías Angélicas cuyas excelsas Vidas galvanizan los éteres espaciales dentro de los cuales tienen lugar aquellas tremendas orbitaciones, estando muy estrechamente vinculada la ley espiritual de Jerarquía con la magnitud de una orbitación, de la misma manera que la expansión del campo magnético humano en el orden espiritual dependerá de la evolución de la conciencia, situada constantemente en el centro de la tensión espacio-tiempo la cual, una vez superada a través de las leyes de la evolución se convertirá en equilibrio, es decir, en la armonía integral que se produce cuando la conciencia se ha liberado de toda posible polaridad en el devenir de su vida individual.

La energía producida por las orbitaciones de los cuerpos celestes al rasgar los espacios siderales, tendrá una medida constante para cada astro, siendo proporcional la energía a la magnitud de las orbitaciones, o sea, que a mayor orbitación mayor cantidad generada de energía. La cualidad de dicha energía vendrá determinada naturalmente por la ley de Jerarquía, de la cual cada Logos es un exaltado exponente. Otros conceptos. que pueden ser extraídos en relación con estas ideas que vamos exponiendo tendrán que ver con Las vinculaciones astrológicas existentes entre todos y cada uno de Los Sistemas estelares en movimiento de expansión cíclica y con las cualidades de las energías, o corrientes de Vida dévica de Rayo, que surgen de cada centro logoico de creación.

Contemplado el Universo desde este ángulo de vista aparecerá surcado, sin duda, por una infinita gama de energías, matizadas por la luz, la nota o el sonido que emiten los Logos de cada esquema solar y transportadas por los Ángeles, de todas las jerarquías posibles, a través del espacio absoluto, estando marcado cada Ángel por la impronta o sello específico de tales corrientes de energía, definidas esotéricamente como de FRICCION ya que, al parecer, tienen que ver directamente con el Fuego creador de la Divinidad de cada esquema y radicando ahí, en esta idea, una explicación científica de las causas de la electricidad tal como la conocemos en nuestro planeta. Bien, como Uds. verán, deberemos extremar mucho nuestro sentido de la analogía sobre este punto, ya que se trata ni más ni menos que de comprender la ley mística de Los contactos establecidos, vía el espacio, por todos los Logos creadores y grandes Arcángeles dentro de la infinita majestad del Cosmos.

Deberemos suponer también, de acuerdo con estos nuevos conceptos que vamos emitiendo, que las auras angélicas o vestidura etérica de que se apropian las distintas y numerosas jerarquías de Ángeles en el Cosmos como símbolo de poder y majestad, variarán sensiblemente en color, radiación y poder de acuerdo con la evolución del Centro Logoico de donde procedan y también según sea la magnitud de la orbitación de este centro solar en relación con otros centros solares y la intensidad de las fricciones que originan en su desplazamiento por el espacio. El sonido que producirá el éter del espacio al ser rasgado equivaldrá a una nota o sonido cósmico y el fuego que surja por efecto de las intensas fricciones originará para cada Universo un tipo peculiar de energía, electricidad o corriente astrológica que los astrólogos del futuro deberán tener en cuenta, considerándola no como una simple energía estelar, sino como un tremendo poder psicológico que les dará la clave del karma de nuestro planeta. Podríamos añadir también —siempre de acuerdo con la analogía— que si a igual que un exaltado RISHI pudiésemos contemplar el Universo desde su elevada atalaya cósmica, percibiríamos en el fuego de la fricción un color definido de acuerdo con las cualidades espirituales que surgen de los centros logoicos, oiríamos un sonido, el mantra universal que repiten incesantemente las jerarquías angélicas y observaríamos una forma geométrica, la del Arquetipo que cada Logos creador tiene el Dharma de realizar y llevar a la perfección. El tema, si bien profundamente sugestivo es también extremadamente complejo y la analogía no será suficiente quizás para poder darnos una idea de estos ángulos de percepción tan vastos... Deberemos confiar mucho, por tanto, en la capacidad intuitiva de nuestra conciencia y en la profundidad y persistencia de nuestras investigaciones. De todas maneras, se halla ahí, en esta idea, una explicación esotérica de aquel fenómeno cósmico definido ocultamente como Música de las Esferas, la cual sólo puede ser oída por los grandes Iniciados del Sistema. Los oídos mortales del ser humano sólo pueden escuchar algunas de las notas de aquella mágica sinfonía, las cuales se traducen en la música que nos cautiva, sensibiliza y deleita. Volviendo a la idea cósmica que nos ocupa, podríamos decir que de la misma manera que el perfume precede siempre a la flor, la música de un planeta precede asimismo constantemente el paso de su cuerpo celeste por el espacio y los oídos logoicos de todas las comunidades cósmicas podrán detectarle y deleitarse —si podemos decirlo así— de la Melodía que producen los Ángeles de aquel cuerpo celeste y determinan su cósmica identificación, ya que aquella melodía en su integridad constituye el NOMBRE augusto del Logos que lo rige y representa. De ahí la importancia asignada esotéricamente al Nombre, ya se refiera a los hombres o a los Devas, por cuanto en el Nombre subyace el secreto iniciático del Reconocimiento espiritual y las bases íntimas de la universal perfección. El tema del Nombre y su importancia iniciática fue estudiado en la Segunda Parte de este *Tratado*. Nos abstendremos por tanto de insistir sobre el mismo. Sin embargo, y ya para terminar, quisiéramos establecer unas nuevas analogías las cuales podrán ayudarnos en el devenir de futuras investigaciones:

a. EL NOMBRE: VIDA	Siempre se refiere al Hombre espiritual, ya sea un Logos o un ser humano.
b. EL SONIDO: CUALIDAD	El Mántram en relación con el Nombre, pronunciado por los Devas en sus infinitas jerarquías, para producir tensión creadora y expresar las cualidades implícitas en la pronunciación del Nombre.
c. EL ECO: APARIENCIA	La extensión del Sonido por los Espacios universales, mezclándose con el eco de otros Nombres o Sonidos y produciendo "relación cósmica".

Estos tres factores, aplicados a la vida de nuestro Universo, darían lugar a lo que esotéricamente definimos como Espíritu, Alma y Cuerpo. En relación con el hombre corriente esta triple manifestación se expresaría como mente, sensibilidad y cuerpo físico y con respecto al orden general de la existencia, tal como se expresa en nuestro planeta, surgirían como siempre los tres aspectos vitales tantas veces repetidos en las páginas de este *Tratado*, es decir:

- Sonido
- Color
- Forma Geométrica

una constante cósmica, eternamente invariable que igual puede ser aplicada al más elevado Universo como al más diminuto de los átomos. El principio de analogía, inteligentemente aplicado, nos dará siempre la clave esotérica o mística de cualquier estudio o de cualquier idea, por elevadas que sean sus implicaciones.

L. Los ángeles y las influencias astrológicas

La división esotérica del mundo por las Grandes Jerarquías Dévicas

De acuerdo con el sentido territorial el planeta se halla dividido en cinco Continentes, siendo actualmente cinco las razas humanas que realizan su evolución en nuestro mundo. La jerarquía angélica de los AGNISCHAITAS, más directamente vinculada con la creación física de la Naturaleza, tienen poder sobre los cinco grandes grupos de elementos que producen el fenómeno de la vida en todo el contenido substancial planetario, es decir, en la tierra, en el agua, en el fuego, en el aire y en el éter que es el elemento cualificador e integrador. Los seres humanos poseen cinco sentidos normales de percepción, vista, oído, olfato, gusto y tacto y según se nos dice esotéricamente los más avanzados deberán desarrollar también cinco sentidos en cada uno de sus cuerpos sutiles, el astral, el mental, el búdico y el átmico, en el devenir de la presente Cuarta Ronda. Pasar de ahí, en lo que al ser humano se refiere, sería una empresa vana considerando el desarrollo espiritual de la humanidad del presente. Sabemos, a través de nuestras investigaciones esotéricas, que hay en el mundo hombres de elevadísima integración espiritual, tales como los Iniciados de la Jerarquía planetaria quienes, merced a los esfuerzos, devoción al trabajo interno y a las férreas disciplinas de Sus vidas, lograron desarrollar los sentidos correspondientes a cada uno de los cuerpos o vehículos de manifestación cíclica o evolutiva en la presente Ronda planetaria, y aún otros dos que para la inmensa mayoría de la humanidad constituyen sólo unas vagas promesas para más lejanas edades y más avanzados ciclos evolutivos. Como resultado de las profundas investigaciones ocultas, sabemos que en los planetas Venus y Mercurio y posiblemente en alguno otro más de nuestro Sistema solar, las humanidades que en ellos realizan su evolución han desarrollado seis y hasta siete sentidos de percepción interna, lo cual les facilita la percepción en otros niveles más elevados del Universo, al igual que nuestros Adeptos e Iniciados. El hecho se debe principalmente a que tales humanidades realizan su evolución en una Cadena o en una Ronda planetaria más elevada que la nuestra, lo cual puede ser un indicio de que se hallan estrechamente vinculadas con Jerarquías angélicas de extraordinaria evolución, teniendo en cuenta que viven, se mueven y tienen el ser en espacios de seis y siete dimensiones, habiendo una directa relación entre las dimensiones del

Parte III. Los ángeles en la vida social humana

Espacio donde actúan los Ángeles y los sentidos desarrollados cíclicamente por todas las humanidades del Sistema.

Los Ángeles de la Naturaleza, es decir, estas potencias ocultas que presiden el orden de la evolución en nuestro planeta Tierra, se mueven en espacios de cinco dimensiones, habida cuenta que los sentidos que tiene que desarrollar nuestra humanidad en cada Plano de la Naturaleza son solamente cinco en la actual Ronda planetaria y en lo que al ser humano respecta. Sabemos, sin embargo, que hay Ángeles de exaltada evolución formando parte de nuestra Jerarquía planetaria que se mueven en espacios multidimensionales, tales como los que rigen los Planos de la Naturaleza o los que ordenan el proceso de integración de los Reinos, las razas y las especies. En lo que a la gran familia humana se refiere, sólo podemos hablar de los Ángeles familiares, de gran evolución espiritual, que viven en muy estrecho contacto con los seres humanos constituyendo misteriosamente las bases de sus culturas, civilizaciones y ambientes sociales, siendo uno de sus principales cometidos facilitarles el desarrollo de los cinco sentidos de percepción en cada uno de sus cuerpos sutiles.

Nuestro planeta, como todos los planetas del Sistema solar, es esencialmente septenario aunque en su presente estado de evolución esté desarrollando únicamente una quinta fase de la Voluntad todopoderosa de la Divinidad, y es por esta razón que el número básico o sagrado que corresponde indistintamente al Reino humano y a la evolución dévica es el CINCO, estando representado simbólicamente el primero en la forma geométrica del pentágono con la figura de un hombre en el centro y la segunda en la estrella de cinco puntas que brilla esplendorosamente en la radiante cabeza de los Ángeles AGNISVATTAS. El número cinco es, por tanto, el número de la integración que corresponde a la humanidad y al mundo dévico, prescindiendo por completo de si en las filas de la humanidad o en las de las jerarquías angélicas existan excelsas Entidades de tal elevado desarrollo espiritual que posean siete sentidos en plena actividad, hayan alcanzado siete iniciaciones o que se muevan en espacios ultradimensionales para medir los cuales nuestra mente actual carece por completo de datos y referencias.

Es lógico suponer que, al dividir el planeta en cinco Continentes, se obedece jerárquicamente a un claro sentido de analogía con el número cinco que corresponde a la perfección del Cuarto Reino, el Reino humano, en esta presente fase de la evolución planetaria, cuya meta reconocida es alcanzar la conciencia átmica en el quinto Plano del Sistema solar. Se hace referencia también a las cinco jerarquías de Ángeles con los cuales el ser humano podrá establecer contacto a medida que vaya desarrollando sus sentidos o facultades en los niveles subjetivos de la Naturaleza.

Desde el ángulo de vista esotérico y utilizando el principio hermético de la analogía, podríamos decir que los cinco Continentes de la Tierra están bajo la dirección de cinco exaltados Ángeles de categoría espiritual muy similar a la de los Budas de Actividad, teniendo bajo sus órdenes un increíble número de Devas constructores y espíritus elementales cuya misión es construir, conservar o destruir las formas de acuerdo con el proceso evolutivo o kármico de aquellos Continentes. Cinco Ángeles subalternos, aunque de gran evolución espiritual y dependiendo directamente del Centro místico de SHAMBALLA, enfocan las energías superiores de los Rayos involucrados en esta presente Era de grandes oportunidades espirituales, en cinco definidas ciudades del mundo con objeto de irradiar a través de las mismas el poder dinámico de tres esplendentes Entidades cósmicas conocidas esotéricamente bajo los nombres de: el Avatar de Síntesis, el Espíritu de la Paz y el Señor Buda, las cuales preparan el Camino para el Avatar de la Nueva Era. Tales ciudades son: Nueva York, Londres, Ginebra, Tokio (Japón) y Darjeeling (India).

Podemos decir también que todas las naciones de la Tierra, al igual que cada Continente, están ocultamente dirigidas por un Ángel de elevada jerarquía a quien se le asigna esotéricamente el nombre de espíritu nacional. Las características particulares, idiosincrasia y temperamento de los ciudadanos de un país obedecen a ciertas improntas de carácter angélico que le prestan a esta nación su propio e inconfundible sello. Si nos diésemos cuenta de estas motivaciones subjetivas, llegaríamos a distinguir posiblemente las causas profundas de ese espíritu nacional y nuestro grado de afinidad con el mismo, lo cual significaría que nos habríamos puesto en contacto con el poderoso Deva que rige los destinos de un país, reconociendo su directa participación en la elaboración de su lenguaje, tipo racial, temperamento físico y complejo psicológico y teniendo en cuenta, además, que dicho Deva canaliza las corrientes astrológicas de los astros que inciden sobre su particular territorio y condicionan su karma nacional, el cual viene condicionado también por las reacciones psíquicas de cada uno de sus ciudadanos a aquellas impresiones astrológicas o cíclicas. El lenguaje constituye el elemento integrador de un país a través del numerosísimo cortejo de devas menores, cuya misión es escuchar los distintos sonidos que se elevan de la gran masa de sus ciudadanos y según las peculiares reacciones que suscitan en el éter del Espacio, van construyendo lo que podríamos definir como la arquitectura del lenguaje.

Tal como decimos en otra parte de este *Tratado*, la civilización, la cultura y la ética de las naciones se refleja en la riqueza expresiva de su lenguaje como medio de relación y participación en las tareas encomendadas a cada uno de los ciudadanos de un país, así como en su capacidad de adaptarlo a las necesidades de comunicación internacional, siendo esta necesidad de comunicación un intento de carácter espiritual programado por el Señor del Mundo para una Era no muy lejana de la nuestra actual, para cuya realización será preciso que las naciones más poderosas de la Tierra, olvidando viejos antagonismos e intereses, se pongan de acuerdo sobre la base común de un idioma internacional basado en las necesidades humanas y en el espíritu de buena voluntad. Estamos plenamente seguros de que los grandes Devas familiares aportarían sus profundos conocimientos sobre los sonidos humanos para que dicho lenguaje tuviese eficacia, fuese de fácil adaptación y encarnase un mágico sentido de unión y creatividad.

Lo dicho para las naciones puede ser íntegramente aplicado a los territorios menores que llamamos comarcas, regiones o localidades, siendo de notar que dentro de los límites o fronteras de cada nación la Tierra existe una notable variedad de caracteres y temperamentos, así como inflexiones específicas y muy particularizadas dentro del mismo lenguaje o sistema de expresión que le prestan singulares y determinadas diferenciaciones. Veamos, por tanto, cuán difícil le será a la humanidad llegar a un correcto entendimiento en el orden general planetario cuando tantas y tan diversas variantes existen dentro de las propias fronteras de un país...

Cada espacio terrestre, sea nacional, comarcal o territorial viene regido por sus particulares Devas, los cuales tienen una inexplicable y misteriosa conciencia de su misión. Así, cada lugar de la Tierra, desde el más amable y acogedor hasta el más árido e inhóspito, está ocultamente regido por sus correspondientes entidades dévicas las cuales están haciendo llegar su influencia o radio de actividad magnética a los lugares más ocultos e impenetrables por medio de los elementales constructores a los que hicimos amplia referencia en otras partes de este *Tratado*. Un hermoso paisaje lleno de verdor y cálido ensueño, lo mismo que el árido y reseco desierto, están ocultamente dinamizados por los Devas, sea cual sea su estirpe o jerarquía, cumpliendo su misión de acuerdo con el karma planetario, pudiendo afirmarse que a medida que la humanidad vaya avanzando en su evolución serán más acogedoras y menos hostiles las condiciones climatológicas y los ambientes sociales del planeta. No habrá entonces zonas inhóspitas, desiertas, yermas o áridas como las de las cercanías de los polos o del ecuador. Las pequeñas voluntades de los hombres, que son parte de la Voluntad de Dios, harán posible que el eje de la Tierra endereza su posición con respecto al plano horizontal de su eclíptica y se produzca por efecto de ello un estado de armonía general que le depare al conjunto planetario un clima de físico bienestar y ambientes sociales fraternales y correctos para todos los hijos de los hombres.

No estamos traficando con sueños ni nos atraen las visiones exageradamente místicas en las líneas descriptivas de este *Tratado*. No hacemos sino repetir con diferentes palabras lo dicho y repetido por los grandes Iniciados de nuestro planeta: «. . .La Naturaleza cumplirá su misión de armonía cuando el hombre haya cumplido la suya de paz, fraternidad y justicia».

M. Egregores

[AVSH, p.167] Con el nombre genérico de EGREGORES vamos a conceptuar esotéricamente todas las formas psíquicas que viven y se mueven dentro de los distintos éteres que constituyen el espacio planetario. Tal como vimos en otra parte de este *Tratado*, hay EGREGORES provenientes de un remoto pasado que todavía pululan por los bajos niveles del plano astral y son proyectores de energía negativa sobre el aura etérica de nuestro mundo. Otros, de carácter más reciente y producidos por la raza Aria, contienen grandes reservas de energía mental y su poder es notorio en la vida planetaria determinando lo que corrientemente llamamos ambiente social, político, cultural, religioso, etc., de las naciones. Los EGREGORES se hallan por doquier, en las pequeñas comunidades y en las grandes concentraciones sociales, pues allí en donde participe activamente el espíritu humano, allí se fomentan y se construyen EGREGORES. Así, el término EGREGOR tiene para el investigador esotérico un sentido total y absoluto, ya que de una u otra manera es la representación genuina del alma de los pueblos, es decir, la expresión de su grado de civilización y cultura. Si investigamos el proceso histórico del planeta y sus repercusiones psicológicas sobre la humanidad del presente desde el ángulo oculto, comprobaremos la existencia de tres principales tipos de EGREGORES en el aura etérica de la Tierra:

1. creados en las primeras subrazas de la Raza Lemur y transportados, vía el éter, a nuestros días por la incorrecta forma de pensar, sentir y actuar de las razas del presente, constituyendo los vastos semilleros de virus y bacterias que originan las más importantes y dolorosas enfermedades físicas de la humanidad.

2. dotados de un portentoso poder, procedentes de las antiguas humanidades atlantes. Constituyen potentísimas concentraciones de energía psíquica y se expresan en los subplanos inferiores del plano astral condicionando poderosamente a la conciencia humana. Según el punto de vista de la Jerarquía espiritual del planeta, estos EGREGORES son el principal enemigo de los aspirantes y discípulos del mundo en su intento de integrarse espiritualmente y establecer contacto con su Yo superior.

3. construidos en materia mental y gravitando sobre los éteres planetarios. Fueron creados inicialmente por las humanidades de las cinco subrazas de la Raza Aria. Algunas de sus formas son realmente destructivas por el espíritu de separatividad que encarnan. Otras, por el contrario, son buenas y aparecen actualmente como positivas, aunque al adentrarse la humanidad dentro del área de luz del cumplimiento causal de la Raza, deberán ser finalmente destruidas pese a las cualidades que encarnan y ser reemplazadas por otras más adecuadas para la evolución de las sucesivas subrazas que irán apareciendo. Algunas de estas formas mentales son expresiones del saber científico, pero aparecen frías y sin contenido espiritual. Es precisamente esta circunstancia la que aleja a los científicos del mundo de las causas originales de la energía. Como bien decía un gran Maestro de la Jerarquía a principios de este siglo: «La Ciencia carece todavía de corazón, de ahí la peligrosidad de sus conquistas iniciales.» La visión de este Maestro señalaba una vez más en la historia de la Logia el peligro que supone el conocimiento sin haber madurado suficientemente el sentimiento de fraternidad dentro del corazón.

Con este triple legado kármico de substanciados EGREGORES enfrenta la humanidad del presente el proceso de su espiritual evolución, debiendo ser debidamente señalado que la Nueva Era, a la cual nos referimos tan frecuentemente, será de una tremenda lucha contra los EGREGORES que en distintos niveles y bajo una prodigiosa diversidad de matices constituyen las bases de nuestra civilización actual. Habida cuenta de que este *Tratado Esotérico sobre los Ángeles* ha de constituir una obra genuinamente práctica que trascienda el propio conocimiento de las ideas tratadas, hemos creído oportuno profundizar lo más posible en este tema de los EGREGORES, a fin de que el aspirante espiritual de nuestros días y aún el propio discípulo en entrenamiento esotérico, puedan utilizar los conocimientos impartidos en forma práctica y eficiente, contribuyendo de alguna manera a la obra de la Jerarquía planetaria en Su intento de limpiar los ambientes planetarios para que el Avatar de la Nueva Era pueda crear sin dificultades el Camino de Luz que lo acercará a la Tierra y al corazón de los seres humanos de buena voluntad.

¿Qué es un EGREGOR?

Un EGREGOR, técnicamente hablando, es un núcleo de substancia mental, psíquica o etérica creada por el modo de pensar, sentir y actuar de los seres humanos en no importa qué plano ni en qué tiempo de la historia del mundo, cuya forma psíquica, encarnando aquellas cualidades expresivas de conciencia, ha sido construida por los devas substanciadores de la energía en cualquier nivel de la vida de la Naturaleza. Es decir, que todo impulso vital o substancial surgiendo de los individuos o de las comunidades sociales del mundo y siguiendo la línea creadora de la conciencia, produce inevitablemente una reacción dévica del espacio y producto de ella es la forma psíquica de un EGREGOR. Pero, hay que señalar al respecto que hay EGREGORES efímeros y EGREGORES permanentes. Los primeros obedecen a impulsos psíquicos o estados de conciencia esporádicos y sin fuerza aglutinante; los segundos son el resultado de la acumulación de materia psíquica realizada de manera constante y permanente por efecto de los estados de conciencia habituales, ya sea de los individuos o de los grupos. En todo caso, la respuesta dévica a los impulsos psíquicos creados por la humanidad a distintos niveles y con carácter asiduo o permanente, constituye lo que corrientemente llamamos ambientes sociales y comunales, siendo éstos la base de la civilización y cultura de los pueblos.

En la Segunda Parte de este *Tratado* hicimos extensa referencia a los EGREGORES CONSTRUIDOS POR LOS DEVAS DEL AIRE utilizando el poder de los ritos, de las ceremonias litúrgicas y meditaciones llevados a cabo regularmente por las distintas religiones, sociedades secretas y escuelas esotéricas de entrenamiento espiritual del mundo, determinando formas psíquicas de gran poder magnético que afectan el ambiente particular de tales comunidades y asociaciones, pero que también, y en forma más subjetiva y oculta, operan sobre las conciencias de los demás individuos y grupos determinando el fenómeno psicológico místicamente reconocido como del despertar espiritual del alma. Esta es la manera mediante la cual el fermento social de elevación y dignificación de la conciencia se produce. Los EGREGORES, en tal caso y en tanto sean necesarios, resultan positivos y es lícito mantenerlos en iluminada tensión, tal como se dice esotéricamente.

Parte III. Los ángeles en la vida social humana

Existen, por el contrario, otras formas de EGREGORES manifiestamente negativos, producidos por la conciencia separativa de la humanidad, por sus actos de egoísmo y por su manifiesta incapacidad de acogerse al bien y de rechazar el mal. Estos EGREGORES son, desdichadamente, los más numerosos y los que más frecuentemente encuentra el discípulo en su incesante caminar hacia las alturas espirituales en donde se hallan asentadas la paz, la serenidad y la comprensión humana. El poder de los EGREGORES actuales de carácter inferior, vienen notablemente estimulados por la presencia en los ambientes psíquicos planetarios de aquellos otros potentísimos EGREGORES del pasado, creados por las humanidades que realizaron su evolución en las razas Atlante y Lemur y que —según decía un viejo Maestro de la Jerarquía— «... impiden el desarrollo de las nobles cualidades espirituales de la Raza y constituyen el verdadero KURUKSETRA, o campo de batalla del discípulo» en su empeño de establecer contacto con el Ángel Solar de su vida y recibir de Este la gloria de la inspiración causal. Sea como sea, el proceso de exteriorización de la Jerarquía y el Retorno del Avatar, dependen única y exclusivamente —en estas primeras fases del Gran Intento— de la capacidad de visión y del determinismo espiritual de los discípulos mundiales que han de destruir dentro de sí mismos y a su inmediato alrededor a todos los EGREGORES de carácter negativo que los devas inferiores mantienen substanciados y objetivamente corporizados en los bajos niveles del plano astral. Los EGREGORES DE ESTE PLANO son los más vigorosos debido a que sobre sus siete subplanos se proyecta muy potentemente la fuerza mística del Segundo Rayo, el del propio LOGOS de nuestro Sistema Solar. De ahí que el plano astral constituya para la humanidad la línea de mínima resistencia para la elaboración de sus estados de conciencia y, consiguientemente, para poder invocar —utilizando aquí un término justo y adecuado— a los devas astrales cuya misión es substanciar los estados de conciencia de los hombres y crear los ambientes psíquicos de la humanidad.

Los lectores que hayan analizado la Segunda Parte de este *Tratado Esotérico sobre los Ángeles*, recordarán sin duda cuanto allí fue dicho acerca de los EGREGORES existentes en todos los planos o niveles de manifestación humana y tendrán quizás una certera noción de las dificultades que ha de entrañar su destrucción, aun reconociendo que son de carácter negativo, debido a que la conciencia de los seres humanos —salvo contadas excepciones— se halla plenamente identificada con tales EGREGORES y le resulta tremendamente difícil y hasta penoso luchar contra ellos ya que parecen formar parte del propio equipo individual y su destrucción motiva a veces verdadera aflicción y dolor. La contraparte superior y sublime de ese estado de tensión, dolor y lucha por destruir los EGREGORES se halla en el ARHAT, el Gran Iniciado, que ha de destruir su Cuerpo causal o Cuerpo de Luz con el cual estuvo íntimamente vinculado durante millones de años, antes de poder penetrar en el Misterio infinito de la Quinta Iniciación y convertirse en un Adepto, Maestro de Compasión y Sabiduría.

Los distintos tipos de EGREGORES cualifican la vida de los individuos y de los grupos, quienes han producido una gigantesca acumulación de energía por efecto de sus ordinarios y habituales estados de conciencia y la forma de tales EGREGORES, construida por una impresionante cantidad de devas afines, se convierte en el condicionamiento kármico que sofoca las nobles cualidades espirituales de la humanidad. Hemos visto durante el curso de este *Tratado* cómo la acumulación incesante de energía psíquica creaba una ingente cantidad de EGREGORES los cuales, agrupados por orden de densidad o de cualidad vibratoria, se reunían en dos grandes e incluyentes grupos constituyendo aquellas dos potentísimas y misteriosas Entidades que esotéricamente definimos como el GUARDIAN DEL UMBRAL y el ÁNGEL DE LA PRESENCIA, nefasta y altamente negativa la primera por ser el receptáculo de todas las expresiones inferiores de la humanidad y apetecible y correcta la segunda, por cuanto encarna los mejores anhelos y aspiraciones espirituales de los seres humanos. La lucha de los aspirantes inteligentes y de buena voluntad y de los discípulos en entrenamiento espiritual se realiza en el centro de estos dos potentísimos EGREGORES raciales, de ahí el principio místico de todas las religiones que afanosamente predican la paz, el orden, la serenidad y el equilibrio, ya que es en el centro mismo de toda dualidad o separatividad humana donde la lucha adquiere caracteres de verdadera epopeya y el relato de esta lucha constituye, de una u otra manera, el Cuerpo de Misterios de aquellas religiones o comunidades espirituales.

¿Cómo identificar a un EGREGOR?

Tal como hemos dicho en otras varias ocasiones, un EGREGOR es una masa de energía psíquica dotada de una forma objetiva en el plano donde habitualmente se manifiesta. Esta forma ofrece la particularidad de adaptarse a las expresiones de la personalidad psicológica humana, cuando ésta experimenta ciertos estados de conciencia, tales como el odio, la envidia, el miedo o la desesperación o, por el contrario, la benevolencia, el afecto, la compasión, la decisión o el valor.

La acumulación de las energías psíquicas exigiendo una forma —he ahí una locución que merece un cuidadoso estudio— halla en los distintos éteres del espacio cualificado que rodea y compenetra a nuestro planeta, la respuesta justa y adecuada. La actividad de ciertos devas constructores en los distintos niveles de expresión psíquica, produce y determina aquellas formas y una vez creadas se introducen en las mismas constituyendo lo que podríamos denominar esotéricamente un centro de conciencia. Vemos, por tanto, que cualquier tipo de EGREGOR es una acumulación de energía psíquica en algún definido nivel, dotada de una forma distintiva y cualificada y mantenida coherentemente en el éter por la voluntad instintiva de un centro de conciencia dévico.

La utilización correcta del principio de analogía, la verdadera piedra filosofal en el estudio esotérico permitirá profundizar todavía más el significado íntimo de esta relación, resaltando principalmente el hecho de que la construcción de formas psíquicas —que más tarde se convertirán en EGREGORES— constituye el sendero evolutivo para ese tipo de devas que en nuestro estudio llamamos los agentes substanciadores del éter. Su evolución particular se realiza en el centro mágico de aquella actividad alquímica que convierte el defecto en una cualidad o el vicio en una virtud. Esta voluntad dévica de evolución —si podemos llamarla así— se halla sometida al espíritu del hombre y a sus correctos o incorrectos propósitos de vida. De ahí que desde el ángulo esotérico la actividad de tales devas es absolutamente impersonal, siendo siempre los seres humanos los que en definitiva construyen sus buenos o malos ambientes. Hay en estas últimas palabras dos principales significados a tener en cuenta; primero, que el hombre es el único y verdadero promotor de su destino psicológico y kármico y segundo, que como ser inteligente, como aspirante espiritual o como discípulo en entrenamiento esotérico, tiene el deber de mejorar la condición evolutiva de aquellos devas que son sus servidores en la tarea de construir los EGREGORES que han de condicionar los ambientes individuales, familiares, comunales y sociales de la humanidad y canalizar las tendencias naturales, instintivas o inteligentes de la raza humana.

Hemos hecho referencia a las tendencias naturales de la raza humana, porque en esta frase se halla implícito el valor de los términos historia, civilización y cultura con su inmenso caudal de conocimiento y riqueza de experiencia. Los EGREGORES construidos por las distintas humanidades deberían lógicamente ser destruidos una vez cumplida su finalidad de abrir o cerrar ciclos evolutivos y liberar así a la ingente cantidad de devas substanciadores que los estructuraron. Sin embargo, y por desdicha de la humanidad, no sucede así y los viejos EGREGORES continúan activos y pletóricos de poder en los niveles psíquicos, impidiendo la marcha natural de la evolución. Una de las razones principales por la que fue escrito este *Tratado* fue el intento jerárquico de presentar un cuadro lo más completo posible de las condiciones positivas o negativas del espacio planetario, surcado por una inmensa e increíble hueste de EGREGORES, correctos unos porque constituyen proyecciones de energía espiritual, incorrectos otros por encarnar tendencias egoístas de la humanidad y constituyendo centros nefastos de energía material que atrae las voluntades humanas a los aspectos negativos de la existencia.

De ahí, por tanto, las disposiciones jerárquicas al analizar el estado actual de la humanidad, de entrenar a los discípulos mundiales en los distintos ASHRAMAS de los Maestros, en la tarea de identificar a los EGREGORES responsables del malestar mundial, con sus tensiones y conflictos, y de crear, mediante el estímulo espiritual de sus enaltecidos estados de conciencia, los nuevos EGREGORES que han de reorientar el curso de la historia, imprimir un nuevo aliento a la civilización actual y abrir los cauces espirituales de la nueva cultura de la Raza. La lucha contra las tendencias ancestrales, la capacidad de discernimiento y la persistencia en la actitud firme al enfrentar las erróneas condiciones de vida, han de cualificar los nobles intereses jerárquicos en las individualidades avanzadas de la humanidad, constituyendo el más formidable reto del discípulo y de los aspirantes espirituales del mundo ante la avasalladora afluencia de energía cósmica proveniente de la Constelación de Acuario.

¿Cómo destruir los EGREGORES negativos?

La respuesta dada por un Maestro de la Jerarquía a la pregunta de un discípulo de Su Ashrama de cómo podría la humanidad librarse del mal fue clara y contundente «... ¡practicando el bien!». La misma respuesta puede ser aplicada a la pregunta de cómo destruir los EGREGORES negativos que gravitan sobre los ambientes sociales del mundo, es decir, creando EGREGORES nobles y correctos, insuflados de amor al bien y constituyendo verdaderos transmisores de luz causal. La lucha deberá circunscribirse entonces al terreno de las relaciones humanas, que es donde mayormente se aprecia la actividad psíquica de los EGREGORES y en la manera de vivir y de comportarse de los ciudadanos de todas las naciones ya que, tal como hemos dicho en otras partes de este *Tratado*, «... la civilización y la cultura de los pueblos, expresiones de su grado particular de evolución espiritual, dependen de la actividad de los EGREGORES creados por la humanidad y por los misteriosos agentes dévicos del éter a través de las edades». Aun cuando esotéricamente se acepte como correcto que las formas psíquicas de tales EGREGORES son construidas por los devas substanciadores del éter, no es menos cierto —y ahí reside la dificultad y a responsabilidad de los hombres y mujeres inteligentes y de buena voluntad del mundo— de que la motivación íntima de los mismos se halla en los estados de conciencia elaborados consciente o inconscientemente por la humanidad en cualquier momento cíclico de su historia.

Existe, por tanto, una prodigiosa vastedad de EGREGORES negativos, los cuales ocupan zonas definidas en el aura magnética planetaria, constituyendo centros receptores y al propio tiempo proyectores de aquellas energías que en términos esotéricos llamamos lunares y están en sintonía con las cualidades negativas desarrolladas por los seres humanos en el devenir de sus vidas kármicas. Tal como tuvimos ocasión de estudiar en capítulos específicos de este *Tratado*, las virtudes y los defectos humanos estaban convenientemente ordenados y clasificados de acuerdo con dos grupos principales; aquellos que en mística cristiana son denominados los siete pecados y las siete virtudes capitales. Los pecados capitales son poderosas entidades psíquicas o EGREGORES dotados de una gran consistencia objetiva y substancial, capaces de impresionar la visión del clarividente astral y atormentar frecuentemente con sus nocivas influencias a las personas sensitivas o sujetas a trastornos nerviosos, al paso que galvanizan los éteres planetarios con sus densas radiaciones produciendo lo que corrientemente llamamos malos ambientes. Las siete virtudes espirituales, o las llaves del Espíritu Santo para abrir las puertas del Alma, tal como las denomina asimismo la tradición mística, constituyen las fuerzas del equilibrio al contrarrestar las energías de los EGREGORES negativos con las de los EGREGORES positivos creados por las buenas intenciones y recta conducta de los hombres y promotores por ello de los buenos ambientes sociales.

Al llegar a esta fase de nuestro estudio, hacemos hincapié en el hecho de que el EGREGOR, siendo básicamente una creación mental —ya sea en un sentido positivo o negativo, ya que es una creación del alma humana— ofrece la particularidad de estar dotado de conciencia, una conciencia embrionaria o instintiva, pero con capacidades de acción y de reacción, así como de un alto espíritu de supervivencia. Debido a estas circunstancias, el EGREGOR tiene capacidades de absorción de las energías y también de expansión de estas, oponiendo una feroz resistencia —si podemos decirlo así— a todas las fuerzas y voluntades que tratan de destruirle. Se alimenta —utilizando aquí el término correcto y adecuado— de las buenas o malas voluntades de los hombres, ofreciendo una dura y enconada resistencia a las primeras y absorbiendo las energías de las segundas, cuando se trata de EGREGORES que podemos clasificar de negativos. Por el contrario, los EGREGORES positivos, también altamente cohesivos e influyentes, utilizan para su supervivencia las energías que surgen de las cualidades positivas o superiores de los seres humanos y luchan denodadamente contra las que vienen impregnadas de cualidades inferiores. La resolución psicológica del problema del bien y del mal, así como del equilibrio estable en la vida del hombre aquí en la Tierra, depende únicamente de saber crear buenos EGREGORES. Tal es el problema que enfrentan hoy día los discípulos mundiales. Les ha sido permitido en ciertos momentos clave de sus vidas desarrollar la visión del mundo psíquico o astral para que reconozcan e identifiquen a los EGREGORES o formas psíquicas que originan los ambientes planetarios, a fin de que adopten en todos momentos la actitud correcta, sabiendo que tal actitud es la base creadora de los estados positivos de conciencia que darán lugar a los brillantes e inspirativos EGREGORES que han de destruir las nefastas formas psíquicas segregadas por la humanidad a través de las edades.

Cómo actúan los Ángeles superiores sobre los EGREGORES

Pese a que desde el limitado ángulo de visión de los seres humanos aparecen los Ángeles bajo un carácter típicamente religioso y místico, lo cierto es que su actividad en la vida de la Naturaleza es netamente científica, utilizando para ello un extraordinario dinamismo que está más allá de nuestra comprensión y unos incomprensibles métodos que podríamos calificar, sin embargo, de rigurosamente científicos y profundamente técnicos. Algunos cualificados investigadores del mundo oculto —dentro de los cuales nos incluimos humildemente nosotros— han llegado a la conclusión, después de unos previos contactos con ciertos excelsos moradores del reino dévico, que lo que en términos corrientes llamamos ciencia de los hombres con sus prodigiosas conquistas en el aspecto técnico, no es sino un pálido reflejo de la actividad de los Ángeles en la vida de la Naturaleza. Ellos utilizan los verdaderos cauces científicos para producir todos los fenómenos llamados naturales, sean acuosos, geológicos, eléctricos, psíquicos, etc., en la extensión de la vida planetaria. La explicación correcta de tales fenómenos, pese a su aparente simplicidad, constituye un secreto iniciático, reservado inicialmente a los investigadores del mundo oculto, pero que irá siendo revelado gradualmente en forma de ciencia natural en las Escuelas superiores y en las Universidades de todos los países realmente cultos y civilizados. Se nos dice esotéricamente que al final de este siglo XX, serán muchos los seres humanos que habrán logrado participar conscientemente de este legado tradicional iniciático, estableciendo contacto consciente con diversas jerarquías dévicas de las cuales recibirán instrucción superior. Estos seres humanos serán las simientes de la Nueva Era, la sal de la tierra a la que se refirió Cristo y la levadura de la nueva humanidad. Serán auténticamente mentales, pero su corazón amoroso rebosará una perfecta comprensión de las necesidades humanas y de los métodos correctos de solucionarlas. No poseerán orgullo espiritual, muy propio de los discípulos de la Era de Piscis, sino que sus conocimientos esotéricos vendrán impregnados de verdadera sabiduría, constituyendo desde el ángulo espiritual el camino de Luz que recorrerá el Avatar para introducirse en el aura de la Tierra.

Estos esforzados paladines del bien universal crearán en el éter lo que podríamos calificar de EGREGORES de la Nueva Era. Secundados por una gran cantidad de hombres y mujeres de buena voluntad del mundo, mantendrán en sus mentes y corazones las luminosas imágenes del ideal redentor y permitirán que Devas constructores de elevada jerarquía espiritual los substancien en el éter y den progresivamente forma a los luminosos y vibrantes EGREGORES que deberán presidir el nuevo ciclo de ordenación espiritual del mundo. Los grandes Ángeles de los planos superiores del Sistema hallarán en estos EGREGORES los adecuados cauces de proyección de la energía cósmica procedente de las poderosas estrellas de la Constelación de Acuario, cuya actividad empieza a manifestarse ya en ciertas regiones psíquicas de la humanidad. La realidad de tales hechos es tan profunda y significativa que difícilmente podrá alcanzar la mente del hombre corriente hasta pasados lo menos tres siglos dentro de la ordenación cíclica de la Era de Acuario. Sin embargo, los aspirantes de cierta elevación espiritual y los cualificados discípulos mundiales SON YA CONSCIENTES de tales hechos y colaboran —más o menos eficientemente— con los grandes Ángeles en la elaboración de los nuevos EGREGORES cíclicos. Una nueva ordenación o ciclo de vida está siendo planificada desde los niveles jerárquicos con destino a la humanidad para que sirva de apertura para los nuevos tiempos.

Si hemos seguido atentamente el proceso de expansión cíclica de los EGREGORES planetarios de acuerdo con el sentido normal y natural de la evolución, veremos que consta de tres etapas principales:

1. Destrucción de los viejos EGREGORES del pasado, nocivos, dañinos y negativos frente al devenir de los nuevos acontecimientos cíclicos, de los cuales los Ángeles superiores del sistema retiraron Su atención.

2. Creación de los nuevos EGREGORES por parte de la humanidad evolucionada de la Era presente y su materialización en el éter, a través de la actividad de los devas constructores correspondientes al nuevo ciclo.

3. La tercera y última etapa corresponde a los Ángeles superiores, los Cuales utilizarán dichos EGREGORES como canales de distribución de las nuevas y poderosísimas energías entrantes.

Estas etapas son actualizadas corrientemente cuando hay necesidad de cambios drásticos en las condiciones planetarias o cuando los ambientes sociales del mundo exijan un nuevo y más eficaz replanteamiento, pero actúan de manera mucho más potente y dinámica durante los cambios cíclicos de Eras, tal como ocurre actualmente, en que, en virtud del movimiento precesional de los equinoccios o de retrogradación cíclica, nuestro planeta va alejándose de las zonas siderales impregnadas de las radiaciones psíquicas de la Constelación de Piscis y penetra progresivamente en las zonas espaciales del Universo dinamizadas por la Constelación de Acuario. Viendo el fin desde el principio, démonos cuenta de que en el desarrollo de esta Voluntad cíclica de acercamiento sideral intervienen muy activa y mancomunadamente los hombres y los devas, creando los primeros y construyendo substancialmente los segundos las bases científicas de todos los EGREGORES que flotan o gravitan sobre los ambientes planetarios. Como siempre, el proceso de substanciación de EGREGORES y de todas las formas psíquicas capaces de afectar de una u otra manera los sentidos físicos o astrales de los seres humanos, es una expresión natural del conocido axioma esotérico «la energía sigue al pensamiento», habiéndole sido añadido únicamente la actividad prodigiosa de los excelsos Ángeles que desde más allá y muy por encima de nuestro más elevado entendimiento, dirigen las poderosísimas corrientes de energía universal y cósmica sobre nuestro pequeño planeta...

Otras Consideraciones Ocultas Acerca de los Egregores

El tema de los EGREGORES es muy importante por cuanto trata muy directamente de las creaciones humanas en el mundo oculto, así como de la importancia de estas en lo que se refiere a la estructura de los ambientes psíquicos de la humanidad que determinan el grado de civilización y cultura de los pueblos de la Tierra y escriben las páginas de su historia. Sin embargo, coexistiendo con los EGREGORES existen también en los mundos invisibles o niveles ocultos de la Naturaleza otras formas psíquicas no creadas por la humanidad, pero que en su conjunto contribuyen a fomentar los buenos o malos ambientes y son, por tanto, elementos subjetivos que colorean con sus particulares influencias la evolución espiritual de los seres humanos. Algunas de tales formas fueron estudiadas anteriormente en otras páginas de este

Tratado, pero conviene insistir sobre las mismas, por cuanto su identificación y la distinción que logremos establecer entre ellas y las formas psíquicas de los EGREGORES, nos ayudarán en gran manera cuando tratemos de contactar conscientemente a las Entidades angélicas que pueblan los distintos éteres planetarios y muy especialmente a nuestro Ángel Solar o Yo espiritual. Veamos algunas de las formas psíquicas no creadas por la humanidad.

1. Los Cascarones Astrales, pertenecientes a cadáveres de hombres y animales y vivificados por devas inferiores. Tales cascarones aparecen bajo la forma de las personas o animales fallecidos y parecen dotados de vida. Una de las experiencias a la que debe sujetarse el discípulo en entrenamiento iniciático, es aprender a diferenciar entre el cascarón astral de una persona que dejó el cuerpo sin vida y la forma astral de una persona que todavía vive en el plano físico. La distinción es muy difícil de establecer debido a la extrema sagacidad de los devas vivificadores de las formas astrales de los seres fallecidos, ya que aprovechan la impronta o el sello característico y particular dejado por ellos en cada una de las partículas atómicas que constituyen aquella forma psíquica.

2. Las formas astrales creadas por arte de Magia por personas viviendo en el plano físico, utilizando el poder de la voluntad y la capacidad imaginativa sobre las entidades dévicas de escasa evolución que pueblan el aura etérica del planeta. Estas formas psíquicas suelen desvanecerse pronto, aunque pueden persistir durante largos períodos de tiempo, lógicamente en tanto perdure el lazo magnético establecido entre el poder mental de la persona creadora de aquellas formas y la vida de los devas que ayudaron a construirlas.

3. Las formas psíquicas de ciertos elementales inferiores que se alimentan de los residuos etéricos de densa vibración que se desprende de los reinos animal y humano. Hay que distinguir muy especialmente las formas psíquicas que adoptan en el éter estos desperdicios astrales, groseros y bestiales una vez han sido manipulados por estos devas inferiores de la Naturaleza. Se confunden muy fácilmente con los EGREGORES psíquicos creados por las pasiones humanas. Sin embargo, no son lo que técnicamente definimos como EGREGORES en nuestro *Tratado*, sino una acumulación de residuos kármicos —si podemos decirlo así— segregados por la actividad inconsciente de los animales y

por la de los seres humanos incapaces todavía de razonar debidamente.

4. Todas las formas psíquicas construidas por ciertas devas de mayor evolución con capacidades de adoptar en el éter la figura humana o la de cualquier animal. Estas formas varían en orden al mayor o menor desarrollo de la voluntad ejecutora de tales formas, a menudo de carácter instintivo, cuya evolución dévica de tipo bastante primario se realiza a través de esta facultad natural de imitación o de asimilación de cualquier tipo de forma en la vida de la Naturaleza.

5. Las formas psíquicas de otras entidades dévicas de expresión semietérica, cuya evolución se realiza en ciertas capas geológicas del planeta. Tienen figura muy parecida a la humana. Algunas de sus especies son las entidades dévicas que hemos denominado ASURAS en algunas partes de este *Tratado*. Su color es terroso, propio del suelo que habitan y su expresión si bien muy parecida a la humana es muy tosca. Suelen aparecer en lugares solitarios, pero el hecho de que posean una cierta naturaleza astral hace que puedan hacerse visibles a los humanos muy sensibles o durante el sueño. Son extremadamente huraños y sólo establecen contacto con los devas de su misma especie o familia y rehúyen sistemáticamente el contacto con los seres humanos.

La distinción entre este grupo de formas psíquicas que acabamos de clasificar en orden a nuestro trabajo de investigación esotérica y las formas psíquicas de los EGREGORES no es en ninguna manera fácil; por el contrario, es singularmente difícil y, tal como hemos dicho anteriormente, constituye un campo de prueba para la habilidad de los discípulos sujetos a entrenamiento iniciático. Las formas de los elementales constructores o devas de las formas, tales como los gnomos o espíritus de la tierra, los silfos, las ondinas, las hadas, etc., en su multiplicidad de especies, grupos y familias constituyen un campo apasionante de estudio para el investigador esotérico, el cual debe aprender a distinguir sus formas etéricas de entre la gran profusión de EGREGORES psíquicos que moran en los varios niveles del espacio etérico del planeta, debiendo ser advertido que algunos de tales EGREGORES, nacidos del contacto de los seres humanos de refinada evolución con Ángeles superiores, aparecen a la vista del observador bajo la forma de resplandecientes Devas, siendo verdaderamente difícil distinguir unas formas de otras, constituyendo precisamente esta dificultad una prueba definitiva para el aspirante a la Iniciación.

Otra habilidad o destreza de observación que ha de desarrollar el investigador de los niveles ocultos de la Naturaleza es la de poder diferenciar correctamente una forma real, es decir, la que corresponde a algún vehículo definido de manifestación humana, astral o física, de la forma psíquica del EGREGOR que una persona o un grupo más o menos numeroso de personas han construido con la participación de los devas constructores, utilizando el poder psíquico que emana de sus conciencias. Un ejemplo muy concreto ayudará a clarificar esta idea. En ciertos niveles muy elevados de nuestro planeta hay una imagen real y verdadera de CRISTO, el Avatar del Amor y Guía espiritual de la humanidad, es decir, una imagen que responde perfectamente a Su propia y radiante Vida. Sin embargo, en los niveles psíquicos y creada por la actividad emocional de los seres humanos, hay otra imagen de CRISTO la cual sintetiza la aspiración espiritual y sentimientos de amor y devoción de todos los fieles y creyentes del mundo, siendo esta forma psíquica el EGREGOR de CRISTO, pero no el resplandeciente vehículo de forma que utiliza el CRISTO. La primera imagen obedece a una REALIDAD, la otra indica el grado de ilusión o de espejismo psíquico a que ha llegado un sector numerosísimo de la humanidad en su incesante empeño de captar aquella trascendente Realidad. He ahí la distinción perfecta entre una forma adaptada a las necesidades evolutivas de un Ser espiritual y el EGREGOR construido con materia Kama-manásica en los niveles psíquicos. Igual distinción puede ser establecida en todos los niveles en donde actúe el poder psíquico, potentemente emocional, de los seres humanos, como por ejemplo en el caso de los EGREGORES construidos en torno a una imagen física considerada como milagrosa o de la que se esperan favores de orden sobrenatural. Tal es el caso de las Vírgenes de Lourdes o de Fátima —sólo por citar dos ejemplos alrededor de las cuales la mente, la ilusión, la acendrada devoción, el ferviente deseo o simplemente la ciega superstición, han construido unos potentísimos EGREGORES o Formas psíquicas tan tremendamente importantes y poderosas que han atraído la atención de ciertos exaltados Ángeles superiores, Quienes las utilizan como vehículo transmisor de energías curativas y de exaltación espiritual. Veamos, por tanto, que en definitiva siempre nos hallamos en el devenir de nuestras investigaciones esotéricas sobre el mundo oculto con esta íntima y estrecha vinculación humano dévica que origina todos los ambientes etéricos y psíquicos planetarios. Apliquemos ahora estos ejemplos al campo de la política, de la religión, del arte, de la educación, etc., y tendremos en nuestro haber una idea muy elaborada del significado íntimo del término carisma, un efecto angélico que puede ser fácilmente incorporado al campo de la investigación psicológica, pues el magnetismo carismático que ejercen ciertas personas en los ambientes sociales donde desarrollan sus actividades humanas, es un resultado de la presión dévica en sus vidas, determinada la mayoría de las veces por las reacciones psíquicas de un considerable número de personas sobre una sola, la cual, sin esforzarse y sin tener cualidades humanas verdaderamente relevantes, se ve elevada al pináculo de la fama, del éxito o de la admiración multitudinaria. El caso de la exaltación producida por el fervor populachero sobre músicos, cantantes o artistas —la mayoría de las veces realmente mediocres— es un claro ejemplo de ello. Y, no obstante, en el fondo de tales impresionantes éxitos, merecidos o inmerecidos, se halla subjetivamente la fuerza de un EGREGOR creado por el vibrante entusiasmo, la ciega admiración o el interés colectivo hacia ciertas personas exageradamente idealizadas, que han culminado en una forma psíquica de carácter irreal, pero que actúa definidamente en los ambientes sociales del mundo.

Esperamos haya sido convenientemente comprendida la idea de los EGREGORES, la cual, incorporada al conjunto de estas investigaciones esotéricas, permita introducir más luz en el devenir de los estudios efectuados sobre el mundo oculto y hacer más comprensibles las razones por las cuales en los tratados filosóficos más profundos se le asigna al ser humano el carácter de un creador, de un experto en el arte mágico de la construcción de formas.

N. El poder psíquico de los devas

[AVSH, p.93] Durante el curso de nuestras investigaciones ocultas sobre los Devas, hemos podido constatar en múltiples ocasiones el extraordinario poder psíquico que manejan y las asombrosas demostraciones de su dominio de los éteres cualificados que constituyen los planos de la Naturaleza. Les hemos visto crear en la atmósfera de la Tierra todos los fenómenos de carácter eléctrico conocidos, como el viento, la lluvia, las tormentas, los huracanes, los rayos, los truenos, etc. Otros de carácter ígneo, como los terremotos, maremotos, erupciones volcánicas, etc., tan impresionantes desde el ángulo kármico, ya que suelen producir grandes destrucciones geológicas, profundas alteraciones del suelo terrestre y una serie impredecible de víctimas humanas con sus espantosas consecuencias en el orden social y comunal, son vistos siempre con temor por los seres humanos. Sin embargo, las expresiones más poderosas de los Devas se hallan indudablemente en los niveles psíquicos, en donde la substancia etérica es más sutil y les es más fácilmente manejable. Importante labor es la que le aguarda al investigador esotérico cuando trata de clasificar y ordenar en forma concreta las múltiples actividades dévicas en los mundos llamados subjetivos o invisibles. A nuestra humilde labor de investigación de los fenómenos ocultos producidos por los Devas le hemos señalado una meta, no muy ambiciosa quizás, pero ciertamente muy positiva y necesaria dentro de nuestro trabajo. Esta meta, singularmente concreta, ya que ante todo debe ser práctica, debe abarcar las áreas conocidas del ser humano, es decir, de la mente, de la sensibilidad psíquica y del cuerpo físico, aunque estableciendo una serie de relaciones con lo cósmico sin las cuales nuestro estudio resultaría incompleto. En otras partes de este *Tratado* nos hemos referido ya a la labor de construcción de los tres vehículos de manifestación del alma humana, en la que intervenían mancomunadamente la voluntad de ser y el intento constante de realizar, correspondiendo la primera al hombre y el segundo al deva constructor. La misión de construir es la actividad característica de los devas; es por tal razón que se les denomina esotéricamente los constructores del mundo invisible.

Así, lo que nos interesa estudiar cada vez más profundamente de ahora en adelante es el sistema de relaciones, maravilloso y sublime, establecido entre los Ángeles y los hombres, así como las infinitas modificaciones del éter, la substancia energizada mediante la cual el Logos creador vivifica, dinamiza y perfecciona su Cuerpo de expresión, el Universo. Podríamos asignarle racionalmente el término jerarquía a estas modificaciones del éter universal en relación con los Devas y reconocer al propio tiempo —por analogía— que cada una de tales jerarquías deberá estar en armonía o sintónica vibración:

1. Con los Reinos de la Naturaleza y sus infinitas vidas, especies y razas en evolución cíclica.
2. Con los estados de conciencia humanos, es decir, con los pensamientos, deseos, actitudes psicológicas y actividades diversas desarrolladas por el hombre y de cuya base se originan los ambientes sociales del mundo, con sus múltiples niveles de expresión.
3. Con los diversos Rayos, en número de siete, que constituyen las corrientes de energía logoica que dan vida al Universo.
4. Con las corrientes astrológicas que proceden del espacio solar y extrasolar, creando las oportunidades cíclicas de la evolución humana, planetaria, solar y cósmica, las cuales obedecen a las leyes infinitas de relación o comunicación, base sustancial del Cosmos.
5. Con los vehículos de manifestación de la Entidad causal llamada Alma, Yo superior o Ángel solar en nuestros estudios esotéricos. Tales vehículos, en lo que respecta a la evolución de la entidad humana en esta presente cuarta ronda y en este cuarto planeta que es la Tierra, son cinco: el físico, el astral, el mental, el búdico y el átmico. Sin embargo, visando el sentido de lo práctico y realizable en nuestras investigaciones ocultas, hemos depositado nuestra especial atención a los tres primeros por considerar que la evolución de los vehículos búdico y átmico corresponde al devenir de las razas del futuro y a la vida de los grandes discípulos e Iniciados del planeta y que, nada de carácter práctico puede aportar a los aspirantes espirituales de nuestros días.
6. Con los hechos kármicos que se producen en el planeta y constituyen la simiente viva para etapas posteriores de evolución humana.
7. Con los fenómenos psíquicos, paranormales o parapsicológicos, insuficientemente investigados todavía y escasamente

clarificados o poco definidos en los tratados dedicados a esta interesante rama del saber oculto.

Examinemos brevemente la actividad de los Devas:

1. Sobre los Reinos de la Naturaleza

Estos, como se sabe, son siete, de acuerdo con la clasificación septenaria del Universo. Veamos: el Reino Mineral, el Vegetal, el Animal, el Humano y el Superhumano, técnicamente descrito como el Reino de los Cielos. No interesa de momento especular sobre los dos Reinos superiores al Superhumano, los cuales se hallan ubicados en niveles del Universo inaccesibles por completo a la razón más exaltada del hombre. Lo que sí nos interesa fundamentalmente es reconocer el hecho esotérico de que los Reinos de la Naturaleza están integrados en órbitas evolutivas distintas que van desde el plano Ádico, o divino, al plano físico, extendiéndose así de plano en plano las Jerarquías dévicas o angélicas que cuidan de su evolución. Habrá que repetir al respecto lo dicho en anteriores ocasiones, es decir, que cada plano está regido por un Arcángel de gran magnificencia y poder y que cada subplano está bajo la supervisión y guía de un exaltado Ángel, de la categoría de los Chohanes de Rayo, unos Adeptos que han alcanzado la sexta Iniciación planetaria y la segunda Iniciación solar. Cada Reino, a su vez y dependiendo de la jurisdicción de los Ángeles de determinado subplano, está regido también por un cualificado Ángel, el cual está especialmente dedicado a la obra de perfección de dicho Reino dentro del cual efectúan su evolución multiplicidad de especies, cada una de ellas con sus propios guías y regentes dévicos, cuya integración espiritual dependerá lógicamente de las necesidades evolutivas de aquellas. En fin, el proceso de substanciación, estructuración y guía particular de los Reinos obedece a la actividad angélica, no pudiendo ser registradas otras fuentes de actividad que la de estos excelsos moradores de los mundos invisibles y la colaboración constante y decidida de aquellos Adeptos que, una vez recibida la quinta Iniciación planetaria, decidieron permanecer en el planeta y trabajar en estrecha y fraternal colaboración con los grandes Regentes del mundo dévico.

Quizás sea ilustrativo advertir que los Ángeles que guían la evolución de las distintas especies dentro de los Reinos inferiores al humano, lo hacen a través de sus respectivas Almas-grupo, siendo éstas, tal como vimos en la Primera Parte de este *Tratado*, una especie de esferas psíquicas dentro de las cuales viven, se mueven y tienen el ser —utilizando aquí una muy gráfica idea— todas las unidades de vida monádica que realizan su evolución en una u otra de las múltiples especies de estos Reinos.

2. Sobre los Estados de Conciencia Humanos

Tal como vimos en páginas anteriores, al referirnos a las formas psíquicas o Egregores creados por la actividad mancomunada de los devas y los seres humanos, hay una substancia etérica en el ámbito planetario que sirve de vehículo de comunicación entre todos y cada uno de los niveles de expresión mental, psíquica y etérico-física con sus consecuencias objetivas de estructuración de los ambientes sociales del mundo. Los artífices de esta obra objetiva en los éteres espaciales son los devas en sus múltiples divisiones, especies y familias dentro de la infinita prodigalidad de su maravilloso mundo. Trabajan siempre según el proceso científico de condensación de las energías mentales y psíquicas que surgen de los estados de conciencia humanos y construyen con esta substancia materializada las condiciones precisas —kármicamente registradas— que originan los ambientes planetarios, desde el estrictamente individual al social o comunal más incluyente. De esta manera puede ser fácilmente equiparada la acción dévica en lo que respecta a un ambiente familiar, profesional o comunal, cuyas expresiones concretas analizábamos en la Segunda Parte de este *Tratado*, con las grandes líneas maestras de carácter cósmico que crean la civilización, la cultura, la especial idiosincrasia psicológica y el peculiar y característico lenguaje de todas las naciones de la Tierra.

Un estudio más profundo de los aspectos ocultos de estas relaciones humano-dévicas, nos señalaría quizás analogías siderales que escapan de momento a nuestra individual comprensión, pero que tendrían que ver sin duda con la obra creativa de los Ángeles superiores del Sistema, que contribuyeron en la obra de substanciación de nuestro Sistema solar utilizando los estados de conciencia Logoicos o la relación magnética establecida entre tales estados y ciertas indescriptibles Potestades Angélicas, más allá de la más exaltada comprensión humana, cuya evolución se realiza en zonas del espacio cósmico en donde el Éter, o substancia creadora, alcanza unos niveles de pureza y diafanidad realmente insospechables e indefinibles.

3. Sobre los Siete Rayos

Estos, como esotéricamente se sabe, son siete corrientes de Vida emanantes de aquel Centro cósmico místicamente definido como el Corazón del Sol. Lo que quizás no sea tan conocido por el lector de los temas esotéricos u ocultos es que estas corrientes de energía son la expresión de una u otra de las Siete cualidades espirituales que definen la conciencia psicológica de nuestro Logos Solar, es decir: la Resolución o Voluntad de Ser, la Unión por el poder del Amor, la Comprensión del alcance cósmico del Universo, el Sentimiento infinito de Belleza, el Sentido permanente de Investigación, la Devoción exquisita e indescriptible hacia el Trabajo creador y la Magia de Cumplimiento o Espíritu de Realización de la Obra Universal. Estas siete cualidades logoicas se expresan a través de los llamados planetas sagrados, cuyos Logos alcanzaron la quinta Iniciación cósmica. Tales son dichos planetas expresados según el orden de los Rayos y de las cualidades expuestas: Vulcano, Júpiter, Saturno, Mercurio, Venus, Neptuno y Urano. Participando de las cualidades del tercer Rayo, como Saturno, tenemos a nuestro planeta Tierra, cuyo Logos planetario está atravesando actualmente las crisis que preceden a la Cuarta Iniciación cósmica, de las del sexto Rayo, como Neptuno, al planeta Marte y de las del primer Rayo, como Vulcano, al planeta Plutón. Otros dos planetas no descubiertos todavía, pertenecientes a los Rayos segundo y cuarto, añadidos a los diez antes descritos totalizan los doce planetas, los cuales, enlazados con las doce Constelaciones del Zodíaco, deberán ser sagrados o perfectos —desde el ángulo del Logos— al finalizar este presente MAHAMANVANTARA, o ciclo de actividad logoica o solar. Ahora bien, desde el ángulo de vista de este *Tratado*, hay que considerar que las corrientes de Vida universal que emanan del Corazón del Sol, o Siete Rayos, son proyectadas o transmitidas a la totalidad del Esquema de Evolución Solar por los Grandes Arcángeles o Supremas Entidades Dévicas del Sistema, constituyendo sendos canales de distribución de la Conciencia Divina al coincidir o crear impacto sobre la vida evolutiva de los planetas sagrados y sobre la conciencia de sus respectivos Logos planetarios, así como sobre cada uno de los Planos del Universo y de los Reinos y sobre cada una de las razas y especies que en aquellos realizan su evolución. Veamos, por tanto, cómo la Vida del Señor del Universo llega a nosotros en virtud del excelso poder expansivo de los grandes Mahadevas, los Cuales utilizan para su desplazamiento por los espacios infinitos corrientes de energía etérica, siendo el Éter —definido en lenguaje jerárquico— la Sangre de los Dioses y los Ángeles, en sus distintas funciones, los agentes misteriosos que le comunican a esta Sangre la vitalidad, el calor y el dinamismo de sus Vidas radiantes, a fin de que el gran contenido universal subsista y pueda desarrollar en forma constante y progresiva su proceso evolutivo.

4. Sobre las corrientes de Vida Astrológica

Estas corrientes de Vida, al igual que los Siete Rayos, son las comunicadoras celestes de las cualidades características de los grandes Centros estelares, universales y cósmicos que oscilan en estrecha e indisoluble relación por las profundidades infinitas del Espacio absoluto. Estas corrientes de Vida extrasolares o cósmicas vienen transportadas —si podemos decirlo así— desde los más ignorados y remotos confines del Cosmos por otras huestes dévicas de trascendente evolución cuya misión es vincular Vidas y Conciencias y establecer relaciones. Por tal motivo son definidos jerárquicamente Los Grandes Comunicadores del Espacio. Por su mediación existe un lazo permanente de unión entre los planetas, los Universos, las Constelaciones y las Galaxias, constituyendo lo que en algunas partes de este *Tratado* hemos definido como Fraternidad Cósmica o Ambiente Social de los Dioses.

Las corrientes astrológicas son las comunicadoras de las virtudes de los astros y a través de las huestes dévicas llegan a penetrar en los ambientes planetarios y en la vida de los seres humanos, condicionando su evolución y su comportamiento psicológico y deparándoles las oportunidades kármicas de sus vidas espirituales. La incidencia de estas energías celestes, virtualmente capacidades psicológicas o estados de conciencia de los Logos, canalizadas por los Devas sobre los seres humanos y sobre la Vida sicológica de los astros, es denominada técnicamente Ciencia Astrológica. Los hombres del futuro, más evolucionados que nosotros, conocerán sin duda la sutilidad de unas corrientes de energía de tal extraordinaria sutilidad y tensión espiritual que les pondrán en comunicación con unas Entidades Angélicas o Celestes de tal excelsa y desconocida magnitud que Sus Vidas radiantes son para los seres humanos más avanzados sólo vagas intuiciones o románticos sueños que tratan de expresarse en lo más profundo y remoto de sus conciencias.

5. Sobre los Vehículos de Manifestación de la Entidad Causal, Alma o Ángel Solar y su relación cósmica

Tal como decimos en otras partes de este *Tratado,* estos vehículos de manifestación son la mente, el cuerpo astral y el cuerpo físico, sirviendo de vehículo de relación entre ellos el llamado cuerpo etérico o doble etérico, habida cuenta de que es un duplicado perfecto del cuerpo físico denso y siendo su composición —tal como su denominación así lo indica— la energía etérica y su expresividad más concreta y definida el dinamismo vital que determina la cohesión atómica del cuerpo físico y su sentido de permanencia temporal. Es necesario observar que estos tres cuerpos físico, astral y mental —coordinados por el vehículo etérico— llamados esotéricamente los vehículos cíclicos o periódicos del Alma son construidos por los devas etéricos, astrales y mentales siguiendo las leyes evolutivas de la Naturaleza y el proceso kármico señalado por la evolución espiritual del Alma. Esta idea será mejor comprendida si se tiene en cuenta que cada Plano de la Naturaleza tiene siete subplanos y que hay diversidad de especies o familias dévicas en cada uno de ellos que llevan a cabo el proceso de substanciación del Éter para construir las formas o los vehículos adecuados para cada estado de conciencia de los hombres. La calidad de los vehículos obedecerá lógicamente pues a la evolución espiritual del Alma, así como también y por analogía a la sutilidad de las entidades dévicas que construyen sus vehículos o mecanismos de expresión. Es necesario captar esta idea de sintonía de vibraciones entre los estados de conciencia humanos y el grado de sutilidad de los Ángeles o Devas constructores, ya que puede ser aplicada enteramente y por analogía al Gran Océano de Vida Cósmica.

Anteriormente en este *Tratado Esotérico sobre los Ángeles,* hablamos hecho referencia a un axioma esotérico procedente de los Archivos de la Gran Logia Planetaria, cuya formulación venía a dar este sentido: «Hay un hombre para cada Ángel y un Ángel para cada hombre», un axioma que puede ser aplicado en su integridad a todos los Hombres celestiales, guías y directores de planetas, universos y galaxias. Estas excelsas Entidades Logoicas, de incomprensible evolución para nuestra mente humana, precisan a igual que nosotros de vehículos periódicos o cíclicos de expresión, siendo éstos las colosales estructuras cósmicas que expresan sus cualidades íntimas, sus energías particulares de Rayo y sus peculiares o característicos estados de conciencia. Habrá que aceptarse así obviamente la existencia de una increíble Dinastía o Jerarquía de Ángeles de incalculable y desconocida evolución que construyen con la misteriosa Esencia de sus Vidas los Vehículos de Manifestación cíclica de aquellas soberbias Voluntades de Expresión Logoica. Así parece ser si nos atenemos —tal como es de rigor en nuestros estudios esotéricos— al principio de analogía hermético «igual es arriba que abajo», que, al parecer, rige para el Cosmos absoluto.

Esta ley de analogía o de correspondencia ha sido profundamente estudiada por los investigadores del mundo oculto y revelada de muchas y muy distintas maneras por los Grandes Responsables del Sistema, con la aportación de aquella grandiosa idea cósmica que toma cuerpo en nuestra mente con estas sencillas palabras: «los Tres Universos del Logos», por la cual es ser humano plenamente advertido de los grandes valores del Espíritu penetra en la interioridad de la Vida del Creador y toma contacto con las Supremas Decisiones de Su Mente. Estos tres Universos son la analogía de los tres Vehículos cíclicos que utiliza el Alma humana durante el proceso de evolución de su vida espiritual, siendo ésta su más aproximada relación:

UNIVERSO DIVINO	DESARROLLO LOGOICO	ANALOGIA HUMANA
Primer Universo	La Personalidad	Cuerpo Físico
Segundo Universo	El Alma	Cuerpo Astral
Tercer Universo	El Espíritu	Cuerpo Mental

En ella se aprecia la identidad del principio divino en el corazón humano y la mágica expresión de la ley de analogía expuesta en aquellas místicas palabras, rebosantes de verdad y de misterio: «Vosotros sois hechos a imagen y semejanza del Creador», tan sencillas y tan poco comprendidas todavía por los aspirantes espirituales de nuestros días. Así, de acuerdo con esta analogía deberán surgir nuevas y más profundas ideas sobre la identidad humano-logoica.

Veamos:

PRIMER UNIVERSO

Cuerpo Físico Logoico
Cuerpo Astral Logoico
Cuerpo Mental
que corresponde al Plano Físico Cósmico y a la **PERSONALIDAD LOGOICA**
1ª, 2ª y 3ª Iniciación Cósmica

SEGUNDO UNIVERSO

El Universo Actual
Cuerpo Búdico Logoico
Cuerpo Atmico
que corresponde al Plano Astral Cósmico y a la **SUPERALMA UNIVERSAL**
4ª y 5ª Iniciación Cósmica

TERCER UNIVERSO

El Universo del Futuro
Vehículo Monádico Logoico
que corresponde al Plano Mental Cósmico y al fusión de la Mónada Logoica con un Centro cósmico del cual nada puede decirse
6ª y 7ª Iniciación Cósmica

Hay que suponer, de acuerdo con la analogía, que la identidad de tales Universos será únicamente posible por medio de la actividad Angélica que vive, se mueve y tiene el ser en los niveles cósmicos. Por lo tanto, del conjunto de tales afirmaciones debería surgir una idea de síntesis que abarcase dentro de su infinito contexto las vidas microcósmicas y las más esplendentes Entidades macrocósmicas, es decir, que al afirmar que devas constructores procedentes del éter construyen los vehículos o mecanismos de expresión del Alma humana, estamos afirmando también que tremendas Potestades Angélicas de inconcebible evolución estructuran los soberbios Universos cíclicos que son los Vehículos de manifestación de los Logos Creadores dentro de la expansión multidimensional del Espacio infinito.

Los detalles cósmicos correspondientes a esos contactos realizados por los Hombres Celestiales y las excelsas Entidades Mahadévicas, están más allá y por encima de nuestra comprensión y entendimiento. Sin embargo, utilizando como siempre la analogía e investigando profundamente la labor oculta y silenciosa de los devas constructores de los vehículos de expresión del Alma humana, tendremos siquiera una vaga noción de la labor omniabarcante realizada por los poderosísimos Arcángeles del Sistema.

6. Sobre los hechos Kármicos que tienen lugar en nuestro planeta

Tales hechos son una expresión de lo que en lenguaje esotérico definimos como las oportunidades cíclicas de la evolución, constituyendo una compleja, aunque maravillosa red de acontecimientos misteriosamente relacionados que se transmiten vida tras vida, creando el engarce magnético de la historia del pasado con los hechos del presente y siendo trasladados luego al futuro en forma de oportunidades de redención y liberación. El desarrollo de los hechos y la calidad de la historia planetaria son consubstanciales con la evolución del ser humano, siendo la humanidad en su conjunto el eje mágico alrededor del cual gira la evolución total del planeta, ya que se halla situada en el centro de los tres Reinos inferiores, el mineral, el vegetal y el animal y los tres superiores. De ahí la importancia del Reino humano y del karma de la humanidad, un recipiente mágico del misterio de revelación que deberá convertir al hombre en un dios en la vida de la Naturaleza y en un transmisor del gran legado cósmico del que es depositario, pues él, al igual que los Hombres Celestiales, posee los átomos permanentes, uno para cada vehículo de manifestación, mediante los cuales puede registrar todos los hechos y acontecimientos que suceden dentro y fuera de sí y proyectarlos al futuro en forma de recuerdos o memorias vivas de todas las experiencias psicológicas individuales y comunales realizadas en el devenir de su vida kármica, siendo los Ángeles del Recuerdo, Agentes del Gran Señor Kármico denominado esotéricamente la MEMORIA CÓSMICA, los encargados de grabar con caracteres indelebles en la vida del Alma humana todos los hechos y acontecimientos que constituyen sus experiencias en el tiempo.

7. Sobre las Fenómenos Psíquicos definidos como Paranormales o Parapsicológicos

Tales fenómenos en su totalidad están relacionados con las actividades etéricas de aquellos Devas llamados ocultamente los Señores del Éter, las cuales, si bien han sido analizadas y divulgadas en sus aspectos más objetivos y apreciables, no han sido estudiadas todavía en la base de sus causas motivadoras; de ahí la evidente incapacidad de la mayoría de los investigadores en ese campo de estudio de someterlas a un análisis realmente profundo y científico. Y, sin embargo, en la base esencial o productora de tales fenómenos se halla una realidad tremendamente científica, tal como puede ser aseverado con la frase esotérica, tantas veces utilizada durante el curso de este *Tratado*, substanciación del Éter y cuyas consecuencias son la conversión del Espacio, si podemos decirlo así, en Materia capaz de adoptar todas las formas deseadas o producidas por los estados de conciencia de los hombres y de todos los demás seres de la Naturaleza. Algunas de tales modificaciones del éter afectan, debido a su mayor sutilidad, el cuerpo psíquico o astral de las personas físicamente predispuestas. Según hemos podido apreciar durante el curso de nuestras investigaciones esotéricas, las personas acusadamente psíquicas o astrales y de escaso desarrollo mental están más propensas que las otras a recibir los impactos astrales en sus vidas físicas. Según se nos dice esotéricamente, la mayoría de estas personas astralmente polarizadas y profundamente psíquicas son unos remanentes de la raza atlante, que por no haber logrado alcanzar el suficiente desarrollo mental se rezagaron de aquella civilización y reemprendieron en la raza aria el trabajo incumplido o escasamente desarrollado en ciclos anteriores, avanzando con el conjunto de la raza actual para liberarse de aquellos vestigios psíquicos y desarrollar convenientemente la mente intelectual. Sea como sea, el hecho evidente es que un ingente grupo de personas, atlantes o arias, son exageradamente sensibles a los mundos psíquicos y, debido al escaso control que tienen sobre sus naturalezas astrales, son unos elementos idóneos para provocar inconscientemente la mayor parte de los fenómenos parapsicológicos registrados y clasificados por los investigadores en ese campo de estudio.

El investigador esotérico entrenado en el arte de la investigación oculta comprueba que todo fenómeno psíquico registrado u objetivado, es decir, que haya logrado traspasar la barrera astral e introducirse de una u otra manera en el plano físico para poder ser debidamente percibido, analizado y catalogado, obedece al principia de substanciación del éter y a la consiguiente creación de esta rara substancia que los parapsicólogos denominan ectoplasma. El ectoplasma, siendo energía etérica substanciada puede adoptar todas las formas imaginables, ya sea en virtud de potentes impulsos emocionales provenientes del ser humano acusadamente psíquico o bajo el poder del mago entrenado en el arte mental de la visualización. No obstante, ningún fenómeno parapsicológico sería posible de no mediar el tercer elemento, es decir, la vida de los devas substanciadores del éter sin cuyo concurso no puede ser creada forma alguna en el espacio, ni obtener tampoco del mismo el ectoplasma que puede hacerla perceptible, recognoscible y dinámica.

Las personas que habitualmente registran tales fenómenos parapsicológicos, es decir, los médiums, clarividentes, clariaudientes y sensitivos de tipo astral, debido a su excesiva polaridad psíquica, no tienen una idea muy concreta de lo que realmente sucede en los mundos invisibles; ellas se limitan simplemente a registrar impresiones y no están debidamente capacitadas para suministrar datos concretos ni observaciones inteligentes acerca de tales fenómenos. Ha llegado el momento, por tanto, de introducir el tercer elemento dévico en las averiguaciones científicas de los verdaderos investigadores dentro del campo de la Parapsicología, ya que tal conocimiento les llevará en forma directa y segura a la resolución de la causa productora de todos los fenómenos psíquicos, sea cual sea su importancia, capaces de afectar el éter y la sensibilidad emocional de los seres humanos. El fraguado de cualquier fenómeno paranormal o parapsicológico, tanto el que tiene que ver con la creación del ectoplasma, con los ruidos astrales dentro de los hogares, con la actividad de los llamados duendes o con la manifestación objetiva del cascarón astral de un ser desencarnado, ha sido convenientemente explicado en otras partes de este *Tratado*. Conviene insistir, sin embargo, sobre un hecho fundamental y es el de que el plexo solar de los seres humanos, singularmente de los muy psíquicos, es un recipiente de substancia astral no liberada la cual, en determinadas ocasiones y de acuerdo con los estados de conciencia inferiores, toma contacto con devas de escasa evolución del plano astral y provoca fenómenos psíquicos diversos. Un rapto de cólera o una violenta tensión emocional pueden determinar a veces el fenómeno de materialización física de alguna definida y no muy agradable forma astral. Ha habido en este caso una potente reacción de los éteres y una dinámica expresión de aquel estado de conciencia negativo bajo la expresión objetiva de un deva o de un elemental constructor de naturaleza evolutiva muy primaria. Podríamos afirmar desde el ángulo esotérico, que los fenómenos psíquicos en su casi totalidad son un resultado de la intercomunicación humano-dévica, realizada en los bajos niveles del plano astral con una respuesta ectoplásmica del Espacio, ya que, esotéricamente, cualquier modalidad de ECTOPLASMA, no es otra cosa que éter cualificado capaz de adoptar todo tipo de formas psíquicas en respuesta a cada uno de los estados de conciencia del Alma humana y como una réplica substancial de todo cuanto ocurre —psíquicamente hablando— en la vida de la Naturaleza y de los Reinos en evolución.

O. Los ángeles y la parapsicología

Los ángeles y su intervención en los fenómenos parapsicológicos.

[EDF, p. 164] Uno de los problemas que necesariamente deberá afrontar la Ciencia Parapsicológica de nuestros días será sin duda la correcta interpretación de las Formas que en su totalidad constituyen los ambientes psíquicos de la humanidad. Se trata de un problema realmente difícil de resolver por cuanto se asignan todavía significados arcaicos y tradicionales a las Formas que pueden ser percibidas en el ambiente psíquico o campo astral del mundo. La creación de tales Formas es inevitable debido al poder de proyección que posee el cuerpo astral de los seres humanos y aún el de ciertos animales terrestres y marítimos. Sus potentes vibraciones «tiñen el espacio» de ciertas nocivas cualidades, se agrupan constituyendo desagradables figuras astrales y «flotan» —tal como hemos dicho en varias ocasiones— sobre el aura planetaria condicionando los deseos, emociones y pensamientos de los hombres.

Podemos decir, sin embargo, ya que el principio de dualidad o polaridad rige la acción astral, como rige todos los demás Planos del Universo, que hay también concentraciones de energía psíquica de carácter positivo «flotando» sobre los ambientes sociales de la humanidad, creadas por las delicadas emociones, fúlgidos sentimientos e impulsos magnéticos de buena voluntad que surgen del cuerpo astral de los seres humanos dotados de una mayor integración espiritual. Habrá que tener en cuenta, por tanto, en cualquier estudio parapsicológico realmente serio, la existencia, actividad y proyección de tales nubes psíquicas flotando en ciertos niveles definidos del Plano astral y reconocer que su radiación magnética e indudable influencia se refleja en todos los sectores de la vida organizada de la humanidad, singularmente en aquellas personas potentemente «psíquicas» en distintos niveles de expresión, lo cual inducirá a establecer necesariamente las bases de una nueva orientación científica del estudio parapsicológico, haciendo una marcada distinción entre los fenómenos psíquicos de carácter inferior, indeseable y negativo —los más frecuentes debido a la escasa evolución mental y psíquica de los seres humanos— y los de tipo superior surgidos de la actividad emocional de los seres humanos dotados de una elevada integración espiritual.

Parte III. Los ángeles en la vida social humana

Hemos afirmado en diferentes ocasiones, y continuaremos haciéndolo en lo sucesivo, que de no establecerse esta necesaria y obligada clasificación entre las diferentes formas de psiquismo no podrán ser explicados convenientemente algunos de los fenómenos parapsicológicos actualmente en estudio, como los que irán produciéndose a medida que la humanidad vaya avanzando en su proceso evolutivo y el «psiquismo controlado» se convierta en una ley, en un impulso irresistible de la Raza humana. Este obligado control y la necesaria polarización de la conciencia desde el «Plexo solar» al centro Ajna de la mente organizada cerrará el paso a la corriente de energía psíquica proveniente de los niveles inferiores del Plano astral y creará otras puertas de comunicación con los subplanos superiores para poder captar las energías de buena voluntad y las nuevas y más apetecibles formas psíquicas creadas por los devas del Propósito Iluminado, utilizando los impulsos magnéticos y proyecciones psíquicas de carácter superior que se elevan del mundo de los hombres. Creemos por ello que un riguroso control astral por parte de los propios investigadores en el campo de la Parapsicología se hace tan necesario como el comer, el beber o el respirar en estos momentos drásticos de alta tensión psíquica planetaria, ya que de no conseguirlo será definitivamente imposible extraer del Plano astral los indispensables significados ocultos que cualifican y determinan una perfecta y verdadera investigación esotérica.

Hasta el presente la investigación parapsicológica se ha limitado únicamente a analizar algunos de los fenómenos psíquicos que se producen en los bajos estratos del Plano astral, adjudicándoles un valor de síntesis. En realidad, y por su íntima naturaleza, tales fenómenos, como el de la mediumnidad corriente, los aportes psíquicos y materializaciones físicas, etc., sólo representan «reacciones magnéticas» producidas en el ambiente astral por seres humanos, reconocidos como «altamente psíquicos», o los que se realizan espontáneamente en ciertos lugares de la Naturaleza, en los que por existir un campo magnético apropiado se producen fenómenos de carácter paranormal que atraen la atención de las masas y constituyen motivos de interés para los investigadores parapsicológicos.

Desde el ángulo de vista esotérico el proceso es considerado como mucho más positivo y realista, ya que se analiza prioritariamente la potencialidad del ETER, el cual condiciona cualquier tipo de manifestación psíquica, sea cual sea su carácter y significado. El ETER es la substancia universal que está en la base de la creación de todas las formas psíquicas que generan fenómenos parapsicológicos, y teniendo en cuenta al respecto, que dichas formas son condensaciones de energía psíquica por parte de los Devas, los desconocidos habitantes de los mundos invisibles. Esta afirmación debe considerarse esencial en él estudio parapsicológico, sea cual sea el nivel en donde se verifique, y desde este ángulo de vista ha de admitirse que cualquier fenómeno psíquico puede ser incluido dentro de las grandes áreas astrales de polarización angélica y que la explicación correcta de los grandes o pequeños efectos parapsicológicos sólo será posible si el investigador decide penetrar en las «nuevas dimensiones» y aprende a extraer de ellas todos los posibles significados mentales. Así será posible conocer la causa de todos los fenómenos psíquicos y no solamente estudiar sus efectos en los ambientes sociales del mundo, muy particularmente en los seres humanos.

Así, pues, toda forma de psiquismo y todo fenómeno parapsicológico es un resultado de la actividad de los devas que pueblan los insondables éteres del espacio. Su misión y su ley es materializar todos los impulsos magnéticos humanos transmutando la energía en materia y substanciándola al extremo de constituir con ella todo tipo de formas y toda clase de situaciones en el ambiente psíquico de la humanidad. El punto de objetividad necesaria para dicha manifestación substancial —si podemos utilizar esta expresión— la proveen los propios seres humanos de baja vibración o de escasa evolución espiritual, así como también otros seres humanos más evolucionados, aunque de potentes tendencias astrales y ciertos animales —considerados esotéricamente como altamente psíquicos— como los gatos, las serpientes, ciertas aves nocturnas, etc.; de ahí su utilización en las actividades de la magia negra.

El resultado de esta substanciación de la energía psíquica es el Ectoplasma, la condensación de la energía etérica por efecto de la presión dévica de los niveles inferiores del Plano astral hasta constituir «formas objetivas» de alta solidez y persistencia. Desde el ángulo esotérico tales formas, tales aportes o materializaciones constituyen un peligro para la integridad espiritual del mundo, pues se las percibe clarividentemente enlazadas a etapas anteriores de evolución planetaria y deberían considerarse lógicamente trascendidas. Por ello, la misión futura de los investigadores parapsicológicos será «la destrucción de tales formas» y no simplemente el estudio de los fenómenos que provocan en el éter. En los momentos actuales el estudio de tales fenómenos es una tarea preliminar y necesaria, pero no se debe olvidar que la actividad esencial es «purificar el ambiente astral del mundo» y propiciar la creación de «centros de actividad dinámica» en todos los subplanos del Plano astral con objeto de destruir todas las formas psíquicas de carácter negativo que condicionan y dificultan la evolución espiritual de la humanidad. Para estimularles en tal sentido bastaría decirles quizá que las guerras, las enfermedades y aún la propia muerte son «FORMAS PSIQUICAS» mantenidas en forma substancial en los niveles astrales del mundo y «dotadas de conciencia dévica», una conciencia que exige ser liberada tras el obligado proceso de una sistemática y necesaria destrucción por parte de los verdaderos investigadores del mundo oculto. Por tal motivo, un considerable número de discípulos mundiales provenientes de todos los Ashramas de la Jerarquía están trabajando activamente para presentarle al mundo una nueva idea sobre los males sociales y las dificultades psicológicas de las gentes, así como para informar sobre las causas ocultas de las grandes tensiones emocionales que repercuten en el corazón del hombre.

El fenómeno de la «MATERIALIZACION» no es naturalmente lo único que estudia a fondo el investigador esotérico, si no que su campo de estudio se extiende a todos los posibles niveles de expansión psíquica, desde el que provoca en el éter la súbita reacción astral de un animal en la selva persiguiendo a la víctima que ha de proveerle de alimento, o el que determina cualquier ser humano en momentos cumbres de gran exaltación religiosa. El resultado será siempre el mismo en todos los casos: la invocación dévica y el fenómeno inevitable de substanciación de la energía proyectada en el éter. El ECTOPLASMA es el resultado del proceso de substanciación astral de las energías hasta el punto requerido de materialidad u objetividad que hace posible su identificación etérica física. Y lo mismo podría ser dicho con respecto a otro tipo de manifestaciones psíquicas o astrales, como «la ocupación del cuerpo de un médium» por parte de cualquier entidad dévica, psíquica, individual o elementaria; un fenómeno que ha de ser considerado como altamente limitador de las facultades causales del alma y un campo de desdichas y de dificultades kármicas en relación con el propio médium, ya que, de acuerdo con las enseñanzas esotéricas de la Nueva Era, toda forma de mediumnidad astral deberá ser relegada bajo el umbral de la conciencia a fin de poder desarrollar la contraparte de dicha facultad en el plano de la mente, es decir, la telepatía, por cuanto la telepatía permite el contacto con los mundos invisibles, pero dentro del control de una voluntad ordenadora y de una inteligencia capaz de extraer verdaderos significados espirituales desde el mundo psíquico y apta, por tanto, de destruir progresivamente todas las formas inferiores que, «constituyendo grandes nubes psíquicas» y «potentes concentraciones de Ectoplasma de baja y densa vibración», dificultan la evolución espiritual de los seres humanos.

Habrá que señalarse también que las aportaciones físicas o materializaciones ectoplásmicas a las que nos hemos referido anteriormente, provenientes de estímulos astrales inferiores, no son perceptibles únicamente alrededor de las personas altamente psíquicas que llamamos «médiums» o «dotados», sino que constituyen parte integrante del proceso de nuestro cotidiano vivir, y podemos asegurar, muy sincera y honradamente, que tales formas pululan por doquier y si bien no constituyen «objetividades» capaces de impresionar a los sentidos de percepción física, si poseen la suficiente fuerza psíquica como para alterar las condiciones ambientales y afectar astralmente a un considerable número de seres humanos en Sintonía con aquellas fuerzas, constituyendo núcleos de agresividad prestos a descargar su tensión en cualquier momento. Hay «nubes psíquicas» para todos los grados de evolución astral; incluso los animales son potentemente astrales y aportan también al ambiente psíquico la singularidad de sus motivos. El aspirante espiritual deberá guardarse, por tanto, de la actividad negativa de las formas psíquicas inferiores que llenan el ambiente social del mundo y cultivar, merced al desarrollo de su aspiración superior, formas psíquicas cada vez más sutiles y refinadas.

La Invocación de los Difuntos

Una actitud muy negativa y antisocial desde el ángulo esotérico y sobre la cual llamamos la atención de los aspirantes espirituales es aquella que concierne a la «invocación de los difuntos». Cuando una persona fallece y deja el cuerpo físico, hay que dejarla en paz para que goce profundamente de la liberación de las cadenas que le ataban a la materia más densa de la manifestación kármica en aquellos niveles específicos que la ley previsora de la Naturaleza ha dispuesto para tal fin. No hacerlo así es crear karma, y todo aquél que utilice las energías psíquicas de la invocación para atraer con fines de materialización, de comunicación o de contacto las almas de los muertos —tal como vulgarmente se dice— está atentando gravemente contra una sagrada Ley del Creador. «El todo lo tiene sabiamente dispuesto para el bien de Sus hijos», tal como puede leerse en ciertos pasajes del «Antiguo Comentario» o «Libro de los Iniciados».

La salvaguarda del alma después que ha dejado su cuerpo físico no corresponde ya a los seres humanos, a sus deudos, amigos o parientes, por mucho que la amen y quieran ayudarla con sus invocaciones —a menudo potentemente egoístas—, sino que corresponde a la actividad de aquellas benditas Entidades dévicas que esotéricamente llamamos «Los Ángeles de la Luz Resplandeciente», los cuales acogen al alma desde el momento mismo de la muerte física y después de «romperse el cordón plateado o Sutratma» que la ataba al cuerpo y propiciar «el último suspiro» o aliento vital, la conducen amorosamente a un nivel de quietud en donde descansará o dormirá plácidamente[48] si no surgen impedimentos, para despertarla rápida y oportunamente en el plano astral. Desdichadamente la labor de estos benditos Ángeles es alterada por los clamores invocativos de los deudos y amigos, los cuales no se resignan a perder definitivamente a la persona con la cual sostuvieron lazos de unión, de amor o de amistad, creando unos vórtices de energía astral de carácter negativo que envuelven al alma y la mantienen «suspendida» en la inseguridad de dos mundos diferentes, el físico y el astral; el astral porque por ley kármica le corresponde y el físico porque desde allí es invocada, suplicada y poderosamente atraída. Si se tuviese, parapsicológicamente hablando, sólo una ligera noción del sufrimiento moral del alma en estado de «suspensión» entre dos mundos después de producirse el fenómeno de la muerte y se la dejase en paz, quizá el progreso espiritual de la Raza en su conjunto sería mucho más rápido, efectivo y seguro, ya que el sufrimiento engendrado diariamente por las almas de los seres

---

[48] En este nivel intermedio entre el plano físico y el astral, el alma recopila espontáneamente todos los recuerdos de su vida pasada y los archiva en su cuerpo causal, vía los átomos permanentes mental, astral y físico.

humanos en el mundo que dejaron sus vehículos físicos tras el fenómeno de la muerte y atraídas al plano de las densidades físicas por efecto de las invocaciones, súplicas y demandas egoístas de sus familiares y amigos, forma grandes nubes psíquicas de gran poder negativo que flotan por encima de la humanidad y aumentan el sufrimiento e inquietudes que ya existen normalmente en todas las áreas y ambientes sociales planetarios como un efecto natural del karma de los seres humanos. Consideramos esotéricamente necesario, en orden a la creación de un nuevo tipo de Antakarana social de aproximación a los valores internos, que se considere el fenómeno de la muerte física como una «liberación» del alma y no como «la desaparición o pérdida» de la misma y que se intente comprender que la Previsión Divina va siempre mucho más allá que las determinaciones humanas y que su sentido profundamente egoísta de considerar las cosas. Así, desde el ángulo netamente espiritual y esotérico, las invocaciones de los difuntos con fines de restablecer antiguos lazos y comunicaciones —tal como desdichadamente se realiza en casi todos los lugares de la Tierra, sean cuales sean las miras, el interés o los deseos con que son efectuadas—, CONSTITUYEN UN ATENTADO CONTRA LA LEY DE DIOS, y así debe considerarse en esta Nueva Era de grandes y fecundas oportunidades espirituales para todos los hijos de los hombres.

Es curioso advertir, sólo como un dato aleccionador de las actitudes contradictorias que suele adoptar el ser humano, que hay personas que hablan constantemente de libertad e incluso participan en actividades sociales con este tan importante lema en el plano físico, pero que, sin embargo, en sus actividades —llamémoslas metafísicas— construyen nuevas prisiones para las almas que se han liberado de la apremiante actividad del cuerpo físico mediante las prácticas de invocación y comunicación «post-mortem». Hay que considerar lógicamente que habrá un Karma preparado para todos los infractores de las Leyes reguladoras de la Voluntad divina en el alma humana, lo mismo que hay sanciones legales contra aquellos que atentan contra el derecho humano común dentro de un plan organizado de relaciones sociales.

En un capítulo precedente nos referíamos a la existencia de «cascarones astrales», construidos por efecto de las materializaciones de los cuerpos etéricos de los seres humanos fallecidos, algunos de ellos procedentes de muy alejadas épocas planetarias y que pululan por el Plano astral con apariencias de vida objetiva, pero sin poseer alma espiritual, siendo mantenidos bajo su actual forma por la actividad de ciertos devas de inferior calidad y vibración, los cuales producen la cohesión de tales vehículos trascendidos e impiden el proceso natural de «desintegración» que lógicamente ha de producirse en todos los Planos de la Naturaleza en donde el ser humano posee vehículos, cuerpos o mecanismos de expresión. Y tales «cascarones», o la mayor parte de ellos, son los que normalmente acuden a las sesiones espirituales suplantando a entidades conocidas o construyendo formas parecidas a las de los difuntos invocados cuando hay el suficiente grado de «tensión emocional» en el ambiente psíquico de una reunión espírita y en un plan de espejismo colectivo causa la impresión general de que el alma del difunto invocado se halla presente en el seno de la reunión, cuando la realidad es que la gran mayoría de seres humanos desaparecen completamente del Plano físico a los tres días después de muertos, pasando a habitar sus almas o sus conciencias en el nivel correspondiente del Plano astral, quedando en los niveles etéricos solamente la imagen etérica. Esta se va desintegrando del cuerpo que el alma ha abandonado, el cual puede ser vivificado y transitoriamente densificado por efecto de las energías mancomunadas de las poderosas invocaciones de las personas que de una u otra manera estuvieron kármicamente vinculadas con el ser desaparecido y de los devas astrales con poder de substanciación del éter en el Plano físico. Este es un asunto muy importante a dilucidar y deberá ser estudiado muy atenta y profundamente por los modernos parapsicólogos introducidos en la investigación de las comunicaciones mediumnísticas y de los efectos clarividentes en las personas psíquicas que habitualmente asisten a dichas sesiones, para llegar así en forma progresiva a la comprobación y convencimiento de que la actividad realizada en estas reuniones espirituales con vistas a establecer contacto con los difuntos constituye un fraude o engaño, perpetuado a escala mundial por todos los grupos de invocadores de buena fe, aunque faltos del requerido entrenamiento espiritual y psíquico. Estas actividades, vistas siempre desde un ángulo muy subjetivo y causal, constituyen un formidable freno a la marcha ascendente de la evolución humana y son francamente indeseables dentro de un plan organizado de una nueva ética y de nuevos valores sociales.

O. Los ángeles y la parapsicología

Venimos hablando, como ustedes se habrán dado cuenta, desde un punto de vista muy esotérico y no es nuestra intención cargar las tintas, tal como vulgarmente se dice, contra un sector de investigadores de la humanidad cuya tendencia es el mundo astral. Pero debemos reiterar que nuestras afirmaciones provienen de ciertas experiencias realizadas en varios niveles de los mundos ocultos y de nuestros contactos conscientes con Devas de elevada evolución, quienes nos mostraron lo fácilmente que puede ser engañado un ser humano dotado de clarividencia o de otras facultades psíquicas mediante los fenómenos caleidoscópicos que ellos pueden producir en el éter y la facilidad con que pueden crear a voluntad cualquier tipo de forma, aun la más inverosímil, utilizando la fuerza psíquica incontrolada que surge de los ambientes psíquicos del mundo. Hay, por otro lado, las disposiciones espirituales de la Jerarquía planetaria, la Cual está trabajando muy intensamente por medio de sus Ashramas y grupos de actividad espiritual en el mundo, para contrarrestar las actividades psíquicas que se realizan por doquier mediante la aportación de energías de alta tensión mental, segregada de los discípulos mundiales y de todas las personas inteligentes y de buena voluntad que han comprendido que los momentos cruciales que atraviesa la humanidad podrán ser afrontado trascendidos si se utiliza la mente en forma creadora, controlando eficientemente las tendencias psíquicas generadas por un excesivo desarrollo del plexo solar. La presión de los tiempos impone unas nuevas leyes reguladoras del destino de los hombres y el desarrollo del centro mental orientado hacia fines de integración y de control emocional que constituye la meta natural de la evolución humana.

El esoterista entrenado —y todos los aspirantes espirituales deberían serlo— investiga solamente fenómenos psíquicos de carácter superior, por cuanto considera que los «efectos del astralismo inferior» han de ser normalmente trascendidos y relegados por efecto de ello bajo el umbral de la conciencia. La Nueva Era impone ciertas leyes de carácter sagrado, algunas de cuyas expresiones son la actividad mental superior y el contacto con el Alma espiritual de los seres humanos. Estas actividades se inician por el desarrollo del intelecto que abre la visión del campo del conocimiento, se persevera por el suave y sostenido control de las tendencias astrales o psíquicas inferiores —la mayor parte de ellas heredadas de la época atlante— y se culmina en el desenvolvimiento de la intuición, la cual «ampliará las perspectivas psicológicas» del hombre aquí en la Tierra a extremos inconcebibles, permitiéndole adquirir una conciencia cada vez más incluyente del Yo superior o Ángel Solar, liberándole completamente de los espejismos y vanas ilusiones que le mantenían atado a un aciago destino kármico y a la interminable lucha contra toda clase de deseos, esperanzas y temores.

Otra de las ideas que consideramos útiles para el desenvolvimiento de la vida espiritual es la que hace referencia a la relación de los sentidos físicos con las facultades psíquicas, las cuales, tal como analizamos en la Primera Parte de este *Tratado*, son una prolongación de tales sentidos, ya que la evolución espiritual de la Raza impone el desarrollo de los sentidos internos existentes en cada vehículo sutil como un sistema natural de percepción y de conocimiento... Esta idea deberá formar indisolublemente parte del equipo de los verdaderos investigadores parapsicológicos para ir reconociendo, por analogía, la calidad de los fenómenos psíquicos observados de acuerdo con ciertos hechos de carácter físico. Así, los fenómenos de la clariaudiencia, de la mediumnidad y de la clarividencia serán reconocidos como prolongaciones en el nivel astral las expresiones físicas del oído, del tacto y de la vista, siendo todos los demás fenómenos observados y estudiados desde el plano superior de la mente sólo unas derivaciones de aquellos sentidos que están desarrollándose en los niveles subjetivos, en donde el alma del hombre trata de ser consciente.

El Éter, la Causa de todo tipo de Fenómenos

Por tanto, dentro de un vasto Plan general de conocimientos útiles al investigador parapsicológico, habrá que admitirse desde un buen principio que los fenómenos psíquicos o paranormales, así como todos y cada uno de los fenómenos de la vida en la Naturaleza, «se realizan en el Éter». Ocultamente hablando, el Éter es la MATRIZ de toda posible manifestación universal, sea cual sea el Plano o nivel en donde tenga lugar. Un estudio cada vez más profundo y consecuente del Éter llevará a grandes y sorprendentes conclusiones, lo mismo en el orden esotérico que en el parapsicológico y científico, teniendo únicamente presente que el Éter es una substancia universal que surge de la actividad del Tercer Logos, Aspecto Creador del Espíritu Santo, y que sus infinitas modificaciones bajo expresiones, normales u objetivas constituyen la base del estudio oculto de los Ángeles, de los Devas, de las Fuerzas Ocultas de la Naturaleza, cuya misión es estructurar toda la infinita gama de formas que constituyen la Vida absoluta de la Divinidad en el Universo.

Decimos también en otra parte de este estudio que el ECTOPLASMA, al que constantemente se hace referencia en las investigaciones parapsicológicas, es ENERGIA SUBSTANCIADA, o Éter en proceso de materialización o solidificación de acuerdo con un Plan general de estructuración de formas, y que los «Agentes Universales» que están en la base de este proceso de estructuración constituyen una vastísima organización oculta que se extiende desde los pequeños elementales que viven en contacto con el Reino mineral y son sus obreros insignificantes aunque totalmente imprescindibles, hasta los poderosos Arcángeles o Mahadevas que rigen la estructuración de un Plano del Universo. Así, el proceso de estructuración de las formas se realiza en todos los niveles de vida y de conciencia y la Naturaleza entera se beneficia de sus indescriptibles cuidados. Desde este punto de vista podemos imaginar que habrá «agentes dévicos» en todos los estratos de la vida organizada del planeta y del Universo, con la única y exclusiva misión kármica —si podemos decirlo así— de construir el adecuado tipo de formas que precise cada una de las unidades de conciencia en evolución dentro del infinito e indescriptible marco de la Creación. Por ello, si el estudio parapsicológico ha de ser realmente fecundo, práctico e inspirador deberá partir racional e inevitablemente del reconocimiento de los «agentes dévicos» y de los «elementales constructores», cuya misión es construir formas, ya sea en los niveles objetivos o en los subjetivos, dotarlas de vitalidad, preservarlas de la acción del tiempo en tanto sean necesarias para el cumplimiento de determinada misión o evolución y, finalmente, destruirlas diluyéndolas en el Éter y haciéndolas retornar al «Estanque de las Unidades Expectantes», a donde se reintegran todos los átomos físicos, astrales y mentales en el momento de la Muerte. El reconocimiento de «un agente o de un grupo de agentes ocultos» tras cada uno de los fenómenos objetivos o subjetivos puede constituir, tal como hemos dicho anteriormente, el punto de partida de la perfecta investigación parapsicológica, prosiguiéndose después el estudio de acuerdo con el principio clave de la analogía que ha de deparar visión justa, amplio sentido analítico y la inevitable introducción en los niveles causales.

Los Pequeños Devas Familiares

El fenómeno parapsicológico, sea cual sea su importancia, deberá observarse, primero, tal como aparece a los sentidos normales de percepción; descubrir luego la calidad del mismo por el nivel psíquico donde se realiza, y determinar, finalmente, el propósito que se halla en la base del mismo, entendiendo que todo fenómeno no captado ni registrado íntegramente por los sentidos físicos, pero presentidos siquiera vagamente como perteneciente a otro nivel, pueden ser considerados de tipo parapsicológico, siendo estos fenómenos tan corrientes que apenas les damos importancia. Veamos, por ejemplo, algunos de ellos: ruidos en el interior de las casas sin justificación física alguna, llamadas a las puertas, golpes en las paredes, en los muebles, dibujos aparecidos en los lugares más insólitos, etc. Estos fenómenos son provocados por aquellas criaturas etéricas llamadas vulgarmente «duendes». Pero ¿qué son exactamente los duendes? Bien, se trata simplemente de cierto tipo de devas que viven en contacto con los seres humanos, que participan ocultamente de sus ambientes familiares se hallan particularmente activos en los hogares donde hay niños y animales domésticos, con quienes suelen juguetear. Poseen gran dominio de los éteres inferiores, los más cercanos al físico denso, y utilizándolos con singular maestría son los causantes de ruidos inoportunos, movimiento de cuadros y muebles, abrir y cerrar de puertas, caída de objetos, etc., fenómenos variados que llegan a inquietar seriamente a los moradores de tales viviendas, pero que, en el fondo, no son sino efectos secundarios de la labor principal que realizan tales devas familiares en los niveles ocultos, tales como la creación del ambiente familiar o matiz psicológico de la familia en su conjunto, una actividad muy necesaria habida cuenta el contexto social que, surgiendo del seno de las familias, irrumpe en el mundo de relaciones humanas enriqueciendo su contenido. Habrá que considerar obviamente que la elevación moral y grado de inteligencia de estos devas o duendes dependerá de la actividad conjunta realizada en el seno de la familia, en cuyo seno se sienten ubicados, y que sus expresiones sensibles o parapsicológicas variarán sensiblemente de acuerdo con la integridad moral o nivel intelectual de sus moradores, siendo, por tanto, infinita la gama de pequeños duendes del hogar. Estos, vistos desde el plano mental, se hallan ocultamente bajo las órdenes de ciertos Ángeles familiares, de la categoría de los Ángeles Guardianes de la Humanidad. Así, los fenómenos parapsicológicos registrados en las moradas de los hombres tienen unos aspectos objetivos, a veces de indudable calidad, aunque lógicamente extraños e indefinibles por la escasa información científica que se tiene acerca de ellos. Pero, en definitiva, la causa productora de los mismos es siempre una criatura del éter, llámesela deva, duende o espíritu, la cual viene atraída a las moradas de los seres humanos por leyes de afinidad o de vibración, se acerca a los grupos familiares y se vincula a los mismos constituyéndose desde el ángulo oculto en un miembro más de la familia, y aunque permanece invisible a los ojos físicos se halla constantemente activo y atento a la expresión y sucesión de los hechos familiares, los cuales comparte muy íntima y plenamente. La forma de los «duendes» es muy parecida a la de los «GNOMOS», aunque sean de características dévicas diferente a las de los espíritus de la Tierra. Los «GNOMOS» habitan el interior de las piedras o en los grandes árboles, en tanto que los «duendes» habitan preferentemente en las moradas de los hombres. Un estudio serio y profundo de los pequeños devas familiares aportaría grandes conocimientos a la labor investigadora de los verdaderos parapsicólogos, pues permitiría explicar racional y científicamente la causa de muchos fenómenos paranormales que se producen constantemente en los ambientes sociales y familiares de los seres humanos y constituyen todavía grandes enigmas para los estudiosos del mundo oculto.

Los Fantasmas

Otra de las preguntas que se hacen los investigadores en el campo de la Parapsicología es la que hace referencia a los llamados «fantasmas», unos fenómenos psíquicos de cuya existencia se ha hecho constantemente eco la tradición, aunque sin explicar nunca en forma racional y científica el verdadero significado o procedencia de estos. Nuestra investigación desde el ángulo oculto nos ha permitido identificar a los siguientes tipos de «fantasmas»:

1. Fantasmas de los Pantanos, aprovechando las condiciones semietéricas que se producen en los mismos a causa de la humedad sucia de las aguas encharcadas.
2. Fantasmas de las Casas Encantadas, creados por las emanaciones psíquicas de altas tensiones emocionales.

3. Fantasmas de los Castillos, de los que nos ha hablado mucho la tradición y que han llenado muchas páginas de literatura ocultista, de misterio y de terror en todos los tiempos.
4. Fantasmas, o Entidades psíquicas creadas y mantenidas en objetividad astral por arte de «imposición mágica».

1. Fantasmas de los Pantanos

Ese tipo de «formas psíquicas» surgen habitualmente por condensación del vaho húmedo que se origina en los lugares pantanosos y constituyen la actividad de ciertos devas semietéricos, llamados esotéricamente ASURAS, los cuales habitan en las capas poco profundas del suelo y aprovechan aquellas condiciones de «sucia humedad» para adquirir consistencia y objetividad física, aunque sea de carácter vaporoso. Los ASURAS tienen una forma muy parecida a la humana y, aunque generalmente son de evolución inferior, poseen un gran poder psíquico sobre los éteres densos, los cuales modelan de acuerdo con las necesidades inherentes a su propia evolución. Suelen acudir prestos a las invocaciones de los hombres y se convierten en fieles servidores de aquellos que hayan logrado someterlos a su voluntad, tal como es el caso de los magos negros que utilizan el poder psíquico de los ASURAS para provocar situaciones conflictivas en los ambientes sociales del mundo. Los ASURAS, tal como decíamos antes, realizan su evolución en las capas semietéricas del suelo. Por su especial condición y grado de evolución dentro del reino dévico «no tienen conciencia del bien ni del mal» y se limitan a obedecer ciegamente las órdenes de aquellas personas cuya voluntad es fuerte y poseen altos secretos o conocimientos mágicos. Sin embargo, suelen ser extremadamente peligrosos si una vez invocados no se les puede dominar, pues en tal caso, y al igual que en el caso del Aprendiz de Brujo, el dominador pasa a ser dominado y el ASURA se convierte entonces en una entidad maléfica y obsesiva que dificulta enormemente la evolución espiritual de las personas sujetas a su poder. De ahí la prudente reticencia del Maestro en facilitar a sus discípulos ciertas claves de invocación de los devas ASURAS, haciéndolo solamente y en casos muy especiales cuando se trata de discípulos que poseen una bien reconocida sabiduría y un profundo control espiritual.

O. Los ángeles y la parapsicología

Otro tipo de «fantasmas de los pantanos» suelen ser simples cascarones astrales de personas o de animales fallecidos que vivieron en las cercanías de aquellos lugares pantanosos y que los ASURAS vivificaron con su tremendo poder psíquico. En tal caso, el vaho húmedo que producen el barro y las aguas encharcadas es utilizado como agente substanciador o cohesivo de la forma etérica del cascarón astral y que suelen ser los fantasmas que muchas personas han podido ver «flotando» por encima de los lugares pantanosos y también en las márgenes de los ríos y en las cercanías de los lagos. La condición óptima para ese tipo de manifestaciones etéricas o ectoplásmicas es la existencia de «sucia humedad», pues este elemento posee cualidades de substanciación física que el ASURA utiliza para hacerse visible o para materializar cascarones astrales de personas fallecidas de baja vibración espiritual o de animales muertos en proceso de putrefacción, de desintegración física.

Otra especie particular de ASURAS, que no habitan en las cercanías de los pantanos o lugares análogos, poseen una cierta percepción física y comprenden instintivamente el lenguaje humano. Estos son particularmente invocados por algunas personas, singularmente las que habitan en los pueblecitos de la alta montaña, para pedirles el hallazgo de objetos perdidos, obtener ciertos favores —un buen matrimonio o una excelente cosecha, por ejemplo— o simplemente para tener suerte en la vida personal. Tales invocaciones son siempre de carácter mágico por cuanto está implicado un ferviente deseo que esencialmente es voluntad, pero debido a la sencillez e ingenuidad de las mismas no suelen ser peligrosas, ya que, afortunadamente, el poder invocado es muy limitado y la respuesta mágica no va más allá del hallazgo de las cosas perdidas o de la dispensación de ciertos favores a cargo del ASURA que se sintió particularmente invocado, pero puede tener muy desagradables consecuencias cuando la invocación tiene carácter maléfico y deliberadamente se intenta causar mal a alguien, ya sea en su vida o en su hacienda. Esto ocurre desgraciadamente y puede llegar a provocar fenómenos tales como: muerte de ganado, pérdida de cosechas, el corrientemente llamado «mal de ojo» o las extrañas enfermedades que suelen contraer inesperadamente ciertas personas.

Tengamos en cuenta, sin embargo, y habrá que hacerse énfasis sobre este asunto, que los ASURAS no son los responsables directos de dichos fenómenos, sino que se limitan a obedecer ciegamente la voluntad de aquellos seres humanos cuyas pasiones, ambiciones, odios o envidias crean el necesario vínculo psíquico para que aquellos males puedan ser provocados. Esotéricamente deberemos ser cada vez más conscientes del poder invocativo que posee nuestro cuerpo astral o psíquico, y por tal motivo se hace cada vez más necesario un potente desarrollo mental y un eficiente control de nuestras tendencias emocionales.

2. Fantasmas de las Casas Encantadas

Son más frecuentes de lo que realmente se cree y todos habremos oído hablar de casas o mansiones en donde tienen lugar fenómenos psíquicos, tales como movimientos de muebles, ruidos en las paredes, puertas que se abren y cierran misteriosamente, etc., efectos que fueron examinados en el apartado correspondiente a «los duendes del hogar», pero acompañados en este caso de apariciones de fantasmas, o de cascarones astrales vitalizados, cuyo campo magnético posee una alta tensión psíquica. En un principio tales fantasmas fueron quizá la expresión real de alguna entidad humana que habitó en aquella casa y que en virtud de una potente pasión astral o psíquica se sintió fatalmente atraída hacia ella, utilizando el ectoplasma ambiental que «fabrican» los devas inferiores para materializarse y producir fenómenos externos de carácter psíquico. Tal es el caso del avaro guardando todavía después de muerto sus queridos tesoros escondidos, del amante que no se resigna a perder a la persona amada que tuvo que abandonar en el momento de la muerte o de aquél que después de haber dejado el cuerpo físico continúa persiguiendo encarnizadamente a su enemigo desde el plano astral y es capaz todavía de perjudicarle en su salud o en sus intereses materiales. Sin embargo, y viendo tales fenómenos de materialización desde el ángulo esotérico, se aprecia en la casi totalidad de los casos que los fantasmas de las casas encantadas no son almas humanas, sino simples espectros de las formas que las caracterizó durante el proceso de su existencia kármica, vivificados artificialmente por los devas, los cuales los dotan de objetividad y proyección psíquica. Dichos vehículos fueron oportunamente abandonados por el alma, pero debido a su alta radiación psíquica inferior atrajeron la atención de algunos potentes devas en sintonía con la misma, los cuales desde entonces se constituyeron en habitantes de estos convirtiéndolos en fantasmas. Al llegar aquí démonos cuenta de la similitud del proceso de creación de un fantasma, ya se trate de un fantasma de los pantanos, que utiliza como vehículo cohesivo de materialización la «sucia humedad» de las aguas encharcadas, o de un fantasma de las casas encantadas, el cual, para manifestarse, tendrá necesidad de utilizar la «sucia pasión» contenida todavía como un rescoldo de grandes odios o ambiciones mantenido psíquicamente en los cascarones astrales abandonados por ciertas personas de acusadas tendencias psíquicas. La Ley de Substanciación es idéntica en ambos casos, y tal como hemos dicho en muchas ocasiones, siempre hay un deva tras cualquier tipo de expresión humana. La ley de vibración, idéntica a la de semejanza, obliga a estas naturales «reacciones del éter» y a sus posteriores expresiones en forma de fantasmas, de egregores o de cualquier tipo de ambiente social.

3. Fantasmas de los Castillos

Hecha esta aclaración, vamos a examinar ahora el tipo de fantasmas corrientemente denominados «de los castillos», por ser en estos lugares en donde suelen aparecer y hacerse visibles. Son aparentemente una mezcla de las dos especies de fantasmas anteriormente descritos por muchas de las circunstancias que concurren en el fenómeno de su manifestación, tales como los fosos pantanosos que rodean los castillos medievales, llenos de «sucia humedad», o las grandes piedras con que fueron construidos, las cuales, tal como fue oportunamente indicado en otras partes de ese *Tratado*, suelen constituir las mansiones de cierto tipo de Gnomos o espíritus de la tierra. Pero a ese contenido densamente etérico habrá que añadir también una tremenda potencialidad psíquica, ya que según la tradición oculta «los fantasmas de los castillos» son entidades humanas en proceso de expiación kármica por efecto de algunos terribles actos cometidos en el pasado, asegurando que tales almas están condenadas a vagar por aquellos lugares en tanto no hayan consumado completamente los efectos de una larga secuela de espantosas iniquidades, profundas ambiciones, sangrientos odios e intensas pasiones.

Parte III. Los ángeles en la vida social humana

Nuestra opinión esotérica —que no niega totalmente la tradición oculta— añade, sin embargo, a ese contexto el sentido correcto de la ley kármica de justicia, la cual «no puede permitir» un encadenamiento demasiado prolongado a los cuerpos astrales después de la muerte del cuerpo físico ni tampoco a «lugares definidos» (castillos, cercanías de las tumbas, determinadas habitaciones, etc.), por cuanto el alma espiritual es genuinamente libre y después de un tiempo prudencial de expiación, marcado por la justicia de la ley, deberá abandonar oportuna y definitivamente el vehículo astral causa de su encadenamiento. Así, con su deuda kármica sobre los hombros —tal como esotéricamente se dice— el alma penetrará en ciertos definidos niveles del plano mental en donde quedará sumida en un estado místico de «recopilación» de todos /los hechos y las experiencias pasadas. Durante este obligado proceso se dará absolutamente cuenta de todos sus errores y equivocaciones y, después de un trascendente acto de contrición espiritual y de formulación de votos de enmienda ante el supremo Juez monádico, dejará «la pesada carga kármica» a un lado y penetrará en el Devachán, un estado de conciencia incluyente que situará al alma en el centro de las dos orillas de la separatividad humana, preparándola para la formulación de un nuevo destino y señalándole el camino de un nuevo nacimiento.

Ahora bien, lo que realmente ocurre con los fantasmas de los castillos es un hecho psíquico que se realiza de acuerdo con el principio de vibración, que es una ley del Universo. En virtud de esta, el cuerpo astral abandonado, conteniendo todavía una intensa carga psíquica, atrae la atención de algunos devas inferiores en sintonía con sus densas vibraciones magnéticas, y en forma parecida al fenómeno de «la mediumnidad corriente», se apropian de aquel vehículo abandonado, lo vitalizan con energía etérica y mantienen cohesivamente unidas sus moléculas, impidiendo así el normal proceso de su desintegración. Un cuerpo astral vitalizado por devas inferiores, aunque dotados de gran potencia psíquica, puede perdurar, bajo la forma objetiva de la persona que lo habitaba, durante largos ciclos de tiempo. Y estos «cascarones astrales», vitalizados por espíritus inferiores de la Naturaleza, suelen ser los verdaderos «fantasmas de los castillos», perceptibles a la vista y hasta cierto punto tangibles y a los cuales hace referencia la tradición oculta. Sin embargo, oportunamente, la Ley infinita de restitución que actúa en todos los planos del Universo destruirá todos estos fantasmas o cascarones astrales y consumirá en el éter sus residuos bajo la acción de los Ángeles de la Espada Flamígera, una especie particular de devas procedentes de los subplanos superiores del plano astral, los cuales, utilizando la parte de fuego destructor del primer Rayo a su disposición, efectuará la misteriosa alquimia de destruir o aniquilar toda forma de vida gastada e incapaz de seguir evolucionando. Los devas inferiores que animan dichos cascarones abandonarán entonces la morada que kármicamente no les pertenecía y, siguiendo las leyes imperturbables de la evolución, retornarán al éter, la substancia infinita de la que surgen y a la que retornan cíclicamente todos los devas de la Naturaleza, sea cual fuere su Jerarquía.

4. Fantasmas o entidades psíquicas animadas por arte de imposición mágica

Ese tipo de fantasmas ha de merecer una especial atención por cuanto constituye la expresión de un elevado tipo de magia, blanca o negra según los casos, mediante la cual el mago, utilizando los poderes de su voluntad y determinadas fórmulas de poder, atrae a su alrededor a un número de devas inferiores, obligándoles a «construir» mediante sus poderosas órdenes mentales los duplicados etéricos de las formas psíquicas de personas, de animales o de cosas, a fin de proyectarlas luego hacia lugares previamente determinados o escogidos.

La diferencia que existe entre los fantasmas examinados anteriormente y los fantasmas creados bajo imposición mágica estriba en que éstos desaparecen del plano de la objetividad o de la manifestación en el momento mismo en que el mago cesa de actuar sobre los éteres y de mantener bajo control a los devas que circunstancialmente había convertido en sus servidores, teniendo en cuenta de que éstos, al sentirse obligado por la fuerza del mago, están reaccionando constantemente contra el poder que los domina, a la espera de que cualquier error del mago les deje en libertad para poder «arrojarse contra él» y situar al dominador en plan de dominado, sujeto al poder de las tremendas fuerzas psíquicas que suelen manejar los devas inferiores de la Naturaleza y de las cuales tan difícil es liberarse. Mucho se ha escrito acerca de ese trueque de papeles en el caso del mago inexperto, por lo que a los aspirantes espirituales ansiosos de poderes psíquicos habrá que prevenirles de que antes de que los consigan deberán obtener un absoluto control de sí mismos y observar una conducta muy recta y espiritual. La creación dévica de fantasmas psíquicos, ya sea de personas, de animales o de cosas, exigirá, por tanto, de parte del experimentador la posesión de las cuatro principales virtudes de la Magia:

1. Un perfecto conocimiento de las fuerzas dévicas que actúan en los éteres ambientales.
2. Una poderosa voluntad, dinámica, vibrante e invocativa.
3. Mucha experiencia en el arte de la visualización mental.
4. Un eficiente control sobre la naturaleza emocional.

En el caso del Mago Blanco, a estas cuatro cualidades o virtudes deberán añadirse pureza de vida y rectitud de conducta. El Mago negro —no hay que olvidarlo— es también un experto en el arte de la Magia y posee una potente estructura mental, conoce el mundo de los «devas inferiores» y sabe cómo invocarles y someterles a control. Pero en este apartado acerca de la Magia no vamos a discutir los móviles o las razones que incitan a construir fantasmas, sino que fundamentalmente tratamos de introducirnos en el alto secreto mágico de su construcción. Veamos:

1. Un perfecto conocimiento de las fuerzas dévicas que actúan en los éteres ambientales

Todo verdadero Mago ha de poseer clarividencia, o percepción visual, del plano oculto en donde intente trabajar. Mediante la misma podrá «ver y elegir» al grupo de devas que utilizará durante el desarrollo de su actividad mágica y a los que deberá mantener en tensión psíquica —si es que podemos decirlo así— a la expectativa del trabajo que se les va a encomendar. En el caso de la creación de «formas etéricas» de personas, de animales o de cosas habrá de recurrir a aquel tipo de devas inferiores capaces de substanciar el éter y hacerle devenir objetivo. A esta especie de devas se les suele denominar ocultamente señores del ectoplasma, siendo el ectoplasma, como la mayoría de los parapsicólogos saben, éter materializado o condensado capaz de adoptar cualquier tipo de forma. Observen ustedes que utilizamos el término forma etérica y forma astral, y es necesario establecer esta diferenciación para no confundir la actividad de los devas astrales inferiores, que vitalizan los cascarones astrales de los fallecidos y los mantienen en objetividad astral, con la de los devas etéricos, condensadores de los éteres del plano físico. Esta es la primera distinción que ha de establecer el Mago y la que le orientará en el sentido de los mantras que habrán de ser utilizados a fin de promover las condiciones ambientales requeridas.

2. Una poderosa voluntad, dinámica, vibrante e invocativa

Al llegar a este punto la poderosa voluntad del Mago formulará el mantra apropiado y a su conjuro el grupo de devas escogidos se acoplarán formando un bloque compacto y se pondrán bajo sus órdenes. El Mago deberá entonces tener cuidado de repetir mentalmente y tantas veces, como sea necesario el mantra de poder que le fue revelado en cierta iniciación[49] a fin de que las fuerzas dévicas se mantengan cohesivamente en el éter, prestos a secundar su voluntad ordenadora. Recordemos que en el arte de la imposición mágica los devas invocados se hallan sujetos a control, prisioneros de un estado de conciencia superior que les obliga a seguir determinadas reglas y a realizar ciertos trabajos específicos. La voluntad del Mago ha de ser, por tanto, muy poderosa, pues las fuerzas dévicas invocadas tienden incesantemente a la dispersión y son también muy potentes y extremadamente peligrosas, ya que su tendencia es volverse contra el poder que les sojuzga y condiciona. No basta poseer ciertas claves de poder y el conocimiento de algunos mantras. El Mago ha de utilizar constantemente su voluntad en apoyo de su inteligencia. El éter del espacio en donde el Mago ejerce sus poderes debe estar «teñido de fuego». Sólo la fuerza ígnea de la voluntad podrá dominar a los moradores del espacio.

3. Mucha experiencia en el arte de la visualización mental

El Mago ha de poseer una mente debidamente entrenada en el arte de la visualización, es decir, de creación de toda clase de imágenes y formas de pensamiento, así como ser capaz de mantener firmemente en ella y durante todo el tiempo que sea necesario «un cuadro» de las

---

[49] No hay que olvidar al respecto, que la Logia Negra del Planeta también confiere iniciaciones que desarrollan a extremos inverosímiles los centros etéricos situados debajo del diafragma.

situaciones que quiera provocar en el ambiente previamente escogido. La visualización mental indica un alto grado de concentración, y los devas invocados bajo imposición mágica deberán «materializar» aquel cuadro y llevarlo a la objetividad con todas las propiedades físicas inherentes a la «corporeidad y tangibilidad». De esta manera, la creación de un fantasma o de un grupo de fantasmas puede motivar una serie impresionante de efectos sobre el mundo de Maya, o de los sentidos humanos. A tal efecto, deberá ser recordado que el mundo de los espejismos astrales está lleno de esos fantasmas ilusorios sin identidad psicológica, «fabricados» por arte mágico, pero su creación es tan perfecta que impresionan los sentidos físicos e inducen a aceptar como reales y verdaderos unos espectros etéricos creados por imposición de la voluntad humana sobre el mundo de los devas. Las formas ectoplásmicas de personas, de animales y de cosas del plano físico pueden aparecer así ante el aspirante espiritual poco entrenado en el arte de la visión oculta como entidades reales y llevarle a grandes errores de apreciación y de interpretación. Sólo un adecuado entrenamiento espiritual hará posible la identificación del fantasma o del grupo de fantasmas que concurren en el desarrollo de cualquier situación ambiental impuesta por arte mágico y darse exactamente cuenta de si las imágenes bajo observación son reales o ilusorias. En la base mística de las grandes religiones se hallan no pocos motivos de inspiración espiritual basados en el principio de la Magia y de «creación de imágenes vivientes» de las Deidades que en tales religiones son reverenciadas. Algunas de ellas, de tan tremendo poder que bajo la forma de potentísimos «egregores» se hallan todavía en las motivaciones íntimas de los cultos y de la fe religiosa de los fieles. Pero no nos detendremos de momento en el examen de tales ideas, las cuales serán oportunamente consideradas, aunque si será necesario exponer y clarificar el hecho evidente de la Magia organizada en nuestro mundo y del sentido de permanencia de muchas iglesias de tipo caduco y tradicional, por efecto de los «egregores» construidos en pasadas épocas y que, alimentados por el poder de la liturgia y de la magia invocativa, se mantienen todavía como soportes vivos de la fe, de la credulidad o de las íntimas creencias religiosas acerca de la Divinidad.

4. Un eficiente control sobre la naturaleza emocional

El dominio de la mente sobre el cuerpo astral debe ser perfecto si ha de realizarse una verdadera obra mágica y tener bajo control al deva o grupo de devas que han de realizar algún definido trabajo de «substanciación» del éter ambiental y de construcción de los fantasmas requeridos. Continuamos insistiendo en la necesidad de que se establezca la distinción entre el fantasma astral que mantienen objetivamente en este plano los devas psíquicos bajo forma de «cascarones», es decir, por efecto de la vitalización transitoria de cuerpo astral de alguna persona fallecida haciéndole perceptible y hasta tangible, y el fantasma etérico construido por los devas que actúan en los éteres físicos, utilizando los elementos dinámicos que surgen de la voluntad del Mago. Los primeros utilizan fuerza psíquica, pues tal es la esencia del plano en donde viven, se mueven y tienen el ser; los segundos construyen fantasmas utilizando los materiales segregados del primer nivel etérico, el más denso y —si podemos decirlo así— con más carga de ectoplasma magnético.

Volviendo a la necesidad de control astral por parte del Mago que «mantiene aprisionados a los devas» que han de crear una determinada forma, habremos de decir que dicho control es tan necesario que bien podría decirse que de él depende toda la obra mágica. Un leve desfallecimiento del ánimo, un debilitamiento de la tensión o la más mínima duda en la mente pueden serle fatales al Mago, por las razones antes descritas de que los devas constructores bajo su poder «están atentos al menor descuido» para arrojarse sobre él y destruirle física y psíquicamente. Hay que recordar al respecto que la Magia exige maestros y no inexpertos aprendices. De ahí la importancia de que el Mago se olvide por completo de sí mismo en el desarrollo del proceso mágico y que no desvíe su atención de aquel punto en el éter dentro del cual mantiene «confinados» a los devas que utiliza para la expresión de sus poderes mágicos. Este es un punto raras veces estudiado cuando se intenta dar una imagen muy real del proceso de la Magia, pero que deberían tratar de investigar muy profundamente los aprendices de Mago, siendo el trabajo más importante a realizar y el único que colmará la medida de sus deseos, el suave —aunque perfecto— control de sus vehículos astrales a fin de evitar los peligros de los múltiples espejismos que jalonan el camino que conduce a la perfecta maestría de la Obra Mágica.

P. Metodología de investigación

Síntesis experimental.

[AVSH, p.183] Después de leer cuanto ha sido dicho en este *Tratado*, quizás se pregunte el lector si el autor ha basado sus comentarios en conocimientos adquiridos previamente, o bien si ha desarrollado sus ideas de acuerdo con sus propias experiencias dentro del mundo oculto. Debo decir al respecto que, si bien en el pasado adquirí bastante información acerca de la interesante temática de los mundos invisibles, jamás llegué a sentirme plenamente satisfecho de tal literatura, no porque ésta careciese de valor, sino porque siempre creí que sólo la propia experiencia podría calmar mi ardiente sed de conocimiento interno. A esta experiencia dediqué pues todos mis esfuerzos individuales, pudiendo afirmar que las tres partes que constituyen *Un Tratado Esotérico sobre los Ángeles* son el fruto de un trabajo de investigación personal, llevado adelante venciendo todas las dificultades que hallé en mi camino como efectos del karma y las propias que son inherentes a los esfuerzos de la búsqueda. La gentil ayuda dévica que recibí durante el curso de mis investigaciones y que acepté con cálido agradecimiento, forman indudablemente parte de este proceso místico de introducción en el mundo oculto. Esta síntesis que someto a la consideración de Uds. es un bloque arrancado de la cantera de mi propia experiencia. En ella soy sincero y sólo trato de que el ánimo de Uds. se sienta arrebolado por idéntico entusiasmo que el que me impulsó a penetrar audazmente en los secretos de la vida oculta. Esta síntesis abarca mis primeras experiencias o contactos con las fuerzas elementales de la Naturaleza, hasta los grandes contactos realizados en niveles. superiores con Ángeles de gran evolución espiritual, quienes se dignaron introducirme conscientemente en los misterios de sus maravillosos mundos de armonía.

En lo que respecta a las fuerzas dévicas definidas ocultamente como elementales de la Naturaleza, es decir, los espíritus de la tierra, las ondinas de las aguas, las sílfides del aire y los elementales del fuego, definidos como salamandras, así como todos los pequeños espíritus etéricos que viven en la atmósfera planetaria dándole sabor y vida, puedo asegurar que en líneas generales sus formas coinciden con las anteriormente descritas por los investigadores esotéricos del pasado, siendo válidos todos los conocimientos tradicionales, aunque admitiendo el hecho de que dentro de cada especie de elementales de la Naturaleza, hay multiplicidad de variantes, según sea la zona de la Tierra o del Éter en donde realizan su particular evolución. Las formas, sin embargo, suelen ser muy parecidas y sólo varían el tamaño, el color y la vibración peculiar distintiva de cada grupo. Las especies más numerosas, según he podido comprobar, son las que corresponden a los espíritus de la tierra, definidos generalmente como GNOMOS. Algunos de los que viven cerca de los seres humanos, definidos como DUENDES, son más inteligentes ya que, al igual que los animales domésticos, viven cerca del hombre para acelerar su evolución. Estos duendecillos, al igual que todos los elementales de su especie, poseen una gran habilidad en copiar las formas del complejo ambiental que les rodea. Sus indumentarias suelen ser pues muy parecidas a las que llevan los seres humanos, pero hay un grupo muy numeroso de espíritus de la tierra según he podido observar, cuyas vestimentas no varían demasiado de las de los enanitos de los bosques, tal como nos los muestra la tradición y son recogidos en los cuentos de hadas con los cuales tanto nos recreamos en nuestra niñez. Lo que decimos acerca de los espíritus de la tierra puede ser íntegramente aplicado a los demás elementales de la Naturaleza. La belleza de las hadas de las flores, los graciosos movimientos de las ondinas en el seno de las aguas, la velocidad de las sílfides del aire y el impresionante poder de las salamandras del fuego, atentas siempre a la voz de mando de los impresionantes AGNIS, los Impulsores del Fuego, constituyen alicientes vivísimos para el ánimo del observador... Nuestra intención, sin embargo, siguiendo el criterio que hemos adoptado durante el curso de nuestras investigaciones, ha sido referirnos a las fuerzas elementales de la Naturaleza en el sentido de la labor oculta y definida que realizan en orden a la evolución planetaria, descubriéndolas en su acción coordinada para producir todos los fenómenos llamados naturales, desde el simple movimiento que produce la brisa hasta la alta concentración de sílfides y ondinas trabajando mancomunadamente para producir las grandes tormentas y huracanes. Es decir, que, si bien he recogido humildemente la rica herencia tradicional de los conocimientos ocultos sobre las fuerzas dévicas de la Naturaleza, me ha parecido más conveniente y práctico para los aspirantes espirituales de nuestro mundo moderno, señalar las normas de vida que siguen tales entidades dévicas, aportando al respecto algunos datos concretos acerca de la misión que la Madre

Naturaleza les ha confiado dentro del concierto universal de la Creación.

Los lectores de libros esotéricos de nuestra época están más interesados —creo yo— en descubrir el secreto de la energía que se halla oculto en lo más profundo del corazón silente de la Naturaleza, que, en el tradicional objetivo de presentar formas de energía, aunque el estudio de tales formas forme parte de las investigaciones esotéricas del mundo oculto. Recogí —permítanme esta afirmación— el sagrado relato místico y tradicional de las formas dévicas, pero añadiéndoles el significado dinámico de la acción, mediante el cual puede apreciarse la suprema analogía de dichas formas con sus muy bien determinadas y cualificadas misiones en el orden creativo de la Naturaleza. He podido establecer así una clara distinción entre energía y forma con respecto a las infinitas vidas dévicas que en multiplicidad de huestes y jerarquías crean el Universo, tratando de percibir y de comprender la profunda y desconocida actividad dinámica que surge de los éteres misteriosos del Espacio para construir adecuadas formas para todos y cada uno de los Reinos de la Naturaleza. He podido comprobar que para cada grupo de Devas realizando determinada misión en la vida de los Reinos, existen unas reglas definidas en lo que a su particular trabajo hace referencia. Podríamos decir que para cada jerarquía dévica rige lo que en términos humanos llamamos la responsabilidad. A mayor jerarquía mayores compromisos y exigencias, así como mayor belleza y sutilidad en la línea de las actividades dévicas, habiendo aparentemente una enorme semejanza entre este sentido natural de responsabilidad impuesta por la ley de jerarquía dévica y la ley del karma que rige para los seres humanos. Pero, por encima de todas las consideraciones jerárquicas del mundo dévico, existe el permanente estímulo de la ley universal de Necesidad que mueve todas las actividades de los Devas y les mantiene gozosamente, dentro de sus grupos respectivos, para construir todas las formas que precisan las unidades de vida de todas las especies dentro de cada uno de los Reinos de la Naturaleza. Así, al observar atentamente el desarrollo del trabajo realizado por un elemental constructor y el de un Deva de superior gradación dentro del mundo dévico, fui consciente también de la armonía existente entre todas las cosas objetivas de la vida y el incesante devenir de sus profundas motivaciones ocultas.

Parte III. Los ángeles en la vida social humana

Los puntos de unión, los nexos o las fronteras silenciosas que separan ambos mundos, el externo y el interno, son tan sutiles que necesariamente me vi obligado a sutilizar mis vehículos de percepción interna en una elevada medida. Así pude librarme de muchos de los errores de visión y de las consiguientes distorsiones mentales que de ellos se derivan. Traté, en fin, de establecer unas claras analogías entre la minúscula existencia dévica manifestada como un puntito de luz en el centro místico del átomo ultérrimo, primera expresión de vida atómica o química en la vida del Universo y el gigantesco ATOMO que llamamos Sistema Solar. Si bien la expresión cíclica o campo de experiencia entre ambos extremos varía inconcebiblemente en espacio, tiempo y conciencia, el sentido y el propósito de la manifestación son idénticos en uno y otro caso. Esta realidad marca y define perfectamente las leyes de la analogía, cuya utilización correcta e inteligente por parte de los científicos del mundo, aportará datos concluyentes y objetivos sobre la realidad del mundo oculto y de la causa suprema de la ENERGIA, manifestada bajo multiplicidad de formas en la vida de la Naturaleza.

La Visión del Mundo Oculto

Uds. se preguntarán seguramente también, y esta es una pregunta que yo considero muy lógica, cómo le fue posible al investigador establecer contacto directo con las formas angélicas de manifestación tal como fueron descritas en este *Tratado*. Bien, esta pregunta puede ser contestada con toda honestidad y sencillez desde una doble vertiente; la primera es que el autor posee una gran sensibilidad psíquica y una mente muy analítica y la segunda —tal como lo he afirmado en algunas otras partes de este libro— porque ciertos Devas de gran evolución se dignaron aprovechar aquella sensibilidad psíquica para introducirme en el maravilloso campo de la evolución angélica, intensificando mis capacidades de observación interna y grabando en mi memoria cerebral todos los datos de interés esotérico que mi mente apercibida iba registrando. Uno de tales Devas —llamado ocultamente JESAZEL y a Quien dediqué especialmente la Segunda Parte de este *Tratado*— estuvo muy asiduamente conmigo durante casi todo el tiempo de mis investigaciones. Tanto los demás Ángeles que gentilmente me ayudaron, son de categoría espiritual superior a la humana y poseen un tremendo y misterioso poder sobre los éteres espaciales, como pude comprobar cuando materializaron en mi mente la forma de los espíritus de la Naturaleza de ciertos Devas constructores y de determinadas Jerarquías dévicas de gran evolución. Acerca de estas últimas, me advirtieron que me sería muy difícil poder intelectualmente transcribirlas. «Es», me decían, «como si trataras de explicar la paz, la música o el viento». Se trataba, en realidad, de definir unas formas para las cuales la mente intelectualizada del hombre no posee todavía elementos de conciencia. Debo confesar pues, muy honradamente, que las descripciones que realicé acerca de las Entidades Angélicas superiores en la Segunda Parte de este *Tratado*, titulado muy significativamente *La Estructuración Dévica de las Formas*, fueron sólo vagos recuerdos de una experiencia vivida en los niveles ocultos, evocados intuitivamente y expresados utilizando el poder creativo de la imaginación. El propósito insigne que guía las actividades de tales excelsas Entidades Dévicas quedó sin embargo lo suficientemente claro en mi mente y a través de las percepciones continuadas del mundo oculto, fui siendo cada vez más consciente de la directa intervención angélica en todos los acontecimientos históricos o kármicos que tienen lugar en el devenir de la vida planetaria, utilizando la misteriosa red etérica que conecta a todos los seres y a todas las cosas, más allá y por encima de la propia ley de jerarquía. A través de esta red etérica que constituye el vehículo magnético y radiante del Logos planetario, todo cuanto vive, se mueve y tiene el ser dentro del "círculo-no-se-pasa» del planeta, participa de un karma o de un destino común.

El punto de vista de los Devas, como reino en evolución, es evidentemente muy distinto del de los seres humanos. Por decirlo de alguna manera ellos ven las cosas realizadas, en tanto que el ser humano siempre tiene la sensación de que las está realizando. Tal es a mi entender el motivo por el cual ambas corrientes de vida, la dévica y la humana, no se hayan encontrado todavía en el devenir de un sendero único plenamente compartido... No obstante, y tal como me ha sido posible constatar, un gran número de seres humanos están capacitándose actualmente para establecer contactos con el mundo dévico, aunque no sean plenamente conscientes de las facultades que van desarrollando y consideren que sus visiones y percepciones no son sino efectos psíquicos corrientes dentro del campo parapsicológico. Debo aclarar al respecto que todos los efectos parapsicológicos susceptibles de ser contactados o registrados por los seres humanos, en no importa qué nivel del mundo psíquico, son vibraciones en el éter, estando en su base la actividad de los espíritus de la tierra, del agua, del aire o del fuego, muy hábiles en la producción de todos los fenómenos psíquicos o paranormales, capaces de afectar la vista, el oído, el tacto, el gusto o el olfato de las personas convenientemente sensibilizadas al mundo oculto y muy hábiles también en la producción de las engañosas formas etéricas o ectoplásmicas, que tanto seducen a la mayoría de los investigadores de los mundos invisibles. Podríamos afirmar que todos los fenómenos psíquicos que se producen en el éter y afectan los sentidos ocultos del hombre han existido siempre, cambiando únicamente de polaridad o de vibración a medida que la humanidad iba evolucionando. Las unidades muy evolucionadas de la raza lemur, inspirados por los devas, fueron capaces de producir efectos físicos en sus ambientes sociales de clan o de tribu y hoy día podrían ser hallados todavía hechiceros de tribus perdidas en el interior de las selvas de África o Australia, que pese a su rudimentario desarrollo mental son capaces de producir mediante sortilegios mágicos, en realidad invocaciones de los elementales de la Naturaleza, aprendidos de sus remotos antepasados y transmitidos de boca a oído —tal como rezan las más antiguas tradiciones esotéricas— los fenómenos naturales del viento, del trueno o de la lluvia... Lo mismo cabría decir en relación con seres humanos de nuestra época, aunque de ascendencia netamente atlante, los cuales son poseedores de altos secretos alquímicos y pueden provocar también muchos de los llamados fenómenos naturales y de carácter psíquico, singularmente algunos que están directamente relacionados con el secreto místico del Fuego. Según me explicó oportunamente JESAZEL, «el secreto del Fuego y el misterio de la Electricidad, constituyen un solo y único Misterio que deberá ser revelado a la humanidad en el devenir de la Nueva Era, ya que su descubrimiento dará lugar a una serie impresionante de conquistas en el orden técnico, cuya importancia no puede ser medida todavía por el cerebro tridimensional del hombre de nuestros días.»

Al hablar de Electricidad, debo hacer referencia a mis afirmaciones en otras partes de este *Tratado* en el sentido de que se trata de una Energía universal y planetaria cuya causa se halla en la ley de polaridad, o diferencia de potencial psíquico o ígneo entre los llamados devas lunares y los devas solares, los cuales en ciertas fases de equilibrio producen luz, calor o movimiento. El misterio de este equilibrio se halla muy bellamente expuesto en los conocimientos esotéricos acerca de los llamados planetas sagrados, o planetas luminosos, en donde los Ángeles que rigen la Materia y los que emanan del Espíritu creador han llegado a un perfecto equilibrio y consecuentemente han dejado de luchar entre sí.

Recuerdo que, en cierta ocasión, JESAZEL me había dicho: «Cuando el hombre se dé cuenta del inmenso poder de equilibrio que tiene sobre el ambiente social que le rodea y se responsabilice por efecto de ello de su digna misión en la vida de la Naturaleza, se convertirá en un dios sobre la Tierra. Son los poderes incontrolados o insuficientemente desarrollados los que crean la desdicha de la humanidad. Es como si a los hombres se les hubiesen cortado las alas tensas para el vuelo, y se arrastrasen lentos y pesados por los surcos estériles y resecos de la tierra, una tierra que, sin embargo, es fértil, fecunda y generosa». Las palabras de JESAZEL dieron origen al título de la Tercera Parte de este *Tratado*: «Los Ángeles en la Vida Social Humana», en el desarrollo de cuyos textos según habrán Uds. podido observar, he tratado constantemente de hallar el punto de unión o de equilibrio entre los hombres y los Devas en un mutuo y mancomunado esfuerzo de reconciliación. La síntesis de tales argumentos se halla sin duda en el hecho de que todos los ambientes planetarios, sociales, comunales, profesionales y familiares son inicialmente reacciones psíquicas de los devas constructores del espacio etérico a los pensamientos, deseos, emociones y actitudes de los seres humanos. Esta es una razón convincente, aún en el terreno científico, si se tiene en cuenta que la civilización, la cultura, la historia íntima y aún el lenguaje, costumbres y tradiciones de todos los pueblos de la Tierra, obedecen a reacciones del espacio vital en donde se hallan inmersos todos los seres humanos, no importa el lugar en donde viven, se mueven y tienen el ser dentro de la vastedad del mundo. Lógicamente, de no existir tales reacciones no habría explicación científica de ningún hecho de carácter psicológico. Sólo falta, entonces, darles un nombre científico a tales reacciones. Yo les llamo devas substanciadores del éter y también devas constructores. Me baso naturalmente en denominaciones de carácter tradicional, aunque no demasiado místicas, aceptadas íntegramente dentro del fecundo campo de los estudios esotéricos.

Las Condiciones Intimas del Contacto Angélico

Puede que Uds. se hayan interrogado alguna vez acerca de cuáles deberían ser los requisitos mediante los cuales un ser humano podría establecer contacto con los Devas y con todas las fuerzas ocultas de la Naturaleza. Bien, esta interrogante podría ser contestada desde un ángulo puramente científico y psicológico, por ejemplo: «... tratando de ser conscientes de las mismas.» Esta respuesta, que aparentemente no dice nada, lo está diciendo todo, habida cuenta que el contacto dévico o angélico ha existido siempre, en todas las fases de la vida evolutiva de la humanidad y en todos los niveles dentro de la inmensa complejidad y magnificencia del mundo oculto que nos rodea y compenetra. El sentido íntimo de la civilización, de la cultura y de las tradiciones de todos los tiempos, revela siempre el contacto del hombre con las fuerzas subjetivas e invisibles de la Naturaleza. Los Ángeles, en su multiplicidad de jerarquías y funciones, han constituido perennemente el centro de todos los mitos sagrados, leyendas misteriosas y narraciones simbólicas del mundo. Desde los poderosos Arcángeles o Mahadevas, Señores de la espiritual revelación, hasta los humildes devas elementales que cuidan de la construcción de los átomos químicos, pasando por los Devas familiares, Genios o Daimóns que inspiraron las obras de los grandes filósofos y artistas del pasado, todo es CONTACTO, REVELACION e INSPIRACION. Sólo hay que abrir los ojos e intentar percibir esta infinita prodigalidad dévica. El segundo paso corresponde al esfuerzo por desarrollar conciencia dévica en nuestra vida de aspirantes espirituales y evocar respuesta de los éteres inmortales. Para ello deberemos adquirir un tipo de sensibilidad espiritual con respecto al entero contexto ambiental que nos envuelve. El término comprensión, que es la antesala del amor humano, define muy claramente ese tipo de sensibilidad, que permitirá modificar sensiblemente la conciencia psicológica hasta el punto de suprimir todas las reacciones de tipo personal, corrientemente de carácter antagónico y, como consecuencia, provocar una reacción psíquica de carácter dévico que creará un impacto en nuestra conciencia y llenará de luz algún hueco de nuestro cerebro, permitiendo cierta liberación de energía espiritual y desarrollando algún definido y cualificado grupo de células. El proceso parece sencillo; sin embargo, está lleno de dificultades y los hábitos egoístas de la personalidad crearán, a no dudarlo, zonas de gran resistencia a las buenas intenciones del alma. Pero, habrá que perseverar en el intento y hacer frente a todas las dificultades, sabiendo de antemano que el contacto dévico nos hará conscientes de ocultos e ignorados niveles de armonía dentro del propio ser y que los resultados obtenidos, ya en un buen principio de los intentos de acercamiento dévico, mantendrá nuestro ánimo muy sereno, animoso y expectante y la voluntad muy firme y dispuesta a enfrentar los incidentes psicológicos de la búsqueda.

Las primeras experiencias de contacto dévico afectarán quizás el sentido del olfato en forma de vagos o penetrantes perfumes. También podrá percibirse auditivamente las notas de una música tenue, suave y lejana o bien será posible registrar en los éteres ambientales una serie de luces de varios colores que surgen inopinadamente dentro del campo subjetivo de nuestras percepciones internas, para desaparecer asimismo raudamente, aunque deparándonos una sensación psicológica de paz y de bienestar. Más adelante, las tomas de contacto serán más concretas y objetivas, desde la vaga impresión de que Alguien está a nuestro lado ayudándonos con su presencia, singularmente en momentos de grandes problemas y dificultades, hasta la visión concreta y objetiva de los pequeños devas y espíritus elementales de la Naturaleza. Finalmente, se abrirá por completo el campo de nuestras percepciones sutiles en el éter y seremos capaces de percibir a los Devas familiares, quienes, con infinita cordialidad, nos introducirán en el extenso y dilatado campo de las relaciones dévicas. En esta fase nos será posible, sin duda, establecer contacto y entablar amistad con algún Deva superior, el cual nos hará consciente, si a ello estamos realmente dispuestos, de los misterios del Reino Dévico, con sus profundas enseñanzas místicas sobre las leyes ocultas de la Naturaleza y los íntimos secretos y sagrados misterios que preceden a la iniciación espiritual del ser humano.

El proceso de sensibilización psicológica que precede al contacto dévico deberla iniciarse con un voluntario silencio de palabras, ya que según expresión de los propios Ángeles el silencio contiene espíritu y las palabras suelen contener aspectos materiales. Sea como sea, el silencio ha sido adoptado como norma de desarrollo espiritual por todas las escuelas esotéricas y místicas del mundo y el contacto angélico, que es una expresión del desarrollo espiritual del ser humano, no podía escapar de la regla. El silencio de palabras atrae por simpatía el silencio de deseos y pensamientos y, según mi propia experiencia, la quietud mental ha sido una norma natural para establecer contacto con los Devas. Así, resulta conveniente un saludable ejercicio de silenciación de palabras cuando nada importante tengamos que decir, o suspenderlas en un acto meritorio de silencio cuando las condiciones ambientales así lo exigiesen, aunque teniendo en cuenta en todos los casos que el permanecer íntimamente silenciosos no debe implicar nunca desconsideración o falta de cortesía hacia los demás, sino una sincera y confiada deferencia hacia el Ser interno, Quien nos revelará intuitivamente cuando hay que hablar o cuando es necesario callar...

Como Uds. habrán podido constatar, estoy refiriéndome a ciertas experiencias de carácter íntimo, aunque de efectos ambientales, pero cuya culminación en el orden oculto ha de ser el establecimiento de unas relaciones conscientes con el mundo dévico. Quizás Uds. habrán tenido alguna vez experiencias de ese tipo, en la niñez o en el devenir de ciertas etapas de sus vidas cuya trascendencia motivó profundos cambios en sus conciencias. La manera imprevista como tal proceso culminó en una solución correcta cuando ya todo parecía perdido, podría indicar quizás que en el desarrollo de esta intervinieron factores ocultos que llevaron a cabo por procedimientos supranormales aquello que seguramente se hallaba más allá del alcance de nuestras fuerzas o posibilidades. Podríamos decir al respecto que muchas de las soluciones atribuidas a la acción humana nada o muy poco tienen que ver con la utilización de la voluntad o del libre albedrío... El libre albedrío expresa frecuentemente una incapacidad manifiesta para solucionar ciertos problemas vitales en el devenir de la existencia humana, debiendo ser aceptada entonces la presencia oculta de una voluntad oculta completamente independiente de la del hombre, que realiza por arte mágico —si es que podemos decirlo así— cuanto éste es incapaz de realizar. Sólo así es posible que se cumpla normal y adecuadamente el karma del ser humano y el de la propia humanidad. Y, naturalmente, dentro de los límites de esta comprensión habrá que aceptarse asimismo como lógica la idea de que una infinita legión de entidades ocultas, llámeselas ángeles, devas o simplemente energía divina, está cumpliendo el propósito de la Vida de Dios en la Naturaleza con una total abstracción de los deseos y las voluntades de los hombres. De ahí también que la perfección humana, que nace del augusto cumplimiento del destino kármico, no sea sino un resultado de la compenetración inteligente del hombre con la actividad de los

Devas, que desde los niveles ocultos cuidan del cumplimiento de la Voluntad de Dios.

Los Insignes Forjadores del Destino

Cuando establecemos esta marcada distinción entre el libre albedrío humano y la voluntad divina encarnada por los Devas, estamos introduciéndonos realmente en las verdaderas causas o motivaciones de la historia, ya sea individual, comunal o planetaria. El centro de incidencia del proceso es el Karma o Destino, es decir, la Ley de Causa y Efecto que rige el absoluto cumplimiento de la Voluntad de Dios dentro de las fronteras o "círculo-no-se-pasa» del Universo. Lo que hace el hombre mientras se halla en el pleno ejercicio de su libre albedrío, es ofrecer una constante resistencia a la Voluntad rectora del Destino y a esta resistencia se la llama corrientemente voluntad individual. Hay por tanto un larguísimo trayecto a recorrer en tanto que el hombre no comprenda que su libre albedrío se opone constantemente a la voluntad divina y decida inteligentemente variar la conducta o trayectoria de su vida. Las energías dévicas, como fuentes de construcción, se hallan presentes por doquier constituyendo la motivación oculta de todas las formas y sembrando dentro del corazón humano las eternas semillas de la comprensión superior. Es precisamente esta comprensión la que ha de realizar dentro del sancta sanctorum del corazón individual la trascendente alquimia de convertir el libre albedrío en voluntad perfecta, siendo descrita ocultamente esta alquimia trascendente como INICIACION es decir, la capacidad que tiene el hombre de prescindir conscientemente de su libre albedrío, o pequeña voluntad humana, frente a la Voluntad todopoderosa de la Divinidad, con lo cual deja de sufrir y de sentirse fatalmente atado a la Rueda del Destino con su interminable secuela de muertes y nacimientos. En el centro del proceso superior que va del libre albedrío humano a la Voluntad divina, pasando por las inevitables crisis de la Iniciación, hallaremos siempre que las ocultas motivaciones de tal trascendente experiencia surgen de unas regiones desconocidas del éter a las que yo denomino mundo dévico o reino angélico. Estas energías dévicas constituyen el eje misterioso alrededor del cual gira la Rueda del Destino individual, planetario o solar movida por los Señores del Karma. La Ley siempre es la misma, aunque crezca o decrezca la medida o los límites de contención de la Vida dentro de la

Forma. Así, un pequeño átomo tendrá un destino tan completo como el del propio Universo, pese a la medida infinitesimal de su cauce o a lo reducido de su campo de expresión. La Vida es la medida de todas las cosas, pero sabe limitarse en cada una de ellas en orden al Plan universal diseñado por la propia Divinidad. Esta limitación da origen al principio de Jerarquía espiritual dentro del Cosmos. De ahí que existan unas muy particulares e íntimas relaciones entre Vida, Conciencia y Forma, términos tan frecuentemente utilizados en los libros esotéricos. La Vida pertenece siempre a la Divinidad creadora, la Conciencia es el privilegio de la Vida manifestada, y la Manifestación, con su infinita prodigalidad de Formas, corresponde a la actividad de las jerarquías dévicas. Tal es aparentemente el orden de la Creación mediante el cual el Espíritu humano manifestado como Vida se sumerge en el misterioso océano de la Materia para ser cada vez más consciente del Propósito redentor que a través de cada una de las Formas de la Naturaleza trata de revelarse. La Conciencia, por tanto, es la reacción o respuesta de la Vida al contacto con la Forma material. Esta Forma material, a su vez, es una respuesta a los sagrados impulsos de la Vida del Espíritu. Así, siempre existirán unos lazos indestructibles entre la incalculable prodigalidad de conciencias en evolución —dentro y fuera del Universo— y la Vida Divina, llena de propósitos redentores, que se introduce en la Materia para dignificarla y elevarla a las sempiternas alturas del Espíritu. Por tal razón es altamente necesario que el ser humano, cuya alma o conciencia se halla en el centro del equilibrio del Espíritu-Vida y de la Materia-Forma, aprenda a dignificar sus compuestos materiales y a elevar la sintonía vibratoria de los mismos, siguiendo unos propósitos redentores idénticos a los de la propia Divinidad, ya que no es un simple tópico o una amable condescendencia la afirmación bíblica de que somos hechos a Su imagen y semejanza.

Interesa profundamente, pues, iniciar ese trabajo redentor de la Materia asignado al Reino humano estableciendo contacto con las Entidades dévicas, cuya misión es dotar de Formas cada vez más dignas y bellas a las conciencias en evolución dentro del "círculo-no-se-pasa» del planeta y del propio Universo. El secreto de la Forma, uno de los grandes misterios iniciáticos, revela que cualquier partícula de materia ha de hacerse radioactiva para poder liberar las energías de la Vida divina contenidas en su interior. Tal es la labor asignada al Reino dévico y a la humanidad trabajando mancomunada y debidamente compenetrados. El resultado de esta fusión de actividades tendrá como absoluta consecuencia la liberación del aciago destino que persigue a la humanidad desde las más primitivas edades...

Podríamos asegurar que algunas de las grandes crisis humanas de los momentos actuales son de reajuste con las nuevas energías dévicas, procedentes de las más elevadas regiones siderales, en respuesta a las necesidades de evolución del propio Logos planetario y una de cuyas principales consecuencias o resultados ha de ser el contacto consciente de los seres humanos debidamente capacitados con elevadas jerarquías del Reino dévico.

El Sentimiento de Alegría y el Misterio de la Voz

La Alegría proviene siempre de una conciencia de unidad y de síntesis; es una condición natural y una inherente prerrogativa de las Mónadas espirituales, ya sean de los Ángeles, de los hombres o de cualquier ser en la vida de la Naturaleza. Siendo así, sólo el contacto con la Mónada realizado a través del Ángel solar, o Yo superior del hombre, mediante el proceso de la Iniciación podrá traerle al ser humano la paz y la alegría que tan ardientemente busca. Podríamos decir que las Iniciaciones humanas en los misterios de la Divinidad son acercamientos monádicos, introducciones conscientes en uno u otro de los Siete subplanos que constituyen el Plano búdico en donde el sentimiento de Alegría, que es básicamente Felicidad, puede ser debidamente comprendido y experimentado. Tal comprensión y tal experiencia permitirán un día la relación consciente y fraternal de los seres humanos, previamente iniciados en los misterios del Éter, con los excelsos Devas habitantes de estos elevados niveles en la vida de la Naturaleza. Uno de los grandes Yogas que practicarán normalmente los hombres del futuro y que yo he denominado intencionadamente DEVI YOGA, permitirá a la humanidad avanzada crear una vía de acceso a los más elevados subplanos del plano búdico y unificar creadoramente su vida con la Vida de los Ángeles superiores, creando así las bases de la Fraternidad universal y el establecimiento del Reino de Dios aquí en la Tierra.

Si la adquisición del sentimiento de Alegría dependiese de una técnica, diríamos que esta técnica debería tener tres grandes vertientes:

- la invocación,
- el contacto y
- el control de las energías provenientes del plano búdico.

La invocación presupone emitir una nota de armonía en la vida personal con el consecuente establecimiento de rectas relaciones humanas dentro del contexto social en el que vivimos inmersos. El contacto es inevitable cuando la armonía personal se exterioriza en forma de paz a través del aura etérica, creando un campo magnético puro y radiante. Los Ángeles familiares —a los cuales hemos hecho amplia referencia en otras partes de este estudio— contemplan serenamente el proceso de irradiación que acompaña la vivencia correcta del ser humano y pueden mostrarse objetivamente ante sus percepciones e incluso ilustrarles sobre muchos de los misterios que encubren sus mundos de armonía, confiándole más adelante, en ciertas iniciaciones y cuando los vehículos expresivos se han hecho perfectamente moldeables a la influencia superior, el poder de controlar eficientemente utilizando substancia búdica, las numerosísimas huestes de pequeños devas de la tierra, del agua, del aire y del fuego que en su interacción constituyen la vida material en sus múltiples e incalculables combinaciones... Técnicamente el hombre se convierte en un Mago.

En cierta ocasión, y cuando me hallaba escribiendo sobre los espíritus de la Naturaleza, JESAZEL, el Ángel amigo, me comunicó el secreto de una Voz cuyo sonido tenía la virtud de materializar a los pequeños devas que en multiplicidad de formas y especies constituyen el aspecto material de la vida de la Naturaleza. Este sonido tenía una cadencia extraña y se parecía mucho desde el ángulo auditivo, al susurro o eco que se oye dentro de una caracola marina cuando le aplicamos el oído. Pero, a su conjuro, aparecían y se hacían objetivas y claramente visibles ante mí una serie impresionante de criaturas del éter, graciosas unas, hurañas otras pero que, en su conjunto, constituían el andamiaje o estructura básica de las formas de la Naturaleza. Algunas de tales criaturas dévicas podrán Uds. apreciarlas en los grabados que ilustran los tres volúmenes que constituyen este *Tratado Esotérico sobre los Ángeles*. El secreto de la Voz es el del propio misterio de la Creación. Cuando el hombre sea puro y tenga sana alegría en su corazón se hará propicio a tales misterios. Parece ser que la Paz constituye la regla única de la Alegría y es el único poder al que pueden responder los Ángeles superiores. Un sonido inarmónico y sin paz en su contenido sólo puede producir alteraciones nocivas en el ambiente y atraerá únicamente a devas y elementales de tipo inferior. Una palabra o un sonido inteligente llevando paz en cada una de sus inflexiones, creará un campo magnético dentro del cual podrán manifestarse los Devas superiores. El secreto del Bien y del Mal, del Dolor y del Gozo, es el mismo que separa entre sí los sonidos armónicos de los inarmónicos dentro de la humanidad y al incalculable número de devas en uno u otro bando que en su interacción producen las alteraciones ambientales. Dentro de una lógica sencilla y fácilmente comprensible, vemos que el Reino de la Felicidad está al alcance del hombre que vive en paz consigo mismo y no se esclaviza al fruto de sus acciones. La mente de este hombre, como la del Ángel, no fragua ambiciones y posee una impresionante sencillez de ideas y pensamientos que constituyen la antesala mística, aunque potentemente dinámica de la Creación. Pues —tal como decía JESAZEL— «La sencillez debe estar en la base del hombre sabio haciéndole acreedor a la potencialidad del sagrado y a los sonidos de los mantras invocativos«. Las palabras de JESAZEL y las conversaciones que tuve el privilegio de sostener con El, me dieron siempre la clave de resolución de ciertas dudas surgidas en mi mente durante mi proceso de investigación oculta.

Uds. se preguntarán quizás cómo eran efectuadas estas conversaciones. Lógicamente y por el carácter de estas, debían realizarse dentro de una atmósfera de paz y de quietud la cual provocaba una especie de vacío a mi alrededor aislándome por completo de cuanto me rodeaba. Tal era invariablemente el preludio. Oía después una especie de sintonía (me he dado cuenta oportunamente que cada Ángel tiene su propia sintonía), como si alguien musitase quedamente mi nombre en mis oídos. Sabía entonces que se trataba de JESAZEL, pues, aunque había logrado establecer contacto con diversos Ángeles durante el proceso de mi trabajo esotérico sobre el mundo dévico, singularmente cuando trataba de investigar el secreto místico de su lenguaje, el carácter íntimo de amistad y de comprensión con que me había distinguido JESAZEL, impregnaba mi aura etérica de un radiante magnetismo especial que le hacía perfectamente reconocible. La conversación no se producía nunca al azar; según pude averiguar oportunamente, era siempre el resultado de alguna silenciosa invocación que yo sin darme cuenta formulaba cuando algo no lo veía suficientemente claro o cuando intentaba descifrar el sentido de algún hecho oculto relacionado con la misteriosa vida de los Devas. Debo aclarar al respecto que nuestras conversaciones se realizaban en un nivel mental superior, aun cuando mis sentidos internos parecían recogerlas o registrarlas como una conversación común o corriente. Otras veces, tales conversaciones se reflejaban objetivamente dentro de una especie de marco etérico de intenso color índigo sobre el cual se reflejaban unas bellas y extrañas figuras geométricas de fúlgido y brillante color dorado. Algunas de tales conversaciones, captadas magistralmente por el pintor señor Josep Gumí, podrán Uds. verlas reflejadas en los grabados que ilustran este *Tratado.*[50]

El sentido de estas conversaciones penetraba en mi mente en forma intuitiva y el cerebro recogía su significado de manera casi perfecta. Puedo decir —y lo hago con un gran sentido de reconocimiento a la potencia inductiva de JESAZEL y no a mis cualidades interpretativas— que sólo dos o tres veces durante el curso de mis investigaciones tuvo que rectificar JESAZEL algún punto sobre el cual mi mente había sufrido una distorsión. Puedo afirmar ahora, sin espíritu alguno de soberbia, pero sí de gran satisfacción, que mi sensibilidad a la vida oculta ha llegado a un punto en que me es posible diferenciar muchas de las influencias dévicas en la vida de la Naturaleza y de la humanidad, que crean reacciones psíquicas ambientales y producen determinados efectos psicológicos y parapsicológicos en la vida de los seres humanos.

El Tercer Elemento Vital

Desde el ángulo de vista esotérico, todo cuanto acontece o se realiza en la vida de la Naturaleza es un gigantesco fenómeno psíquico, motivado por la Voluntad del Creador al infundir Su Vida en la Materia y evocar de ella cada vez más sutiles respuestas. Los Planos del Universo justifican esta Voluntad o Propósito de la Divinidad y no hay rincón alguno dentro del Sistema solar que no albergue una potencia psíquica, irradiando energía a través de su aura etérica y creando un

---

[50] Disponibles en http://www.ngsm.org/vba (N. del E.)

definido campo magnético. Si se admite este hecho podrá llegarse fácilmente a la conclusión de que el Espacio contiene en sí una Potencia inteligente e integradora de todos aquellos campos magnéticos y los convierte en ambientes definidos dentro del orden colectivo o social de la Naturaleza. Cualquier tipo de ambiente dentro de la humanidad, sea particular, familiar, profesional o grupal es el resultado de la condensación de un tipo determinado de energía psíquica, generada por los seres humanos y manipulada creativamente por las potencias integradoras del Espacio, que nosotros llamamos esotéricamente Ángeles o Devas en las líneas de este *Tratado*. Pero, dense Uds. cuenta de que al utilizar las expresiones dévica y angélica, no hemos caído en el error de considerar a estas fuerzas desde el ángulo de vista religioso o tradicional, sino que les hemos asignado un poder científico y una actividad extraordinariamente dinámica en la vida de la Naturaleza, cual es la de construir todas las posibles estructuras geométricas, formas, cuerpos o vehículos que, en su totalidad y en la vida de los Reinos y de las Especies, albergan el Espíritu de Dios en una infinita e increíble gama de estados de conciencia. Tenemos así y por doquier, estados de conciencia vibrando a través de estructuras geométricas definidas y creando unos apropiados campos magnéticos y psíquicos. El estudio de las reacciones producidas entre los distintos campos magnéticos por parte de los investigadores del mundo oculto dará lugar a la verdadera Ciencia Parapsicológica del futuro. En el presente se les asigna demasiada importancia todavía a los pequeños efectos ambientales y se discute aún demasiado en términos de conocimientos teóricos, porque no se ha logrado llegar a la plenitud de experiencia de los hechos psíquicos; de ahí que el problema del psiquismo, con su numerosa secuela de fenómenos en el éter, constituye todavía una zona llena de vaguedades y de misteriosas incógnitas, es decir, un área de discusión en donde cada cual aporta sus particulares puntos de vista, pero no experiencias vitales.

Esta era, en efecto, la alternativa que se me presentaba al iniciar mis investigaciones ocultas acerca de los Ángeles. Todo cuanto acerca de ellos había leído en el pasado me parecía demasiado nebuloso o místico y no resistía, a mi entender, ni el peso ni el rigor de la razón científica. Así, pues, tuve que profundizar mucho dentro de mí mismo en un intento de hallar el tercer elemento que me faltaba para poder unificar los centros de conciencia humanos con los fenómenos producidos en el éter y los estados psíquicos en general. Este tercer elemento surgió inopinadamente ante mi percepción mental en momentos álgidos y trascendentes de mi vida. Al principio sus formas eran vagas, suaves, acrecentando con su misteriosa incógnita mi pasión por la vida oculta, que siempre había constituido una parte esencial de mi vida. Más adelante pude percibir con toda claridad a los espíritus de la Naturaleza, pero no en sueño, sino formando parte de mi contemplación de la obra de la Naturaleza. Pude darme cuenta así que el suelo, el aire, el agua, el fuego, y todo cuanto me rodeaba era vida inteligente, siguiendo unas ocultas y misteriosas motivaciones bajo la forma característica de los elementos naturales.

Así, el agua no era para mí un simple compuesto químico, sino que era además el recipiente místico que albergaba a unas vidas inteligentes que aparentemente y en mutuas y desconocidas intercomunicaciones la construían. Aprendí, de esta manera, a aliar el agua con unas bellas criaturas etéricas que esotéricamente se denominan ONDINAS. Lo mismo me ocurrió al examinar ocultamente el aire, la tierra o el fuego, dándome cuenta de que en el seno de tales elementos existía una insólita y palpitante vida que llenaba el espacio con su poder psíquico. Comprendí progresivamente que estas vidas menores, las sílfides, las ondinas, las hadas, los gnomos, etc. y la multiplicidad de invisibles y desconocidos espíritus de la Naturaleza, eran expresiones psíquicas de un poder más elevado ya que, tal como siempre había presentido, la ley de evolución contiene en sí el principio de jerarquía. Y es así, en forma suave y paulatina, como fui consciente de unas fuerzas psíquicas infinitamente superiores que utilizaban asimismo el Éter del Espacio como campo de expresión. Surgieron entonces ante mi exaltada y maravillada visión extensas gamas de Devas, maestros en el arte de la construcción, dirigiendo una increíble hueste de pequeñísimos obreros, los cuales, con rara habilidad, creaban con sutilísimos hilos de luz etérica todas las formas físicas de la Naturaleza y que descomponiendo aquella luz la dotaban de color y de las inherentes cualidades físicas y psíquicas que constituían la razón de ser de sus vidas, de su constitución y de su especie...

P. Metodología de investigación

Ultimas consideraciones

La evolución de los Devas de todos los órdenes, en relación con la substancia material del Universo y del planeta, es obvia y es apreciable en el devenir de cada nuevo ciclo de vida, en el que la vibración interna del Morador del Cuerpo, ya se trate del Logos Solar, del Logos planetario o del ser humano, ha alcanzado un nivel superior que exige una substancia material o lunar —si podemos decirlo así— manejada por más excelsos y elevados Pitris. Variará por tanto sensiblemente la calidad de las formas, ya que hay una evidente relación entre calidad o vibración y substancia o forma. La analogía ha de ser perfecta en todos los casos y habrá que admitirse lógicamente que los Devas que en su integridad confeccionan la substancia de un esquema de evolución humano, planetario, solar o cósmico, deberán acceder —al igual que los seres humanos y los Logos creadores— a algún tipo de INICIACION DEVICA en cualquier ignorado nivel de la Naturaleza, de parte de los poderosos Arcángeles regentes de los Planos del Universo, o de los Ángeles superiores que rigen la evolución de los Reinos. El Misterio de Revelación de tales Iniciaciones —si tenemos en cuenta las cualidades específicas de los Devas— será quizás el desarrollo del sentido íntimo del OIDO para poder escuchar los múltiples e incesantes sonidos que se elevan del mundo manifestado, de la misma manera que las Iniciaciones humanas tienen por objeto desarrollar el sentido oculto de la VISTA, es decir, el dilatado grupo de percepciones que han de convertir al Iniciado en un perfecto CONOCEDOR.

La analogía nos va demostrando constantemente que los Ángeles y los Hombres constituyen dos corrientes de Vida divina tan estrechamente vinculadas, que resultaría imposible mover una sin que inmediatamente se sienta movida la otra. En otras partes de este *Tratado* me he referido a los grados de vinculación humano dévica y sus resultados en la vida de la humanidad, tal como puede ser, por ejemplo, la construcción de sus vehículos de manifestación y también el proceso de integración espiritual y grado de acercamiento a los grandes DEVAS de los tres Planos inferiores del Sistema, llamados: AGNISCHAITAS, AGNISURYAS y AGNISVATTAS cuyo contacto, inteligentemente establecido, puede decidir el ritmo de nuestra vida, detener a veces el curso de los acontecimientos kármicos y llevamos de la obscuridad a la luz, de lo irreal a lo real y de la muerte a la inmortalidad, es decir, a la Montaña de la Iniciación, desde cuyas gloriosas cumbres podemos contemplar el valle de la ilusión mental, de los variados espejismos astrales y del maya de los sentidos físicos, sin sentirnos atraídos por sus potentes insinuaciones. Este paso trascendente que hemos logrado dar con ayuda de los Devas y de nuestro espíritu de resolución, significa que hemos vencido la fuerza gravitatoria de los devas inferiores, nuestra intención se halla anclada actualmente en las fuerza de en nuestros estudios esotéricos devas lunares, y que la supremamente místicas, aunque increíblemente dinámicas, vitalizadas por los grandes Devas AGNISVATTAS y que Ángel Solar, o Yo espiritual, puede intervenir libremente en nuestra vida, inspirando las resoluciones de nuestra alma y dotándonos de amorosa comprensión hacia los demás. Cuando esto sucede, los asuntos humanos con todas sus crecientes dificultades y tensiones ya no atraen tan poderosamente como antes nuestro interés individual, permitiéndonos vivir más desapegados y seguros dentro del complejo social donde vivimos inmersos... El hecho oculto que un día será científicamente descubierto de que a cada hombre corresponde un Deva de similar vibración, aunque de naturaleza negativa con respecto a él, mostrará el secreto de la luz espiritual. Podrá indicar, también, que el trabajo realizado en el devenir de nuestros estudios, meditaciones y actos de servicio ha suscitado un eco muy creador e íntimo de parte de los insondables éteres del Espacio y que nuestro ALTER EGO angélico[51] —atento a las circunstancias de nuestra acción— nos ayuda con sus indicaciones en el ejercicio de la rectitud y del buen sentido natural.

Tal como he dicho ya en varias ocasiones, y lo repito ahora por cuanto lo considero muy importante desde el punto de vista del lector, durante el curso de las investigaciones ocultas que culminaron en este *Tratado*, he logrado establecer contacto con algunos de superior evolución y de reconocida inteligencia. Sus insinuaciones espirituales y el grato sabor de su contacto me permitieron continuar el trabajo emprendido, singularmente porque gracias a Ellos tuve siempre una protección segura cuando debía introducirme en ciertas regiones psíquicas en donde los devas que intentaba contactar eran realmente peligrosos, debido a su intenso dinamismo vibratorio y al poder ígneo de sus campos magnéticos o cuando trataba de penetrar en los niveles etéricos ocupados por los elementales inferiores de la Naturaleza,

---

[51] El Ángel Guardián. según expresión esotérica y mística

señores de la tierra, del agua, del aire o del fuego. La experiencia espiritual fue siempre aleccionadora y sé ahora que todas mis motivaciones espirituales obedecían al interés jerárquico por esclarecer el tema, tan profundamente místico y espiritual, relacionado con la misteriosa Vida de los devas. Veamos ahora, algunas de las razones por las cuales el conocimiento del mundo dévico se hace necesario e imprescindible para la evolución mental y profundidad esotérica de los aspirantes espirituales de mundo:

1. Porque, tal como hemos venido diciendo en las páginas de este *Tratado*, los hombres y los Devas son dos evoluciones o corrientes de Vida que corren paralelas y que, al final de cierto ciclo de evolución planetaria, deberán coincidir en un punto infinito de su mutuo desarrollo espiritual para crear el divino HERMAFRODITA o SER ANDROGINO, mitad hombre, mitad Deva —si podemos decirlo así— que ha de culminar una gran etapa mística e iniciática en la Vida de nuestro Logos planetario.
2. Porque el secreto de la existencia humana y el porqué de todas las formas existentes se halla escondido en el mundo de los Devas y es allí donde hay que descubrirlo.
3. Porque la evolución humana no sería posible sin la cooperación de los grandes DEVAS que rigen los ciclos de la vida del hombre aquí en la Tierra, preparando su destino creador y confeccionando la substancia material mediante la cual son construidos sus tres vehículos expresivos, llamados de necesidad kármica, es decir, el mental, el astral y el físico.
4. Porque los Devas constructores de estos tres cuerpos en cada uno de los Planos físico, astral y mental y sus correspondientes subplanos, están cualificados para convertir los impulsos humanos o necesidades kármicas, en ambientes definidos dentro del orden social y planetario, teniendo en cuenta que las líneas de mínima resistencia o instintos procedentes de un lejanísimo pasado, constituyen el campo de batalla del hombre y los incentivos dévicos de la propia perfección. Hay que tener en cuenta al respecto que cada uno de los vehículos humanos es esencialmente un Deva, asistido por una innumerable hueste de devas menores, algunos de ellos minúsculos como los propios átomos, cuyo poder centralizador ha de ser conquistado por el hombre. A estos Devas se les denomina esotéricamente ELEMENTALES CONSTRUCTORES. Tenemos, por tanto, los Elementales físico, astral y mental,

poseyendo cada uno, tal como habremos dicho ya en otras partes de este estudio, un tipo de conciencia separada que el ser humano ha de controlar, gobernar y dirigir. A este trabajo continuado de gobierno y de control de tales Devas o Elementales constructores, se le define oculta y místicamente con el nombre de SENDERO. Se trata de un proceso de integración que puede llevarse a cabo mediante la práctica de un oportuno y conveniente Yoga, de un sistema inteligente de meditación o por la práctica asidua y continuada de la buena voluntad y el deseo de bien hacia los demás en el devenir de las relaciones sociales. Tal trabajo de integración es un DHARMA de naturaleza kármica y tiene por objeto redimir a las vidas menores que construyen nuestros vehículos de necesidad y hacer evolucionar al Deva constructor por el sistema universal de polarización magnética hacia centros superiores en donde la Vida dévica es más radiante e incluyente.

5. Porque sin un conocimiento perfecto del mundo dévico no podríamos acceder a las alturas de la intuición ni a la gloria de la inspiración espiritual. Uno de los secretos conquistados del mundo de los Devas, utilizando la clave de la analogía, es el de que la actividad del hombre por adueñarse del misterio universal de su propia vida pasa por el Reino dévico, ya que son precisamente ciertos excelsos Devas solares los que crean el estímulo de la vida espiritual y construyen con la luz inmortal de Sus vidas radiantes aquel místico Puente de Arco Iris, denominado esotéricamente ANTAKARANA. Este Puente conecta al hombre, el alma en encarnación cíclica, con su Alma espiritual, Yo superior o Ángel Solar. Toda la Vida de la Naturaleza, en permanente expansión de posibilidades latentes, revela este principio infinito de polarización de lo inferior con lo superior, ya se refiera a un átomo, a un ser humano, a un planeta, a un Universo o a una Galaxia. Los Devas, en su multiplicidad de huestes y jerarquías crean eternamente el ANTAKARANA de unión entre todos los principios separados en la vida de la Naturaleza y producen fusión y reconciliación en el insondable destino de todo lo creado. Gracias a los Devas existe un infinito e ininterrumpible SUTRATMA, o Hilo de Vida y de Conciencia, que une todos los Planos, Reinos, Razas y Especies enlazándolos a un Destino común de perfección y reconciliación. Tal es el sentido incomprensible de FRATERNIDAD que une el corazón de todo lo creado con el indescriptible Corazón solar.

P. Metodología de investigación

6. Porque, tal como esotéricamente hemos aprendido, los hombres encarnan los principios conscientes de la Divinidad, lo que podríamos denominar AUTOCONCIENCIA o aspectos esenciales de Su Vida. Los Devas, a su vez, representan la VIBRACION CONSTRUCTIVA de Su Naturaleza expresiva, es decir, los atributos que corresponden a aquellos aspectos esenciales. Así, los tres aspectos mayores de la CONCIENCIA y los cuatro atributos menores de la EXISTENCIA constituyendo el Gran Septenario Solar, están eternamente unidos y vinculados. Esta infinita relación de aspectos y atributos se extiende a la Naturaleza entera, a la Vida de los Planos regidos por poderosísimos Arcángeles, a los Reinos con sus excelsos Ángeles regentes, a la Vida cíclica de los Rayos y a las Razas humanas con sus correspondientes Manúes y Devas familiares... Tenemos el ejemplo claro y concreto de esta realidad en el CUATERNARIO humano que expresa los cuatro atributos del alma en encarnación cíclica o universal, el cuerpo físico, el vehículo etérico, la naturaleza psíquica o astral y la mente organizadora y los aspectos espirituales del Ángel Solar, o Yo superior, que anda en el tercer subplano del Plano mental el poder monádico de la Tríada espiritual constituida por Atma, Budhi y Manas.

Extremando la analogía podríamos descubrir todavía otras muchas e interesantes razones para justificar el interés de la Jerarquía espiritual del planeta por presentar el conocimiento y estudio de las Vidas dévicas o angélicas a la atención de los aspirantes espirituales del mundo, cada vez más inteligentes y responsables. Sin embargo, y siendo muy sincero al respecto, creo que las razones expuestas serán suficientes y que abrirán nuevas y más extensas perspectivas espirituales en la mente inquisitiva del sincero investigador.

Epílogo

[AVSH, p.207] Vamos a cerrar con unas breves notas el ciclo de este estudio oculto que hemos titulado en su totalidad «*Un Tratado Esotérico sobre los Ángeles*». Estamos seguros de que durante el curso de este muchos y muy sinceros aspirantes espirituales habrán logrado comprender más claramente que antes los objetivos básicos que persigue la investigación esotérica, la cual debe culminar virtualmente en la perfecta comprensión del mundo oculto y en el sentido anhelo de aproximación a todas y cada una de las infinitas vidas, mayores y menores, que lo integran. Creemos sinceramente también que después de leer este *Tratado* el aspirante espiritual se sentirá más dispuesto para penetrar en las profundidades místicas de su ser, en un intento supremo de descubrir en aquellas divinas interioridades el brillante hilo de Luz que enlaza mágica y misteriosamente su vida individual con todas las corrientes de vida del Cosmos. La comprensión exacta de la ley de Fraternidad y de sus eternas motivaciones en la vida del hombre es la meta inmediata de todas las investigaciones ocultas, unas investigaciones que deberán culminar un día en la experiencia trascendente de la liberación del alma. No hay tarea más noble en la vida de un ser humano que el esforzarse por comprender a los demás, sabiendo que en ese término de los demás han de ser incluidos nuestros hermanos los Ángeles y todas las humanidades dentro y fuera del Universo que, al igual que nosotros, viven, piensan y sienten y están llenas de motivaciones ocultas hacia el Bien universal.

Este *Tratado Esotérico* carecería evidentemente de valor si no hubiese logrado introducir en sus textos algunos argumentos sólidos acerca de la vida oculta de la Naturaleza, capaces de merecer la atención científica, singularmente los que tratan de la polaridad humano-dévica en cuyas insondables raíces cósmicas se gesta el impenetrable misterio de la electricidad, o sobre el mágico poder que se agita en la profundidad desconocida de los éteres del Espacio capaz de producir el milagro de cualquier tipo de manifestación de Vida, desde la germinación de la humilde semilla que se convertirá en el majestuoso árbol o la gestación de la misteriosa simiente que dará lugar al ser humano con todos sus poderes y facultades... ¡Devas, devas por doquier, en la tierra, en el agua, en el fuego, en el viento y en el éter, así como en cada uno de los deseos, sentimientos y pensamientos de los hombres!... Sólo hay que abrir los ojos para ver y afinar cuidadosamente los oídos para oír. El eterno secreto de la Naturaleza y de la Vida del propio Dios se halla hoy más cerca que nunca del hombre que sinceramente lo busque en las reconditeces íntimas del propio corazón...

No vamos a insistir, sin embargo, en conceptos que quedaron claramente establecidos en las páginas de una u otra de las tres partes que constituyen este *Tratado Esotérico*. Sólo deseamos recordar con mucho afecto y comprensión que las ideas contenidas en los mismos deben ser cuidadosamente examinadas, no aceptadas indiscriminadamente porque puedan aparecer como muy claras al primer intento o categóricamente rechazadas porque sus conceptos no guardan una aparente similitud con los conocimientos adquiridos, es decir, con lo que intelectualmente se sabe o que corrientemente se acepta como verdad. El aceptar por negligencia o el rechazar por sistema son las grandes dificultades del Sendero. Invitamos pues a desarrollar el discernimiento y a evocar la duda inteligente.

Nos encontramos ya muy cerca del final de este siglo XX, un siglo marcado por grandes acontecimientos mundiales, con grandes descubrimientos científicos y espectaculares avances en el orden técnico, pero caracterizada también por una serie impresionante de guerras, cataclismos y desastres que han asolado y continúan asolando la vida de la humanidad, quebrantando las leyes de la fraternidad y de la justicia y rindiendo únicamente culto a la ambición, al egoísmo y a la codicia que —pese a los prodigiosos avances en el orden técnico y material— mueven todavía grandes sectores sociales y un increíble número de corazones humanos.

Se impone, por tanto, una serena reflexión acerca de las ideas contenidas en este *Tratado Esotérico*, singularmente las que hacen una directa referencia a la fraternidad angélica, en la seguridad de que la Verdad y el Testimonio inefable del Bien común penetrarán en el ánimo del lector y lo liberarán del apego a las efímeras conquistas materiales, las cuales pertenecen al tiempo y forman el polvo perecedero con que suelen revestir sus auras inmortales los hombres de la Tierra.

Dedicamos nuevamente nuestro cálido y sentido agradecimiento a los Ángeles amigos que tan gentilmente nos ofrecieron su ayuda en el intento de descubrir los Misterios de su Reino y nos hicieron partícipes del tesoro de gracia que emana de sus serenas y esplendentes Vidas. Este es, al final de este *Tratado Esotérico sobre los Ángeles*, el sentimiento que embarga nuestro corazón humano y que nos ha orientado en el devenir de nuestras investigaciones, sabiendo intuitivamente que se trataba de una Obra jerárquica llena de enseñanza oculta y trascendente para todos los sinceros aspirantes espirituales del mundo. Acéptese pues el testimonio íntimo de nuestra humilde ofrenda y el encendido fervor de nuestra eterna plegaria...

En las Montañas de Montserrat bajo el Signo de Libra, de 1980.

Vicente Beltrán Anglada

Epílogo del *Tratado*

Por José Becerra

La tesis fundamental de este *Tratado Esotérico sobre los Ángeles* es que existen unas fuerzas ocultas en los mundos invisibles de la naturaleza que operan en la estructuración dévica de todas las formas.[52] Esas fuerzas ocultas y esas estructuras dévicas, susceptibles a ser investigadas y enumeradas científicamente por el investigador cualificado, hallan expresión visible en la vida social humana, una labor conjunta de la evolución humano-dévica en nuestro planeta.

A través de los libros y conferencias de VBA, yo había conocido al discípulo consagrado hollando el sendero iniciático, un discípulo aceptado en un Ashrama de la Jerarquía espiritual planetaria brindando testimonio de la Luz, al servicio del Plan. Al editar este *Tríptico* he conocido, a través de su cuaderno de laboratorio tan minuciosamente redactado, al disciplinado investigador científico de los mundos ocultos. Su *Tratado* es un testimonio para inspirar a otros investigadores a profundizar aún más en los misterios de la vida planetaria a ser revelados como parte del *Triple Proyecto Jerárquico*.

«Este Tratado —si bien insuficiente todavía para abarcar las inmensas profundidades del maravilloso mundo dévico— serviría, al menos, para ofrecer una mejor noción del permanente milagro que se realiza en las infinitas oquedades de los éteres universales y planetarios para llevar la magna obra de la evolución, así como estimular a los sinceros aspirantes espirituales del mundo para que dediquen parte de su vida y de sus esfuerzos a establecer un vínculo de amorosa unión con el mundo oculto de los Ángeles, sabiendo de antemano que Éstos están aguardando con inmensa simpatía y comprensión, el inicio de estos sinceros y particulares

---

[52] El concepto del «campo mórfico» ha sido propuesto por el bioquímico y biólogo británico Rupert Sheldrake.
https://www.sheldrake.org/research/morphic-resonance/introduction
(consultado: 23 marzo 2019)

Epílogo del Tratado

intentos para ofrecer a cambio la inapreciable dádiva de su espiritual inspiración.» –VBA, Parte III, Prefacio.

No es la primera vez que los científicos del mundo investigan mundos invisibles. Se ha logrado hacer exitosamente con los campos electromagnéticos, invisibles a la visión humana común, así como las revelaciones de la física cuántica y relativista sobre realidades virtuales y la «materia oscura».

Que la materia es energía ya nadie lo duda; tampoco que los espacios entre los núcleos de los átomos— vacíos, en apariencia— son más extensos que la materia condensada en moléculas. El que la matriz del Espacio es una entidad viva, de donde surgen y en donde danzan la materia y la antimateria, ya es un hecho experimentalmente comprobado por la física cuántica, como ya se ha mencionado en el Prólogo a este *Tratado*.

VBA nos brinda evidencia fiable —de primera mano— de la existencia de otros mundos, *dentro de éste*, como lo han hecho Annie Besant, Charles Leadbeater y Geoffrey Hodson, utilizando el instrumento de observación de la «visión del mundo oculto». Así lo denomina VBA al describir su metodología de investigación en la sección del *Tratado* que titula «síntesis experimental». No hay que físicamente viajar ni a la Luna ni a Marte para investigar los mundos ocultos.

«El Espacio es una Entidad», según ha sido revelado por H.P. Blavatsky en su *Doctrina Secreta*. VBA abunda sobre esa verdad en su libro *Magia Organizada Planetaria*.

> *«De ahí que nuestras investigaciones sobre la Magia organizada en nuestro mundo, además de incluir ideas tan profundamente abstractas como la de que el Espacio es una Entidad, deberá incidir muy particularmente en el permanente impulso de la evolución en la vida del ser humano y en sus constantes y permanentes esfuerzos por integrarse armoniosamente en el contexto social donde vive inmerso, siendo ese intento el más glorioso exponente de la Magia organizada en nuestro mundo, una Magia que nos ha de revelar, a no dudarlo, los grandes misterios ocultos bajo el término Creación, ya se aplique al hombre como el más*

esplendente de los Dioses». –VBA, Magia Organizada Planetaria

Allí, VBA nos habla de un Espacio «multidimensional, multimolecular y multigeométrico».

«Analizando la tremenda idea contenida en la afirmación oculta «el Espacio es una Entidad», vamos a analizar ahora el tema general desde otro ángulo de vista, considerando su triple expresión: multidimensional, multimolecular y multigeornétrica como esencia ígnea de distinta cualidad vibratoria y estableciendo al efecto la siguiente analogía:

a) *Fuego de FOHAT, que corresponde a las cualidades multidimensionales del Espacio, en su aspecto de Padre o Espíritu.*

b) *Fuego Solar, que corresponde a las cualidades multimoleculares del Espacio, en su aspecto de Hijo, de Alma o de Conciencia.*

c) *Fuego por FRICCION, que corresponde a las cualidades multigeornétricas del Espacio, en su aspecto de Madre, de Materia o de Forma. –VBA, Magia Organizada Planetaria.*

Aquí, en su *TESLA*, VBA documenta —con rigor científico— cómo se «entifica» ese Espacio. Lo califico como «científico» porque obedece a la definición de ciencia según la *Real Academia Española*: «Conjunto de conocimientos obtenidos mediante la observación y el razonamiento, sistemáticamente estructurados y de los que se deducen principios y leyes generales con capacidad predictiva y comprobables experimentalmente». La reproducibilidad de los hallazgos experimentales documentados por VBA se confirma en la obra de Josep Gumí. Otros investigadores *cualificados*, con la «visión del mundo oculto», pueden reproducir sus hallazgos, como lo ha hecho el teósofo Geoffrey Hodson en sus investigaciones del mundo angélico.

Por último, hay que señalar que este *Tratado* ha de servir de enlace con el tercer punto del *Triple Proyecto Jerárquico*, como se considera en nuestro *Centro de Estudios VBA*, «una Comunidad espiritual dedicada a honrar la vida y obra de Vicente Beltrán Anglada mediante la meditación, el estudio y el servicio relacionados a:

- la praxis del Agni Yoga, conducente a Shamballa;
- la colaboración Humano-Dévica; y
- la Magia Organizada planetaria».[53]

> *«El Espacio, según se nos dice ocultamente, y la Ciencia con el tiempo deberá confirmarlo,[54] es la Matriz de todas las creaciones. Tiene una absoluta capacidad de respuesta a todas las vibraciones, ya sean las que provienen del más humilde átomo o del más glorioso Arcángel. Esto es así porque cada tipo de conciencia absorbe —si podemos decirlo así— una porción más o menos extensa de espacio para verificar dentro de la misma el experimento creador que responda a las necesidades de su vida evolutiva. Por extraño y misterioso que parezca, el Espacio suministra «automáticamente y sin esfuerzo» el ETER cualificado, o substancia primordial, que precisa cada centro creador».* –VBA, *Magia Organizada Planetaria.*

Que esas palabras de VBA sirvan de Epílogo de este *Tratado*, así como de transición hacia el estudio y la práctica de la Magia Organizada Planetaria, según se experimenta en el Ashrama.

> «Un Ashrama es un laboratorio de investigación y desarrollo donde se conciben ideas que se gestan en ideales para restablecer el Plan de la Jerarquía espiritual en la Tierra, de acuerdo con la Voluntad de Dios y cumpliendo el Propósito del Señor del Mundo». –Centro de Estudios VBA

En testimonio de la Luz y al servicio del Plan,

José Becerra, editor
Centro de Estudios VBA

---

[53] El director de investigaciones científicas del *Institute of Noetic Sciences*, Dean Radin, Ph.D, ha publicado recientemente (2018) su libro *Real Magic*, brindando evidencia científica del impacto de la intención en los acontecimientos humanos.

[54] *The Lightness of Being* por Frank Wilczek. http://www.lightnessofbeingbook.com/ (consultado: 23 marzo 2019)

Sobre el editor

El Dr. José Becerra, puertorriqueño, es médico, epidemiólogo y matemático. Desde su ingreso en el 1978 en la Escuela Arcana en Nueva York para cursar estudios de la filosofía esotérica, el Dr. Becerra se ha dedicado a la meditación y al estudio de las enseñanzas del Maestro Tibetano D.K. según fueron transcritas por Alice A. Bailey. Desde 1981 ha trabajado en integrar la obra del ocultista y místico catalán Vicente Beltrán Anglada (VBA) con las enseñanzas del Maestro Tibetano. Desde 1996 ha fundado varios portales cibernéticos, entre ellos *El Observatorio Hermético* (del cual toma su pseudónimo Thoth), NGSM.org, VicenteBeltranAnglada.org y Agni-Yoga.org, los cuales edita actualmente. A partir de 2006, el Dr. Becerra ha presentado la obra de Beltrán Anglada al mundo anglohablante en las conferencias anuales internacionales de la Universidad de los Siete Rayos en Arizona, Estados Unidos. Luego de tres décadas como investigador en los Centros para el Control y la Prevención de Enfermedades en Atlanta, Georgia, el Dr. Becerra ha emprendido, tras su retiro, la traducción autorizada de la obra de Vicente Beltrán Anglada al inglés, además de continuar sus estudios de las cuatro disciplinas clásicas (Quadrivium) de los números, la geometría, la música y la cosmología aplicadas al servicio de la humanidad. Actualmente, el Dr. Becerra es el director ejecutivo de la Fundación VBA, cuya misión es la implementación del *Triple Proyecto Jerárquico* en Ibero América.

El editor invita cordialmente a todos aquellos que deseen complementar el esfuerzo realizado con sus sugerencias y aportes que así lo hagan, escribiéndole a jb@ngsm.org para así enriquecer y mejorar una futura edición de este *Tríptico*.

www.FundacionVBA.org

Otras obras editadas:

Vicente Beltrán Anglada: un discípulo iberoamericano. Editorial NGSM.org. Atlanta, GA y San Juan Puerto Rico. 2019

Vicente Beltrán Anglada: el misterio del Ángel solar. Editorial NGSM.org. Atlanta, GA y San Juan Puerto Rico. 2019

Made in the USA
Columbia, SC
31 October 2020

23795965R00333